国民党政府政治制度词目汇解

孔庆泰　编著

学苑出版社

图书在版编目（CIP）数据

国民党政府政治制度词目汇解/孔庆泰编著.
—北京：学苑出版社，2016.7
ISBN 978-7-5077-5016-4

Ⅰ.①国… Ⅱ.①孔… Ⅲ.①国民政府-政治制度-档案资料-汇编 Ⅳ.①D693.2

中国版本图书馆CIP数据核字（2016）第101242号

出 版 人：	孟　白
责任编辑：	刘　丰
出版发行：	学苑出版社
社　　址：	北京市丰台区南方庄2号院1号楼　100079
邮政编码：	100079
网　　址：	www.book001.com
电子信箱：	xueyuanpress@163.com
销售电话：	010-67601101（营销部）、67603091（总编室）
印 刷 厂：	北京京华虎彩印刷有限公司
开本尺寸：	787×1092　1/16
印　　张：	31.875
字　　数：	700千字
版　　次：	2016年7月第1版
印　　次：	2016年7月第1次印刷
定　　价：	142.00元

前言

本书以《国民党政府政治制度史档案史料选编》（安徽教育出版社1994年12月版）确定之体例与选定之史料为基础，目的是为撰述《国民党政府政治制度史》专著做准备。它既与民国时期综合史词典所设词目之宽泛性不同，亦与民国时期专门史词典所设词目之单一性有别，其词目设置全依编著者将在《国民党政府政治制度史》专著中论述之所及为范围而确定，凡所论者必设，非所论者不及，比民国史综合性词典涉猎面要窄，比民国专门史词典涉猎面又稍宽，其释义则比二者更深、更细、更透。

《国民党政府政治制度史词典》于2000年10月出版问世后，经编著者本人反复认真细致阅读，并蒙诸多读者朋友、同仁同事善意指点，发现不少稍有差池舛误必须订正之点，亦有略嫌不足尚需补充之处，乃更加用心考释修改，更加着力寻觅补充，力求能将更完美的修订本奉献给读者，以赎前愆，而安己心！经十年努力，终成今日增改新本并重新定名《国民党政府政治制度词目汇解》付梓。自问此615条词目之设置与撰写，能为国民党政府时期政治制度史研究提供更多确切可信的史料，循此延伸扩展，亦将对民国史其他领域之研究有所助益。

1927年4月18日—1949年4月23日期间的国民党政府，其在名义上、表征上是"党在国上"、"以党治国"的"党治政府"，实际上、根本上乃是在"党治"大旗掩盖下的军事首脑——蒋介石个人独裁制的政府，连一天真正意义上的"党治政府"也未见实现过！为揭示和阐释这一本质，本书着力对国民党政府成立前后各历史阶段的军事首脑、军事首脑机关及其所属之140个词目做了尽可能详尽的阐释，并特地作为"附录（二）"列后，对存于1949年4月23日以后国民党政府残存势力南逃西窜直至逃台湾前被我歼灭各情形，亦于正文相关词目释义与"附录"中以"〈 〉"标出，以符本书体例，亦利于读者了解全盘之概略。

本书编著者在中国第二历史档案馆从事民国档案整理、编辑、研究数十年，历重以档案印证史著，对史著与报刊载文中与档案所载不全相符甚或全不相符处，深恶痛绝却又无可奈何，乃决意在国民党政府政治制度史专题研究中，编出一部不受历来史学辞书以字数限词目之框束，改以档案史料为基准，综核全盘、勾勒全貌、叙嬗递、明原委的真实可信的著作：其机构设置必溯其源以明历史背景与产生环境；其主官任命与更替必以任命令下达之原档为定夺——至少亦以官报之所载以为准；其机构名称概以全名称之，以明统系，而清归属，保留各阶段特有称谓，明其由来与演化；其内各职能部门之演变嬗递，必尽可能以档案文件所载以为断——确无可寻者，亦必以官书之所载以补足；机构成立和结束日期、主官任免迁调日期，凡能查清标明者，均详至年、月、日齐备，而对无法查清者，暂以□月□日付梓，留待后补；如此，老老实实，认认真真，不含糊，不马虎，力求每一词目之释义准确、可信、扎实、无误；相关人物姓名、字号均依档案原件所用为准，不人为企求划一而保其真！如此做法，虽属不群，然自认别有其科学与历史价值在！若能因此给民国史研究者更多裨益，给对民国史感兴趣之读者更多帮助，则编著者于愿足矣！既无愧于这十年辛劳与终身追求，亦对得起读者诸君，幸甚，幸甚！

孔庆泰
2016 年 3 月 27 日
于南京美林东苑志芳书屋

目 录

凡 例 ………………………………………………………… 1

词目表 ……………………………………………………… 3

正 文 ………………………………………………………… 1

附录一 中国国民党第一至第六届中央执行委员会中央执行委员、
  候补中央执行委员暨中央监察委员会中央监察委员、候补中央监
  察委员名、字、号对照简表（计577人） …………………… 449

附录二 国民党政府时期军事首脑和军事首脑机关及所属建立与
  结束日期概览 ……………………………………………… 459

词目主题拼音索引 ………………………………………… 466

凡 例

一、本书依原《国民党政府政治制度史档案史料选编》确定之体例，将615条词目分列于10个专题组之下，各专题组所含词目多寡不一，少者数条，多者百条以上，均依史实之实际为依归。

1. 法理上的主宰——中国国民党中央执行委员会暨各级党部
2. 事实上的权力总枢——中国国民党中央执行委员会政治委员会（政治会议、国防最高会议、国防最高委员会、政治委员会）
3. 形式上的中央政府——总揽治权的国民政府（中华民国总统府）与分理治权的五院
4. 实际上的权力核心——国民革命军总司令部、中华民国海陆（陆海）空军总司令部、国民政府军事委员会、国民政府事委员会委员长侍从室
5. 口头上的旗号——孙中山的三民主义与五权宪法
6. 外表上的装点——民众团体与民意机构
7. 统治上凭借的支柱之一——文官武将之任用
8. 统治上凭借的支柱之二——中央与地方财政税收之划定
9. 繁杂的地方建制——省以上地区政府；各省与各特别市和特别区及行政区政府；蒙古与西藏两地方政府；各行政督察区行政督察专员公署与各行政督察区保安司令部，各市政府与县政府和设治局，抗战胜利前夕诸多名义的特派员
10. 必然的历史结局——在"清党"反共中组府，在"剿匪"、"戡乱"中败亡
词目编排顺序按实际需要稍做灵活处置，该集中放置的相对集中编排。

二、本书以1927年4月18日国民党政府南京组府为起始，以1949年4月23日国民党政府败退南京为终结，上溯不过1919年10月10日孙中山先生改中华革命党为中国国民党之时，下限截至1949年12月25日西南战役结束止。对1949年4月23日后国民党政府南逃西窜最终逃台湾各节，凡在词目释文与附录中涉及者，均置于〈　〉内以作区别。

三、本书所设词目之释文除少量属名词解释性之短词目外，千字以上万字以内之中型词目、万字以上之大型词目或超大型集群性词目，悉溯其法源、据其法条、述其建制、录其主官、详其职能、叙其嬗变、究其结果，附设组织与附属机构，力求全备不落，实难全备者，只能抱憾付阙，冀望于后来。

四、本书所有词目释文除大量依中国第二历史档案馆馆藏国民党政府档案原件与馆藏国民党政府时期之各种官报外，亦有采自若干大型、权威性工具书者，如荣孟源主编之《中国国民党历次代表大会及中央全会资料》，刘寿林、万仁元、王玉文、孔庆泰合编之《民国职官年表》，中华台北沈朋园编《国民政府职官年表》等。

五、本书为保留尽可能多的历史信息，对中国国民党第一至六届中央执监委员名单全部照录，其用名、用字、用号（含法号、封号），悉依原载，不强作"统一"，为便读者查阅，特列《中国国民党第一至六届中央执行委员会中央执行委员、候补中央执行委员暨中央监察委员会中央监察委员、候补中央监察委员名、字、号对照表》（579人）作为本词典之附录一列后备查，其名（含乳名、幼名、学名、谱名、原名、易（改）名、别名、笔名、化名、教名、经名、法名）、字、号（含别号、别署、法号、封号）全备者有之，只有名、字或只具名、号者有之，亦有只具姓名而无字、号者，悉依所据并按姓之拼音序次排列。

六、本书所设词目中，有涉机构组设成立、所属关系改隶、内设部门增减、执掌事项变更及最终裁撤解销、主官任命与迁调辞免等项，凡原载年、月、日俱全者，原文照录，对原本全无所载或虽有载却未全者，经反复查究、比对，力求补全，确暂无法查明者，概以□表付阙，而待后补。

七、本书词目释文中，有必须增补字、词而明机构全称借明其所属统系时，将增补之字、词置于【　】之中。

八、本书词目释文中，置于（　）内文字，少数为原载即有，相当部分系编者对若干专用词汇给予的注释性简要文字说明，更多部分是为帮助读者了解机构组设、所属关系及主官变动与各官员任用必具之等、阶、级暨其额定数等相关事项，尤其是了解各军事首脑机关建立、演变、主官任用之衔级与结束日期等项，当是有益的。

九、本书词目释文中，有"见××词目"或"详见第××页××词目"置于[　]中者，表示在此先略作必要提及，详细内容待见后列释文全豹，如此互见，以保相关词目间之历史联系。

词目表

中国国民党本部与中国国民党中央干部会议 …………………………………… 1
中国国民党临时中央执行委员会 ……… 2
中国国民党临时中央执行委员会上海执行部 ……………………………………… 3
中国国民党中央执行委员会 …………… 4
中国国民党中央党部 …………………… 4
中国国民党第一届中央执行委员会之中央党部 ………………………………… 4
中国国民党第二届中央执行委员会之中央党部 ………………………………… 5
中国国民党中央特别委员会之中央党部 …………………………………………… 6
中国国民党第二届中央执行委员会第四次全体会议后之中央党部 ………… 6
中国国民党第三届中央执行委员会之中央党部 ………………………………… 6
中国国民党第四届中央执行委员会之中央党部 ………………………………… 7
中国国民党第五届中央执行委员会之中央党部（临时全国代表大会前） … 8
中国国民党第五届中央执行委员会之中央党部（临时全国代表大会后） …………………………………………… 10
中国国民党第六届中央执行委员会之中央党部 ………………………………… 11
中国国民党中央执行委员会各地执行部 …………………………………………… 14
中国国民党中央执行委员会北京执行部 …………………………………………… 14
中国国民党中央执行委员会上海执行部 …………………………………………… 15
中国国民党中央执行委员会汉口执行部 …………………………………………… 15
中国国民党中央执行委员会四川执行部 …………………………………………… 15
中国国民党中央执行委员会哈尔滨执行部 ………………………………………… 15
中国国民党中央执行委员会特派员 … 15
中国国民党中央执行委员会常务委员 …………………………………………… 16
中国国民党中央执行委员会常务委员会 …………………………………………… 16
中国国民党中央执行委员会常务委员会主席 …………………………………… 18
中国国民党中央执行委员会秘书长 … 18
中国国民党中央执行委员会各部部长与各委员会主任委员 ………………… 19
中国国民党中央监察委员会 …………… 21
中国国民党中央委员 …………………… 24
中国国民党中央特别委员会 …………… 24
中国国民党中央政治委员会 …………… 25
中国国民党中央执行委员会政治委员会 …………………………………………… 26
中国国民党中央执行委员会政治会议及其4个分会 …………………………… 30
武汉国民政府时期之中国国民党中央执行委员会政治委员会 ……………… 32
中国国民党中央执行委员会国防会议

.... 33
中国国民党中央执行委员会政治委员会国防委员会 33
国防最高会议及国防最高会议国防参议会 34
国防最高委员会 34
　国防最高委员会中央设计局 35
　国防最高委员会党政工作考核委员会 36
　国防最高委员会国民精神总动员委员会——国民政府行政院国家总动员会议国民精神总动员委员会 37
中国国民党领袖制之由总理到总裁 ... 37
中华民国 38
国民政府 38
中华民国国民政府 38
　广州中华民国国民政府 38
　武汉中华民国国民政府 40
国民党政府 40
　1927年4月18日-9月15日的国民党政府 41
　1927年9月16日-1928年2月4日中央特别委员会期间的国民党政府 42
　1928年2月4日-10月8日二届四中全会后的国民党政府 42
　1928年10月8日-1931年12月25日五院制实行后主席实权制下的国民党政府 43
　1931年12月25日-1943年9月12日五院制实行后主席虚权制下的国民党政府 45
　1943年9月13日-1948年5月19日主席实权制恢复后的国民党政府 51
　1948年5月20日-1949年4月23日总统制实行后的国民党政府——中华民国总统府 53
北平反蒋派中华民国国民政府 54
广州反蒋派中华民国国民政府 54
中华民国国民政府委员会 55
　国民政府委员与常务委员 55
　国民政府主席 56
　国民政府委员会议 57
　国民政府国务会议 58
　国民政府会议 58
国民政府秘书处 58
国民政府副官处 59
国民政府副官处副官长 59
国民政府副官处副官 59
国民政府参事处 59
国民政府文官处 59
国民政府参军处 60
国民政府主计处 60
国民政府中央财政委员会 62
国民政府外交委员会 62
国民政府法制局 62
国民政府劳工局 63
国民政府国定关税委员会 63
国民政府财政监理委员会 63
国民政府劳动法起草委员会 63
国民政府法官惩戒委员会 63
国民政府中央逆产处理委员会 63
国民政府财赈务处 64
国民政府预算委员会 64
国民政府中央财政整理委员会 64
国民政府财政委员会 65
国民政府整理内外债委员会 66
国民政府总理陵园管理委员会——国民政府国父陵园管理委员会 66

国民政府赈灾委员会 …………… 67
国民政府西京筹备委员会 ………… 68
国民政府政务官惩戒委员会 ……… 68
国民政府首都建设委员会 ………… 69
国民政府稽勋委员会 ……………… 69
国民政府编遣委员会 ……………… 70
国民政府黄河水利委员会——国民政府全国经济委员会黄河水利委员会——行政院经济部黄河水利委员会——行政院水利委员会黄河水利委员会——行政院水利部黄河水利工程局 ……………… 71
国民政府全国经济委员会 ………… 71
国民政府审计院 …………………… 73
    国民政府审计职权之行使 ……… 73
国民政府陆海空军军法机构 ……… 74
国民政府陆海空军军法会审 ……… 74
国民政府军事长官惩戒委员会 …… 75
国民政府首都卫戍司令部 ………… 75
国民政府京沪卫戍司令长官公署 …… 75
国民政府中央银行 ………………… 75
国民政府民政部——国民政府内政部
    ……………………………………… 76
国民政府外交部 …………………… 77
国民政府外交部驻各地交涉署——国民政府行政院外交部驻各地交涉署 …… 77
    国民政府外交部侨务局 ………… 78
国民政府财政部 …………………… 78
国民政府财政部国定税则委员会 …… 79
国民政府财政部关税处 …………… 79
国民政府财政部关务署——国民政府行政院财政部关务署 ……………… 80
国民政府财政部盐务处——国民政府财政部盐务署——国民政府行政院财政部盐务署——国民政府行政院财政部盐政署 ……………………………… 81

国民政府财政部盐务稽核总所——国民政府行政院财政部盐务稽核总所——国民政府行政院财政部盐务总局 …… 81
国民政府财政部禁烟处 …………… 82
国民政府财政部金融监理局 ……… 82
国民政府交通部 …………………… 82
    国民政府交通部电政总局 ……… 83
国民政府工商部 …………………… 83
国民政府农矿部 …………………… 84
国民政府司法部 …………………… 85
国民政府最高法院 ………………… 85
国民政府特种刑事临时法庭 ……… 85
国民政府教育行政委员会 ………… 86
国民政府中华民国建设委员会 …… 86
国民政府建设委员会 ……………… 87
国民政府蒙藏委员会 ……………… 89
国民政府侨务委员会 ……………… 89
国民政府禁烟委员会 ……………… 90
国民政府参谋部——国民政府参谋本部
    ……………………………………… 90
    国民政府参谋本部国防设计委员会
    ……………………………………… 91
国民政府训练总监部 ……………… 92
国民政府军事参议院——国民政府军事委员会军事参议院——国民政府军事参议院 ……………………………… 93
国民政府战略顾问委员会 ………… 94
国民政府最高经济委员会 ………… 94
中华民国大学院 …………………… 95
    中华民国大学院教育行政处 …… 95
    中华民国大学院大学委员会 …… 96
    中华民国大学院大学区 ………… 96
    中华民国大学院中央研究院 …… 97
国民政府国立中央研究院 ………… 97
    国民政府国立中央研究院之行政机构

国民政府国立中央研究院之评议机构 …… 98

国民政府国立中央研究院之研究机构 …… 99

国民政府国立中央研究院名誉会员与名誉通讯员（外国会员）…… 100

国民政府国立中央研究院院士与名誉院士 …… 101

国民政府国立北平故宫博物院 …… 101

国民政府西南政务委员会 …… 102

国民政府接收东北各地事宜委员会 …… 103

国民政府冀察政务委员会 …… 103

国民政府国史馆筹备委员会——国民政府国史馆——中华民国总统府国史馆 …… 103

国民党政府时期的行都与陪都 …… 104

国民政府行政院 …… 104

    国民政府行政院院长之职权与产生 …… 108

    国民政府行政院秘书长 …… 109

    国民政府行政院秘书处——中华民国总统府行政院秘书处 …… 109

    国民政府行政院政务处 …… 110

    国民政府行政院会议（国务会议）…… 110

    国民政府行政院会议之提案和临时提案 …… 110

    国民政府行政院会议议案之复议 …… 111

国民政府行政院物资供应委员会 …… 111

国民政府行政院美援运用委员会 …… 111

国民政府行政院战时生产局 …… 112

国民政府行政院新闻局——中华民国总统府新闻局 …… 113

国民政府行政院内政部 …… 114

    国民政府行政院内政部首都警察厅 …… 116

    国民政府行政院内政部警察总署 …… 116

    国民政府行政院内政部禁烟委员会 …… 117

国民政府行政院外交部 …… 118

    国民政府行政院外交部特派员办事处 …… 119

    国民政府行政院外交部驻东北特派员公署 …… 120

    国民政府行政院外交部驻外国之大使馆与公使馆 …… 120

    国民政府行政院外交部驻外总领事馆与领事馆及副领事馆 …… 120

国际联合会中国全权代表办事处 …… 121

国民政府行政院财政部 …… 121

    国民政府行政院财政部关务署 …… 124

    国民政府行政院财政部各关监督署 …… 125

    国民政府行政院财政部海关总署 …… 125

    国民政府行政院财政部直接税署 …… 127

    国民政府行政院财政部税务署 …… 128

    国民政府行政院财政部统税署 …… 128

    国民政府行政院财政部国税署 …… 129

    国民政府行政院财政部缉私署 …… 129

    国民政府行政院财政部盐务总局 …… 130

国民政府行政院财政部盐政局——国民政府行政院财政部盐政总局——国民政府行政院财政部盐务总局 …… 132

国民政府行政院财政部专卖事业管理局 …… 133

国民政府行政院财政部战时货运管理局 …… 133

国民政府行政院财政部田赋管理委员会 …… 134

国民政府行政院财政委员会——国民政府行政院全国财政委员会 …… 134

中央银行、中国银行、交通银行、中国农民银行联合办事总处（简称"四联总处"） …… 135

国民政府行政院军政部 …… 137
 国民政府行政院军政部陆军署 …… 139
 国民政府行政院军政部海军署 …… 141
 国民政府行政院军政部航空署 …… 142
 国民政府行政院军政部军需署 …… 143
 国民政府行政院军政部兵工署 …… 143
 国民政府行政院军政部军医署 …… 145
 国民政府行政院军政部兵役署 …… 146

国民政府行政院兵役部 …… 146

国民政府行政院国防部 …… 147
 国民政府行政院国防部本部系统 …… 149
 国民政府行政院国防部参谋系统 …… 150
 国民政府行政院国防部国防科学委员会 …… 154
 国民政府行政院国防部陆军总司令部 …… 154
 国民政府行政院国防部海军总司令部 …… 157
 国民政府行政院国防部海军总司令部【海军】基地司令部 …… 158
 国民政府行政院国防部空军总司令部 …… 159
 国民政府行政院国防部联合勤务总司令部 …… 160
 国民政府行政院国防部兵役局 …… 163
 国民政府行政院国防部测量局 …… 163

国民政府行政院海军部 …… 163

国民政府行政院交通部 …… 165
 国民政府行政院交通部邮政总局 …… 166
 国民政府行政院交通部邮政储金汇业总局 …… 168

国民政府行政院铁道部 …… 168

国民政府行政院司法行政部 …… 170

国民政府行政院教育部 …… 170
 国民政府行政院教育部国立编译馆 …… 173

国民政府行政院卫生部——国民政府行政院内政部卫生署——国民政府行政院卫生署——国民政府行政院卫生部——中华民国总统府行政院卫生部 …… 173

国民政府行政院工商部 …… 176

国民政府行政院农矿部 …… 177

国民政府行政院实业部 …… 178
 国民政府行政院实业部林垦署 …… 180

国民政府行政院经济部 …… 180
 国民政府行政院经济部资源委员会 …… 183

国民政府行政院农林部 …… 184
 国民政府行政院农林部农业推广委员会 …… 186
 国民政府行政院农林部垦务总局 …… 186

国民政府行政院全国粮食管理局 …… 187

7

国民政府行政院粮食部 …………… 187
国民政府行政院粮食部田赋署 ……… 189
国民政府行政院地政署 ……………… 190
国民政府行政院地政部 ……………… 191
国民政府行政院社会部 ……………… 192
国民政府行政院水利委员会 ………… 194
国民政府行政院水利部 ……………… 196
国民政府全国经济委员会——国民政府行政院全国经济委员会 ………… 197
国民政府行政院国家总动员会议 …… 201
国民政府行政院经济会议 …………… 202
国民政府行政院资源委员会——中华民国总统府行政院资源委员会 …… 206
国民政府行政院蒙藏委员会 ………… 207
 国民政府行政院蒙藏委员会驻藏办事处 ……………………………… 209
国民政府行政院侨务委员会 ………… 210
国民政府行政院禁烟委员会 ………… 211
国民政府行政院驻平政务整理委员会 ……………………………… 212
国民政府行政院赈务委员会 ………… 212
国民政府行政院振务委员会 ………… 213
国民政府行政院振济委员会 ………… 214
国民政府行政院善后救济总署 ……… 214
 国民政府行政院善后救济总署各分署 ……………………………… 216
国民政府行政院善后事业委员会 …… 217
国民政府行政院外汇管理委员会 …… 218
国民政府行政院（中华民国总统府行政院）不管部、会之政务委员 …… 218
国民政府立法院——代表党的立法机关 ……………………………… 219
国民政府建立初期之立法机关：中央法制委员会、国民政府法制局 …… 219
国民政府立法院 ……………………… 220

国民政府立法院立法委员 …………… 222
国民政府立法院院长 ………………… 223
国民政府立法院各委员会 …………… 224
国民政府立法院秘书长 ……………… 224
国民政府立法院之质询权 …………… 225
国民政府立法院法律议案之三读会 ……………………………… 225
国民政府司法院 ……………………… 225
 国民政府司法院会议 ……………… 227
 国民政府司法审理四级三审制的废除和三级三审制的实行 ……… 228
 国民政府司法院统一解释法令和统一解释法令会议 ……………… 228
 国民政府司法院变更判例权之行使 ……………………………… 229
国民政府司法院司法行政部 ………… 229
国民政府司法院最高法院 …………… 230
 国民政府司法院最高法院检察署之检察长与检察官 ……………… 231
国民政府司法院各级地方法院 ……… 232
国民政府司法院高等法院 …………… 233
国民政府司法院行政法院 …………… 234
 国民政府司法院行政法院评事 …… 235
国民政府司法院中央公务员惩戒委员会 ……………………………… 235
国民政府司法院捕获法院 …………… 236
国民政府司法院审理被告为在华外国人民刑事诉讼案件之10个法院内设专庭 ……………………………… 237
国民政府考试院 ……………………… 237
 国民政府考试院会议 ……………… 238
 国民政府考试院考选委员会 ……… 238
 国民政府考试院铨叙部 …………… 239
 国民政府考试院各考铨处 ………… 241
 国民政府时期之典试委员会 ……… 241

国民政府——中华民国总统府时期之考试制度 …………………………… 242
国民政府监察院 …………………………… 244
　国民政府监察院监察委员 ………… 246
　国民政府监察院监察委员保障法 …………………………… 247
　国民政府监察院监察区和监察使署 …………………………… 248
　国民政府监察院非常时期监察权行使程序之简化 …………… 249
　国民政府监察院监察使巡回监察制 …………………………… 250
　国民政府监察院监察委员视察和巡察制 …………………… 250
　国民政府监察院弹劾权之行使 …… 250
　国民政府监察院审计部 …………… 251
　国民政府监察院审计部审计职权行使之三种方式 …………… 252
　国民政府监察院审计部各省市审计处及各审计办事处 ………… 253
　国民党政府时期之审计 …………… 254
　国民党政府时期之协审 …………… 254
　国民党政府时期之稽察 …………… 255
　国民党政府时期之稽核 …………… 255
中华民国总统 …………………………… 255
中华民国总统府 ………………………… 255
　中华民国总统府秘书长 …………… 256
　中华民国总统府参军长 …………… 256
　中华民国总统府资政 ……………… 256
　中华民国总统府第一局 …………… 256
　中华民国总统府第二局 …………… 257
　中华民国总统府第三局 …………… 257
　中华民国总统府第四局 …………… 257
　中华民国总统府第五局 …………… 257
　中华民国总统府第六局 …………… 257
　中华民国总统府机要室 …………… 258
　中华民国总统府侍卫室 …………… 258
　中华民国总统府人事处 …………… 258
　中华民国总统府会计处与统计室 …………………………… 258
　中华民国总统府警卫总队 ………… 258
　中华民国总统府军乐队 …………… 258
中华民国总统府战略顾问委员会 …… 259
中华民国总统府国策顾问委员会 …… 259
中华民国总统府立法院 ………………… 259
中华民国总统府行政院 ………………… 260
　中华民国总统府行政院内政部 …… 262
　中华民国总统府行政院外交部 …… 263
　中华民国总统府行政院财政部 …… 264
　中华民国总统府行政院国防部 …… 264
　中华民国总统府行政院交通部 …… 264
　中华民国总统府行政院教育部 …… 265
　中华民国总统府行政院卫生部 …… 265
　中华民国总统府行政院主计部 …… 265
　中华民国总统府行政院农林部 …… 266
　中华民国总统府行政院工商部 …… 266
　中华民国总统府行政院经济部 …… 266
　中华民国总统府行政院粮食部 …… 267
　中华民国总统府行政院地政部 …… 267
　中华民国总统府行政院水利部 …… 267
　中华民国总统府行政院社会部 …… 267
　中华民国总统府行政院全国经济委员会 …………………………… 268
　中华民国总统府行政院蒙藏委员会 …………………………… 268
　中华民国总统府行政院侨务委员会 …………………………… 268
　中华民国总统府行政院善后事业委员会 …………………………… 269
中华民国总统府司法院 ………………… 269

中华民国总统府司法院大法官 …… 269
中华民国总统府司法院最高法院
　…………………………………… 270
中华民国总统府司法院行政法院
　…………………………………… 270
中华民国总统府司法院中央公务员惩戒
　委员会 …………………………… 270
中华民国总统府考试院 …………… 270
中华民国总统府考试院考试委员
　…………………………………… 271
中华民国总统府考试院考选部 …… 271
中华民国总统府考试院铨叙部 …… 271
中华民国总统府监察院 …………… 272
中华民国总统府监察院弹劾权之行使
　…………………………………… 273
中华民国总统府监察院监察区和监察委
　员行署 …………………………… 274
中华民国总统府监察院审计部 …… 274
中华民国总统府监察院审计长 …… 275
国民党政府时期之内政部部务会议
　…………………………………… 275
国民党政府时期之财政部部务会议
　…………………………………… 275
国民党政府时期之实业部部务会议
　…………………………………… 275
国民党政府时期之铁道部部务会议
　…………………………………… 275
国民党政府时期之海军部部务会议
　…………………………………… 276
国民党政府时期之训练总监部部务会议
　…………………………………… 276
国民党政府时期之印信、关防、钤记、小章
　…………………………………… 276
国民党政府时期之特任、简任、荐任、委任
　职官员 …………………………… 277

国民党政府时期之政务官 ………… 277
国民党政府时期行政各部之部长、副部长、
　次长、政务次长、常任(常务)次长
　…………………………………… 278
国民政府主计处属下之会计局、会计处、会
　计室、会计长、会计处长、会计主任、会
　计员 ……………………………… 279
国民政府主计处属下之统计局、统计处、统
　计室、统计长、统计处长、统计主任、统
　计员 ……………………………… 279
国民党政府时期之参事 …………… 280
国民党政府时期之视察 …………… 280
国民党政府时期之专员 …………… 280
国民党政府时期之总办、督办、会办
　…………………………………… 280
国民党政府时期之外交官 ………… 280
　国民党政府时期之大使 ………… 280
　国民党政府时期之公使 ………… 280
　国民党政府时期之代办与临时代办
　…………………………………… 281
国民党政府时期之驻外使领馆人员
　…………………………………… 281
国民党政府时期之总领事 ………… 281
国民党政府时期之领事官 ………… 281
国民党政府时期之领事 …………… 281
国民党政府时期之副领事 ………… 281
国民党政府时期之随习领事 ……… 282
国民党政府时期之随员 …………… 282
国民党政府时期之外交部特派员 … 282
国民党政府时期之外交部交涉员 … 282
国民党政府时期之佐理员 ………… 282
国民党政府时期之协修 …………… 282
国民党政府时期之公务员 ………… 282
　国民党政府时期之公务员任用程序
　…………………………………… 283

国民党政府时期之公务员甄别审查 ……… 283
国民党政府时期公务员之试署与实授 ……… 283
国民党政府时期公务员之试用与权理 ……… 284
国民党政府时期之非常时期战地公务员及其任用 ……… 284
国民党政府时期之主计人员及其任用 ……… 284
国民党政府时期之卫生事业人员及其任用 ……… 286
国民党政府时期之边疆从政人员及其任用 ……… 287
国民党政府时期之地方行政官吏任期与保障 ……… 288
国民党政府时期之地方行政官吏保荐与被保荐 ……… 288
国民党政府时期之长警 ……… 288
国民党政府时期之职员与雇员 ……… 288
国民党政府时期之办理考绩机关 ……… 288
国民党政府时期之聘用、派用人员及其任用 ……… 289
国民党政府时期县长之试署、实授与代理 ……… 289
国民党政府时期之县行政人员及其任用 ……… 290
国民党政府时期之县各级干部人员考试及考试及格人员分发任用 ……… 291
国民党政府时期省县公职候选人之考试、检核及任用 ……… 291
国民党政府时期之专门职业及技术人员考试与检核 ……… 292
国民党政府时期之教育文化机关 ……… 293

国民党政府时期之国军部队和地方部队 ……… 293
国民党政府时期之边境、边远省份、高等与中等教育人数较少之边远省区 ……… 294
国民党政府时期之办理地方公益事务机关 ……… 294
国民党政府时期之中等学校 ……… 294
国民党政府时期之人民团体（民众团体）、文化团体、自由职业团体、职业团体 ……… 294
国民党政府时期之实业团体、产业公会、职业工会 ……… 295
国民党政府时期之法、法律案、条例、章程、规程 ……… 295
国民党政府时期之立法程序及法规制定标准 ……… 295
国民党政府时期之法律施行日期 ……… 296
国民党政府时期之护照 ……… 297
中国国民党本部军事委员会 ……… 297
中国国民党中央执行委员会军事委员会 ……… 297
广州国民政府时期之中华民国国民政府军事委员会 ……… 298
武汉国民政府时期之中国国民党中央执行委员会军事委员会 ……… 298
国民革命军 ……… 299
国民革命军总司令 ……… 301
国民革命军总司令部 ……… 301
1926年7月7日-1927年4月17日期间之国民革命军总司令及国民革命军总司令部 ……… 302
1927年4月18日-1929年3月15日期间之国民革命军总司令及国民革命军总司令部 ……… 303

国民革命军总司令部战地政务委员会
　………………………………… 304
1927年4月21日-9月16日期间的国民
政府军事委员会 ………………… 304
1927年9月20日-1928年2月6日中央
特别委员会期间的国民政府军事委员会
　………………………………… 305
1928年2月6日-11月17日二届四中全
会后至五院制实行初期之国民政府军事
委员会 …………………………… 305
国民政府军事委员会首都卫戍司令
　………………………………… 306
国民政府军事委员会淞沪卫戍司令部——
国民政府军事委员会淞沪警备司令部
　………………………………… 306
中华民国海陆（陆海）空军总司令 …… 307
1932年1月29日-1937年8月12日期间
的国民政府军事委员会 …………… 308
1937年8月12日-1946年5月31日期间
的国民政府军事委员会 …………… 309
　国民政府军事委员会中国陆军总司令部
　………………………………… 311
　国民政府军事委员会战地党政委员会
　………………………………… 312
　国民政府军事委员会国家总动员设计委
　员会——国防最高会议国家总动员设
　计委员会——国防最高委员会国家总
　动员委员会 ……………………… 315
　国民政府军事委员会航空处 ……… 316
　国民政府军事委员会参谋厅陆军测量局
　（陆地测量总局）………………… 316
　国民政府军事委员会资源委员会
　………………………………… 316
　国民政府军事委员会所属各战区、战区
　司令长官（总司令）、战区司令长官部

　（总司令部）……………………… 317
　国民政府军事委员会军令部 ……… 318
　国民政府军事委员会海军总司令部
　………………………………… 319
　国民政府军事委员会运输统制局 ……
　………………………………… 320
　国民政府军事委员会战时运输管理局
　………………………………… 320
　国民政府军事委员会委员长 ……… 321
　国民政府军事委员会北平分会 …… 322
　国民政府军事委员会委员长侍从室
　………………………………… 322
　国民政府军事委员会航空委员会
　………………………………… 324
　国民政府军事委员会禁烟督察处——国
　民政府行政院财政部禁烟督察处
　………………………………… 326
　国民政府军事委员会禁烟委员会
　………………………………… 328
国难会议 …………………………… 328
国民会议 …………………………… 329
　国民会议主席团 ………………… 329
　国民会议代表名额配置和选举监督
　………………………………… 330
国民参政会之提出和定名 ………… 330
　国民参政会之成立 ……………… 331
　国民参政会之职权 ……………… 331
　国民参政会参政员名额及其配置 … 331
　国民参政会之驻会委员 ………… 332
　国民参政会之议长——主席团 … 332
　国民参政会参政员之任期 ……… 332
国民大会 …………………………… 333
　国民大会代表之区域选举 ……… 334
　国民大会代表之职业选举 ……… 334
　国民大会代表之特种选举 ……… 334

国民大会之"当然代表"与"列席代表" …… 334
国民党政府时期之陆军官制 …… 334
国民党政府时期之海军官制 …… 335
国民党政府时期之空军官制 …… 335
国民党政府时期之特级上将 …… 335
国民党政府时期之上将 …… 335
国民党政府时期之陆海空军人事评判委员会 …… 336
国民党政府时期之陆海空军人事评判委员会会议 …… 337
国民党政府时期之陆海空军军官佐人事业务纲要 …… 337
国民党政府时期之陆海空军军人、视同陆海空军军人、在乡军人、陆海空军军属、上官、哨兵、部队 …… 339
国民党政府时期之陆海空军军籍主管与存用机关 …… 339
国民党政府时期之陆海空军官佐履历登记与呈报及存用机关 …… 339
国民党政府时期之陆海空军官佐服役、停役、退役、除役、回役 …… 340
国民党政府时期之陆海空军官佐员额标准 …… 341
国民党政府时期之陆海空军参谋任职规则 …… 342
国民党政府时期之陆海空军官佐分类、分区任官 …… 342
国民党政府时期之陆海空军士兵等级 …… 343
国民党政府时期之陆海空军军需总监、军需监、军需正、军需佐 …… 343
国民党政府时期之陆海空军军医总监、军医监、军医正、军医佐 …… 344

国民党政府时期之海空军电信正、电信佐 …… 344
国民党政府时期之陆军军官佐任官 …… 344
国民党政府时期之陆军军官佐任职 …… 345
国民党政府时期之陆军军官佐任职暂行条例施行规则 …… 346
国民党政府时期之陆军军官佐资序规则 …… 348
国民党政府时期之陆军军官佐官组、官科、官阶 …… 349
国民党政府时期之陆军官佐实职年资计算标准 …… 352
国民党政府时期之陆军官组人员中之附员 …… 353
国民党政府时期之陆军司药监、司药正、司药佐 …… 353
国民党政府时期之陆军军乐正、军乐佐 …… 353
国民党政府时期之陆军兽医监、兽医正、兽医佐 …… 353
国民党政府时期之陆军测量总监、测量监、测量正、测量佐 …… 353
国民党政府时期之海军军官佐任官条例 …… 353
国民党政府时期之海军军官佐任官条例施行细则 …… 354
国民党政府时期之海军造舰总监、造舰监、造舰正、造舰佐 …… 355
国民党政府时期之海军造械总监、造械监、造械正、造械佐 …… 355
国民党政府时期之海军航务正、航务佐 …… 356
国民党政府时期之海军测量监、测量正、测

量佐 …………………………… 356
国民党政府时期之空军总司令 ……… 356
国民党政府时期之空军军区司令官
　………………………………… 356
国民党政府时期之空军军官佐任官条例
　………………………………… 357
国民党政府时期之空军军官佐任官条例施行细则 …………………………… 357
国民党政府时期之空军机械总监、机械监、机械正、机械佐 ………… 359
国民党政府时期之空军测候正、测候佐
　………………………………… 359
国民党政府时期之军用文官任用暂行条例
　………………………………… 360
国民党政府时期之军用技术人员任用条例
　………………………………… 361
国民党政府时期之军法及监狱人员任用暂行条例 ………………………… 363
国民党政府时期之集团军总司令部
　………………………………… 365
国民党政府时期之财政收支系统法
　………………………………… 365
国民党政府时期之划分国家收入地方收入标准 …………………………… 366
国民党政府时期之划分国家支出地方支出标准 …………………………… 366
国民党政府时期之中央政府应支费用与地方政府应支费用 …………… 367
国民党政府时期之概算与预算 …… 367
国民党政府时期之中央与地方决算分类
　………………………………… 368
国民党政府时期之中央与地方权责划分
　………………………………… 368
国民党政府时期之财政收支分类 … 369
国民党政府时期税课中之中央税 …… 370
国民党政府时期税课中之省税与直隶于行政院之市之市税 ………………… 370
国民党政府时期税课中之市、县税 … 370
国民党政府时期各级政府之独占及专卖
　………………………………… 371
国民党政府时期各级政府之特赋 …… 371
国民党政府时期各级政府之规费 …… 371
国民党政府时期各级政府之罚款收入
　………………………………… 371
国民党政府时期各级政府之物品售卖
　………………………………… 371
国民党政府时期各级政府之租金与使用费及特许费之收取 ……………… 372
国民党政府时期各级政府之信托管理收入
　………………………………… 372
国民党政府时期各级政府之利息与利润等其他合法收入 ………………… 372
国民党政府时期各级政府之征免 …… 372
国民党政府时期各上级政府对下级政府之补助金与协助金 …………… 373
国民党政府时期各级政府之借赊 …… 373
国民党政府时期各级政府之支出 …… 373
国民党政府时期之禁烟与禁毒 …… 373
国民党政府时期之地方行政区划 …… 375
国民党政府时期之省、省政府、省政府委员、省政府委员会、省政府委员会主席、省长 ………………………………… 376
国民党政府时期之省政府各厅、局
　………………………………… 379
国民党政府时期各省政府之实业厅
　………………………………… 381
国民党政府时期各省省政府民政厅之警务处 …………………………… 381
国民党政府时期各省省政府之保安处、省保安司令部、省防空司令部 … 381

国民党政府时期之战地省政府 …… 383
国民党政府时期之东省特别区行政长官公署 …………………………… 384
国民党政府时期之威海卫行政区 …… 385
国民党政府时期之琼崖特别区 …… 386
国民党政府时期之湘鄂临时政务委员会 …………………………… 387
国民党政府时期之四川善后督办公署 …………………………… 388
国民党政府时期之广西善后督办公署 …………………………… 388
国民党政府时期之蒙古地方 …… 389
 国民党政府时期之内属蒙古各盟旗 …………………………… 389
 国民党政府时期之蒙古地方自治、蒙古地方自治指导长官公署、蒙古地方自治政务委员会 …………… 393
 国民党政府时期蒙古地方之闲散王公、闲散札萨、闲散梅伦 …… 394
 国民党政府时期蒙古地方之协领 …………………………… 394
 国民党政府时期蒙古地方之协赞委员 …………………………… 394
 国民党政府时期蒙古地方之协理台吉 …………………………… 394
 国民党政府时期蒙古地方之札萨克 …………………………… 394
 国民党政府时期蒙古地方之管旗章京、管旗副章京 …………… 395
 国民党政府时期蒙古地方之参领 …………………………… 395
 国民党政府时期蒙古地方之佐领 …………………………… 395
 国民党政府时期蒙古地方之骁骑校 …………………………… 395
 国民党政府时期蒙古地方之催领 …………………………… 395
国民党政府时期之西藏地方 …… 395
 国民党政府时期西藏地方之噶布伦 …………………………… 396
 国民党政府时期西藏地方之唐古忒官 …………………………… 396
 国民党政府时期西藏地方之商卓特巴 …………………………… 396
 国民党政府时期西藏地方之仔琫（亦译"仔本"、"仔贲"） …… 396
 国民党政府时期西藏地方之硕第巴（亦译"雪第巴"） …………… 396
 国民党政府时期西藏地方之业尔仓巴 …………………………… 396
 国民党政府时期西藏地方之戴琫（亦译为"代本"、"代贲"） …… 396
 国民党政府时期西藏地方之商上 …………………………… 397
 国民党政府时期西藏地方之协尔邦 …………………………… 397
 国民党政府时期西藏地方之达琫 …………………………… 397
 国民党政府时期西藏地方之卓尼尔 …………………………… 397
 国民党政府时期西藏地方之第巴 …………………………… 397
 国民党政府时期西藏地方之大仲译、小仲译 …………………………… 397
中国现代史上市制之滥觞 …… 397
国民党政府时期之特别市 …… 397
国民党政府时期之市（普通市） …… 400
国民党政府时期之市政会议 …… 401
国民党政府时期之市（县）参议会与参议员及其选举 …… 401

国民党政府时期之省（市）临时参议会与参议员 …… 402
国民党政府时期对直属市参议会之监督 …… 404
国民党政府时期市之区、坊、闾、邻组织 …… 404
国民党政府时期行政督察区制之渊源 …… 404
国民党政府时期行政督察区制之诞生与推行 …… 406
国民党政府时期行政督察区制之定制 …… 409
国民党政府时期战时各省行政督察专员公署及区保安司令部 …… 410
国民党政府时期之县、县长、县政府、县会议、县参议会、县政府合署办公、县政府裁局改科 …… 410
国民党政府时期之设治局 …… 413
国民党政府时期之县行政会议 …… 413
国民党政府时期之县等 …… 413
国民党政府时期之县司法处 …… 414
国民党政府时期之县政府军事科 …… 414
国民党政府时期之政治特派员、军事特派员、党务特派员、工运特派员、策反工作人员、军事专员、宣导委员、宣导员 …… 414
国民党政府时期之区公所 …… 415
国民党政府时期之区署 …… 415
国民党政府时期之乡（镇）公所 …… 416
国民党政府时期之保甲 …… 416
国民政府各"绥靖"公署、国民政府军事委员会所属各"绥靖"公署与各特派"绥靖"主任公署 …… 417
中华民国海陆（陆海）空军总司令部·中华民国海陆（陆海）空军总司令行营·中华民国海陆（陆海）空军总司令部各'绥靖'督办公署（'剿共清乡'督办公署） …… 423
中华民国海陆（陆海）空军副司令及副司令行营 …… 425
豫鄂皖三省"剿匪"总司令部 …… 425
国民政府军事委员会委员长各行营、行辕 …… 426
国民政府军事委员会委员长南昌行营 …… 435
国民政府军事委员会所属各绥靖区 …… 436
国民党政府时期之"清乡区"、"自卫区"、"保甲区" …… 436
国民党政府时期之"铲共义勇队"、壮丁队 …… 436
国民党政府时期之"剿匪军"各部队师密查委员会及其分会、师考验委员会及其分会、临时督战队 …… 437
国民党政府时期之宣传品审查 …… 438
国民党政府时期之处理留俄归国学生办法 …… 438
国民政府司法院特种刑事法庭——中华民国总统府司法院特种刑事法庭 …… 440
国民政府司法院首都反省院 …… 441
国民政府司法院反省院与感化院 …… 442
国民政府行政院军政部军人反省院 …… 444
国民政府行政院绥靖区政务委员会 …… 445
《中华民国宪法》之附加条款——《动员戡乱时期临时条款》 …… 448
国民政府"戡乱"建国动员委员会——中华民国总统府"戡乱"建国动员委员会 …… 448

中国国民党本部与中国国民党中央干部会议

1919年10月10日，孙中山正式宣布将中华革命党改为中国国民党，以别于民国元年之国民党（因民元之国民党乃五党合并而成，今则强调中国国民党由中华革命党递嬗而来），并宣布了《中国国民党规约》，规定以巩固共和、实行三民主义为宗旨，由总理一人综揽党务，下设总务、党务、财政3部。10月13日，孙中山以中国国民党总理身份委任居正、谢持、廖仲恺分别为中国国民党总务、党务、财政部主任。10月22日，孙中山核准《中国国民党本部总务部组织纲要》，规定总务部设机要、庶务、交际、收发、公报5科，分掌本部有关事宜。

1921年1月3日，孙中山令在广州设中国国民党本部办事处，派张继为干事长。3月6日，中国国民党本部办事处召开成立大会，孙中山演讲《三民主义之具体办法》。10月4日，孙中山任命张继为中国国民党北京执行部部长。

1922年9月4日，孙中山在上海召集有关共产党人参加会议，商讨中国国民党改组事宜。9月6日，孙中山决定以丁惟汾、茅祖权、陈独秀、管鹏、覃振、田桐、张秋白、吕志伊、陈树人9人为中国国民党改进案起草委员。11月15日，孙中山在上海召集会议，审查中国国民党改进案，并推汪精卫、胡汉民为宣言起草人。12月16-18日，孙中山在沪再次召集会议，审查中国国民党改进案及党纲、党章。

1923年1月1日，孙中山在上海发表《中国国民党宣言》，宣布对时局的主张及民族、民权、民生政策。1月2日，孙中山在上海召开中国国民党改进大会，并公布通过《中国国民党党纲》，推定中央干部人员；会上，孙中山作了长篇演讲，强调革命宣传对于中国革命成功之重要。同日，《中国国民党总章》公布。1月10日，中国国民党通告实行新颁宣言、党纲和总章。1月21日，孙中山任命中国国民党本部各部部长如下：总务：彭素民；党务：陈树人；财务：林业民；宣传：叶楚伧；交际：张秋白。林祖涵、孙镜、茅祖权、周颂西分任总务、党务、宣传、交际4部副部长。1月23日，孙中山委任居正、孙洪伊、杨庶堪、杭辛斋、覃振、张静江、于右任、吕志伊、周震鳞、廖仲恺、田桐、戴传贤、刘积学、张继、谢持、王用宾、詹大悲17人为中国国民党本部参议。军事委员会委员、本部干事、书记及国内总支部、分部成员，也一律重新任命。1月26日，委任周佩箴为本部财务部副部长。

2月2日，中国国民党本部在上海举行中央干部会议第一次会议，拟成立军事委员会和政治委员会，并决议通过《中国国民党中央干部会议规则》。2月3日，孙中山委派柏文蔚、吕超、黄大伟、蒋作宾、蒋介石、吴忠信、顾忠琛、朱霁青、路孝忱、叶荃、吴介璋、朱一鸣共12人为本部军事委员。

3月26日，孙中山委谢持为全权代表，处理本部党务事宜。同日，中央干部会议举行第二次会议，决定改组东京支部及开展北平宣传工作。

5月12日，中央干部会议第三次会

议决定对内重责北京政府与军阀,对外表示歉忱。

6月27日,中央干部会议第四次会议在沪举行,讨论北方政变后时局应付案,议定本党议员不可久留京中,应促其南下。

7月8日,中央干部会议第五次会议在沪举行,决议电请孙中山对孙、曹联合一说须速决定。次日,孙中山复电上海中国国民党中央干部会议,表明了与曹锟决绝的态度。11日,中央干部会议临时会议在沪举行,讨论联曹问题。12日,孙中山致电孙洪伊,指责曹锟乃和平之敌人。

8月18日,中央干部【第六次】会议在沪开会,根据孙中山指示,主张召开宪法会议,以团结议员。8月31日,中央干部会议在沪举行临时会议,决定反对黎元洪南下在上海以政府名义发号施令。

9月3日,中央干部会议在沪举行第七次会议,决定宣布反对黎元洪以总统名义组织类似政府之一切机关。9月5日,孙中山复电中央干部会议,对黎元洪南下一事,指示不要由中国国民党来表示反对,应采取不予置理态度。9月11日,黎元洪由津抵沪,中央干部会议举行临时会议,决定不予理会。

10月10日,中国国民党广州支部在广州召开恳亲大会,邓泽如任会长,孙中山特嘱在大会之际加设党务讨论会,讨论党务兴革。此为中国国民党改组之先声。10月11日,孙中山致上海本部职员电,内云:"本部应改组,各部不设正副部长,设主任一人,干事、书记各二人,所余职员,听候遴用。总理全权代表及总理办公处一并裁撤。总理孙文。"10月17日,孙中山电上海中央本部干部会议,告知:"(一)章程可修改,将有大改革及扩张,望仍照前电,暂以部长为主任。(二)裁员之际,不必添委。孙文。篠。"10月19日,孙中山电上海中央本部:"已委廖仲恺、汪精卫、张继、戴季陶、李大钊为【中国】国民党改组委员。"10月24日,孙中山委廖仲恺、邓泽如召集中国国民党特别会议,商讨党的改组问题。25日,孙中山在广州召开中国国民党改组特别会议,由廖仲恺主持,讨论改组的必要性及改组计划,并委胡汉民、林森、廖仲恺、邓泽如、杨庶堪、陈树人、孙科、吴铁城、谭平山9人为中国国民党临时中央执行委员,汪精卫、李大钊、谢英伯、古应芬、许崇清5人为候补中央执行委员,组成中国国民党临时中央执行委员会,起草党纲、党章,筹备召开中国国民党第一次全国代表大会。10月28日,临时中央执行委员会正式成立并举行第一次会议,聘请鲍罗廷为顾问,着手办理中国国民党改组事宜,并决定次年1月在广州召开第一次全国代表大会。

11月1日,临时中央执行委员会决定出版《国民党周刊》。

12月7日,孙中山致电上海中国国民党本部,因"【临时】中央执行委员会已在粤成立,沪本部与中央干部会议着即取消,另组沪执行部。"12月9日,中央干部会议在沪举行第十次会议,筹划改组党务事宜,廖仲恺出席报告党的改组情况并成立中国国民党临时中央执行委员会上海执行部,汪精卫、张继、叶楚伧、戴季陶、胡汉民5人为上海执行部委员。12月15日,上海执行部成立,以筹划各省【一大】代表选举及组织上海区党部。

中国国民党临时中央执行委员会

中国国民党临时中央执行委员会是孙中山确定联俄容共方针并下定学习苏俄经验、改组中国国民党之决心后,于1923年10月-1924年1月期间设立的中国国民党的领导机构,也是中国国民党采用委员制组建党的领导机关的开始。1922年6月16日，陈炯明背叛孙中山，1923年2月7日，吴佩孚屠杀京汉铁路罢工工人，南北两军阀反动面目暴露，苏俄政府和共产国际于同年9月派鲍罗廷以共产国际派驻中共密使和派驻孙中山处苏俄代表的双重身份来华，10月6日抵达广州。10月18日，孙中山委鲍罗廷为中国国民党组织教练员。10月24日，特派廖仲恺、胡汉民、林森、邓泽如、杨庶堪、陈树人、谭平山、孙科、吴铁城9人为临时中央执行委员，派汪精卫、李大钊、谢英伯、古应芬、许崇清5人为候补临时中央执行委员，组成了中国国民党临时中央执行委员会。10月28日，该委员会正式宣告成立。11月12日，临时中央执行委员会举行第五次会议，以决定时局问题，发表《中国国民党改组宣言》，公布《中国国民党党纲草案》、《中国国民党章程草案》。11月15日，临时中央执行委员会举行第六次会议，决定组织义勇军。11月19日，孙中山主持临时中央执行委员会第七次会议，讨论了修改党章的问题。11月22日举行的临时中央执行委员会第八次会议由孙科任会议主席，决议组织秘书处，推谭平山、陈树人、谢英伯3人为秘书。11月26日，孙中山主持召开临时中央执行委员会第十次会议，决定以蒋介石为国民军军官学校校长、陈翰誉为教育长、廖仲恺为政治部主任，并推林森、邓泽如、吴铁城筹备召开全国代表大会事宜，代表名额每省6人，其中由总理指派3人、各省党员互相推选3人，海外总支部、支部约12人，计代表名额144人。11月27日，临时中央执行委员会第十一次会议制定出全国代表大会议事日程纲要。11月28日，孙中山又加派林云陔、冯自由、林直勉、徐苏中、谢良牧5人为候补临时中央执行委员。

12月3日，临时中央执行委员会举行第十三次会议，讨论推举全国代表大会代表及统一宣传机关等案。12月12日，孙中山正式任命鲍罗廷为政治顾问。

1924年1月3日，孙中山主持召开了临时中央执行委员会第二十二次会议。1月19日，孙中山主持召开中国国民党第一次全国代表大会预备会议，议决大会议事日程纲要及大会会址，廖仲恺作了报告，称此次改组要点乃在于"修改党纲、订定党章"。

中国国民党临时中央执行委员会从1923年10月28日成立，至1924年1月19日结束，其间计举行会议28次，共通过议案400余件，为中国国民党的改组和第一次全国代表大会的召开做了必要的准备。中国国民党内一系列重要制度，如：建立中央执行委员会为最高党务领导机构与设立秘书处处理日常事务的制度，在适要地点设立执行部与各执行部之执行委员及候补执行委员均由中央执行委员会委派的制度，中国国民党各地方党部之下设立区分部以主党事的制度，举行全国代表大会时组织主席团以主持大会事宜的制度等，悉渊源于临时中央执行委员会制定的《历次会议重要议案》之中。

中国国民党临时中央执行委员会上海执行部

1923年10月24日，中国国民党临时中央执行委员会组成。10月28日，临时中央执行委员会第一次会议决议：以胡汉民、汪精卫、张溥泉、叶楚伧、戴季陶为上海执行部委员，"另由本会派廖仲恺同志到上海召集以上五人组织临时【中央】执行委员会上海执行部"。孙中山于12月7日以"阳电"告中国国民党上海事务所："本党【临时】中央执行委员会已在粤成立，沪本部与中央干部【会议】着即取消，另组驻沪执行部，以符新制。孙文。阳。"12月15日，上海执行部成立。12月28日，临时中央执行委员会第二十次会议决议派张秋白、彭素民为上海执行部候补委员。

1924年1月31日，中国国民党第一届中央执行委员会第一次全体会议决议设立中央执行委员会上海执行部，该临时中央执行委员会上海执行部当于此时结束。

中国国民党中央执行委员会

中国国民党中央执行委员会是继中国国民党临时中央执行委员会之后，经由中国国民党第一次全国代表大会选举产生、在全国代表大会闭会以后执行大会决议的全党最高领导机关和权力机关。依中国国民党第一次全国代表大会通过之《中国国民党总章》规定，其职权为：1. 代表本党对外关系。2. 组织并指挥各地方党部。3. 委任本党中央机关报人员。4. 组织本党中央机关各部。5. 支配本党党费及财政。6. 指挥在政府机关、俱乐部、农会、工会、商会、市议会、县议会、省议会、国议会等内部特别组织之中国国民党党团。7. 于全国代表大会闭会期间召集各省执行委员会及其他直辖党部之代表开全国会议一次。8. 于每月将中央执行委员会活动经过情形通告各省执行委员会及其他直辖党部一次。9. 派遣中央执行委员于指定地点组织执行部。1924年1月30日，中国国民党第一次全国代表大会通过孙中山提名的24名中央执行委员、16名候补中央执行委员暨5名中央监察委员、5名候补中央监察委员名单，组成了中国国民党第一届中央执行委员会。自此以降，中国国民党由历届全国代表大会选举产生各该届中央执行委员和候补中央执行委员暨中央监察委员、候补中央监察委员组成各该届中央执行委员会，作为全国代表大会闭会期间全党最高领导和权力机关，乃成定制。

中国国民党中央党部

1924年1月28日，中国国民党第一次全国代表大会通过的《中国国民党总章》第五章，称为"最高党部"；1945年5月16日，中国国民党第六次全国代表大会通过第四次修正之《中国国民党总章》第六章，改称为"中央党部"。"最高党部"和"中央党部"包含的内容皆为下列三部分：1. 中国国民党全国代表大会组成、地位和职权。2. 中国国民党中央执行委员会组成、地位和职权。3. 中国国民党中央监察委员会组成、地位和职权。

由上可见，中国国民党中央党部是全国代表大会及其选举产生的中央执行委员会和中央监察委员会的总称。

然据《中国国民党十三年改组史料》记载，中国国民党一大闭幕后的第二天，即1924年1月31日，孙中山主持召开了"一届一中全会"，决定中央执行委员会设秘书处、组织部、宣传部、青年部、工人部、农民部、妇女部、调查部、军事部，组成"中央党部"。依此之说，"中央党部"仅指中国国民党中央执行委员会所设之1处8部而已。

世所通称之"中国国民党中央党部"依据者为后说，但准确地说，应依前说。本书依前说设置相关词目并释义。

中国国民党第一届中央执行委员会之中央党部

1924年1月30日中国国民党第一次全国代表大会选举产生了由总理孙中山提名的下列24人为中央执行委员：胡汉民、汪精卫、张静江、廖仲恺、李烈钧、居正、戴季陶、林森、柏文蔚、丁惟汾、石瑛、邹鲁、谭延闿、覃振、谭平山、石青阳、熊克武、李守常、恩克巴图、王法勤、于右任、杨希闵、叶楚伧、于树德。下列16人为候补中央执行委员：邵元冲、邓家彦、沈定一、林祖涵、茅祖权、李宗黄、白云梯、张知本、彭素民、毛泽东、傅汝霖、于方舟、张苇村、瞿秋白、韩麟符、张国焘。下列5人为中央监察委员：邓泽如、吴稚晖、李石曾、张继、谢持。下列5人为候补中央监察委员：蔡元培、许崇智、刘震寰、樊钟秀、杨庶堪。由上列人员组成中国国民党第一届中央执行委员会和中央监察委员会即中央党部。

1月31日，孙中山主持召开了中国国民党第一届中央执行委员会第一次全体会议，推举廖仲恺、戴季陶、谭平山为中央执行委员会常务委员组成秘书处执行日常党务，并决定设组织、宣传、青年、工人、农民、妇女、调查、军事8部［详见第19页"中国国民党中央执行委员会各部部长与各委员会主任委员"词目］。由此1处8部组成一届中央执行委员会中央党部。此外，中央执行委员会还特设有政治委员会和财务委员会。

由此以降，由全国代表大会选举产生中央执行委员与候补中央执行委员，并从中央执行委员中推举产生常务委员，组成本届之中央执行委员会；由全国代表大会选举产生中央监察委员与候补中央监察委员，组成本届之中央监察委员会；并于次日举行本届中央首次全体会议，推举常务委员和确定中央执行委员会组成机构及各机构首长人选，乃成定制。

中国国民党第二届中央执行委员会之中央党部

1926年1月18日中国国民党第二次全国代表大会选举下列36人为中央执行委员：汪精卫、蒋中正、胡汉民、谭延闿、谭平山、宋庆龄、陈公博、恩克巴图、于右任、程潜、朱培德、徐谦、顾孟馀、经亨颐、宋子文、柏文蔚、何香凝、伍朝枢、丁惟汾、戴季陶、李济深、林祖涵、李大钊、于树德、甘乃光、吴玉章、陈友仁、李烈钧、王法勤、杨匏安、恽代英、彭泽民、朱季恂、刘守中、萧佛成、孙科。选举下列24人为候补中央执行委员：白云梯、毛泽东、许甦魂、周启刚、夏曦、邓演达、韩麟符、路友于、黄实、董用威、屈武、邓颖超、王乐平、陈嘉祐、陈其瑗、朱霁青、丁超五、何应钦、陈树人、褚民谊、缪斌、吴铁城、詹大悲、陈肇英。选举下列12人为中央监察委员：吴稚晖、张静江、蔡元培、古应芬、王宠惠、李石曾、柳亚子、邵力子、高语罕、陈果夫、陈璧君、邓泽如。选举下列8人为候补中央监察委员：黄绍竑、李宗仁、江浩、郭春涛、李福林、潘云超、邓懋修、谢晋。由上列人员组成中国国民党第二届中央执行委员会和中央监察委员会即中央党部。

第二次全国代表大会鉴于一大以后之"中央党部秘书处虽有委员三人主持常务，然人数过少，负责实难"之实际情形，特规定"中央党部改设常务委员会，以中央执行委员会互选九人组织之"。［详见第16页"中国国民党中央执行委员会常务委员会"词目］。中国国民党中央执行委员会以常务委员会处理日常党务遂成定制。

大会还决定增设海外部与商民部。［详见第19页"中国国民党中央执行委员会各部部长与各委员会主任委员"词目］。

同年5月19日，二届二中全会《整理党务第三决议案》内称："中央执行委员会因革命进行之需要，暂设本会常务委员会主席一人"，"常务委员会主席，由中央执行委员会全体会议于本会委员及监察委员中选任之"，结果，二届中央监察委员张静江以19票当选为二届中央执行委员会常务委员会主席。常务委员会主席之下，置秘书长1人领导秘书处日常工作。中国国民党中央执行委员会常务委员会主席和秘书长之设，自此亦成定制。

同年7月4日-6日，二届中执会临时会议决议：1. 中执会常务委员会主席改由二届中央执行委员蒋介石继任（在蒋率部北伐期间，由张静江代理）。2. 加选候补常务委员7人，于常务委员缺席时依次递补。3. 中央执行委员会政治委员会"嗣后应于每星期与常务委员会同开会议一次"（自此以始，中央执行委员会政治委员会改称为"中央执行委员会政治会议"）。4. 中央执行委员会增设军人部，置部长1人（由中央常务委员会提经中央执行委员会通过）综理部务、决定校官以上军官人选和团以上党代表人选，置秘书1人协理部务，下设若干科分股治事。蒋介石被任命为军人部部长。

中国国民党中央特别委员会之中央党部

1927年9月16日，宁、沪、汉三方合流，成立中国国民党中央特别委员会，三方公推出中央特别委员会委员14人、分别推出委员各6人和候补委员各3人，从32名委员中推出3名常务委员，并推出5人代行中央监察委员会职权，取消了军人部，并限中执会政治会议及其他政治分会于10月1日前一律取消，中央党部只保留了原设之秘书处和组织、宣传、工人、农民、青年、妇女、海外、商民8部，且改8部为8委员会，原8部之正、副部长改称为"委员会主任"、"当然委员"。10月24日，中央特别委员会第7次会议通过《训政实施方案委员会案》决议，增设了"训政实施方案委员会"和"党费审查委员会"。

是年12月28日，中央特别委员会宣告结束，其中央党部组织暂维现状，等待改组。

中国国民党第二届中央执行委员会第四次全体会议后之中央党部

1928年2月3日，中国国民党第二届中央执行委员会第四次全体会议通过《改组中央党部案》决议，2月7日一致推举戴季陶、丁惟汾、于右任、谭延闿、蒋中正5人为中央执行委员会常务委员。中央执行委员36人为：汪兆铭、谭延闿、胡汉民、蒋中正、宋庆龄、陈公博、恩克巴图、于右任、程潜、朱培德、顾孟馀、经亨颐、宋子文、柏文蔚、何香凝、伍朝枢、丁惟汾、戴季陶、李济深、甘乃光、陈友仁、李烈钧、王法勤、刘守中、萧佛成、孙科、白云梯、周启刚、黄实、王乐平、陈嘉祐、朱霁青、丁超五、何应钦、陈树人、褚民谊。候补执行委员3人为：缪斌、吴铁城、陈肇英。中央监察委员12人为：吴稚晖、张静江、蔡元培、古应芬、王宠惠、李石曾、柳亚子、邵力子、陈果夫、陈璧君、邓泽如、黄绍竑。候补监察委员4人为：李宗仁、郭春涛、李福林、潘云超。中央党部除秘书处仍旧外，设组织、宣传、训练3部及民众训练委员会并各项特种委员会，由蒋介石、戴季陶、丁惟汾分任3部部长，由戴传贤、蒋介石、何香凝、李煜瀛、陈果夫、丁超五、朱霁青、王乐平、经亨颐9人任委员组成民众训练委员会，并以李、陈、何、朱、经5人为常务委员，取消党费审查委员会。同日，会议通过《政治委员会改组案》决议：中执会政治会议及各地方分会可仍存在，俟第三次全国代表大会决定，各分会应专理政治，不兼管党务。现在经本会通盘筹划，于广州、武汉、开封、太原四处设立分会。关于政治指导之区域：广东、广西属广州分会；湖南、湖北属武汉分会；河南、陕西、甘肃属开封分会；山西、绥远、察哈尔属太原分会。其不属于以上四区分会者，概由中执会政治会议处理之。

中国国民党第三届中央执行委员会之中央党部

1929年3月15日-28日召开的中

国国民党第三次全国代表大会选出下列36人为中央执行委员：蒋中正、谭延闿、戴季陶、何应钦、胡汉民、孙科、阎锡山、陈果夫、陈铭枢、叶楚伧、朱培德、冯玉祥、吴铁城、于右任、宋庆龄、宋子文、汪兆铭、伍朝枢、何成濬、李文范、王柏龄、邵元冲、朱家骅、张群、刘峙、杨树庄、方振武、赵戴文、周启刚、陈立夫、刘纪文、陈肇英、刘芦隐、丁惟汾、曾养甫、方觉慧。选出下列24人为候补中央执行委员：王伯群、丁超五、王正廷、陈耀垣、张贞、赵丕廉、孔祥熙、刘文岛、鲁涤平、张道藩、缪斌、经亨颐、余井塘、薛笃弼、桂崇基、焦易堂、马超俊、鹿钟麟、黄实、陈策、陈济棠、程天放、苗培成、克兴额。选出下列12人为中央监察委员：吴敬恒、张人杰、古应芬、林森、蔡元培、王宠惠、李煜瀛、邵力子、邓泽如、萧佛成、张继、恩克巴图。选出下列8人为候补中央监察委员：褚民谊、陈布雷、商震、陈嘉祐、李烈钧、林云陔、刘守中、邓青阳。由上列人员组成中国国民党第三届中央执行委员会和中央监察委员会即中央党部。

3月28日，三届一中全会决议：1. 推举蒋介石等9人为中央执行委员会常务委员［详见第16页"中国国民党中央执行委员会常务委员会"词目］。2. 推举叶楚伧为第三届中央执行委员会第一次全体会议秘书长。3. 各部因事务纷繁，增设副部长1人，由部长就中央执行委员或候补中央执行委员中介绍于中央执行委员会选任之［详见第19页"中国国民党中央执行委员会各部部长与各委员会主任委员"词目］。4. 民众训练委员会应即取消，其主管事务分别归并组织部、训练部办理。5. 成立中央执行委员会统计处、法规编审委员会（其委员7人，由1处3部各派1人兼任，余3人专任，由中央常务委员会指定1名专任委员为主任委员）、民众训练设计委员会（直辖于常务委员会）。6. 政治会议委员，就中央执、监委员中推定之，其人数不得超过中央执、监委员全数之半。7. 侨务委员会收归中央执行委员会办理。8. 组织部设评议委员会（评议员额定5-9人）。9. 财务委员会设主任委员1人，由中央执行委员会常务委员兼任之。

同年7月□日，中央执行委员会增设抚恤委员会。

1930年1月□日，成立党史史料编纂委员会。8月31日，侨务委员会改由国民政府行政院辖属。9月□日，增设革命债务调查委员会。

1931年1月14日，第三届中央执行委员会第五次全体会议通过《加增中央各部副部长人数案》，决议中央执行委员会组织、宣传、训练3部副部长人数各改为2人。

中国国民党第四届中央执行委员会之中央党部

1931年11月16日，中国国民党第四次全国代表大会（宁方）通过《组织对日问题专门委员会并推定委员案》决议，推定戴传贤等53人为委员并定戴传贤、何应钦为召集人。12月26日，宁粤对立化解后召开的第四届中央执行委员会第一次全体会议通过《改进党务决议案》决议：1. 中央执行委员会组织、宣传两部改为组织、宣传两委员会，训练部取消，另设民众指导委员会。2. 各委员会各设正副主任委员1人、委员若干人。3. 成立特种外交委员会。4. 增设海外党务委员会、华侨捐款保管委员会。5. 经大会推选，下列72人为中央执行委员：蒋中正、汪兆铭、胡汉民、孙科、戴传贤、宋庆龄、何应钦、陈果夫、陈铭枢、叶楚伧、朱培德、吴铁城、于右任、宋子文、何成濬、王柏龄、邵元冲、朱家骅、张群、刘峙、杨树庄、周启刚、陈立夫、陈肇英、丁惟汾、曾养甫、李济深、方觉慧、王伯群、何香凝、方振武、伍朝枢、李文范、刘纪文、刘芦隐、邹鲁、阎锡山、冯玉祥、赵戴文、李烈钧、柏文蔚、覃振、石青阳、熊克武、陈友仁、王法勤、陈公博、程潜、顾孟馀、经亨颐、甘乃光、居正、石瑛、刘守中、丁超五、张贞、孔祥熙、王正廷、周佛海、顾祝同、夏斗寅、贺耀组、杨杰、桂崇基、马超俊、陈济棠、陈策、白崇禧、李扬敬、余汉谋、林翼中、张惠长。下列60人为候补中央执行委员：邓家彦、茅祖权、李宗黄、白云梯、张知本、傅汝霖、张苇村、黄实、朱霁青、陈树人、缪斌、陈耀垣、刘文岛、鲁涤平、张道藩、赵丕廉、余井塘、薛笃弼、焦易堂、鹿钟麟、苗培成、程天放、克兴额、区芳浦、萧吉珊、黄旭初、朱绍良、程天固、龙云、詹菊似、谢作民、黄季陆、马福祥、梁寒操、钱大钧、关素人、段锡朋、李任仁、郑占南、曾仲鸣、黄慕松、崔广秀、张厉生、黄复生、罗家伦、张定璠、戴愧生、李敬斋、王祺、何世桢、范予遂、陈孚木、曾扩情、王懋功、唐生智、陈庆云、谷正纲、唐有壬、杨爱源、王陆一。下列24人为中央监察委员：邓泽如、萧佛成、谢持、陈璧君、王宠惠、吴敬恒、张人杰、林森、蔡元培、张继、邵力子、李煜瀛、恩克巴图、褚民谊、柳亚子、张学良、杨虎、蒋作宾、洪陆东、李宗仁、许崇智、香翰屏、唐绍仪、张发奎。下列22人为候补中央监察委员：杨庶堪、黄绍竑、郭春涛、李福林、潘云超、陈布雷、商震、陈嘉祐、林云陔、邓青阳、林直勉、黄吉宸、缪培南、方声涛、李绮庵、陈中孚、邓飞黄、孙镜亚、黄少谷、萧忠贞、纪亮、李次温。由上列人员组成中国国民党第四届中央执行委员会和中央监察委员会即中央党部。12月28日，全会通过《推举中央执行委员会常务委员案》决议，推举胡汉民等9人为中央执行委员会常务委员［详见第16页"中国国民党中央执行委员会常务委员会"词目］，并以叶楚伧兼秘书长。

1932年□月□日，又增设革命勋绩审查委员会及附属机关——中央无线电管理处。

中国国民党第五届中央执行委员会之中央党部（临时全国代表大会前）

1935年11月12日-23日举行的中国国民党第五次全国代表大会选出蒋中正等120人为中央执行委员、吴开先等60人为候补中央执行委员：蒋中正、汪兆铭、胡汉民、戴传贤、阎锡山、冯玉祥、于右任、孙科、吴铁城、叶楚伧、何应钦、朱培德、邹鲁、居正、陈果夫、何成濬、陈立夫、石瑛、孔祥熙、丁惟汾、张学良、宋子文、白崇禧、刘峙、顾祝同、朱家骅、杨杰、马超俊、张治中、曾扩情、贺衷寒、蒋鼎文、方觉慧、陈济棠、黄慕松、钱大钧、韩复榘、何键、曾养甫、刘芦隐、陈诚、周佛海、徐恩曾、洪兰友、余井塘、陈策、邵元冲、张道藩、陈布雷、方治、陈公博、梁寒操、李宗黄、刘纪文、徐源泉、潘公展、王法勤、柏文蔚、王陆一、张群、刘维炽、吴醒亚、丁超五、赵戴文、蒋伯诚、顾孟馀、甘乃光、陈继承、萧吉珊、王以哲、李文范、张厉生、周伯敏、王柏龄、苗培成、刘健群、谷正纲、梅公任、余汉谋、郑占南、王漱芳、朱绍良、林翼中、谷正伦、傅作义、吴忠信、王祺、黄旭初、戴愧生、于学忠、陈肇英、张冲、萧同兹、周启刚、麦斯武德、卫立煌、洪陆东、焦易堂、李生达、田昆山、罗桑坚赞、贡觉仲尼、乐景涛、李扬敬、唐有壬、王泉笙、缪培南、王均、熊式辉、夏斗寅、鹿钟麟、王伯群、徐堪、傅秉常、刘湘、陈绍宽、陈仪、彭学沛、茅祖权、沈鸿烈；吴开先、薛笃弼、叶秀峰、赖琏、谷正鼎、陈调元、俞飞鹏、经亨颐、萧铮、吴抱峰、陈树人、李品仙、邓家彦、林叠、朱霁青、时子周、陈庆云、王用宾、刘建绪、傅汝霖、张强、王正廷、黄季陆、唐生智、黄实、余俊贤、李任仁、宋庆龄、曾仲鸣、张定璠、吴保丰、罗家伦、赵棣华、李敬斋、杨永泰、罗翼群、尼玛鄂特索尔、马鸿逵、谢作民、段锡朋、陈泮岭、王懋功、杨爱源、陈访先、李嗣璁、程潜、张钫、郑亦同、张贞、张知本、陈耀垣、赵丕廉、诺那、王昆仑、赵允义、区芳浦、程天固、詹菊似、石敬亭、吴经熊。选出林森等50人为中央监察委员，鲁荡平等30人为候补中央监察委员：林森、张继、蔡元培、吴敬恒、张人杰、杨虎、邵力子、李宗仁、谢持、杨虎城、王宠惠、许崇智、张发奎、陈璧君、恩克巴图、柳亚子、蒋作宾、褚民谊、程天放、胡宗南、香翰屏、黄绍竑、宋哲元、商震、邵华、李煜瀛、李烈钧、孙连仲、薛岳、刘镇华、龙云、李福林、庞炳勋、麦焕章、林云陔、萧佛成、贺耀组、王子壮、覃振、姚大海、章嘉、熊克武、安钦、秦德纯、盛世才、王秉钧、司伦、王树翰、徐永昌、张任民；鲁荡平、雷震、欧阳格、王世杰、刘文岛、李次温、何思源、刘守中、谭道源、彭国钧、闻亦有、邓青阳、张默君、狄膺、唐绍仪、杨庶堪、马麟、郭泰祺、崔广秀、潘云超、何世桢、胡文熻、李绮庵、萧忠贞、孙镜亚、陈嘉祐、溥侗、黄麟书、陆幼刚、杨熙绩。由上列人员组成中国国民党第五届中央执行委员会和中央监察委员会即中央党部。

同年12月6日，五届一中全会通过《中央执行委员会组织大纲案》决议，规定：1. 中央执行委员会推定常务委员9人组织常务委员会并就中推出正副主席各1人，在中央执行委员会全体会议闭会期间执行职务；常务委员会开会时，中央监察委员会常务委员、中央执行委员会政治委员会正副主席、国民政府主席与五院院长、中央执行委员会秘书长、中央执行委员会所设各部部长及各计划委员会主任委员均得列席。2. 中央执行委员会下设秘书处与组织、宣传、民众训练3部，秘书处设秘书长1人、3部各设部长1人和副部长1人综揽处、部事宜，各部于必要时得设委员若干人担任设计工作。3. 中央执行委员会之下设海外党务、地方自治、国民经济、国民军事训练、文化事业5个计划委员会和财务、抚恤、党史材料编纂3个委员会及其他特种委员会、各附属机关；各委员会各设主任委员1人、副主任委员2人、委员若干人，掌理各委员会事宜。4. 中央执行委员会政治委员会由中央执行委员会就中央执、监委员中推定正副主席各1人、委员19-25人组成政治之最高指导机关，对中央执行委员会负其责任；政治委员会开会时，中央执行委员会常务委员会正副主席、国民政府主席、五院正副院长、军事委员会正副委员长均应出席，于必要时得通知政治委员会所属各专门委员会主任委员，国民政府各部会长官列席。5. 政治委员会之下所设各专门委员会改设正副主任委员，副主任委员不得兼任其他职务，以专责成。12月7日通过《中央常务委员会人选案》与《中央【执行委员会】政治委员会人选案》决议：推胡汉民等9人为中央执行委员会常务委员会常务委员。[详见第16页"中国国民党中央执行委员会常务委员会"词目及第19页"中国国民党中央执行委员会各部部长与各委员会主任委员"词目]。周启刚和萧吉珊与陈耀垣、方觉慧和李宗黄与黄季陆、曾养甫和邓青阳与徐恩曾、陈果夫和褚民谊与张道藩分别为海外党务、地方自治、国民经济、文化事业4个计划委员会正副主任委员（国民军事训练委员会正副主任委员暂缺），邵元冲和罗家伦与梅公任、王法勤和李文范与洪陆东、居正和麦焕章与苗培成分别为党史材料编纂、抚恤、财务3委员会正副主任委员，（国民军事训练委员会人员未定）。

1936年7月13日，五届二中全会通过《组织国防会议及粤桂两省军事政治之调整案》决议并修正通过《国防会议组织条例》，规定国防会议以军事委员会委员长为议长、行政院院长为副议长，军事委员会副委员长、参谋总长、军事参议院院长、训练总监、航空委员会委员长，行政院军政、财政、外交、海军、交通、铁道6部部长及中央特别指定之军政长官李宗仁等18人为会员。9月17日，中央执行委员会常务委员会第21次会议决议：宣传部部长刘芦隐迄未到职，以副部长方治代理部长职务。

1937年2月19日，五届三中全会通过《中央委员列席中央【执行委员】会常【务委员】会及政治委员会案》决议：中央委员应列席中央常务委员会及政治委员会会议，"以集中力量而固党基"。21日又通过《中央【执行委员】会常【务委员】会取消主席制仍复常务委员制案》决议：鉴于中央【执行委员】会常务委员会主席胡汉民出缺，副主席蒋介石"职务过繁"，决定取消主席制，仍复常务委员制。同日会议还决议推邵力子为宣传部部长，推陈公博为民众训练部部长并有"恢复设立中国国民党中央执行委员会政治委员会内原有之国防委员会设置，并以政治委员会正副主席为国防委员会正副主席"之提议。3月3日，中央执行委员会政治委员会第37次会议通过《国防委员会条例》，规定国防委员会为全国国防最高决定机关，对中央政治委员会负其责任。8月11日，政治委员会第51次会议决议设立国防最高会议而将国防委员会撤销。11月16日，中央执行委员会常务委员会决议：政治委员会职权由国防最高会议代行。

中国国民党第五届中央执行委员会之中央党部（临时全国代表大会后）

1938年3月29日-4月1日举行的中国国民党临时全国代表大会于4月1日通过《对于审查改进党务及调整党政关系有关修改总章部分之决议案》内规定：1.本党设总裁、副总裁各1人，由全国代表大会选举之。2.总裁代行总理之职权。3.中央执行委员会互选9-15人为常务委员组织常务委员会，在中央执行委员会闭会期间代行职务，对中央执行委员会负其责任。4.为训练青年，设立三民主义青年团。5.设立中央执行委员会调查统计局隶于秘书处之下，原设之中央执行委员会统计处和组织部党务调查处一并归入该局。6.增设党务委员会、训练委员会。

1938年4月6日，五届四中全会通过《三民主义青年团组织要旨案》决议：青年团团长由中国国民党总裁兼任，青年团干部由团长指派。同日通过之《改进党务并调整党务关系案》决议内规定：1.中央【执行委员会】常务委员会决定党政大计。2.中央【执行委员会】常务委员会设党务计划委员及政治计划委员各若干人。3.中央【执行委员会】常务委员会开党务会议时，除中央党部各部部长当然列席外，由总裁提经中央执行委员会通过之党务计划委员列席党务会议。4.中央【执行委员会】常务委员会开政治会议时，除国民政府所属有关各院、部、会最高长官（由总裁列举）当然列席外，由总裁提经中央执行委员会通过之政治计划委员列席政治会议。4月8日通过《总裁提出对于"改进党务并调整党政关系审查修正案"之修正意见案》决议，规定：1.中央执行委员会常务委员会之下设党务委员会，设主任委员1人、委员14-20人，除中央执行委员会各部正副部长为当然委员外，余由总裁提经常务委员会通过之。2.中央执行委员会政治委员会组织仍旧，但不设副主席，其决议案须报告于常务委员会经全会选定丁惟汾等15人为中央执行委员会常务委员［详见第16页"中国国民党中央执行委员会常务委员会"词目及第18页"中国国民党中央执行委员会秘书长"、第19页"中国国民党中央执行委员会各部部长与各委员会主任委员"词目］。

1939年1月28日，五届五中全会通过《国防最高委员会组织大纲案》决议，2月20日正式成立国防最高委员会取代了国防最高会议。11月20日，五届六中全会通过《改推常务委员案》决议，推王法勤等15人为常务委员［详见第16页"中国国民党中央执行委员会常务委员会"词目］，并以国民政府五院院长为当然常务委员。同日通过《改任中央执行委员会秘书长及各部部长案》决议［详见第19页"中国国民党中央执行委员会各部部长与各委员会主任委员"词目］。

1940年5月□日，恢复【中央执行委员会】常务委员会。7月1日-8日举行之五届七中全会决议中央执行委员会设立妇女部，国防最高委员会设置中央设计局主持全国政治、经济、建设之设计及审核，设置党政工作考核委员会主持党政机关工作、经费、人事之考核，与中央设计局确切联系，以矫正设计、执行、考核分立之弊端而树立行政三联制之基础。是年10月1日，中央执行委员会社会部改隶于国民政府行政院。

1941年3月□日，中央执行委员会增设三民主义丛书编纂委员会（1944年6月□日改隶于宣传部之下）。4月2日，五届八中全会通过决议：准中央执行委员会秘书长叶楚伧因病呈请辞职，以海外部部长吴铁城调充，所遗海外部部长由刘维炽接充；国防最高委员会秘书长张群另有任务，以行政院外交部部长王宠惠调充；组织部代理部长曾养甫另有任务，改以张冲接充；海外部副部长周启刚专任侨务委员会副委员长，萧吉珊另有任务，以陈庆云、戴愧生接充。6月□日，增设党务工作人员从政资格甄审委员会。11月15日-23日召开的五届九中全会推选叶楚伧、顾孟馀为中央【执行委员会】常务委员。

1942年6月□日，增设出版事业管理委员会（1944年4月□日裁撤）；11月27日，五届十中全会选举陈果夫、何应钦、孔祥熙、张厉生、白崇禧、宋子文、邹鲁、叶楚伧、丁惟汾、李文范、冯玉祥、陈济棠、吴忠信、潘公展、邓家彦15人为【中央执行委员会】常务委员（五院院长为当然委员）。

1943年11月15日裁撤革命债务调查、华侨捐款保管两委员会。

中国国民党第六届中央执行委员会之中央党部

1945年5月5日-21日，中国国民党第六次全国代表大会选出下列222人为中央执行委员：于右任、何应钦、叶楚伧、居正、孙科、陈诚、戴传贤、吴铁城、邹鲁、宋子文、丁惟汾、白崇禧、陈果夫、张治中、梁寒操、陈立夫、陈布雷、朱家骅、胡宗南、冯玉祥、朱绍良、贺衷寒、顾祝同、钱大钧、何成濬、马超俊、宋庆龄、程潜、阎锡山、张厉生、谷正伦、傅作义、谷正纲、麦斯武德、刘健群、杨杰、蒋鼎文、段锡朋、鹿钟麟、余井塘、潘公展、甘乃光、陈继承、焦易堂、李文范、吴忠信、于学忠、狄膺、方觉慧、刘维炽、王正廷、刘峙、曾扩情、周伯敏、余汉谋、黄旭初、黄季陆、方治、张群、卫立煌、薛笃弼、谷正鼎、张道藩、萧同兹、陈策、俞飞鹏、陈庆云、陈树人、徐源泉、柏文蔚、丁超五、熊式辉、傅秉常、洪兰友、林翼中、沈鸿烈、曾养甫、周启刚、李品仙、蒋伯诚、陈绍宽、罗家伦、马鸿逵、邓家彦、刘纪文、赖琏、何键、彭学沛、陈仪、刘建绪、李宗黄、朱霁青、李扬敬、洪陆东、顾孟馀、缪培南、李任仁、戴愧生、陈济棠、张强、茅祖权、夏斗寅、吴挹峰、叶秀峰、杨爱源、萧吉珊、罗桑坚赞、唐生智、吴保丰、陈肇英、王泉笙、苗培成、赵允义、时子周、余俊贤、黄实、吴开先、萧铮、孔祥熙、徐堪、田昆山、傅汝霖、梅公任、林叠、王东原、罗卓英、骆美奂、蒋宋美龄、桂永清、宋希濂、关麟征、康泽、黄宇人、顾维钧、翁文灏、吴绍澍、周至柔、张镇、黄仲翔、王耀武、邓文仪、郑介民、王启江、陈石泉、孙蔚如、马元放、顾希平、朱怀冰、俞鸿钧、李惟果、刘瑶章、李默庵、汤恩伯、郑彦棻、邓宝珊、冯钦哉、胡健中、卢汉、王缵绪、李翼中、范予遂、楼桐荪、庞镜塘、袁守谦、李中襄、张之江、梅贻琦、万福麟、白云梯、甘家馨、邓飞黄、陈剑如、向传义、邓锡侯、夏威、陈希豪、柳克述、张维、项定荣、燕化棠、吴尚鹰、沙克都尔扎布、韩振声、潘公弼、彭昭贤、刘季洪、程思远、齐世英、李书华、达理扎雅、许绍棣、杨端六、董显光、王宗山、方青儒、郭忏、王陵基、李大超、陈雪屏、张廷休、魏道明、李汉魂、徐箴、陈联芬、林学渊、罗霞天、陆福廷、周昪斌、刘文辉、吕云章、沈慧莲、梅友卓、李培基、龚自知、欧阳驹、陆崇仁、热振、张嘉璈、张国焘、陈国础、陈访先、王懋功。选出下列90人为候补中央执行委员：张钫、张贞、罗翼群、石敬亭、赵棣华、陈耀垣、谢作民、郑亦同、程天固、吴经熊、陈泮岭、赵丕廉、区芳浦、詹菊似、高桂滋、马占山、李士珍、毛邦初、宋宜山、郑洞国、黄镇球、张九如、李玉堂、周兆棠、马绍武、杜聿明、邹志奋、马星野、王星舟、胡秋原、王芃生、胡次威、伍智梅、吴铸人、陈逸云、李文斋、何辑五、张平群、何浩若、刘戡、邓龙光、白海风、罗时实、韦永成、傅启学、刘斐、张清源、谭伯羽、吴国桢、黄正清、王俊、郭寄峤、程中行、李觉、钱昌照、于望德、傅岩、马继周、满楚克扎布、唐纵、罗贡华、任卓宣、胡瑛、孙越崎、邹作华、李朴生、徐景唐、梁敦厚、刘攻芸、葛覃、郝任夫、倪文亚、张宝树、刘多荃、许惠东、杨继曾、徐象枢、王隽英、吕晓道、李先良、邢森洲、高宗禹、萨本栋、杜镇远、潘文华、王若僖、叶汎、彭善、潘秀仁、张静愚。选出下列104人为中央监察委员：吴敬恒、张继、王宠惠、李宗仁、邵力子、张发奎、王世杰、张人杰、商震、孙连仲、贺耀组、秦德纯、王子壮、雷震、程天放、杨虎、李烈钧、黄绍竑、徐永昌、闻亦有、何思源、薛岳、熊克武、张知本、覃振、林云陔、李敬斋、章嘉、刘文岛、李福林、张任民、张默君、香翰屏、王秉钧、李煜瀛、姚大海、谭道源、邓青阳、彭国钧、邵华、龙云、鲁荡平、李嗣璁、许崇智、李次温、胡庶华、钮永建、黄少谷、李延年、吴奇伟、祝绍周、张伯苓、上官云相、冯治安、刘茂恩、尧乐博士、许孝炎、蒋梦麟、张砺生、杨森、林蔚、李永新、曾万锺、何柱国、蒋光鼐、王星拱、马鸿宾、曹浩森、马步芳、万耀煌、雷殷、周嵒、周震鳞、朱经农、谢冠生、范汉杰、王靖国、李明扬、马法五、张邦翰、唐式遵、贾景德、吴南轩、李梦庚、李培炎、李树森、吴鼎昌、林彬、袁雍、李肇甫、李济深、张维桢、霍揆彰、刘伯群、刘尚清、王宪章、宋述樵、陈方、崔震华、沈宗濂、罗良鑑、郭泰祺、黄麟书、陆幼刚。选出下列44人为候补中央监察委员：胡文灿、孙镜亚、李绮庵、崔广秀、杨熙绩、穆罕默德·伊敏、孙震、熊斌、李铁军、格桑泽仁、刘汝明、锺天心、刘蘅静、喜饶嘉措、黄建中、卓衡之、王德溥、何联奎、王子弦、毛炳文、赵兰坪、陈焯、迪鲁瓦、刘鼎和、黄天爵、陈固亭、王仲廉、张伯谨、章益、陈大庆、钱用和、张轸、叶溯中、周福成、祝秀侠、赵仲容、曾以鼎、刘廉克、陈绍贤、韩德勤、余成勋、张笃伦、丁德隆、刘成灿，由上列人员组成中国国民党第六届中央执行委员会和中央监察委员会即中央党部。

1945年5月30日，六届一中全会通过《中央执行委员会组织大纲修正要点》决议：1. 中央常务委员名额增为25人，不设当然委员。2. 中央常务委员开会时，由总裁主席，总裁因事不能出席时，由常务委员互推一人为主席。3. 中央执行委员会设秘书处和组织部及海外部，设宣传、训练、财务、农工运动（12月□日成立）、妇女运动（属组织部）、文化运动（属宣传委员会）委员会。5月31日通过《选举中央执行委员会常务委员案》决议：选举于右任、居正、孙科、戴传贤、陈果夫、陈诚、何应钦、叶楚伧、邹鲁、吴铁城、宋子文、丁惟汾、白崇禧、冯玉祥、陈布雷、李文范、潘公展、张厉生、朱家骅、张治中、程潜、陈立夫、段锡朋、张道藩、陈济棠25人为常务委员。是年10月□日，宣传委员会属下之文化运动委员会改由中央执行委员会直隶。12月□日，组织部属下之妇女运动委员会改由中央执行委员会直隶；同月□日，成立中央执行委员会农工运动委员会。

1946年3月15日，六届二中全会通过《对于政治报告之决议案》，内称："过去所有国防最高委员会之【中央】设计局、【党政工作】考核委员会及各种专门委员会应予裁并。"3月16日通过《改选常务委员会案》决议，于右任等35人当选为常务委员［详见第16页"中国国民党中央执行委员会常务委员会"词目］。8月□日，农工运动委员会改组为中央执行委员会农工部。12月□日成立【中执会】甄选委员会。

1947年3月21日，六届三中全会通过《中央【执行委员会】常务委员改选办法案》决议：1. 以抽签方法决定每次全会改选常务委员1/3名单之顺序。2. 其在本次全会改选之列者，由本次全会以无记名连记法补选之，连选得连任。3. 补选常务委员人选，以能经常在京出席者为原则。改选结果：孙科、陈果夫、于右任、邹鲁、赖琏、李文范、张群、钱大钧、康泽、谷正纲、柳克述、李宗黄12人当选为常务委员。3月24日全会议决：裁撤国防最高委员会，成立中央【执行委员会】政治委员会，委员人选由总裁提常务委员会决定。4月21日，裁撤国防最高委员会，恢复中央执行委员会政治委员会。同月□日，中央执行委员会调查统计局改组为【中执会】党员通讯局。9月12日，六届四中全会通过《统一中央党部团部组织案》决议：1. "为集中革命力量，统一革命领导，以适应当前环境之需要"，经中央党部、团部决定，统一党团组织，三民主义青年团本届中央干事一律为本届党之中央执行委员，其候补中央干事一律为候补中央执行委员，其中央监察一律为本届党之中央监察委员，其候补监察一律为候补中央监察委员。2. 中央执行委员会常务委员名额扩增为45-55人，中央监察委员会常务委员名额扩增为15-19人，其人选均由总裁提请全会决定之。3. 中央执行委员会除原有各部会外，增设青年部为党领导及组训青年之机构。4. 中央执行委员会各部各设委员会为决策和检讨机构，各部部长为当然委员并为委员开会时之主席。5. 中央执行委员会设理论研究委员会，负对主义及政纲、政策之理论研究责任。9月13日通过《中央执委会及监委会常务委员人选案》决议：丁惟汾、居正、于右任、朱霁青、李文范、麦斯武德、邹鲁、马超俊、吴铁城、李宗黄、戴传贤、张群、张治中、陈布雷、宋庆龄、朱家骅、田昆山、白云梯、孙科、陈果夫、宋子文、白崇禧、钱大钧、潘公展、萧同兹、范予遂、梁寒操、陈诚、段锡朋、张道藩、张厉生、陈立夫、贺衷寒、谷正纲、王启江、赖琏、刘健群、萧铮、柳克述、邓文仪、康泽、吴忠信、何浩若、张其昀、蒋经国、袁守谦、黄少谷、何联奎、倪文亚、赵仲容、汤如炎、郑彦棻、李蒸、程思远、黄宇人55人为中央执行委员会常务委员；吴敬恒、张继、王宠惠、邵力子、刘文岛、姚大海、王秉钧、邵华、张知本、张默君、李永新、鲁荡平、朱经农、李曼魂、白端、刘贤周、李世军、朱光潜、程天放19人为中央监察委员会常务委员。9月18日，中执会常务委员会决议：以陈雪屏为青年部部长，梁寒操为理论研究委员会主任委员、倪文亚为副主任委员。9月24日，中执会常务委员会临时会议决议：以王启江、郑彦棻为中执会副秘书长，洪兰友为中执会政治委员会副秘书长，郑通和、赵仲容为中执会青年部副部长，蒋经国、郑彦棻、谷正鼎、李惟果、袁守谦、胡轨为中执会干部训练筹备委员。

1948年4月□日，中执会增设干部训练委员会。同年冬，中央党部分批离开南京"迁广州办公"。

1949年2月□日，中执会常务委员会在广州复会，至4月23日国民党政府溃败时止，中执会由秘书处与组织、海外、青年3部及宣传、训练、财务、干部训练4委员会组成中央党部之建制，未见再有变更。

中国国民党中央执行委员会各地执行部

1924年1月31日，中国国民党一届一中全会决议：中央执行委员会除留部分中央执行委员常驻广州外，余皆分驻各重要地点，组成中央执行委员会各地执行部，代表中央执行委员会处理规定地域内之党务。中央执行委员会留廖仲恺、戴季陶、谭平山、李烈钧、谭延闿、杨希闵、邹鲁、柏文蔚、林森和候补中央执行委员邓家彦、李宗黄、林祖涵、彭素民驻广州，负责处理中央直辖之广东、广西、云南、福建4省党务与政务，其余中央执行委员与候补中央执行委员概皆分赴北京、上海、汉口、四川、哈尔滨5处组织中央执行部，负责代表中央执行委员会处理规定辖区内之党务与政务。

1926年1月18日，中国国民党第二次全国代表大会决议："以前各地执行部之设立，原为督促党务、利便进行。现在已有正式党部12处、特别市党部4处、临时省党部9处，除新疆、云南、贵州外，党部组织几遍全国。而过去两年中各地执行部除北京执行部外，不惟成绩甚少，且有时妨害工作，以时势、以事理，均无继续存在之必要。至于以后督促党务进展，应依下列规定行之：甲、中央党部直接管理各省（区）党部及各特别市党部；乙、中央党部内各部直接与各省（区）党部内之各部发生密切关系；丙、增高各省区及海外总支部之地位，命令各省（区）党部及海外总支部对于各该省（区）内及海外之各种问题，在不违背本党主义及政策之条件下，有解决之权；丁、除国民政府所在地设置政治委员会外，各重要地点必要时经中央执行委员会之核准，得分设政治指导机关；戊、应于适当地点设立交通局，专司交通及传达命令与输送宣传品之职责。"自此以后，各地执行部乃一律撤销，并为中央执行委员会各地政治分会所取代。

中国国民党中央执行委员会北京执行部

1924年1月31日，中国国民党一届一中全会决议设立，中央执行委员李守常、石瑛、于树德、王法勤、丁惟汾、恩克巴图被派为北京执行部执行委员，于方舟、张苇村、韩麟符、张国焘、傅汝霖、白云梯被派为北京执行部候补执行委员，其辖区被规定为直隶、山西、山东、热河、察哈尔、绥远、河南、甘肃、新疆、青海、内蒙古11省区。孙中山指定李守常为北京执行部组织部长、谭熙鸿为农民部长、马叙伦为宣传部长、于树德为青年部长、丁惟汾为工人部长、王法勤为调查部长、褚雪松为妇女部长、蔡和森为组织部秘书。

1926年1月18日，中国国民党第二次全国代表大会通过决议，肯定了北京执行部在督促党务中的成绩，同时根据省党部、特别市党部和临时省党部已经普遍组织成立和过去两年中各地执行部不唯成绩甚少、且有时妨害工作的新情况，决定撤销各地执行部，北京执行部当在此时宣布撤销。

中国国民党中央执行委员会上海执行部

1924年1月31日，中国国民党一届一中全会决议设立，胡汉民、汪精卫、叶楚伧、于右任、张静江被派为上海执行部执行委员，毛泽东、邵元冲、沈定一、茅祖权、瞿秋白被派为候补执行委员，其辖区被规定为江苏、安徽、浙江、江西4省；7月7日，一届中央执委会第41次会议决议将汉口执行部撤销，其所辖之湖南、湖北、陕西3省党务，统归上海执行部办理。1925年12月15日，中央执行委员会决议停止上海执行部职权，上海执行部乃告结束。

中国国民党中央执行委员会汉口执行部

1924年1月31日，中国国民党一届一中全会决议设立，覃振被派为汉口执行部执行委员，张知本被派为候补执行委员，其辖区被规定为湖南、湖北、陕西3省；7月7日，一届中央执委会第41次会议决议："汉口执行部暂告结束，所有湘、鄂、陕各省党务统归由上海执行部办理"，汉口执行部于焉结束。

中国国民党中央执行委员会四川执行部

1924年1月31日，中国国民党一届一中全会决议设立，其"应分设各部，俟中央执行委员到该地体察情形后，报告于中央执行委员会决定之"。熊克武、石青阳被派为四川执行部执行委员（候补执行委员暂缺），其辖区被规定为四川、贵州、西藏3省区。1926年1月18日，中国国民党第二次全国代表大会决议将各地执行部一律撤销，四川执行部乃告结束。

中国国民党中央执行委员会哈尔滨执行部

1924年1月31日，中国国民党一届一中全会决议设立，其"应分设各部，俟中央执行委员到该地体察情形后，报告于中央执行委员会决定之"。居正与瞿秋白被派为哈尔滨执行部执行委员与候补执行委员。其辖区被规定为东三省、外蒙古及北方国外。1926年1月18日，中国国民党第二次全国代表大会决议撤销各地执行部，哈尔滨执行部乃告结束。

中国国民党中央执行委员会特派员

1926年1月18日，中国国民党第二次全国代表大会决议撤销各地执行部后，1月25日，二届一中全会通过《中央执行委员会特派员规程案》，规定：1. 中央执行委员会得派中央执行委员与候补中央执行委员分赴各地，指导党部执行党务。2. 中央执行委员会特派员由中央执行委员会指定区域派出之。3. 特派员之职权为：（1）于所指定之区域内有指导及执行党务之权。（2）有出席所指定之区域内各级会议之权。（3）特派员认为必要时，有召集所指定之区域内各最高党部执行委员联席会议之权。(4) 特派员在指定之区域及特定任务之范围内如遇各最高党部有临时紧急事宜不及呈请中央时，有直接取决之权，但事后应呈报中央党部得其核准。4. 特派员每月得将指定区域内之党务情形向中央党部报告一次。5. 特派员之公费，由中央党部规定之。

中国国民党中央执行委员会常务委员

1924年1月28日，中国国民党第一次全国代表大会通过《中国国民党总章》，其第34条规定："中央执行委员会互选常务委员三人，组织秘书处，执行党务。"1月31日，一届一中全会推举廖仲恺、戴季陶、谭平山为一届中执会常务委员。1926年1月1日-20日，中国国民党第二次全国代表大会规定"中央党部设常务委员会，以中央执行委员互选九人组织之。此后凡有事务，当必以多人负责之故，而进行敏捷"。中央执行委员会以常务委员3人组织秘书处主持日常党务之制度，遂为中央执行委员会常务委员会制度所代替。

中国国民党中央执行委员会常务委员会

1926年1月16日，中国国民党第二次全国代表大会修正《中国国民党总章》，其第34条被修改为："中央执行委员会互选常务委员九人，组织常务委员会，在中央执行委员会全体会议闭会期间执行职务，对中央执行委员会负其责任。"1月22日，二届一中全会推举蒋介石、汪精卫、谭延闿、谭平山、林祖涵、胡汉民、陈公博、甘乃光、杨匏安9人为常务委员。7月6日，二届中央临时全会通过《改善中央执行委员会各部间办事关系案》，规定：中央执行委员会常务委员会于原定9名常务委员外，"加选候补常务委员七人，于常务委员缺席时依次递补"，临时全会加选顾孟馀、李济深、何香凝、于树德、彭泽民、王法勤、丁惟汾7人为候补常务委员。

1928年2月7日，二届四中全会一致推举戴季陶、丁惟汾、于右任、谭延闿、蒋中正5人为中央执行委员会常务委员。

1929年3月28日，三届一中全会推举蒋中正、胡汉民、谭延闿、孙科、戴传贤、于右任、丁惟汾、陈果夫、叶楚伧9人为中央执行委员会常务委员。

1931年12月28日，四届一中全会推举胡汉民、汪兆铭、蒋中正、于右任、叶楚伧、顾孟馀、居正、孙科、陈果夫9人为中央执行委员会常务委员。

1935年12月6日，五届一中全会决议改组中枢组织，中央执行委员会常务委员会实行主席制，添设正、副主席各1人。全会通过之《中央执行委员会组织大纲案》规定："中央执行委员会推定常务委员九人并就常务委员中推定主席及副主席各一人组织常务委员会，在中央执行委员会全体会议闭会期间执行职务"；"常务委员开会时，中央监察委员会常务委员，中央【执行委员会】政治委员会正副主席，国民政府主席，五院院长，中央【执行委员会】秘书长，【中央执行委员会】组织、宣传、民众训练三部部长及各计划委员会主任委员均得列席"，废除前此之"常务委员开会时，中央执、监委员和中央候补执、监委员均得列席"之旧制。12月7日，全会通过《中央【执行委员会】常务委员会人选案》，议决中央【执行委员会】常务委员人选如下：主席胡汉民，副主席蒋介石，常务委员为胡汉民、汪精卫、蒋介石、冯玉祥、丁惟汾、叶楚伧、孔祥熙、邹鲁、陈立夫9人。叶楚伧兼任秘书长。张厉生与谷正纲、刘芦隐与方治、周佛海与王陆一分别为组织、宣传、民众训练3部正副部长。

1937年2月19日，五届三中全会决议取消中央执行委员会常务委员会之主席制，恢复常务委员制。

1938年3月31日，中国国民党临时全国代表大会决定党内"确立领袖制度"，并依此调整党政关系，在《中国国民党总章》内增加《总裁》一章，列于第四章《总理》之后，总裁之下，仍由中央执行委员会互选9－15人组织常务委员会。4月6日，五届四中全会通过《改进党务并调整党政关系案》，决议：1. 中央执行委员会互选9－15人为常务委员，总裁、副总裁不在其内。2. 五院院长得选为常务委员。3. 常务委员开会时，总裁、副总裁皆出席，由总裁任主席，总裁因故不能出席时，由副总裁代理。4. 中央执行委员会秘书长与各部正副部长及各委员会主任委员，均由总裁提经中央执行委员会任命，秘书长"承总裁之命令与中央执行委员会或常务委员会之决议，掌理一切事务"。全会推举丁惟汾、居正、于右任、戴季陶、孔祥熙、孙科、阎锡山、冯玉祥、叶楚伧、邹鲁、陈果夫、何应钦、李文范、白崇禧、陈公博15人为中央执行委员会常务委员。

1939年11月20日，五届六中全会推举王法勤、丁惟汾、邹鲁、孔祥熙、冯玉祥、阎锡山、陈果夫、李文范、何应钦、白崇禧、陈济棠、陈树人、张厉生、王泉笙、邓家彦15人为中央执行委员会常务委员，并决议以国民政府五院院长为中央执行委员会常务委员会当然委员。

1942年11月27日，五届十中全会通过《改选常务委员案》，决以"总裁于执行委员中提出之十人为候选人"，由出席执行委员"用记名投票法，就候选三十人名单内圈定十五人"之方式产生常务委员。如此选出之常务委员为：陈果夫、何应钦、孔祥熙、张厉生、白崇禧、宋子文、邹鲁、叶楚伧、丁惟汾、李文范、冯玉祥、陈济棠、吴忠信、潘公展、邓家彦。

1945年5月30日，六届一中全会通过《中央执行委员会组织大纲修正案》，决议：1. 中央常务委员会名额增为25人，不设当然委员。2. 中央常务委员开会时，由总裁任主席，总裁因事不能出席时，由常务委员互推一人为主席。次日，全会推举于右任、居正、孙科、戴传贤、陈果夫、陈诚、何应钦、叶楚伧、邹鲁、吴铁城、宋子文、丁惟汾、白崇禧、冯玉祥、陈布雷、李文范、张治中、潘公展、张厉生、朱家骅、程潜、陈立夫、段锡朋、张道藩、陈济棠25人为中央执行委员会常务委员。

1946年3月15日，六届二中全会通过《对于党务报告之决议案》，规定：中央执行委员会常务委员名额扩充为36人（其中应有1/4专任），由每次全会改选其1/3。3月16日，于右任、孙科、戴传贤、居正、陈果夫、陈诚、白崇禧、邹鲁、何应钦、梁寒操、宋庆龄、陈立夫、朱家骅、吴铁城、贺衷寒、谷正纲、张道藩、张治中、李文范、宋子文、段锡朋、刘健群、丁惟汾、潘公展、朱霁青、萧同兹、赖琏、陈布雷、田昆山、萧铮、白云梯、王启江、麦斯武德、邓文仪、蒋宋美龄（旋即辞职，以柳克述递补）35人被推举为中央执行委员会常务委员。

1947年3月21日，六届三中全会通过《中央常务委员会改选办法案》，决定：1. 以抽签方法决定每次全会改选常务委员1/3名单之顺序。2. 其在本次全会改选之列者，由本次全会以无记名连记法补选之，连选得连任。3. 补选常务委员人选，以能经常在京出席者为原则。依此改选结果为：孙科、陈果夫、于右任、邹鲁、赖琏、李文范、张群、钱大钧、康泽、谷正纲、柳克述、李宗黄12人当选为常务委员。3月24

日，全会通过决议：恢复国民政府五院院长为中央执委会常务委员会当然委员之制。9月12日，六届四中全会通过《统一中央党部团部组织案》，规定：中央执行委员会常务委员名额扩增为45—55人，其人选由总裁提请全会决定。次日，全会通过丁惟汾、居正、于右任、朱霁青、李文范、麦斯武德、邹鲁、马超俊、吴铁城、李宗黄、戴传贤、张群、张治中、陈布雷、宋庆龄、朱家骅、田昆山、白云梯、孙科、陈果夫、宋子文、白崇禧、钱大钧、潘公展、萧同兹、范予遂、梁寒操、陈诚、段锡朋、张道藩、张厉生、陈立夫、贺衷寒、谷正纲、王启江、赖琏、刘健群、萧铮、柳克述、邓文仪、康泽、吴忠信、何浩若、张其昀、蒋经国、袁守谦、黄少谷、何联奎、倪文亚、赵仲容、汤如炎、郑彦棻、李蒸、程思远、黄宇人55人为中央执行委员会常务委员。

中国国民党中央执行委员会常务委员会主席

1926年5月19日，二届二中全会通过《整理党务第三决议案》，规定：1. 中央执行委员会因革命进行之需要，暂设本会常务委员会主席一人。2. 常务委员会主席由中央执行委员会全体会议于本会委员及监察委员中选任之。3. 常务委员会主席职权如下：（1）常务委员会开会时为其主席；（2）依照整理党务第二决议案第二条之规定，将加入本党之他党党员名册妥为保存；（3）督促常务委员会及中央机关各部长【工作】之进行。4. 常务委员会主席之设置应否继续，由第二届中央执行委员会全体会议下次开会时决定之。次日，在37名出席委员中，中央监察委员张静江以19票当选为首任中央执行委员会常务委员会主席。5月28日，中央执行委员会秘书处改由中央执行委员会常务委员会主席组织。7月6日，在二届中央临时全会上，张静江因足疾辞中央执行委员会常务委员会主席职，通过票选，中执会常务委员会主席由蒋介石继任。7月13日，蒋介石就职。7月17日，在二届中央执委会常务委员会第41次会议上，蒋中正提出现因其将赴前线，所任中执会常务委员会主席请张静江代理、中执会政治会议主席请谭延闿代理。此后，中央执行委员会常务委员会主席即由张静江代理。

1935年12月6日，五届一中全会通过《中央执行委员会组织大纲案》，正式规定中央执行委员会常务委员会实行主席制，由中央执行委员会推定常务委员9人并就中推定正、副主席各1人，组织常务委员会，在中央执行委员会全体会议闭会期间执行职务。次日，全会推定胡汉民、汪兆铭、蒋中正、冯玉祥、丁惟汾、叶楚伧、孔祥熙、邹鲁、陈立夫9人为常务委员并就中推定胡汉民、蒋中正为中央执行委员会常务委员会正、副主席。至1937年2月19日五届三中全会决议取消中央常委会主席制并恢复常务委员制。

1938年3月31日，中国国民党临时全国代表大会决议党内"确立领袖制度"，选举蒋介石、汪精卫为党的正、副总裁，由总裁代行总理职权。自此，中央执委会常务委员会主席、副主席乃由中国国民党总裁、副总裁所取代。

中国国民党中央执行委员会秘书长

1926年6月1日，中央执委会常务委员会决议以叶楚伧为中央执行委员会秘书长。1929年4月8日，三届一中全会决议：推陈立夫为中央执行委员会秘书长。1931年12月28日，四届一中全会决议：以中央执行委员会常务委员叶楚伧同志兼秘书长。1938年4月6日，五届四中全会决议：中央执行委员会设秘书长一人，为专任职，由总裁提经中央执行委员会任命之，承总裁之命令与中央执行委员会或常务委员会之决议，掌理一切事务。全会选定朱家骅为秘书长、甘乃光为副秘书长。1947年9月24日，六届中央执委会常务委员会决议以王启江、郑彦棻为中央执行委员会副秘书长。1949年1月24日，六届中央执委会常务委员会临时会议决议：推郑彦棻继任中央执行委员会秘书长。

中国国民党中央执行委员会各部部长与各委员会主任委员

1924年1月28日，中国国民党第一次全国代表大会通过《中国国民党总章》，于第10条规定："中央执行委员会得分设各部，执行本党之通常或非常党务。各部受中央执行委员会之管理。各部之职务及组织法，由中央执行委员会决定之。"1月31日，一届一中全会决定中央执行委员会互选常务委员3人组织秘书处执行日常党务外，设立组织、宣传、青年、工人、农民、妇女、调查、军事8部，除调查部部长人选未定外，其余7部部长分由谭平山、戴季陶、邹鲁、廖仲恺、林祖涵、曾醒、许崇智担任。

1926年1月22日，二届一中全会决议：中央执行委员会之下，除由谭平山、林祖涵、杨匏安3人任职秘书组（或秘书处）外，设组织、宣传、青年、工人、农民、海外、商民、妇女8部，由谭平山、汪精卫（由毛泽东代理）、甘乃光、胡汉民、林祖涵（8月11日，中执会推李章达为农民部部长）、彭泽民、宋子文、何香凝分任8部部长。6月1日，二届中央执委会常务委员会决议由蒋介石任组织部部长（7月14日，由陈果夫代理）、邵元冲任青年部部长、顾孟馀代理宣传部部长。

1928年2月3日，二届四中全会决议：中央执行委员会除于常务委员会之下设秘书处（由戴季陶、于右任、丁惟汾负责）外，取消农民、工人、商民、海外、青年、妇女6部，保留组织、宣传2部并新设训练部与民众训练委员会，由蒋介石、戴季陶、丁惟汾分任组织、宣传、训练3部部长，以戴季陶、蒋中正、何香凝、李煜瀛、陈果夫、丁超五、朱霁青、王乐平、经亨颐9人为民众训练委员会委员（李、经、朱、何、陈5人为常务委员）。

1929年3月28日，三届一中全会决议："民众训练委员会即取消，主管事务分别归并组织部、训练部办理"（组织部增设民众组织科、训练部增设民众训练科）；还决议：中央执行委员会各部增设副部长、秘书长各1人。4月8日，全会推定蒋介石与陈果夫为组织部正副部长（8月以后，由余井塘代陈果夫任副部长职务）、叶楚伧与刘芦隐为宣传部正副部长（1930年3月以后，由副部长刘芦隐代理部长职务）、戴季陶与何应钦为训练部正副部长。

1930年12月9日，三届中执会常务委员会第118次会议决定以刘芦隐与陈布雷仟宣传部正副部长。12月25日，三届中执会常务委员会第120次会议决定以马超俊与苗培成任训练部正副部长（1931年5月□日，马超俊因病请假，由苗培成代理部长职务）。

1931年12月26日，四届一中全会决议："中央执行委员会组织、宣传两部，改为组织委员会、宣传委员会，训练部取消，另设民众运动指导委员会。"12月29日，中央执委会常务委员会决议：推吴铁城、陈立夫、邹鲁、石青阳、白云梯、张道藩、余井塘、段锡朋、张厉生、范予遂、谷正纲、赵丕廉、邓飞黄、苗培成、焦易堂、杨虎、李敬斋（1932年1月25日中执会常务委员会通过）17人为组织委员会委员，以吴铁城与陈立夫为正副主任委员（1932年1月25日中执会常务委员会准陈立夫两个月假，副主任委员由张道藩代理）；推邵元冲、刘芦隐、经亨颐、甘乃光、桂崇基、程天放、黄季陆、梁寒操、罗家伦、陈孚木、邓家彦、王陆一、克兴额、周佛海、唐有壬15人为宣传委员会委员；推张知本、马超俊、朱家骅、陈公博、王法勤、王柏龄、陈肇英、张群、傅汝霖、朱霁青、王祺、何思祯、曾扩情、王懋功、方觉慧、郭春涛、萧忠贞、黄少谷与潘云超（1932年1月28日中执会常务委员会通过）19人为民众运动指导委员会委员，以张知本与马超俊为正副主任委员。

1932年3月7日，四届中执会常务委员会第11次会议决议：改推陈立夫与谷正纲为组织委员会正副主任委员、罗家伦为宣传委员会副主任委员、陈公博与王陆一为民众指导委员会正副主任委员。

1935年12月6日，五届一中全会决议：中央执行委员会除设秘书处外，设组织、宣传、民众训练3部，各部设正副部长各1人，部长综理部务并得列席中央执委会常务委员会议。

1936年9月17日，五届中执会常务委员会第21次会议决议：宣传部部长刘芦隐迄未到部，著以副部长方治代理部长职务。

1937年2月21日，五届三中全会决议：民众训练部部长周佛海辞职照准，推陈公博为民众训练部部长，推邵力子为宣传部部长。

1938年4月6日，五届四中全会通过《改进党务并调整党政关系案》决议，规定：中央执行委员会各部部长与副部长人选，由总裁提经中央执行委员会通过之。总裁提名之各部正副部长为：组织部为张厉生与谷正纲、吴开先，宣传部为顾孟馀与周佛海、董显光，社会部为陈立夫与张道藩、马超俊，海外部为陈树人与周启刚、萧吉珊。4月8日，全会决议：中央执行委员会常务委员会之下设党务委员会（设主任委员1人、委员14-20人），各部正副部长得为当然委员，余由总裁提经常务委员会通过之。

1939年1月3日，五届中执会常务委员会任命叶楚伧为宣传部代理部长。1月27日，五届五中全会决议："宣传部部长顾孟馀迄未就职，副部长代理部长周佛海离职，推叶楚伧为宣传部部长"。11月20日，五届六中全会决议各部正副部长人选如下：组织部正副部长为朱家骅和吴开先、马超俊（吴开先未到任前，由曾养甫代理），宣传部正副部长为王世杰和潘公展、董显光，社会部正副部长为谷正纲和王秉钧、洪兰友，海外部正副部长为吴铁城和周启刚、萧吉珊。

1941年4月2日，五届八中全会按"总裁提请"决议：组织部代理部长曾养甫另有任务，以张冲接充；海外部部长吴铁城已调任中央【执行委员会】秘书长，遗缺以刘维炽接充；海外部副部长周启刚调任侨务委员会副委员长，萧吉珊另有任务，遗缺以陈庆云、戴愧生接充。

1942年12月7日，五届中执会常务委员会第215次会议决议准宣传部长王世杰辞职，由张道藩继任。

1943年10月4日，五届中执会常务委员会第239次会议准宣传部部长张道藩辞职，由梁寒操继任；海外部部长刘维炽另有任务，由张道藩继任。

1944年6月28日，五届中执会常务委员会准组织部副部长张强辞职，以余井塘继任。11月20日，任陈立夫、王世杰、梁寒操为组织、宣传、海外3部部长。

1945年5月30日，六届一中全会决议：中央执行委员会设下列各机构：1. 秘书处。2. 组织部（主管党部组织、党员训练并指导党员在农、工、商、妇女、文化团体及民意机关中之活动,该部内部组织应以此为划分标准)。3. 宣传委员会(原宣传部所掌有关国家行政之事项,移由政府设置宣传部或情报局处理)。4. 海外部。5. 训练委员会。6. 财务委员会。7. 组织部、海外部之内均应各设委员会,其人数以5-7人为限,以审议各部门一切重要事项为职责,其组织另定之。7月30日,宣传部部长王世杰调任行政院外交部部长,遗缺由吴国桢继任。9月15日,宣传部副部长董显光去职,遗缺由李惟果继任。

1946年5月17日,宣传部部长吴国桢另有他职,遗缺由彭学沛继任。7月10日,六届中执会常务委员会第35次会议通过《总裁提出中央【执行委员会】组织部部长彭昭贤另有任用,派谷正鼎为组织部副部长案》。10月30日,六届中执会常务委员会第44次会议选任马超俊为【中央执行委员会】农工部部长。

1947年7月9日,六届中执会常务委员会第75次会议决议以李惟果为宣传部部长。7月23日,决议陶希圣、李俊龙为宣传部副部长。9月12日,六届四中全会通过《统一中央党团部组织案》,决议:"中央执行委员会除原有各部、会外,增设青年部,为本党领导及组训青年之机构。其组织另定之。"又规定:"中央执行委员会各部各设委员会为决策及检讨机构。各该部部长为当然委员并为委员会开会时之主席。其办法另定之。"9月18日,六届中执会常务委员会第83次会议根据总裁提名,以陈雪屏为青年部部长,9月24日之第84次会议决由郑通和、赵仲容任青年部副部长。

1948年7月15日,六届中执会常务委员会临时会议决议:任黄少谷代理宣传部部长,任谷正鼎代理组织部部长。

1949年1月24日,六届中执常务委员会临时会议决议:任谷正鼎和张清源、萧赞育为组织部正副部长。2月8日,六届中执会常务委员会在广州开会决议:以黄少谷为宣传部部长,3月25日,黄少谷提出辞职,由副部长陶希圣代理部长职务。4月9日,六届中执会常务委员会第182次会议准宣传部长黄少谷辞职,推程天放继任;准青年部部长陈雪屏辞职,推郭寄峤继任。

中国国民党中央监察委员会

1924年1月28日,中国国民党第一次全国代表大会通过《中国国民党总章》,规定中国国民党最高党部除党的最高权力机关——全国代表大会和全国代表大会闭会期间之中央执行委员会外,还有由全国代表大会选举产生之中央监察委员和候补监察委员组成之中央监察委员会。中央监察委员会依规定执行下列职权:1. 稽核中央执行委员会财政之出入。2. 审查党务之进行情形及部员之勤惰,训令下级党部审核财政与党务。3. 稽核在党中央、政府任职之党员其施政之方针及政绩是否根据本党政纲及本党之政策。1月30日,大会通过孙中山提名的5名中央监察委员(邓泽如、吴稚晖、李石曾、张继、谢持)和5名候补中央监察委员(蔡元培、许崇智、刘震寰、樊钟秀、杨庶堪),组成了中国国民党第一届中央监察委员会。自此以后,各届中国国民党全国代表大会选举产生本届之中央监察委员会,执行党章所赋予之法定职权,乃成为定制。

中央监察委员任期初定为1年,后改为2年,连选可连任,会议时,若有公缺,可由候补中央监察委员依次递补并参与表决(但每次替补人数不得超过监察委员人数的1/3)。中央监察委员有选举与被选为常务委员之权,有受中央监察委员会派赴各地执行监察职务之权。

1924年1月31日，孙中山亲自主持召开的中国国民党一届一中全会决议：1. 中央监察委员会设于广州——最高党部所在地，有2人以上到会即得开会议事。2. 监察委员分驻广州、上海、北京，行使监察职权。3. 监察委员1人亦可行使监察职权。4. 监察委员专事监察各地党部及党员行动调查，开列报告交于中央执行委员会或中央执行委员会各地执行部，其地方执行部不能解决者，必须提交中央执行委员会。5. 上级机关监察委员会对于下级机关有发出训令之权。

1926年1月16日，第二次全国代表大会修正之《中国国民党总章》第40条规定："中央监察委员会互选常务委员五人，在中央执行委员会所在地执行职务，每半年至少开全体会议一次。候补监察委员得列席会议。监察委员缺席时，得由到会候补监察委员依次照额递补，在会议中有临时表决权，余只有发言权。但候补委员有表决权者，不能超出监察委员人数三分之一。中央监察委员会得派中央监察委员、候补监察委员分赴各地执行职务。"1月18日，大会选举吴稚晖、张静江、蔡元培、古应芬、王宠惠、李石曾、柳亚子、邵力子、高语罕、陈果夫、陈璧君、邓泽如12人为中央监察委员，选举黄绍竑、李宗仁、江浩、郭春涛、李福林、潘云超、邓懋修、谢晋8人为候补中央监察委员。1月22日，二届一中全会选举张静江、高语罕、邓泽如、古应芬、陈璧君5人为中央监察委员会常务委员。1927年9月16日-12月28日，中央特别委员会以张继、于右任、何香凝、李石曾、蔡元培5人代行中央监察委员会职权。

1928年2月3日，二届四中全会依《改组中央党部案》决议，推举吴稚晖、张静江、蔡元培、古应芬、王宠惠、李石曾、柳亚子、邵力子、陈果夫、陈璧君、邓泽如、黄绍竑12人为中央监察委员；李宗仁、郭春涛、李福林、潘云超4人为候补监察委员。

1929年3月27日，第三次全国代表大会修正之《中国国民党总章》，于原定中央监察委员会3项职权之第41条内增列第4项职权："依据本党纪律，决定各级党部或党员违背纪律之处分"，并选举吴敬恒、张人杰、古应芬、林森、蔡元培、王宠惠、李煜瀛、邵力子、邓泽如、萧佛成、张继、恩克巴图12人为中央监察委员，褚民谊、陈布雷、商震、陈嘉祐、李烈钧、林云陔、刘守中、邓青阳8人为候补中央监察委员，组成第三届中央监察委员会。

1931年12月22日-29日，四届一中全会确定邓泽如、萧佛成、谢持、陈璧君、王宠惠、吴敬恒、张人杰、林森、蔡元培、张继、邵力子、李煜瀛、恩克巴图、褚民谊、柳亚子、张学良、杨虎、蒋作宾、洪陆东、李宗仁、许崇智、香翰屏、唐绍仪、张发奎24人为中央监察委员，杨庶堪、黄绍竑、郭春涛、李福林、潘云超、陈布雷、商震、陈嘉祐、林云陔、邓青阳、林直勉、黄吉宸、缪培南、方声涛、李绮庵、陈中孚、邓飞黄、孙镜亚、黄少谷、萧忠贞、纪亮、李次温22人为候补中央监察委员，组成宁、粤、沪三方"统一"的第四届中央监察委员会。

1934年2月□日，四届中央监察委员会于常务委员会之下设秘书处，置秘书长1人、秘书2人，秘书长承监察委员会或常务委员之命处理日常事务，秘书处于秘书长之下设总务、审查、稽核3科分理各事。

1935年11月12日-23日，第五次全国代表大会选举与通过林森、张继、蔡元培、吴敬恒、张人杰、杨虎、邵力子、李宗仁、谢持、杨虎城、王宠惠、许崇智、张发奎、陈璧君、恩克巴图、柳亚子、蒋作宾、褚民谊、程天放、胡宗南、香翰屏、黄绍竑、宋哲元、商震、邵华、李煜瀛、李烈钧、孙连仲、薛岳、刘镇华、龙云、李福林、庞炳勋、麦焕章、林云陔、萧佛成、贺耀组、王子壮、覃振、姚大海、章嘉、熊克武、安钦、秦德纯、盛世才、王秉钧、司伦、王树翰、徐永昌、张任民50人为中央监察委员，鲁荡平、雷震、欧阳格、王世杰、刘文岛、李次温、何思源、刘守中、谭道源、彭国钧、闻亦有、邓青阳、张默君、狄膺、唐绍仪、杨庶堪、马麟、郭泰祺、崔广秀、潘云超、何世桢、胡文燧、李绮庵、萧忠贞、孙镜亚、陈嘉祐、溥侗、黄麟书、陆幼刚、杨熙绩30人为候补中央监察委员，组成第五届中央监察委员会。12月3日，五届一中全会制定《中央监察委员会组织法》，推举林森、张继、萧佛成、吴稚晖、蔡元培5人为五届中央监察委员会常务委员，推王子壮为五届中央监察委员会秘书长。

1938年6月□日，五届中央监察委员会常务委员会将原秘书处下设3科升格为处，于3处以下分科办事。

1940年8月□日，五届中央监察委员会常务委员会增设政治考核、财务稽核、党务工作考核3委员会。

1945年5月16日，第六次全国代表大会第四次修正《中国国民党总章》，于第44条规定：中央监察委员会全体会议"每半年举行一次"，"亦应在中央党部所在地举行"，"中央候补监察委员得列席会议"；于第41条规定："中央监察委员会互选常务委员若干人，组织常务委员会，在中央监察委员会全体会议闭会期间执行职务。"中央监察委员会常务委员由5人之定额改为"若干人"之不定额，由常务委员组成中央监察委员会常务委员会自此成为定制。5月19日，大会选举下列104人为中央监察委员：吴敬恒、张继、王宠惠、李宗仁、邵力子、张发奎、王世杰、张人杰、商震、孙连仲、贺耀组、秦德纯、王子壮、雷震、程天放、杨虎、李烈钧、黄绍竑、徐永昌、闻亦有、何思源、薛岳、熊克武、张知本、覃振、林云陔、李敬斋、章嘉、刘文岛、李福林、张任民、张默君、香翰屏、王秉钧、李煜瀛、姚大海、谭道源、邓青阳、彭国钧、邵华、龙云、鲁荡平、李嗣璁、许崇智、李次温、胡庶华、钮永建、黄少谷、李延年、吴奇伟、祝绍周、张伯苓、上官云相、冯治安、刘茂恩、尧乐博士、许孝炎、蒋梦麟、张砺生、杨森、林蔚、李永新、曾万锺、何柱国、蒋光鼐、王星拱、马鸿宾、曹浩森、马步芳、万耀煌、雷殷、周嵒、周震鳞、朱经农、谢冠生、范汉杰、王靖国、李明扬、马法五、张邦翰、唐式遵、贾景德、吴南轩、李梦庚、李培炎、李树森、吴鼎昌、林彬、袁雍、李肇甫、李济深、张维桢、霍揆彰、刘伯群、刘尚清、王宪章、宋述樵、陈方、崔震华、沈宗濂、罗良鑑、郭泰祺、黄麟书、陆幼刚。选举下列44人为候补中央监察委员：胡文灿、孙镜亚、李绮庵、崔广秀、杨熙绩、穆罕默德·伊敏、孙震、熊斌、李铁军、格桑泽仁、刘汝明、锺天心、刘蘅静、喜饶嘉措、黄建中、卓衡之、王德溥、何联奎、王子弦、毛炳文、赵兰坪、陈焯、迪鲁瓦、刘鼎和、黄天爵、陈固亭、王仲廉、张伯谨、章益、陈大庆、钱用和、张轸、叶溯中、周福成、祝秀侠、赵仲容、曾以鼎、刘廉克、陈绍贤、韩德勤、余成勋、张笃伦、丁德隆、刘成灿，组成第六届中央监察委员会，并决定以已被选为中央执行委员的狄膺兼任六届中央监察委员会秘书长。

1947年9月12日，六届四中全会决议将三民主义青年团之本届中央监察和候补监察一律改为中国国民党之中央监察委员和候补监察委员。与此相适应，全会又决议将中央监察委员会常务委员名额扩增为 15-19 人，其人选由总裁提请全会决定。9 月 13 日，全会依据总裁蒋介石之提名，通过由吴敬恒、张继、王宠惠、邵力子、刘文岛、姚大海、王秉钧、邵华、张知本、张默君、李永新、鲁荡平、朱经农、李曼魂、白端、刘贤周、李世军、朱光潜、程天放 19 人为新的六届中央监察委员会常务委员。

中国国民党中央委员

中国国民党中央执行委员和候补中央执行委员、中央监察委员和候补中央监察委员之统称，亦有简称为"中央执监委员"者。

1945 年 5 月 10 日，中国国民党第六次全国代表大会通过之《总裁提出第六届中央委员选举办法请公决案》内规定：六届中央委员总额定为 360 人，其分配如下：执行委员 160 名，候补执行委员 80 名；监察委员 80 名，候补监察委员 40 名（5 月 19 日，大会第 19 次会议修正为总额 460 名，内执行委员 222 名、候补执行委员 90 名，监察委员 104 名、候补监察委员 44 名）。在大会记录所录"出席中央委员"中，既包括了执行委员 93 人、候补执行委员 20 人，也包括了监察委员 28 人、候补监察委员 8 人。可见，中国国民党中央委员是指中央执行委员与候补中央执行委员及中央监察委员与候补中央监察委员全体而言，把中国国民党中央委员仅仅理解或诠释为中国国民党中央执行委员与候补中央执行委员是不全面的、错误的。

中国国民党中央特别委员会

1927 年 7 月 15 日，汪精卫集团发起"分共"，在"清党"反共问题上与沪方西山会议派之"中央党部"及宁方蒋介石集团之"中央党部"同归一致。随着蒋介石 8 月 13 日的下野，9 月 11 日，三方正式会议于上海戈登路伍梯云寓所。谭延闿主持会议，对于党务，议决如下：1. 组织特别委员会统一党务。2. 特别委员会由宁、汉、沪三方共同推定若干人组织。3. 汉、宁、沪三方"中央党部"将其职权委托于特别委员会。4. 特别委员会除行使中央执行委员会全部职权外，应负统一地方之中国国民党党部并筹备第三次全国代表大会，最迟 1928 年 1 月 1 日开会。5. 特别委员会委员 32 人、候补委员 9 人，由三方共同提出，宁、汉两方面将全体人名由"中央执行委员会临时会议"发表，上海"中央党部"亦同时将全体人名发表。6. 中央各部长人选，由特别委员会决定。在 9 月 12 日会议上，汉方推出谭延闿、孙科、何香凝、于右任、朱培德、程潜 6 人为特别委员会委员，顾孟馀、陈公博、甘乃光 3 人为候补委员；宁方推出李宗仁、李煜瀛、蔡元培、王伯群、伍朝枢、李烈钧 6 人为特别委员会委员，褚民谊、缪斌、叶楚伧 3 人为候补委员；沪方推出林森、许崇智、谢持、居正、覃振、邹鲁 6 人为特别委员会委员，茅祖权、刘积学、傅汝霖 3 人为候补委员。宁、汉、沪三方公推汪精卫、胡汉民、张继、吴敬恒、戴季陶、张人杰、蒋介石、唐生智、冯玉祥、阎锡山、杨树庄、李济深、何应钦、白崇禧 14 人为特别委员会委员。这样，中国国民党中央特别委员会由 32 名委员及 9 名候补委员组成。在 9 月 13 日会议上，决议在特别委员会中公推 5 人代行监察委员会职权，推选结果：张继、于右任、何香凝、李煜瀛、蔡元培 5 人代行监察委员会职权。9 月 16 日下午 2 时，中央特别委员会在南京【国民革命】军【总司令】部西花园行成立礼，各委员宣誓就职，开第一次会议，中国国民党中央特别委员会由此产生。9 月 17 日-19 日，中央特别委员会议决：1. 推定汪精卫、蔡元培、谢持 3 人为常务委员，叶楚伧为秘书长，组织部由汪精卫、陈树人、谢持、王昆仑、景定成、潘云超、茅祖权、吴敬恒8人组成，宣传部由戴传贤、顾孟馀、胡汉民、李煜瀛、潘宜之、王恒、张知本、覃振8人组成，工人部由陈公博、麦焕章、居正、陈崮民4人组成，农民部由萧同兹、甘乃光、易培基、陈果夫、沈定一5人组成，商民部由褚民谊、吴铁城、孙科、林焕廷、宋子文5人组成，青年部由傅汝霖、缪斌、邹鲁、丁惟汾4人组成，妇女部由何香凝、陈璧君、王文湘、俞庆棠、陈锦祥、吴章祺6人组成，海外部由邓泽如、林森、萧佛成、周启刚4人组成。2．原中央执行委员会政治委员会（或称政治会议）及其他政治分会限于10月1日前一律取消，其职务属于党部者，仍由中央党部执行，属于政府者，仍由国民政府或省政府执行。3．中央特别委员会暨统一之国民政府既经成立，所有以前各级党部及国民政府应即合并，其所属各机关应即移交中央特别委员会中央党部及国民政府统辖，统一由中央特别委员会分令遵办。4．国民政府委员无定额，国民政府委员先由胡汉民等47名委员组成，以胡汉民、汪精卫、蔡元培、谭延闿、李烈钧5人为国民政府委员会常务委员。国民政府设内政、外交、财政、交通、司法、实业、农工7部，以大学院代教育部，先以孙科为财政部长、王宠惠为司法部长、王伯群为交通部长、伍朝枢为外交部长、蔡元培为大学院院长，于9月20日先行就职视事。5．以于右任等67人为军事委员会委员，以白崇禧、李宗仁、何应钦、朱培德、蒋介石、胡汉民、谭延闿、汪兆铭、冯玉祥、阎锡山、程潜、唐生智、李济深、杨树庄14人组成军事委员会主席团。

1927年12月28日，中央特别委员会宣告结束。

中国国民党中央政治委员会

1923年1月2日公布之《中国国民党总章》规定党本部设政治委员会调查国内外政治、经济状况并研究国外经济改革计划。2月2日，中国国民党本部在上海举行中央干部会议第一次会议，拟议成立中国国民党政治委员会。

1924年7月11日，中国国民党中央政治委员会正式成立并举行第一次会议，孙中山任委员会主席，胡汉民、汪精卫、廖仲恺、谭平山、伍朝枢、邵元冲6人被委派为委员，伍朝枢被指定为委员会秘书，鲍罗廷受聘为高级顾问；会议决议：派许崇智、杨希闵、刘震寰、谭延闿、樊钟秀、胡汉民、廖仲恺、蒋介石、伍朝枢9人为中央军事委员会委员，俄人高和罗夫为顾问；派古应芬、甘乃光、彭湃为农务调查委员，俄人鲍罗廷为顾问；派廖仲恺、汪精卫、伍朝枢为商务调查委员。7月14日，中央执行委员会第43次会议上，胡汉民提出《政治委员会对中央执行委员会之权限案》，决议规定：1．关于党事，对中央执行委员会负责，按性质可事前执行或事后请求追认。2．关于政治及外交问题，由总理或大元帅决定办理。7月16日，中央政治委员会举行第二次会议，准谭平山辞政治委员职务，由瞿秋白递补。8月6日，举行第四次会议，决定设立统一训练处，孙中山任主席，杨希闵、许崇智、蒋介石、宋子文、程潜、鲍罗廷任委员。8月13日，举行第五次会议，决议成立联络部，以解决党内纠纷。8月20日，举行第六次会议，决定将《党内之共产派问题》和《国民党与世界革命运动之联络问题》两草案提送中央全会。9月3日，举行第七次会议，议决发表北伐宣言，以"反对帝国主义、反对北方军阀"相号召，定于9月7日开展"反帝国主义周"活动。9月10日，举行第八次会议，讨论了北伐问题。9月19日，举行第九次会议，决议设立"自治筹备委员会"，以"宣传及筹备自治"、"计划人民与政府财政上之合作"、"发给民团枪支"。11月1日，举行第十二次会议，商讨了"与北方合作条件"。11月10日，孙中山北上赴京，中央政治委员会主席由胡汉民代理。

1925年1月26日，孙中山在北京病重住院时，因在京之中央政治委员只有汪精卫1人，故加委于右任、吴稚晖、李石曾、李大钊、陈友仁5人为中央政治委员会委员，并口谕："令将广州中央执行委员会内之政治委员会移至北京。"（因之，史有"北京政治委员会"之称）。是日，中央政治委员会在北京召开紧急会议，鉴于孙先生病危，一致决议："在其临终前立下遗言，俾同志遵守。"6月15日，中国国民党中央执行委员会全体会议决议，"中国国民党中央执行委员会为最高机关"，中国国民党中央执行委员会内设政治委员会。由此以降，中国国民党中央政治委员会改以"中国国民党中央执行委员会政治委员会"名世。

中国国民党中央执行委员会政治委员会

1924年1月28日第一次全国代表大会通过之《中国国民党总章》计13章86条，并无设立政治委员会之文字。

1925年3月12日孙中山逝世后，中央政治委员会于6月14日开第14次会议于广州大元帅大本营，决议：1.中国国民党中央执行委员会内设政治委员会，以指导国民革命之进行。2. 关于政治之方针，由政治委员会决定，以政府之名义执行。3. 与北京政治委员会会议一致同意：此后实行委员会合议制，以代元首独任制。7月1日，中央执行委员会推定胡汉民为政治委员会主席。9月23日，胡汉民因涉嫌刺廖案而被逐赴苏"考察"，中央执行委员会政治委员会主席由汪精卫继任。

1926年1月16日，中国国民党第二次全国代表大会修正通过《中国国民党总章》，其第35条规定：中央执行委员会遇有必要时，得设政治委员会等特种委员会。1月18日，大会通过的《中央党务总报告》内规定：政治委员会设在国民政府所在地，如有必要，经常务委员会核准，得在各重要地点设政治委员会分会，其权限由中央执行委员会决定。1月23日，二届一中全会通过之《中央执行委员会政治委员会组织条例案》内才明确规定："一、政治委员会为中央执行委员会特设之政治指导机关，对于中央执行委员会负其责任。二、政治委员由中央执行委员会推任之。三、政治委员会认为必要时，得推任同志在某地方组织分会，其权限由政治委员会定之。四、政治委员会设委员若干人、候补委员若干人；政治委员【开会】有缺席时，由出席之候补委员依次递补，【该递补之候补委员】有临时表决权，余只有发言权。五、中央执行委员会聘任政治委员会顾问，【该顾问】在政治委员会只有发言权。六、政治委员会设秘书主任一人，秘书、办事员、书记若干人，由主席任命并指挥之。"是日，全会推选汪精卫、谭延闿、胡汉民、蒋介石、伍朝枢、孙科、谭平山、朱培德、宋子文9人为政治委员，陈公博、甘乃光、林祖涵、邵力子4人为候补政治委员。4月16日，政治委员与国民政府委员联席会议推举谭延闿为政治委员会主席。7月6日，二届中央临时全会通过《改善中央执行委员会各部间办事关系案》决议，内称："政治委员会原为中央指导国民政府政治上的机关，但事实上，政治委员会似各独立。故以后亟应集中与中央【执行委员会】常务委员会合开一会，以利进行。"决议"（二）政治委员会原为中央执行委员会之特种委员会，故嗣后应于每星期与常务委员会同开会议一次"。自此以后，中央执行委员会政治委员会被改称为"中央执行委员会政治会议"。

1927年3月10日，第二届中央执行委员会第三次"全体"会议在武汉召开，在其通过之《统一党的领导机关决议案》内第6-8条规定："在中央执行委员会下，设政治委员会、军事委员会等。""政治委员会，以常务委员会全体委员及由中央执行委员会全体会议选举之中央执行委员及候补中央执行委员六人组织之。国民政府部长虽非政治委员会委员，亦得列席政治委员会会议，但无表决权。政治委员会委员中，由中央执行委员会全体会议指定七人为主席团。""政治委员会对于政治问题议决后，交由中央执行委员会指导国民政府执行之。"3月13日同一会议通过《修正政治委员会及分会组织条例》共10条："（一）政治委员会依第二届中央执行委员会第三次全体会议议决之'统一党的领导机关【决议】案'第七、第八两条之规定组织之。（二）政治委员会为中央执行委员会下之最高政治指导机关。（三）政治委员会因适应革命工作之需要，得向中央执行委员会建议，在全国各重要政治地区设立政治委员分会。（四）各地政治委员分会，对中央执行委员会负责。（五）政治委员会分会委员，不限于中央执、监委员及候补中央执、监委员。（六）政治委员会分会之人数、权限、任务及与地方党部之关系，由中央执行委员会规定之。（七）政治委员会分会委员，经中央执行委员会指定，得列席政治委员会会议，但无表决权。（八）政治委员会分会，对于地方问题之决议，得直接交由地方政府执行之，但须报告中央执行委员会。（九）政治委员会分会，对于全国大局有关系之重要决议，须经中央执行委员会之认可，方发生效力。（十）政治委员会分会秘书处之组织，由政治委员会及分会自定之。"9月19日，中央特别委员会第3次大会议决："中央执【行】委【员】会政治委员会（或称'政治会议'）及其他政治分会一律取消。其职务属于党部者，仍由中央党部执行；属于政府者，仍由国民政府或省政府执行。各地政治分会，限于十月一日以前取消。"

1928年2月3日，二届中央第四次全体会议通过《政治委员会改组案》决议，规定："中央政治会议及各地方分会，可仍存在，俟第三次全国代表大会决定。各分会应专理政治，不兼管党务。现在经本会通盘策划，于广州、武汉、开封、太原四处设立分会。[详见第30页"中国国民党中央执行委员会政治会议及其4个分会"词目]。8月14日，二届中央五次全会通过《中央政治会议案》，规定："（一）中央政治会议委员，应由中央执行委员会推定之。（二）《政治会议暂行条例》第三、四两条合并，修正如下：'凡政治会议决议案，应由中央执行委员会交国民政府执行。'（三）以汪精卫、谭延闿、蒋中正、胡汉民、甘乃光、陈公博、邵力子、伍朝枢、孙科、朱培德、张静江、丁惟汾、王法勤、吴稚晖、陈友仁、何香凝、顾孟馀、宋子文、李济深、陈果夫、李烈钧、戴传贤、柏文蔚、李宗仁、萧佛成、孙宋庆龄、蔡子民、李石曾、邓泽如、何应钦、白崇禧、陈可钰、陈铭枢、贺耀组、叶楚伧、冯玉祥、古应芬、阎锡山、于右任、易培基、杨树庄、黄郛、孔祥熙、王伯群、薛笃弼、王正廷为政治会议委员。"会议通过之《政治分会存废案》决议规定："（一）各地政治分会，限于本年年底，一律取消。（二）《政治会议分会暂行条例》第四条'政治分会之决议案，交该特定地域内之最高级地方政府执行之'之下，增加但书如下：'但不得以

27

分会名义对外发布命令,并不得以分会名义任免该特定地域内之人员。'" 10月25日,中执会常务委员会第179次会议通过《中央执行委员会政治会议暂行条例》13条,规定:"政治会议为全国实行训政之最高指导机关,对于中央执行委员会负其责任";"中央执行委员、监察委员为政治会议当然委员";"国民政府委员亦为政治会议当然委员";"中央执行委员会得推定其他政治会议委员,其人数不得超过前条当然委员名额之半数";中央执行委员会推定之"其他政治委员",须为具下列资格之一者:"一、为党服务十年以上、富有政治经验者;二、负党国之重任、其地位在特任官以上者";"候补中央执行委员、监察委员得列席政治会议";"政治会议由委员互推一人为主席","设秘书长一人、秘书三人、办事员若干人,由主席任命并指挥之";"政治会议委员除特别紧急重要事件、经本会议之许可,得派人代表列席报告外,平时不得派代表出席";"政治会议讨论及决议事项"如下:"甲、建国纲领,乙、立法原则,丙、施政方针,丁、军事大计,戊、国民政府委员,【国民政府五院】各院院长副院长、各部部长、各委员会委员及委员长、各省政府委员、主席及厅长,各特别市市长,驻外大使、特使、公使及特任、特派官吏之人选";"政治会议不直接发布命令及处理政务",其决议事项"直接交由国民政府执行","有提交国民政府及各院、各军事最高机关讨论决定执行者,由各该长官负责办理。"

1929年3月27日,第三次全国代表大会修正《中国国民党总章》,其第37条为:"中央执行委员会遇必要时,得设特种委员会。"同日,会议决议将罗家伦等13人提议之《整理中央政治会议办法案》及邓青阳等13人提议之《保障党权案》,"经大会提案审查委员会审查提出报告后"移交中央执行委员会。同年4月8日三届一中全会通过之《中央政治会议案》规定:"(一)政治会议委员就中央执、监委员中推定之,其人数不得过中央执、监委员全数之半数。(二)依据以上之原则,交【中央执行委员会】常【务委员】会修改条例并决定其人选。" 5月8日,三届中执会常务委员会第8次会议决议:"修正《中国国民党中央执行委员会政治会议组织条例》",取消了前定"当然委员"、"列席委员"之规定,限定"政治会议委员由中央执行委员会就中央执行委员、中央监察委员中推定之",其名额"不得超过中央执行委员、中央监察委员之半数",增设政治会议"候补委员",于条例第3条原文之后增加"政治会议得设候补委员,但其名额不得超过委员名额三分之一"一语,并增"政治会议因政务人员之请求,得随时许可其列席报告"和"政治会议之下设政治报告组、经济组、外交组、财政组及其他专组,各设委员一人至三人,分别担任审查与设计事宜"两条,秘书增为3—5人;该会议推定胡汉民、蒋介石、汪精卫、谭延闿、叶楚伧、孙科、于右任、丁惟汾、陈果夫、冯玉祥、阎锡山、何应钦、戴季陶、杨树庄、宋子文、张静江、赵戴文、吴稚晖、李石曾、蔡元培、古应芬、林森、王宠惠、邵力子24人为中央执行委员会政治会议委员,推定朱家骅、邵元冲、李文范、陈立夫、孔祥熙、王正廷6人为政治会议候补委员。

1930年3月4日,三届三中全会通过《修正中央执行委员会政治会议条例案》,政治会议下原设4组中之"政治报告组"改称为"政治组",增设"教育组",各组原定设委员1—3人增为5—9人,并明定:"其人选就政治会议委员及非政治会议委员之中央执行委员、中央监察委员中推定之";秘书之设则改为不定额之"若干人",此外还增设

"特务秘书若干人"。

1931年6月14日，三届五中全会通过《关于中央政治会议条例之修正案》，将前条例第3条所定"政治会议委员之名额不得超过中央执行委员、中央监察委员之半数"，修改为"政治会议委员之名额不得超过中央执行委员、中央监察委员总数三分之二"，增列"负党国之重任，其地位在特任官以上者，经中央执行委员会议决，亦得为政治会议委员，但其名额不得超过中央委员之政治会议委员名额四分之一"；此外，还将政治会议所设5专组委员人数由原定5－9人扩大为9－13人。全会推选蒋中正、胡汉民、叶楚伧、于右任、丁惟汾、陈果夫、何应钦、戴传贤、杨树庄、宋子文、吴敬恒、张人杰、李煜瀛、蔡元培、林森、王宠惠、张继、邵力子、朱家骅、邵元冲、陈立夫、孔祥熙、王正廷、王伯群、朱培德、吴铁城、陈铭枢、马超俊、张群、何成濬、刘芦隐、焦易堂32人为政治会议委员。同年6月25日，三届中央执委会常务委员会第147次会议决议：加推贺耀组、钮永建为政治会议委员，推方觉慧、王柏龄、陈肇英、丁超五、周启刚、曾养甫、余井塘、桂崇基、程天放、陈布雷、恩克巴图11人为政治会议候补委员，并"依政治会议条例第三条第三项，推张学良、张作相、王树翰、张景惠、刘尚清、方本仁六同志为中央政治会议委员"。同年12月28日，四届一中全会通过《决定中央政治会议组织原则并推举中央政治会议常务委员案》，其通过之"中央政治会议组织原则"如下："（一）中央政治会议，以中央执行委员、中央监察委员组织之。（二）中央政治会议设常务委员三人，开会时轮流主席。（三）中央候补执监委员得列席政治会议。"全会推选之3名常务委员为蒋中正、汪兆铭、胡汉民。

1932年"一·二八"事变发生，国民党政府"迁都洛阳"，又由于胡汉民不屑与表面"合作"的蒋、汪为伍，虽被推为中央执行委员会政治会议常务委员，却始终拒不"到任视事"，3月6日，四届二中全会无奈通过《中央政治会议召集地点之变通办法》如下："在国难期间，中央政治会议应于时局之必要，得由常务委员二人随地召集之。"同年12月21日，四届三中全会鉴于前推之中央政治会议之常务委员中，"胡委员迄未视事，汪委员赴德就医，蒋委员又将出都剿赤"，"为中央最高政治指导机关之实际需要计，提议即以中央执行委员会常务委员为中央政治会议常务委员"，此一提议获全会通过。

1935年12月6日，五届一中全会通过之《中央执行委员会组织大纲案》内规定："中央执行委员会设政治委员会"，"政治会议"一词由此结束，"中国国民党中央执行委员会政治委员会"正名得以恢复！《中央执行委员会政治委员会组织条例》中确定之职权范围是：讨论及决议立法原则、施政方针、军政大计、财政计划、特任与特派官吏及政务官人选、中央执行委员会交议事项。政治委员会下设法制、内政、外交、国防、财政、经济、教育、土地、交通9个专门委员会，各专门委员会各设委员9－15人，以中央委员及对各该委员会主管事项有专门研究之党员充任，分别担任设计与审查事宜，并得聘请专家为顾问，各专门委员会设正副主任委员各1人，副主任委员不得兼任他职；政治委员会设秘书处，由中央执行委员会任命正副秘书长各1人，正副秘书长得任命秘书、办事员各若干人。12月7日，全会推定汪精卫、蒋介石为政治委员会正、副主席，张静江、阎锡山、许崇智、李烈钧、王宠惠、李文范、张学良、唐生智、陈璧君、宋子文、朱培德、顾孟馀、朱家骅、马超俊、邵元冲、刘守中、陈公博、王伯群、程潜、陈果夫、梁寒操、张定璠、何应钦、黄绍竑、王陆一25人为政治委员会委员，顾孟馀、陈布雷为政治委员会正、副秘书长。

1937年2月19日，五届三中全会决议：为"集中力量而固党基"起见，"中央委员应列席政治委员会会议"。

1938年3月31日，中国国民党临时全国代表大会通过《改进党务并调整党政关系案》，决议"确立领袖制度"，以蒋介石为党的总裁，并规定政治委员会设主任委员1人暨委员24-36人，除国民政府五院正副院长为当然委员外，"余由总裁提经中央执行委员会通过之"。4月8日，五届四中全会通过总裁蒋介石的提案：政治委员会不再设副主席，并得"以决议案报告于常务委员会"。

1939年1月28日，五届五中全会决议于抗战期间设立国防最高委员会统一党政军之指挥并代行中央执行委员会政治委员会之职权。自此，政治委员会之名义虽仍存在，却停止了职权之行使，名存而实亡。

1946年3月16日，六届二中全会第18次大会决议撤销国防最高委员会、恢复成立中央政治委员会，但未立即实施。

1947年3月24日，六届三中全会决议：国民政府改组后，国防最高委员会即撤销，中央【执行委员会】政治委员会应即成立。4月17日，六届中执会常务委员会第65次会议根据总裁蒋介石之提名，选任张静江、李石曾、冯玉祥、阎锡山、李济深、陈立夫、洪兰友等25人为政治委员会委员，以李济深为政治委员会主席、陈立夫为政治委员会秘书长。4月24日，国防最高委员会宣布撤销。4月28日，中央执行委员会政治委员会正式恢复并举行第一次会议，决于政治委员会之下设政治、经济、外交、内政、教育5个委员会。5月14日，六届中执会常务委员会第69次会议决议："中央【执行委员会】政治委员会主席李济深反抗中央，送请中央监察委员会议处。"9月24日，六届中执会常务委员会第84次会议通过以洪兰友为政治委员会秘书长。

1948年6月2日，六届中执会常务委员会临时会议决议：推孙科代理政治委员会主席、李惟果任政治委员会秘书长。

中国国民党中央执行委员会政治会议及其4个分会

1926年7月6日，二届中央临时全会通过《改善中央执行委员会各部间办事关系案》决议，规定：以后政治委员会亟应集中与中国国民党中央执行委员会常务委员会合开一会，以利进行；政治委员会原为中央执行委员会之特种委员会，故此后应于每星期与常务委员会同开会议一次。由此以始，中国国民党中央执行委员会政治委员会乃改称为中国国民党中央执行委员会政治会议。7月13日，二届中执会常务委员会第40次会议通过蒋介石提出之政治会议委员21人名单：汪精卫、谭延闿、蒋介石、胡汉民、甘乃光、陈公博、邵力子、林祖涵、伍朝枢、孙科、朱培德、谭平山、张静江、于树德、丁惟汾、王法勤、吴稚晖、陈友仁、何香凝、顾孟馀、宋子文。7月15日，政治会议举行首次会议，蒋介石任主席。7月17日，二届中执会常务委员会第41次会议决议：在蒋介石赴前线期间，政治会议主席由谭延闿代理。

1927年1月3日，蒋介石在南昌召开过一次政治会议。4月17日，政治会议第73次会议在南京举行，蒋介石提请加派萧佛成、蔡子民、李石曾、白崇禧、陈可钰、陈铭枢、贺耀组7人"为中央【执委会】政治委员会内列席"，"此后在南京继续召开之政治会议由胡汉民、蒋介石、谭延闿轮流担任主席。"同年9月16日,中央特别委员会成立,将中执会政治委员会(政治会议)及各地政治分会一律取消。

1928年1月28日,中央特别委员会宣告结束。2月3日,二届四中全会通过《政治委员会改组案》,政治委员会审查案审查报告内云:"……前年七月政治委员会改为政治会议时,并未订定条例,如拟有修订,可即就政治委员会组织条例及第三次全体会议所改订的条例加以修正并以附注。"全会决议:"中央政治会议及各地分会可仍存在,俟第三次全国代表大会决定。"在"各分会应专理政治、不兼管党务"的前提下,于广州、武汉、开封、太原4处设立政治会议分会,分理广东与广西、湖南与湖北、河南与陕西及甘肃、山西与绥远及察哈尔各地域之政治,"其不属于以上四区分会者,概由中央政治会议处理。"据此,中央政治会议及其各地分会乃恢复活动。8月14日,二届五中全会通过《中央政治会议案》决议,规定"凡政治会议之决议,应由中央执行委员会交国民政府执行",全会决以下列46人为政治会议委员:汪精卫、谭延闿、蒋介石、胡汉民、甘乃光、陈公博、邵力子、伍朝枢、孙科、朱培德、张静江、丁惟汾、王法勤、吴稚晖、陈友仁、何香凝、顾孟馀、宋子文、李济深、陈果夫、李烈钧、戴季陶、柏文蔚、李宗仁、萧佛成、宋庆龄、蔡元培、李石曾、邓泽如、何应钦、白崇禧、陈可钰、陈铭枢、贺耀组、叶楚伧、冯玉祥、古应芬、阎锡山、于右任、易培基、杨树庄、黄郛、孔祥熙、王伯群、薛笃弼、王正廷。全会还决议"各地政治分会限于本年底一律取消",各分会"不得以分会名义对外发布命令,并不得以分会名义任命该特定地域内之人员",政治分会之决议只能"交该特定地域内之最高级地方政府执行"。

10月25日,二届中执会常务委员会通过《中央执行委员会政治会议暂行条例》,规定:政治会议为全国实行训政之最高指导机关,对于中央执行委员会负其责任。政治会议以中央执行委员、中央监察委员暨国民政府委员为当然委员。中央执行委员会得在为党服务10年以上并富有政治经验和负党国之重任、其地位在特任官以上之人员中推定不超过中央执监委员任政治会议委员人数一半之非中央执监委员为政治会议委员,候补中央执监委员得列席政治会议。政治会议讨论及决议建国纲领、立法原则、施政方针、军事大计及国民政府委员、各院正副院长与委员、各部部长与各委员会委员、各省政府委员与主席及厅长、各特别市市长、驻外大使与特使及公使暨其他特任与特派官吏之人选。政治会议由委员互推1人为主席。政治会议不直接发布命令及处理政务,其决议直接交国民政府执行,国民政府及各院、各军事最高长官对政治会议交下之决议须决定执行并负责办理。政治会议主席任命秘书长1人、秘书3人、办事员若干人并指挥其工作。政治会议委员除特别紧要事件并经会议之许可得派人代表列席报告外,平时不得派代表出席。

1929年4月8日,三届一中全会决议:政治会议委员应就中央执、监委员中推定,其人数不得过中央执、监委员全数之半。

1930年3月4日,三届三中全会通过《修正中央执行委员会政治会议条例案》,规定:1. 政治会议委员由中央执行委员会就中央执、监委员中推定,其名额不得过中央执、监委员之半数。2. 政治会议设候补委员,其名额不得过委员名额1/3。3. 政治会议讨论及议决建国纲领、立法原则、施政方针、军事大计、财政计划、国民政府主席及委员、五院正副院长及委员、特任及特派官吏人选各事项。同年11月17日,三届四中全会决议:"充实中央政治会议,政治会议之委员,须有三分之二以上常驻于中央";"充实中央政治会议秘书处之组织,所有外交、军事、财政、经济、教育、法律、地方自治各组之特务秘书,必须设置完全。特务秘书以行政院各部之政务次长充任之。"

1931年6月14日,三届五中全会再一次修正《中央执行委员会政治会议条例》,规定:1. 政治会议委员名额不得超过中央执行委员会暨中央监察委员会委员总数之三分之二,政治会议候补委员名额不得超过中央执行委员会暨中央监察委员会委员总数之三分之一;负党国重任、其地位在特任官以上者,虽非中央执、监委员,经中央执行委员会议决,亦得为政治会议委员,惟其名额不得超过中央执、监委员之政治会议委员名额之四分之一。2. 政治会议因政务人员之请求,得随时许可其列席报告。3. 政治会议之下设政治报告组、经济组、外交组、财政组、教育组及其他专组,各组各设委员9-13人,分别担任审查与设计事宜,其人选就政治会议委员之中央执行委员与中央监察委员中推定。同年11月9日-11日,三届中执会第2次临时全会对于中央政治会议之地位、性质与作用规定如下:"中央政治会议为党政间之联系机关,亦即中央党部与国民政府沟通之枢纽,本党一切政策胥有赖于中央政治会议之设计、决定、审核与传递。故其作用实为党政下之发动机,居于中央与国府之间,受党的指挥,以运用其权能者也。"12月28日,四届一中全会通过中央政治会议组织三原则:1. 中央政治会议以中央执行委员、中央监察委员组织之。2. 中央政治会议设常务委员3人,开会时轮流担任主席。3. 中央候补执行委员、中央候补监察委员得列席政治会议。全会推定蒋介石、汪精卫、胡汉民3人为中央政治会议常务委员。

1932年3月6日,四届二中全会决议:"在国难期间,中央政治会议应于时局必要,得由常务委员二人随地召集之。"同年12月21日,四届三中全会鉴于政治会议三常委中胡汉民迄未视事、汪精卫赴德就医、蒋介石又将出都"剿赤",乃决议"以中央执行委员会常务委员为中央政治会议常务委员"。

1935年12月6日,五届一中全会决议恢复中央执行委员会政治委员会原称,"政治会议"一词乃为"政治委员会"所取代,但其地位、职权、运作方式与程序则几无变更。

武汉国民政府时期之中国国民党中央执行委员会政治委员会

1926年11月28日,中国国民党中央执行委员会政治会议决定迁都武汉并在广州设立政治会议分会。12月21日,广州政治会议分会成立。

1927年3月10日,二届三中"全会"在武汉召开并通过《统一党的领导机关决议案》,规定:在中央执行委员会下设政治委员会。政治委员会以常务委员会全体委员及由中央执委会全体会议选举之中央执行委员及候补中央执行委员6人组织之。国民政府部长虽非政治委员会委员,亦得列席政治委员会会议,但无表决权。由中央执行委员会全体会议于政治委员会委员中指定7人为主席团。"政治委员会对于政治问题议决后,交由中央执行委员会指导国民政府执行之。"3月14日,谭延闿在汉口主持召开有孙科、徐谦、顾孟馀、宋庆龄、林祖涵、王法勤、吴玉章、宋子文、陈友仁参加并由陈其瑗任秘书长的政治委员会首次会议,至8月17日终止之日,计存在5个月零3天,是为武汉国民政府时期之中国国民党中央执行委员会政治委员会,其主席由汪精卫担任(4月9日在汉口就职),计开会47次。

9月14日，宁、沪、汉三方决定组织中央特别委员会处理党务，武汉国民政府时期之中国国民党中央执行委员会政治委员会自行取消。

中国国民党中央执行委员会国防会议

1935年12月6日，五届一中全会通过《中央执行委员会政治委员会组织条例》，内有"政治委员会之下设……国防……专门委员会"之规定，此实为设立国防会议之肇始。时政治委员会国防专门委员会虽经成立，但不久即被撤销。

1936年7月13日，五届二中全会决议修正通过《国防会议组织条例》，规定：1. 为整理全国国防、讨论国防方针及关于国防各重要问题，中央执行委员会特设置国防会议，以军事委员会委员长和行政院院长为国防会议正副议长，以军事委员会副委员长、参谋总长、军事参议院院长、训练总监、航空委员会委员长、行政院各关系部（军政、海军、财政、外交、交通、铁道6部）部长及中央执行委员会特别指定之军政长官为国防会议之会员。2. 国防会议审议国防方针、国防外交政策、国防事业与国家庶政之协进事宜、国防紧急事变事宜之处置、国家总动员事宜、战时之一切组织及其他与国防相关连之重要事宜。3. 国防会议每年由议长召开大会一次（会期以一星期为限，有必要时可延长之），遇必要时得召集临时会议。4. 国防会议议决事项，由议长呈请中央执行委员会交国民政府令主管院、部、会执行。5. 国防会议设秘书厅，由参谋总长、军事委员会办公厅副厅长和参谋次长兼任正、副厅长。7月14日，国民政府特派蒋介石为国防会议正、副议长（时蒋介石既是军事委员会委员长，又是行政院院长），特派阎锡山、冯玉祥、程潜、朱培德、唐生智、陈调元、孔祥熙、何应钦、陈绍宽、张群、张嘉璈、俞飞鹏、李宗仁、白崇禧、陈济棠、刘峙、张学良、宋哲元、韩复榘、何成濬、顾祝同、刘湘、龙云、何键、蒋鼎文、杨虎城、朱绍良、徐永昌、傅作义、余汉谋，7月18日特派吴鼎昌，8月29日特派盛世才，计32人为国防会议会员。其中军事委员会副委员长冯玉祥、阎锡山、参谋总长程潜、军事参议院院长陈调元、训练总监唐生智、航空委员会委员长蒋中正、军政部长何应钦、海军部长陈绍宽、财政部长孔祥熙、外交部长王宠惠、交通部长俞飞鹏、铁道部长张嘉璈为当然委员。

1937年8月11日，中执会政治委员会第51次会议决议设立国防最高会议，国防会议乃告撤销。

中国国民党中央执行委员会政治委员会国防委员会

1937年2月15日–22日，五届三中全会主席团有"恢复设立中央执行委员会政治委员会内原有之国防委员会设置，并即以政治委员会正副主席为国防委员会正副主席"之提议。3月3日，【中执会】政治委员会第37次会议通过《国防委员会条例》，规定：1. 国防委员会为全国国防最高决定机关，对政治委员会负其责任。2. 国防委员会之决议及其行动绝对秘密，参与会议人员不得将任何决定事项向外发表。3. 国防委员会正副主席即以政治委员会正副主席兼任。4. 国防委员会以中央执行委员会常务委员、中央监察委员会常务委员、中央执行委员会常务委员会秘书长、中央执行委员会政治委员会秘书长、五院院长、行政院秘书长及内政、外交、财政、交通、铁道、实业、教育7部部长、军事委员会正副委员长及办公厅主任、参谋本部参谋总长、军政部长、海军部长、训练总监部训练总监、全国经济委员会常务委员组成，必要时，主席可通知其他人员列席。5. 国防委员会之职权为决定国防与外交政策、决定国防作战方针、编制与筹备国防费用、决定国家总动员事项、审议国防紧急事变及决定其他与国防有关之重要问题。6. 国防委员会为便利决议之执行，有权直接秘密指导国民政府之军事及行政各高级机关并督促其完成。国防委员会设秘书处，处理本委员会议一切事务，秘书长以政治委员会秘书长兼任。8月11日，五届中执会政治委员会第51次会议决议设立国防最高会议，而将国防委员会撤销。

国防最高会议及国防最高会议国防参议会

1937年8月12日，五届中执会常务委员会第50次会议决议撤销国防会议与国防委员会，设立国防最高会议。8月14日，国防最高会议举行第一次会议正式启动运行。9月9日，国防最高会议国防参议会成立，其委员包括了各党派要员，他们是经国防最高会议主席指定或聘任之人选，计25人：张君劢、甘介侯、黄炎培、颜惠庆、蒋方震、施肇基、张东荪、沈钧儒、徐谦、胡适、左舜生、毛泽东、晏阳初、李璜、曾琦、周恩来、张伯苓、罗文干、马君武、傅斯年、梁漱溟、张耀曾、江庸、陈布雷、陶希圣。10月15日，中执会政治委员会决议：国防最高会议为全国国防最高决策机关，对中执会政治委员会负责。11月16日，五届中执会常务委员会第63次会议决议：由国防最高会议代行政治委员会职权。《国防最高会议组织条例》规定：1. 国防最高会议为全国国防最高决定之机关，对于中央执行委员会政治委员会负其责任。2. 国防最高会议设主席、副主席各一人，以军事委员会委员长为主席、中央【执委会】政治委员会主席为副主席。3. 国防最高会议以中央执行委员会常务委员与秘书长及各部部长，中央监察委员会常务委员，中央【执委会】政治委员会秘书长，五院正副院长，行政院秘书长及各部部长，军事委员会正副参谋总长与军令、军政、军训、政治4部部长及军事参议院院长，主席提出、经本会议通过之其他人员组成。4. 国防最高会议之职权为决定国防方针、国防经费、国家总动员事项及其他与国防有关之重要事项。5. 国防最高会议由主席指定常务委员9人，常务委员每周会议两次，全体委员会议由主席随时召集。6. 作战期间，关于党政军一切事项，国防最高会议主席得不依平时程序，以命令为便宜之措施。7. 国防最高会议设秘书处处理会议一切事务，秘书长由主席指定。

1938年7月6日，国民参政会成立，国防最高会议国防参议会结束。

国防最高委员会

1939年1月28日，五届五中全会第6次会议决议特设"中央党政军统一指挥之机构"——国防最高委员会。1月29日，全会第7次会议通过《国防最高委员会组织大纲》，规定：中央执行委员会于抗战期间设置国防最高委员会统一党政军之指挥并代行中央政治委员会之职权，中央执行委员会所属之各部会、国民政府五院与军事委员会所属之各部会，兼受国防最高委员会之指挥，总动员委员会直隶于国防最高委员会。国防最高委员会设委员长一人，由本党总裁任之。国防最高委员会以下列人员为委员并由委员长于委员中指定11人为常务委员：1. 中央执行委员会常务委员、中央监察委员会常务委员；2. 国民政府五院院长、副院长；3. 军事委员会委员；4. 由委员长提出经中央执行委员会常务委员会通过者。国防最高委员会为执行决议案，以下列人员为执行委员：1. 中央党部秘书长、各部部长、训练委员会主任委员、中执会政治委员会秘书长；2. 国民政府文官长；3. 行政院秘书长、各部（会）部长；4. 军事委员会参谋总长、副参谋总长、各部部长、军事参议院院长、军法执行总监、办公厅主任、航空委员会主任、海军总司令；5. 总动员委员会主任委员、副主任委员。前项执行委员经委员长之指定，得列席于国防最高委员会常务会议。国防最高委员会会议以委员长为主席（委员长因故不能出席时，得指定常务委员一人代理之）。国防最高会议常务会议每星期开会一次，全体会议由委员长定期召集之（会议规则另定），国防最高委员会常务会议除依法出席之委员外，必要时委员长可指定其他有关人员列席。国防最高委员会委员长对于党政军一切事宜，得不依平时程序，以命令为便宜之措施处之。2月2日，五届中执会常务委员会第112次会议通过蒋介石关于以于右任、居正、孔祥熙、孙科、戴季陶、王宠惠、何应钦、白崇禧、陈果夫、邹鲁、叶楚伧11人为国防最高委员会常务委员和以张群为秘书长的提名，并决议：中央执行委员会常务委员暨秘书长、中央监察委员会常务委员均得参加国防最高委员会常务委员会议。2月20日，蒋介石通电并宣布国防最高委员会正式组织成立，次日，以张群为秘书长的国防最高委员会秘书厅以"国文字第0006号"公函分行军令部等部会："……秘书厅即日开始办公，以后关于军事仍请迳致军事委员会外，关于党政重要事项希送本会核办并于来文标明国防最高委员会。"

1945年5月31日，六届一中全会通过蒋介石提出之《国防最高委员会仍应设置案》，规定：国防最高委员会与中央执行委员会之关系、国防最高委员会之职权均暂不变更；国防最高委员会之地位与职权，如因情势必要须有变更及实行变更时，关于代行中央政治委员会职权之措置，应由中执会常务委员会决定。

1946年3月16日，六届二中全会依"总裁指示"曾决议撤销国防最高委员会、恢复成立中执会政治委员会，但未见实行。

1947年3月24日，六届三中全会决议："国民政府改组后，国防最高委员会即撤销，中央政治委员会应即成立，所有政治委员会委员拟请一并由总裁提出常【务委员】会决定。"4月21日，国防最高委员会举行最后一次会议，决定将掌管事项移交国民政府。4月23日，国民政府改组完成，4月24日，国防最高委员会宣布撤销。

国防最高委员会存在期间，除于秘书长之下设有各处、组、室外，还曾设有下列各机构：职位分类调查委员会、国民精神总动员会、对敌经济封锁委员会、中央设计局、党政工作考核委员会、国防工业委员会、宪政实施协进会。

国防最高委员会中央设计局

1940年7月6日，五届七中全会通过蒋介石交议之《设置中央设计局，统一设计工作，并设置党政工作考核委员会，以立行政三联制基础案》，10月□日，公布《中央设计局组织大纲》，规定：中央设计局隶属于国防最高委员会，掌理全国政治、经济建设计划和预算之设计与审议，设总裁1人，由国防最高委员会委员长兼任；设秘书处，置秘书长1人综理局务、副秘书长2人协助秘书长办理局务。秘书长之下设秘书室、调查室及第1-3科：秘书室负责机要文电撰拟与保管、稿件审核与稽催及编译撰述等事项；调查室负责专门人才调查、登记、录用、各科资料之调查与搜集和编定及保管并统计等事项；第1科负责文书撰拟与收发及编核、典守印信、保管档案及不属他科各事项；第2

科负责议事日程与议案之编制、会议记录、会议文件撰拟诸事项；第3科负责会议、庶务、管理、交际各事项。

1941年2月□日，中央设计局成立于重庆，先后任该局秘书长的有甘乃光、何廉、陈伯庄、王征、彭学沛。局内先后设有：1. 审议会：负责政治、经济建设计划及预算、党政制度与机构及重要法规之调整、重要政策建议之审议，由总裁选派审议员7-9人组成，审议会开会时由总裁担任主席，其通过审议之各项计划，呈送国防最高委员会核定，分令各主管机关施行；各主管机关须遵照规定按期呈报实施进度。2. 预算委员会：核编各项计划中之各项经费预算，经审议会审议后呈送国防最高委员会核定施行。3. 设计委员会：负责计划设计。4. 国防工业设计委员会：负责各项国防工业之设计。5. 东北调查委员会。6. 台湾调查委员会。上列各委员会各设委员若干人，均由总裁选派或聘任，总裁并可聘请中外专家为各委员会顾问。

凡经中央设计局设计、审核之各项计划及预算，经国防最高委员会核定后，应将全案送请党政工作考核委员会考核，必要时须附具关于考核应行注意之事项。

1944年□月□日该局内部组织进行了调整：审议会由党总裁领导，秘书长之下设秘书处、人事室、调查研究处、外籍顾问办公室、计划平衡组和区域计划组，另设政治计划委员会、经济计划委员会、预算委员会及其他各种临时委员会。

1948年5月□日，国防最高委员会中央设计局结束，有关事务移交行政院办理。

国防最高委员会党政工作考核委员会

1940年9月5日，五届中执会常务委员会第155次会议备案之《党政工作考核委员会组织大纲》，规定该会之职责为：考察核定设计方案之实施进度并执行党政机关工作经费及人事之考核（包括对中央及各省党务机关、中央各院部会及各省行政机关，核定设计方案实施进度、现行法令实施弊端、经济建设事业及各机关经费与人事各事项之考核事宜）。设委员长1人综理会务、副委员长1人协助委员长处理会务。设秘书处，置秘书长1人，其下设秘书室与第1、2两科，分别办理：1. 撰拟机要文电、审核与稽催稿件及编纂统计事项；2. 会议记录、议事日程与议案编制、人事任免与考核、文书撰拟与收支及编核、典守印信、保管档案诸事项；3. 会计、庶务、管理、交际诸事项。设党务组，下设秘书室、审核室、调查室、专员室，分别掌理：（1）审核稿件、撰拟文书、草订计划等事项；（2）党务部分工作经费与人事之审核和调查事项；（3）材料之搜集与解释及批评建议事项。设政务组，下设秘书室及第1-6审核室，分别掌理：（1）稿件审核和机要文电撰拟及不属于他室之事项；（2）内务与卫生及振务等部分工作经费和人事之审核事项；（3）财务预算与审计等部分工作经费和人事审核及调查事项；（4）考铨与教育及社会等部分工作经费和人事审核及调查事项；（5）军政、外务、边务等部分工作经费和人事审核及调查事项；（6）司法与其他部分工作经费和人事审核及调查事项；（7）经济建设部分工作经费和人事审核及调查事项。

1941年2月15日，国防最高委员会党政工作考核委员会成立于重庆，委员长1人（由国防最高委员会委员长兼任）与副委员长2人（由行政院院长、监察院院长兼任），皆由国防最高委员会推定；秘书长1人承委员长之命办理会务；其委员名额定为11人（国民政府五院院长、中央执行委员会秘书长、中央监察委员会秘书长、国防最高委员会秘书长为当然委员，余3名由国防最高委员会委员长聘任）；规定每年组织中央党务考察团与中央政务考察团，分别考察中央及各省党务机关与中央各部、会及各省行政机关工作成绩、设计实施进度、现行法令实施利弊、经济建设事业、各机关经费与人事等。4月□日，增设中央政务考察团，以政务组主任为团长，配置团员9－13人，定期对各机关政务实施考察（实际徒有其名，并未实行）。

1943年5月□日，国民精神总动员会附属之工作竞赛推行委员会改隶于党政工作考核委员会之下。

1945年4月□日，党务、政务两组改设为两处。

1948年7月□日，该委员会撤销。其间，张厉生、陈仪、沈鸿烈、李宗黄先后任该委员会秘书长。

国防最高委员会国民精神总动员委员会——国民政府行政院国家总动员会议国民精神总动员委员会

1939年3月11日，国防最高委员会颁布《国民精神总动员纲领》及《国民精神总动员实施办法》。次日，蒋介石通电全国实行"国民精神总动员"。3月13日，蒋介石指定张群兼任国民精神总动员会秘书长。3月18日，国防最高委员会会议通过《国民精神总动员组织大纲》。3月31日，国防最高委员会成立国民精神总动员委员会主持国民精神总动员之实施事宜，该委员会置会长一人，由国防最高委员会委员长兼任，置副会长一人，由行政院院长兼任，置委员若干人，并以中央执行委员会秘书长、国防最高委员会秘书长、中执会组织部与宣传部及社会部部长、行政院内政部与经济部及教育部部长、军事委员会政治部部长、新生活运动促进会总干事为当然委员。会内置秘书长1人，承会长之命综理会务，其下设秘书处，置秘书主任1人，承秘书长之命处理日常事务，处内分设秘书室与指导、宣传2组，办理国民精神总动员之指导、宣传等事项。

1942年10月□日，改设总务、指导、宣传3室，置秘书3人，规模缩小且改隶于国家总动员会议之下。

1943年4月底，该委员会之名义撤销，其业务交由国家总动员会议精神动员组赓续办理。

中国国民党领袖制之由总理到总裁

自1919年10月10日中华革命党改组为中国国民党以来，孙中山作为中国国民党总理，是全党公认的唯一领袖。1924年1月20－31日的中国国民党第一次全国代表大会根据孙中山全党分挑革命重担的思想，改用领袖制与合议制兼而有之的领袖——合议制，即孙中山为总理的中央执行委员会制。1925年3月12日孙中山逝世后，中国国民党乃以中央执行委员会统帅全党，实行委员——常务委员制。1926年1月16日，第二次全国代表大会修正《中国国民党总章》，保留了第4章"总理"作为永久纪念，不再设总理，而行由全国代表大会选举出定数之中央执行委员组成中央执行委员会，在全国代表大会闭会后执行规定任务，由中执会互选常务委员9人组成中执会常务委员会，在中央执行委员会全体会议闭会后执行规定任务，并"对中央执行委员会负其责任"。同年5月19日，二届二中全会选举张静江为中执会常务委员会主席。自此以后，中国国民党内形成委员——常务委员——常务委员会主席形式的委员合议制。

1938年3月31日，中国国民党临时全国代表大会通过《改进党务并调整党政关系案》决议，正式确定中国国民党实行"领袖制度"，该领袖定名曰"总裁"，"总裁代行《中国国民党总章》第四章所规定总理之职权"，并设"副总裁"1人，总裁、副总裁皆由全国代表大会选举产生。是年12月18日，副总裁汪精卫出逃投敌，1939年1月1日，中央执行委员会宣布开除汪之党籍后，"副总裁"未再设立。

1939年4月7日，国民政府发出"渝密字第36号训令"，密令"全党党员、政府机关与本党军队"：此后称呼领袖"一律改称总裁"，以示与其他党派称呼领袖"皆无对立观念"者有别。自此以后，国民党政府统治区和中国国民党内对蒋介石概以"总裁"相称。

自1938年4月1日中国国民党临时全国代表大会选举蒋介石为"总裁"起，中国国民党中央执行委员会形式上虽然存在，但已完全成为总裁独任制的装饰品了！

中华民国

"中华民国"一词之最早表述，见诸孙中山1894年制订之《檀香山兴中会章程》之中，该章程内所云"是会之设，专为振兴中华、维持国体起见……兹特联络中外华人，创兴是会，以申民志，而扶国宗"，此为孙中山对"中华民国"真实内涵的最高度概括。1904年8月31日，孙中山在其所著《支那问题真解》一文中，第一次使用了"中华民国"一词："把过时的满清君主政体变为'中华民国'的计划，经慎重考虑之后，早就制定出来了。"此后，"中华民国"一词乃不断见诸孙中山的著作之中，成为革命党人的革命奋斗目标。1906年12月4日至中旬，中国同盟会发动之萍浏醴起义，在所发布之檄文内，首次使用"中华民国政府"一词。1911年辛亥革命成功，1912年1月1日中华民国临时政府在南京成立，"中华民国"作为一代法定纪年，一直沿用到1949年4月23日国民党政府溃败时止。

国民政府

"国民政府"一词，最早见于1906年12月2日孙中山《在东京〈民报〉创刊周年庆祝大会的演说》中，内称"我们定要由平民革命，建国民政府"。1924年1月20日下午，在中国国民党第一次全国代表大会上，林森代表临时中央执行委员会提出《总理对于组织国民政府之说明》交付讨论时，虽有朱季恂、江伟藩提出只用"中华民国政府"名义，"政府上不冠任何字样"，"不要说国民政府"，"不要什么'建国'、'国民'等字样"的不同意见，但大会还是全体举手通过了《组织国民政府之必要案》。"国民政府"一词乃载入历史文献之中而流传于世。

中华民国国民政府

"中华民国"和"国民政府"二词联用，组成"中华民国国民政府"这一新的历史专用名词，乃是1925年6月14日以后的事。

1925年6月12日，刘震寰、杨希闵叛乱被平定，中国国民党中央执行委员会政治委员会立即着手政府改组工作，6月14日决议改组陆海军大元帅大本营为"中华民国国民政府"。6月24日，胡汉民代表大元帅大本营发布"政府改组令"。7月1日发布《中华民国国民政府成立宣言》，公布《中华民国国民政府组织法》，"中华民国"与"国民政府"两专有名词构成之另一专有名词——"中华民国国民政府"，由此通行于世。

广州中华民国国民政府

孙中山逝世后，中国国民党中央执行委员会政治委员会于1925年6月14日决议改组陆海军大元帅大本营为中华民国国民政府。6月24日，中国国民党中央执行委员会关于政府改组议决案内规定：

1. 设置国民政府掌理关于全国之政务，以委员若干人组织会议并于委员中推定常务委员5人处理日常政务；设置军事、外交、财政各部，每部设部长

1人，以委员兼任之；如将来有添部之必要，经委员会议决行之。

2. 设置军事委员会掌理全国军务，以委员若干人组织会议并于委员中推定1人为主席；凡关于军事之命令，由军事委员会主席及军事部长署名；在军事委员会内设军需等处分掌职务。

3. 设置监察部，以委员若干人组织之，监察政府各级机关官吏之行动及考核款项之收支状况。

4. 设置惩吏院，以委员若干人组织之，惩治官吏之贪污不法及不服从政府命令者。

5. 设置省政府掌理全省政务，分为内政、外交、财政等厅，每厅设厅长1人，并由各厅长联席会议推定主席1人。

6. 设置市政委员会，在现代职业团体、农会、工会、商会、教育会、自由职业团体等6种团体中各委任3人共18人为委员（现时暂用委任制，将来再行选举制），以组织市政委员会，并任命委员长1人为市政委员会之主席；并设置财务、工务、公安、教育、卫生5局，每局委任局长1人，而以委员18人分为6种委员会，每会若干人以监察之。

同日，陆海军大元帅大本营总参议·代行大元帅职权的胡汉民宣布接受中央执行委员会改组政府决议案，并宣布施行宣言。

6月27日，中华民国陆海军大元帅（代）发布改组政府训令。

6月30日，中央执行委员会推定汪精卫、胡汉民、谭延闿、张静江、许崇智、于右任、张继、徐谦、林森、廖仲恺、戴传贤、伍朝枢、古应芬、朱培德、孙科、程潜16人为中华民国国民政府委员。

7月1日，汪精卫等宣誓就职，中华民国国民政府成立。同日，中央执行委员会议决、交国民政府公布之《中华民国国民政府组织法》规定：

1. 国民政府受中国国民党之指导及监督，掌理全国政务。

2. 国民政府以委员若干人组织之，并于委员中推定1人为主席。

3. 国民政府置常务委员5人，处理日常政务，常务委员于委员中推定之；国民政府设秘书处，受常务委员之指挥。

4. 公布法令及其他关于国务之文书，由主席及主管部长署名（其不属于各部者，以常务委员多数署名），以国民政府名义行之。

5. 国务由委员会议执行之，委员会议出席委员不足半数时，由常务委员行之；国民政府委员会议于国民政府所在地行之。

6. 国民政府设置军事、外交、财政各部，每部设部长1人，以委员兼任之；有添部之必要时，经委员会议议决行之。

7. 各部部长依其职权，得发部令。

8. 国民政府所属各机关官制另定。

同日，中央执行委员会任命汪精卫为中华民国国民政府委员会议主席（亦称主席委员），汪精卫、胡汉民、谭延闿、许崇智、林森5人为国民政府委员会议常务委员（8月20日"刺廖案"发生后，9月，胡汉民、许崇智相继离粤，9月29日，伍朝枢、古应芬被任为常务委员）；李文范为秘书处秘书长（9月19日由陈树人继署）。胡汉民为外交部部长（9月后由陈友仁代理），廖仲恺为财政部部长（8月20日被刺后，由古应芬兼署，9月3日古免，改由邓泽如任，9月20日邓免，改由宋子文任），军事部部长为许崇智（9月20日卸职后，由谭延闿署）。徐谦为大理院院长兼管司法行政事务（1926年1月21日，国民政府令将行政、司法两权分开，各设机关，以明权责，特派员组设司法行政委员会，"嗣后司法行政事务，无庸大理院兼管，该院前设之司法行政事务处着即裁撤"）。聘任鲍罗廷为国民政府高等顾问。

7月3日，军事委员会成立，汪精卫、胡汉民、许崇智、谭延闿、廖仲恺、朱培德、伍朝枢、蒋介石8人为委员，由汪精卫兼任主席。

7月7日，任命谢持、林祖涵、黄昌谷、陈秋霖、甘乃光5人为监察院监察委员；任命徐谦、邓泽如等5人为惩吏院惩吏委员。

9月30日，任命邓彦华为国民政府副官处副官长。

11月25日、12月1日、12月16日，先后任命黄一欧、詹大悲、彭泽民、杨咽水、张永福、简琴石为国民政府参事。

1926年1月21日，成立司法行政委员会。2月9日，派陈公博、甘乃光、许崇清、金曾澄、钟荣光为教育行政委员，成立了教育行政委员会，2月19日增派褚民谊为该委员会委员。

10月16日，中国国民党中央各省区联席会议通过《国民政府发展决议案》内规定：国民政府应添设军事、交通、司法3部。

11月10日，国民政府增设交通、司法2部，任孙科、徐谦为该2部部长，军事部部长则任命谭延闿继任。

12月10日，中华民国国民政府北迁武汉。

史称1925年7月1日－1926年12月10日期间成立并运作于广州的中华民国国民政府为"广州中华民国国民政府"，亦有简称为"广州国民政府"者。

武汉中华民国国民政府

1926年9月9日、9月18日，蒋介石以国民革命军总司令的名义两次致电时任中国国民党中央执行委员会常务委员会代理主席的张静江和时任中国国民党中央执行委员会政治会议代理主席的谭延闿，请求派遣国民政府委员及中央常务委员"先来武汉主持工作"，否则，"其权恐不能操之于中央"。11月19日，蒋再电张、谭，"要求中央党部与国民政府迁移武汉，以提高党政威望"。12月10日，国民政府遂迁至武汉。12月13日，以徐谦为主席、以鲍罗廷为顾问的由徐谦、孙科、陈友仁、宋子文、宋庆龄、邓演达、吴玉章、唐生智、董必武等组成之中国国民党中央执行委员和中华民国国民政府委员临时联席会议成立，1927年1月1日在武汉正式办公。2月8日，中央执行委员会政治会议第58次会议决议：国民政府迁至武汉。2月21日，徐谦、邓演达等以中央执行委员及国民政府委员名义，在汉口举行扩大联席会议并决议：中央党部、国民政府即日起在汉办公。同日，中央执行委员与国民政府委员临时联席会议宣告结束。3月7日，代理国民政府委员会议主席谭延闿等由南昌抵武汉。3月10日－17日，中国国民党二届三中全会在武汉召开。3月13日，全会选举汪精卫等27人为国民政府委员，以汪精卫、谭延闿、孙科、徐谦、宋子文5人为常务委员，以汪精卫为委员会议主席。3月14日，中央执委会政治委员会决议委陈友仁、宋子文、孙科、徐谦、谭平山、苏兆征、顾孟馀为外交、财政、交通、司法、农政、劳工、教育7部部长，同日还任命孔祥熙、刘瑞恒为实业、卫生2部部长。7月15日，汪精卫实行"清党反共"。9月11日－13日，宁、汉、沪三方在上海举行三次正式谈话会，讨论建立三方"和平统一"的中央特别委员会各具体事项。9月15日，中国国民党中央特别委员会在南京召开联席会议并宣告正式成立，武汉国民政府亦告结束。

史称1927年1月1日－9月15日期间在武汉办公之中华民国国民政府为"武汉中华民国国民政府"。

国民党政府

"国民党政府"一词自1924年3次出自于孙中山之口后，习惯地被中国国民党人使用——他们称自己执政的政府为"党政府",称他们建立与领导的军队为"党军",也为非国民党人用以表述时期不同、形式各异而实质均为中国国民党一党专权政府时的俗称、通称。

在1924年1月20日下午中国国民党第一次全国代表大会上,林森代表临时中央执行委员会提出之《总理对于组织国民政府之说明》中,孙中山第一次把"国民政府"、"国民党政府"同时运用来表述同一意思与事物:孙中山之提案题名为《组织国民政府之必要案》,而在对该案之说明中又云:"应立即将大元帅府变为国民党政府。"

同年9月1日,孙中山在《为广州商团事件对外宣言》中,又一次运用了"国民党政府"这个政治概念和术语来表述中华民国陆海军大元帅大本营,宣言说:"帝国主义企图加以摧毁的这个国民党政府是什么呢?它是我国唯一的力求保持革命精神使之不致完全灭绝的执政团体,是抗击反革命的唯一中心,所以英国的火炮对准着它。"

11月25日,孙中山北上途经日本,在东京、大阪、神户中国国民党欢迎会上的演说中称广州陆海军大元帅大本营为"广州的革命政府"、"国民党的政府",充满了革命自豪感和亲切感。

可见在孙中山的政治语汇内涵界定中,"国民党政府"、"国民政府"乃同一政治概念的两种表述方式,不存在什么"人为贬称"之问题。

广州国民政府、武汉国民政府,在某种意义上说,具有着国共两党合作、各阶层结成反帝反封建统一战线的特定性质,世人历来不以"国民党政府"相称。

孙中山逝世后,中国国民党内因派系之争,曾在北平与广州出现同是中国国民党人建立的"国民政府",世称"北平反蒋派国民政府"和"广州反蒋派国民政府",而没有人以"国民党政府"相称。

对1927年4月18日蒋介石势力集团在南京建立直至1948年5月20日改称中华民国总统府止,此一期间的中华民国国民政府(包括1937年11月20日发表迁都重庆后的重庆国民政府和1947年4月18日改组后的"多党制国民政府"在内),以及1948年5月20日-1949年4月23日期间存在的中华民国总统府,世人惯以"国民党政府"或"南京国民党政府"或"蒋介石国民党政府"称之,以表中国国民党一党专政和蒋介石一人独裁的实质。

1927年4月18日-9月15日的国民党政府

1927年4月18日,中国国民党第二届中央执行委员会政治会议第73、74次会议在南京召开的当日,国民党政府"成立典礼"就匆忙在南京丁家桥前江苏省议会旧址举行,连适法根据的问题也没解决,连国民政府委员、常务委员人选之提出和讨论的文字记载都只字未见,就宣布了"在南京办公"。此后有关于此时国民政府委员为汪精卫等29人和常务委员为胡汉民、汪兆铭、谭延闿、古应芬、伍朝枢、张人杰、宋子文7人,秘书长、副官长、印铸局长、劳工局长由钮永建、黄惠龙、王世杰、马超俊4人分任,丁惟汾等17人为参事,这样的文字记载一直被袭用,但所据何来,则一直未见注明。

时国民政府直辖职能机构有民政(1928年2月27日改称为"内政部")、外交、财政、交通、司法5部和中央特种刑事临时法庭(1927年3月29日设,1928年12月□日裁)、法制局(1927年6月17日设,1928年10月8日裁)、国定关税委员会(1927年8月1日设,1928年10月8日裁)、教育行政委员会(1927年4月27日设,同年10月1日并入中华民国大学院)。此外,还设有军事委员会、国民革命军总司令部。

1927年9月16日-1928年2月4

日中央特别委员会期间的国民党政府

1927年8月13日，蒋介石第一次下野、胡汉民等联袂出走后，中国国民党内沪方西山会议派、汉方汪系势力集团、宁方蒋系势力集团乃得妥协，决由三方共组中央特别委员会行使中央执行委员会职权，国民政府委员暨所属各部部长、军事委员会委员概由特委会决定。9月15日，中央特别委员会成立。9月17日，推定胡汉民等49人为国民政府委员，汪精卫、胡汉民、谭延闿、蔡元培、李烈钧5人为常务委员（1928年1月3日加推蒋介石、林森、孙科3人为常务委员）。国民政府内设机构增设参事处。国民政府直辖职能部门中：1. 民政部仍旧。2. 外交部于12月13日增设侨务局。3. 财政部之总务厅、赋税司、会计司仍旧，11月1日，改钱币司为金融监理局；11月11日，改关税、盐务2处为关务、盐务2署；11月14日，设煤油特税处。4. 交通部仍旧。

1928年2月4日-10月8日二届四中全会后的国民党政府

1927年12月4日，中国国民党第二届中央执行委员会第四次全体会议预备会决定：中央特别委员会及其产生之各机关均应于二届四中全会开会之日取消。12月10日又决定：由蒋介石负责筹备二届四中全会召开各事宜。

1928年1月7日，二届中执会常务委员会通电恢复办公。1月11日，二届中执会政治会议恢复活动。2月4日，二届四中全会通过之《中华民国国民政府组织法》规定：

1. 国民政府在中央执行委员会指导与监督下掌理全国政务。

2. 国民政府以中央执行委员会推举之委员若干人组成，并推定其中5-7人为常务委员，于常务委员中推1人为主席。

3. 国民政府委员处理政务，以会议行之，其日常政务由常务委员执行之。

4. 国民政府委员会议于国民政府所在地行之，须由国民政府所在地委员过半数之出席，如出席委员不足法定人数时，即以常务委员会代之。

5. 公布法令及其他关于国务之文书，由主席及常务委员2人以上之署名（其与各部有关者，并由各该主管部部长连署），以国民政府名义行之。

6. 国民政府设内政、外交、财政、交通、司法、农矿、工商等部，并设最高法院、监察院、考试院、大学院、审计院、法制局、建设委员会、军事委员会、蒙藏委员会、侨务委员会、印铸局、参事厅，受主席及常务委员之指挥，分掌事务。

国民政府直辖之各部、会、院、局有如下变动：

1. 内政部：2月27日，民政部改称"内政部"；5月25日，增设总务处。

2. 外交部：9月7日裁侨务局。

3. 财政部：5月25日，增设总务处；8月9日，增设盐务监理局。

4. 3月29日，设立"审判关于反革命及土豪劣绅之刑事诉讼案件"之中央特种刑事临时法庭。

5. 3月9日，国民政府公布《战地政务委员会组织条例》，规定该委员会直隶于国民革命军总司令，以处理战地民政、财政、外交、司法、交通、教育、工商、农矿、建设各项政务为职责。3月19日成立，王霭氲被任为秘书长，仇鳌、陈家栋、赵世瑄、林者仁、蔡公时、罗家伦、左宗澍、高秉坊、陈立夫、朱敏章等先后被任为委员。同年6月27日，二届中执会政治会议第146次会议决议裁撤。

6. 3月30日，成立东北特别委员会，负责联络与处理东北3省各项事宜。

7. 6月9日，成立国立中央研究院。

8. 2月18日，成立中华民国建设

委员会。10月20日改隶行政院，11月□日改称"建设委员会"，1930年2月19日改归国民政府，1938年1月1日撤销。

1928年10月8日－1931年12月25日五院制实行后主席实权制下的国民党政府

1928年10月3日，二届中央执委会政治会议第172次会议通过《中华民国国民政府组织法》计7章48条，规定：

1. 国民政府总揽中华民国治权，统率海陆空军，行使宣战、媾和及缔结条约之权，行大赦、特赦及减刑、复权（1931年6月14日三届五中全会通过之《修正国民政府组织法》增列"编定与公布国家岁入岁出之预算与决算"及"授予荣典"两项职权）。

2. 国民政府设主席委员1人、委员12-16人。主席兼中华民国海陆空军总司令；代表国民政府接见外使并举行或参与国际典礼；为国务会议主席；经国务会议议决之法律和命令由主席与五院院长署名公布与发布；主席因事故不能执行职务时，由行政院院长代理；委员以国务会议处理国务及议决院与院间不能解决之事项。

3. 国民政府以行政、立法、司法、考试、监察五院组成，五院各设正、副院长1人，由国民政府委员担任，院长因故不能视事时，由副院长代理之；各院依据法律得发布命令。

4. 国民政府以行政院为最高行政机关，设各部、各委员会分掌各项行政与各特种行政职权；各部与各委员会各设部长、政务次长、常任次长与正、副委员长各1人，其人选由行政院院长提请国民政府任免；各部部长与各委员会委员长于必要时得列席国务会议与立法院会议；行政院正、副院长与各部部长及各委员会委员长组成行政院会议（1931年6月14日三届五中全会通过之《修正国民政府组织法案》决议改称为"国务会议"）。

5. 国民政府以立法院为最高立法机关；立法院会议以院长为主席，以院会（以有委员1/3以上之出席为有效）议决法律案、预算案、大赦案、宣战案、媾和案、条约案及其他重要国际事项，立法院会议之决议由国务会议议决公布；立法院设委员49-99人，由院长提请国民政府任命，任期2年，任期内不得兼任中央与地方政府各机关之事务官。

6. 国民政府以司法院为最高司法机关，掌理司法审判、司法行政、官吏惩戒及行政审判各职权；关于特赦、减刑、复权事项，由院长提请国民政府核准施行；司法院对于主管事项得提出议案于立法院。

7. 国民政府以考试院为最高考试机关，掌理考选、铨叙各事宜；考试院得提出议案于立法院。

8. 国民政府以监察院为最高监察机关，依法律行使弹劾权与审计权，得提出议案于立法院；设监察委员19-29人，由院长提请国民政府任命；监察委员组成监察院会议并以院长为主席；监察委员不得在中央与地方政府机关兼任职务。

10月10日，国民政府主席与五院正、副院长宣誓就职。

五院制实行后之国民政府，其内设机构有：1. 文官处，置文官长1人、秘书若干人，设有文书、印铸2局。2. 参军处，置参军长1人、参军若干人，设有总务、典礼2局。3. 1931年3月21日增设主计处，置主计长1人、主计官若干人，设有岁计、会计、统计3局。自此以迄1948年5月19日国民政府改行总统制之日止，其内设机构之3处7局之建制未曾变动过。

五院制实行后之国民政府，其直辖机构有：

1. 军事参议院：10月24日成立（1932年3月7日改由军事委员会辖属）。

2. 参谋部：11月13日成立，11月28日依二届中执会政治会议第165次会议决议改称"参谋本部"（1932年3月7日改由军事委员会辖属）。

3. 训练总监部：11月13日成立（1932年3月7日改由军事委员会辖属）。

4. 国民革命军总司令部：1929年2月27日，国民政府通令："国民革命军总司令部、各集团军总司令部、海军总司令部，均着于三月十五日一律撤销。"3月15日，蒋介石通电全国："本日撤销国民革命军总司令部及第一集团军总司令部。"

5. 总理奉安委员会：1929年1月14日成立，7月16日结束。

6. 总理陵园管理委员会：1929年6月28日成立（1946年7月2日改称"国父陵园管理委员会"）。

7. 国立中央研究院。

8. 全国经济委员会：1933年10月4日成立（1938年1月1日撤销）。

9. 建设委员会（1928年10月20日改隶行政院，原名称"中华民国建设委员会"亦改现名，1930年2月19日复改归国民政府直辖，1938年1月1日撤销）。

10. 中华民国海陆空军总司令部：1929年3月15日，蒋介石名义上通电"撤销"国民革命军总司令部，却又在给何成濬的电报中称："国民革命军总司令部业已改组为中华民国海陆空军总司令部"（1930年8月□日起，改以"中华民国陆海空军总司令部"名世）。

中华民国海陆（陆海）空军总司令部设有下列各总、副司令行营和驻各地绥靖公署[详见第423页"中华民国陆（陆海）空军总司令部·中华民国海陆（陆海）空军总司令营·中华民国海陆（陆海）空军总司令部各'绥靖'督办公署（'剿共清乡'督办公署）"词目]：

（1）中华民国海陆空军总司令武汉行营：1929年3月□日设，以何应钦为主任（1930年10月12日由何成濬继任），1931年11月22日撤销。

（2）中华民国海陆空军总司令北平行营：1929年3月30日设，以何成濬为主任（1930年10月2日免），1930年11月22日撤销。

（3）中华民国海陆空军总司令开封行营：1929年3月□日设，11月23日"办理结束"。

（4）中华民国海陆空军总司令广州（东）行营：1929年12月8日设立，以何应钦为主任，不久即撤销。

（5）中华民国海陆（陆海）空军总司令洛阳行营：1929年12月12日设立，以杨杰兼行营主任，1930年1月9日撤销；1930年10月25日再度设立，以顾祝同为主任（1931年6月12日由杨虎城继任），1931年11月22日撤销。

（6）中华民国陆海空军总司令郑州行营：1930年10月12日设立，以何应钦为主任（一说以杨虎城为主任），1931年11月22日撤销。

（7）中华民国陆海空军总司令南昌行营：1930年12月26日，湘赣两省"剿匪"总指挥部改编为中华民国陆海空军总司令南昌行营，以鲁涤平为主任；1931年9月29日，"中央以外患日亟，江西'剿共'军事告一段落，特令中华民国陆海空军总司令南昌行营即行取消，工作人员即日返京"；11月22日该行营结束。

（8）中华民国陆海空军副司令北平行营[详见第425页"中华民国海陆（陆海）空军副司令及副司令行营"词目]：1930年6月21日，国民政府特任张学良为中华民国海陆空军副司令；1931年4月17日，张由沈赴平"筹组副司令部"，即改以"中华民国陆海空军副司令北平行营"名世，其职掌被规定为："节制东北、华北各省（奉、吉、黑、热、晋、察、冀、绥、鲁9省及平、津、青3市）军事、行政"；同年12月15日，张学良辞中华民国陆海空军副司令北平行营主任职，该行营结束。1932年2月6日，国民政府军事委员会再度设立后，在北平设立绥靖公署，张学良被任为国民政府军事委员会北平绥靖公署主任。1932年8月20日该绥靖公署撤销。

（9）中华民国陆海空军总司令部驻陕绥靖公署：1931年7月□日设，以杨虎城为主任。1932年2月6日，国民政府军事委员会再度设立后，改称为"国民政府军事委员会驻陕绥靖公署"，1937年5月7日撤销。

（10）中华民国陆海空军总司令部驻豫绥靖公署：1931年11月30日设，以刘峙为主任。1932年2月6日，国民政府军事委员会再度设立后，改称为"国民政府军事委员会驻豫绥靖公署"，1935年12月12日撤销。

（11）中华民国陆海空军总司令部驻赣绥靖公署：1931年11月30日设，以何应钦为主任（12月3日由朱绍良继任）。1932年2月6日，国民政府军事委员会再度设立后，改称为"国民政府军事委员会驻赣绥靖公署"，1933年□月□日撤销。次年11月27日再度设立，以顾祝同为主任，1935年10月3日撤销。

（12）中华民国陆海空军总司令部驻鄂绥靖公署：1931年11月30日设，以何成濬为主任。1932年2月6日后改称为"国民政府军事委员会驻鄂绥靖公署"，1936年12月1日撤销。

1931年12月25日-1943年9月12日五院制实行后主席虚权制下的国民党政府

1931年5月27日以后，蒋介石在胡、汪为首的粤方势力集团的强大压力下，终于在12月15日辞去"国民政府主席本兼各职"第二次下野，使由粤方提出、经四届一中全会决议通过之《中央政制改革案》得以顺利实施。12月26日，《中华民国国民政府组织法》再次修正并于12月30日公布，删去了"国民政府主席"全章，将国民政府主席地位、职权均容纳于"第二章　国民政府"中，其修改重点为：

1. 取消了原定"国家之岁入、岁出，由国民政府编定预算、决算公布之"全条。

2. 明定国民政府主席1人、委员24-36人、五院正副院长各1人，均由中国国民党中央执行委员会选任；五院"独立行使行政、立法、司法、考试、监察五种治权"，并于"宪法未颁布以前……各自对中国国民党中央执行委员会负责"。

3. 国民政府主席有"对内对外代表国民政府之权"，但"不得兼任其他官职"并"不负实际政治责任"；对国民政府所有命令、处分以及军事动员之命令有"署名行之"之权，"但须经关系院院长、部长副署，始生效力"；任期2年，届满后可以连任，但以连任一次为限，"宪法颁布时应依法改选之"。

4. 国民政府会议被改称为"国民政府委员会"列为第三章。[详见第58页"国民政府会议"词目]。

5. 行政院各部部长、各委员会委员长、各部政务次长与常务次长及各委员会副委员长、委员之人选，立法院立法委员49-99人与监察院监察委员29-49人之人选，由行政、立法、监察3院院长"提请国民政府主席依法任免之"。

6. 行政院所有命令及处分，其关于一般行政者，须经全体部长之副署；其关于局部行政者，须经关系部部长之副署始生效力。

7. 立法院会议时，各院院长及行政院各部、会长官得列席说明。

8. 司法院设最高法院、行政法院及公务员惩戒委员会，最高法院院长由司法院院长兼任，公务员惩戒委员会委员长由司法院副院长兼任；司法院院长对于行政法院及公务员惩戒委员会之审判认有必要时得亲自出庭审理之。

9. 监察委员不得兼任其他公职，但其保障得以法律另定之。

世称国民政府之"虚任元首制"即此是。

此间国民政府新设之直辖机构有：

（1）总理陵园管理委员会。

（2）国立中央研究院。

（3）建设委员会（1938年1月1日撤销）。

（4）全国经济委员会（1938年1月1日撤销）。

（5）西京筹备委员会。

（6）政务官惩戒委员会（1932年12月26日成立）。

（7）稽勋委员会（1941年11月1日成立）。

（8）国民代表选举总事务所（1936年5月29日设）。

（9）国民政府西南政务委员会（1932年1月5日广州反蒋派国民政府改称，1936年7月13日依五届二中全会决议撤销）。

（10）国民政府军事委员会：1932年3月5日，四届二中全会通过重设军事委员会决议，声言"其目的在捍御外侮、整理军事，俟抗日战事终了，即撤销之"。3月6日，国民政府特任蒋介石为军事委员会委员长；3月7日，原归国民政府直辖之参谋本部、军事参议院、训练总监部改归军事委员会辖属；3月16日，免朱培德参谋总长职并特任蒋介石兼任军事委员会参谋本部参谋总长。

（11）豫鄂皖三省"剿匪"总司令部［详见第425页同名词目］。

（12）国民政府军事委员会委员长南昌行营［详见第435页同名词目］。

（13）国民政府军事委员会委员长侍从室［详见第322页同名词目］。

此间，国民政府军事委员会还设有下列各"绥靖"公署、"绥靖"主任公署和各战区：

①太原"绥靖"公署［详见第417页"国民政府各'绥靖'公署、国民政府军事委员会所属各'绥靖'公署与各特派'绥靖'主任公署"词目二、1.］。

②广州"绥靖"公署［详见417同上同词目二、2.］。

③南宁"绥靖"公署［详见417同上同词目二、3.］。

④北平"绥靖"公署［详见第322页"国民政府军事委员会北平分会"词目并参见第103页"国民政府冀察政务委员会"词目］。

⑤驻闽"绥靖"公署［详见第418页"国民政府各'绥靖'公署、国民政府军事委员会所属各'绥靖'公署与各特派'绥靖'主任公署"词目二、4.］。

⑥驻甘特派"绥靖"主任公署［详见第418页同上同词目三、1.］。

⑦驻黔"绥靖"主任公署［详见第419页同上词目五、1.］。

⑧冀察"绥靖"主任公署［详见第420页同上词目五、3.］。

⑨驻豫特派"绥靖"主任公署［详见第417页同上词目一、3. 第420页五、4.］。

⑩驻湘（长沙）特派"绥靖"主任公署［详见第420页同上词目六、1.］。

⑪驻广西"绥靖"主任公署［详见第421页同上词目六、2.］。

⑫驻广东"绥靖"主任公署［详见第421页同上词目六、3.］。

⑬滇黔"绥靖"主任公署［详见第421页同上词目六、4.］。

⑭川康"绥靖"主任公署［详见第421页同上词目六、5.］。

⑮江苏"绥靖"公署［详见第421页同上词目七、1.］。

⑯驻豫皖"绥靖"主任公署［详见第421页同上词目七、2.］。

⑰驻太原"绥靖"主任公署［详见第421页同上词目七、3.］。

⑱驻川陕鄂边区"绥靖"主任公署［详见第421页同上词目八、1.］。

⑲第一战区：1937年8月20日，国民党政府大本营颁发《关于全面抗战之国军作战指导方案，成立第一战区，司令长官由蒋介石兼任，作战地境为河北全省和山东省黄河以北地区，定司令长官部设于保定。9月23日，程潜奉命兼代该战区司令长官，次日程抵石家庄，设立第一战区司令长官部。是日保定陷敌，国民政府军事委员会保定行营（7月20日由国民政府军事委员会委员长石家庄行营改设而成）撤销，原保定行营参谋长林蔚调任为第一战区司令长官部参谋长。10月10日石家庄陷敌，10月25日，程潜实任第一战区司令长官，鹿钟麟被任为该战区副司令长官。12月17日，河北全省沦陷，第一战区退至黄河以南，所辖军队之第14集团军卫立煌部、第26路军孙连仲部、第27路军冯钦哉部、第15军刘茂恩部入晋，第1集团军宋哲元部转隶第六战区，其余第2集团军刘峙部与第14集团军卫立煌部一部，均撤至河南。1938年2月□日、3月□日，宋哲元、刘峙先后被任为第一战区副司令长官。当年，该战区以黄河为屏障，坚守防御，配合第五战区的徐州会战和第九战区的武汉会战；11月28日，军事委员会重新划分各战区作战地境，第一战区作战地境被新定为河南省之黄河以南和安徽省之淮河以北地区。1939年1月□日，卫立煌继任第一战区司令长官，孙连仲被任为副司令长官；同年10月□日，冯钦哉任副司令长官，11月□日，孙连仲调任五战区副司令长官。1941年6月，中条山被敌占领后，一战区之作战地境为河南省之黄河以南地区。1942年1月□日，卫立煌调任国民政府军事委员会西安办公厅主任，蒋鼎文接任一战区司令长官，汤恩伯被任为副司令长官（3月□日由曾万钟继任）。1944年5月25日，豫中会战以洛阳陷敌收场后，7月□日，陈诚继任一战区司令长官，7月□日、9月□日，郭寄峤、孙蔚如先后升任该战区副司令长官。1945年1月□日，陈诚他调，胡宗南代理一战区司令长官，一战区作战地境被新定为豫中与陕南；6月□日，孙蔚如调长第六战区，裴昌会继任一战区副司令长官；2月□日胡宗南实任司令长官职务，范汉杰升任副司令长官；8月□日石敬亭升任副司令长官。1947年3月15日，一战区被撤销，其司令长官部被改设为国民政府军事委员会西安绥靖公署［详见第417页国民政府各"绥靖"公署、国民政府军事委员会所属各"绥靖"公署与各特派"绥靖"主任公署词目十二、1.］。

⑳第二战区：1937年8月20日，国民党政府大本营颁发《关于全面抗战之国军作战指导方案》，设立第二战区，任阎锡山为司令长官；10月13日，任黄绍竑为二战区副司令长官；其作战地境被定为山西、绥远、察哈尔三省。自1937年9月13日大同失守至11月8日太原陷敌，该战区进行过平型关战役、忻口会战及太原会战后，其所属部队一部调隶一、五两战区。1938年11月28日，军事委员会重新划定各战区作战地境，二战区作战地境被新定为山西、绥远两省及陕北之榆林地区。1939年3月□日，朱德、杨爱源被任为二战区副司令长官。1940年2月□日，卫立煌以一战区司令长官兼任二战区副司令长官。1942年1月□日，蒋鼎文接任二战区副司令长官（1944年7月□日被免）。1945年1月□日，二战区作战地境被调整为山西全省和陕北之榆林地区。1946

年1月□日，二战区被撤销，其司令长官部及所属部队均并入国民政府军事委员会太原绥靖公署［详见第422页同上词目十一、1.］。

㉑第三战区：1937年8月20日，国民党政府大本营颁发《关于全面抗战之国军作战指导方案》，设立第三战区，任冯玉祥、顾祝同为正、副司令长官，初定作战地境为京、沪、杭地区，后增加福建地区，8月23日成立战区司令长官部于苏州；9月中旬，冯玉祥调长第六战区，蒋介石自兼三战区司令长官；11月12日，淞沪抗战结束，上海陷敌；11月19日，苏州陷敌；12月13日，南京陷敌；12月30日，顾祝同继任三战区司令长官。1938年1月□日确定该战区作战地境为苏、浙方面，6月□日唐式遵被任为三战区副司令长官，同年11月28日南岳军事会议上，军事委员会重新划分各战区作战地境，该战区作战地境被定为苏南、皖南、浙、闽和江西赣江以东即赣东北地区。1940年7月□日，刘建绪升任副司令长官。1942年9月□日，黄绍竑、上官云相被任为副司令长官。1943年3月□日，罗卓英被任为副司令长官（4月□日他调）。1945年1月□日，韩德勤被任为副司令长官。12月20日，三战区司令长官部并入军事委员会徐州绥靖公署［详见第421页同词目十、1.］。

㉒第四战区：1937年8月20日，国民党政府大本营颁发《关于全面抗战之国军作战指导方案》训令，决定成立第四战区，由蒋介石兼任司令长官而由军政部部长何应钦代理，余汉谋为副司令长官，其作战地境被定为广东、福建两省，同年10月□日，其作战地境被改定为广东全省与福建省之漳州和汀州及广西之玉林、苍梧、富川、贺县等10余县，其战区司令长官部尚未成立。1938年10月22日广州陷敌，12月□日，原九战区第二兵团总司令张发奎奉调来粤代理四战区司令长官。1939年1月□日在广东曲江成立了第四战区司令长官部，余汉谋为副司令长官、缪培南为参谋长，该战区作战地境被重新确定为粤、桂两省，与三战区作战地境分界线为粤、赣、闽三省省界相连之线。1940年1月□日、6月□日，夏威、吴奇伟先后被任为副司令长官；6月□日，将广东方面划为第七战区，四、七战区作战地境分界线为：琼崖、雷州半岛及沙河、电白、北流、藤县、勒竹、钟山至粤桂边境相连之线以东地区及琼崖归七战区，以西归四战区，四战区与昆明行营作战地境之分界线为河池、姜圩、思林、向都、崇庆府、高平、河内之线，线上各点归昆明行营，后又改为滇桂省界经剥隘、裴村、镇边、百南圩、太源、河内相连之线，线上仍归昆明行营。1945年1月□日，第四战区改为中国陆军总司令部所属之第二方面军，仍以张发奎为司令长官。

㉓第五战区：1937年8月20日，国民党政府大本营颁发《关于全面抗战之国军作战指导方案》，设立第五战区，蒋介石兼任司令长官，韩复榘为副司令长官，其作战地境为江苏长江以北、山东黄河以南、安徽津浦路以东地区，9月19日，李宗仁继任五战区司令长官。1938年1月24日，韩复榘被处决，李品仙被任为副司令长官；是年5月19日，徐州会战结束，不久，该战区又会同第九战区进行了武汉会战，该会战结束后，五战区主力撤至湖北、河南平汉线以西地区；11月28日，军事委员会重新划定该战区作战地境为皖北、鄂北地区及豫南平汉线以东地区。1939年11月□日，孙连仲调任五战区副司令长官。1941年6月□日，军事委员会调整该战区作战地境为皖北及鄂省长江以北地区。1943年2月□日，孙连仲调任六战区副司令长官，孙震继任五战区副司令长官。1944年12月□日，该战区作

战地境中之豫南平汉线以东地区划归第十战区，刘峙调任为五战区司令长官，郭寄峤被任为副司令长官。1945年10月20日，五战区改设为军事委员会郑州绥靖公署［详见第421页同词目十、2.］。

㉔第六战区：1937年9月11日，军事委员会决设第六战区并定其作战地境为河北、山东津浦铁路沿线地区，由冯玉祥任司令长官，10月初鹿钟麟任副司令长官，10月4日，该战区所属向平汉线方向转移，是月底，该战区之作战地境沦陷殆尽，乃撤销六战区建制，所辖各部亦辖隶其他战区。1939年10月1日，为防日军进攻湘西，又恢复设立六战区，以陈诚为司令长官，以杨森、商震为副司令长官，其作战地境为原属九战区之湘西地区，12月□日，任谷正伦为副司令长官。1940年2月3日，陈诚被免，商震升任六战区司令长官；5月15日，该战区再度被裁撤，其作战地境仍划归第九战区；7月，宜昌战役时，又恢复六战区，仍以陈诚为司令长官，以吴奇伟为副司令长官，其作战地境被定为湖南沅江以北和湖北长江以南地区。1941年6月□日，任黄琪翔为副司令长官。1942年7月□日，任王缵绪为副司令长官。1943年2月□日，陈诚调任中国远征军司令，副司令长官孙连仲代理司令长官职务。1944年1月5日，陈诚辞，孙连仲实任司令长官，同日，郭忏被任为副司令长官。1945年1月□日，六战区作战地境被调整为湖北省长江两岸地区；6月□日，孙连仲调长第十一战区，六战区司令长官由孙蔚如接任；7月□日，陈继承被任为六战区副司令长官；8月□日，周喦、冯治安被任为副司令长官；日军投降后不久，该战区撤销。

㉕第七战区：1937年10月26日，国民政府任刘湘为第七战区司令长官，11月25日，七战区司令长官部成立，陈诚被任为副司令长官，其作战地境被规定为江苏太湖以西、浙北、皖南部分地区，介于第三、第五战区之间并负责卫戍南京；12月13日南京陷敌，该战区作战地境大部陷敌，所辖各军退至皖、赣，该战区实际上已不复存在。1938年春，该战区正式被撤销（据1937年11月□日《大本营拟第七、第二、第八战区作战指导方案稿》载：大本营曾在晋冀边一带设立第七战区，但迄未发现其长官任命和战斗序列）。1940年8月□日，军事委员会在广东曲江成立第七战区司令长官部，余汉谋为司令长官，蒋光鼐为副司令长官，作战地境被定为广东省（与四战区以琼崖、雷州半岛及沙河、电白、北流、藤县、勒竹、钟山与粤桂边境相连之线分界，线上各地属四战区，不久又改由电北、茂名、信宜相连之东北县境迄粤桂边境相连之线为界），其以东地区及琼崖为七战区。1945年1月以后，七战区作战地境又被定为广东省珠江以东地区；10月20日，七战区改组为军事委员会衢州绥靖公署［详见第421页同上词目十、3.］。

㉖第八战区：1937年11月9日，军事委员会决定设立。1938年1月□日正式成立，蒋介石兼任司令长官，朱绍良任副司令长官代行司令长官职权，其作战地境被定为甘、宁、青三省，1938年11月28日南岳军事会议又将绥远省划为八战区作战地境。1939年1月□日，蒋介石辞该战区司令长官职，由朱绍良继任，同时任命傅作义为副司令长官，2月□日任马鸿逵为副司令长官。1942年7月□日，任命胡宗南为副司令长官。1943年1月□日，任命盛世才为副司令长官，同时将新疆归入八战区作战地境。1944年7月□日、8月□日先后免胡、盛副司令长官职。1945年6月□日，副司令长官傅作义调长第十二战区（绥远全省划归十二战区）。抗战胜利后，该战区撤销并于1946年3月28

日归入国民政府军事委员会委员长西北行营〔详见第426页"国民政府军事委员会委员长各行营、行辕"十八〕。

㉗第九战区：1938年6月18日，国民政府任命陈诚为第九战区司令长官；7月11日，改武汉卫戍司令部为第九战区司令长官部；7月23日，司令长官部由武昌移驻阳新；10月20日武汉失守；11月中旬，司令长官部移驻长沙；11月28日，南岳军事会议上划湖北省之长江以南及湖南全省与江西省北部为九战区作战地境；12月初，陈诚奉命带司令长官部一部分人员"赴渝办公"，而由副司令长官薛岳代理九战区司令长官职务，薛岳奉命将第一兵团总司令部扩编成第九战区司令长官部；12月26日，该司令长官部在长沙成立。1939年10月1日，奉蒋令将该战区之湘江以西地区划为第六战区，陈诚调任为第六战区司令长官，薛岳乃实任第九战区司令长官，王陵基被任为副司令长官。1940年2月□日，罗卓英被任为副司令长官；4月□日，杨森被任为副司令长官。1942年7月□日，罗卓英调任中国驻印军副总指挥后，王缵绪于1944年□月□日被任为九战区副司令长官。1945年1月□日，重新划定九战区作战地境为江西全省；2月□日，王缵绪调任为重庆卫戍司令后，吴奇伟于8月□日被任为副司令长官；抗战胜利后，在南昌、九江接受日军投降，10月□日，九战区撤销。

㉘第十战区：1939年1月□日以国民政府军事委员会委员长西安行营为基础成立第十战区，蒋鼎文任司令长官，其作战地境为陕南，指挥10个师又2旅部队，以封锁陕甘宁边区为职责。1940年5月□日裁撤，所部合并于第八战区。1945年1月□日重新设立，以李品仙为司令长官，司令长官部由第21集团军总司令部扩编而成，驻安徽立煌，其作战地境为平汉路以东皖、苏两省之长江以北地区，指挥21个师又1个旅部队。抗战胜利后，受降皖北及徐海地区日军后撤销，所属各部并入国民政府军事委员会徐州绥靖公署。

㉙第十一战区：1945年6月□日成立，孙连仲为司令长官，高树勋、马法五、李延年为副司令长官，8月□日，又任刘茂恩为副司令长官，司令长官部设在重庆，主要负责平、津、济南、青岛等地的日军受降事宜。1947年2月□日撤销后改设为国民政府军事委员会保定绥靖公署与张垣绥靖公署〔详见第422、423页"国民政府各'绥靖'公署、国民政府军事委员会所属各'绥靖'公署与各特派'绥靖'主任公署"十二、2、3.〕。

㉚第十二战区：1945年6月□日设立，傅作义为司令长官，马占山、邓宝珊、刘多荃为副司令长官，司令长官部由第八战区副司令长官部改编而成，其辖区为热、察、绥三省和晋北地区。1947年3月□日改设为国民政府军事委员会保定"绥靖"公署与张垣"绥靖"公署〔详见第422、423页同上词目十二、2、3.〕。

㉛鲁苏战区：1938年11月28日南岳军事会议决定设立苏鲁战区，12月□日以原东北军为主体组建。1939年1月□日正式成立，以东北军名将于学忠为总司令，以沈鸿烈为副总司令，辖第51、57、89军及苏北、山东地方游击队和保安团队，其鲁南的总司令部设于沂蒙山区的东里店地区，沈鸿烈兼任山东游击总指挥。1939年2月□日，任韩德勤为副总司令，苏北的副总司令由韩德勤担任，其副总司令部设于兴化等地，辖有第89军和第一、二游击区，鲁、苏间两两互不相属。1942年2月□日撤沈鸿烈副总司令职，由于学忠兼山东游击总指挥。1943年12月□日任李明扬为副总司令兼长江下游挺进军总司令及苏北第二游击区总指挥。1944年1月□日

韩德勤他调，王懋功被任为副总司令兼第一游击区总指挥；12月□日，军事委员会将山东全省和苏北重新划为第十战区，苏鲁战区因之而消失。

㉜冀察战区：1939年1月□日，军事委员会为在敌后进行游击战，特设立冀察战区辖冀、察2省和山东黄河以北地区（即鲁北），以鹿钟麟为总司令，以石友三、庞炳勋为副总司令。1940年4月□日鹿辞职，该战区总司令由第一战区司令长官卫立煌兼任；12月1日石友三被处死后，孙良诚于1941年3月□日被任为副总司令。1942年1月□日卫立煌他调，一战区司令长官蒋鼎文兼任该战区总司令。1943年12月□日，马法五被任为副总司令。1944年3月□日，董英斌被任为副总司令；7月□日，蒋鼎文去职，一战区司令长官陈诚兼任该战区总司令（9月□日由高树勋代理）。1945年2月□日，高树勋实任总司令职，胡伯翰被任为副总司令；3月□日董英斌他调；6月□日，该战区撤销，其辖区和所部均并入第十一战区。

1938年1月1日，五届中执会常务委员会第62次会议通过《中央机关调整案》，国民政府直辖机构尚剩有：

（1）总理陵园管理委员会。
（2）西京筹备委员会。
（3）政务官惩戒委员会。
（4）国民大会代表选举总事务所。
（5）国立中央研究院。
（6）国民参政会（1938年7月6日成立）。
（7）国史馆筹备委员会（1940年2月1日成立）。
（8）稽勋委员会。
（9）军事委员会：1938年1月17日国民政府公布《修正军事委员会组织大纲》，规定：国民政府为巩固国防、统辖全国军民作战，设军事委员会直隶于国民政府；军事委员会设委员长1人，由陆海空军大元帅兼任，行使《国民政府组织法》第三条规定之职权（即"国民政府统率海陆空军"）；设委员7-9人（正、副参谋总长与军政、军令、军事训练、政治4部部长及军事参议院院长得为当然委员），由国民政府特任，襄赞委员长筹议国防军事事项；设参谋总长、副参谋总长各1人为幕僚长，襄助委员长指导所属各院、部、会、厅处理一切事务；军事委员会设下列各机关并指挥行政院军政部：①办公厅。②铨叙厅。③军令部（1938年2月1日设立）。④军事训练部（1938年2月16日设立）。⑤政治部（1938年1月10日设立）。⑥军法执行总监部（1937年9月8日设立）。⑦后方勤务部（1937年8月10日设立）。⑧军事参议院（1938年1月17日改隶）。⑨航空委员会（1934年5月□日由军政部航空署改称并改隶）⑩海军总司令部（1938年1月17日由海军部改设而成）。⑪抚恤委员会（1938年8月□日设立）。⑫调查统计局（1938年3月□日由原军统局第二处改组而成）。⑬战地党政委员会（1939年3月1日设立，1943年1月□日撤销）。⑭战时新闻检查局（1939年6月5日设立）。⑮军事运输总监部（1938年□月□日设立，1940年4月□日与运输总司令部合并为运输统制局，1945年1月1日改称战时运输管理局）。⑯外事局（又称"国防外事局"，1940年10月14日设立，1943年5月□日军事委员会顾问事务处并入，先后在赣州、兰州、桂林、昆明和中国驻印军设有办事处和招待所，后又将军事委员会外语训练班划归辖属，1946年6月□日并入国民政府行政院国防部联合勤务总司令部）。

1943年9月13日-1948年5月19日主席实权制恢复后的国民党政府

1943年8月1日，国民政府主席林森去世，9月10日，五届十一中全会通过《修正国民政府组织法案》，决议废弃四届一中全会关于国民政府主席不负实际行政责任之规定，恢复实行国民政府主席实权独任制（或曰"主席独裁制"），修改后的《国民政府组织法》第10－15条规定：

1. 国民政府设主席1人、委员24－36人，由中国国民党中央执行委员会选任。

2. 国民政府主席为中华民国元首，对外代表中华民国。

3. 国民政府主席为陆海空军大元帅。

4. 国民政府主席任期三年，连选得连任，直至宪政实施后，依法当选之总统就任时始行解职，其因事故不能视事时，由行政院院长代理之。

5. 国民政府公布法律、发布命令，由国民政府主席依法署名行之，由关系院院长副署。

6. 国民政府五院正、副院长由国民政府主席于国民政府委员中提请中国国民党中央执行委员会选任；国民政府主席对中国国民党中央执行委员会负责。五院院长对国民政府主席负责。

9月13日，蒋介石被全会"一致选任"为国民政府主席，又按照国民政府主席蒋介石之提请，行政院院长由蒋介石兼任。10月7日，经国民政府遴选，聘任邓家彦等6人为国民政府顾问（1944年7月□日和1945年3月□日，又增聘姚雨平等4人）。

1945年5月□日，国民政府参军处增设军务局。1946年4月2日，国民政府文官处增设政务局。这样，国民政府之内设机构即由原来的3处7局而成为3处9局，直至国民党政府溃败之日未再有变。1947年4月17日，国民政府增设副主席1人。

其间，国民政府之直辖机构有：

（1）国父陵园管理委员会。

（2）西京筹备委员会（1945年3月□日裁撤）。

（3）政务官惩戒委员会（1948年5月19日裁撤）。

（4）稽勋委员会。

（5）国立中央研究院。

（6）国民参政会（1948年3月28日结束）。

（7）国民大会代表选举总事务所（1948年5月19日撤销）。

（8）国史馆（1946年11月23日，原"国史馆筹备委员会"结束，正式成立国史馆）。

（9）国民政府军事委员会，其辖属机构有：①军令部（1946年5月31日裁撤）。②军事训练部（同前）。③政治部（同前）。④军法执行总监部（同前）。⑤后方勤务部（同前）。⑥军事参议院（1946年5月31日归隶国民政府，同年11月28日撤销）。⑦航空委员会（1946年8月□日改组为"行政院国防部空军总司令部"）。⑧海军总司令部（1945年12月□日裁撤，改设为行政院军政部海军处；1946年3月□日，该处扩设为军政部海军署；同年7月1日又改组为"行政院国防部海军总司令部"）。⑨抚恤委员会（1946年8月□日改组为"行政院国防部联合勤务总司令部抚恤处"）。⑩调查统计局（1946年6月1日改设为"行政院国防部保密局"）。⑪战时新闻检查局（1945年10月1日裁撤）。⑫外事局（1946年7月□日结束）。⑬知识青年从军编练部（1944年11月□日成立，1945年9月□日裁撤）。⑭战时运输管理局（1945年1月1日成立，同年11月27日裁撤）。⑮委员长侍从室（1945年11月26日名义上撤销，实际以国民政府参军处军务局名义继续存在）。

（10）国民政府战略顾问委员会（1946年11月28日公布其组织条例，1947年4月1日正式成立）。

（11）国民政府最高经济委员会（1945年11月26日成立，1947年3月4日改隶于行政院，同年5月26日扩大改组为"行政院全国经济委员会")。

（12）国民政府主席武汉行辕（1945年10月20日特派程潜为国民政府军事委员会委员长武汉行营主任，1946年7月17日该行营改称"国民政府主席武汉行辕"，1948年5月19日再改设为"武汉绥靖公署"）[详见第426页"国民政府军事委员会委员长各行营、行辕"词目（十七）]。

（13）国民政府主席北平行辕（1945年9月1日特派李宗仁为国民政府军事委员会委员长北平行营主任，1946年7月17日改称"国民政府主席北平行辕"，1948年5月19日并入"华北剿匪总司令部"）[详见432同上词目（十四）]。

（14）国民政府主席广州行辕（1945年9月1日特派张发奎为国民政府军事委员会委员长广州行营主任，1946年7月17日改称"国民政府主席广州行辕"，1947年11月15日宋子文继任该行辕主任，1948年5月19日改设为"广州绥靖公署"）[详见433同上词目（十五）]。

（15）国民政府主席重庆行辕（1946年4月23日特派何应钦为国民政府军事委员会委员长重庆行营主任，以张群暂行代理，7月17日改称"国民政府主席重庆行辕"，1947年5月17日，朱绍良继任该行辕主任，1948年5月19日改设为"重庆绥靖公署"）[详见422同上词目（三）倒数第5段起至末段止]。

（16）国民政府主席东北行辕（1945年9月1日派熊式辉为国民政府军事委员会委员长东北行营主任，1946年7月17日改称"国民政府主席东北行辕"，1947年8月29日陈诚继任该行辕主任，1948年5月19日并入"东北剿匪总司令部"）[详见434同上词目（十六）]。

（17）国民政府主席西北行辕（1946年3月28日特派张治中为国民政府军事委员会委员长西北行营主任，7月17日改称"国民政府主席西北行辕"，1948年5月19日改设为"西北绥靖公署"，8月11日改设为"西北军政长官公署"）[详见434同上词目（十八）]。

1948年5月20日-1949年4月23日总统制实行后的国民党政府——中华民国总统府

1948年5月1日，国民政府公布《中华民国总统府组织法》并定同年5月20日施行，规定：

1. 中华民国总统依据宪法行使职权，设总统府。

2. 总统府置资政若干人，由总统就勋高望重者遴聘之，对于国家大计向总统提供意见并备咨询；置参议若干人，由总统聘任之；设国策顾问委员会，由总统特聘31-47人任国策顾问委员并就中指定1人为主任委员主持会务，负责总统交议事项并就建国有关事项随时向总统提供意见；设战略顾问委员会，由总统特聘战略顾问19-29人并就中指定正副主任各1人（主任委员召集会议并担任主席），处理总统交议事项并就战略及有关国防事项随时向总统提供意见；设稽勋委员会掌理勋绩审核事宜。

3. 总统府置秘书长1人，特任，承总统之命综理总统府一切事务并指挥、监督府内所属职员；置副秘书长1人，简任，辅助秘书长处理事务；置典玺官1人（由第一局局长兼任），承秘书长之命典守国玺；置秘书12-18人，简任，承秘书长之命办理撰拟、审核重要文件及其他特交事项；置编审14人（内4人简任，余荐任），承秘书长之命掌理呈府备案各项规程、章则及各机关工作报告之审核、编辑事项；置参事4-6人，简任，承秘书长之命办理撰拟命令、审核方案及特交事项，并得于必要时置专门委员 3-7 人，荐派或简派，襄助办理。

4. 总统府置参军长 1 人，特任，承总统之命办理有关军务事项；置参军 10-15 人（就现役陆海空军将官中任命），承参军长之命办理有关军务及特交事项。

5. 总统府内置第一局掌理法令与文告宣达、文书撰拟与保管、印信典守、会议记录等事项；置第二局掌理机要文件撰拟、机要案件查签及转达、调查材料研究与整理等事项；置第三局掌理军事命令宣达、军事文件承转及有关军事报告事项；置第四局掌理各项典礼、阅兵、出巡、授勋、国际礼仪、外宾接待等事项；置第五局掌理印信与关防及官章铸造、勋章与奖章及纪念章并奖旗制发、府颁法规与公报编印及职员录刊行、公文用纸划一与负责制发等事项；置第六局掌理府内庶务、出纳、来宾登记、交际、交通、卫生、医药等事项；置人事处掌理府内人事管理及奉交有关人事查签与登记事项；置会计处掌理府内岁计与会计事项；置机要室掌理府内机要事项；置统计室掌理府内统计事项；置侍卫室掌理府内警卫事项；置警卫总队、军乐队，掌理事项由秘书长会同参军长拟订呈请总统核定。

6. 总统府第三、四、六局与机要、侍卫室之科员、事务员、绘图员，得按其学历、经历为军职铨叙。

7. 中央研究院、国史馆、国父陵园管理委员会，均直隶于总统府。

同年 5 月 20 日，总统、副总统就职。5 月 24 日，特任吴鼎昌为总统府秘书长，薛岳为总统府参军长；5 月 31 日，任命许静芝、陈方、俞济时、吴思豫、周仲良、陈希曾为第一至第六局局长，任命毛庆祥为机要室主任，石祖德为侍卫长。7 月 11 日，成立了"戡乱建国委员会"（1949 年 3 月 10 日撤销）。7 月 30 日，总统聘任吴稚晖、张静江、李石曾、孔祥熙、许崇智、章嘉呼图克图、吴忠信、张君劢、徐傅霖、曾琦、李璜、莫德惠 12 人为资政，聘任邵力子、李文范、茅祖权、俞飞鹏、张作相、万福麟、王树翰、邓家彦、蒋梦麟、陈布雷、张难先、余家菊、何鲁之、戢翼翘、胡海门、鲍尔汉、张钫、罗桑坚赞、陈树人 19 人为国策顾问委员。

中华民国总统府至此组建完成。

北平反蒋派中华民国国民政府

1930 年 7 月 13 日，汪、冯、阎、桂与西山会议派相结合，在北平成立"中国国民党中央党部扩大会议"，宣称"灭共驱蒋"；9 月 1 日，议决《国民政府组织大纲》16 条。决定在北平组织国民政府，商定以阎锡山、唐绍仪、汪精卫、冯玉祥、李宗仁、谢持、张学良（未经本人同意）7 人，后又加推石友三、刘文辉 2 人，总共 9 人为委员，9 月 9 日 9 时 9 分在北平怀仁堂"宣誓就职"，世称此为"北平反蒋派中华民国国民政府"。9 月 18 日，张学良于蒋、冯、阎、桂中原大战中发表拥蒋通电，并率 12 万东北军入关。9 月 21 日下天津，9 月 22 日占北平，"扩大会议"与其"国民政府"于 9 月 20 日仓皇由平逃晋，9 月 23 日迁至太原，10 月 31 日，由"扩大会议"产生的"国民政府"于拼凑了一个胎死腹中的《太原约法草案》发表后而冰消瓦解。

广州反蒋派中华民国国民政府

1931 年 5 月 27 日，各派反蒋势力集中广州举行中国国民党中央执监委员非常会议，公布《国民政府组织大纲》11 条，推定唐绍仪等 17 人为国民政府委员，以唐绍仪、汪精卫、古应芬、邹鲁、孙科 5 人为常务委员，组成国民政府，由 5 常委轮流担任委员会议主席。12 月 15 日，蒋介石被逼辞职下野，1932 年 1 月 5 日，广州之中央党部与国民政府正式宣布撤销，改以"中国国民党中央执行委员会西南执行部"和"国民政府西南政务委员会"名世（1936年7月13日，五届二中全会决议撤销）。世称1931年5月27日－1932年1月5日期间成立于广州的中华民国国民政府为"广州反蒋派中华民国国民政府"，亦有简称为"广州反蒋派国民政府"者。

中华民国国民政府委员会

1927年4月18日，蒋介石势力集团南京组府时，依前制亦采委员合议制，国民政府以委员会议主席——常务委员——委员会议之方式行使职权。1928年10月8日，国民政府实行五院制，明定以国民政府委员全体（12－16人）和国民政府主席组成国务会议（以国民政府主席为国务会议主席）处理国务。国民政府颁布法律、发布命令、解决院与院间不能解决之事项，须经国务会议议决。由此可见，国民政府委员会乃最高国务机关。

1930年11月17日，三届四中全会修正《中华民国国民政府组织法》，将由国民政府委员组成之国务会议改称"国民政府会议"，而将原"行政院会议"称为"国务会议"，为"最高国务机关"。

1931年12月30日，《中华民国国民政府组织法》第3次修正公布，规定：五院正副院长与其所属各部会长官及现役军人不得兼任国民政府委员，将"国民政府会议"又改称为"国民政府委员会"。

1947年4月17日，经第11次修正之《中华民国国民政府组织法》公布，恢复了国民政府委员会乃最高国务机关之原有与应有地位。

1948年5月20日，中华民国总统府成立，国民政府委员会随中华民国国民政府之宣告结束而结束。

国民政府委员与常务委员

1927年4月18日，国民党政府宣称"在南京开始办公"，先后被确认为国民政府委员者有汪兆铭、胡汉民等29人，先后被确认为常务委员者有胡汉民等7人。9月17日，中国国民党中央特别委员会第2次会议选出丁惟汾等19人为国民政府委员，以汪兆铭等5人为常务委员。

1928年2月7日，二届四中全会通过了国民党政府成立后的第一个《中华民国国民政府组织法》，规定：国民政府以中央执行委员会推举之委员若干人组成，并推定其中之5－7人为常务委员，于常务委员中推定1人为主席；国民政府委员处理政务以会议行之，其日常政务由常务委员执行；国民政府委员会议须在国民政府所在地举行，以国民政府所在地委员过半数之出席为合于法定人数，法定人数不足时，以常务委员会议代之；国民政府公布法令及其他关于国务之文书，以主席与常务委员2人以上之署名（其与各部有关者，并得由各该主管部部长连署）并以国民政府名义颁行方为有效。全会推举丁惟汾等49人为国民政府委员，并推定谭延闿等5人为常务委员，又推定谭延闿为主席。

同年10月8日，国民党政府实行五院制，蒋介石被任为国民政府主席委员，谭延闿等16人被任为国民政府委员，取消了常务委员之设。[详见第43页"1928年10月8日－1931年12月25日五院制实行后主席实权制下的国民党政府"词目]。

1931年12月15日，蒋介石迫于粤方压力辞去国民政府主席本兼各职。12月26日，《中华民国国民政府组织法》亦作了修改并于12月30日公布，规定：国民政府设主席1人、委员24－36人、五院正副院长各1人，概由中国国民党中央执行委员会选任，委员任期无明文规定，当与主席任期同。国民政府主席、委员及五院正副院长选任标准如下：1.

国民政府主席："以年高德劭者选任之。"2. 五院正副院长及所属各部部长、各委员会委员长，不兼任国民政府委员。3. 现役军人不兼任国民政府委员。全会选任林森为国民政府主席、蒋介石等34人为国民政府委员。

1943年9月10日，五届十一中全会修正之《中华民国国民政府组织法》规定：国民政府设主席1人、委员24－36人，均由中国国民党中央执行委员会选任，委员任期与主席任期同为3年，连选得连任，直至宪法实施后，依法当选之总统就任时，始得解职。依9月13日和10月7日国民政府发布之任命令，张人杰等28人被任为国民政府委员。

1947年4月17日，国民政府为适应"多党制政府"之政治需要，再次修正《中华民国国民政府组织法》，规定：国民政府除设正副主席各1人外（3月24日六届三中全会决议增设副主席1人），设委员40人，由国民政府主席于党内外人士中选任，五院院长为"当然委员"，任期3年（五院院长为当然委员期间，如因故解院长职务，其当然委员亦随之解职）。4月18日，国民政府公布新任命委员28人名单，其中中国国民党人17名，中国青年党人4名，中国民主社会党人2名，无党无派之社会贤达5名。直至1948年5月20日正副总统就职、国民政府结束之日止，其委员任期亦随之结束。

国民政府主席

1928年2月4日二届四中全会通过之《中华民国国民政府组织法》规定："国民政府由中央执行委员会推举委员若干人组织之，并推定其中五人至七人为常务委员，于常务委员中推定一人为主席。"正式采用委员——常务委员——主席制。全会议决"推举"丁惟汾等49人为国民政府委员，"推定谭延闿等五人为国民政府常务委员并推定谭延闿为国民政府主席"。同年10月3日，二届中执会政治会议第172次会议通过之《中华民国国民政府组织法》（即"五院制国民政府组织法"）于第6条规定，"国民政府设主席委员一人，委员十二人至十六人"，该"主席委员"在第8、9、11条中被称为"国民政府主席"，其职权被规定为：1. 代表国民政府接见外使，并举行或参与国际典礼。2. "兼中华民国海陆空军总司令"。3. "为国务会议之主席"。于第10条内规定："国民政府主席因事故不能执行职务时，由行政院院长代理之。"

1930年11月17日三届四中全会修正之《中华民国国民政府组织法》规定中，国民政府主席职权（2）改为"兼中华民国陆海空军总司令"，（3）改为"为国民政府会议之主席"，增列（4）"公布法律，由国民政府主席署名，以立法院院长之副署行之。发布命令，由国民政府主席署名，主管院长之副署行之。"

1931年6月14日三届五中全会通过之《中华民国国民政府组织法》规定："国民政府委员，以国民政府主席、五院院长为当然委员，并设委员十六人至三十二人"。国民政府主席职权（4）被改为："国民政府公布法律、发布命令，由国民政府主席依法署名行之。前项公布之法律、发布之命令，由关系院院长副署之"。更增列第5项职权："国民政府五院院长、副院长、陆海空军副司令及直属于国民政府之各院、部、会长，以国民政府主席之提请，由国民政府依法任免之"。还增列第6项职权："行政院各部长、委员长之人选，由行政院院长推由国民政府主席提请，由国民政府依法任免之"，"立法院设委员四十九人至九十九人，由立法院院长提出人选，由国民政府主席提请国民政府依法任免之"，"监察院设监察委员二十九人至四十九人，由监察院院长提出人选，由国民政府主席提请国民政府依法任免之。"

1931年12月26日四届一中全会对《中华民国国民政府组织法》作了大幅度修改，规定：国民政府设主席1人及委员24-36人，由中央执行委员会选任，国民政府主席为中华民国元首，对内对外代表国民政府。国民政府所有命令处分以及关于军事动员之命令，由国民政府主席署名行之，但须关系院院长、部长副署始生效力。立法院立法委员49-99人、监察院监察委员29-49人，改由立法、监察两院院长提请国民政府主席依法任免。国民政府主席不负实际行政责任，不得兼任其他官职，任期2年，连选得连任，但以连任1次为限。

1943年9月10日五届十一中全会对《中华民国国民政府组织法》再做大幅度修改，进一步加重国民政府主席职权，规定：国民政府设主席1人、委员24-36人，由中央执行委员会选任，国民政府主席为中华民国元首，对外代表中华民国；为陆海空军大元帅；任期3年，连选得连任（按：不再受连任一次之限），直至宪法实施后，依法当选之总统就任时，始行解职。国民政府主席因故不能视事时，由行政院院长代理之。国民政府公布法律、发布命令，由国民政府主席依法署名、由关系院院长副署行之。国民政府五院院长、副院长，由国民政府主席于国民政府委员中提出中国国民党中央执行委员会选任。国民政府主席对中国国民党中央执行委员会负责，五院院长对国民政府主席负责。

1947年3月24日，六届三中全会决议国民政府增设副主席1人，由中央执行委员会选任，任期3年，连选得连任，国民政府主席因故不能视事时，由副主席代理之。4月17日公布修正的《中华民国国民政府组织法》规定：国民政府主席除拥有上述各项职权外，对国民政府委员会议决事项有提交复议之权（如复议结果有3/5以上委员仍持原议，则应予执行）并在遇有特殊情况时先予处置而于事后请国务会议追认之权（如国务会议拒绝追认，主席得请其复议并按复议条款规定办理）。

1948年5月20日，总统、副总统宣誓就职，国民政府主席、副主席之设乃告结束。

国民政府委员会议

1925年3月12日，孙中山逝世，6月24日，中国国民党中央执行委员会在"关于政府改组议决案"中宣布，"对于政府改组，亦经郑重考虑，决议采用合议制，以期收集思广益之效"，决定"设置国民政府掌理关于全国之政务，以委员若干人组织会议，并于委员中推定常务委员五人处理日常政务"。7月1日议决之《中华民国国民政府组织法》中规定：国民政府委员在国民政府所在地组成委员会议执行国务。

1927年4月18日，国民党政府"开始在南京办公"，未重颁国民政府组织法，实际执行的是上述规定（所谓"依据'粤法'组府"者即指此而言）。其于4月18日公布的国民政府委员为汪兆铭、胡汉民等25人（6月□日、7月□日又各加任2人），常务委员为胡汉民等4人（等待汪兆铭"来京"，实际仍为5人），在南京组成国民政府委员会，胡汉民实际代行委员会议主席，国务由委员会议执行。

1928年2月4日，国民党政府成立后公布之第一个《中华民国国民政府组织法》（二届四中全会通过）规定："国民政府委员处理政务，以会议行之，日常政务由常务委员执行之。"下列各事项均须经国民政府委员会议"注重"讨论：1. 国内情形之报告、讨论及政府应取政策之决定。2. 关于政府对于外交事项应取行动之决定。3. 省政府之报告及其建议之听取与讨论及政府对其应取政策之决定。4. 对军事委员会之报告及其建议之听取与决定。5. 对国民政府各部报告与建议之听取、讨论与采纳。6. 经国民政府主席与五院院长署名签发、以国民政府名义公布之法律与发布之命令，均须"经国务会议议决"。以上6项，均为国务，均须经国民政府委员会议议决。

同年10月3日，二届中执会常务委员会通过政治会议议决之《中华民国国民政府组织法》规定：国民政府以国民政府委员（12-16人）组织之国务会议处理国务（以国民政府主席为国务会议主席），院与院间不能解决之事项，由国务会议议决之，公布法律与发布命令，须先经国务会议议决，方得由国民政府主席及五院院长署名行之。

国民政府委员（含常务委员）组成国民政府委员会、以国民政府主席为会议主席、执行（或曰"处理"）国务这一委员合议制形式，至1930年11月17日三届四中全会修正之《中华民国国民政府组织法》通过并公布施行而有了质的改变。

国民政府国务会议

1928年10月8日公布之《中华民国国民政府组织法》规定：

1. 国民政府总揽中华民国之治权，国民政府委员组成国务会议处理国务及议决院与院间不能解决之事项，并议决公布立法院通过之各决议案。

2. 国务会议如有必要时，得允许行政院各部、会长列席会议。

3. 国务会议以国民政府主席为主席。

4. 国民政府公布法律、发布命令，得先经国务会议议决并得由国民政府主席与五院院长共同签署，方生效力。

1930年11月17日，三届四中全会修正《中华民国国民政府组织法》，改"国务会议"为"国民政府会议"，以议决"院与院间不能解决之事项"为唯一职权，而将以蒋介石为院长的行政院会议改称为"国务会议"。

1931年12月30日公布经四届一中全会通过之《中华民国国民政府组织法》，国民政府会议改称为"国民政府委员会"（其职权范围、组成人员同前未变），同时取消"国务会议"名称，恢复"行政院会议"原称。

1947年4月17日公布"扩大改组"的《中华民国国民政府组织法》，规定"国民政府委员会为国民政府之最高国务机关，以国民政府主席及委员会组织之，商讨决议立法原则、施政方针、军政大计、财政计划及预算、各部会长及不管部会政务委员之任免暨立法委员和监察委员之任用、院与院间不能解决之事项、主席交议或委员3人以上连署提出之建议事项等并负责执行国民大会之决议"。4月23日，由中国国民党、中国青年党、中国民主社会党及"社会贤达"参加的国民政府委员会正式成立，"决定将国民政府委员会召开之会议称为国务会议"。

1948年5月20日，中华民国总统府成立，"国务会议"废止。

国民政府会议

1930年11月17日，三届四中全会修正了《中华民国国民政府组织法》，规定：国民政府主席与委员（仍为12-16人）组成"国民政府会议"，"以国民政府主席为国民政府会议主席"，取消了"执行国务"或"处理国务"之职权，改以议决"院与院间不能解决之事项"为唯一职权。

国民政府秘书处

1927年4月18日，国民党政府在南京成立时，于国民政府委员会内设立秘书处，置秘书长1人，秘书、办事员、书记官各若干人，直接受国民政府委员会议主席和常务委员指导，办理各该应办事务。秘书处下设3科：总务科掌理铨叙、印铸、文书收发与保管、会计、庶务各事项。机要科掌理国民政府会议记录、文书编制、机要文件撰拟与翻译及保管、典守印信各事项。撰拟科掌理法令撰拟、函牍缮写各事项。

1928年2月,《国民政府秘书处组织条例》修改,将总务科之铨叙、印铸事项抽出,设立第4科专门掌理。10月19日,国民政府秘书处改设为国民政府文官处。

国民政府副官处

1927年4月18日,国民党政府在南京成立时,即有副官处之设。6月1日,《国民政府副官处组织条例》修改,增设高级副官。10月12日,任命黄惠龙为副官长,正式成立副官处。副官长之下,设有高级副官、副官、差遣各若干人,副官长承国民政府常务委员之命、受秘书长指挥,负责管理府内警卫、消防、交际各事项。副官处下设总务、内务、管理3科,各以科长、科员分办规定事务。10月19日,国民政府副官处改设为国民政府参军处。

国民政府副官处副官长

国民政府副官处之长官,陆军少将,执掌命令承宣、侍卫等事宜,1927年6月1日设,始称"高级副官",由黄惠龙出任。同年10月12日改称"副官长",黄惠龙被任为首位国民政府副官处副官长。

1928年10月8日,国民政府实行五院制,原国民政府副官处于10月19日改设为国民政府参军处,副官长一职为参军长所取代。

国民政府副官处副官

国民政府于1927年4月18日即设副官处,除置有"高级副官"1人外,还置有副官若干人,均由陆军中、少校担任。

1928年10月19日,国民政府副官处改为参军处,改置参军长1人及参军若干人,原国民政府副官处副官为参军处参军所取代。

国民政府参事处

1927年4月18日,国民党政府在南京成立时,设有参事若干人,除备咨询外,并得办理国民政府特交之事项。11月21日,正式成立参事处。12月14日和1928年6月23日、6月30日、9月14日,曾伯兴、谢荫民、吴醒汉、陈扬镳先后被推举为首席参事。参事处设有参事会议,以审查参事之建议与提案、处理经费收支、职员成绩考核及其他重要事项。参事会议定期举行,由首席参事主席,其议决案由首席参事分配各参事分别执行。

1928年12月22日,国民政府参事处并入国民政府文官处,改于文官处内设参事若干人。

国民政府文官处

1928年10月19日,国民政府秘书处改为文官处。10月23日公布《国民政府文官处组织条例》,规定:1.国民政府设文官长1人(特任)、秘书8－12人(简任)。2.文官长承国民政府主席之命,指挥、监督所属秘书,掌理关于国务会议及府内一切文书、机要、印铸等事项。3.秘书受文官长之指挥、监督,分掌本处各事务。4.文官处置文书、印铸2局,各设局长1人(由国民政府简任秘书兼任)、科长2人(荐任)、科员10－20人(委任或荐任);印铸局并得设技师3人(荐任)、技士6人(委任)。5.文书局掌理:(1)文书收发、编制、保管事项;(2)文书分配事项;(3)文件之撰拟及翻译事项;(4)编制国务会议议事日程及会议记录事项;(5)公布法律、命令事项;(6)典守印信事项;(7)登记府内职员任免事项；(8) 会计事项。6. 印铸局掌理：(1) 制造、印刷官文书及其他用纸事项；(2) 刊行公报及职员录事项；(3) 铸造或雕刻印信、图记、徽章、奖章等事项。7. 本处于必要时得遴聘富有政治学识、经验者12-20人为参议，并得酌给办公费。8. 本处及属局之处务规程另定之。是日，特任古应芬为文官长(1931年6月19日王树翰继任，由叶楚伦代理，9月5日改由吕苾筹代理。1932年1月3日魏怀继任。1945年1月8日吴鼎昌继任)，任杨熙绩等9人为秘书，由杨熙绩兼文书局局长(1932年11月9日许静芝继任)，由秘书周仲良兼印铸局局长。

1948年5月20日，中华民国总统府成立，国民政府文官处改设为中华民国总统府第一局，局长仍为许静芝。

国民政府参军处

1928年10月19日，国民政府改副官处为参军处。10月23日公布《国民政府参军处组织条例》，规定：

(1) 国民政府设参军长1人(特任)、参军8-12人(简任)，于陆海军将官中任命之。

(2) 参军长承国民政府主席之命指挥、监督所属参军掌理关于国民政府典礼及总务事项。

(3) 参军处置典礼、总务2局，各设局长1人(均由参军兼任)、科长2人(荐任)、科员6-8人和10-20人(委任或荐任)。典礼局掌理：①关于国庆日与其他纪念日之典礼事项。②关于接见外使与接待外宾事项。③关于大典与其他礼节事项。④关于阅兵、出巡事项。⑤关于国际典礼事项。总务局掌理：①关于举行纪念周事项。②关于府内警卫事项。③关于军事报告与命令传达事项。④关于庶务事项。

此外，参军处还置有秘书、人事、警卫3室。

1945年11月26日，参军处扩大总务局，以安置原国民政府军事委员会委员长侍从室一组全班人马(1946年3月26日、11月11日先后任陈希曾、徐本生为正副局长)；增设军务局，以安置原国民政府军事委员会委员长侍从室二组全班人马，专负军事命令与文件之宣达、承转、审议事项之责，1945年12月1日，任命俞济时、赵桂林为正副局长，军务局之属员有高级参谋、参谋、副官、秘书、科员、书记官等各若干人。

1948年5月20日，国民政府参军处改设为中华国民总统府参军处。

国民政府主计处

1930年11月17日，三届四中全会通过《刷新中央政治，改善制度，整饬纲纪，确立最短期内施政中心，以提高行政效率案》决议，其内规定，"限期成立主计处，直隶于国民政府"，"此后各机关之收支计算书及附属单据，必须依法造送，呈请审核。违者分别申诫或撤惩其主管长官"。12月4日，陈其采被任为主计处筹备主任。12月29日，刘大钧、潘序伦、秦汾、杨汝梅、吴大钧被任为主计处筹备委员。

1931年3月21日，以陈其采为主计长，以刘大钧、潘序伦、秦汾、杨汝梅、吴大钧5人为主计官，并由陈其采任岁计局局长、秦汾任会计局局长、刘大钧任统计局局长，国民政府主计处成立。3月29日，国民政府修正公布并定同年4月1日施行《国民政府主计处组织法》，规定：

1. 国民政府设主计处，掌管全国岁计、会计、统计事务。

2. 主计处设主计长1人，特任，设主计官6人，简任；置秘书2-4人(内1人简任，余荐任)、科员6-12人(内1-3人荐任，余委任)，办理文书及不属于各局之事务；于必要时，得聘用专门人员，并得酌用雇员。主计长承国民政府之命综理处务并指挥、监督所属人员依法律之规定分别执行职务。

3. 主计处设岁计、会计、统计3局，各置局长1人综理局务，各置副局长1人，于局长因事故不能执行职务时代理局务；正副局长均由主计长呈请国民政府于主计官中派充；每局置科长3－5人，荐任，每科置科员10－20人（内3－5人荐任，余委任）。

4. 岁计局掌理：（1）关于筹划预算所需事实之调查事项。（2）关于各机关概算、预算及决算表册等格式之制定与颁行事项。（3）关于各机关岁入、岁出概算书之核算及总概算书之编造事项。（4）关于依照总概算书编造与拟定总预算书事项。（5）关于拟定总预算书经核定后之整理事项。（6）关于预算内款项依法流用之登记事项。（7）关于各机关各计算书之汇编及其报告事项。（8）关于各机关岁入、岁出决算书之核算及总决算书之编造事项。（9）关于各机关间财务上增进效能与减少不经济支出之研究及其报告事项。（10）关于各机关间财务上应合办或统筹事务之建议事项。（11）关于各机关办理岁计事务人员之指挥、监督事项。（12）其他有关岁计事项。

追加预算及非常预算，得准用（3）－（10）各款之规定。

5. 会计局掌理：（1）关于各机关会计事务之指导、监督事项。（2）关于各机关会计人员之任免、迁调、训练及考绩事项。（3）关于各机关会计表册、书据等格式之制定与颁行事项。（4）关于各机关会计报告之综合记载及总报告之汇编事项。（5）其他有关会计事项。

6. 统计局掌理：（1）关于各机关统计人员之任免、迁调及考绩事项。（2）关于各机关统计图表格式之制定、颁行及一切编制与统计办法之统一事项。（3）关于各机关编制统计范围之划定及统计工作之分配事项。（4）关于各机关统计事务之指导、监督事项。（5）关于调查、编制不能属于任何机关范围之统计及各机关未及编制之统计事项。（6）关于全国统计总报告之编纂事项。（7）其他有关统计事项。

7. 全国各机关主办岁计、会计、统计之人员分为三等：（1）会计长、统计长均由国民政府简任。（2）会计主任、统计主任均荐任。（3）会计员、统计员均委任。以上主办人员之佐理人员，均由主计处按其事务之需要设置。凡公营事业主办岁计、会计、统计人员及佐理人员不适用上列规定之名称、等级者，得由主计处依所在机关之需要定之。各机关之岁计事务，由会计人员兼办，其统计事务之简单者亦同。主计长得随时调遣各机关办理岁计、会计、统计人员。

8. 主计处由主计长与主计官组成主计会议，该主计会议以主计长为主席（主计长缺席时，由岁计局长代理），主计处聘任之专门人员及各局之科长得列席主计会议，各机关主办岁计、会计、统计之人员，对于有关其职掌之提案，亦得列席主计会议。主计会议之职权为：（1）关于各机关主办岁计、会计、统计人员之任免事项。（2）关于会计制度之拟订及修订事项。（3）关于主计处及各机关办理岁计、会计、统计之办事规则制定与修正事项。（4）关于两局以上之关联事项。（5）主计处各局长或主计官提议事项。（6）主计长交议事项。

9. 主计处召集全国主计会议，以主计处主计长、主计官、专门人员及主要机关办理岁计、会计、统计之人员及各主要机关之代表或其长官为成员，以主计处主计长为主席。

10. 各机关办理岁计、会计、统计之人员直接对主计处负责，并依法受所在机关长官之指挥。

1931年4月1日，国民政府主计处成立。

1940年□月□日增设统计事业设计委员会、主计法研究委员会。

1942年□月□日增设人事室。

1944年1月13日,公布《国民政府主计处设置各机关岁计会计统计人员条例》,将各机关主办岁计、会计、统计人员之等次分作四等,并规定由主计处视各机关之组织及其事务之繁简定其等次:1. 会计长、统计长,由国民政府简任。2. 会计处长、统计处长,由国民政府简任或主计处荐任。3. 会计主任、统计主任,由主计处荐任或委任。4. 会计员、统计员,由主计处委任。还规定:凡由政府经营或由政府投资营业及事业机关,均由主计处设置岁计、会计、统计人员,各特种公务及公有营业及事业机关,其未规定官等或如1.-4.之规定职称而与同等级人员之职称不同者,均由主计处比照办理。同年1月□日,主计处还增设视察6-9人和专门委员3-6人。

1948年5月20日国民政府主计处改组为中华民国总统府行政院主计部,1949年3月□日再改组为行政院主计处。

自1931年3月21日-1949年4月23日,陈其采、徐堪、庞松舟先后任主计长。

国民政府中央财政委员会

1927年5月18日,国民政府公布《中央财政委员会组织法》,规定该委员会设委员5人(其中中执会政治会议委员3人,财政部部长、次长各1人),从政治会议委员3人中产生主席1人。设秘书1人及办事员若干人办理有关事宜。中央财政委员会以指导全国财政、拟定并审查财政计划为职责,必要时可聘请专家为顾问。5月31日,古应芬、钱永铭、胡汉民、蒋介石、张静江被特任为该委员会委员,胡汉民被选为主席。该委员会结束日期未见诸载籍。

国民政府外交委员会

1927年6月1日,国民政府任命蒋介石、胡汉民、吴敬恒、李煜瀛、伍朝枢为委员,成立了外交委员会,9月28日,改任汪精卫、胡汉民、张继、王宠惠、孙科、戴传贤、伍朝枢7人为委员。1928年3月14日增任蒋介石、谭延闿、黄郛、李煜瀛、吴敬恒、蔡元培、张静江、王正廷、孔祥熙9人,4月18日再增任宋子文、易培基2人为委员,由黄郛出任委员长;10月20日,国民政府实行五院制,外交委员会停止职权,宣告结束。

国民政府法制局

1927年6月17日,王世杰被任命为国民政府法制局局长。6月27日公布《国民政府法制局组织法》(1928年5月16日修正),规定:

1. 法制局直隶于国民政府,掌理草拟与审查法律、条例案和刊行现行法规各事项。

2. 法制局由国民政府任命局长1人综理局务。置秘书2人掌理局长委办事务。置编审6-9人分掌第1-3股法定事务:第1股草拟与审查关于经济事项之法律与条例案,第2股草拟与审查关于官制、官规之法律与条例案,第3股草拟与审查民事、刑事等法规暨其他关涉司法之法律与条例案。设总务处,置处长1人并酌置科长、科员,分科掌理本局文牍、译述、调查、会计各事务。

3. 局长认为有必要时,得召集全体编审会议或分股编审会议,研讨关于法律、条例案之草拟与审查事项。

4. 法制局于必要时,对于特种立法事项,得聘任专家为专门委员,从事于该特种立法事项之调查或起草。

5. 法制局因事务之需要,得酌用雇员。

1928年3月2日,国民政府劳动法

起草委员会并入法制局。10月8日，国民政府实行五院制，成立立法院专事立法，国民政府法制局撤销。

国民政府劳工局

1927年7月26日，国民政府任命马超俊为劳工局局长。8月22日公布《国民政府劳工局组织法》，规定劳工局直隶于国民政府，掌理全国劳工行政事务并监督各省农工厅及各地农工行政机关。设局长1人，承国民政府之命管理局务，副局长2人辅助局长处理局务。置秘书1人掌理局长交办事宜。设总务、行政、统计3处，各置处长1人分掌处之法定事项，处下分科办事。10月31日，黄元彬与周湘、萧同兹、王光辉被分别任命为秘书与总务、行政、统计处处长。

1928年1月7日，劳工局改隶于国民政府劳动法起草委员会。3月2日，依二届中执会政治会议之议决，并入国民政府工商部劳工司。

国民政府国定关税委员会

1927年8月1日，国民政府任命张静江、王宠惠、伍朝枢、古应芬、钱永铭为国定关税委员会委员，以促成及实行关税自主为法定职责，由古应芬兼委员长（10月12日改由孙科兼任）。1928年1月3日，宋子文继任为委员长。3月15日，国民政府公布有《国定关税委员会组织大纲》。其活动情形和撤销日期未详。

国民政府财政监理委员会

1927年9月21日，国民政府成立财政监理委员会负责整理东南各省财政及审定中央与各省之政费和军需各预算报告，设委员7人（其中国民政府委员3人、国民政府军事委员会委员3人，国民政府财政部部长为当然委员兼常务委员）。10月2日，财政监理委员会开第一次会议，孙科被推兼常务委员。10月4日，国民政府公布《财政监理委员会组织条例》。

至1928年6月9日，监理委员增为11名（除当然委员外，国民政府委员会委员增为6名，国民政府军事委员会委员增为4名）。9月1日，国民政府预算委员会改组成立，财政监理委员会乃行裁撤。

国民政府劳动法起草委员会

1927年7月25日和8月6日，国民政府派伍朝枢、戴季陶、王宠惠、马超俊、王世杰、虞和德（洽卿）、叶楚伧为国民政府劳动法起草委员会委员。8月8日，推定马超俊、王世杰为常务委员并聘任王人麟、徐渭津为秘书，正式成立了机构。

1928年1月7日，议定劳动法起草委员会委员由劳工局局长、法制局局长及国民政府简任委员4人组成。是年3月2日，依二届中执会政治会议决议，劳动法起草委员会并入国民政府法制局。

国民政府法官惩戒委员会

1928年5月12日，国民政府公布《法官惩戒暂行条例》。5月28日，任命于右任、周诒柯、李菱、翁敬棠、薛笃弼、王世杰、陈和铣为委员并任于右任为委员长，成立法官惩戒委员会，直隶于国民政府，掌理处置法官违背、废弛或失职之行为。6月9日，夏勤继周诒柯为该委员会委员。7月6日，王开疆被任为该委员会秘书长。其结束日期未详，但依理而论，至迟当在1932年4月6日司法院中央公务员惩戒委员会成立、司法官之惩戒归入公务员惩戒范围之前。

国民政府中央逆产处理委员会

1928年7月25日，国民政府为接收和处置北洋时期历届政府要人之逆产，任命经亨颐、徐元诰、田桐、朱绍良、刘盥训为委员，内政部部长薛笃弼与财政部部长宋子文为当然委员，指定经亨颐为主席（9月21日，由刘盥训暂代），成立了中央逆产处理委员会，直隶于国民政府。其业务进行状况未见记载。12月5日裁撤。

国民政府赈务处

1928年7月27日，《国民政府赈务处组织条例》公布，规定：

1. 赈务处直隶于国民政府，掌理各灾区赈济及善后事宜。

2. 赈务处置处长1人，由内政部部长兼任，综理处务，置副处长1人，由国民政府简任，辅助处长办理处务。

3. 赈务处置赈款委员会，由国民政府特派若干人组成，并就委员中指定5人为常务委员，以赈务处处长为主席。

4. 关于赈款之募集方法、赈款之保管、赈款之分配和使用方法等事项，应经赈款委员会决定。

5. 赈务处设总务科，置科长1人，科员若干人，承长官之命，掌理灾况调查、赈务统计、赈务稽核、宣传等事项。设赈济科，置科长1人、科员若干人，承长官之命，掌理赈务设计、施赈等事项。

6. 赈务处科长、科员均由处长就内政部或其他各机关职员中遴员专任。

7. 赈务处因缮写文件及其他事务需要，得酌用雇员。

8. 赈务处职员，除专任人员和雇员外，概不支薪。

7月30日，国民政府任命陈际翔为赈务处副处长（12月11日由张杜兰继任，1930年11月3日再由王壵继任）。

8月3日，由薛笃弼兼任处长（12月17日由赵戴文继任，1929年9月11日再由杨永泰继任）。同日，赈款委员会成立，由处长薛笃弼兼任主席（10月23日由许世英继任），以薛笃弼（12月4日由赵戴文继任）、许世英、王震、严庄、胡毓威（12月4日由赵丕廉继任）5人为常务委员，薛笃弼、许世英、赵戴文、熊希龄、钮永建、李元鼎、熊斌7人为委员。

9月12日，沈昌被任为秘书长（1929年1月22日沈被免后未再见任命）。

1929年2月26日，国民政府以第103号令撤销赈款委员会，其执掌事宜归由国民政府赈灾委员会（1929年3月2日成立）掌理。

1930年12月31日，国民政府赈务处裁撤。

国民政府预算委员会

1927年8月6日公布之《国民政府预算委员会暂行条例》规定：该会负责核定各机关预算，其委员由中央党部、中央【执委会】政治会议、国民政府各特派1人、军事委员会代表1人、监察院监察委员1人，财政部部长与次长共7人充任，公推其中之1人为主席。

1928年8月28日，《国民政府预算委员会组织条例》正式公布，规定该会依本条例及其他法令掌理预算之核定及实施事宜，其委员13人由国民政府任命，委员互推常务委员3人并推定常务委员1人为主席；设秘书长1人，于常务委员指导下办理日常事务。次日，国民政府特派谭延闿等13人为该委员会委员，谭延闿被推为主席。9月1日，改组成立国民政府预算委员会。

1929年1月29日，国民政府决定设立核定所有军政各费的财政委员会，3月4日，国民政府财政委员会成立并接办了国民政府预算委员会的全部业务。

国民政府中央财政整理委员会

1928年8月□日，国民政府公布《中央财政整理委员会组织条例》，规定：

1. 国民政府为谋统一财政起见，特设中央财政委员会。

2. 全国财政整理分区实行：（1）江苏、浙江、安徽、江西、福建为一区。（2）湖南、湖北、广东、广西为一区。（3）山东、河南、陕西、甘肃为一区。（4）河北、山西、热河、察哈尔、绥远为一区。（5）四川、云南、贵州为一区。（6）其他各省为一区。

3. 各区财政整理之开始时期，由财政部呈请国民政府分别规定之。但整理期间不得超过两个月。

4. 中央财政整理委员会职掌为：（1）关于执行中央及地方税收之划分事项。（2）关于裁厘及废除苛捐杂税事项。（3）关于计划及施行新税事项。（4）关于改良各种税收及税率事项。（5）关于金融币制之建设及改革事项。（6）关于核行财政、经济各会议之议决案事项。（7）关于其他财政统一事项。

5. 中央财政整理委员会由国民政府特派国民政府委员若干人组成，财政部部长为当然委员，规定区域内之省财政厅厅长和特别市财政局局长概得列席该委员会会议。

6. 中央财政整理委员会设主席1人综理会务，副主席1人协理会务（主席缺席时得代行其职权），秘书1人承主席与副主席之命办理会务，事务员若干人承长官之命办理具体事务，必要时并得酌用雇员。

7. 各分区范围内在整理期间，凡关于财政上之中央及地方用人行政，须受中央财政委员会之指导、监督。9月□日，中央财政整理委员会成立。

1930年9月□日，该委员会裁撤。

国民政府财政委员会

1929年1月29日，《国民政府财政委员会组织大纲》公布，规定：

1. 国民政府为审查国库各项收支起见，特设财政委员会，在国家预算未成立以前，负责核定所有军政各项费用，并交财政部执行。

2. 财政委员会设委员长1人及委员若干人，其委员由中央执行委员2人、中央监察委员2人、编遣委员会常务委员、行政院正副院长、立法院正副院长、监察院正副院长、审计院院长、财政部部长充任。

3. 财政委员会每周会议一次（由委员长召集），审查财政部列单报告之前一星期款项收支情形。

4. 财政委员会得设秘书处，置秘书长1人处理日常事务。

1月31日，国民政府特任谭延闿为委员长，3月4日正式成立财政委员会，3月28日，范新范被任命为该委员会秘书长。

1930年9月30日，国民政府财政委员会裁撤，其业务交由中执会政治会议接办。

1931年11月9日-11日举行的三届中执会二次临时全会上，蒋介石提议再度设立财政委员会，以期当此"外交紧急、金融奇紧"之时，收政府与工商界、金融界、专家学者"通力合作"、"整理财政"并"实施公开"之效。其所拟之《财政委员会组织大纲》规定：

1. 国民政府为审查国库各项收支、实行财政公开起见，设立财政委员会。

2. 财政委员会委员长由行政院院长兼任，委员26-30人，以政府人员与金融界、工商业界、经济学者及有经验之专家充任。

3. 财政委员会以整理财政、审查军政各费之概算、稽核公债之发行、财政收支数目之考核及公布为职责。

4. 财政委员会每两星期由委员长召集会议一次，审查财政部列单报告之前两星期款项收支情形。

11月12日，国民政府任命蒋介石等政府人员10人、荣宗敬等工商界人士

4人、张公权等金融界人士4人、顾孟馀等学者专家5人共23人为委员，仍由范新范任秘书处秘书长，再度成立了国民政府财政委员会。11月25日，增任王孝赉为委员。12月15日，蒋介石辞委员长职务（此后是否任行政院代院长和院长的陈铭枢和孙科、宋子文继任委员长职务，未见记载）。

1932年1月12日，该委员会委员人数增为35-45人。5月30日，汪精卫继任为委员长。

1935年12月7日，蒋介石再度兼任该委员会委员长。

1938年1月1日，该委员会撤销。

国民政府整理内外债委员会

1929年2月6日公布之《整理内外债委员会章程》规定：

1. 国民政府为审核关于无确实担保之内外债并研究清算及整理办法起见，设立内外债整理委员会。

2. 本会委员7人，由行政、监察2院院长和行政院之外交、工商、铁道、交通、财政5部部长分别兼任，并互推其中之1人为委员长。

3. 本会设专门委员若干人，由委员长就职务上有特殊关系者或确具财政专门学识及经验者中遴选聘任或特派，由委员长就中遴选1人兼任秘书长。

4. 本会得选聘中外财政专家充任顾问或咨议，以备咨询。

1930年12月4日，国民政府修正公布该委员会章程，委员改设为7-9人，由国民政府特派，以其中之1人为委员长。

国民政府整理内外债委员会只是国民党政府为取得列强外交上承认和经济上的支持空言允诺的一个试探气球。该委员会成立后，曾经数次召集各债权国代表会议，商讨整理债务办法。该委员会对如何整理并偿付积欠外债尤其是无确实担保及无担保债务，一直拿不出具体办法。

抗日战争开始后，该委员会虽在大后方残喘八年，至抗战胜利后，在政府与驻军支持下东返劫收，虽斩获不少，但却逃脱不了到处受到攻击并最终与国民党政府一同崩溃覆灭的命运。

国民政府总理陵园管理委员会——国民政府国父陵园管理委员会

1929年6月1日，中国国民党、国民政府举行奉安大典，葬总理孙中山先生于中山陵。6月28日，国民政府派蒋介石等19人为委员，并指定林森、林焕庭、叶楚伧、孙科、刘纪文为常务委员，6月30日，国民政府明令撤销"总理葬事筹备委员会"，组织总理陵园管理委员会直隶于国民政府，其委员21人由国民政府特派并指定其中5人为常务委员主持日常事务。该委员会执掌事项为：1. 护卫陵墓。2. 管理陵园。3. 办理陵墓工程与陵园建设。4. 办理陵园农林事业。5. 指导陵园内新村建设。委员会议决各案交常务委员会执行。常务委员会下设园林设计委员会与总务、警卫2处，各置处长1人，承常务委员会之命综理处务，置副处长1人，协助处长办理处务。总务处辖工程、园林2组及会计、文牍、事务3课，分理各事。警卫处辖警卫大队及总务、管理2课，分理各事。

1937年11月□日，总理陵园管理委员会随国民政府西迁，落会址于重庆南温泉虎啸口青年会内，机构缩减，业务停顿，仅留少数职员负责保管基金、重要公物及档案。

1946年3月10日，总理陵园管理委员会在重庆孙科公馆举行会议，议决：1. 推常务委员孙科为主任委员。2. 推程潜、何应钦、邹鲁、王宠惠、邵力子、邓家彦、李文范7人递补先后病故之林森、林焕庭、朱培德、胡汉民、蔡元培、叶楚伧、汪兆铭，以使21名委员足额。3. 改总务处为秘书室，改园林组为园林处。7月2日，国民政府明令公布《国父陵园管理委员会组织条例》，原《总理陵园管理委员会组织条例》即行废止。

《国父陵园管理委员会组织条例》规定：

（1）委员会隶属关系与执掌事项同前不变。

（2）委员21-27人由国民政府特派，就中指定7-9人为常务委员组成常务委员会，并在常务委员中推定1人为主任委员执行会务。

（3）会内设园林设计委员会、秘书室、园林处、拱卫处分掌各事项：

①园林设计委员会置委员11-15人，由陵园管理委员会就其委员中推举并聘请专家充任，掌理陵园全部设计事宜。

②秘书室置秘书1人，简任，承主任委员之命指挥、监督所属职员办理各科事务及交办事项，分文牍、事务2科，各置科长1人，荐任；科员6-8人；视事实之需要，酌用雇员2-4人，分别掌理文稿撰拟、会议记录、报告编辑、收发文件、保管印章和案卷、经费出纳、公告印刷、地租征收、生产物品之保管与销售、庶务各事项。

③园林处置处长1人，简任，承主任委员之命指挥、监督所属职员处理陵园园林建设及经营发展事务；置科长4人、园主任1人、技正2-3人，均荐任，技士7-10人，技佐8-12人，科员5-7人，均委任，并得视事实之需要酌用雇员2-4人，招收练习生10人，分森林、园艺、工程、总务4科及植物园：a. 森林科掌理全园造林育苗、森林经理与保护、利用森林生产、全园森林改进事项。b. 园艺科掌理培植全园蔬菜园地与全园花草、布置全园园景花木、改良园艺生产与整理农田水利、改善农户园艺生产事项。c. 工程科掌理监造与管理全园建筑、建造修缮全园道路与桥梁及涵洞、办理工程设计与测绘及其他有关工程事项。d. 总务科掌理文牍、庶务、购置、管理地亩经界、改进乡村、管理农佃、管理园林与果蔬及鱼塘等生产，其他不属各科经管之事项。

④拱卫处置处长1人，简任，承主任委员之命督率所属职员办理护卫陵墓、保护园林并协助陵园警备治安事务；置科长2人，荐任，科员5-8人（其中2人得为荐任，余委任），上校队长1人、中校副队长2人、少校或上尉中队长3人、上尉或中尉分队长9人、上尉副官1人、上尉书记1人、上尉军需1人，准尉司书1人，并得视事实之需要酌用雇员1-2人，分经理、管理2科及拱卫大队，分别理事：a. 经理科掌理本处文牍、经理、保管、收发、管卷各事项。b. 管理科掌理拱卫调查、陵堂与附属一带卫生清洁、交际招待、训练管理勤务兵与伕役各事项。c. 拱卫大队掌理护卫陵墓、保护森林与园林生产、协助警察维持全园治安与交通及消防事项。

（4）会计室：置会计主任1人，荐任，置科员2-3人与办事员1人，均委任，雇员1人，依国民政府主计处组织法之规定办理岁计、会计、统计事务。

（5）人事管理员1人，委任，依人事管理条例之规定，办理人事管理事项。

（6）于北平碧云寺国父衣冠冢置管理员1人，助理员2人，均委任。

1948年5月20日，国父陵园管理委员会由中华民国总统府直隶。

国民政府赈灾委员会

1929年2月26日，由国民政府赈务处赈款委员会和直鲁、豫甘陕、晋冀察绥、两粤4赈灾委员会合并组成国民政府赈灾委员会。3月2日，国民政府特派唐绍仪等56人为委员（其以内政、外交、财政、农矿、工商、交通、铁道、卫生8部部长为当然委员），指定许世英、唐绍仪、熊希龄、王震、朱庆澜、严庄、刘治洲、刘纪文、刘元龙、贺耀组、张杜芝11人为常务委员，并指定许世英为主席。

国民政府西京筹备委员会

1932年3月1日—3月6日，四届二中全会在洛阳召开并通过《确定行都与陪都地点案》决议，规定以洛阳为行都、以长安（即今西安）为陪都并定名为"西京"，由中央特派专员担任筹备。5月3日，国民政府公布《西京筹备委员会组织条例》，规定：

1. 西京筹备委员会直隶于国民政府，其委员长1人与委员15—25人均由国民政府聘任。

2. 西京筹备委员会设秘书处，置秘书主任1人、秘书2人、技正1人、技士2—4人，必要时得酌用雇员，并得聘任专门委员或顾问。

3. 西京筹备委员会会址设于西京，于国民政府所在地设立办事处。

4. 西京筹备委员会会议由委员长召集并为会议主席，其决议案之执行，以委员长之名义行之。

5. 西京筹备委员会各种建设方案之施行，得与关系机关合作办理，必要时得向各机关调用技术人员。

6月13日，聘张继为委员长，聘居正等19人为委员，正式成立西京筹备委员会。1938年6月2日，任龚贤明为秘书主任。1941年10月21日，龚贤明辞职，1942年2月13日由王瓒绪署任（1944年10月9日任）。

1945年3月□日，该委员会裁撤，其业务移交陕西省政府接办。

国民政府政务官惩戒委员会

1931年6月8日，国民政府公布《公务员惩戒法》，规定：公务员被弹劾，其受理机关分别为：1. 被弹劾人为选任政务官者，由中国国民党中央监察委员会受理。2. 被弹劾人为上述以外之政务官者，由国民政府受理。3. 被弹劾人为事务官者，由公务员惩戒委员会受理。

为掌理政务官惩戒事宜，国民政府于1932年12月8日推定张静江等8人为政务官惩戒委员会委员，并就中指定叶楚伧为常务委员执行日常事务；派谢健等4人为秘书并指定谢健兼主任秘书组成秘书处，负责承办交付之惩戒案件。12月26日，政务官惩戒委员会正式成立。依规定：政务官惩戒委员会有关决议案得报告国民政府，由国民政府以命令行之；有关委托调查事项和其他对外行文事项，由常务委员交秘书处以公函行之，若有必要，亦得报告国民政府以命令行之。

1948年1月8日，《国民政府政务官惩戒委员会组织条例》公布，其内规定：

1. 该委员会所设委员7—9人改"由国民政府主席就国民政府委员中提经国务会议遴定"。

2. 该委员会秘书处除置简任主任秘书1人（以国民政府秘书兼任）承常务委员之命办理处务外，置秘书5—7人（其中5人简派，余荐派，以国民政府秘书或文官处相当人员兼任），置主任书记官1人（荐任，以文官处相当人员兼任）和书记官7—11人（委任，其中3—5人专任，余调用文官处或其他机关人员兼任），承长官之命分办各项事务，必要时得向文官处各局调用人员或酌用雇员2—3人。

3. 该委员会一切应需经费均在国民政府委员会经费内开支，其所有岁计、会计事项由文官处会计室兼办，文书事项由文官处文书科兼办，庶务事项由文官处庶务科兼办，人事与统计事项均由文官处人事室与统计室分别兼办。

是年 4 月□日，该委员会结束，其未了案件移由国民政府司法院公务员惩戒委员会办理。

国民政府首都建设委员会

1929 年 1 月□日，国民政府设立首都建设委员会，掌理首都建设事宜，规定：首都建设委员会对于执行首都建设事务之行政机关，有指挥、监督之权；认为各该行政机关所发布之命令或处分有违背或妨碍本会之议决者，得呈请国民政府停止或撤销之。首都建设委员以中国国民党中央执行委员会常务委员、国民政府主席与委员、五院正副院长与各部（会）主管长官、各省政府主席、各特别市市长、南京特别市党部代表 1 人为当然委员，并由国民政府任命或聘任若干人为专任委员，指定其中之 1 人特任为主席，指定其中之 4-6 人特任为常务委员，主席与常务委员共同主持会务并执行委员会之决议，委员会之议决案以主席及常务委员名义行之。在首都以外地区之当然委员于委员会开会时因职务关系不克到会者，得派代表列席。委员会置简任秘书长 1 人，承主席及常务委员之命综理会务；置荐任秘书 4 人、委任办事员若干人；并得聘任或委任工程师，必要时得聘任国内外专家为专门委员或顾问。

1929 年 1 月 23 日，国民政府特派蒋介石等 55 人为委员。6 月 17 日正式成立国民政府首都建设委员会。7 月 20 日，以刘纪文委员兼任秘书长。7 月 22 日，特派蒋介石为该委员会主席，特派赵戴文、孔祥熙、宋子文、孙科为常务委员。7 月 23 日，委员李宗仁、冯玉祥、李济深、周西成、张知本、孙良诚、黄绍竑、张定璠、何其巩 9 人被免职，同日特派唐生智、陈仪、何成濬、陈调元、俞作柏、张群、张荫梧、方振武 8 人继任。

1930 年 5 月 6 日增派吴敬恒、李煜瀛为委员。

1931 年 1 月 17 日增派林森、刘纪文为常务委员，并由魏道明继任秘书长职务。

1932 年 4 月 30 日，再由石瑛继任为秘书长。

1933 年 4 月□日该委员会撤销。

国民政府稽勋委员会

1941 年 2 月□日，国民政府公布《勋章条例》。7 月□日，聘蒋介石等 8 人为稽勋委员会委员。11 月 1 日，任命周钟岳、贾景德、陈树人为当然委员，并指定周钟岳、贾景德为常务委员，正式成立了国民政府稽勋委员会。12 月 4 日，《稽勋委员会组织规程》公布，规定该委员会直隶于国民政府，掌理受勋人员勋绩审核事项，设委员 11-15 人，其中以行政院内政、外交 2 部部长和侨务委员会委员长及考试院铨叙部部长为当然委员，余由国民政府遴聘，并指定委员中之 3 人为常务委员掌理会中事务，置主任秘书 1 人、秘书 2-3 人处理日常事务；置干事 3 或 5 人，受常务委员和秘书指导分办各项事务；12 月 22 日，许静芝被任为主任秘书，闻钧天、凌其翰被任为秘书，稽勋委员会完成了建制。

1947 年 7 月 17 日，国民政府公布《稽勋委员会组织条例》，将常务委员数目增为 5 人。规定秘书处置主任秘书 1 人（简任），承常务委员之命办理处务并指挥、监督所属职员；置秘书 5 人（简任），辅助主任秘书分办处务；置科长 3 人（荐任），其科长及其以下各人员，从有关机关商调相当人员兼任（其中之专任人员不得超过各该官等员额数之半）；置会计员与人事管理员各 1 人（均委任），各依规定办理岁计、会计、统计事务与人事管理事务；必要时，秘书处并得用雇员 5-7 人。

1948 年 5 月 20 日以后，稽勋委员会由中华民国总统府直隶。

国民政府编遣委员会

1928年7月6日、7月11日、7月14日，蒋介石在北平3次召开"裁兵谈话会"，抛出《军事善后案》、《军事整理案》，因遭各地方实力派反对而未果。8月14日，二届五中全会在蒋介石主持下通过《整理军事案决议》，规定：1."军政军令，必须绝对统一……破除旧日一切以地方为依据、以个人为中心之制度及习惯。"2."全国军队数量，必须于最短期内切实收缩。军费在整个预算上，至多不得超过百分之五十，同时军队之经理制度更必须统一确立。"3."一切军事教育，归中央统一。"4."裁兵，为整军理财之第一要务。"5."今后……必须实事求是，发展海军，建设空军，俾国防计划归于完成。"6."以上各事……交蒋中正、冯玉祥、阎锡山、李宗仁、李济深、杨树庄六同志，本此主旨，切实规划，由国民政府核实施行。"

1929年1月1日－1月25日，国民政府召开编遣会议，成立了编遣委员会。依《国军编遣委员会组织大纲》之规定：国军编遣委员会委员长由中华民国陆海空军总司令兼任，委员22人，由各集团军总司令，国民政府参谋本部参谋总长与训练总监部训练总监，行政院院长与内政、财政、铁道、交通4部部长，中央委员7人，各集团军前敌总指挥担任；必要时，可由委员长邀集其他有关各院、部、会长官列席会议。编遣委员会置常务委员9－11人，协助委员长处理日常事务，下设总务、编组、遣置、经理4部，各部各置主任1人，上（中）将，承委员长之命综理部务；置副主任1人，中（少）将，辅佐主任处理部务。各部执掌事项如下：

1. 总务部：掌理文书、会计、庶务及其他不属各部之事项。

2. 编组部掌理拟定全国兵额、编制与饷章事项；划分卫戍区域事项；规定现有各部队官兵裁留标准事项；规定接管现有各军队之程序事项；厘定军官佐任免、调补各办法事项；点验及校阅全国现有之陆海空军事项。

3. 遣置部掌理编余官兵之分遣、安置事项。

4. 经理部掌理拟定全国军费事项，编遣经费经理事项，全国军队饷章事项。

3月15日，国民革命军总司令部、海军总司令部、各集团军总司令部宣告结束以后，国民政府乃划全国为8个编遣区（各编遣区置正副主任委员各1人，委员9人，下设总务、军务、遣置3局，局内分课办事），各编遣区设办事处（亦采委员制，原属各集团军总司令、各总指挥部之高级军官2－5人，中央党部代表1人，国民政府特派专员1人，会同办理），隶于编遣委员会之下：1.中央编遣区办事处负责中央直辖各部队编遣事宜。2.中央直辖海军编遣办事处负责海军编遣事宜。3.第一编遣区办事处负责原隶第一集团军各部队编遣事宜。4.第二编遣区办事处负责原隶第二集团军各部队编遣事宜。5.第三编遣区办事处负责原隶第三集团军各部队编遣事宜。6.第四编遣区办事处负责原隶第四集团军各部队编遣事宜。7.第五编遣区办事处负责原山东省各部队编遣事宜。8.第六编遣区办事处负责原川、康、滇、黔4省各部队编遣事宜。

是年3月26日，国民政府在下"讨桂令"的同时，宣布取消第四编遣区（4月1日正式撤销），另任命李品仙、胡宗铎、何键、黄绍竑、陈济棠为第四集团军北平、湖北、湖南、广西、广东部队编遣特派员，分别于北平、汉口、长沙、南宁、广州成立编遣特派员办事处（由中央党部代表1人，国民政府特派员1人，第一、二、三、五编遣区和中央直辖各部队编遣区各派代表1人组成，内分总务、军务、遣置3科办事）。4月30日，规定编遣特派员负责该管区内军队缩编、遣置、点校及缩编期间训练事项，该管区内绥靖、军队之兵器和器材整理统计及经理分处之指挥、监督事项，该管区内其他有关编遣事项（9月6日，改上列5编遣特派员办事处为中央直辖第一、二、三、四、五编遣分区办事处，第五编遣分区办事处设于开封）。

同年8月1日–6日，国民政府又召开了"国军编遣实施会议"，通过了《国军编遣各部队裁留标准》、《编遣委员会点验实施规章》等文件，决定陆军编成65个师（每师1.1万人），编遣期内军费为1300万元，等等。然由于此前3月□日蒋桂战争、5月□日蒋冯战争先后爆发，冯玉祥、阎锡山、李宗仁均未与会，此后又有西北军、石友三、唐生智反蒋战火燃起，1930年春更爆发了蒋与冯、阎、李间的中原大战，裁军方案成为一纸空文，编遣会议彻底破产。

1930年11月15日，国民政府决定裁撤编遣委员会，明令于12月底结束。

国民政府黄河水利委员会——国民政府全国经济委员会黄河水利委员会——行政院经济部黄河水利委员会——行政院水利委员会黄河水利委员会——行政院水利部黄河水利工程局

国民党政府于1929年1月□日设立黄河水利委员会直隶于国民政府，执掌黄河全部及其支流测量、疏浚、灌溉及兴利、防患、筹款、施工各事宜，并规定中央各部、会及黄河流域各地方军政长官所发命令或处分有妨碍该委员会主管事务进行者，得由该委员会呈请国民政府停止或撤销之（7月□日改定"认为与其主管事务有关系之地方军政长官所发布之命令或处分有妨碍该委员会之议决案者，得呈请国民政府停止或撤销之"）。委员会置委员长1人、副委员长2人、委员7–9人，会内分总务、工务、财务3处理事，并设有警卫队。

1933年9月□日，黄河水利委员会改隶于国民政府全国经济委员会。

1937年1月□日，改置正副委员长各1人，委员增为9–11人，沿河各省政府主席得为当然委员，共负河防修守职责；会内分总务、工务、河防3处理事，并依黄河形势划分为三大段各设河防队负责修防，必要时经呈核批准，得设立测勘队、工程队、工程管理处等。

1938年1月1日，国民政府全国经济委员会撤销，1月14日黄河水利委员会改隶于行政院新成立之经济部。

1940年9月□日，又改隶于行政院新设立之水利委员会。

1947年5月□日，行政院水利委员会改设为水利部，黄河水利委员会改组为黄河水利工程局隶于行政院水利部。

国民政府全国经济委员会

1933年9月23日，国民政府修正公布《全国经济委员会组织条例》，规定：全国经济委员会改隶于国民政府；改委员长制为常务委员制，由国民政府就委员中指定3人为常务委员。9月26日，任命朱家骅为秘书长。10月4日，国民政府全国经济委员会正式成立，汪精卫等38人被特派、指派为委员。汪精卫、孙科、宋子文被指定为常务委员。10月6日，会下设立棉业统制委员会。10月7日，成立卫生实验处。10月12日，全国经济委员会实行改组，黄绍竑等22人被特派为委员。11月3日，秦汾继朱家骅任秘书长。11月19日，改工程处为水利处。11月20日，设驻沪办事处。12月8日，常务委员增为5人，蒋介石、孔祥熙被增定为常务委员。

1934年1月□日，全国经济委员会第3次常务委员会议决议将所设各专门委员会中之"专门"2字删去，一律改称"某某委员会"，已设之工程委员会改称水利委员会（10月□日正式成立），中央卫生实验处改称卫生实验处。2月9日，成立西北办事处于西安。2月19日，成立蚕丝改良委员会于杭州。6月22日，成立江西办事处、公路委员会，9月□日，成立农业处。同年，还成立了农村建设、教育、卫生3委员会。

至此，国民政府全国经济委员会先后设立有秘书处、公路处、水利处、驻沪办事处、棉业统制委员会、卫生实验处、西北办事处、蚕丝改良委员会、江西办事处、公路委员会、农业处、水利委员会、农村建设委员会、教育委员会、卫生委员会共15个机构，各机构之职掌如下：

1. 秘书处：由秘书长主持，承常务委员之命办理一应事宜，分3科掌理文书撰拟、印信典守、人事管理、会议记录、经费出纳、庶务、各项专款保管和支用等事项。

2. 公路处：由处长主持处务，分3科掌理公路建设和发展计划、特定公路工程之直接实施、公路卫生和安全、公路车辆与燃料之审核、公路研究资料和公路技术人员登记等事项。

3. 水利处：由处长主持处务，分2科掌理水利建设与发展计划之设计和审核、水利工程法规之拟订、水利工程之督察和考核、水利工程人员之登记与训练事项。

4. 驻沪办事处：由主任主持处务，分2科掌理沪地一切接洽事项。

5. 棉业统制委员会：由主任委员主持会务，分4组掌理植棉之改良与推广、纺织机械之制造、棉业和纺织业之管理等事项；在南京设有中央棉产改进所以推动全国棉产之改进事宜。

6. 卫生实验处：由处长主持处务，分9系掌理传染病研究与预防、药材与药品研究、寄生虫病调查、环境卫生、社会医疗救济之组织、卫生工作人员之训练等事项。

7. 西北办事处：由主任主持处务，分2科掌理西北各省经济建设事项。

8. 蚕丝改良委员会：由主任委员主持会务，分4组掌理改良原料减低成本、改良制造提高质量、改良贸易方法、训练蚕丝人才等事项。

9. 江西办事处：由主任主持处务，分2科掌理江西省经济建设事项。

10. 公路委员会：由主任委员主持会务，分3组掌理公路建设计划之审议、公路建设计划之核议、公路法规与工程标准之审核等事项。

11. 农业处：由处长主持处务，分3科掌理农业技术工作、联络和辅助、农业试验与改良工作之实施、农村改良与农村救济机关工作之组织和指导、荒地垦殖与农田灌溉之实施等事项。

12. 水利委员会：由主任委员主持会务，分2组掌理水利建设计划和经费之审议、水利法规和工程标准之审核等事项。

13. 农村建设委员会：由主任委员主持会务，分3组掌理农业建设计划之拟订、农业统计之推广、移民与垦殖及灌溉之设计、防灾与农业信用合作之研讨等事项。

14. 教育委员会：由主任委员主持会务，分2组掌理教育政策之建议、改革教育之计划、教育问题之研究等事项。

15. 卫生委员会：由主任委员主持会务，分2组掌理卫生计划之拟订、卫生设施之视察、卫生问题之研究等事项。

1935年1月底，工程专门委员会结束，其业务由水利委员会接办。3月2日，江西办事处裁撤，其业务由农业处和卫生实验处接办。7月30日，西北办事处裁撤。10月5日，成立合作事业委员会。

1936年7月□日，农业处裁撤，其

业务划归实业部渔牧司与农业司接办；合作事业委员会裁撤，其业务划归实业部农业司与合作司接办；农村建设委员会裁撤，其业务由实业部接办。

1937年7月1日，蚕丝改良委员会、棉业统制委员会均予裁撤，其原经管之业务概由实业部统筹办理。

全国经济委员会自筹备和成立以来，先后设有5个直辖水利机构：导淮委员会、黄河水利委员会、扬子江水利委员会、华北水利委员会、广东治河委员会。

1938年1月1日，国民政府全国经济委员会裁撤，其所经管业务中之公路部分划由行政院交通部掌理、水利部分划由行政院经济部掌理、卫生部分划由行政院卫生署掌理。

国民政府审计院

1928年2月4日，二届四中全会通过之《中华民国国民政府组织法》第7条规定国民政府所设部、院、局、会中，即定有审计院之设。2月22日，二届中执会政治会议第129次会议议决成立国民政府审计院，2月28日，于右任被特任为国民政府审计院院长。3月20日，《国民政府审计院组织法》公布，规定：

1. 国民政府设审计院于国民政府所在地，行使预算执行情况之监督和国家岁出入决算之审核两项职权，必要时得酌设审计分院（其管辖区域与组织另定）。

2. 审计院设院长1人，由国民政府特任，综理院务并指挥、监督本院职员；设副院长1人，由国民政府简任，辅助院长处理院务；置秘书2-4人，办理院长交办事务。

3. 审计院设总务处，于处长（简任）指挥下掌理院内文书、会计、庶务各事项。设第一厅与第二厅，各厅各置审计（简任）4-6人、协审（荐任）6-8人、核算员若干人（由院长委任），各厅各置厅长1人，由国民政府于审计中简任。

4. 审计院院长、副院长、审计、协审受特殊之保障：非经法院褫夺公权或依《惩戒法》受惩戒之处分，不得令其退职。

5. 审计院副院长、审计、协审受下列之限制：在职中不得兼任其他官职、不得为律师或会计师、不得兼任商店与公司或国有企业机关之董事与经理或其他重要职务（院长亦得受后2款之限制）。

6. 审计、协审得具有在国内外大学或专门学校修习政治经济之学3年以上毕业并对财政学或会计学有湛深研究之资格者方可充任。

同年4月27，茹欲立被任为副院长。7月14日，王士铎及王培骥、贺世缙被任为总务处及第一、第二厅之兼署处长与兼署厅长，贺世缙、王士铎、周增奎、杨汝梅、常云湄、闻亦有、吴宗焘、王培骥、赵希复、林襟宇被任为审计，至此，国民政府审计院组建完成。10月4日，仼刘文海为审计。1929年8月24日，审计赵希复被免职，石磊、史维焕被任为审计。10月5日、12月3日，闻亦有被免、贺世缙被免审计兼署二厅厅长，10月5日张家檖被任为审计，第二厅厅长由林襟宇兼代。

1931年2月21日，国民政府审计院改组为国民政府监察院审计部。

国民政府审计职权之行使

1928年4月19日，国民政府公布施行《审计法》，明定国民政府审计职权之行使依下列各规定：

1. 主管财政机关之支付命令须先经审计院审核，该项审核自收受日起，非不得已，不得逾3日。

2. 未经审计院审核批准，国库不得付款，违者自负责任。

3. 支付命令与预算案或支出法案

不符时，审计院应拒绝之。

4. 各种审计规则、方式，概由审计院编定，各机关现用簿记、现用会计章程，须依之更正、修改。

5. 国民政府岁出入总决算和所属机关月收支计算与特别会计、官有物、国民政府发给补助费或特与保证各事业收支计算及其他法定应由审计院审核之收支计算，均须送院审查；审计院对虽与预算和支出法案相符但属不经济之支出，得予驳复；对收支计算书及证明单据之认为正当者，发给核准状，认为不正当者，通知其主管长官执行处分或呈请国民政府处分（出纳官吏可提出请求，由院再议）；对认定应负赔偿责任者，通知其主管长官限期追缴，其重大者并得呈报国民政府。

6. 经管征税或他项收入各机关和其他机关，均应编造上月收支计算书送院审查（后者得将借贷对照表、财产目录、凭证单同时送审；确因需要，凭证单可允机关自存，但须随时受院检查）。

7. 审计院对决算、计算之审查，以院会议或厅会议行之；对收支计算书如有疑义，行文查询并限期答复，或派员调查；对认有故违送达、答复限期及定单定式者，通知其主管长官执行处分或呈请国民政府处分，因审计必要，得向有关机关调阅证据或其主管长官证明书。

8. 审计得就国民政府总决算与各主管机关决算报告书金额是否相符、岁入征收与岁出支用暨官有物之买卖和让与及利用是否合乎规定与预算，有无超预算支出，编成报告书，连同对会计年度之审计结果，并附陈法令上或行政上应改进之意见，一并呈报国民政府。

9. 审计院对审竣事项，5年内发现有错、漏、重复者，得再审查；有诈伪证据者，虽过5年，亦得再查。

10. 审计院认有必要，得将某些事项委托他人或他机关代为审查。

11. 上列审计各规定，于党部及审计分院未成立之地方政府收支不适用之。

国民政府陆海空军军法机构

1928年11月21日，国民政府公布并施行《军政部陆军署条例》，规定：军政部于陆军署设军法司，掌理陆军军法事项、陆军监狱事项、赦免及罪人之处置事项、军法官及监狱职员考绩事项、高等军法会审事项。

1929年3月15日，中华民国陆海空军总司令部设军法处掌理军法审判各事项。同年4月12日，军政部海军署扩组为行政院海军部，《海军部组织法》规定由军衡司军法科执掌"关于军法审判及典狱事项"、"关于战时捕获审检事项"。

1930年2月□日，中华民国陆海空军总司令部军法处裁撤，酌留之一部分人员并入行政院军政部陆军署军法司设总务科予以位置。同年4月□日改总务科为军法行政科。

1934年1月15日，行政院军政部航空署改组为航空委员会并改隶于国民政府军事委员会，其内设之第12科即为军法科，掌理空军军法审判等事宜。

国民政府陆海空军军法会审

国民党政府时期之军法执行，依1930年10月7日公布施行之《陆海空军惩罚法》规定：凡陆海空军军人犯《陆海空军刑法》（1929年9月25日国民政府公布施行）所揭各罪，均依《陆海空军审判法》（1930年3月24日国民政府公布施行）审判。军法会审分：1. 简易军法会审：审判上尉以下官佐、士兵及同等军人之犯罪者。2. 普通军法会审：审判校官及同等军人之犯罪者。3. 高等军法会审：审判将官及同等军人之犯罪者。其关于军事检察、审问、审判、复审各程序，在《陆海空军审判法》中均有详细之规定。

国民政府军事长官惩戒委员会

1933年7月1日，国民政府明令废止《各省临时军法会审组织大纲》及《各省临时军法会审审判规则》，10月28日，颁布《国民政府军事长官惩戒委员会会务规程》，11月25日，特派何应钦、朱培德、唐生智、陈绍宽、贺耀组为国民政府军事长官惩戒委员会委员，指定朱培德为常务委员，负责审议由国民政府及军事委员会交付惩戒之军事长官被弹劾案件；其规定之审议程序为：1. 该惩戒委员会接获交付后，由常务委员于开会时提出报告（常务委员缺席时，由出席委员公推1人为临时主席），由会议主席咨询委员意见并指定委员审查（其与委员本身有关系者，该委员于审议时应行回避）。2. 在该委员会未作决议并经公布前，不得泄漏案件内容。3. 一切惩戒均得依法办理，经会议决之案，由委员会分别报告国民政府及军事委员会或报告军事长官转呈国民政府执行之。

国民政府首都卫戍司令部

1930年3月□日，首都卫戍司令部成立，直隶于国民政府，"负拱卫京畿、维持治安并整饬军纪、风纪之责"。其关于卫戍勤务，得拟具勤务分方案呈请国民政府分令卫戍区内海陆军、水陆警察及与军事有关系各机关负责遵办，并由该司令部负责指挥，紧急时，该司令部得直接指挥或分配卫戍事务于上述各机关（但须及时报告国民政府），于该项非常事变停止或紧急事项处理完毕时，应即呈请国民政府宣布解严。凡各部军队、航空飞机需通过或滞留首都卫戍区者，无论何时，均须遵守卫戍区各项规则，并须预先向该司令部通告其预定到达之目的地和在首都卫戍区内滞留之时日。对各部队驻京办事处或通讯机关，首都卫戍司令部得派员会同各该机关主任随时检查之。

首都卫戍司令部置正副司令各1人、参谋长1人、秘书2人，分设参谋、副官、稽查、军法、经理、军医、政治训练7处，并直辖有卫戍部队若干团（其数量、编制由国民政府酌定）、特务队、侦缉队、通讯排，必要时得设铁甲车队和邮电检查所，稽查处亦可与首都警察局合组为军警稽查处。

国民政府京沪卫戍司令长官公署

1931年11月□日，国民党政府为维护南京—上海间治安与防护事宜，特设京沪卫戍司令长官作为京沪间防务之军事指挥长官，所辖区域内发生灾害或遇军事上需要，该卫戍司令长官应即指挥其隶属部队或商调本区附近驻军相机处置，遇情况紧急时，得呈请国民政府准用戒严条例实施戒严。在非戒严时期，如认为当地情形必须执行戒严条例之某项条款者，亦得呈请国民政府核准施行。京沪卫戍司令长官之指挥机关名为"京沪卫戍司令长官公署"。

国民政府中央银行

早在1925年7月15日，广州时期的中华民国国民政府就任命宋子文为行长、成立了中央银行。1927年4月18日，国民党政府在南京成立时，宋子文仍在武汉国民政府任常务委员兼财政部部长职务，蒋介石势力集团控制下的国民政府在南京虽仍以宋子文为中央银行行长，然空挂其名而已。5月4日，任命周佩箴为中央银行行长、钱永铭为副行长（5月9日辞）。5月10日，任王征为副行长。10月20日，任命王征兼任行长，任命黎照寰兼任副行长。

1927年10月□日，国民党政府制定《中央银行条例》19条，规定其为"特定国家银行"。

1928年1月12日，王征他调，行

长一职由陈行兼任。10月6日，中央银行改行总裁制，行长改称总裁、副行长改称副总裁，设立业务、发行2局，并设理事、监事2会。理事会设理事9人（由国民政府特派，其中实业界、商界、银行界各有代表1名，任期3年，期满得连任）、常务理事5人（由国民政府于理事中指定，任期内不得兼任其他银行职务）。监事会设监事7人（由国民政府特派，其中实业界、商界、银行界各有代表2名，另1名为国民政府审计机关代表）。10月13日，国民党政府任命陈行为中央银行副总裁；10月19日，特任宋子文为中央银行总裁。11月1日，在上海以2000万元资本总额（由国民政府以公债形式一次拨足）成立了中央银行，并于11月19日任命顾立仁和李觉为业务局总经理和发行局总发行。

1932年9月17日，增设汇兑局，由席德懋任总经理（8月20日即已任命）。

1934年3月17日，汇兑局并入业务局，而将原业务局之国库科改设为国库局，由胡祖同任国库局总经理（3月16日即已任命）。

1935年3月28日，增设副总裁1名，由张嘉璈担任。4月□日，国民政府以发行金融公债方式充实该行资本，使该行资本增至1亿元，居全国各银行之冠。5月23日，理事会理事增为11-15人（内应有实际经营农工商业及银行业者各1人，任期均为3年，由国民政府特派）、常务理事改为5-7人。11月3日，行政院财政部颁布币制改革紧急令、实行币制改革以后，指定中央、中国、交通3行发行之钞券同为法币，该3行可无限制购买外汇。

1936年1月20日，国民政府特许中国农民银行发行之钞券与法币同样使用。自此，乃有中、中、交、农四行并称之问世。

1937年8月18日，"中央银行、中国银行、交通银行、中国农民银行联合办事总处"（简称"四联总处"）在上海成立。

1938年8月11日，中央银行和四联总处先后迁至重庆，其在各省、市所设之分支机构中有相当一部分随各地之沦陷而落入敌手。

1939年10月□日，四联总处改组并扩大职权，总处设理事会为最高决策机构，蒋介石任理事会主席，孔祥熙、宋子文先后任副主席，财政部授权该理事会在非常时期可对四行做便宜之措施并代行其职权。理事会下设战时金融委员会（内设发行、贴放、汇兑、特种储蓄、农业金融、收兑金银6处）和战时经济委员会（内设特种投资、物价、平市3处）。由此，四联总处及其各地之分支处之主要任务，便由原定之"对四行联合承担之业务（如：联合贴现、放款等）进行监督"转变为垄断全国金融以加强中央银行权力，使中央银行不仅享有经理国库、发行纸币、铸发国币、经募国内外公债、管理外汇和黄金等项特权，且有凌驾于一切金融机构之上的绝对金融核心之地位。

抗战胜利后，中央银行迁回上海。1948年5月20日，国民党政府"行宪"后，中央银行改由中华民国总统府直隶。

国民政府民政部——国民政府内政部

1927年4月18日，国民党政府在南京成立，8月16日任命薛笃弼为民政部部长。

1928年2月28日薛笃弼被改任为内政部部长，3月9日任命赵丕廉为次长。3月20日，国民政府公布《内政部组织法》，规定：内政部直隶于国民政府，设部长与次长各1人、参事4人，设秘书处与民政、土地、警政、卫生4

司、秘书处置秘书长1人与秘书2人。4月3日，任命许世瑢署秘书处秘书长，任命胡毓威、马铎、樊象离、陈方之署民政、土地、警政、卫生4司司长。5月25日，增设总务处。6月18日，任杨天绶为总务处处长。同年10月8日，国民政府实行五院制，内政部改由行政院辖属。

国民政府外交部

1927年4月18日，国民党政府在南京成立时，在其所设之民政、外交、财政、交通、司法5部与教育行政、法制、财政、外交、建设、预算、财政监理7委员会及监察院、大学院、最高法院3院中，外交部是位列第二的重要职能部，由首与蒋介石合作的胡汉民承前之所任赓续担任外交部部长职务。5月10日，特任伍朝枢为外交部部长，准胡汉民辞去外长职务并明令"陈友仁毋庸代理"。6月6日，外交部增设总务司，任命朱履龢为司长。7月5日，次长增设为2人，又增设政务司与秘书处。11月5日，改政务司为第一、三两司，改总务司为第二司。11月14日，任命李锦纶、傅秉常、陶履谦为参事，任命高承元、伍大光为秘书处秘书长。12月3日，增设侨务局，任锺荣光为侨务局局长。

1928年1月3日，伍朝枢随胡汉民、孙科赴美，外交部部长由次长郭泰祺代理。2月10日，国民政府特任黄郛继任外交部部长（5月29日由唐悦良代理）。

2月22日，《外交部组织法》修改，增设总务处和条约委员会：

总务处下设文书、会计、交际、庶务4科分别理事。

条约委员会处理条约改订之研究与规划、国际问题之探讨与分析诸事项，置会长1人、副会长1人、委员若干人，会内设法律组、通商组、关税组、交通组、编纂组，委员会议定下列各事项：1. 中外条约草案。2. 改订条约之计划书。3. 国际法问题。4. 约章之解释。5. 其他重要国际事项。

部内各司之职掌作了明确划分：第一司负责国际之政治；第二司负责亚洲及苏联等国之交涉事宜；第三司负责欧美各国交涉事项。

3月2日，金问泗、袁良、何杰才被任为第一、二、三司司长。3月6日，次长郭泰祺辞职（由唐悦良继任）、秘书长伍大光辞职（4月7日由秘书汪希兼署）。4月19日，参事陶履谦兼任总务处处长。6月8日，部长黄郛因处理济南"五三惨案"受国人谴责而被迫辞职，王正廷被特任为外交部部长。6月19日，樊光、稽镜、周龙光、徐谟分别继任秘书长、兼任总务处处长、任第一与第三司司长。9月7日，裁撤侨务局（并入侨务委员会）。同年10月8日，国民政府实行五院制，外交部改由行政院辖属。

国民政府外交部驻各地交涉署——国民政府行政院外交部驻各地交涉署

1927年11月□日，国民党政府将沿旧制设于各省、各埠之"外交部特派某埠（或某地方）交涉署"改为于各省置特派交涉员，其办公处所称为"外交部某省交涉署"，于各通商巨埠或边界地方置交涉员，其办公处所称为"外交部某埠交涉署"。交涉员承外交部部长之命办理所在商埠（或地方、或省）之外交事务。驻省交涉员特派，得列席省政府委员会议并受所在省行政长官之监督，如遇有必须经由地方政府、司法官厅或军队办理之事项时，除呈报外交部外，得随时商请各该主管机关办理。

担任交涉员者，须具备下列资格之一：1. 在国内外专门以上学校法律科或政治科或商科毕业，并兼通外国语文一种以上。2. 曾任交涉事务5年以上且确有成绩。

77

各交涉署依其所在地方外交事务之轻重繁简，分为一、二、三等，第一、二等交涉署之交涉员由国民政府简任，第三等交涉署之交涉员由外交部呈荐国民政府任命。

国民党政府成立前后，曾先后在广东、琼州、云南、湖北、宜昌、湖南、江西、福建、厦门、浙江、宁波、温州、江苏、苏州、江宁、镇江、安徽、河南、山东、烟台、河北、察哈尔共22省市派驻有交涉员（其中，云南交涉署情形特殊——其历史久远亦且赓续：1895年云南省成立洋务局办理对外交涉事宜，由清朝云南总督及各道、司兼任总、会办；辛亥光复，云南大汉军都督府在军政部下设外交司；1913年6月□日，北洋政府改设为"外交部驻云南交涉署"；1922年8月□日，改为"云南省外交司"；1927年3月□日，改名为"云南省外交厅"；1928年5月□日，再改名为"外交部云南交涉署"；1930年2月□日，改称"外交部驻云南特派员办事处"；1933年□月□日，又改组为"外交部驻云南特派员公署"，并延续至1949年9月9日云南省政府主席龙云率部举行"重九起义"日止）。

1929年11月□日，国民党政府增设了驻辽宁、黑龙江、吉林、四川、广西、迪化6地交涉员。12月□日，曾专门发文咨各省通饬所属一体遵行，文内规定了"交涉署裁撤后办理外人事件范围"。

1930年7月19日，行政院颁发《裁撤交涉署善后办法》9条，"指令照办并通令遵行"，外交部驻各地交涉署于焉裁撤。

国民政府外交部侨务局

1927年12月3日，国民党政府于外交部内设立了侨务局，掌理：1. 海外华侨人口、职业、团体、经济状况之调查。2. 向海外华侨介绍国内农工商状况。3. 办理华侨出洋与归国注册。4. 指导归国及海外华侨兴办实业。5. 招待归国华侨。6. 指导华侨在遇有事故时以正当手续请求政府保护各事项。置局长1人、秘书2人，下设总务、调查、指导3科与侨务委员会，并于国外重要商埠各设侨务专员1人。

1928年9月7日该局被裁撤，其原经管业务移归9月4日成立之国民政府侨务委员会掌理。

国民政府财政部

在1927年4月18日－1928年10月8日之国民党政府初建时期先后设立的8部16委员会（其中教育行政委员会于1927年6月17日改归入中华民国大学院）5院1庭（中央特种刑事临时法庭）1行（中央银行）中，财政部是位列民政、外交2部之后的第三大部。由于此时宋子文尚在武汉国民政府任职，故于5月9日任命钱永铭为财政部部长（5月10日令张寿镛代理），5月11日又任命古应芬代理部长职务，5月28日改任钱永铭代理部长职务。时，财政部内未设司，仅置秘书3人掌理下列各事项：1. 起草各种财政法案。2. 撰核文稿及收发、公布、保管文件。3. 典守本部印信。4. 办理本部出纳、会计、庶务及预算、决算报告等事。5. 监督稽核国家地方赋税及其他收入。6. 管理各种印花及监制印花税票事项。7. 管理造币及国立、私立银行。8. 办理国家公债。9. 编制国家预算、决算、财政统计等。7月25日，二届中执会政治会议第117次会议通过《国民政府财政部组织法》，规定：

1. 财政部直隶于国民政府，管辖各省区税务、国库、公债、钱币、会计、出纳暨其他一切财政并监督所辖各机关及公共团体之财政。

2. 财政部设部长1人，承国民政府之命掌理财政、督办盐税与关税事宜并监督所属职员与所辖各机关，对于各省市地方最高级行政长官执行本部主管事务所为之命令或处分认有违背法令或逾越权限者，得呈请国民政府核夺。设次长1人，辅助部长掌理部务。设参事2－4人，承长官之命掌理拟订关于本部主管之法律事务。设秘书4人，承长官之命掌理机要事务。设厅长1人，处长3人，司长5人，承长官之命分掌各厅、处、司事务。各厅、处、司各设科长、科员若干人，承长官之命掌理各科事务。设技术员若干人分掌技术事务。因事务之需要，得酌用雇员若干人。

3. 财政部设参事厅、总务厅、关税处、盐务处、土地处、赋税司、钱币司、公债司、会计司、国库司分掌各法定事项。

4. 财政部组织法之修改，由中国国民党中央【执行委员会】政治会议决咨由国民政府公布之。

8月10日，《国民政府财政部组织法》修正：次长增设为2人，参事额定为4人。8月31日，土地处并入赋税司。10月12日，孙科被任命为财政部部长。10月20日，关税处改设为关务署，盐务处改设为盐务署，钱币司改设为金融监理局。

11月11日，《国民政府财政部组织法》再一次修改：增设秘书处，置秘书长1人，秘书4－8人。裁撤总务厅（汤钜厅长直至12月26日才被免职），其原经管事项并由秘书处掌理。增设烟酒税、印花税、禁烟3处。

1928年1月3日，宋子文继孙科任财政部部长，先后担任过此一时限内财政部次长的有钱新之、张寿镛、郑洪年。

1928年4月□日，增设国有地产管理处（不久即并入赋税司）、邮包总税局（不久即并入关务署）。5月□日，增设总务处。8月31日，土地处并入赋税司。

国民政府财政部还依1927年6月27日二届中执会政治会议第109次会议通过之《国民政府财政部特派员暂行条例》之规定，"暂设各省财政特派员（由财政部呈请国民政府简派），秉承财政部命令保管国家税款、拨支或汇解国库款项"及稽核各种国家税收数目，凡属国家收入项目内之各机关所有收入，得按月汇解特派员并造送收入表册，财政特派员应将收支款项数目及税收情形按旬报部查核；财政特派员有权酌设秘书、调查员及雇员办理应办事项。

国民政府财政部还辖有南京造币厂、中央造币厂、邮政总办、开滦矿务督办、陇海铁路督办、全国注册局等。

国民政府财政部国定税则委员会

1927年5月9日，国民党政府财政部成立后，为拟订海关税则，于7月□日设国定税则委员会，由财政部部长函聘或委派委员长1人，承财政部部长之命综理会务。副委员长1人，辅助委员长处理会务。委员5人，分股办事。因调查研究之必要，得置专门委员若干人，由委员长就国内外税则专家中聘任。国定税则委员会掌理：1. 拟订国定进口税则事项。2. 修正现行出口税则事项。3. 筹议互惠协定事项。其拟之草案由财政部部长提请国民政府核准施行。

是年10月20日，国民政府财政部关税处改设为关务署，国定税则委员会当于此时撤销。

国民政府财政部关税处

1927年6月1日国民政府财政部设立专管各海关与常关税务机构——关税处，其执掌事项为：1. 关税之赋课与征收。2. 关税之管理与监督。3. 关税制度之改革与推行。4. 出口与转口货物稽查。5. 关税税率之改订及减免。6. 禁止货品进、出口。7. 调查各国关税成规。置处长1人，简任，程天固于8月5日被任为该处处长；下设若干科分理各事。同年10月20日，财政部组建关务署，程天固被免处长职务，关税处亦告结束。

国民政府财政部关务署——国民政府行政院财政部关务署

1927年10月20日，国民政府财政部裁撤关税处，改设财政部关务署，傅秉常被任为署长。关务署职掌被规定为：1. 指挥海关总税务司办理海关关务。2. 变更关税政策。3. 任免关监督及关务署职员。4. 处分税款。5. 编制预决算。6. 变更关税制度及办理无成案可援之对外问题。其中前5项职能被定为"重要事项"，由财政部部长核定并以财政部名义行使；第6项职能被定为"次要事项"，由财政部部长核定，可以关务署名义行使。

关务署置署长1人，简任，承财政部部长之命综理署务并监督全署职员、总税务司、全国各海关和常关以及内地各关税局长官与职员。置秘书2人，荐任，承署长之命掌理机要。分总务、关政、税务、税则4科理事。

总务科掌理：1. 公文收发、分配、案卷保管。2. 典守印信。3. 管理人事。4. 保管经费。5. 收存、抵拨、转解各关（局）解款。

关政科掌理：1. 规划并施行关税政策。2. 处理关税应兴应革事宜。3. 决定各关（局）之设立与废止。4. 划分各关（局）收税区域。5. 办理各关局华、洋人员之任免与升调及奖惩。6. 筹拟、颁行各项法规与程序。7. 处理关税上发生之外交、财政问题及关系中央与各省或地方之各种行政事宜。8. 承办各关卫生检查、防疫及各关巡工、理船、灯塔、运船等海政事项。9. 承办各关营造、建筑工程。10. 研究杜绝各种弊端等事项。

税务科掌理：1. 考核各关（局）税款之盈绌。2. 清理关税担保之内外债。3. 审核、汇转各关（局）经常与临时各费之预算、计算。4. 编制、颁布各关（局）之税案与单照。5. 审核、登记各关（局）之征收税款及支解与抵拨之数目。6. 调查、处分各关（局）利弊。7. 编纂各关商情与商务报告。8. 复核各关（局）表册与簿据。9. 拟定划一各关局表册与簿据样式。

税则科掌理：1. 筹拟与编定新税则。2. 研究与考查各国关税制度及国际贸易情形。3. 规定免税、减税货目。4. 货物进出口之禁止与违禁之处罚。5. 缉私充公、分配、奖金与出口、出厂奖励金等事项。

1931年7月□日，增设计核科，掌理：1. 考核关税收入。2. 审核以关税担保之债款与赔款。3. 审核关款拨解、存放。4. 审定、复核海关经费。5. 稽核与改革海关册报。6. 编制关税收支统计事项。

1936年7月14日，国民政府公布《财政部关务署组织法》，规定：

1. 关务署承财政部之命，掌理全国关务行政。

2. 关务署署长简任，综理全署事务并监督、指挥所属机关及职员。置秘书2人，荐任，承署长之命办理机要、文牍及交办事项。置科长3人，荐任，科员24-30人，助理员9-15人，均委任，承长官之命办理各科事务。置编译2人，荐任，承署长之命分掌关于关税制度、法规及图书、文件之编译事项。置视察2人，荐任，承署长之命分赴各关考察关务成绩及查办临时发生之案件。置会计主任1人，荐任，统计员1人，科员8-12人，助理员3-5人，均委任，分别办理岁计、会计、统计事务，受署长及财政部会计长之监督、指挥。因事务之必要，并得酌用雇员。

3. 关务署分总务、关政、税则3科

理事（各科具体职掌基本同前）。

4. 关务署对外公文以财政名义行之，但下列事项得用署令：（1）遵照部令应行转饬事项；（2）依照部令所定办法督率进行事项；（3）曾经呈部核准事项。

1942年7月□日，增设副署长1人，简任，辅助署长处理署务；增设技正1人、技士若干人，办理海关技术事项。

国民政府财政部盐务处——国民政府财政部盐务署——国民政府行政院财政部盐务署——国民政府行政院财政部盐政署

1927年4月18日，国民党政府在南京成立，于财政部设立盐务处，分管全国盐类生产、运销、缉私等事宜，执掌下列各事项：1. 盐场、仓栈建筑事项。2. 盐类制造事项。3. 场警编练事项。4. 盐务缉私事项。5. 各省运盐、销盐事项。6. 引票发给事项。7. 各项收入报告及表册编制事项。8. 所有盐款收支项目之审计与收买、存储、转运、销售盐斤收支之造报事项。9. 盐款之保管事项。盐务处置处长1人，简任，承财政部部长之命综理处务，处内分科理事。

10月20日，财政部盐务处改为盐务署，执掌事项改列为：1. 监察各省盐务处、盐运使、榷运局办理之成绩及其以下各属官资格升降迁调事项。2. 建筑盐场、仓栈事项。3. 制造盐类事项。4. 编练场警事项。5. 缉私事项。6. 各省运盐、销盐事项。7. 改善场产、调剂运销事项。8. 编制盐务收支预决算及造报收支数目表册、单据事项。9. 保管全国盐款及稽核各省盐税收入事项。10. 审定各省盐税税率事项。11. 其他盐务行政事项。

规定下列各事项属于"重要事项"，应由财政部部长核定并以财政名义行之：1. 呈报国民政府及与各部会商办理之事项。2. 处分税款事项。3. 变更盐税税率事项。4. 任命盐运使、盐运副使、缉私统领、榷运局长及本署职员事项。5. 本署及各盐运使署、副使署、缉私统领、榷运局预算计算事项。

下列各事项属于"次要事项"，应行呈由财政部部长核定以署之名义行之：1. 变更盐税制度事项。2. 对外问题之无成案可援者。不属上列限定范围之其余事项，可由署长核定以署令行之。

署置署长1人，简任，承财政部部长之命综理署务，署内分总务、场产、运销、审核、缉私5科，直辖有盐务稽核总所与各省盐务稽核分所、盐务处、盐运使署、盐运副使署、榷运局等机构。

1930年12月□日，国民政府公布《财政部盐务署组织法》，规定：盐务署置署长1人，简任，承财政部部长之命综理署务及全国一切盐务事宜并监督全署职员及所属各机关。置秘书4人（内1人简任，余荐任），承长官之命办理署内机要事务。署内设总务、场产、运销、税务4科和编译处，并置技正、技士、巡视员，分理各事。

1931年5月□日，财政部盐务署改称财政部盐政署。

1932年8月□日，秘书缩编为2人，署内仅设总务、场产2科。

1934年4月□日，增设第3科专管硝磺事务。

1936年7月14日，国民政府行政院财政部改盐政署为盐政司。

国民政府财政部盐务稽核总所——国民政府行政院财政部盐务稽核总所——国民政府行政院财政部盐务总局

1927年10月20日，国民政府财政部盐务处改设为盐务署，并同时成立盐务稽核总所于上海，作为国民政府财政部盐务署考核盐务收支款项之专门机构，执掌：1. 审计盐款收入账目事项。2. 编制盐务账目、报告与统计表册事项。总所置所长1人，由盐务署署长兼任，承财政部部长之命，会同副所长综理所务。置副所长1人，由财政部部长派人员担任，辅助所长综理所务。所内设第一股掌理文件收发、印信典守、文件与表册及报告之撰拟与编辑及保存、职员与所属各机构人员之考成、本所庶务及不属他股之一切事项。设第二股掌理西文文件之撰拟与保管、西文报告与表册之编制事项。设第三股掌理一切盐款收入账目与各种盐斤账目之审计、各种账目报告与统计表册之编制事项。凡属总所之"重要事项"，概由财政部部长核定并以部长名义行之；凡属总所例行公事之"次要事项"，则以正副所长名义行之（正副所长意见不能一致时，呈由财政部部长核定）。

1928年1月□日，盐务稽核总所取消，改于盐务署内设稽核处掌理上列各事。

1929年1月□日，盐务署裁撤稽核处，恢复盐务稽核总所设置并次第恢复各地方之盐务稽核机构。

1931年5月□日，盐务署改名盐政署，盐务稽核总所改置总办1人（简任）主持所务，由朱庭祺任总办。

1936年7月14日，财政部改盐政署为盐政司，盐务稽核总所亦同时被改组为财政部盐务总局。

国民政府财政部禁烟处

国民党政府建立的第一个禁烟机构便是国民政府财政部禁烟处。1927年8月5日，国民政府任命李基鸿为财政部禁烟处处长。8月10日，国民政府财政部成立禁烟处，掌理：1. 监督禁烟事项。2. 烟药运输之限制事项。3. 征收烟药税与厘订税率事项。4. 稽核烟药税收支事项。5. 检查及侦察事项。6. 印发牌照、联单、运照、印花事项。7. 烟药税收支预算、决算事项。8. 禁烟事务之统计事项。9. 各项表册之编制事项。10月20日，梅光培继任该处处长，次年1月12日由唐海安继任。

1928年12月8日，财政部禁烟处裁撤，12月16日，唐海安被免处长职务，财政部禁烟处结束。

国民政府财政部金融监理局

1927年5月9日，国民党政府任命钱永铭为财政部次长。5月11日，任命古应芬代理财政部部长。8月5日，任命王征为钱币司司长。10月20日，免王征司长职，撤销钱币司，改设"金融监理局"。11月1日，任命蔡增基为金融监理局局长，承财政部部长之命综理局务，置副局长1人（简任），辅助局长处理局务。局内设3课，分掌下列各事项：1. 银行章程、则例之审核与注册事项。2. 银行业务、财产之检查事项。3. 银行纸币发行、准备及其他业务审核事项。4. 交易所、保险公司、信托公司、储蓄公司、储蓄会及交易所经纪人之注册及其业务审核事项。5. 上列金融机构财产之检查事项。6. 交易税之征收及其相关事项。7. 一切金融法规、章程之拟订事项。8. 国内外金融状况之调查事项。9. 各项金融统计之编制事项。10. 翻译、报告及其他调查事项。

金融监理局在检查各金融机构后，得随时将检查情况呈报财政部核处；对各金融机构之设立、注册，经详密审查核议后，亦得呈请财政部核办；对金融制度之兴革事宜，须随时拟具意见，呈请财政部审核施行。

1928年12月26日，金融监理局裁撤，仍改设为财政部钱币司。

国民政府交通部

1927年4月18日，国民党政府在南京成立时，即设有交通部。因交通部部长孙科时在武汉，蒋介石集团乃于5月4日定由王伯群代理部长职务。5月16日，国民党政府交通部在南京正式组建并"接管全国交通业务"。5月20日，任赵世瑄、吴承斋为路政、电政2司司长。7月4日，《交通部组织法》公布，规定：交通部为全国最高交通行政机关，直隶于国民政府。交通部设部长1人、参事与秘书各4人；部内设总务厅（原秘书处改设）、路政司（原铁路处改设，1928年10月3日裁，1938年1月□日再设）、邮政司（原航政处改设）、电政司（原无线电管理处改设）。8月□日，《交通部组织法》修改。10月20日，王伯群被特任为交通部部长。10月20日，李仲公被任为交通部次长，辅助部长处理部务。同日，秘书处秘书长连声海他调，许修直继任秘书长职务；刘书蕃与沈蕃被任为邮政与电政2司司长；交通部参事改设为2人，任赵铁桥、黄士谦为参事；韦以黻被任为交通部技监；还增设了航政司，内分3科，掌理筹划航业之设备与建设事宜。11月11日，改总务厅为秘书处。1928年3月底，增设扬子江水道整理委员会、法规委员会、交通史编纂委员会。5月25日，秘书处改以掌理部长交办事项为专职。6月19日，符鼎升被任为总务处长，内分5科理事。

1928年10月8日，国民政府实行五院制，交通部归由行政院辖属。

国民政府交通部电政总局

1927年7月□日设于上海的国民党政府交通部分管全国电信、电报及无线电事务的专门机构——交通部电政总局，其职掌为：1. 国际电信事项。2. 材料供应事项。3. 考核员生事项。4. 稽核册报事项。5. 修造电线事项。6. 预算、决算及统计年报等事项。置督办1人，承交通部部长之命综理局务；下设若干科分理各事。电政总局对各电政局局长、员生，均有调派、指挥之权。各电政局局长之进退，依照交通部规定之等级、章程，分别任免。对各电政局之出纳，得酌量情形呈请交通部核准派出纳员管理。各电政局经费亦得酌核盈虚，随时划拨。是年9月□日，电政总局裁撤，其执掌事项由交通部电政司接办。

国民政府工商部

1928年2月28日，国民政府特任孔祥熙为工商部部长。3月14日，二届中执会政治会议通过《国民政府工商部组织法》，规定：

1. 工商部直隶于国民政府，依法令综理全国工商行政事务。

2. 工商部对于各省和各地方最高级行政长官之命令或处分认有违背法令或逾越权限者，得呈请中央变更或撤销之。

3. 工商部设部长1人，特任，综理部务并监督所属职员和所辖机关。设次长1人，简任，辅助部长处理部务。设参事2-4人，掌理撰拟本部主管之法律、命令事项。设秘书处，置秘书长1人（由次长兼任）、秘书2-4人，掌理机要、典守印信、文件收发与撰拟及保存、会议记录、统计报告编制与出版物刊行、本部和附属机关之人事和会计各事项。设工业司，置司长1人，简任，主持司务，掌理工业之保护与监督和改良及推广、国营工业管理、产品试验和检查，工艺发明之审查和奖励及批准、工厂设计之审核、工业团体、商埠及其他工商业之重要工程各事项。设商业司，置司长1人，简任，主持司务，掌理商业之保护与监督和改良及推广、国营商业管理、商品陈列和检查及试验、交易场所之监督、公司与商号商标之注册、国际贸易及华侨之保护、商埠、商约、商税、工商业金融和保险、物价调节和产品销场、度量衡之制造与检查及推行等事项。设劳工司，置司长1人，简任,主持司务,掌理劳工团体之指导和监督、工厂与矿场之监督和检查、工人之教育与救济和保险及福利、劳资纠纷之调节和仲裁、国际劳工组织等事项。

1928年5月25日,增设总务处,掌理文书、庶务、会计、统计、编辑各事项(秘书处改以掌理本部机要和部长交办事项为专职)。

1928年10月8日,国民政府实行五院制,工商部归由行政院辖属。

国民政府农矿部

1928年2月28日,国民政府特任易培基为农矿部部长。3月14日,二届中执会政治会议通过《国民政府农矿部组织法》,规定:

1. 农矿部直隶于国民政府,依法令综理全国下列各项行政事宜:(1)检验、改良、保护农产、水产、畜产及种子。(2)消除、防范及检查虫害、兽疫。(3)检验、改良、奖励农用器具及肥料。(4)组织指导农业、渔业、水产、畜牧等团体。(5)荒地之垦殖。(6)农地灌溉。(7)推广农业知识。(8)筹设农业银行及农民合作社。(9)田租之调查、规定。(10)全国造林之设计。(11)筹设、监督造林场。(12)保护、管理国有森林。(13)奖励、指导私有造林事业。(14)调查、测量及利用、垦殖国有荒山。(15)草拟、编辑、刊行森林法规。(16)训练、指导森林警察。(17)国营矿业。(18)矿权之特许及撤销。(19)核定及征收矿区税。(20)矿务警察。(21)矿区勘定及矿质分析。(22)矿用土地。(23)矿产物专卖。(24)地质调查。对于各省及各地方最高级行政长官执行本部主管事务有指挥、监督之责,并于主管事务对各省及地方最高级行政长官之命令或处分认有违背法令或逾越权限者,得呈请中央变更或撤销之权。

2. 农矿部设部长1人,特任,承国民政府之命综理部务并监督所属职员和所辖官署,对下列各事项负责:(1)农矿政策之规划与推进。(2)农矿事业之筹议及其建设之考核。(3)决定农矿部施政方针及工作计划。(4)农矿部编制经费预算之挜要提示。(5)核定农矿部所立法规之拟订、修正、废止和解释。(6)决定农矿部机构之设置、变更、裁撤。(7)决定农矿部所属人员之任免、考核、奖惩。(8)监督、指导、考核农矿部各单位工作。(9)决定农矿部重要案件处置方法之变更。(10)提示和决定农矿部之重要新案。(11)主持、参加重要会议。(12)提示与决定农矿部向行政院会议所提议案。(13)其他有关政务之处理。设次长1人,简任,辅助部长处理部务。设参事2-4人,掌理拟订关于本部主管之法律命令事项。设秘书长1人(由次长兼任)掌理秘书处一切事务,设秘书2-4人佐理处务。设司长3人分掌各司事务。各处、司分科办事,科设科长1人(秘书处之科长由秘书兼任)、科员若干人,办理各科事务。科长、科员之额数以部令定之。设技正、技士办理本部技术事务,其数额亦以部令定之。农矿部于必要时得设专门委员及视察员,因缮写文件及其他事务得酌用雇员。

3. 农矿部设秘书处,分4科掌理文件之撰拟和收发及保存、印信之典守、统计报告之编制、出版物之发行、会计、人事各事项。设农务司,分4科掌理农、林、渔业之保护、监督、改进事项,农、畜、水产、蚕丝之保护、监督、检验事项,农、畜、水产各团体之组织、指导事项,荒地之垦殖事项。设农民司,分3科掌理农民教育、农业银行和合作社之筹设、农村生活改良、租佃纠纷之调解和处理各事项。设矿业司,分3科掌理矿业之监督、保护、奖进事项,矿权特许和撤销事项,矿税核定和征收事项，矿业诉愿和争议处置事项，矿务警察事项，地质调查事项，矿区勘定及征地事项，矿质分析事项，国营矿业和矿冶工业监督事项，矿业调查事项。设技术官室，置技正1人、技士若干人，掌理本部之技术事项。

1928年5月25日，增设总务处掌理原秘书处经管各事项，秘书处改以掌理本部机要与部长交办事项为专职。

1928年10月8日，国民政府实行五院制，农矿部归由行政院辖属。

国民政府司法部

1927年6月24日，国民党政府任命王宠惠为司法部部长。8月9日，公布《司法部组织法》，规定司法部直隶于国民政府，执掌民刑事件、人口、户籍、监狱及其他一切司法行政；设部长和次长各1人、参事2-4人及秘书和总务2处、民事、刑事、监狱3司。同日，任命罗文庄为次长，胡祥麟、邓青阳为参事，李光汉为总务处处长，朱献文、王淮琛、郑灿分任民事、刑事、监狱3司司长。11月7日，任命魏道明为秘书处秘书长；改总务处为总务司。12月3日，魏道明继任次长并代理部长职务。12月22日，任命林者仁为参事，刘远驹继任民事司司长。

1928年2月29日，朱履龢继任秘书长职务。3月9日，蔡元培兼代司法部部长，朱履龢被任命为司法部次长。4月2日，皮宗石被任命为秘书长，陶公衡被任命署理参事职务。6月16日，参事胡祥麟被免去职务，改由蔡寅继任。10月8日，国民政府实行五院制后，11月17日，司法部改设为司法行政部并归由国民政府司法院辖属。

国民政府最高法院

1927年10月25日，国民政府公布《最高法院暂行条例》，规定：最高法院为国民政府最高审判机关，审理：1. 不服高等法院第一审和第二审判决而上诉之案件；2. 不服高等法院之裁决而抗告之案件。最高法院设院长1人，特任；设庭长3人和首席检察官1人，均简任，设民事庭2、刑事庭1。11月5日，国民政府特任徐元诰为院长，任命翁敬棠、李菱、黄镇磐署庭长，任命唐启虞、童杭时、孙巩圻署推事。12月3日，任命周诒柯为检察署首席检察官。最高法院于焉成立。

1928年1月4日，梅光和被任命为最高法院书记官长。1月5日，邱珍被任命为最高法院检察署检察长；李昀、鲁师曾、吴昱恒、彭学浚、高襟、萧伟、梁仁杰、涂景新、张有枢9人被任命为最高法院推事。5月19日，署理推事唐启虞、童杭时、彭学浚及推事张有枢被免职，改由季手文、汤本殷、胡薰、韩焘4人继任。6月1日，戴修瓒继周诒柯任最高法院检察署首席检察官。6月4日，任命刘英署最高法院推事。10月8日，国民政府实行五院制，最高法院归由国民政府司法院辖属。

国民政府特种刑事临时法庭

1928年2月29日，国民党政府任命丁超五为特种刑事临时法庭庭长。3月29日，任命童杭时、张国辉、张则奂、张于浔、郑钺为审判员，成立了中央特种刑事临时法庭。7月28日，二届中执会政治会议通过《特种刑事临时法庭组织原则》，依审查委员会委员王宠惠等提出之审查报告，将原设专以"反革命"罪名迫害中国共产党人及其领导下之革命人民为务的"特别法庭"更名为"特种刑事临时法庭"。依《特种刑事临时法庭组织条例》之规定：

1. 特种刑事临时法庭分中央和地方两级：特种刑事中央临时法庭审判关于"反革命"及土豪劣绅之刑事诉讼案件。

2. 特种刑事中央临时法庭设庭长1

人、审判员 5－10 人，均由国民政府任命；特种刑事地方临时法庭设庭长 1 人、审判员 3－6 人，由省政府荐请国民政府选定并任命；庭长监督并指挥全庭事务，审判员掌理审判事务。

3. 特种刑事中央临时法庭之审判权，以审判员 5 人之合议庭行之，特种刑事地方临时法庭之审判权以下列原则行之：最高主刑为三等以下有期徒刑者，以独任审判员 1 人行之；最高主刑为二等以上有期徒刑者，以审判员 3 人以上合议庭行之。其独任审判，即以该审判员行使审判长之职务，其合议审判，则由该审判员中互推 1 人为审判长。

4. 特种刑事临时法庭设书记员若干人，掌理记录、统计和其他事务，其人选由庭长委任之。

5. 特种刑事临时法庭得于距离该庭所在地较远或交通不便地方设立分庭，其审判刑事诉讼案件，准用各本庭之规定。

6. 特种刑事临时法庭之设立、废止及分庭管辖区域之划分或变更事宜，由国民政府决定。

7. 特种刑事临时法庭权限及办事程序，得适用《法院编制法》之规定，但以不与本条例抵触者为限。

自此以后，诸如江西省之"剿共委员会"、浙江和安徽等省之"军法会审"等专门迫害中国共产党人的机构乃取消原名，而一律改称"特种刑事临时法庭"。在全国各界和中国国民党内有识之士的强烈谴责和不断反对下，1928 年 11 月 21 日，二届中执会政治会议第 164 次会议作出决议，声称：鉴于司法院业已成立，为谋"法权之统一"，特将各种特种刑事临时法庭一概取消，并由政治会议委员兼司法院院长王宠惠提出《关于特种刑事临时法庭取消办法六条》，中央和地方特种刑事临时法庭乃依之相继取消。

国民政府教育行政委员会

1927 年 4 月 18 日，国民党政府在南京成立后，"留在粤省之教育行政委员会奉命迁沪，另在南京设办事处"，是为国民党政府建立初始时之全国最高教育行政机关。4 月 27 日，国民政府任命蔡元培、李煜瀛、汪兆铭 3 人为教育行政委员。7 月 1 日，再任命许崇清、金曾澄、钟荣光、褚民谊 4 人为教育行政委员。是年 10 月 1 日，中华民国大学院成立，教育行政委员会奉命并入大学院而告结束。

国民政府中华民国建设委员会

1928 年 2 月 1 日，二届中执会政治会议第 127 次会议专题讨论孙科等 11 人联名提请设立中华民国建设委员会议案，通过了《中央【执委会】政治会议对设立中华民国建设委员会之决议案及组织法》。3 月 9 日，国民政府公布《中华民国建设委员会组织法》，规定：

1. 中华民国建设委员会"本总理三民主义、建国方略及建国大纲之精神，研究、筹备及实行关于全国之建设计划"。

2. 委员会委员由中执会政治会议遴选若干人充任，并就中指定 7－11 人为常务委员，由常务委员推定主席 1 人。

3. 委员会主席得出席国民政府委员会议。

4. 委员会于每年 1 月和 6 月举行大会各 1 次，遇有重要事项，得由主席随时召集会议，委员会议之决议案及普通行政事项，以主席名义行之。

5. 委员会设秘书处，置秘书长 1 人，由常务委员推定 1 人兼任，督率秘书和各处执行务事；必要时，得分设各处办事，并得设附属机关。

6. 委员会得聘任国内外专家为专门委员或顾问，以辅助技术上专门事项之实施。

7. 委员会对各省区建设厅有指导、监督之责。

同年2月1日-3月10日，孙科等39人先后被选任和任命为委员，孙科、张静江、王征、李煜瀛、魏道明、陈立夫、曾养甫、孔祥熙、宋子文、叶楚伧、郑洪年11人被指定为常务委员，张静江被推定为主席，王征、陈立夫被推兼任秘书长。2月18日，中华民国建设委员会成立，直隶于国民政府。同年10月25日，改由国民政府行政院辖属，并改称为"国民政府建设委员会"。

国民政府建设委员会

1928年11月□日，《国民政府建设委员会组织法》公布，规定：

1. 国民政府建设委员会依据《国民政府组织法》第17条之规定（即"关于特定之行政事宜，得设委员会掌理之"）组织。

2. 委员会职权如下：根据总理建国方略和建国大纲及三民主义学说研究和计划全国之建设事宜，办理不属于行政院各部主管之水利、电力及其他国营事业，办理虽属各部主管而尚未举办之国营事业（须经主管部同意）；原由中华民国建设委员会创办之事业仍由国民政府建设委员会完成；对各省建设厅有指挥之责。

3. 委员会以行政院各部部长、各省建设厅厅长为当然委员，并得由国民政府聘请若干人为委员，就委员中任命正、副委员长各1人。

4. 委员会委员长为特任职，副委员长、秘书长均为简任职，秘书若干人为荐任职。

5. 委员会设：（1）秘书处，置处长1人，秘书若干人，掌理：①文件收发、撰拟、编译、保管事项；②章则、表册、报告之编制事项；③会议议案之整理、编制、记录、保管事项；④建设事业之调查、统计、指导、监督事项；⑤各附属机关之指导、监督事项；⑥本会会计、庶务之料理事项。（2）无线电管理处，掌理：①全国无线电之管理事项；②全国及国际无线电台之管理事项；③编制并执行无线电法令事项；④无线电书报杂志之刊发事项；⑤无线电机之制造事项；⑥无线电育才和经营事项。（3）电气事业处，掌理：①电气之建设事项；②直辖各电气事业之指导、监督、改良事项；③电气事业法令之编制和执行事项；④电气事业所用机械材料之制造事项。（4）水利处，掌理：①全国水旱防灾工程之设计、实施、考核、整理事项；②全国江河湖泊之整理和疏浚事项；③海岸工程之建筑、修理、维持事项；④全国河海港务和码头之研究、设计、建筑、管理事项；⑤全国水利之发展、管理事项；⑥全国灌溉事业之建设、管理事项；⑦水利法规之编订、执行事项。

6. 委员会每年开大会一次，如有重要事项，得随时召集，会议之议决事项由委员长执行，委员长因事故不能执行职务时，由副委员长代理。

7. 委员会于必要时得聘用专门委员、设立分会及其他附属机关。

同年12月8日，《国民政府建设委员会组织法》修改，明定：

1. 建设委员会直隶于国民政府。

2. 委员会以"遵照实业计划"拟制全国建设之具体方案呈国民政府核办、为国民建设事业之请求指导者提供设计、办理经国民政府核准试办之各种规模事业为职责。

3. 委员会设委员长1人，特任，承国民政府之命并依全体委员会之议决综理会务并监督所属职员与各机关。设副委员长1人，简任，辅助委员长处理会务，委员长因故不能执行职务时代行其职权。设秘书长1人，简任，承长官之命赞襄会务，设秘书4人（内2人简任，余荐任）分掌会务、会议及长官交办事项。设参事2-4人，掌理撰拟、审核本会法案和命令事项。设处长3人，简任，掌理各处法定事项。设科长8-12人（荐任）、科员40-60人（委任），承长官之命办理各科事务。设技正8-16人（内6人简任，余荐任）、技士12-20人（内8人荐任，余委任）、技佐12-20人（委任），承长官之命办理各项技术事务。

4. 委员会设下列各机构理事：（1）总务处，掌理：①文件之收发、分配、撰拟、保存事项；②会令之公布事项；③典守印信事项；④会议记录事项；⑤所属各机关职员进退和考核之记载事项；⑥议案之记录、整理、编制、保管事项；⑦出版、报告事项；⑧预算和会计事项；⑨机械材料之购置事项；⑩庶务料理和不属其他各处事务之处理事项。（2）设计处，掌理：①全国建设事业之调查、统计、设计事项；②国民建设事业之指导、促进事项；③材料和机械标准之鉴定事项；④政府交办各项建设计划之制定事项；⑤各项图案之编制、搜集、整理事项；⑥其他设计事项。（3）事业处，掌理：①所办各种规模事业之稽核、充实、改良事项；②其他经国民政府核准试办模范事业之管理事项。

5. 委员会办理设计事项时，得聘用专家为顾问或专门设计委员，其人选由委员长聘定并呈报国民政府备案。

1930年2月19日，国民政府建设委员会改组，其职掌改以水利和电气事业之指导、监督、改良为限，所设机构亦改为总务、水利、电气3处，各处掌理事项如下：

1. 总务处掌理：（1）文件之收发、分配、撰拟、保存事项。（2）会令之公布事项。（3）印信之典守事项。（4）本会及所属机关之人事项。（5）议案之整理、编制、记录、保管事项。（6）出版物和报告之编译事项。（7）各省建设事业之调查、统计、指导、监督事项。（8）本会和所属机关预决算之编制和会计事项。（9）机械材料之购置事项。（10）建设行政和技术人员之训育事项。（11）庶务和不属其他各处事务之料理事项。

2. 水利处掌理：（1）江河湖泊之整理和疏浚事项。（2）水利工程之设计、实施及管理事项。（3）灌溉事业之建设和管理事项。（4）河湖和沿海滩地之垦辟事项。（5）水利之发展事项。（6）《建国方略》所列各港湾之建设事项。（7）各省河防之指挥、监督事项。（8）本会和所属各水利机关之指导、监督、管理事项。

3. 电气处掌理：（1）国营电气事业之计划、建设事项。（2）本会所属各电气事业之指导、监督、管理事项。（3）民营电气事业之发照、注册、指导、改良事项。（4）电气机械制造和标准鉴定事项。

4月1日，改秘书处长为秘书长。

1931年2月17日，该委员会再次改组，裁撤水利处，将其所属之华北水利委员会、太湖流域水利委员会划归内政部管辖；增设设计处、事业处，将原设之电气处改设为电业管理室并隶于事业处之下。

1932年4月27日，于正副委员长之外，增设常务委员3人。

1934年1月12日，副委员长张乃燕转任中华民国驻比利时王国公使后，未再任命副委员长，改以常务委员执行副委员长职权。

1936年11月4日，按主计制度之规定，增设了会计、统计2室，各置主任1人掌理岁计与会计、统计事项。

国民政府建设委员会先后设有下列各委员会：法规、预算、统计、训育、图书、振兴农村设计、全国电气事业指导、公务员补习教育教务、新生活运动共9个委员会。还有如下各附属机构：首都电厂、戚墅堰电厂、电机制造厂、长兴煤矿局、淮南煤矿局、淮南煤矿铁路工程处、模范灌溉局、经济调查所、购料委员会、振兴农村实验区。

1938年1月1日，国民政府建设委员会裁撤，其经管各事项由行政院经济部资源委员会接办。

自1928年1月24日张人杰被任为中华民国建设委员会委员长起，其后虽经改名改隶，委员长一职仍为张人杰，副委员长则由曾养甫、张乃燕相继担任（1934年1月12日张被免后再无副委员长之设）。1934年1月12日起，改以常务委员3人执行副委员长职权，吴敬恒、李煜瀛、张嘉璈被任为常务委员，一直未见变动，直至该委员会裁撤。

国民政府蒙藏委员会

依1928年2月4日二届四中全会通过的《中华民国国民政府组织法》第7条之规定，国民政府得设蒙藏委员会。3月30日，国民政府公布《蒙藏委员会组织法》，规定蒙藏委员会设主席1人（但未见任命）、委员5-7人，设秘书、蒙事、藏事3处，各置秘书长、处长1人掌理处务。6月8日，国民政府任命张继、白云梯、刘朴忱、罗桑囊嘉、格桑泽仁、陈继淹、李凤冈7人为委员，并指定张继、白云梯、刘朴忱为常务委员，实际上成立了国民政府蒙藏委员会（虽然秘书长和蒙事、藏事2处长尚未见任命）。

1928年10月8日，国民政府实行五院制，该蒙藏委员会改由行政院辖属。

国民政府侨务委员会

1927年4月18日，国民党政府在南京建立后，于12月3日在外交部设立侨务局并任命锺荣光为局长掌理侨务事项。

1928年2月4日，二届四中全会通过之《中华民国国民政府组织法》，明定有国民政府侨务委员会设立的文字规定。4月25日，经二届中执会政治会议修正通过并交由国民政府公布之《国民政府侨务委员会组织法》规定：

1. 侨务委员会直隶于国民政府，掌理建议和审议侨务设施与其改革、奖励和辅助海外华侨、指导和监督海外华侨公共团体组织进行、指导和介绍回国华侨投资和办理实业及就业和游历与参观、宣传政府之实施等事项（上述各事项之范围，以不与驻外使领馆及各部、院、会职权相抵触者为限）。

2. 侨务委员会设委员若干人，由国民政府任命，任期1年，但得连任；就委员中指定常务委员3-5人，并于常务委员中指定1人为主席，依委员会议决议掌理会务并监督所属职员。

3. 侨务委员会每月至少开会一次，其议决事项和会中日常事务由主席和常务委员执行。

4. 侨务委员会设秘书处，置秘书长1人、秘书1-2人，掌理撰拟和收发及保管文件、典守印信、处理庶务和其他不属于各科事务。设第一科，掌理建议和审议及改革侨务设施、奖励和辅助海外华侨各事项。设第二科，掌理指导和监督海外华侨公共团体之组织进行，指导和介绍回国华侨投资和办理实业及就业与游历和参观、宣传政府之实施各事项。

5. 侨务委员会因事务上之必要，得向海外各重要商埠选派侨务视察员，并得于必要时设名誉顾问，聘请熟谙侨务、名望素著者任之；因缮写文件和其他事务需要，得酌用雇员。

是月，中执会政治会议决议恢复侨务委员会之设立。

5月8日，国民政府派林森等9人为侨务委员会委员，就中指定林森、萧佛成、邓泽如为常务委员，并指定由李烈钧、宋渊源、孔祥熙兼代上述3常务委员职务。9月1日，增派李烈钧等6

人为委员,又指定周启刚、丘莘昀为常务委员。9月4日,侨务委员会成立。9月5日,汤增璧兼任秘书长职务。9月7日,外交部侨务局裁撤,其原经管各业务由侨务委员会接办。10月8日,五院制实行,侨务委员会改由行政院辖属。

国民政府禁烟委员会

1928年7月18日,国民政府决定于国民政府委员、军事委员会委员、各禁烟团体代表中选派9-13人为禁烟委员会委员,内政、外交、司法3部部长(9月15日加派财政、交通2部部长)为当然委员,并就中指定2-4人为常务委员,组成国民政府禁烟委员会,主持全国禁烟事宜。7月25日,国民政府特派蒋介石、冯玉祥、阎锡山、李宗仁、李济深、何应钦、锺可托、李登辉、张之江、李烈钧、陈绍宽11人为委员,特派内政、外交、司法3部部长薛笃弼、王正廷、蔡元培(9月8日加派财政、交通2部部长宋子文、王伯群)为当然委员,指定张之江为主席委员、薛笃弼和锺可托为常务委员。8月20日,国民政府禁烟委员会正式成立。8月24日,黄乃祯被任为秘书处秘书长。8月27日,增派钮永建、马寅初为常务委员。10月20日,国民政府实行五院制,禁烟委员会归由行政院辖属。

国民政府参谋部——国民政府参谋本部

1928年10月24日,国民政府特任李济深为参谋总长。11月10日,国民政府军事委员会奉令结束,其原管事项移由行政院军政部与国民政府参谋部、军事参议院、训练总监部分别办理。

11月13日,将原国民政府军事委员会参谋厅与国民革命军总司令部参谋处合组为国民政府参谋部;同日,国民政府任命刘汝贤为参谋次长、张元祐等6人为高级参谋,并任命张国元、刘光、阮肇昌、林蔚和黄慕松为参谋部总务、第一、第二、第34厅厅长和陆地测量总局局长,成立了参谋部,直隶于国民政府。

11月28日,依二届中执会政治会议第165次会议之议决,国民政府参谋部改称并由此定名为"国民政府参谋本部"。参谋本部仍直隶于国民政府,掌理国防及用兵事宜,以参谋总长综理部务,统辖全国参谋人员、陆海空军大学校、陆地测量总局及驻外武官,参谋次长辅助参谋总长处理部务。设参谋、秘书、副官3室与总务及第一、第二、第三4厅分掌法定各事项:

1. 参谋室置主任高级参谋1人,承总、次长之命掌理不属各厅之机要事件、一切交办事项、关于学术与章制之审核和建议事项。

2. 秘书室承总、次长之命考察各国政治、经济、外交情形,随时搜集与我国防上有关系之资料,以供国防建设之参考。

3. 副官室承总、次长之命传达重要命令及一切联络事务。

4. 总务厅掌理人事、文书、章制、经理等事宜。

5. 第一厅掌理国防、作战事宜。

6. 第二厅掌理谍报、调查事宜。

7. 第三厅掌理后勤事宜。

1932年11月1日,参谋本部增设国防设计委员会,主管国防上各项资源之调查、研究与计划事宜。3月6日,国民政府军事委员会二度设立后,国民政府参谋本部改受军事委员会指挥。5月□日,撤销第三厅,其原所经管之业务改归第一厅办理,各厅下设各科均升格为处,各厅职掌调整如下:

1. 总务厅下设3处:第一处掌理本部职员与陆海空军参谋人员之人事考绩事项。第二处掌理文电、章制、印信、收发事项。第三处掌理本部与所辖机关各项会计审核、庶务、管理、警卫事项。

2. 第一厅下设5处：第一处掌理国防、作战动员和计划、陆海河等要害之"绥靖"事项。第二处掌理军队之组织、装备、教育、审定各种典范令、制定大演习计划等事项。第三处掌理铁路交通运输、兵站通信、兵要地理等事项。第四处掌理海陆军作战联络、海岸防御事项。第五处掌理空军作战一切计划与防空事项。

3. 第二厅下设6处：第一处考察日本及其属地国防上一切设备与兵要地理。第二处考察苏俄国防上一切设备与兵要地理。第三处考察英、美、法各国及其沿太平洋属地之国防上一切设备与兵要地理。第四处掌理日、俄、英、法、美等国之谍报勤务事项、筹备战时谍报事项、勤务组织事项并管理有关基金。第五处考察国内政治情形与拟具防谍计划。第六处掌理拟具陆军大学校组织与教育大纲、办理一切参谋教育、战史材料整理事项。

9月16日公布之《参谋本部组织法》规定：

1. 参谋本部直隶于国民政府，掌理国防及用兵事宜。

2. 参谋总长综理部务，统辖全国参谋人员、陆海空军大学校、测量总局及驻外武官，参谋次长辅助总长处理部务。

3. 参谋本部置各厅分掌职务，于必要时，得组织各种委员会及特务组。

4. 参谋本部各厅长承总长、次长之命指挥所属办理其主管事项。

同年11月□日，增设边务组，以参谋次长任组长，自24日起开始办公，负责筹划边疆防务事宜。12月□日，增设城塞组，专办国防工程、要塞工程之设计与实施事宜。

1935年4月□日，参谋本部国防设计委员会与军政部兵工署资源司合组为资源委员会并隶于军事委员会之下。11月□日，边务组撤销，其原经管业务分别移交第一、二厅及行政院蒙藏委员会办理。

1936年春，将第二厅第六处划归总务厅，将第一厅第五处缩编为课，归并于第一处之下，而将第六处析解为分掌交通和后勤的两个处。

1938年2月□日，与国民政府军事委员会第一部合并改组成为军令部，国民政府参谋本部结束。

此前，参谋本部有下列各附属机构：1. 陆地测量总局：主管全国陆地测量之计划、实施与改进事宜，并统领中央陆地测量学校、各省陆地测量局及陆地测量学校。2. 陆军大学校：主管军事幕僚之培育及高级将领造就事宜。3. 中央陆地测量学校：主管测量人员之培训与测量技术改进事宜。4. 各驻外使馆武官：归由参谋本部派遣担任军事联络事宜。

国民政府参谋本部国防设计委员会

1932年11月1日，国民政府参谋本部成立国防设计委员会，掌国防资源之调查研究、全国国防方案之具体拟制、以国防为中心建设事业之计划、国防临时处置之筹设等事宜。依照英文打印件之《国防设计委员会条例》规定，其职责被表述为：1. 在政府处理由于外敌入侵可能发生的所有重要问题方面，事先提出切实可行的方案。2. 为招募和重组国家合成军、刺激更高的生产、建设能力以达到巩固国防的最终目的而制定计划。3. 对于短期的国防计划工作提出建议。国防设计委员会以国民政府军事委员会委员长兼参谋总长蒋介石为委员长，总理全会事务，以翁文灏、钱昌照为正、副秘书长，承委员长之命赞襄会务，置委员36－48人，由委员长聘任并就中指定5人为常务委员，行政院各部、会长官得为该委员会之当然委员。

国防设计委员会委员分成军事、国际关系、经济与财政、原料与制造、运输与交通、文化、土地与粮食7组，研究关于国防之各种计划与方案。各组委员依事实需要随时举行分组会议，各组所设组长1人为分组会议主席；分组会议研究事项与他组相关联时，由各关系组委员商定举行联席会议，该联席会议主席由秘书长或副秘书长担任，会议议决之计划或方案送由参谋总长呈请国民政府核定或由关系机关施行。

国防设计委员会为在各组范围内研究各种具体专门问题，组织有国际贸易、电气、农业经济、国防军备、国防化学、政治、边疆研究、国际问题8个专门委员会，其各专门委员会委员200人，由委员长从国内学者、专家中聘任（正、副秘书长得为专门委员会之当然委员）。各专门委员会各设干事1人，担任各该专门委员会会议记录，并于每项工作完成后缮具报告送委员长核阅。干事人选由委员长指定专门委员任之。

国防设计委员会还设有专门人才调查工作指导委员会，负责指导与协助专门人才之调查和取得国内某类专门人才之有效联络工作。

国防设计委员会设秘书厅为常设办事机构，由正、副秘书长承委员长之命，主管秘书厅一切事务，并指挥、监督所属职员，以秘书3-5人赞助正、副秘书长处理秘书厅一切事务。秘书厅执掌如下各事项：1. 关于国防工业之计划、调查、统计、研究事项。2. 文书、印信、会议记录事项。3. 人事、会计、庶务事项。厅内分设秘书、调查、统计3处和专员室及专门人才委员会：秘书处分秘书、缮校、监印、内外收发、档案、图书、出版、剪报、会计、庶务10室治事。调查处置主任1人，专员与事务员各若干人承主任之命分掌国防事业调查事项。统计处置主任1人，专员与事务员各若干人承主任之命分掌国防事业统计事项。专员室置专员30-50人，分掌国防事业之研究事项。专门人才委员会之委员由秘书厅聘请各专门委员会之干事担任，并指定其中之一人为常务委员，负责调查、组织、联络全国之专门人才。

1933年12月□日，秘书厅还增设了电气研究室、冶金室、矿室，各自从事专门技术研究工作。

1935年4月□日，参谋本部国防设计委员会与行政院军政部兵工署资源司合组为国民政府军事委员会资源委员会。

国民政府训练总监部

1928年10月24日，国民政府特任何应钦为训练总监。11月13日，任命周亚卫、贺耀组为训练副监，任命刘秉粹等3人为参事，任命潘竞、贺国光、汪镐基、张修敬、吴和宣为总务厅厅长、步兵监、骑兵监、炮兵监、工兵监，任命李锋、王绳祖为军学编译处、国民军事教育处处长，成立训练总监部直隶于国民政府。12月5日，任命李国良、陈立夫为辎重兵监、政治训练处处长。

1932年6月□日，政治训练处划归军事委员会。

1933年3月7日，国民政府公布《训练总监部组织法》，规定：

1. 训练总监部掌管全国军队教育、所辖学校教育、国民军事教育各事宜。

2. 训练总监部直隶于国民政府。

3. 训练总监部设总监1人综理部务，负规划与监督全国军队教育、所辖学校教育、国民军事教育之责，对全国各军队主管教育长官有直接指挥、监督之权。设副监2人，辅佐总监处理部务。设参事6人，审核关于本部之法令、章制，承总监、副监之命考查教育事和陈述关于改良、进步之意见。

4. 训练总监部设下列各厅、监、处分掌法定事项：（1）总务厅，由厅长主事，承总、副监之命，督率所属各科掌管不属于各监、处之军事学校教育、学员之召集与试验、留学生之派遣、部内之人事经理和文牍庶务及其他不属于各监、处之一切事宜。（2）设各兵监，承总、副监之命，督率监员掌理本兵科军队教育、所辖学校教育及一切调查、研究、审议、实施方案等事宜，各兵监对于主管事项、检阅本兵科团队之意见，得训示团队长，于竣事后如实向总监报告并通报关系长官；各兵监巡察所管学校，对于本兵科学员教育有意见时，得向总监陈述；步兵监于各兵科军队教育制度之统一校阅、演习之规划与军风纪及精神教育等事项，得负主任之责。（3）设国民军事教育处，以处长主事，承总、副监之命，主管全国普通学校之军事训练及一般青年体育之锻炼，筹划国民军事教育之普及并督促其实施与进步。（4）设军学编译处，以处长主事，承总、副监之命，主管编辑、译述、印刷、发行军学图书和军事杂志事宜。

5. 训练总监部于必要时得增设特种兵监与海、空各兵监及政治训练处。因事业上之必要，得设立临时性之委员会，其委员由总监聘任或就本部职员中指派。

1935年5月1日，训练总监部增设交通兵监、通信兵监。

1938年2月□日，训练总监部改组为军事训练部并改隶于国民政府军事委员会。

国民政府军事参议院——国民政府军事委员会军事参议院——国民政府军事参议院

1928年10月24日，国民政府任命李宗仁为院长，成立军事参议院直隶于国民政府。

1929年5月24日，唐生智继任院长。9月18日，国民政府公布《军事参议院组织法》，并经同年10月22日、1931年2月28日、1932年4月18日3次修正，依1932年4月18日修正之《军事参议院组织法》为据，其规定如下：

1. 军事参议院为军事最高咨询、建议机关，直隶于国民政府。

2. 军事参议院设院长1人（上将）综理院务，副院长1人（中将或上将）辅助院长处理院务。

3. 军事参议院置参议，始定为30-60人（内上将12人，中将24人，余为少将），1929年10月改定为30-90人（内上将不得逾12人，中将不得逾24人，余为少将），最后定为90-250人（内上将不得超过25人，中将不得超过75人，余为少将）；置咨议，初定为80-100人（内少将20-40人，60人为上校）后改定为60-150人并均定为上校（一等正）。参议、咨议均得以曾任重要军职、学识优良、勋望卓著、任职较长的海陆空军将官及上校充任。

4. 军事参议院参议、咨议平时专备咨询与建议，并得担任实验、校阅、演习、调查、屯垦、兵工及特派等事，战时得遴任为高级指挥官或其相当职务。

5. 军事参议院为研究学术、增进智能，得设各种军事研究会，其研究会委员即由各参议、咨议分别担任，每一研究会置主任委员1人，由院长就各该研究委员中指定。

6. 军事参议院设总务、军事2厅，总务厅设文书与管理2科，掌理文书之撰拟、收发、校对、缮写、典守印信、保管案卷等事项。军事厅设编纂与调查2科，掌理一切建议与有关军事之书报、图表、杂志事项及有关军事应行调查事项。

1931年3月7日，张景惠继任为军事参议院院长。12月30日，唐生智再度担任院长职务（由张翼鹏代理）。

1934年12月7日，陈调元继任为

院长。12月12日,鲁涤平被任为副院长。

1935年2月2日,鲁涤平死,8月28日,王树常继任副院长职务。

1938年2月□日,军事参议院改归国民政府军事委员会辖属并增任张钫为副院长。

1944年3月31日,于学忠继王树常任副院长。

1946年6月1日,国民政府军事委员会撤销,军事参议院改由国民政府辖属。11月28日,国民政府公布《战略顾问委员会组织条例》,决定裁军事参议院而改设国民政府战略顾问委员会。

国民政府战略顾问委员会

1946年11月28日,国民政府公布《战略顾问委员会组织条例》,规定:

1. 战略顾问委员会为军事最高建议及储备战时高级指挥官之机关,隶属于国民政府主席。

2. 战略顾问委员会委员以曾任重要军职、勋望卓著之陆海空军现役将官19人充任,由国民政府特任并指定其中之1人为主任委员。

3. 战略顾问委员会为研究或检讨与战略有关之军事、政治、经济、外交、教育、交通等问题,得请由国防部提供资料,开会时并得请国防部派员出席报告。

4. 战略顾问委员会设秘书室掌理总务、文书、图书资料及各项会议事务。

1947年4月1日,战略顾问委员会正式成立。5月12日,何应钦被特任为主任委员,龙云、于学忠、鹿钟麟、杨杰、陈济棠、陈绍宽、黄绍竑、刘峙、卫立煌、蒋鼎文、贺耀组11人被特任为委员。7月14日,黄绍竑被免,由何键继任。11月16日,张发奎被特任为委员。12月30日,熊式辉被特任为委员。

国民政府最高经济委员会

1945年11月26日,六届中执会第15次常务委员会与国防最高委员会第177次常务委员会举行联席会议,决议设立最高经济委员会,由行政院正副院长兼任正副委员长。同日,国民政府特派宋子文、翁文灏为最高经济委员会正副委员长,派王云五等为委员,于11月26日举行首次会议并启用关防。12月25日,国防最高委员会依蒋令拟就《最高经济委员会组织条例草案》,规定:

1. 国民政府为完成经济复员、促成全国经济建设之发展并提高人民生活标准,特设最高经济委员会,在国民政府主席指挥与监督下,决定主要经济政策,制定主要经济计划与方案,督导、联系、考核各经济部门工作。

2. 最高经济委员会置正副委员长各1人,由行政院正副院长兼任,委员11－13人,经济、交通、农林、粮食、财政、教育、社会7部部长和善后救济总署署长为当然委员,另由国民政府主席特派至多5人为委员;置秘书长1人,由行政院秘书长兼任;简派参事、秘书各2－4人及视察若干人;并得聘用中外专家为顾问、专门委员、参议。

3. 最高经济委员会依事实需要分组办事,各组简派主任1人,并得设立各特种委员会。

4. 最高经济委员会定期举行会议(必要时得向各机关调用资料),并得定期向国民政府主席提出工作进度报告。

1946年3月1日,国民政府公布之《进出口贸易办法》第6条规定,于最高经济委员会下设立"输入设计委员会"(亦名"输入设计专门委员会"),掌理全国进口物品计划之研究及拟定事项。为适应进出口贸易之需要,最高经济委员会下还设有输入管理委员会、输出推广委员会。6月□日,为办理与美国经济合作以举办重要建设起见,于最高经济委员会下设公共工程委员会，掌理全国公共工程之规划、实施、指导及监督各事项，公共工程委员会实施或督导之工程由最高经济委员会随时指定。

9月18日，蒋介石将最高经济委员会之领导权揽于己手，是日，经蒋批示决定：最高经济委员会援抗战以前全国经济委员会例，隶于国民政府之下。

1947年3月□日，为办理推动物价之管理与平定事项，又于最高经济委员会之下设立物价委员会，统辖物价管理事项。5月26日，国民政府最高经济委员会扩大改组为行政院全国经济委员会。

中华民国大学院

1927年6月17日，国民党政府特任蔡元培为中华民国大学院院长。6月27日，公布《中华民国大学院组织法》，规定：中华民国大学院为全国最高学术教育行政机关，直隶于国民政府，掌理全国之学术及教育行政事宜，设正、副院长各1人，参事2-4人，设秘书、总务、教育行政3处。10月1日，中华民国大学院成立。

1928年4月19日，《中华民国大学院组织法》修改，裁总务、教育行政2处，改设秘书、高等教育、普通教育、社会教育、文化事业5处，各设处长1人、处员若干人，分别掌理教育行政事宜：

1. 秘书处掌理撰拟与收发及保管文件、全院会计与庶务、典守印信、记录职员进退及院长交办事项。

2. 高等教育处掌理大学教育、专门教育、外国留学生、学位考试及各种学术机关事项。

3. 普通教育处掌理师范学校、职业学校、高初两级中学、小学及与上列各校相类之各种学校、幼稚园、取缔与改良私塾、检定教员、调查学龄儿童就学、地方学务机关之设立与变更、教育会议和其他普通教育事项。

4. 社会教育处掌理公民教育、平民教育、低能与残废者教育、公共体育、民众剧院和其他美化教育、博物馆和其他教育博览会等社会教育事项。

5. 文化事业处掌理全国出版物之征集和保存及奖进、图书馆之保存文献、国际出版品之交换、编制统计及公报、教科图书之审查、教科书和其他教育上必要图书之编纂事项。

5月25日，增设总务处，掌理撰拟、收发、保存文件事项和该院会计、庶务事项及典守印信事项与记录职员进退事项，秘书处改为专门掌理院长交办事项。

大学院内设有大学委员会，还附设有科学教育、华侨教育、考试制度、教育经费计划、政治与艺术教育、译名统一、著作、体育指导等专门委员会。

大学院之辖属机构有：中央研究院、中央图书馆、自然历史博物馆、美术博物馆、国立音乐院、心理学研究所、地质调查所、理化实业研究所、社会科学研究所、观象台、动物园、植物园、各国立大学、各省区中山大学、劳动大学等。

1928年10月23日，国民政府明令撤销大学院，恢复教育部设置。

中华民国大学院教育行政处

依1927年6月27日公布之《中华民国大学院组织法》之规定，中华民国大学院设教育行政处，置主任1人，承院长之命综理处务并为大学委员会委员，参加议决全国学术和教育上一切重要问题；承院长之命处理各大学区互相关联及不属于各大学区之教育行政事宜。处内设学校教育、社会教育、法令统计、图书馆、国际出版品交换、书报编译6组，分别掌理：1. 大学及专门教育事项。2. 国外留学事项。3. 学位考试事项。4. 各种学术机构之管理事项。5. 师范学校和职业学校教育事项。6.

中小学教育事项。7. 幼稚园教育事项。8. 教员之检定事项。9. 学龄儿童就学之调查事项。10. 地方学务机关之设立及变更事项。11. 社会教育事项。12. 教育法令之拟订、修订及解释事项。13. 所属教育机构法令之审核事项。14. 教育法令实施状况之考察事项。15. 教育和学术统计事项。16. 图书馆事项。17. 出版品交换事项。18. 国外出版界之调查事项。19. 大学院公报及其他书报之编辑事项。20. 教科书及其他教育上必要图书之编纂事项。21. 教材用图书、教育用品及标本仪器之审查事项。22. 出版权之专利及登记事项。

1928年4月19日，教育行政处被裁撤，原该处主任被改设为大学院副院长，襄助院长综理院务并为大学委员会委员，参加议决全国学术和教育上一切重要问题；原教育行政处下设之学校教育组、社会教育组、法令统计组、图书馆组改由大学院直辖，其他各组则扩充分组为中华民国大学院之高等教育、普通教育、社会教育、文化事业4处。

中华民国大学院大学委员会

1927年6月17日，中华民国大学院大学委员会成立。依《中华民国大学院组织法》规定：

大学委员会由大学院院长、国立各大学校长、大学院教育行政处主任（1928年4月19日该处撤销后改为大学院副院长）与国内专门学者5-7人组成，由大学院院长兼任委员长。大学委员会负责议决全国教育上、学术上一切重要问题，其范围包括：1. 大学院组织法之修改。2. 教育制度之实施。3. 大学区、其他大学及省教育厅之创设与改革。4. 大学院及其直属机关之预算、决算。5. 大学院院长和国立各大学校长之人选。6. 教育方针之规定。7. 专门委员会之设立。8. 其他重要事项。

大学委员会每年8月间开会一次，每月开常会一次，若有特别事项，得开临时会议；开会时以委员长为主席；委员长因事故缺席，由出席委员公推一人临时主席；全会须得全体委员2/3以上出席方得开议，表决须得出席委员过半数通过方为有效；常务会议则最少须有委员5人出席，如有必要，得召集各省区最高教育行政机关代表列席；大学委员会之议决事项交由大学院执行。

大学委员会置秘书1人，由大学院秘书长兼任，办理有关之机要、文书事宜。遇有必要，大学委员会得设立分会。

1928年10月23日，国民政府明令将中华民国大学院改为国民政府行政院教育部，中华民国大学院大学委员会遂为行政院教育部大学委员会所取代。

中华民国大学院大学区

1927年6月7日，二届中执会政治会议咨国民政府，请采用大学区为教育行政之单元。6月13日，国民政府公布《大学区组织条例》，规定在江苏、浙江、河北3省试行大学区制，以一省为一大学区，即以所在省之省名或其所辖区域之名名之，直隶于中华民国大学院。在试行大学区制地方，最高地方行政机关不设教育行政机关，而设国立大学一所，由该国立大学校长综理大学区内一切学术和教育行政事宜，并参加各该省省政府委员会。

大学区设评议会为学术和教育之立法机关；设研究院为本区研究专门学术之最高机关，凡所在省省政府关于一切建设问题，随时可提交研究之。研究院下设：1. 秘书处，辅助校长办理本区之教育行政事务。2. 高等教育部，置部长1人，管理本区国立大学各学院、专门学校及留学事项。3. 普通教育部，置部长1人，管理本区公立中、小学及监督私立中、小学之教育事项。4. 扩充教育部，置部长1人，管理本区之劳农学院、劳工学院及有关社会教育之一切事项。

1928年1月□日，改上列各部部长为主任。10月23日，鉴于大学区制遭到教育界人士的普遍反对，国民政府乃明令废止大学区制并裁撤中华民国大学院，恢复中央政府行政机构中之教育部和最高地方行政机构中之教育厅设置。

中华民国大学院中央研究院

1927年5月19日，二届中执会政治会议第90次会议上，即有设立中央研究院筹备处之决议。6月17日，推定蔡元培、李煜瀛、张人杰、金湘帆、许崇清、褚民谊6人为中央研究院筹备委员。10月1日，国民政府教育行政委员会改组为中华民国大学院并召集专门会议讨论中央研究院成立各项筹备事宜，会议决定：以大学院院长蔡元培兼中央研究院院长，由大学院教育行政处主任杨铨兼中央研究院秘书长，推定了各研究机构之筹备委员。10月12日，国民政府特派蔡元培为院长并聘筹备员30余人，于11月□日召开筹备会议，制定《中华民国大学院中央研究院组织条例》，确定中央研究院为中华民国大学院组织之一部分，为全国最高科学研究机关，受大学院委托，实行科学研究并指导、联络、奖励全国之研究事宜。当时，中央研究院之研究范围仅限于下列各组学科：1.数学。2.天文学与气象学。3.物理学。4.化学。5.地质学与地理学。6.生物科学。7.人类学与考古学。8.社会科学。9.工程学。10.农林学。11.医学。并规定：因科学之发展与时代之需要，得随时添加新组或将原有之组分立扩大。

中华民国大学院中央研究院置院长1人，由大学院院长兼任，主持中央研究院全院行政事宜并为评议会当然评议员兼议长；置秘书1人，由大学院教育行政处主任兼任；设评议会为全国最高之科学评议机构，由院长聘专门学者30人组成（其人选按照中央研究院研究范围所分之11组，每组1-5人分配），负责全国科学评议事宜（中央研究院直辖研究机构之主任为当然评议员）。

中华民国大学院中央研究院得就一种学科之全部或一部设立研究机构，以实验进行科学探讨。据此，先后设立之研究机构有：1.心理学研究所。2.地质调查所。3.理化实业研究所。4.社会科学研究所。5.观象台。6.动物园。7.植物园。

中央研究院经费除经常费、临时费等由国民政府按照预算拨给外，另由其向政府及私人募集研究基金200万元（期于5年内募足），但此项基金永远只许用息，不得动用本金。

1928年4月10日，国民政府公布《国立中央研究院组织法》。4月23日，改中华民国大学院中央研究院为国立中央研究院而直隶于国民政府。

国民政府国立中央研究院

1928年6月9日，国立中央研究院正式成立。依组织法之规定：

1. 国立中央研究院直隶于国民政府，为中华民国最高学术研究机关，实行科学研究，指导、联络、奖励学术之研究。

2. 国立中央研究院设院长1人，特任，综理全院行政事宜，同时为评议会当然评议员兼议长，主持召开评议会，决策重大院务；设总干事1人，由院长聘任，承院长之命协理院务。

3. 国立中央研究院设行政、研究、评议三种机构。

4. 国立中央研究院设院士、名誉院士若干人。

5. 国立中央研究院各研究所由所长1人综理所务并为当然评议员、参加议决院之各重大事项外，各设研究员、副研究员、助理研究员、练习员若干人，视实际工作需要，得设编纂、技正、技士若干人。

6. 国立中央研究院进行之科学研

究分为基础科学、应用科学和理论科学三大门类进行。

1928年4月23日-1949年4月23日，蔡元培、朱家骅相继任中央研究院院长、杨铨、丁文江、朱家骅、任鸿隽、傅斯年、叶企孙、李书华、萨本栋、钱临照相继任中央研究院总干事。

国民政府国立中央研究院之行政机构

国立中央研究院直隶于国民政府。除院长外，设有秘书长、会计主任各1人，均系由院长聘任，承院长之命执行本院行政事宜。11月□日，改设总办事处主管全院行政事务，总办事处设总干事1人，由院长聘请，受院长指导，主持总办事处，执行全院行政。总办事处设文书、会计、庶务、国际出版品交换4处分理各事；1937年2月□日改设为文书、总务2处（1943年□月□日改称为秘书、总务2组）会计、统计2室（1938年3月□日统计室撤销，其原经管事项由会计室办理）。此外，中央研究院还设有院务会议、人事管理委员会、设计考核委员会和驻沪办事处。

国立中央研究院之院务会议由院长、总干事、各研究所所长、总办事处之总务与文书2处主任、各研究所之各研究组主任组成，以院长为主席，执行下列各项职权：1. 审议本院各项章程、规则与工作计划。2. 审议本院图书、仪器设备、研究人员著作与发明之奖励及本院与国内外学术机关之联络事项。3. 审议本院之概算与审核本院之决算。4. 审查本院研究员、副研究员、技正、编纂之资格。

国立中央研究院人事管理委员会以总干事为主任委员，以各研究所所长、总务与文书2处主任及会计主任为委员，以总务处主任兼主任委员办理日常事务，管理本院职员之进退、迁调、考核、调查、登记、统计、抚恤及公益各事项。

国立中央研究院设计考核委员会掌理本院工作计划之审核与工作成绩之考核事项。

国立中央研究院驻沪办事处办理在沪各研究所（抗战胜利后设在上海的有数学、物理、化学、动物、植物、医学、心理学、工学8个研究所）之一般行政事宜。

国民政府国立中央研究院之评议机构

1928年11月9日，国民政府公布之《国立中央研究院组织法》规定：国立中央研究院设评议会为全国最高学术评议机关，由院长任评议会议长，以各研究所所长（1943年□月□日增列总干事）为当然评议员，以院长聘请对某门学术有特殊著作、发明或领导、主持某门学术研究机关5年以上并有卓著成绩之国内专门学者30人为聘任评议员（1935年□月□日改由国民政府聘任）。

1935年6月19日，国立中央研究院召开由全国独立学院院长和国立各大学校长参加的第一届聘任评议员预备会议，确定了聘任评议员之选举原则是：1. 由各国立大学及独立学院各院系教授按照学科加倍选举候选人，经评议会选举，呈请国民政府聘任。2. 评议员任期5年，不得连任，每届任期终了前三个月，由评议会选举下届评议员。6月20日，产生第一届评议员30人。聘任评议员为名誉职，但开会时得酌给旅费。

评议会每年至少开会一次，由议长召集，遇有必要或经评议员1/3之请求，议长得召集临时会。

评议会的职权是：1. 决定中央研究院研究学术之方针。2. 促进国内外学术研究之合作与互助。3. 中央研究院院长辞职或出缺时，推举院长候补人3名，呈国民政府遴选。4. 选举中央研究院名誉会员。5. 接受国民政府委托之科学研究事项。6. 受考试院之委托审查关于考试及任用人员之著作或发明。

评议会设秘书处，秘书1人，由全体评议员互推产生，秘书处分文书、国际科学合作事业2组，办理保管评议会关防与档案、编订评议会之外文文稿等事宜；中央研究院院长辞职或出缺时，评议会推选院长候补人之临时会议，由评议会秘书召集（1949年4月□日裁撤该秘书处）。

1940年3月15日，蔡元培在香港逝世。3月22日，首届评议会第5次年会推选翁文灏、朱家骅、胡适为中央研究院院长候补人，呈请国民政府遴选（1940年9月18日，国民政府遴定朱家骅为中央研究院第二任院长、翁文灏为总干事），并选出第二届聘任评议员30人。

1943年11月□日，国民政府聘任之评议员名额增为30－50人。

1945年7月□日，第二届评议员任期届满，然因抗战期间全国性选举不易办理之故，经先后两次呈准国民政府共延长任期3年。

1946年10月下旬，第二届评议会第3次年会对《国立中央研究院组织法》和《国立中央研究院评议会条例》进行了修改。

1947年10月15日，二届评议会第4次年会通过《国立中央研究院院士选举规程》，完成了中央研究院主持者为院长、构成之主体为院士、学术评议之责属评议会、从事学术研究者为各研究所的国家学院体制。

国民政府国立中央研究院之研究机构

国立中央研究院设若干研究所主持各项研究工作，各研究所视工作需要还可设立试验场、实验馆等附属机构。

依1928年11月9日修正公布之《国立中央研究院组织法》，中央研究院分设有物理、化学、天文、气象、历史语言、地质、工程（1945年1月□日改作"工学"）、社会科学（1945年9月□日改作"社会"）8个研究所，丁燮林（1946年□月□日吴有训继任，未到职而由萨本栋代理）、王琎（1933年□月□日由吴学周继任，1934年5月□日由庄长恭继任，1940年□月□日再度由吴学周继任）、高鲁（1929年□月□日由余青松继任，1941年1月□日由张钰哲继任）、竺可桢（1947年□月□日由赵九章继任）、傅斯年、李四光（1948年□月□日由俞建章代理）、周仁、蔡元培（杨端六代理，1930年□月□日由杨端六继任，1934年□月□日由陶孟和继任）分任上列8研究所所长。

1929年1月□日，增设中央陶瓷试验场附属于工程研究所；增设自然博物馆（1934年7月□日改为"动植物研究所"，王家楫任所长，1944年4月□日析解为"动物研究所"与"植物研究所"，王家楫、罗宗洛分任所长）；是年□月□日，余青松继任天文研究所所长；5月□日，增设心理学研究所（1930年□月□日任唐钺为所长，1934年7月□日由汪敬熙继任）；□月□日，增设出版品国际交换处，徐芝曼任该处主任并同时兼任庶务主任。

1941年1月□日，张钰哲继任天文研究所所长；3月□日，增设数学研究所筹备处，姜立夫任筹备主任（1945年9月□日数学研究所成立，姜立夫任所长）。

1944年4月□日，历史语言研究所人类学组扩展为"体质人类学研究所筹备处"（1946年夏停止筹办）；12月□日，增设医学研究所筹备处，冯德培代理筹备主任（1945年9月□日成立"医学研究所"，林可胜任所长）。

至1946年底，国立中央研究院先后设立之研究机构有物理、化学、天文、气象、历史语言、地质、工学、社会、动物、植物、心理学、数学、医学共13个研究所，其中天文、气象、地质、历史语言、社会5研究所设在南京，其余8所均设在上海。

各研究所设所长一人，由中央研究院院长聘任，主持研究所学术研究、综理所务，并为国立中央研究院评议会当然评议员，参加议决中央研究院有关重大事项。所长须具有下列资格：1. 在本院担任专任研究员3年以上或在同科目研究机关担任研究员3年以上、成绩卓著者。2. 曾任与该所同科目或关系科目之大学教授3年以上者。各所设研究员、副研究员若干人，分为专任、兼任、通信3种，依规定由各所所长提出人选、经院务会议通过后，由院长聘任。

各研究所依研究科目性质，得分组研究，各组主任1人，由所长提名推荐，经院长同意后，由院长聘任。

研究员须具备下列资格：1. 担任本院副研究员3年以上并在学术上确有重要贡献者。或2. 大学毕业后在本院认可之国内外研究机关从事研究工作9年以上确有重要贡献者。或3. 在国立大学（包括教育部批准立案之私立大学和独立学院）担任教授、从事研究工作并在学术上确有重要贡献者。

副研究员须具备下列资格：1. 在本院任助理研究员4年以上并确有重要成绩者。或2. 大学毕业后即在本院认可之国内外研究机关从事研究工作6年以上并确有重要成绩者。或3. 在国立大学（包括经教育部批准立案之私立大学和独立学院）及本院认可之国外大学（包括独立学院）担任副教授、从事研究工作2年以上并确有重要成绩者。

助理研究员：由各研究所用考试方法从大学毕业的优秀学生中选拔，用以协助研究员、副研究员担任研究工作；其资格由本院人事管理委员会审查后，由院长函任。

练习生（研究生）：由各研究所用考试方法选拔若干人，在研究员、副研究员指导下从事研究工作的训练。

各研究所视实际工作需要，得设编纂、技正、技士若干人：

编纂须具下列资格之一：1. 在本院担任副研究员2年以上并确有重要成绩者。2. 在院认可之国内外其他科学研究机关从事研究工作6年以上并确有重要成绩者。3. 在国立大学（包括经教育部批准立案之私立大学和独立学院）及本院认可之国内外大学（或独立学院）担任教授、从事研究工作并确有重要成绩者。

技正须具备下列资格之一：1. 在本院担任技士5年以上或担任助理研究员6年以上并确有重要成绩者。2. 在国立大学（包括经教育部批准立案之私立大学和独立学院）担任教授并确有重要成绩者。

技士须具备下列资格之一：1. 在本院担任助理研究员1年以上或担任事务员、技佐4年以上并确有技术上之成绩者。2. 在国立大学（包括经教育部批准立案之私立大学和独立学院）担任助教或从事研究工作3年以上并确有技术上之成绩者。3. 在事业机关或工厂从事技术工作4年以上并确有技术上之成绩者。

国民政府国立中央研究院名誉会员与名誉通讯员（外国会员）

1928年11月9日修正公布之《国立中央研究院组织法》规定：中央研究院设名誉会员、名誉通讯员。名誉会员分个人、团体2种：

1. 个人名誉会员，即中国学术专家于学术上有重要发明或贡献，经本院评议员1/3以上之提议与全体一致之通过，得享此名誉。

2. 团体名誉会员，即国内科学研究机关或团体，对科学有相当之设备及重要贡献，经本院评议员1/3以上之提议与2/3以上之通过，得享此名誉。名誉通讯员授予外国专家，凡外国专家学者于学术上有重大贡献、经评议员 10 人提议与获评议员 4/5 以上通过，得被选为本院名誉通讯员。

1943 年 11 月□日，废除团体名誉会员，仅设名誉会员，名誉通讯员改称为"外国会员"。

名誉会员与外国会员之条件修改为：

1. 中国学术专家于学术上有重大贡献或主持科学研究有重大成绩，经评议员 10 人提议，获评议员 4/5 以上通过，得被选为本院之名誉会员。

2. 外国学术专家于学术上有重大贡献，经评议员 10 人提议，获评议员 4/5 以上通过，得被选为本院之名誉会员——外国会员。

1947 年 10 月 15 日以后，中央研究院实行院士制，不再设名誉会员。

国民政府国立中央研究院院士与名誉院士

抗战胜利以后，中央研究院在制度建设上确定了院士制，规定：

1. 中央研究院院士为终生荣誉职。院士必须具备下列资格：（1）对其所专习之学术有特殊著作、发明或贡献。（2）领导或主持所专习之学术机关 5 年以上并有卓著成绩。（3）国外在学术上有重大贡献之专家，经院士 10 人以上提议，获全体院士过半数之通过，均得被选为本院之名誉院士。

2. 中央研究院院士第一次由评议会选举产生 80 - 100 名，嗣后每年由院士选举，其名额至多 150 名，分设为数理、人文、生物 3 组。

3. 中央研究院院士会议以院长为主席，以评议会秘书为秘书，每年举行会议一次，执行下列任务：（1）选举院士、名誉院士。（2）选举评议员。（3）讨论决定国家学术方针。（4）办理政府委托之学术设计、调查、审查及研究事项。

1946 年 10 月下旬，二届评议会第三次年会修正之《国立中央研究院组织法》和《国立中央研究院评议会条例》规定：院士选举，先由各大学、各独立学院、各专门学会、各研究机关或评议会 5 人以上提名，由中央研究院评议会审定为候选人，并公告全国。

1947 年 10 月 15 日，二届评议会第四次年会根据被提名的 400 余人名单，依法选出其中之 150 人为院士候选人公告全国。

1948 年 3 月□日，二届评议会第五次年会上，由 150 名院士候选人选定 80 人为院士，其中数理组 27 人、生物组 25 人、人文组 28 人。

国民政府国立北平故宫博物院

1928 年 6 月 18 日，国民政府特派易培基为国立北平故宫博物院院长。10 月 8 日，任李煜瀛为理事长、鹿钟麟等 26 人为理事，接管了北平故宫博物院，赓续掌理北平紫禁城全部建筑及保管其内之古物与图书、整理与保管所藏文献、负责古物与图书及文献之展出与流传一切事宜。

故宫博物院以理事会为决策机构，以国民政府内政、教育 2 部部长为当然理事，由国民政府（是年 10 月 8 日五院制实行后，改由行政院）聘任 21 - 31 人为理事（任期 2 年，无给俸），于理事中推举 1 人为理事长、1 人为秘书、6 -9 人为常务理事。

故宫博物院院长简任，承理事会之命综理院务。其下设总务处、会计室以办理日常行政事宜，设古物、图书、文献 3 馆，各置正、副馆长 1 人综理各该馆馆务。依所管文物之类别，置专门委员若干人，由院长聘任，无给俸。为确保安全，还设有守卫队。

1934 年 9 月 21 日，马衡继任院长，徐鸿宝、沈兼士继任馆长，秘书由黄念劬继任，总务处长由张廷济试署。此后再未见有新任命。

国民政府西南政务委员会

1931年5月28日在广州成立的、渊源于蒋胡约法之争的反蒋派国民政府,于"九一八"事变发生后,经过与南京蒋派势力的国民政府在上海举行7次会议(即10月27日-11月7日的"宁粤和平统一会议")达成协议,11月18日-12月5日和12月12日-12月23日,宁粤双方分别发出了《实现党的团结共赴国难案》和"结束以前分崩离析之残局共谋今后困难之解救"通电;12月30日和31日,广州中央党部和国民政府两次联席会议,决定取消广州中央党部和国民政府名称,另外成立中国国民党中央执行委员会西南执行部、国民政府西南政务委员会、国民政府军事委员会西南分会。

12月31日,《国民政府西南政务委员会组织大纲》公布,规定:

1. "国民政府依据第四次全国代表大会之决议案设西南政务委员会,直隶于国民政府。"

2. 西南政务委员会管辖区域为西南各省,其职权为:监督与指挥西南区域内内政、军政、财政、交通、实业、教育及司法行政各行政与审计事宜。国民政府西南政务委员会经政务会议之决议,得增置或裁并各机关。

3. 西南政务委员会设委员15-27人,特任,就中指定5-7人为常务委员;设秘书处,置秘书长1人(简任)、秘书5-7人(简任或荐任)、科长3-5人(荐任)、科员与书记官若干人(委任);设审计处,置处长1人(简任)、审计5-7人(简任或荐任)、协审8-12人(荐任)、稽察6-10人(荐任)、科员16-20人与书记官9-12人(委任)。

4. 西南政务委员会各级干部每周开政务会议一次,由常务委员轮流主席,负责议决:(1)荐任以上行政、司法、审计官吏之任免事项。(2)省与省间不能解决之事项。(3)关于预算、决算事项。(4)其他依法或常务委员认为应付议决事项。

5. 西南政务委员会于不抵触中央法令范围内,得在其管辖区域内发布命令与单行规则。

6. 西南政务委员会政务会议议决各案,应呈报国民政府察核并分别咨送行政院或监察院备案,其与中央各部发生权限争议时,得呈由国民政府解决。

1933年2月7日,西南政务委员会设立专任筹划西南各省陆海一切国防设备事宜的西南国防委员会(由西南各省最高军政长官中之1-2人共同组成)于广州。2月16日,设立对外贸易委员会,谋求西南各省对外贸易之发展。11月25日,设立研究、讨论国际及外交问题的外交讨论委员会。12月18日,设立掌理西南各省行政诉讼事务、独立行使审判权的西南行政裁判委员会。

西南政务委员会委员一直为唐绍仪等27人,常务委员一直为唐绍仪、萧佛成、邓泽如、李宗仁、陈济棠5人。

1936年5月12日,胡汉民因脑溢血病逝,西南政务委员会与两广实力派失去重心,蒋介石趁机发动"六一"事变,以金钱、官位收买粤军第一军军长余汉谋暨粤方空军,7月13日在南京召开的五届二中全会上,唐绍仪为首的31人提出"请明令撤销西南执行部及西南政务委员会,其在西南指导党务、政务之同志,均集中中央共同负责"之议案,获全会议决通过,李宗仁、白崇禧、陈济棠、余汉谋被列名为国防会议会员,余汉谋被任为广东"绥靖"主任,负责整理全省军事,李宗仁、白崇禧被任为广西"绥靖"正、副主任,林云陔被任为广东省政府主席,黄旭初被任为广西省政府主席。自1931年12月31日依中国国民党四全大会决议设立的国民政府西南政务委员会终告结束。

国民政府接收东北各地事宜委员会

1931年11月9日，国民政府曾公布有《接收东北各地事宜委员会组织规程》，规定该委员会承国民政府之命，商订接收被日军占领各地之细目并办理各该地区之接收及善后事宜。委员7人，由国民政府简派，指定其中1人为委员长综理会务，内设政务、外事、治安、交通4处，分掌接收各地之民政、金融、实业等事项，各国所派代表之接洽、商订接收撤退区域各事之细目及关于上列各事之对外接洽事项，军队、宪兵、警察之调派与监督及接收地方治安事项，铁路、公路、电信、电话及其他一切交通事项。各处各置处长1人，由国民政府派充，并在委员中选任。置秘书长1人，由国民政府派充，受委员长之指挥，掌理会内行政事项及委员长交办事项。置参议襄赞会务，亦由国民政府派充。还规定该委员会于必要时，得聘请中外专家为专门委员，襄理或设计各种事宜。规程规定："关于国际联合会决议案所指定各事件之进行，由委员长邀请各国政府所派代表观察"并为其提供一切方便。"应随时制成接收记录，送交各国政府所派代表参考"。"该委员会于接收各地机关后，应即呈请国民政府派定负责人员，恢复行政机关及地方秩序"。"该委员会于必要时，可在接收各区域依法宣布戒严"等。随着"国联"对日本侵略我国东北调查的草草收场，该规程所定各项不过一纸空文而已。

国民政府冀察政务委员会

1935年6月□日-7月□日，《秦土协定》、《何梅协定》先后签订与达成，河北、察哈尔两省主权大部丧失。8月26日、29日，国民政府军事委员会北平分会、国民政府行政院驻平政务整理委员会在日军压力下先后撤销。9月□日-11月□日，日本侵略军唆使下的华北5省（冀、晋、鲁、察、绥）"自治运动"甚嚣尘上。国民党政府迫于日方要求，令设冀察政务委员会处理冀察2省与平、津2市政务，委员会成员虽由国民党政府任命，但却得由日军"推荐"。这样，冀察政务委员会实际上就成了在日军枪口威胁之下、按日方要求行事而保持名义上隶属于国民党政府、不同于其他行使行省制的特殊的、并有频繁与日方进行外交接触权的半独立性质的机构。

12月11日，国民党政府任命宋哲元为委员长，宋哲元、万福麟、王揖唐、刘哲、李廷玉、贾德耀、胡毓坤、高凌霨、王克敏、萧振瀛、秦德纯、张自忠、程克、周作民、门致中、石敬亭、冷家骥为委员。1936年7月24日，增任汤尔和、曹汝霖、戈定远、刘汝明、李思浩5人为委员。1937年4月2日，任冯治安、邓哲熙、章士钊取代被免职的李廷玉、王克敏、冷家骥为委员。

1935年12月18日，冀察政务委员会正式成立。

1937年7月7日，"卢沟桥事变"爆发后，日本大举侵华，平、津2市迅即陷敌，冀察政务委员会于8月14日消亡于日本全面侵华战火之中。

国民政府国史馆筹备委员会——国民政府国史馆——中华民国总统府国史馆

1939年1月□日，五届五中全会原则通过张继、邹鲁等提出之"成立档案总库及国史馆案"，11月17日，五届六中全会通过《拟请改称党史编纂委员会会名为国史编纂委员会以符合实际案》决议。12月26日，国民政府决定设立国史馆筹备委员会。

1940年2月1日，以张继为主任委员，以邹鲁等6人为委员，以朱希祖为总干事、但焘为副总干事，正式成立了国史馆筹备委员会，负责国史馆成立前之组织与史料征集工作，兼负国立档案总库筹设之责。会内设第一组掌国史体例之设计与规划事项、史料整理方法之研讨与决定事项、国史馆法规之撰拟与起草事项及史料之采访事项。设第二组掌文书、会计、庶务及其他不属于第一组之事项。设顾问6人，掌理第一组设计、采访、编辑各项重要稿件之审议及主任委员嘱托之其他事项。设档案管理委员会处理各机关移交保存或委托保管档案之接收、登记、管理、借阅各事项。设档案审查委员会负责审查各机关送来之拟销毁档案中有无应予保存之史料和需用参考史料，负责各国家机关移送档案中之史料进行分类与编制目录。4月□日，增设会计室。

1941年□月□日，增设助理干事4人及征集专员1人。

1943年2月□日，增设人事室。

1944年2月□日，改"顾问"为"编审"。

1946年秋，国史馆筹备委员会由重庆迁至南京，于11月23日结束。同年12月18日，国民政府任命张继为国史馆馆长。

1947年1月13日，国民政府任命但焘为国史馆副馆长。1月20日，国史馆正式成立，直隶于国民政府，掌理国史撰修事宜。国史馆于正、副馆长之下，置纂修20－25人专司削笔与撰述，协修25－30人专司撰述，助修15－20人专司撰述与缀集，由正副馆长兼正副总纂，综理纂修各事宜。馆内置主任秘书1人，承正副馆长之命主办机要、签注各处室文稿、审核工作计划与报告、筹办会议及馆内外联系等，并置秘书3人。设史料处（下分档案、图书2科）、征校处（下分时政、实录、征集、校对4科）、总务处（下分文牍、庶务2科）、会计室、人事室、史料审查委员会、国史体例商榷委员会。

1948年5月20日，"行宪"开始后，国史馆改由中华民国总统府直隶。

国民党政府时期的行都与陪都

"行都"与"陪都"，皆国民党政府统治时期之特定专有名词。1932年1月28日，日本军国主义者又在上海挑起"一·二八"淞沪战事，直接威胁国民党政府首都南京的安全，为应付"暴日凭陵、国难日亟"之非常情形，国民党政府制订了一系列应急措施，确定"行都"与"陪都"地点，以备万一首都陷敌而中央政府无处容纳，即为诸项措施中的一项。3月5日，四届二中全会通过《确定行都与陪都地点案》，议决："一、以长安为陪都，定名为西京。二、以洛阳为行都。三、关于陪都之筹备事宜，应组织筹备委员会，交政治会议决定。"5月3日，国民政府公布《西京筹备委员会组织条例》。6月13日，"敦聘"张继为委员长、居正等19人为委员，成立了"西京筹备委员会"。1933年9月21日聘邵力子为委员，同年10月15日，委员黄吉寰殁。1935年3月25日，委员石青阳殁。1938年3月8日，委员李仪祉殁。直至1945年3月裁撤，将业务移交陕西省政府接办，西京并未真正建成为"陪都"。

1937年10月29日，蒋介石在国防最高会议报告《国民政府迁都重庆与抗战前途》。11月20日，国民党政府发表迁都重庆公告。1940年9月6日正式决定以重庆为陪都，直至1946年5月5日国民党政府"还都南京"，重庆一直据有着陪都名义。

1948年1月9日，国民党政府国务会议在蒋介石主持下通过议案，定北平为"陪都"。

国民政府行政院

1928年6月3日，胡汉民、孙科旅欧途中于巴黎致电中国国民党中央执行委员会，首先提出建立五院的政治主张。8月11日，二届五中全会通过《训政时期之立法、行政、司法、考试、监察五院应逐渐实施》决议案。10月8日，国民政府依二届中执会政治会议第172次会议决议公布《中华民国国民政府组织法》，规定：

1. 国民政府以行政院、立法院、司法院、考试院、监察院五院组成。

2. 行政院为国民政府最高行政机关，对于主管事项，得提出议案于立法院。

3. 行政院设正、副院长各1人，由国民政府委员担任，院长因事故不能执行职务时，由副院长代理。

4. 行政院设各部分掌行政各职权，特定行政事宜，设委员会掌理；行政各部设部长、政务次长、常任次长（1930年11月17日三届四中全会决议改称为"常务次长"）各1人，掌理和襄助处理部务并监督、指挥所属职员，各委员会设正、副委员长各1人，掌理和襄助处理会务并监督、指挥所属机关与职员。部长、政务次长、常任次长、委员长、副委员长，均由行政院院长提请国民政府任命。部长、委员长于必要时得列席国务会议与立法院会议。

5. 行政院会议由行政院正、副院长及所属各部部长与各委员会委员长组成，并以行政院院长为会议主席。

6. 行政院提出立法院之法律案、预算案、大赦案、宣战案、媾和案、条约案、其他国际事项案以及全国荐任以上官吏任免案、行政院各部与各委员会间不能解决之事项案、其他依法律或行政院院长认为应付院会议决事项案，得经行政院会议议决。

7. 行政院所属各部与各委员会依据法律得发布命令。

10月20日，国民政府公布《行政院组织法》，规定：

1. 行政院以内政、外交、军政、财政、农矿、工商、教育、交通、铁道、卫生10部及建设、蒙藏、侨务、劳工、禁烟5委员会组成，经国务会议及立法院之议决，得增置或裁并各部、各委员会及其他机关。

2. 行政院院长指挥院务及所属各机关，行政院内设秘书、政务2处，秘书处置秘书长1人，政务处置处长1人，均简任。秘书处置秘书6－10人（内4人简任，余荐任）、科员10－20人（委任），分科办事。政务处置参事4－6人（内4人简任，余荐任）、科员8－16人（委任），分科办事。

3. 秘书长、政务处长均得列席行政院会议。

1931年6月14日，《中华民国国民政府组织法》修正公布，改定："行政院会议"为"国务会议"。12月26日，四届一中全会通过《修正国民政府组织法案》，取消"国务会议"之名，恢复"行政会议"原称。

1938年1月1日，国民政府行政机构大调整，行政院若干部、会移归国民政府军事委员会辖属。

1943年9月10日，五届十一中全会通过《修正国民政府组织法案》决议，规定"国民政府主席因故不能视事时，由行政院院长代理之"。

国民政府行政院存在期间，其所设机构变动情形略如下述：

1. 军事行政机构之变动：

（1）海军部从成立到撤销：1929年4月12日，国民政府特任杨树庄为海军部部长，任命陈绍宽为该部政务次长并代理部长职务，将军政部辖下之原海军署撤销，成立了海军部。1930年2月4日，国民政府公布《海军部组织法》。1938年1月1日，海军部撤销，其原经管事项改归军事委员会海军总司令部掌理。

（2）军政部改由行政院与军事委员会双重领导：1932年2月6日，国民政府军事委员会再度设立,军政部由行政院与军事委员会共同领导。1946年5月31日,军事委员会、军政部均裁撤,其各原掌理事项由新设之行政院国防部接办。

(3) 兵役部从成立到撤销:1944年10月25日,国民政府公布《兵役部组织法》。10月26日,特任鹿钟麟为兵役部部长。11月15日,任命秦德纯、徐思平为该部政务次长、常务次长。12月□日,正式撤销军政部兵役署,成立了兵役部。1945年10月23日,兵役部裁撤,其原掌之兵役事宜仍由军政部设兵役署掌理。

2. 社会与救济行政机构之变动:

(1) 赈务委员会之成立、更名与裁撤:1930年5月27日,行政院将内政部主管之赈济行政划出,成立赈务委员会专理其事。1936年11月5日,国民政府公布《振务委员会组织条例》。自此以始,行政院赈务委员会易名为行政院振务委员会。1938年4月23日,振务委员会更名为"振济委员会"。1945年1月20日,行政院为执行联合国善后救济总署"在中国区域所负之任务",决定设立善后救济总署,同时将振济委员会裁撤,其原管之赈济业务归并由该总署统一办理。

(2) 社会部移隶,原内政部民政司部分职权及原经济部属之全国合作事业管理局改由该部行使与辖属:1940年10月24日,原归中央执行委员会辖属之社会部移隶于行政院辖属。行政院将原内政部民政司掌理之社会福利事务划归社会部,由该部设社会福利司专理其事,又将原经济部属下之全国合作事业管理局改归社会部辖属。

(3) 善后救济总署从成立至结束:1944年12月18日,国防最高委员会决议设立,始名"救济善后督办总署",旋更名为"善后救济总署",1945年1月23日正式成立。1947年11月26日,善后救济总署及各分署全部结束,其掌理之善后救济业务由行政院善后事业委员会接办,其掌理之赈济业务移归社会部办理。

3. 工商、农林行政机构之变动:

(1) 实业部从成立到改组为经济部:1930年12月4日,工商部、农矿部合并为实业部。1938年1月1日,实业部改组为经济部。

(2) 农林部成立:1940年3月15日,行政院将经济部管理之农林业务划出,成立农林部专事管理。

(3) 水利委员会之成立:1941年7月22日,行政院将经济部管理之水利业务划出,成立水利委员会专事管理。

(4) 资源委员会之升格:1946年10月24日,经济部属下之资源委员会改由行政院直隶。

4. 经济建设行政机构之变动:

(1) 建设委员会之改隶与归并入经济部:1930年12月4日,行政院建设委员会(1928年2月18日成立之建设委员会原隶于国民政府之下,同年10月25日改隶于行政院)仍改由国民政府直隶。1938年1月1日,国民政府令"建设委员会……并入经济部"。

(2) 全国经济委员会之改隶及水利部分归并入经济部:1931年9月26日,行政院成立全国经济委员会。1933年9月23日,全国经济委员会改由国民政府直隶。1938年1月1日,国民党政府进行党政军机构大调整,将全国经济委员会之水利部分归并入经济部。

(3) 业务范围庞大的经济部成立:1938年1月1日,国民党政府进行党政军机构大调整,将原行政院实业部改组为经济部,并将原军事委员会所设之第三部、第四部、资源委员会、对外贸易委员会、农产调整委员会与原国民政府属下之建设委员会、全国经济委员会之水利部分及原行政院财政部属下之粮食运销局,均归并入经济部。

（4）军事委员会水陆运输联合办事处与全国经济委员会公路部分归并入交通部：1938年1月1日，国民党政府进行党政军机构大调整，原军事委员会属下之水陆运输联合办事处与原全国经济委员会掌理之公路建设事宜，一概归并由行政院交通部掌理。

（5）行政院全国经济委员会之复设：1947年4月17日，国民党政府改组（即实行所谓"多党合作制"）之后，行政院恢复设立了全国经济委员会。

5. 卫生行政机构之变动：

1930年12月15日，行政院卫生部改设为卫生署并改由内政部辖属。1935年6月28日，内政部卫生署改归行政院直辖，成为院辖署。1938年6月4日，行政院卫生署再改为内政部辖属署。1940年6月20日，内政部卫生署复改归行政院直辖。1947年4月23日，行政院卫生署改设为行政院卫生部。

6. 司法行政机构之变动：

1931年12月16日，原属司法院之司法行政部改隶于行政院之下。1934年10月10日，司法行政部改归司法院辖属。1943年1月1日，司法行政部再被改隶于行政院之下。

7. 交通行政机构之变动：

1938年1月1日，铁道部并入交通部，原由全国经济委员会主办之公路建设事项和原军事委员会属下之水陆运输联合办事处主管事项，均并入交通部设路政司和公路运输总局分别主管。

8. 粮食与土地行政机构之变动：

（1）全国粮食管理局之增设与其之改设为部：1940年7月30日，行政院增设全国粮食管理局。1941年5月20日，全国粮食管理局改设为粮食部，掌理全国粮食行政。

（2）地政署之增设与其之改设为部：1942年6月22日，行政院依五届九中全会关于《设置地政署案》决议，增设地政署掌理全国土地行政，并将内政部之地政司与地价申报处撤销，其原经管业务统归地政署掌理。1947年6月22日地政署改设为地政部。1949年3月21日再缩编为地政署并改由内政部辖属。

9. 行政院内设机构之变动：

（1）会计处之增设：1940年□月□日起，行政院依主计制度之要求，增设会计处。

（2）人事室之增设：1942年10月□日，行政院依《人事管理条例》之规定，增设人事室。

10. 行政院还设立过下列各直辖机构：

（1）1930年12月4日-1937年□月□日之整理内外债委员会。（2）1931年4月□日-1947年12月15日之管理中英庚款董事会，后改称为"中英文教基金会董事会"。（3）1933年4月13日-1936年1月9日之农村复兴委员会。（4）1933年5月4日-1935年8月29日之驻平政务整理委员会。（5）1933年7月21日-1934年8月14日之华北战区救济委员会。（6）1935年7月31日-1945年□月□日之中央救灾准备金保管委员会。（7）1935年12月18日-1937年8月14日之冀察政务委员会。（8）1938年10月1日-1945年10月1日之中央图书杂志审查委员会（其中1938年10月1日-1940年7月□日，该会受五届中执会宣传部、国民政府军事委员会政治部、行政院内政部与教育部共同领导，1946年7月□日以后，改由行政院直辖）。（9）1940年10月19日-1943年4月22日之重庆陪都建设计划委员会。（10）1941年8月12日-1943年12月3日之外汇管理委员会（1943年12月3日后改归财政部辖属）。（11）1944年11月16日-1946年1月□日之战时生产局。（12）1946年6月22日-1947年5月26日之最高经济委员会。（13）1947年5月26日-1948年8月17

日之全国经济委员会。(14) 1946 年 10 月 21 日－〈1949 年 5 月□日之"绥靖区"政务委员会〉。(15) 1948 年 8 月 2 日－〈1949 年 9 月□日〉之西北军政长官公署。(16) 1949 年 4 月 14 日－〈1949 年 12 月 27 日〉之华中军政长官公署。(17) 1949 年 4 月 14 日－〈1949 年 12 月 27 日之西南军政长官公署〉。(18) 1947 年 7 月□日－1948 年 1 月□日之美援运用委员会。(19) 1947 年 11 月□日－1948 年 6 月□日之处理美国救济物资委员会。(20) 1946 年 3 月□日－1948 年 4 月□日之物资供应局（后改称"物资供应委员会"）。(21) 1928 年 6 月 18 日－1949 年 1 月□日之国立北平故宫博物院。

自 1928 年 10 月 8 日－1948 年 5 月 25 日，先后担任过行政院院长的有：谭延闿、宋子文（代理）、蒋介石、陈铭枢（代理）、孙科、汪精卫、王宠惠（代理）、孔祥熙、张群 9 人。先后担任过行政院副院长的有：冯玉祥、宋子文、陈铭枢、孔祥熙、翁文灏、王云五 6 人。先后担任过行政院秘书长的有：吕苾筹、郑洪年、曾仲鸣、褚民谊、翁文灏、魏道明、蒋廷黻（代理）、陈仪、张厉生、蒋梦麟、甘乃光 11 人。先后担任过行政院副秘书长的有：朱忠道、浦薛凤 2 人。

国民政府行政院院长之职权与产生

国民政府行政院院长有下列各项职权：1. 综理行政院院务并监督所属机关。2. 主持行政院会议，议决行政院重大事项。3. 副署国民政府主席（1948 年 5 月 20 日以后为中华民国总统）公布之法律、命令、令。4. 国民政府主席（1947 年 4 月 23 日后增副主席）因事故不能视事时，行政院院长得代理其职务（1948 年 5 月 20 日实行总统制以后，则改为"总统、副总统均不能视事或总统任期届满而次任总统尚未选出或虽已选出但尚未就职时，行政院院长得代行总统职权，唯其期限不得超过三个月"）。5. 提请国民政府主席依法任命行政院各部部长、政务次长、常务次长和各委员会委员长、副委员长、委员（1948 年 5 月 20 日，实行总统制后，改为"提请总统任命行政院副院长、各部会长和不管部会之政务委员"）。6. 参与总统召集之五院院长会议、会商解决院际之争执。7. 向立法院提出施政方针、施政报告及答复立法委员在立法会议中之质询，并对立法院决议之法律案、预算案、条约案认为窒碍难行或不同意立法院对重要政策变更之决议，得经总统之核可，移请立法院复议。8. 参加司法院院长召集之五院院长委员会会商解决自治法施行中之窒碍难行事项。

依 1928 年 10 月 8 日国民政府公布之《中华民国国民政府组织法》之规定，行政院正副院长与其他 4 院正副院长一样，均由国民政府委员兼任。依 1931 年 6 月 14 日三届一中全会修正之《中华民国国民政府组织法》之规定，行政院正副院长与其他 4 院正副院长一样，均改为"以国民政府主席之提请，由国民政府依法任免之"。同年 12 月 25 日，四届一中全会决议行政国民政府主席虚权制，行政院正副院长与其他 4 院正副院长一样，改为"由中央执行委员会选任之"。1943 年 9 月 10 日，五届十一中全会决议恢复实行国民政府主席实权制，行政院正副院长与其他 4 院正副院长一样，改作"由国民政府主席于国民政府委员中提请中国国民党中央执行委员会选任"并对国民政府主席负责。1947 年 1 月 1 日国民政府公布之《中华民国宪法》规定：行政院院长由总统提名、经立法院同意任命之；在立法院休会期间，行政院院长若有辞职或出缺，则由副院长代理其职务，但总统须于 40 日内咨请立法院召集会议、提出行政院院长人选征求同意，在总统所提行政院院长人选未经立法院同意前，由行政院副院长暂行代理。

国民政府行政院秘书长

1928年10月20日，国民政府公布之《行政院组织法》规定：行政院内设秘书处与政务处，秘书处置秘书长1人（简任）、秘书6-10人（内4人简任，余荐任）、科员10-20人（委任），掌理如下各事项：1. 文书收发、编制及保管事项。2. 文书分配事项。3. 文件之撰拟、翻译事项。4. 本院委任职员任免事项。5. 典守印信事项。6. 会计、庶务事项。7. 其他不属于政务处之事项。

1936年5月12日，国民政府修正公布之《行政院组织法》规定：行政院秘书处置秘书长1人（特任）、秘书10-16人（内10人简任、余荐任）、科长4-7人（荐任）、科员20-25人（委任），掌理事项同前。又规定：行政院为审核、撰拟各项文件，由秘书长及政务处长呈请院长指派简任秘书、参事分组办事。行政院秘书长及政务处长得列席行政院会议。

1945年12月24日起，行政院增设简任副秘书长1人。

国民政府行政院秘书处——中华民国总统府行政院秘书处

1928年10月20日，国民政府公布之《行政院组织法》内规定：行政院内设秘书处，在秘书长指挥之下，分3科与编译、公报2室掌理下列各事项：1. 文书之收发、分配、编制、保管事项。2. 撰拟、翻译本院各种行政法规、决议案及对外发表文件事项。3. 编译各国行政法规事项。4. 本院职员任免、迁调之登记事项。5. 典守印信事项。6. 会计、庶务及其他不属于政务处主管事项。7. 编辑与发行行政院公报事项。

1936年5月12日，秘书处下设总务、文牍、招待、机要4组理事：1. 总务组下分3科掌理文书之收发、分配、缮校、保管事项，本院职员任免、迁调登录事项，典守印信、指挥会计主任办理款项出纳及庶务事项。2. 文牍组掌理撰拟函牍、文电事项。3. 招待组掌理来宾招待事项。4. 机要组掌理机要文电撰拟与翻译、收发及保管明密码电报事项。

1941年9月□日，招待组裁撤。

1942年5月□日，增设文书组，掌理原属总务组掌理之文书、档案事项，而将原设之文牍组撤销；又增设人事组，掌理人事与学术会议事项。6月□日，增设会计处、统计室。

1943年5月□日，人事组改设为人事室。

1947年4月23日，行政院改组，撤销了政务处，行政院内设秘书处、会计处、统计室、人事室。秘书处除秘书长外，增设副秘书长1人、参事6-10人，秘书10-16人，分8组16科理事：1. 第一组分3科及医务室，办理庶务、出纳、交际、医务各事项。2. 第二组分2科及档案室，办理文书、会议、档案各事项。3. 第三组设1科及编印、技术2室，办理电报收发与翻译及保管、电码本编印与配发、各级机关电务与密码之审核、研究、督导、改进各事项。4. 第四组设2科掌理内政、地政、卫生、国防、边疆、教育、宣传各事项之文件。5. 第五组设2科掌理交通、水利、粮食、农林各事项之文件。6. 第六组设2科掌理财政、金融、经济、救济、社会合作各事项之文件。7. 第七组设2科，掌理外交、侨务、敌伪产业物资处理、司法诉讼各事项之文件。8. 第8组设1科及编译、资料、图书3室，掌理各部、会及各省、市行政计划与工作报告、编译法令规章与重要情报、保管资料与图书各事项。

1948年5月20日"行宪"后的中华民国总统府行政院置秘书长1人，特任，承院长之命处理行政院事务并指挥、监督所属职员，置副秘书长1人，简任，襄助秘书长处理行政院事务。秘书长、副秘书长之下设秘书处，执掌行政院会议记录事项，文书收发、撰拟、分配、编制及保管事项，典守印信事项，出纳与庶务事项。

国民政府行政院政务处

1928年10月20日，国民政府公布《行政院组织法》，规定行政院内设政务处，置处长1人（简任），参事4-6人（简任），处下分3科，掌理：1. 行政院会议议程安排与议事记录事项。2. 保管中国国民党中央执行委员会与中执会政治会议及国务会议记录文件事项。3. 提出于国务会议之议案或国务会议发交行政院议决之事项。4. 提出于立法院之议案与法规或立法院咨送行政院之事项。5. 撰拟不属秘书处主管各事项之命令。

1930年6月□日，政务处增加办理行政院及所属机构诉愿案件事项。

1936年7月□日，政务处设议事、编译2组理事：1. 议事组掌理布置会场、记录议案、通知开会、编制与印发及保存行政院会议议事日程与议事录。2. 编译组掌理编辑各种法令、翻译各国法规、编译国内外政治与经济及外交等各种情报事宜。

1947年4月23日，行政院改组，撤销了政务处。

国民政府行政院会议（国务会议）

1928年10月3日，二届中执会常务委员会第172次会议通过政治会议议决之《中华民国国民政府组织法》（即"五院制中华民国国民政府组织法"）第二章内规定："行政院会议，由行政院院长、副院长及各部部长、各委员会委员长组织之，以行政院院长为主席"，"左列事项应经行政院会议议决：一、提出于立法院之法律案。二、提出于立法院之预算案。三、提出于立法院之大赦案。四、提出于立法院之宣战案、媾和案及其他重要国际事项【案】。五、荐任以上行政官吏之任免。六、行政院各部及各委员会不能解决之事项。七、其他依法或行政院院长认为应付行政院会议议决事项"。

1929年3月5日，国民政府公布《行政院会议规则》，规定：1. 行政院院长因故不能出席行政院会议时，由副院长代理主席。2. 行政院会议有应出席人员过半数之出席方得开议。3. 会议出席人员中途因故退席，须得主席之许可。4. 行政院秘书长与政务处长得列席行政院会议。5. 行政院各部部长、各委员会委员长因故不能出席行政院会议，得先期以书面报告院长并派各部政务次长、各委员会副委员长代表列席。6. 列席行政院会议人员只有发言权。

1930年11月18日，三届四中全会"推选国民政府主席蒋中正同志兼行政院院长"。与此相应，《中华民国国民政府组织法》作了以下修改：1. 将原本由国民政府主席、国民政府委员组成之国务会议改称为"国民政府会议"，专以议决院与院间不能解决之事项为唯一职权。2. 将原由行政院正副院长、各部部长及各委员会委员长组成之行政院会议改称为"国务会议"，将原行政院会议组成人员改称为"国务会议"组成人员，将原行政院会议议决事项内容改称为"国务会议议决事项"。

1931年12月26日，经四届一中全会修改的《中华民国国民政府组织法》，虽然取消了以"行政院会议"改称为"国务会议"和以"行政院会议议决事项"改作为"国务会议议决事项"的资格，恢复了"行政院会议"的原名称和原职权范围，但"国务会议"一词亦由此消失。

国民政府行政院会议之提案和临时提案

1936年9月18日，国民政府修正公布《行政院会议规则》规定：各种提案必须构成议题并声述理由以书面提出，并于开会前送院、编入议事日程、交由会议按顺序讨论。在报告事项后而未讨论议案前，或一案议决后而其他议案未开议前，或依照议事日程议毕而未经宣告散会前，遇有紧急事件，虽未列入议事日程或虽列入而顺序在后者，可以书面作为临时提案，提前讨论或列入讨论议题。临时议案应否付议或列入下期会议议事日程，由行政院会议主席决定。

国民政府行政院会议议案之复议

1936年9月18日，国民政府修正公布《行政院会议规则》，规定：行政院会议按编定之议事日程讨论各议案后，有请求复议者，须以书面并有1/3以上之会议出席者附议，方可提出，并只以一次为限。

国民政府行政院物资供应委员会

1946年3月□日，行政院成立物资供应委员会掌理对日本赔偿物资、美国援华（售华）"剩余"物资、善后救济物资、与各国易货所得物资、向国外借款所购物资及政府在国内订购物资供应之审核、调整及分配事宜，并对驻在国外之物资供应机构有指挥、监督之权。物资供应委员会设主席1人，由行政院院长兼任；以国防、交通、粮食、农林、经济、卫生、水利7部部长、资源委员会副委员长、行政院秘书处副秘书长、中央银行总裁、物资供应局局长共11人兼任为委员；置秘书长1人，辅佐主席处理会务。会内设物资供应局，掌理物资需要之汇编与整理及物资之取得、分配、保管、运输等事项，其局长由物资供应委员会秘书长兼任，综理局务，副局长1人，辅助局长处理局务；局内设秘书、需要、分配、储转、料账5处。

1947年4月□日，物资供应委员会改行主任委员制，置正、副主任委员各1人，主任委员综理会务，副主任委员协助主任委员处理会务，主任委员由财政部部长兼任，副主任委员由国防部副部长兼任，委员由工商、交通、农林、水利、卫生5部和资源委员会、行政院秘书处各派副首长1人及中央银行总裁与物资供应局局长9人兼任。

物资供应委员会附设有驻美中国物资供应委员会，掌理在美洽订贷款并自办一切器材之购运事宜。

1948年4月□日，还成立有各地仓库存品检查整理委员会。6月30日，该物资供应委员会奉令结束。

国民政府行政院美援运用委员会

1947年7月□日，国民政府行政院成立美援运用委员会，掌理：1. 编拟运用美援计划事项。2. 美援物资订购、接收、保管、分配事项。3. 美援物资出售价款及资金保管、运用事项。4. 运用美援之报告、统计、宣传、考核事项。5. 与美国代表团之联络事项。6. 其他有关事项。

美援运用委员会置主任委员1人，由行政院院长兼任，置副主任委员1人、委员7人，由行政院院长聘任，由1名委员专负与美方代表联系之责。置正、副秘书长各1人，承正、副主任委员之命处理会内事务并指挥、监督所属职员，置参事、秘书各若干人，分任会内各规定事宜。委员会内设秘书、物资、财务、技术、计核5处，分别掌理：1. 文书、议事、庶务、出纳与不属其他各处事项。2. 物资之收购、储运、分配事项。3. 资金之保管、运用事项。4. 技术与计划之审议、编拟事项。5. 报告、宣传、考核事项。委员会还设有会计处、人事室及粮食、肥料、棉花、石油4专门委员会。委员会视工作需要，得向有关机关商调适当人员兼任各项职务，并得在业务中心地点设立办事处，在业务需要地区设立办事分处。其工作应分别性质，向各主管部、会

111

长官协商办理，美援运用办法决定后，分别送由各主管机关依照执行并按期提出报告。

1948年1月□日，美援运用委员会结束。

国民政府行政院战时生产局

1944年11月16日，综理战时生产事务之最高机关——国民政府行政院战时生产局成立于重庆，隶于行政院，同时受军事委员会之指挥、监督。置局长1人，由行政院经济部部长翁文灏兼任，综理局务，置副局长1人（由美国人纳尔逊担任），辅佐局长处理局务。置秘书若干人，协助局长接洽、调查各处公务并筹划促进战时生产办法及其他事项。置参事若干人，负责有关法律事件之咨询、审议、诉愿、处理及本局章则之编拟、审核各事项。并以美国人孔莱·杰克逊为顾问。

战时生产局内设审议、中美联合生产、技术、需要及生产优先、运输优先、战时生产财务6个委员会：

1. 审议委员会以局长兼任主席，由副局长兼任秘书长，以外交、财政、经济、交通4部部长及本局局长为当然委员，并另聘3人为委员，负责备局咨询和向局提供建议。

2. 中美联合生产委员会负责加强中美两国战时生产密切合作。

3. 技术委员会由中外技术专家组成，负责获取有关战时生产技术问题之妥善意见。

4. 需要及优先生产委员会置主席1人，由战时生产局局长兼任，置秘书1人，由优先处处长兼任，掌理：（1）审定军用及主要民用器材之生产计划与优先次序。（2）查明各种短缺物资及审定该项物资增加之计划。（3）支配物资或调整支配以制定生产、交货及储料方针与计划。（4）战时生产章则与禁制令之审定。（5）关于工业员工优先支配与军械以外重要器材之进出口、重要器材在国内购储与主要器材设备征用等各项方针、计划之审定。

5. 运输优先委员会以战时生产局局长为主席，由运输处处长兼任秘书，以局长与军政部部长及军事委员会运输管理局局长为常务委员，以各需要运输机关所派之代表1人为委员，掌理国内外军械以外物资内运及出口运输优先分配之审定事项。

6. 战时生产财务委员会以局长为主席，由财务处处长兼任秘书，以财政部及有关银行代表和本局正副局长、需要及生产优先与运输优先2委员会主席暨本局各处处长为委员，掌理：（1）军用和主要民用物资之生产、购储及扩充设备所需资金之审定事项。（2）本局供应前项资金实需数目与范围之审定事项。（3）生产机构借款合约原则之审定事项。

战时生产局设秘书、优先、材料、制造、军用器材、运输、采办、财务、会计9个处，处内再分组掌理规定事项：

1. 秘书处分总务、机要、编纂3组，掌理：（1）本局实施方针之建议、编拟、审核事项。（2）工作进行之考核事项。（3）设置分支机构及其执掌汇总与审议事项。（4）行政、人事方针之审议事项。（5）局令之审议事项。（6）人事记录之登记与保管事项。（7）发布新闻与宣传事项。（8）本局印信与档案之保管事项。（9）经常费之出纳事项。（10）局长交办及不属其他各处事项。

2. 优先处分需要、分配、研究3组（1945年5月□日增设国际总账组），掌理：（1）依需要及生产优先委员会审定之各项生产方案、员工分配方针、计划及优先次序通知局内有关各处与需要机关执行事项。（2）会商拟定支配物资与生产、交货及储料方法并予执行事项。（3）发布有关战时生产之章则与禁止命令事项。（4）规定物资分配、记账、报告制度事项。

3. 材料处分矿冶、煤焦、电力、液体燃料4组，掌理：(1)主要原料及半制品之供应及需要情形之调查事项。(2)增加供应、改良品质及增进效率办法之拟订事项。(3)利用设备维持既定工作程序及对于现有设备与人员作最善利用之督导事项。

4. 制造处分机构、电工、运输器材、纺织4组，掌理：(1)主要制品之供应与需要情形之调查事项。(2)主要制造品之节用事项。(3)增加供应、改良品质、增进效率办法之拟议事项。(4)生产、交货之拟定事项。(5)利用设备维持既定工作程序及对于现有设备与人员最善利用之督导事项。

5. 军用器材处分军用器材供应、军用器材生产2组，掌理：(1)就战时生产、运输与军事机关和外国军事联络代表或在华之外国军事当局联系事项。(2)会同各处提供增加国内军用器材生产最佳方法事项。(3)收集可在国内生产与购办军用器材需要情形之资料及有关军事机关核定之国内外购办军用器材方案之资料事项。(4)军用器材及其他机关所辖工厂实际生产情况与生产方案之经常报告事项。

6. 运输处分分配、运输2组，掌理：(1)依照运输优先委员会决定对于国内有关战时物资生产与物资运输、国外器材内运与国内器材出口运输优先分配之执行或准备执行之与运输机关联系事项。(2)战时运输资料、计划、方案之编拟、呈核事项。(3)供给战时生产机关运输路线、运率、运量事项。

7. 采办处分国内物资、国外物资、民用物资3组，掌理：(1)编造并汇送除制成军械外向国外采办之器材清单事项。(2)依照需要与生产优先委员会之决定，对于重要物资储备方案之拟议与执行，并依此决定签订采办和储备合约及保管有关记录事项。(3)对于储备物资之配发事项。(4)民营工矿事业之辅助、督导事项。

8. 财务处分调度、出纳、账务3组，掌理：(1)战时生产与储备所需资金调度及财务记录之保存事项。(2)依照核定方案拟具并签订借款合约事项。(3)与财政金融机关之联系事项。(4)编拟有关战时生产财务之资料、计划、方案并提出于战时生产财务委员会事项。

9. 会计处掌理：(1)预算编制事项。(2)办理经费、会计事项。(3)编制并保管统计资料事项。

战时生产局还延聘政府有关人员、公私生产机构人员组织了钢铁、制造、液体燃料、煤焦、电力、电工器材6个顾问委员会。

1945年1月□日，战时生产局接管了经济部液体燃料管理委员会、燃料管理处、工矿调整处，并将燃料管理处改名为"煤焦管理处"，将工矿调整处之材料库改为工业器材总库且由战时生产局直辖，将工矿调整处西安、昆明分区办事处改为由局直辖之西北、西南办事处，同时增设中南办事处。3月□日，与军事委员会运输管理局合设驻印度总代表处。4月□日，设立进口日用品购配审议委员会。5月□日，接管行政院驻美中国物资供应委员会。11月□日，战时生产局结束。

1946年1月□日，该局之煤焦管理处、液体燃料管理委员会、工业器材总库及西北、西南、中南3办事处由行政院经济部接管，驻印总代表处由行政院经济部存印物资接收委员会接办，驻美物资供应委员会由行政院物资供应委员会接办。

国民政府行政院新闻局——中华民国总统府新闻局

1947年4月23日，国民党政府改行"多党合作制"，乃将原中执会宣传部属下之国际宣传处改组为国民政府行政院新闻局，并于6月1日正式成立，执掌宣达政令与政绩、阐明国家政策、发布重要新闻诸事项。置局长1人，特派，承行政院院长之命综理局务并指挥、监督所属机关及职员，置副局长2人，简任，襄助局长处理局务。局内设第一、二、三处和秘书、会计、统计、人事4室及设计考核委员会：

1. 第一处分4科掌理：（1）国内新闻采访事项。（2）记者招待、联络、服务事项。（3）政情、政绩之汇集、整理事项。（4）各报记载与言论之研究事项。（5）各省市新闻处业务之指导、考核事项。（6）全国报纸、杂志之调查、登记事项。（7）政令、政绩之宣扬事项。（8）新闻发布事项。（9）广播、电影、戏剧之辅导事项。（10）艺人之联络事项。（11）通俗歌词之编审事项。（12）新闻界之福利事项。

2. 第二处分3科掌理：（1）各种英文刊物与电讯、广播稿件之编撰事项。（2）通译各种英文刊物与电讯、广播事项。（3）外国记者之招待、联络事项。（4）为国外记者代办登记事项。（5）俄文编译事项。（6）摄制新闻图片和电影新闻纪录片事项。

3. 第三处分3科掌理：（1）国际问题之研究与编译事项。（2）国际对华舆论之研究与编译事项。（3）宣扬政绩、政令书刊之编撰事项。（4）资料搜集与保管及供应事项。

4. 秘书室分2科与电讯室掌理：（1）典守印信与文书事项。（2）总务、出纳及员工福利事项。（3）电讯收发事项。

5. 会计室掌理岁计、会计事项。

6. 统计室掌理统计、调查事项。

7. 人事室掌理人事管理事项。

8. 设计考核委员会掌理编拟年度计划草案和考核规章各事项。

7月□日，增设参事室，置参事2人，掌理审核、拟订法规章则事项。

新闻局各处置处长1人，简任，承局长之命综理处务。此外，新闻局还聘用专员、编辑、技术员、摄影员若干人。

新闻局在上海、北平设有办事处，在国外设有纽约（下辖华盛顿、文图勒、芝加哥3个分处）、旧金山、伦敦、巴黎、阿根廷5个办事处（1947年9月□日撤销阿根廷办事处）。12月□日，增设加拿大办事处。

1948年5月20日，中华民国总统府成立，国民政府行政院新闻局亦改称中华民国总统府行政院新闻局。

1947年4月23日，董显光首任新闻局局长，1948年12月12日沈昌焕继任，1949年1月29日，沈被免后未见再有任命。1947年5月5日，曾虚白、邓友德任该局副局长，1949年1月15日被免后亦未见再有任命。

国民政府行政院内政部

1928年10月20日，国民政府公布五院组织法，内政部被列为行政院所设各部、会之首。原3月30日公布之《内政部组织法》略经变动后继续使用，主要规定如下：

1. 内政部管理全国内务行政，对于地方最高级行政长官执行本部主管事务有指示、监督之责，并就主管事务对于各地方最高级行政长官之命令或处分认有违背法令或逾越权限者，得提经国务会议议决后停止或撤销。

2. 内政部置部长1人，特任，综理部务并监督所属职员及各机关；置政务次长、常任次长（1931年2月21日改称"常务次长"）各1人，简任，辅助部长处理部务；置参事4人、司长6人，均简任，置秘书4－6人（内2人简任，余荐任），承长官之命，分掌法定主管事项；置科长18－24人（荐任）、科员72－96人（委任），承长官之命，分掌各科法定事项；置技正6人（内2人简任，余荐任）、技士10人（委任），承长官之命，办理技术事务；置编审8人，荐任，承长官之命，分掌编辑内政图书及审查出版品事务；置视察10－16人（内1人简任，余荐任），承长官之命，分赴各省、市、县考察办理内政一切成绩。因事务上之必要，得酌用雇员。

3. 内政部设总务、民政、统计、土地、警政、礼俗6司，分掌法定各事项，主要包括：（1）民政方面：订定、完成县自治法实施进度及各项自治法规；制定各级地方行政人员之考试、训练、任用、考核、奖惩等法规；制定各省、市区域界划；起草县组织法。（2）警政方面：改组、监督首都警察厅；划一全国各级警察编制并确定其经费；督促各省实行"清乡"，举办户口调查。（3）土地方面：公布土地测量应用尺度章程；调查各省市田租数额和农民生活、生产概况；照土地征收法核定各地收用土地，以促进各种新建设；公布兴办水利、防御水灾奖励条例通行各省、市。（4）礼俗方面：推行国历、废除旧历；厘订服制条例；调查各地名胜古迹、古物；调查各省风俗。

1930年12月15日，增设卫生署。

1935年6月28日，国民政府任命刘瑞恒为行政院卫生署署长，7月1日，内政部卫生署改由行政院直辖。11月22日，统计司改为统计处。

1936年7月□日，土地司改称为"地政司"。

1938年1月1日，卫生署归隶于内政部。1月10日，原隶国民政府军事委员会之禁烟委员会改隶于内政部。

1940年4月17日，内政部卫生署再度改由行政院直辖。

1942年6月□日，地政司改设为"地政署"并归行政院直辖。6月9日，内政部增设户政、营建2司。

1944年1月□日，增设人事处。

1946年7月18日，增设方域司。8月□日，改警政司为"警察总署"。

1947年3月13日，原设之户政司改设为人口局。9月25日，增设会计处。

内政部先后附设有内政专门、诉愿审核、统计考核、著作权审定、首都忠烈祠筹建、地方行政人员审查考核、地图审查、内政法律整理、内政法律编印、统计10个委员会。

内政部先后辖有下列各附属机关：北平古物陈列馆、首都警察厅（1929年10月22日－1949年4月23日）、警官高等学校、中央警官学校、华北水利委员会（1931年5月11日由建设委员会改隶而来，1935年2月22日由内政部华北水利委员会更名为"华北水利委员会"并改归全国经济委员会辖属）、中央古物保管委员会（1935年1月□日由原行政院辖属改隶于内政部）、禁烟委员会（1938年1月10日由原隶国民政府军事委员会改隶而来）、第一与第二警察总队（1943年3月25日－1949年4月23日），警察总署（1946年6月20日－1949年4月23日）、人口局（1947年3月13日－1949年4月23日）。

自1928年10月24日－1948年5月20日，阎锡山、赵戴文（1928年10月24日－12月27日兼代）、杨兆泰、钮永建（1930年3月20日－12月4日代理）、刘尚清、张我华（1931年7月16日－12月30日代理）、李文范、汪精卫（1932年2月1日－5月1日兼署）、冯玉祥、彭学沛、黄绍竑（1932年5月3日－1934年12月7日暂代）、黄郛、甘乃光（1934年12月12日－1935年2月27日暂代）、陶履谦（1935年2月27日－1937年11月20日暂代）、蒋作宾、何键、周钟岳、张厉生18人先后担任过行政院内政部部长；赵丕廉、赵戴文、樊象离、吴铁城、陈群、彭学沛、甘乃光、陶履谦、程天固（1937年11月20日－12月4日暂代）、凌璋、张维翰、唐纵、彭昭贤 13 人先后担任过行政院内政部政务次长，王朝俊、张我华、雷啸岑、罗贡华、傅汝霖、许修直、张道藩、黄季陆、雷殷、王德溥、雷法章、胡次威 12 人先后担任过行政院内政部常务次长。

国民政府行政院内政部首都警察厅

1929 年 10 月 22 日，国民党政府设立首都警察厅，隶于行政院内政部，管辖南京特别市区域内之警察、治安事宜，同时受南京特别市政府之指挥。为执行法律与命令或以法律与命令之委任，于不抵触法令之范围内，可发布单行警察章程；但应呈报内政部核定。对于所属机关、职员所为之处分或命令认为违法或不当时，得变更、停止或撤销之。

首都警察厅置厅长 1 人，简任，由内政部部长遴员提请任命，主持厅务，主管首都公安事务。厅内设训练、督察 2 处和总务、保安、司法 3 科，分掌法定各事项：1. 训练处，置处长 1 人，荐任，承厅长之命综理处务；置训练官 2－4 人，训练员若干人。掌理：（1）警察教育设计事项。（2）警察学课本编审事项。（3）警察操练、检校事项。（4）警察评判、考核事项。2. 督察处，置处长 1 人，荐任，承厅长之命综理处务；置督察若干人。掌理：（1）厅内外勤务事项。（2）各城门稽查事项。（3）临时命令之检查事项。

1937 年 11 月□日，裁撤训练处，增设特务组。

1946 年 6 月□日，增置副厅长 1 人，简任，辅助厅长处理厅务。厅内改设总务、督察、行政警察、刑事警察 4 处与会计、统计、人事、外事 4 室，分掌各法定事项，并在辖区内分设警察局、警察分驻所、警察派出所及警管区，直辖有保安警察总队、清洁总队、特别警备队、刑事警察队、消防总队及其他警卫组织，并得设警察训练所。各处各设处长 1 人，简任，承厅长之命综理处务。

1. 总务处分科掌理：（1）文书处理与档案保管事项。（2）警需经理与经费出纳事项。（3）交通通讯事项。（4）员工福利事项。（5）其他有关总务事项。

2. 督察处处长之下置督察长、督察员、稽查、巡查各若干人，分掌：（1）警察配备、编制事项。（2）勤务规划、督导事项。（3）警纪纠察、警卫戒备事项。（4）水火灾变防护、危险物品管理事项。（5）消防员警训练、消防器材修缮和管理及使用事项。

3. 行政警察处分科掌理：（1）保安与正俗事项。（2）户口调查事项。（3）营业建筑之依法处理事项。（4）交通、卫生、新生活运动之指导事项。（5）其他有关行政警察事项。

4. 刑事警察处分科管理：（1）刑事侦查、罪犯预防事项。（2）违警处理、赃证保管、防卫收解事项。（3）犯罪记录与鉴识事项。（4）游民习艺事项。（5）其他有关刑事警察事项。

国民政府行政院内政部警察总署

1946 年 7 月 11 日，国民党政府一改此前于 1928 年 4 月□日在内政部设警政司主管全国警政事务之传统习惯，声言"为充实中央警政机关以增进全国警政之建设"，裁撤警政司，改设警察总署，隶于行政院内政部之下，免去唐纵内政部政务次长职务而改任警察总署署长（1947 年 7 月 18 日国民政府才发表任命令）。警察总署职掌被规定为：1. 厘订、改进警察制度。2. 设置、裁并警察机关。3. 规划、改进警察勤务。4. 调整警察职权。5. 规划、监督驻卫警察。6. 编组、配备各类警察。7. 警察之教育、训练、督导。8. 考核地方治安行政。9. 整饬、督导、考核各级警保机关。10. 自卫枪支之管理。11. 督导户口调查。12. 出版品之登记及著作权之注册。13. 外侨出入国境之签证。14. 外国使领馆人员之保护。15. 国境及特殊地区警察之设置及其督导与考核。16. 国际警察工作之联系。17. 警察经费、装备、抚恤、福利诸事项。

警察总署之对外公文，以内政部名义行之；但对于各级警察机关及有关警察行政事务，可发署令。

警察总署置署长1人，简任，承内政部部长之命，综理署务。置副署长1-2人，简任，辅助署长处理署务。署内分设秘书、督导、编审、会计、统计、人事6室和第一至第六处，分理各法定事项。

警察总署辖有警察总队、被服厂、修械所、警用电台、医务所。

国民政府行政院内政部禁烟委员会

1938年2月7日，军事委员会委员长解除禁烟总监兼职，禁烟委员会会务由常务委员主管。3月1日，国民政府派许世英等23人为内政部禁烟委员会委员，仍指定甘乃光、李仲公、吕苾筹3人为常务委员，内部设置作了如下调整：

1. 改原设之第一组为第一处，掌理：（1）禁种与禁毒之设计、督促、检查、考核事项。（2）禁种与禁毒经费之筹划、稽核事项。（3）处理烟毒人犯案件之考查事项。（4）没收烟毒人犯财产之处分、支配及稽核事项。（5）各级办理禁烟禁毒人员奖惩之审核事项。（6）戒烟证照之制发、保管事项。（7）文件之收发与保管及缮校事项。（8）庶务、出纳、典守印信事项。

2. 改原设之第二组为第二处，掌理：（1）征集全国禁烟禁毒材料事项。（2）编制禁烟、禁毒统计与国联禁烟会议年报事项。（3）编制禁烟、禁毒之国内外宣传文字与图表事项。（4）国联禁烟会议决议案之通报与提供中国出席代表查询之禁烟禁毒材料事项。（5）公报、合刊之编辑事项。（6）各省、市、县戒烟与戒毒院、所之设置、撤废及强迫戒除之调查、考核事项。

3. 改原设之主任秘书1人为设秘书3人，掌理机要文电、庶务事项。

4. 增设视察员4-6人，掌理分赴各省、市视察与指导禁烟事项。

5. 增设调查员6-8人，掌理常务委员交办之调查事项。

6. 增设会计员1人，办理会计事项。

1943年2月4日，裁撤常务委员，改设正、副主任委员各1人主持会务。5月7日，李仲公被任为禁烟委员会主任委员（1944年8月31日由王德溥兼代，1948年10月9日，王被免，由马亮继任），黄为材被任为该委员会副主任委员（1947年3月25日由马亮继任，1948年10月9日马亮升任主任委员，11月26日由刘学海继任副主任委员）。同日，增设会计、统计2室，各置主任1人，主持办理岁计与会计、统计事项；增设人事管理员1人，助理员2人，办理人事管理事项。

1946年3月11日，增设第三处，掌理：1. 履行国际公约与国际合作禁烟事项。2. 海外华侨禁烟事项。3. 国内外禁烟宣传事项。4. 国际禁烟新闻资料之编译事项。5. 国际禁烟年报之编辑事项。

是年5月5日，国民党政府"复员还都"后，内政部先后设置江苏兼上海、安徽、河北、山东兼青岛、平津、浙江、闽粤、豫晋、鄂赣、西康、四川兼重庆、热察绥、滇黔、东北14个禁烟督导区，各区简派禁烟特派员1人，荐派督导专员3人，掌理各区内之禁烟事宜。

1949年4月□日，内政部禁烟委员会撤销，其原管业务改归警政司（1949年4月初国民党政府南逃广州后，内政部警察总署又改为内政部警政司）掌理。

国民政府行政院外交部

1928年10月8日，国民党政府实行五院制以后，外交部在行政院所设各部、会中所占重要地位一仍如前。12月8日，国民政府重新颁布《外交部组织法》，规定：

1. 外交部管理国际交涉、在外侨民、居留外人及中外商业之一切事务。

2. 外交部对地方最高行政长官执行本部主管事务有指示与监督之责，对地方最高行政长官处理本部主管事务之命令或处分认有违背法令或逾越权限时，得提请行政院院长提经国务会议议决后停止或撤销。

3. 外交部置部长1人，特任，综理部务并监督所属职员及各机关，置政务次长、常任次长各1人，简任，辅助部长处理部务；置秘书4-6人（内2人简任，余荐任）、参事2-4人（简任）、司长5人（简任），分掌各法定事项；置科长（荐任）与科员（委任）各若干人，承长官之命分掌及办理各科事务。

4. 外交部设总务司（原设之总务处，分文书、会计、交际、庶务、编管5科理事）、国际司（原设之第一司，分5科掌理法定各事项）、亚洲司（原设之第二司，分4科掌理法定各事项）、欧美司（原设之第三司，分4科掌理与欧美及澳菲各国事项）、情报司（分5科掌理法定各事项），于必要时置各种委员会，经国务会议及立法院议决，得增置或裁并各司与其他机关。

5. 外交部因事务上之需要，得聘用顾问及专门委员。

1936年2月□日，外交部部内机构调整，设参事厅、秘书处，于原有5司外，增设会计、统计2室，国际司分设国联、通商、侨务、法令、护照、货单签证6科理事；亚洲司设亚一科掌理日本、暹罗2国事项，亚二科掌理苏联、土耳其、阿富汗、伊朗4国事项；研究室掌理该司主管各项法律及边疆问题之研究，以及主管各国之调查事项。欧美司改设欧一科掌理法、意、德、比、瑞士、奥、捷克、拉脱维亚、立陶宛、爱沙尼亚及巴尔干半岛各国事务，欧二科掌理英、荷、西、葡、丹麦、瑞典、芬兰、波兰各国事务，美洲科掌理北美、中美、南美各国事务，法律科掌理本司主管各项法律研究、各国条约之订立与解释及主管各国之调查事项。情报司分国内、日苏、欧美、新闻4科理事。

1939年9月7日，《外交部组织法》修改并于12月施行：1. 裁撤国际司。2. 分亚洲司为亚东司与亚西司，亚东司设3科掌理日本、暹罗等国事务，亚西司设2科掌理苏联、土耳其、伊朗、阿富汗及伊拉克等国事务。3. 分欧美司为欧洲司与美洲司，欧洲司设4科掌理英国、法国、德国、意大利等欧洲及非洲各国事务，美洲司设2科掌理美国、墨西哥及中南美洲各国事务。4. 裁撤条约委员会（1928年2月□日设），增设条约司，设2科掌理关于国际联合会与其他国际组织及国际会议事项，设研究室掌理条约之研究、撰拟、解释、有关条约之法律事项、国际法等之研究。5. 原国际司所掌业务由亚东、亚西、欧洲、美洲4司分别掌理。

1942年□月□日总务司下之典职科裁撤，另设独立之人事室，欧洲司下增设研究室。

1943年5月□日，人事室扩充为人事处（处下设3科）；同年7月10日，增设礼宾司，分4科掌理关于本国驻外及各国驻华使节之征询同意与递交国书事项，各国使领馆之设置与变更及其使领人员之到任与离任，国际间勋章之颁给与收受及其他馈赠事项，关于接待外宾、国际庆吊、护照、签证事项；增设机要室，分3科集中办理外交部内之机要文电事项。

1944年7月14日，会计室扩充为

会计处。

自1928年10月24日－1948年5月20日，国民政府行政院外交部时期，王正廷、施肇基（李锦纶代）、顾维钧、陈友仁、罗文干、汪精卫、张群、王宠惠、宋子文（1941年12月27日－1942年10月30日由蒋介石兼理，1943年3月6日－10月30日由吴国桢代理）、王世杰10人先后出任过部长，朱兆莘、李锦纶、傅秉常、郭泰祺、徐谟、吴国桢、甘乃光、刘师舜8人先后出任过政务次长，唐悦良、张我华、王家桢（1931年7月21日－12月21日由樊光兼代，12月21日－1932年1月6日由金问泗代理）、甘介侯、徐谟、刘崇杰、唐有壬、陈介、曾镕甫、钱泰、胡世泽、刘锴、叶公超13人先后出任过常务次长。

外交部曾自1927年11月□日起，在国内各通商巨埠设立过23个驻各地交涉员（其办公处所名曰"外交部驻某地交涉员公署"）。1929年11月□日，增设过驻辽宁、黑龙江、吉林、四川、迪化5地交涉员。1932年1月8日，增设过驻沪办事处。1933年9月□日，曾将驻各地交涉员裁撤，在新疆、辽宁、吉林、察哈尔设立过外交特派员。1936年5月2日，在北平、广州、重庆、昆明设立过驻冀察、驻粤桂、驻川康、驻云南4特派员（其办事机构名曰"外交部驻某某特派员办事处"〔详见第119页"国民政府行政院外交部特派员办事处"词目〕）。1938年2月□日，增设过驻甘肃特派员。1942年9月□日，增设过驻新疆特派员。抗战胜利后，还曾增设过驻东北、驻台湾、驻平津特派员及驻沪办事处。

在国外，外交部自1928年10月20日起，先后在与国民党政府建立外交关系的各国设有大使馆、公使馆、代办使馆43个，在这些国家之重要城市设有总领事馆、领事馆、副领事馆85个。

外交部曾设有侨务局掌理华侨事宜，1928年9月7日，该局并入侨务委员会。

外交部还先后设有设计考核委员会、驻外使领馆人员资格审查委员会、对日缔结和约审议委员会等。

外交部国内附属机构有：北平档案保管处，各视察专员办事处。

其驻外机构有：各商务委员办事处、各签证货单专员办事处、驻印度专员公署、驻国联全权代表办事处（后为驻联合国代表办事处），远东委员会中国代表团，驻日代表团、驻德联军管制委员会中国军事代表团。

国民政府行政院外交部特派员办事处

1936年5月2日，国民政府行政院公布《外交部特派员办事处暂行规程》，规定：

1. 外交部设驻冀察、粤桂、川康、云南特派员4人，分驻于北平、广州、重庆、昆明，秉承部长之命，办理河北与察哈尔、广东与广西、四川与西康、云南7省之一切交办事务。

2. 特派员为执行职务，得与地方行政或军事长官接洽办理，并应随时呈报外交部核示。

3. 特派员之办事机关称"外交部驻某某（如：冀察）特派员办事处"。

4. 特派员于职务上所关事项，得随时分函地方行政、司法及军事机关办理，并将办理情形呈外交部核夺。

5. 特派员，简任；特派员办事处设秘书1人与科长1-2人（荐任）、科员2-5人（委任），均由外交部派充，各承长官之命办理处内事务，因缮写文件及其他事务需要，得呈请外交部酌派雇员2-4人。

1937年7月29日，北平陷敌，外交部驻冀察特派员办事处亦消失于无形，其余3个特派员办事处则仍存在。

国民政府行政院外交部驻东北特派

员公署

1945年10月□日，国民党政府外交部曾设有"外交部驻东北特派员公署"，始驻长春，继于北平设"临时办事处"，12月□日再迁长春，次年4月□日复迁至北平，7月□日，又迁至沈阳，其任务主要为秉承外交部之命办理对外交涉事项及协助东北地区之政府机关处理对外交涉事项，特派员由国民政府简派，署内设有秘书、专员2室和第1-4科，并得在哈尔滨、沈阳设立分署（后因故未见成立）及在长春设办事处和韩侨事务处。同年底，专员室裁撤。1948年1月□日，增设会计室，撤销长春办事处；同年11月□日，随着国民党政府在东北战场的彻底溃败，外交部东北特派员公署亦告结束。

国民政府行政院外交部驻外国之大使馆与公使馆

国民党政府自1928年10月20日－1948年5月19日计设有驻苏联、英国、美国、比利时、波兰、荷兰、巴西、挪威、加拿大、墨西哥、捷克、秘鲁、法国、土耳其、伊朗、阿根廷、意大利、智利、暹罗（今泰国）、印度、希腊、瑞典、缅甸、玻利维亚24个国家的大使馆；设有驻瑞士、葡萄牙、古巴、巴拿马、哥斯达黎加、澳大利亚、埃及、罗马教廷、委内瑞拉、多明尼加（今多米尼加）、伊拉克、洪都拉斯、萨尔瓦多、阿富汗、菲律宾、丹麦、哥伦比亚、厄瓜多尔、奥地利19个国家的公使馆。

国民党政府派往与其建立外交关系国家之常驻机构，专事掌理与所驻国之间之外交事务的专门机关，通称之为"驻外使馆"。驻外使馆分为大使馆、公使馆、代办使馆三等。大使馆置全权大使1人（特任）、参事1人（简任）、秘书2-3人（荐任）、随员1-2人（荐任）、主事1-3人（委任）。公使馆置全权公使1人（简任）、秘书1-3人（荐任）、随员1-2人（荐任）、主事1-3人（委任）。代办使馆置代办1人（简任）、秘书1-2人（荐任）。

国民政府行政院外交部驻外总领事馆与领事馆及副领事馆

国民党政府在与其建立外交关系各国家之重要城市、商埠设有办理通商交涉、侨民保护等事宜之常驻机构，通称为"驻外领馆"。驻外领馆分为总领事馆、领事馆、副领事馆三等。总领事馆置总领事1人（简任或荐任）、副领事1-2人（荐任）、随习领事1-2人（荐任）、主事1-2人（委任）。领事馆置领事1人（荐任）、随习领事1-2人（荐任）、主事1-2人（委任）。副领事馆置副领事1人（荐任）、随习领事1-2人（荐任）。

截至1948年止，国民党政府计在海参崴、布拉哥（布拉格）、伯力、塔什干、新西北利亚、伦敦、约翰里斯（约翰内斯堡）、加尔各答、惠灵顿、仰光、新加坡、旧金山、纽约、芝加哥、火奴鲁鲁、罗安琪、马尼拉、巴达维亚、巴黎、河内、大溪地、西贡、温哥华、多朗多（多伦多）、汉城（今首尔）、夏湾拿（今哈瓦那）、马拿瓜（马那瓜）、瓜地马拉（危地马拉）、雪梨（悉尼）、曼谷、清迈、宋卡32个城市设有总领事馆；在赤塔、阿拉木图、安集延、宰桑、斜米、利物浦、孟买、千里达（新奥尔良）、京斯敦（金斯顿）、佐治城、哥伦坡（科伦坡）、毛里西斯（毛里求斯）、槟榔屿、吉隆坡、亚庇、格拉斯哥、西雅图、坡特伦、纽阿连、霍斯敦、波士顿、马赛、塔那那利（亚马山大港）、海防（越南海防市）、威廉斯坦、泗水、巨港、棉兰、望加锡、阿姆斯得达姆（阿姆斯特丹）、温尼辟（温尼伯）、罩必古、吉达、亚历山大（塔那那利伟）、伊斯坦堡、美尔钵（墨尔本）、昂维斯、坤甸、柯叻、百榄坡、宿务、纳印、斯图加特、汉堡、金边、古晋、地利、槟港48个城市设有领事馆；在苏瓦、巴拉马利玻、米市加利（墨西加利）、马沙打冷、答巴租腊5地设有副领事馆。

国际联合会中国全权代表办事处

1930年2月□日，国民党政府设立派驻国际联合会全权代表3人，以国际联合会中国全权代表办事处为其办事机构。办事处置处长1人，平时负责处理办事处例行事务，在国际联合会开会期间秉承全权代表之命办理各项事务；处长以下置一等秘书、二等秘书各1人，置三等秘书1-2人，主事2人，各该员之任用资格，与驻外使、领馆人员相同，其任用、升转及待遇，亦比照驻外使、领馆人员各有关规定办理。

国民政府行政院财政部

1928年10月8日，国民政府实行五院制后，财政部一直是行政院重要职能部门之一。12月8日，国民政府公布《财政部组织法》，规定：

1. 财政部管理全国财务行政事宜，对各地方最高行政长官执行本部主管事务有指示、监督之责，对各地方最高行政长官于该部主管事务所为之命令或处分认有违背法令或逾越权限者，得呈由行政院院长提经国务会议议决后予以停止或撤销。

2. 财政部置部长1人，特任，综理部务并监督所属职员与各机关，置政务次长、常任次长各1人，简任，辅助部长处理部务；置秘书8-12人（内2人简任，余荐任）、参事4-6人（简任）、署长2人与司长6人及处长3人（均简任），分掌各法定事项；置科长（荐任）、科员（委任）、技正（荐任）、技士（委任）各若干人，承长官之命分别办理各规定事务。

3. 财政部于各省得设财政特派员，处理各该管区域内国税及中央财政事务。

4. 财政部因事务上之必要，得聘用顾问及专门人员。

5. 财政部设关务署、盐务署、总务司、赋税司、公债司、钱币司、国库司、会计司、烟酒税处、印花税处、煤油特税处，分别掌理各法定事项。

6. 财政部于必要时置各委员会，经国务会议与立法院之议决，得增置或裁并各署、司、处及其他机关。

1928年10月20日，关税处改设为关务署、盐务处改设为盐务署。12月8日，裁撤禁烟处，卷烟煤油特税处改称为卷烟煤油税处，裁撤金融监理局、恢复钱币司原名。12月26日，总务处改设为总务司，烟酒税处与煤油特税处合并改设为卷烟煤油税处。

1929年1月□日，设盐务稽核总所。2月17日，卷烟煤油税处改称卷烟统税处。

1930年1月□日，卷烟统税处改设为统税署。□月□日，印花税处与烟酒税处合并为印花烟酒税处。

1931年1月□日，卷烟统税处改设为统税署，5月□日，盐务署改称为盐政署。

1932年6月4日，印花烟酒税处与统税署合并改组为税务署。7月16日，原卷烟统税处处长程叔度被免。7月28日，原印花烟酒税处处长黄维崧被免。

1934年11月□日，设视察室。

1936年7月14日，《财政部组织法》修正公布：1. 改盐政署为盐政司。2. 改会计司为会计处（设会计长）。3. 烟酒税处、印花税处、卷烟煤油税处合并成立税务署。4. 秘书增为10-14人、科长额定18-20人、科员额定180-220人、助理员额定50-70人、技正额定2-4人、技士额定6-8人，另设视察6-10人，聘用顾问额定2-4人、聘用专门委员额定3-7人，会计处除简任会计长1人外，置统计主任1人与科长4人（均荐任）、科员40-50人与助理员6-10人（均委任），因事务之需要，并得酌用雇用。10月□日，成立所得税事务处。

1937年4月□日，盐政署改设为盐政司，盐务稽核总所改设为盐务总局，综理全国盐税稽征并兼管硝磺事务，局内分设总务、税务、税警、产销、经理5科理事，于长芦、山东、两浙、河东、福建、广东、云南、两淮、松江、四川、西北等产盐区设盐务管理局，于鄂岸、湘岸、西岸、皖岸、晋北、河南、陕西、广西、贵州等销盐区设盐务办事处，抗战期间，先后设有浙区战时食盐接运处、江南盐务特派员办公处、赣南常平盐采运处、汕韶督运办公处、江西战时食盐接运处、西北运输总处等机构。

1938年2月□日，增设物资处。2月□日，国民政府军事委员会禁烟督察处改归财政部辖属，继续办理"特税"事宜。2月□日，国民政府军事委员会贸易调整委员会（1937年10月□日成立，陈光甫为主任委员）改隶财政部，并同时将经济部国际贸易局并入，易名为"财政部贸易委员会"，办理农产品出口贸易事务，会内设总务、会计、进口贸易、出口贸易、技术、外汇、储运7处并附设富华贸易、复兴商业、中国茶叶3公司，统购统销全国丝、猪鬃、桐油、茶叶等出口物资。

1939年10月4日，改国库司为国库署。

1940年1月□日，成立缉私处。3月26日，改所得税事务处为直接税处，办理所得税、遗产税及其他直接税，原税务署掌理之印花税划由直接税处掌理。11月24日，改会计处统计室为统计处，置统计长1人（简任）掌理处务。

1941年4月8日，增设田赋筹备委员会。4月□日，禁烟督察处"奉令结束"。

1942年1月29日，增设人事司。4月1日，改赋税司为地方财政司。5月1日，设中国火柴专卖公司、烟类专卖局、食糖专卖局。5月10日，改田赋筹备委员会为田赋管理委员会。6月9日，改缉私处为缉私署（戴笠任署长）。7月□日，增设专卖事业司。7月□日，设专卖事业设计委员会。7月□日，盐政司与盐务总局合并改组为盐政局。□月□日，实施盐专卖，局内改设为总务、场产、运销、财务、人事、硝磺、技术、会计、统计、视察、联运11个处分科理事。

1943年2月2日，经济部农本局归由财政部接管并改组为花纱布管制局（4月27日，《农本局组织规程》废止）。3月21日，改直接税处为直接税署，改人事司为人事处。4月□日，增设战时货运管理局（戴笠任局长）。8月□日，缉私署署长戴笠被免，由宣铁吾继任。

1944年4月1日，改直接税处为直接税署。8月□日，改专卖事业司为专卖事业管理局。

1945年1月19日，撤销烟类专卖局。1月23日，裁撤缉私署。1月□日，裁撤专卖事业管理局。2月1日，盐政司与盐务总局合并，改设为盐政局。3月15日，裁撤田赋管理委员会（其业务划归粮食部田赋署掌理）。10月30日，贸易委员会"奉令结束"。12月□日，裁撤花纱布管制局。12月□日，盐政局更名为盐政总局。

1948年4月24日，盐政总局改称盐务总局。7月21日，直接税署与税务署合并改设为国税署。

1949年4月21日，粮食部裁撤，其经管之全部业务改由财政部设田粮署接办。

自1928年10月20日-1948年5月20日，宋子文、黄汉梁（1931年12月30日-1932年1月30日署理）、孔祥熙、俞鸿钧4人先后任财政部部长；张寿镛、吴尚鹰、林康侯、邹琳、徐堪、俞鸿钧、鲁佩璋、徐柏园8人先后任政务次长；李调生、林康侯、贾士毅、秦汾、徐堪、郭秉义（1941年6月5日-1944年12月20日由顾翊群代理，1944年12月20日-1946年7月11日由李傥代理）6人先后任常务次长（1931年1月31日前称"常任次长"）。

财政部自1927年4月18日-1949年4月23日期间先后设立有下列各附属机构：

1. 国定税则委员会（1927年4月□日设立，结束时日不详）。

2. 整理内外债委员会（1927年5月□日设立，结束时日不详）。

3. 财政整理会（1927年8月□日-1934年2月□日改称财政整理委员会-1943年1月□日改称财政研究委员会-1949年〈6月□日撤销〉）。

4. 财政特派员公署（1927年10月□日设置于各省，处理各省区内中央财政事宜，结束时日不详）。

5. 驻沪核销债券处（1928年10月□日-□年□月□日改称财政部公债司核销债券处，1945年11月□日撤销）。

6. 会计委员会（1930年□月□日-1932年1月□日）。

7. 币制研究委员会（1930年11月16日-1941年11月□日改称金融研究委员会，1944年7月□日并入财政研究委员会）。

8. 税务整理研究委员会（1930年12月□日-1936年□月□日）。

9. 国债基金管理委员会（1932年□月□日-□年□月□日）。

10. 金融顾问委员会（1935年1月□日-□年□月□日）。

11. 发行准备管理委员会（1935年11月4日-1942年10月□日撤销，其业务交由中央银行接办）。

12. 工作成绩考核委员会（1939年5月□日-1943年3月□日改组为设计考核委员会）。

13. 货物评价委员会（1941年10月□日-□年□月□日）。

14. 整理省公债委员会（1941年10月□日-1943年12月□日结束，其未了事宜由公债司接办）。

15. 全国财政人员训练所（1940年5月□日-1945年春撤销）。

16. 公债筹募委员会（1942年5月□日-1945年春撤销）。

17. 银行监理官办公处（1942年7月□日-1945年3月□日撤销）。

18. 外汇管理委员会（1943年11月□日-1945年4月□日裁撤）。

19. 储蓄存款保证准备管理委员会（1943年□月□日-1945年春撤销）。

20. 清理省市库收支委员会（1943年□月□日-1945年春撤销）。

21. 各区财政金融特派员办公处（1945年8月□日-1946年春撤销）。

22. 特种考试税务人员考试委员会（1946年1月□日-□年□月□日）。

23. 清理伪中央储备银行总处（1946年2月□日-1947年6月□日裁撤）。

24. 清理敌伪金融机构督导委员会（1946年6月□日-1948年6月□日裁撤）。

25. 津、沪、汉、穗4金融管理局（1947年12月□日-1949年〈5月〉结束）。

26. 督导委员会（1948年10月□日-□年□月□日）。

27. 北平印刷局（1928年□月□日接管原北平印刷官局并改称-□年□月□日）。

28. 中央造纸厂（1941年12月1日-1949年4月23日）。

29. 中央印制厂（1941年□月□日原财政部部属重庆印刷局交由中央信托局办理并改称重庆印刷厂，以印制钞券、债券为主，兼营其他，1945年3月

1日改为中央印制厂,1946年□月□日结束)。

国民政府行政院财政部关务署

关务署乃国民政府行政院财政部分管海关、常关关税事务之专设机构。1927年8月5日,国民政府任命程天固为财政部关税处处长,10月20日,裁撤关税处,改设"关务署",傅秉常被任为首任关务署署长(1928年1月28日由张福运、1932年10月13日由沈叔玉、1935年6月6日由郑莱、1944年9月7日由李悺、1948年10月23日由张福运先后继任)。国民政府公布有《财政部关务署组织法》,规定:关务署承财政部之命,掌理全国关务行政。

具体言之,"全国关务行政"之内涵如下:1.关税之赋课及征收。2.关税之管理与监督。3.关税制度之改革与推行。4.关税税率之改订与减免。5.禁止货品进出口。6.调查各国关税成规。7.海关、常关及各税卡之指挥、监督。8.解释关税法令。

关务署将下列各事项规定为"重要事项",应呈由财政部部长核定并以财政部名义行之:1.呈报国民政府及会商各部事项。2.对于总税务司有所指示应用训令及因其呈请而有所指挥之指令事项。3.变更关税政策事项。4.任免关监督及本署职员事项。5.本署及各关、局之预算、计算事项。以下事项被规定为"次要事项",应呈财政部部长核定而以本署名义行之:1.变更关税制度事项。2.对外问题而无成案可援事项。此外之事项可由署长核定施行。

1936年7月14日国民政府公布之《财政部组织法》第6条规定关务署掌理下列事项:1.关于关税政策之规划与关税税则之审定及施行之监督事项。2.关于关务法规之拟订、审核、解释及施行之监督事项。3.关于条约上有关税则及通商等事项。4.关于倾销货物之防止及征税事项。5.关于进出口货物免税、减税及退税案件之审核事项。6.关于设置关卡、施行禁令及防止漏税事项。7.关于关税税款收支之稽核事项。8.关于税则争议及关税呈诉案件之处理事项。9.关于关员任免、迁调、训练及考绩之监督事项。10.关于所属机关营造工程之监督事项。11.关于关务之其他事项。

1943年3月□日,关务署掌理事项被改订为:1.关税制度之规划及关税税则之审订事项。2.关务规章之拟定、审核、解释及施行之监督事项。3.关税税款收支之审核、造报事项。4.进出口货物免税、减税及退税之审核事项。5.设置关卡及取缔私运、漏税事项。6.海关缉获私运违章案件及没收充公货物之监督、处理事项。7.海关营造工程监督事项。8.税则争议、罚则异议及关务呈诉案件之处理事项。9.所属关务人员之监督、考核事项。10.关务之其他事项。

关务署置署长1人,简任,承财政部部长之命,综理署务,监督全署职员、总税务司、全国各海关与常关及内地各关税局长官和职员,1942年7月□日,增设副署长1人,简任,辅助署长处理署务;置秘书2人,承长官之命掌理署内机要事务;置编译4人,分掌关税、法制、图书、文件之编译事项;置视察4人,分赴各关考察关务成绩及查办临时发生之案件。署内于署长之下设总务、关政、税务、税则4科:

1.总务科掌理:(1)公文收发、分配、案卷保管事项。(2)典守印信事项。(3)人事管理事项。(4)经费保管事项。(5)各关、局解款之收存、抵拨、转解等事项。

2.关政科掌理:(1)规划并施行关税政策事项。(2)关税应兴应革之处理事项。(3)各关、局之设立、废止及收税区域之划分事项。(4)各关、局华洋人员任免、升调、奖惩之办理事项。(5) 各项法规、程式之筹拟与颁行事项。(6) 关税上发生之外交、财政问题及关系中央与省或地方各种行政之处理事项。(7) 各关、局财产及码头、关栈一切事宜之承办事项。(8) 各关卫生检查、防疫及各关巡工、理船、灯塔、运船等海政事宜之承办事项。(9) 各关营造、建筑工程之承办事项。(10) 如何杜绝各关弊端之研究事项。

3. 税务科掌理：(1) 考核各关、局税款盈绌事项。(2) 清理关税担保之内外债事项。(3) 审核与汇转各关、局经、临各费之预算与计算事项。(4) 编制与颁布各关、局税票与单照事项。(5) 审核与登记各关、局征收税款及支解、抵拨数目事项。(6) 调查与处分各关、局利弊事项。(7) 编纂各种商情、商务报告事项。(8) 复核各关、局表册、簿据事项。(9) 拟定划一各关、局表册、簿据式样事项。

4. 税则科掌理：(1) 筹拟及编定新税则事项。(2) 研究及考查关税制度及国际贸易情形事项。(3) 规定免税、减税货目事项。(4) 禁止货物进出口和违禁处罚事项。(5) 缉私充公、分配、奖金、出口与出厂奖励事项。

1931 年 7 月，关务署增设计核科，掌理：(1) 考核关税收入事项。(2) 审核以关税担保之债款、赔款事项。(3) 审核关款拨解、存放事项。(4) 审定、复核海关经费事项。(5) 稽核及改革海关册报事项。(6) 编制关税收支统计事项。

1936 年 7 月□日，关务署将上述所设 5 科合并调整为总务、关政、税则 3 科，并增设会计主任 1 人、统计员与助理员若干人，以办理岁计、会计、统计事务。关务署因事实之需要，可商呈财政部部长设立委员会，其委员由署呈请财政部部长聘任或委任。

1942 年 7 月□日，增设技正 1 人、技士若干人，办理海关技术事项。

国民政府行政院财政部各关监督署

1935 年 11 月 19 日，财政部修正公布有《财政部各关监督署暂行组织章程》，规定：

1. 财政部各关置监督 1 员，承财政部部长及关务署署长之命，监督、指挥所属职员办理海关行政事务，并对于税务司行使监督之职权。

2. 各关监督署设总务、稽核 2 科，总务科掌理文牍、庶务、收发、出纳及一切不属他科各事项；稽核科掌理审核各项账目表册及编制统计各事项。

3. 各关监督简任，科长 2 人荐任，科员由各关监督遴请关务署转呈财政部委任。

4. 各关监督署因缮写文件需要，得酌用雇员。

国民政府行政院财政部海关总署

1927 年 10 月 20 日，国民政府财政部改关税处为关务署，掌理全国关务行政，乃训令海关总署由上海移驻南京，时任海关总税务司的英国人易纨士以海关总署上海办事处之名义滞留上海，而在南京设立一个徒有虚名的海关总署以资应付。

1929 年□月□日，财政部关务署与海关总署共同组成"改善关制审查委员会"，规定此后海关除特别情形外，不得再招收、任用洋员，并对海关总署内设机构进行调整，至 1933 年□月□日，海关总署由原设 4 科陆续调整为 10 科：

1. 总务科掌理文稿审核、文件收发、档案保管及庶务各事项。

2. 汉文科掌理印信典守、文稿撰拟和翻译等事项。

3. 秘书科掌理一般文稿撰拟及总税务司临时指派办理事项。

4. 海务科（1928 年□月□日改海政局为海务科）掌理海关缉私与运输船只管理、航行标志设置、水道测量及港口管理各事项。

5. 财务科（1928年2月□日设）掌理税款报解、债款偿付各事项。

6. 审权科（1929年7月□日设）掌理税则、货物之分类与估价、争议之审查、货价之调查各事项。

7. 机要科（1932年□月□日设）掌理机要文稿撰拟、收发及机要文件保管各事项。

8. 稽核科（1932年□月□日原会计科易名）掌理会计、关产、关员储蓄各事项。

9. 典职科（1932年□月□日原铨叙科易名）掌理总署及各关职员之升迁、进退、奖惩各事项。

10. 缉私科（1931年2月□日设）掌理缉私区域规划、缉私设备筹措、缉私案件处理各事项。

以上各科均设税务司、副税务司、帮办，管理各科业务。海务科则设有巡工司和总工程司各1人管理科务。

1934年10月□日，增设巡回视察税务司，掌理对各海关视察、检查事宜。

1936年5月□日，增设海关防止路运走私总稽查处，并在各铁路沿线重要车站设立稽查处，以防堵走私。

1941年12月8日，太平洋战争爆发，海关总署上海办事处为日寇强占，并成立日人控制的"海关总税务司署"。12月26日，国民政府行政院财政部乃在重庆另组海关总署并首次颁布《海关总署组织大纲》，规定：

1. 海关总署承财政部及关务署之命，掌理全国海关征税及内外债基金等事宜。

2. 海关总署设总务、人事、财务、审权、查缉5科分理各事：

总务科掌理：（1）印信典守。（2）文件收发、撰拟、翻译、保管。（3）总署经费收支、公物购运与维护及保管。（4）各口港务。（5）水道测量及航标设置。（6）贸易报告编制及一切统计各事项。

人事科掌理：（1）总署及所属海关各级人员之考绩、升调、奖惩。（2）各人事动态表之审核与编制事项。

财务科掌理：（1）税款及收支与划拨。（2）内外债基金之保管与解拨。（3）各关预决算之审核与编制。（4）各关关产之购置、兴建与移让。（5）关员养老金、储金、恤金之核发各事项。

审权科掌理：（1）各关所估完税价格和所引税率之复核。（2）修订税则之调查研究各事项。

查缉科掌理：（1）缉私案件处理情形之审核。（2）表报之编制。（3）各地走私情形之调查。（4）各关缉私工作之视察各事项。

以上各科均设税务司1人承总税务司之命主管各科事务，总务科税务司并有辅助总税务司处理署内一切事务之责。

1942年9月□日，增设计核科，掌理原财务科所掌之审计、关产、养老金3项事宜，财务科则专掌预算、税债事项。

1943年8月16日，李度继任总税务司，华员丁贵堂任副总税务司，总署内增设秘书室承办机要文件之撰拟及总税务司交办之其他事务，室内置汉文秘书与英文秘书各1人。11月□日，增设复员计划专员，掌理筹划抗战胜利后之海关复关事宜。

1944年9月□日，增设福利科（后改称员工福利委员会），掌理海关员工福利事宜。11月□日，增设视察室，掌理对海关工作之视察、监督事宜；又增设海务科，掌理港口与码头之管理与修建、水道之测量与航标设置事宜；还增设统计科，掌理海关各项统计报表与对外贸易年报之编制事宜。

1945年8月15日，日寇投降，中国抗日战争胜利后，海关总署迁回上海并接收了伪"海关总税务司署"。

1946年1月□日，海关总署上海办

事处正式开始办公。原设重庆之海关总署易名为"海关总署驻渝办事处",旋即裁撤。

复员后的海关总署内设秘书、总务、财务、审权、人事、查缉、计核、统计、海务9科及视察室,〈直至1949年6月25日,我中国人民解放军攻占上海后被人民政府接收〉。

国民政府行政院财政部直接税署

1936年10月□日,财政部将原设之直接税筹备处改称为"所得税事务处",同时于各省筹设所得税办事处。所得税事务处掌理全国各类所得(包括营业所得、酬劳所得、利息所得、租赁所得)税事务,设正、副处长各1人,秘书2人,审议2人,分3科掌理如下各事项:1.第一科掌理所得税之调查、征收、审核、免税、退税、补税事项。2.第二科掌理税款之计算、登账、稽核及一切会计、统计事项。3.第三科掌理所属机关设置、人事调动、考绩、文书收发与保管、典守印信、公报编辑、出纳、庶务各事项。

1940年3月26日,所得税事务处改组为"直接税处",执掌下列各事项:1.全国所得税、遗产税及其他直接税之征收并兼办印花税之征收事项。2.所管各税制度与税率之研究、改进及审订事项。3.所管各税减税、免税及退税案件之处理事项。4.所管各税税收之计算、稽核、登账及造报事项。5.所管各税法规、章则之拟订、审核、解释及纳税争议案件之处理事项。6.所管各税税务之其他事项。同时,将各省所得税办事处改组为各省直接税局。

直接税处置处长1人、秘书2人,分3科理事:

1.第一科掌理:(1)所得税、过分利得税之设计、改进、推行、调查、考核事项。(2)征、免、减、退案件之审核、处理事项。(3)所用书表、簿册之编订事项。

2.第二科掌理:(1)遗产税、印花税税务之设计、改进、推行、调查、考核事项。(2)征、免、减、退案件之审核、处理事项。(3)所用书表、簿册之编订事项。

3.第三科掌理:(1)文件收发、缮校、保管事项。(2)典守印信事项。(3)本处及所属机关职员之监督与考核事项。(4)各种表单、票证、登记簿册之制印、保管事项。(5)出纳与庶务事项。直接税处还设有审核委员会以审核纳税人争议事项。

1944年4月1日,直接税处改组为直接税署,置署长1人,简任,承财政部部长之命综理署务;置副署长1人,简任,辅佐署长处理署务。署内分设6科理事:

1.第一科掌理所得税、过分利得税事宜。

2.第二科掌理遗产税、印花税事宜。

3.第三科掌理营业税事宜。

4.第四科掌理契税事宜。

5.第五科掌理土地税事宜。

6.第六科掌理署内总务各事项。

直接税署还设有秘书、视察、会计、统计、人事5室,办理各室应办之专门事项。还设有审核委员会,负责审核纳税人争议与办理诉愿事宜,其委员5-7人,由署长就本署荐任人员中指定,负责执掌下列各事项:1.直接税制度之规划及税率之审订事项。2.营业税及印花税制度之规划及税率之审订事项。3.主管各税税章之拟订、审核、解释及其施行之监督事项。4.主管各税之征收及税款收解之审核、造报事项。5.主管各税之减税、免税、退税审核事项。6.主管各税税票与单证之印制、保管、签发及稽核事项。7.主管各税漏税之取缔事项。8.主管各税税率争议或税务呈诉案件之处理事项。9.所属税务人员之监督、考核事项。

1946年7月□日,撤销第四、五科,将该2科原掌理之契税事项、土地税事项划归地方财政司办理。

1948年7月21日,直接税署与税务署合并成为财政部国税署。

1944年4月1日-1948年7月21日,高秉坊、李锐、王抚洲先后任直接税署署长。

国民政府行政院财政部税务署

1932年7月14日,国民政府修正公布《财政部组织法》,将烟酒税、印花税、统税合并,成立财政部税务署统一掌理,并将原财政部赋税司之矿税业务改归税务署接办。依《财政部税务署暂行组织章程》之规定,税务署掌理全国统税、印花烟酒税及矿产税等税务规章与税率之拟订、审核、监督施行各事项。

税务署置署长1人,简任,承财政部部长之命,综理署务,置副署长1人,简任,以为署长之辅佐;设秘书室,置主任秘书1人,秘书2-4人,承署长之命办理机要、文牍、综核稿件及交办事项;设总务、主计、卷烟税、棉纱矿产税、麦粉火柴水泥税、印花烟酒税6科及会计、统计2室,分理各事。

1940年□月□日,《财政部组织法》再次修订,规定税务署执掌如下事项:1. 国内各种货物税之管理、征收、计划、改进事项。2. 关税、盐税、直接税、印花税以外所办各税之管理、征收、计划、改进事项。3. 所管各税税率之研究、审定、审核、解释及施行之监督事项。4. 所管各税税务法规之拟订、审核、解释和施行之监督事项。5. 所管各税减税、免税及退税案件之处理事项。6. 征税货物及其凭证之查验、取缔及防止漏税事项。7. 所管各税款之收解、审核及造报事项。8. 所管各税税票、单证之印制、保管、签发及考核事项。9. 所管各税税率争议或税务呈诉案件之处理事项。10. 所管各税税务人员之任免、调迁、考查事项。11. 所管各税税务行政之监督事项。

1942年1月□日起,税务署掌理全国货物出产税、货物出厂税、货物取缔税及不属于关务署、直接税处所征之新办各税,署内改设为7科理事。

1943年3月□日,依修订之《财政部组织法》之规定,税务署执掌事项被改订为:1. 货物税制度之规划与税率之改订事项。2. 主管各税税务规章之拟订、审核、解释及施行之监督事项。3. 主管各税之征收及税款收解之审核、造报事项。4. 主管各税减税、免税、退税之审核事项。5. 主管各税税票、单证之印制、保管、签发及稽核事项。6. 征税货物与凭证之查验及漏税之取缔事项。7. 主管各税完税价格争议或呈诉案件之处理事项。8. 所属税务人员之监督、考核事项。9. 主管货物税之其他事项。

自1932年6月4日起,吴启鼎、张敬愚、关吉玉、姜书阁先后任税务署署长。

1948年7月21日,税务署与直接税署合并改组为"财政部国税署"(张导民任署长)。

国民政府行政院财政部统税署

1929年2月17日,财政部将1928年12月26日成立之卷烟煤油特税处改称为"卷烟煤油税处",1931年1月□日,又将卷烟煤油税处改为"统税署",置署长1人,简任(谢祺被任为署长),承财政部部长之命,综理署务,署长之下分科治事,掌理:1. 监督全国卷烟、麦粉、棉纱、火柴、水泥5种商品税收及其成绩之考核事项。2. 厘订上述5种商品之税率事项。3. 上述5种商品出厂产品之稽核、考查事项。4. 上述5种商品税各项表册之审核及印花之制发事项。

1932年6月4日,统税署与印花烟酒税处合并改组为"财政部税务署"。

国民政府行政院财政部国税署

1948年7月21日，财政部税务署与直接税署合并组成"财政部国税署"，以管理全国除关税、盐税外之所有税务。其职掌为：1. 所管各税税法之拟定、审核、解释事项。2. 税务设计、改进、处理事项。3. 所管各税税款收解、审核及退税或免税案件之处理事项。4. 所管各税之调查、登记事项。5. 各种税务表册及报告之编制事项。

国税署置署长1人，简任，承财政部部长之命综理署务；副署长2人，简任，辅助署长综理署务。署内设2室5处分理各事：

1. 稽核室掌理各税之征解、票照书单之填发与销存、完税货品之产制及其他有关稽核事项。

2. 统计室掌理全署各种统计事项。

3. 人事处掌理全署及所属机关人事管理事项。

4. 会计处掌理全署岁计、会计事项。

5. 第一处掌理所得税、遗产税、印花税、特种营业税之一切税务事项。

6. 第二处掌理货物税、国产烟酒类税、矿税之一切税务事项。

7. 第三处掌理各种税收之行政事项。

此外，还设有视察室及评价委员会（评定货物价格）。

国税署经财政部核准，于各省设有国税管理局，以管理各省之国税税收事宜。

国税署署长一直由张导民担任。

国民政府行政院财政部缉私署

1940年1月□日，财政部成立缉私处办理盐务缉私，原财政部盐务署所辖各缉私局、缉私队均归由缉私处统率、监督、训练、调遣。10月□日，缉私处业务范围扩大为"办理全国缉私事宜"，财政部所属各缉私机关、税警，统由缉私处监督、指挥、训练、调遣。缉私处置正、副处长各1人；置秘书、督察、专员各若干人，分掌综核文稿、督察督导、撰拟章则及一切设计事项。处内分5科治事：

1. 编练科掌理缉私队警之征募、训练、编制、整理、补充各事项。

2. 查缉科掌理缉私队警之调遣、分配及一切查缉事项。

3. 司法科掌理走私案件之审核与处理事项。

4. 经理科掌理缉私队警饷项、粮秣、器械、服装等之制备、发放、点验及预算、计算之造报与审核事项。

5. 总务科掌理典守印信、处理文书、撰拟各种章则、编制卷册与报告、主管所属人员任免与考绩及赏恤、出纳与庶务各事项。

在各省，设有缉私分处或办事处，分掌指定区域之缉私事务。

1942年6月9日，缉私处改设为"财政部缉私署"，戴笠被任为缉私署署长（1943年8月□日由宣铁吾继任），职掌为：掌管缉私团队、拟定缉私章则、搜集缉私情报、调查缉私案件各事宜。

缉私署置署长1人，简任，承财政部部长之命办理全国缉私事宜，置副署长2人，简任，协助署长处理署务。署内分设编练、查缉、侦讯、经理、总务、医务6处及会计、统计、秘书、督察、专员5室理事：

1. 编练处掌理缉私团队之：（1）指挥、调迁、配备、布置事项。（2）编制、整理、训练、校阅事项。（3）补充、考核、登记事项。（4）政训事项。

2. 查缉处掌理：（1）缉私章则与方案之拟订事项。（2）走私情报之搜集、审核、调查事项。（3）走私及缉私团队员兵违法舞弊案件之惩戒与审核事项。（4）缉私案件之指导事项。

3. 侦讯处掌理：（1）缉私团队员兵违法舞弊案件之惩戒与审核事项。（2）

走私案件之侦讯、移送、核示事项。侦讯处还设有待质室与看守所。

4. 经理处掌理缉私团队之：(1) 各项给与之拟订与颁发事项。(2) 经费之筹划、颁发、分配、出纳事项。(3) 粮秣、被服、械弹、器材之经理事项。(4) 军需监查、点放、稽核事项。为办理粮秣、服装、械弹、器材保管事宜，经理处还设有仓库与修械所。

5. 总务处掌理：(1) 印信典守事项。(2) 文书收发、缮校及档案保管事项。(3) 人事异动、考绩、奖惩、叙级、抚恤事项。(4) 电讯设计、配置、管理、监督、联络事项。(5) 庶务、交际、警卫、交通事项。

6. 医务处掌理：(1) 本署及缉私团队之医务事项。(2) 所需药品、器材之购置、分配事项。(3) 缉私团队卫生之改进、考察事项。(4) 医务人员之任用、考核事项。

7. 会计室掌理会计、岁计事项。

8. 统计室掌理统计事项。

9. 秘书室承署长之命掌理机要文牍、综核稿件及交办事项。

10. 督察室置督察长1人，掌理缉私事务之督导、缉私员兵之考勤与训练及案件之交查诸事项。

11. 专员室掌理撰拟、审核法则与规章及设计诸事项。

缉私处改为缉私署以后，原设各省之缉私分处或办事处均改为各省之"缉私处"。

1945年1月□日，行政院决定：所有货物之缉私、检查事宜交由海关掌理，盐场缉私另设场警队隶于盐务机关，专司护场与查缉私盐，将财政部缉私署于1月23日撤销。

国民政府行政院财政部盐务总局

1936年7月14日，国民政府公布之《财政部盐务总局组织法》规定：

1. 盐务总局隶于财政部，承部长之命办理全国盐税征收及其他一切盐务，并监管全国硝磺事务。

2. 盐务总局置总办1人，简派，承财政部部长之命综理局务并指挥、监督所属机关和职员；置会办1人，聘任，辅助总办处理收税放盐事宜；置秘书2人，承长官之命办理机要文件与其他交办事务；置科长5人，由总局遴选合格人员呈请财政部部长核准任用，承长官之命分掌各科事务；置科员100-150人、助理员35-50人，承长官之命办理各科事务；置技正2-3人、技士4-6人，稽核2-3人，承长官之命办理盐务及硝磺之技术事务；置视察2人，调查员2-4人，承长官之命分赴各盐区考察盐务成绩及查办临时发生案件；因缮写文件及其他事务需要，得酌用雇员。

3. 盐务总局内设总务、税务、产销、税警、经理5科分理各事：

总务科掌理：(1) 文件收发、分配、撰拟、缮校及保管事项。(2) 典守印信事项。(3) 本局及所属机关职员任免、迁调及训练事项。(4) 盐务章则之拟订事项。(5) 盐务公报之编辑事项。(6) 现金、票据、证券之出纳及保管事项。

税务科掌理：(1) 税收设计、改进及处理事项。(2) 税务章则与税率拟订、修改事项。(3) 盐税收入预算之拟编事项。(4) 征税之考核与税款之审核及报解事项。(5) 减免税案件之处理事项。(6) 税收所用一切票照、单证之拟订与考核及缴销事项。(7) 硝磺之征税或专卖事项。

产销科掌理：(1) 食盐产销之设计、改进及处理事项。(2) 盐及硝磺产销章则之拟订事项。(3) 制盐许可及产盐、销盐之估计与调节事项。(4) 盐质之鉴定及农、工、渔业用盐变性或变色之指导事项。(5) 仓坨之设置与管理事项。(6) 产盐之收放与盐价之平定事项。(7) 盐副产物之管理与取缔事项。(8) 盐垦整理及划归地方升科事项。(9) 硝磺之统制、产制及改良事项。(10) 盐及硝磺产销所用一切票照、单证之拟订、考核及缴销事项。（11）盐民生计之改良及失业盐民之救济事项。

税警科掌理：（1）各盐场区警务之设计、改进及处理事项。（2）各产盐场区水陆税警之编制、训练、指挥、调遣事项。（3）制盐、放盐及盐副产品之稽查事项。（4）盐场、仓坨及盐务官署之保卫事项。（5）盐斤及硝磺私制、私运之查禁事项。

经理科掌理：（1）营造、修缮各种工程之设计及监督事项。（2）各种物品之购办及供应事项。（3）财产、公物之登记与保管事项。（4）税警服装与械弹之采办、保管及供应事项。（5）盐务所用一切票照、单据之印制、保管及发给事项。

4. 盐务总局还设有会计室和统计室，办理岁计、会计事项和统计事项。置会计主任、统计主任各1人掌理室务，置科员50－65人，分别办理岁计、会计、统计各事务，受总局总办及财政部会计长之监督、指挥；总局所属各机关之岁计、会计、统计事宜，由国民政府主计处设主计人员依法办理之。

5. 盐务总局经财政部部长之核准，于各产盐区域设盐务管理局，办理各该区域内之盐税征收及其他事务。

6. 盐务总局对外公文以财政部名义行之，下列事项可发局令：（1）遵照部令应行转饬事项。（2）依照部令所定办法督率进行事项。（3）曾经呈部核准事项。

7. 盐务总局所设各盐务管理局置正、副局长各1人，局长承总局之命办理各该局事务，指挥、监督所属机关及职员，副局长辅助局长处理收税、放盐事务；置总务、产销、税警3科，各科置科长1人，由总局总办遴选合格人员呈请财政部部长核准任用之，盐务管理局按事务之繁简置科员、视察员、技术员，其人选及名额由总局分别拟定呈请财政部部长核准任用之，必要时并得酌用雇员。

8. 盐务管理局所辖盐场，得由总局划分区域设置盐场公署管理之，盐场公署依下列标准分为四等：（1）年产20万吨以上者为一等。（2）年产10万吨以上者为二等。（3）年产5万吨以上者为三等。（4）年产不满5万吨者为四等。

9. 各盐场公署各置场长1人，办理各该场盐税之征收、盐质之产制与检定及秤放等事宜并指挥税警，场长由盐务总局任免、迁调，并受盐务管理局之指挥、监督；盐场公署置场务员、雇员，其名额及人选由总局核定、任用，但月薪50元以下之人员得由盐务管理局遴选任用并呈报总局核准备案。

10. 盐场公署因事务之需要并经总局核定，得酌设收税或秤放等办事处；税警派出所由各该场长直接指挥并受盐务管理局监督。

11. 盐务总局在就场征税未完成时，经财政部部长核准于不产盐之重要省区暂设临时盐务办事处，由盐务总局直接管辖办理清理存盐及征税、完纳未足额之盐税等事务，但其所用人员员额不得超过盐务管理局员额之半数。

1936年7月14日，盐务署改为盐政司。1937年4月□日，盐务稽核总所改设为盐务总局。

1941年□月□日，增设硝磺总管理处（1946年4月□日裁撤），掌理推进各省硝磺增产事宜，处内分总务、产销、会计3课与技术室，分理各事。

1942年1月□日，实行盐之专卖，盐务总局乃执掌全国盐专卖事宜，并兼管全国硝磺产销事宜。局内改设为总务、财务、场产、运销、人事、视察、硝磺、技术、会计、统计、联运11处，并附设有设计考核委员会和法规编审委员会，其中：

总务处掌理原总务科经管各事项及

税警事项。

场产、运销2处掌理原产销科经管各事项而将产、销分由2处管理。

人事、会计、统计3处掌理各自之专门事项。

财务处掌理：1. 专卖资金之筹拨及专卖成本之审核事项。2. 专卖利益之核算及报解事项。3. 所属各专卖机构财务表报之审核事项。4. 专卖资金利润一切照单、证据之拟定、考核及缴销事项。

视察处掌理：1. 局属各机构工作进度之考察事项。2. 产、运、屯、销各种措施之考查事项。3. 专卖分支机构业务、人事之考查事项。4. 特交案件之调查事项。

硝磺处掌理：1. 硝磺之统制、产制及改良事项。2. 硝磺产销章则之拟订事项。3. 硝磺产销所用一切票照单证之拟订、考核及缴销事项。4. 硝磺私制私运之取缔、查禁事项。

技术处掌理与盐务有关之一切技术及工程事项。

联运处掌理各区间盐斤运输及盐务有关物资之运输事项。

1943年6月□日，盐务总局内缩编为秘书、总务、人事、财务、会计、统计、技术、硝磺总管理8个处。

1945年2月1日，财政部盐政司与盐务总局合并改组为财政部盐政局，12月改称盐政总局。

国民政府行政院财政部盐政局——国民政府行政院财政部盐政总局——国民政府行政院财政部盐务总局

1945年2月1日，财政部盐政局掌理全国盐务行政及相关业务，并兼管硝磺及盐警事宜。盐政局置局长1人，副局长2人，正、副局长职权与前盐务总局总办、会办职权同；置秘书5人，职权同前。局内设总务、财务、运销、会计、硝磺管理、盐警管理6处及人事、统计2室，其中总务、运销、会计3处与人事、统计2室之执掌事项与前盐务总局所设之同名3处2室相同，其财务、硝磺管理、盐警管理3处职掌如下：

财务处掌理：1. 税则、税率之拟订事项。2. 业务资金之筹拨及运用事项。3. 盐斤成本之审核事项。4. 税款之核报事项。5. 所属机关财务之监督、考核事项。6. 税款与资金所用各项单照、凭证之拟订及缴销事项。7. 业务资金、票据、证券之出纳与保管事项。

硝磺管理处掌理：1. 硝磺及硝磺类章则之拟订、审核、解释事项。2. 硝磺及硝磺类之制造、收购、供应、运输、售价管理事项。3. 违章案件之核报事项。4. 硝磺之取缔事项。5. 资金之筹拨、运用、预算与决算编拟及审核事项。6. 硝磺会计制度之拟订、账目之登记与编报事项。7. 所属硝磺会计人员之指挥、监督、考核事项。8. 硝磺统计之编制事项。9. 硝磺及硝磺类原料之调查事项。10. 开发硝磺及制造硝磺类之设计事项。11. 硝磺及硝磺类之检验事项。12. 炼硝之技术改进事项。

盐警管理处掌理：1. 盐警编制之审议事项。2. 盐警人事之管理事项。3. 各区盐警与舰艇之编配、调遣、布防事项。4. 各区之保产、护运、缉私、警卫、护解之处理事项。5. 盐警舰艇勤务考核及军风纪之整饬事项。6. 盐类违章案件之处理事项。7. 官警教练之改进、补充及招募事项。8. 盐警给与及养恤之拟订事项。9. 盐警军需物品之补给、策划、保管事项。10. 盐警营房之购售及管理事项。

同年12月□日起，财政部盐政局改称"财政部盐政总局"，并增设秘书、视察、稽核、技正4室。

1946年4月□日，鉴于硝磺统制之取消，硝磺管理处裁撤。

1947年1月□日，改人事室为"人事处"，撤销稽核、技正2室。

1948年4月24日，改称为"财政

部盐务总局",局内设置与职掌仍旧(1945年2月1日,张绣文任局长,1947年4月4日由缪秋杰继任)。1948年11月22日,由王抚洲继任该局局长。

国民政府行政院财政部专卖事业管理局

1942年3月□日,财政部开始筹划实施专卖事业。5月1日,首先成立烟类专卖局及火柴专卖公司,刘振东被任为烟类专卖局局长,该局先后设有川康、陕西、贵州、湖南、河南、甘肃、云南、苏浙皖、粤桂、闽赣共10个地区专卖局,办理各规定省区烟类专卖事宜。财政部为督导该局业务,特设置烟类专卖局董事会(1944年1月□日改为董监会),置董事长、副董事长各1人,董事7-11人;监察3-5人,秘书1-2人,正、副董事长由财政部部长就董事中指定,董事、监察由财政部指派。董监会负责对局之业务计划、重要规章、预决算、资金筹集、奖金分配、分支机构设置与裁撤及重要职员的任免进行审定。同年7月□日成立专卖事业司,朱偰被任为司长,专卖事业司之职掌为:1. 专卖事业之规划。2. 专卖事业规章之拟订、审核、解释及其施行之监督。3. 专卖事业收入之考核。4. 专卖事业实施区域之核议。5. 专卖事业资金运用之考核。6. 专卖利益之核议。7. 专卖物品产制、收储、运销之改进。8. 专卖物品价格之审核及限制。9. 专卖凭证、票照之审核。10. 专卖事业呈诉案件之处理。11. 所属专卖业务人员之监督与考核。12. 专卖事业之其他事项。司长之下分科理事。在各省区先后设有专卖分支机构。

1944年8月□日,财政部专卖事业司、烟类专卖局、火柴专卖公司合并组成"财政部专卖事业管理局"。1945年1月19日,专卖事业管理局成立,置局长1人(仍由前专卖事业司司长朱偰担任),简派,综理局务并指挥、监督各省区专卖机构及所属机关与职员,置副局长2人,简派,辅助局长处理局务。局长之下设有业务、财务、总务、秘书、会计5处及技术、稽核、督察、统计、人事5室,执掌如下各事项:1. 拟订、审核、实施专卖物品之产制、收储、运销诸计划事项。2. 审核、管理专卖物品生产者之调查、登记事项。3. 管理、改革、增产、收购专卖物品生产原料及核拟其价格事项。4. 管理、改进、收购专卖物品制成品及核拟其价格事项。5. 专卖物品仓库储存、保险及管理办法之拟订事项。6. 专卖物品及原料之运销、供应事项。7. 审核专卖物品销售商之许可登记事项。8. 筹划、支配、调拨专卖事业之资金事项。9. 专卖物品成本之核价事项。10. 核算、报解专卖利益事项。11. 拟议、分配产制运销之贷款事项。12. 印制、核发、登记专卖凭证事项。13. 核拟平衡税事项。14. 研究改进专卖物品及原料之产制技术事项。15. 研究及指导专卖物品及原料产制机器事项。16. 研究及鉴定专卖物品及原料品质事项。

专卖事业管理局先后还设有川康(兼管鄂北)、云南、广西、广东、福建、陕西、甘宁青、苏浙(兼管皖南)、江西、贵州共10个专卖事业局,负责督导办理各该管区域内烟类、火柴专卖业务。

1945年7月□日,行政院决议撤销专卖机构,财政部专卖事业管理局经管各业务(含各地专卖事业局)分别移归财政部和当地税务机关接收办理。

国民政府行政院财政部战时货运管理局

1942年5月□日,财政部设立货运筹备处,负责统一指挥抢运沦陷区物资事宜。1943年4月□日改设为"财政部战时货运管理局",掌理战时敌占区物资之争取与输出入事宜及管制接战区物资向沦陷区之输出入事宜,由军统特务头目戴笠充任局长，承财政部部长之命综理局务，置副局长2人辅助局长处理局务；置秘书3人，办理机要文件、综核稿件等事宜；置技正1人，技士与技佐各若干人，办理有关运输工具和器材方面之技术事宜；置稽查6人，办理货运管理处（站）账目之稽核事宜；置督察6人，监督各地人员以防流弊产生。局内设管制、业务、运输、财务、总务5处及人事、会计2室分理各事：

1. 管制处承办对沦陷区物资输出输入之管制、登记、调查、统计各事宜。

2. 业务处承办抢购物资输出输入之经营与储存事宜。

3. 运输处承办抢购物资及协助商人抢购的运输业务、办理运输工具之管理与租用及调度与修理、运输燃料与器材之收发及保管事宜。

4. 财务处承办业务资金之收支与稽核事宜。

5. 总务处承办文书与电讯及不属于其他各处之各项事宜。

6. 人事室办理局内人员任免、异动、考核、奖惩事宜。

7. 会计室办理岁计、会计各事宜。

1944年5月□日，设甄审委员会办理局公务人员之甄审考核事项；设计考核委员会掌理推行行政三联制以提高工作效率事项。在各重要区域，还设有货运管理处，分管制、营运、会计、总务4科掌理各事项。在各路线、各地区设有货运管理站或代办站。

1943年4月□日起，战时货运管理局局长一直由戴笠担任。

1945年4月□日，财政部货运管理局撤销，其原经管业务归由行政院经济部接办。

国民政府行政院财政部田赋管理委员会

1941年5月10日，国民政府简任关吉玉为财政部田赋管理委员会主任委员，建立起管理全国田赋事宜的专门机构，《财政部田赋管理委员会组织条例》规定之职掌为：1．经征实物制度及机构设置事项。2．实物折征标准事项。3．各省田赋管理经费之核定事项。4．地价税和契税之征收事项。5．田赋及契税税率之修订事项。6．欠赋之清理事项。7．收储制度及机构设置事项。8．仓厫之建筑、修葺及配备事项。9．实物收纳、储存及拨交事项。10．陈报土地事项。11．整理、编造赋册事项。12．科则改订事项。13．公有地产管理事项。

田赋管理委员会置主任委员1人，由国民政府简任，承财政部部长之命综理会务，置委员5-7人，由财政部部长聘任或派充，辅助主任委员处理会务。委员会设总务、稽征、收储、整理4处，分掌各法定事项。置督导员若干人，职司督查征收成绩及办理情形之视导、陈报、催收并调查长官交办各事项。因事务之需要，得设专门委员若干人，由财政部部长就有专门学识及熟悉各省田赋情形者派充。委员会之对外公文以财政部名义行之，但对下列各项可发会令：1．遵照部令应行转饬事项。2．依照部令所定办法督率进行事项。3．曾经呈部核准事项。

1945年3月15日，财政部田赋管理委员会主任委员关吉玉被免去职务，8月7日，财政部田赋管理委员会全部经管事项移由行政院粮食部田赋署执掌而宣告结束。

国民政府行政院财政委员会——国民政府行政院全国财政委员会

1931年11月9日-11日，三届中执会第二次临时全会上，蒋介石提议：鉴于"外交紧急，金融奇紧之时，整理财政之迫切需要，仍应设立财政委员会，其组织大纲参照1929年份颁布原案稍事变通，梗概如下：（1）国民政府为审查国库各项收支、实行财政公开起见，设立财政委员会。(2) 本会设委员长1人，以行政院长充之，委员26-30人，以政府人员及金融界、工商界、经济学者及有经验之专家充之。(3) 本会职权为：①整理财政；②审查军政各费之概算；③稽核公债之发行；④收支数目之考核及公布。(4) 本会每两星期由委员长召集会议一次。(5) 每届会议时，财政部应将前两星期收支款项开单报告本会审查。(6) 本会设秘书处。

蒋介石提议所附财政委员会人选名单如下：(1) 政府人员：蒋中正、林森、于右任、宋子文、何应钦、李煜瀛、邵元冲、张学良、徐永昌、韩复榘。(2) 工商界：荣宗敬、刘鸿生、范旭东、虞和德（洽卿）。(3) 金融界：张公权（嘉璈）、李馥荪（铭）、吴达铨（鼎昌）、周作民。(4) 学者：顾孟馀、胡适、马寅初、朱家骅、杨铨（杏佛）。11月12日，国民政府公布上述任命令。11月25日，增任王孝赉为财政委员会委员；任命范新范为该会秘书处秘书长。

1932年1月12日，财政委员会委员增为35-45人。6月11日，国民政府公布《全国财政委员会组织条例》，规定：

（1）国民政府为促进财政改善、实现财政公开，设立全国财政委员会，隶于行政院。

（2）本会对于行政院办理下列财政事项有审查与建议之职权：①整理财政。②审核收支概算。③审核公债之发行。④稽核报销。⑤公告收支账目。

（3）军费之支出以国防及绥靖地方所需者为限，对于国内战争之一切负担，本会有拒绝之权；前项经本会拒绝之一切负担，行政院不得支付或列入预算。

（4）本会设委员长1人，由行政院院长兼充；常务委员7-9人，由委员互选产生，处理本会日常事务；委员35-40人，由行政院院长就下列各款人员提出均等人数呈请国民政府聘任之：①现任简任职以上之公务员。②金融业代表。③农工商业代表。④有经验之经济学者。⑤财政专家。

（5）本会每月至少由委员长召集开大会一次（必要时得召集临时会议），每次开会时，常务委员应将经办事务报告大会审查决定。

（6）本会设简任秘书长1人、荐任秘书2人、委任干事3-5人，并得酌用雇员。

该会何时裁撤，暂未详，待查。

中央银行、中国银行、交通银行、中国农民银行联合办事总处（简称"四联总处"）

1937年8月□日，中国全面抗战开始后，财政部为集中全国金融力量以应付非常局面，决定成立"中央银行、中国银行、交通银行、中国农民银行联合办事总处"（简称"四联总处"）于上海，并在各重要都市筹设分处。11月□日，因战事关系，四联总处迁汉口。1938年10月20日，武汉陷敌后，再迁往重庆。其间，其组织甚简，仅系四家银行联系业务之机构，设有政策、业务、考核、事务四组。

1939年9月□日，四联总处改组，被赋予办理全国战时金融、经济政策有关各特种业务之特权，其职责被规定为：1. 全国金融网之设计、分布事宜。2. 四行券料之调剂事宜。3. 资金之集中与运用事宜。4. 四行发行准备之审核事宜。5. 受托小额币券之发行与领用事宜。6. 四行联合贴放之审核事宜。7. 内地及口岸汇款之审核事宜。8. 外汇申请之审核事宜。9. 战时物资之调剂及特种事业之联合投资事宜。10. 收兑生金银之管理事宜。11. 推行储蓄及四行联合应办之其他事宜。12. 四行预决算之复核事宜。

四联总处以理事会为最高权力机关，理事会由中央银行正副总裁、中国银行与交通银行董事长与总经理、中国农民银行理事长与总经理及财政、经济2部部长组成，置主席1人，由国民政府特派，综揽处务；置常务理事3人，亦由国民政府特派，襄助主席执行处务。财政部授权理事会主席在非常时期内对四行"可为便宜之措施并代行其职权"。1939年9月8日，国民政府特派蒋介石为四联总处理事会主席，特派孔祥熙、宋子文、钱永铭为常务理事。理事会下设秘书处和战时金融、战时经济2委员会。秘书处置正、副秘书长各1人，由理事会主席任命，秘书处主管理事会日常事宜，处内分文书、统计2科理事：文书科掌理文牍、会议、会计、人事、庶务事项；统计科掌理各项业务之统计事项。不久，又增设稽核科，掌理各行、局及分处、支处业务与预算开支和人事之稽核事项。此外，还设有视察、专员各若干人，负责视察各地经济状况及办理指定事项。

战时金融委员会由理事会主席于理事中指定若干人组成，会内分5处理事：

1. 发行处掌理四行发行准备之审核、券料之调剂、小额币券之支配各事项。

2. 贴放处掌理四行联合承做之押汇、透支各事项。

3. 汇兑处掌理四行内地与口岸汇款之调度、外汇申请之审核各事项。

4. 特种储蓄处掌理特种储蓄之推行事项。

5. 收兑金银处掌理收兑金银事项。

此外，还设有与上列5处对应之设计、审核委员会。

战时经济委员会亦由理事会主席于理事中指定若干人组成，会内分3处理事：1. 特种投资处掌理四行联合投资战时特种生产事项。2. 物资处掌理物资之调剂事项。3. 平市处掌理物资之平价事项。

1939年11月□日，中央信托局与交通部邮政储金汇业局相继加入四联总处，该两局之业务亦同受四联总处之督导。

1940年1月□日，战时金融委员会增设农业金融处掌理农业贷款事项，与之相对应，还设有农业金融设计、审核2委员会。7月□日，又成立全国节约建国劝储委员会，并于各省成立分会、支会与劝储团。

1942年5月□日，四联总处组织章程修订，其职掌被规定为：1. 全国金融网之设计、分布。2. 各行、局人员之训练、考核、调整。3. 各行、局开支之审核与预决算之复核。4. 法币发行之调度与发行准备之审核。5. 各行、局吸收存款与推行储蓄之指导、考核。6. 各行、局投资与放款及农贷之审核与考查。7. 各行、局汇款之审核。8. 协助财政部管理一般金融事项。9. 其他与战时金融有关事项。

四联总处组织亦作了调整：1. 理事会增设副主席1人，襄助主席主持一切，取消常务理事之设，增交通、粮食2部部长为理事会理事。2. 战时金融、战时经济2委员会合并为"战时金融经济委员会"，由理事会正副主席指派四行重要职员与专家26人组成，原2委员会所设各处均予撤销，改于战时金融经济委员会内设储蓄、放款、农贷、汇兑、土地金融、特种金融6个小组委员会，负分别召集各行、局会商审查有关案件之责。3. 理事会增设"划一各行局会计稽核制度设计委员会"、"划一各行局人事制度设计委员会"、"中央合作金库筹备委员会"、"原料购办委员会"。4. 秘书处下增设发行、储蓄、放款、农贷、汇兑5科，分别办理各委员会议决案之执行事项。

1942年6月4日，时任行政院副院长的孔祥熙出任"四联总处"副主席，孔祥熙、俞鸿钧等16人被任为理事（1945年6月1日，宋子文出任副主席，1947年5月12日，张群出任副主席，16名理事均未有变动）。

1943年9月□日，成立会计长办公处，处内分3科办理原秘书处会计、统计、稽核3科经办各事项。

1944年2月□日，改秘书处发行科为"购料科"，改购办委员会为"原料物资购办委员会"，分总务、业务、会计3科理事。7月□日，改秘书处汇兑科为"考核科"，于战时金融经济委员会下设放款小组与放款考核2委员会。8月□日，秘书处购料科并入原料物资购办委员会。

1945年9月□日，将秘书处原设8科合并为总务、业务、统计3科；将战时金融经济委员会各小组委员会合并为放款、特种业务、普通业务3个小组；撤销全国节约建国劝储委员会及其各省市之分、支会。

1946年7月□日，增设农贷小组委员会和盐贷审核委员会。8月□日，增设首都地方业务小组委员会。11月□日，中央合作金库成立，其业务也由四联总处督导。12月□日，增设生产事业贷款临时审核委员会；是月底，增派国民政府主计处主计长与行政院资源委员会委员长及善后救济总署署长3人为四联总处理事会理事。

四联总处于国内凡设有四银行中3家以上分、支行之重要城市设置分、支处，各分、支处由四代表各1-2人组成委员会，并互推其中一人为主任委员，分设文书、业务、会计、调查、农贷、储蓄6组理事。1944年10月□日撤销所设各组，缩改为秘书、会计各1人及办事员1-3人。

1948年10月底，四联总处及其各分、支处撤销。

国民政府行政院军政部

1928年10月8日，国民政府颁布五院组织法，规定于行政院下设立军政部。10月20日，国民政府颁布《行政院组织法》，规定行政院下设10部5委员会为职能部门。其中，军政部列内政、外交2部之后而位于海军部之前，排序第三。10月24日，特任冯玉祥为军政部首任部长。10月31日，任命张群为政务次长、鹿钟麟为常任次长。11月6日，任命雷飚为参事、虞书典为总务厅厅长，任命曹浩森、项雄霄为陆军署正、副署长，任命童翼、蒋绍昌、陈韬、邱炜、郝子华为陆军署军衡、军务、军械、交通、军医5司司长，任命熊斌、俞飞鹏、张群（兼）为航空、军需、兵工3署署长。11月13日，任命马晓军为主任参事，周煜坤等6人为参事。任命贾玉璋、徐庭瑶、张静愚为军需、兵工、航空3署副署长。11月13日，任命蒋仲川为军需署总务处处长。11月19日，任命徐惟烈为陆军署军法司司长，任命邱鸿钧、徐潛镕、李炎光、杜之英为军需署营造、储备、审核、会计4司司长。11月21日，国民政府公布《军政部条例》，规定：

1. 军政部直隶于国民政府行政院，掌理全国陆海空军行政事宜，对于各省区最高行政机关执行与军政有关联之事务有监督、指导之权。

2. 军政部置部长1人，上将，特任，由国民政府行政院院长提请国民政府（国民政府主席）任免（依法任免），综理部务并监督所属各厅、署、处一切行政事宜，对下列各事项负责：（1）军事行政政策之规划与推进事项。（2）军事行政事宜之筹议及其建设之考核事项。（3）军政部施政方针及工作计划之决定事项。（4）军政部编制经费预算之扼要提示事项。（5）军政部所立法规拟订、修正、废止和解释之核定事项。(6) 军政部机构设置、变更、裁撤之决定事项。(7) 军政部所属人员任免、考核、奖惩之决定事项。(8) 军政部各单位工作之监督、指导、考核事项。(9) 变更军政部重要案件处置方法之决定事项。(10) 重要会议之主持、参加事项。(11) 军政部向行政院会议或军事委员会会议所提议案之提示与决定事项。(12) 其他有关政务之处理事项。

军政部部长作为行政院会议组成员和军事委员会当然委员,参与行政院和军事委员会对重大行政事项和重要军事事项之讨论与决定;对于各省区最高级行政长官执行本部主管事务之命令或处分认有违背法令或逾越权限时,得列举事实、理由,呈由国民政府停止或撤销之。

军政部置次长2人:政务次长,中将,简任,由行政院院长提请国民政府主席依法任免(1928年10月□日置次长2人,至1931年2月20日该2次长被改称"政务次长"和"常任次长",1931年2月21日起,常任次长被改称为"常务次长",一直沿用未再变更),会同常务次长协助军政部部长处理部务,并对下列各事项负责:(1) 政务拟议、筹划与推进事项。(2) 政绩之综合、考核事项。(3) 政务之考察、督导与评判事项。(4) 重要计划方案及报告之审核事项。(5) 重要会议之进行及筹议事项。(6) 随时提请部长注意之重要事项。(7) 部长交办事项。常务次长,中将,简任,由行政院院长提请国民政府主席依法任免,会同政务次长协助军政部部长处理部务,并对下列各事项负责:(1) 下属人员工作分配之指导事项。(2) 审核下层不能决定之文件事项。(3) 军政部全部文件之督催事项。(4) 军政部部内纪律之整饬及部内各部门间联系之协调事项。(5) 军政部中层官员任免、奖惩之拟议事项。(6) 军事行政法规、计划、方案及报告之审核事项。(7) 经费之处理事项。(8) 随时提请部长注意之重要事项。(9) 部长交办事项。置参事若干人,承部长、次长之命,拟订关于本部主管之法令、条规及办理其他临时交办事项。所设各署、处各设署长、处长1人分掌各该署、处事务,各署各设副署长1人辅助署长处理署务。置秘书若干人,承部长、次长之命分任机要文件及撰拟、传译事项。

3. 军政部设总务厅,置厅长1人,承部长、次长之命,掌理收发与审核及保管文件,管理部内人事与组织编制及会计和统计、典守印信与公布部令及刊行公报、管理军纪风纪与警卫及典礼和交际、庶务与其他不属于各署(处)主管各事项。

设陆军署掌理陆军行政事宜,署内分设总务处与军衡、军务、军械、交通、军医、军法6司并辖有陆军军医学校、陆军兽医学校、陆军卫生材料厂、残废军人教养院、陆军器材工厂。

设海军署掌理海军行政事宜,署内分设总务处与军衡、军务、舰械、教育、海政5司并辖有陆战队,各地海军造船厂、飞机工厂、各地海军学校、海道测量局、海岸巡防处。

设航空署掌理全国航空事宜,署内分设文书、管理、军务、航务、教育、机械6科并辖有航空大队、航空学校、航空工厂、航空医院、航空掩护队。

设军需署掌理陆海空军军需一切事宜,署内分设总务处与会计、审核、储备、营造4司(1934年5月2日,会计与审核2司合并改组为财务司)并辖有军需学校、军用粮秣厂、军用布呢厂、军用皮革厂(后军用布呢厂与军用皮革厂合并为"军用制呢制革厂")、军需仓库、营房建筑工程处、各地区军需局。

设兵工署掌理兵器、弹药制造及有关兵工之一切建设事宜,署内分设总务、设计、检验、监查4科并辖有兵工研究委员会、兵工材料购办委员会、各兵工厂、各兵工材料局（厂）、各硝磺局（后改隶财政部）。

设审查处（分设2科，但未成立）。

4. 军政部因事务上之必要，得设立各种委员会，其委员由军政部部长聘任或指派。

1929年4月12日，海军署裁撤，成立行政院海军部。

1933年10月□日，兵工署所设各科改设为司，署内分设秘书处与资源、行政、技术3司及管理科。

1934年1月15日，航空署改隶于国民政府军事委员会并定于当年11月交接完毕。

经过上述变动，军政部实际上变成了仅仅掌理陆军行政事宜的机构。

1934年3月6日，军政部增设会计处。5月2日，军需署会计、审核2司合组为"财务司"。

1935年4月□日，兵工署资源司与国民政府参谋本部国防设计委员会合并改组为"国民政府军事委员会资源委员会"。

1937年5月18日，军政部增设兵役司。9月6日，增设马政司；裁撤陆军署，将其所属之军务、交通、军法3司改由军政部直隶，其军械司改归兵工署辖属，其军医司扩大为军医署，掌理军医行政事宜，署内分设第1-3处与视察室，各置处长与室主任1人掌理处务与室务。

1938年4月□日，军政部增设城塞局（由原参谋本部城塞组扩组改隶而来），局内分设设计科与总务、工务、材料3处及研究委员会。

1939年3月7日，兵役司扩组为"兵役署"，署内分设总务、经理2处与役政、征补、国民兵3司及会计室。

1940年1月□日，增设军粮总局，局内分设第1-4司与审核处。

1941年2月18日，《军政部组织法》修正公布，增设参事室、秘书室、部附室、副官室。

1942年4月18日，增设机械化司、荣誉军人总管理处、荣誉军人生产事业管理处、点验委员会、全国各军事学校毕业生调查处（军统局系统）。

1944年9月25日，兵役署扩大改组为行政院兵役部。

1945年1月15日，军粮总局撤销，改设为军政部粮秣局；军务、交通、马政3司合并改组为"军务署"；增设人事处；荣誉军人生产事业管理处撤销，其原所经管业务归并由荣誉军人总管理处接办；总务厅之人事科扩组为"人事处"并改由军政部直隶，掌理军政部及各附属机关、各部队、各学校人事管理事项；军医署之第1-3司与视察室改称为军政、卫生、药政3司与总务处。2月□日，原军事委员会后方勤务部改组为"军政部后方勤务总司令部"。9月25日，行政院兵役部缩部为署，并仍归隶军政部。12月31日，国民政府军事委员会海军总司令部裁撤，改设为"军政部海军处"。

1946年3月1日，海军处扩大为"军政部海军署"，署内分设总务、经理、海事、编纂、医务5处与军务、训练、修造、技术4司及人事组与会计室。5月31日，军政部裁撤，其职能由新成立之国民政府行政院国防部行使。

自1928年10月24日－1946年5月31日，先后任军政部部长的有：冯玉祥、鹿钟麟（代理、实任）、陈仪、朱绶光（代理）、何应钦、陈诚；先后任军政部政务次长的有：张群、鹿钟麟、朱绶光、陈仪、顾祝同、曹浩森、钱大钧、林蔚；先后任军政部常任（务）次长的有：鹿钟麟、陈仪、曹浩森、陈诚、张定璠、俞大维。

国民政府行政院军政部陆军署

1928年11月19日，军政部陆军署正式组成。11月21日，国民政府公布并定同日施行《军政部陆军署条例》，规定：

1. 陆军署直隶于军政部，统理陆军行政事宜。

2. 陆军署设总务处及军衡、军务、军械、交通、军医、军法6司掌理如下各事项：

总务处分文书、管理、统计3科掌理：（1）机密及陆军文库事项。（2）典守印信事项。（3）公文与函电之编撰、保存、收发事项。（4）本署会计事项。（5）陆军之行政与统计事项。（6）征收物件表报与征发报告事项。（7）本署军风纪与庶务事项。（8）本署官产官物之管理事项。（9）不属其他各司之事项。

军衡司分铨叙、考绩、赏恤3科掌理：（1）陆军官佐与军用文官任免事项。（2）考查各兵科人员事项。（3）考绩、兵籍、战时名簿及军用文官名簿事项。（4）保管军官、军佐、军用文官及战时职员表事项。（5）赏赉、叙勋、奖章、褒状及其他赏给事项。（6）编纂年格、名簿事项。（7）休假事项。（8）陆军军人结婚事项。（9）残废官兵处置事项。（10）赡养事项。

军务司分步兵、炮兵、工兵、骑辎兵、军牧5科掌理：（1）陆军建制、编制事项。（2）军队配置事项。（3）陆军军旗事项。（4）动员计划之准备与执行事项。（5）陆军礼节、服制、徽章事项。（6）各军队之军纪、风纪事项。（7）征募召集与解役、退伍事项。（8）戒严与征发事项。（9）编拟战时各项规则事项。（10）操练场所事项。（11）军队内务、卫戍、勤务及宪兵服务事项。（12）各兵科调查、统计事项。（13）各兵科官佐、士兵之调用及其补充事项。（14）要塞建筑与其用地及要塞地带事项。（15）要塞兵备事项。（16）重炮兵之设置及分配事项。（17）骑兵与辎重兵之勤务、军马之补充与管理及征发事项。（18）军马供给与饲养、牧马场管理及马种改良事项。

军械司分保管、出纳、检验3科掌理：（1）军用枪炮、弹药之分配及保管事项。（2）军火禁令及军火运输事项。（3）军用器具、材料之分配及保管事项。（4）军械局事项。

交通司分设计、电信、运输3科掌理：（1）交通人员教育、考绩及其补充事项。（2）交通网之设计及器材购办与修理事项。（3）通信计划实施与设备补充事项。（4）关于电机制造、修理、试验、整理、保管事项。（5）无线电设计、建筑事项。（6）铁道、汽车、船舶等运输及其他水陆交通事项。（7）铁道、道路建设与修理事项。（8）军事交通训练事项。（9）野战通信与探照灯管理事项。

军医司分医务、卫生、材料、兽医4科掌理：（1）军医、兽医各种诊疗机关事项。（2）伤病等差之诊断及解除兵役之检查事项。（3）体格检查事项。（4）战时卫生勤务各种规则事项。（5）卫生报告统计及调查事项。（6）卫生材料及蹄铁事项。（7）军医、司药、兽医所属各项人员之勤务、教育、考绩事项。（8）防疫及卫生试验事项。（9）红十字及恤兵团体事项。

军法司分执法、监狱2科掌理：（1）陆军军法事项。（2）陆军监狱事项。（3）赦免及罪人之处置事项。（4）军法官及监狱职员之考绩事项。（5）高等军法会审事项。

3. 陆军署置署长1人，中将，承军政部部长之命管理本署事务、统辖陆军军人军属并监督所辖各机关与学校；置副署长1人，少将，辅助署长处理署务；置秘书5人，掌管机要文件及编辑与翻译等事项；置处长1人，司长6人，承署长之命分掌各处、司事务；各处、司之各科置科长1人，科员若干人，承长官之命分掌各科事务。

4. 陆军署设残废军人疗养院，收

容各军队残废官兵并教养之；设器材工厂，专门制造各种军用器材；设军医、兽医学校及其他必要之教育机关；设卫生材料厂，制造及储备卫生材料；因事务上之必要，得设陆军公报社和各种委员会（其委员长由署长聘请或指派之）。

5. 陆军署为军事技术上之参考起见，得聘用外国顾问。

1937年9月6日，陆军署裁撤。

国民政府行政院军政部海军署

（一）

1927年3月14日，北洋政府海军总司令杨树庄率海军官兵起义归附国民革命军，被任命为国民革命军海军总司令，成立有海军司令部。

1928年11月21日，国民政府公布并定同日施行《军政部条例》，规定：军政部直隶于国民政府行政院，掌管全国陆海空军行政事宜。军政部所设之各署、处中，海军署位列第二，列陆军署之后而在航空署之前，其职掌为：掌理海军行政事宜。12月1日，国民革命军海军司令部裁撤，成立国民政府行政院军政部海军署。

海军署置署长1人，中将，简任，承军政部部长之命综理署务并统辖所属各机关、学校，置副署长1人，少将，简任，辅助署长处理署务；置秘书4人，掌理机要文电及编译事宜；置副官3人，掌理传宣命令及机密差遣事宜；置技正、技士各若干人，掌理技术事务。署内设总务处与军衡、军务、舰械、教育、海政5司，分掌下列各法定事项：

1. 总务处分3科掌理：（1）印信、文电、交际、调查各事项。（2）署内风纪之督察事项。（3）署内会计与出纳事项。（4）统计报表事项。（5）官产修缮、保管及不属其他各司主管事项。

2. 军衡司分3科掌理：（1）海军官佐及文官之任免、进补、调查、统计、退伍、休假、考绩、奖惩、抚恤事项。（2）军法与监狱事项。（3）海务裁判及战时捕获审检事项。

3. 军务司分2科掌理：（1）海军之建制、戒严事项。（2）舰队之配置、调遣、校阅、演习事项。（3）舰队及海军机关风纪事项。（4）海军礼制与战时规则事项。（5）运输通讯事项。（6）给养之储备、补充及防疫、卫生事项。

4. 舰械司分3科掌理：（1）沿江沿海水雷、鱼雷、要塞大炮、舰队、陆战队之配置事项。（2）海军兵器、舰艇、器材、电机之修造、供给与试验事项。（3）无线电台之建设及管理事项。

5. 教育司分2科掌理：（1）海军各专业教育计划与学校章则之拟订事项。（2）海军教育纲领、计划之调剂与教材之审定事项。（3）海军学校员生及留外学生之管理事项。（4）舰队、练习营、鱼雷营训练和管理章程之拟订事项。（5）各国海军教育之调查事项。

6. 海政司分3科掌理：（1）海界线之划定事项。（2）沿江沿海报警、气象、航标之设施与修建事项。（3）江海线路及军港、要港之测量事项。（4）航海图志及航路通则之调制与公布事项。（5）领海保安与海上救护事项。（6）各口检疫及有关海政各项计划、方法之拟与调查事项。

海军署还辖有海军陆战队、各地海军造船厂、海军工厂、各地海军学校、海道测量局、海岸巡防处等，于必要时，得设海军编译委员会及各口临时检疫所。

1929年4月12日，行政院成立海军部，军政部海军署裁撤。

（二）

1946年3月1日，国民政府行政院军政部海军处（1945年12月31日，国民政府军事委员会海军总司令部裁撤，改设为国民政府行政院军政部海军处）扩组为军政部海军署，置正、副署长各1人，署内设总务、经理、海事、编纂、医务5处、人事组、会计室及军务、训练、修造、技术4司，各理其事。6月1日，国民政府行政院国防部成立，7月1日，军政部海军署被改组为国防部海军总司令部。

国民政府行政院军政部航空署

1927年4月18日国民党政府在南京成立时，国民革命军总司令部属下即设有航空处，处长以下设有经理、军事2科和副官、军医2室。8月□日，航空处改隶于国民政府军事委员会，处长以下设有总务、训练、军事3科和政治训练处。

1928年6月8日后，国民党政府接收北平北洋政府之航空署及其附属机关。11月初，改国民政府军事委员会航空处为航空署，并定隶于国民政府行政院军政部之下；6日，任命熊斌、张静愚为航空署正、副署长，署内设有军务、航政、机械、管理、教育、文书、医务7科。11月21日，国民政府公布并定同日施行之《军政部航空署条例》，规定：

1. 航空署直隶于军政部，掌管全国航空事宜。

2. 航空署置署长1人，中将，简任，承军政部部长之命管理全署事务并监督所属各机关与学校；置副署长1人，少将，简任，辅助署长处理署务；置秘书4人，承长官之命办理机密文电及临时指派事项；置科长6人，承署长之命掌理各该科一切事务。

3. 航空署设文书、管理、军务、航务、教育、机械6科：

文书科掌理：（1）机要文电之拟稿事项。（2）典守印信、文电收发与保管事项。

管理科掌理：（1）交际、内务、军风纪、庶务各事项。（2）预算、决算、金钱出纳、材料购办与保管事项。

军务科掌理：（1）各种章制、法令、条例之拟订与审核事项。（2）水陆飞机队、气艇队、气球队之运用与计划、兵器与材料之整理、分配、补充、各国军备之调查及空中攻防计划事项。（3）地面作战部队之训练与调遣、禁航区域之规划事项。（4）空中照像、制图、航空与军用地图之绘制事项。（5）本署人员之考绩、任免、升降、调补、恤赏事项。

航务科掌理：空中运输、航空宣传、航空交通及一切航空计划事项。

教育科掌理：（1）训练航空人员之计划及考试、留学事项。（2）航空学术之改良、航空学校之设施及教育计划事项。

机械科掌理：（1）航空器材之发明、改良、设计、制图、制造、修理事项。（2）航空器通航与航空材料之检验及航空军械之保管事项。

1929年4月□日，熊斌辞署长职，副署长张静愚代行署长职务。6月□日，张静愚他调，姚锡九升任副署长摄行署政。8月□日，张惠长接任署长，黄秉衡副之。

1931年4月□日，张惠长离职，副署长黄秉衡出国，由毛邦初代理署长。5月□日，黄秉衡回国并晋升署长，以曹宝清为副署长。8月□日，航空署由南京迁驻杭州，署内改设为总务（掌人事、管理、文书、军医、军法事项）、军务（掌作战、航务事项）、技术（掌机械、器材事项）、经理（掌会计、补给事项）4处和情报、教育、建筑3科。10月□日，葛敬恩继任署长。

1932年8月□日，航空署又划归国民政府军事委员会指挥（名义上仍为国民政府行政院军政部部属署）。

1933年2月□日，航空署全体职员改叙空军阶级。7月□日，徐培根继任为署长。8月□日，航空署正式完全改隶于国民政府军事委员会，内部设置于原来基础上又增设防空、统计2科。

1934年3月□日，航空署移驻江西南昌。5月□日改组为国民政府军事委员会航空委员会,蒋介石兼航空委员会委员长。

军政部航空署曾辖有各航空大队、各航空学校、各航空工厂、各航空医院、各航空掩护队等。

国民政府行政院军政部军需署

1928年11月6日和11月13日,军政部分管全国陆、海、空军军需一切事宜之专门机构宣告成立,其署长中将,简任,承军政部部长之命综理署务并统辖所属各机关、学校,副署长少将,简任,协助署长处理署务。11月21日,国民政府公布并施行《军政部军需署条例》,规定:军需署于正、副署长之外,置秘书4人、司长4人,均少将,简任,承署长之命分掌总务处及会计、储备、营造、审核4司事务,各处、司之各科各置科长1人,科员若干人(在营造司则设技正、技士若干人),承长官之命办理各科事务,因事务上之必要,军需署得设立各种委员会及军需公报社。

军需署各司执掌事项略如下述:

1. 会计司分2科掌理:(1)军费运用之研究、审议事项。(2)军费预算事项。(3)金钱给与规定事项。(4)军费会计、审核事项。(5)军费出纳事项。

2. 储备司分3科掌理:(1)被服、粮秣、阵营具、消耗品及舰艇用五金材料、煤、水之经理、检查、试验、调查事项。(2)管理制造军需品工厂事项。(3)军需工业之指导、补助与动员事项。

3. 营造司分3科掌理:(1)营房之建筑设计事项。(2)军用土地事项。(3)营产管理事项。

4. 审核司分2科掌理:(1)审核军费岁入岁出决算事项。(2)实地检查、监视军需筹办及一切投标事项。(3)审查各种会计、经理簿表事项。

1934年5月1日,会计、审核2司裁撤。5月21日,将会计、审核2司原经管业务归并设立财务司,内分3科掌理:(1)军费运用之研究、审议事项。(2)金钱给与规定事项。(3)军费出纳事项。(4)其他一切金钱经理事项。(5)军人储蓄计划及审核储金册表事项。(6)储金提取汇报及储产转调事项。李炎光被任为财务司司长。

军需署还辖有军需学校、军用被服厂、军用粮秣厂、军用布呢厂、军用皮革厂、军需仓库、营房建筑工程处、各地区军需署局等。

1946年5月31日,军需署随军政部一并裁撤。

国民政府行政院军政部兵工署

1928年11月6日,军政部兵工署成立。11月21日,《军政部兵工署条例》由国民政府公布并定同日施行,条例规定:

1. 兵工署直隶于军政部,掌理全国兵工及关于兵工之一切建设事宜。

2. 兵工署设总务、设计、检验、监查4科暨兵工研究、兵工材料购办2委员会。

总务科掌理:(1)机密文电之拟稿事项。(2)典守印信与文电之收发及保管事项。(3)庶务与会计事项。

设计科掌理:(1)军用枪炮与弹药之制式划一事项。(2)兵器之设计与统计事项。(3)簿画与兵工有关之各种建设事项。(4)要塞备炮事项。(5)兵器材料及火药原料分配事项。

检验科掌理:(1)各厂、局出品之检验事项。(2)各种材料与原料之检验事项。(3)与兵工有关各种建设之检验事项。

监查科掌理:(1)各厂、局出品之交付事项。(2)各厂、局内部之管理行政事项。(3)各厂、局之原料购进事项。(4)各厂、局废物之变卖事项。

兵工研究委员会专任兵器器材之改良进步及调查各国兵工状况,其具体职责为:(1)主任委员承部长、署长之命掌管会务。(2) 专任与兼任委员分任兵工器材之调查、研究、试验、选用及各种新兵器之发明。(3) 助理委员受专任委员之指导实施业务。

兵工材料购办委员会专任兵器器材与兵工原料之购办事宜。

3. 兵工署置署长1人，中将，简任，由军政部部长提名经由行政院转呈国民政府任命，承军政部部长之命掌理署务并监督所属各局、厂、学校；置副署长1人，少将，简任，其请简程序与署长同，辅助署长处理署务。

4. 兵工署兵工研究委员会，置主任委员1人、委员若干人，专任委员与兼任委员由军政部部长聘任若干人分任业务，为技术上之参考起见，得聘请外国顾问或技师及本国科学专家协助业务；兵工署兵工材料购办委员会置主任委员1人、委员若干人，由军政部部长在本部职员中指派。

1933年10月□日，兵工署改科为司，设资源、行政、技术3司及秘书处、管理科。

1935年4月□日，行政院军政部兵工署资源司与国民政府参谋本部国防设计委员会合并改组为国民政府军事委员会资源委员会。

1937年9月6日，军政部陆军署之军械司划归兵工署。

1940年2月□日，依据修正公布的《军政部组织法》，兵工署被规定为掌理兵工技术、军火制造、军械行政各事项，署内设秘书、参谋、顾问3室和总务处及制造、技术、军械3司，分掌法定事项。

制造司分4科掌理：(1) 各兵工厂、材料保管处（库）之各种组织、人事、经费事项。(2) 各厂作业计划之拟定、工作分配、成品与成本稽核事项。(3) 各厂机器与房屋之调查、登记事项。(4) 各种图样、标准、规格之整理与颁行事项。(5) 各厂材料之支配、统计与稽核事项。(6) 各厂工具之制造、统计、稽核及管理方法之规定事项。(7) 新设制造工厂之筹备及建厂指导事项。

技术司分3科掌理：(1) 划一兵器、弹药制式事项。(2) 兵器、弹药及各种军用器材之设计、改良事项。(3) 兵器、弹药及各种军用器材与兵工原料之检验、审查、研究事项。(4) 兵器、弹药使用与保管之规定及说明书之编纂与译述事项。(5) 兵工技术人才之养成及派遣出国调查、考察事项。(6) 发明与改良兵器、弹药、军用器材之审核事项。

军械司分5科掌理：(1) 编纂械弹与军用器材之各种法规、历史、统一名称事项。(2) 军械库与修械所之建设及其组织、人事、经费事项。(3) 军械人员训练事项。(4) 军火禁令与民间自卫武器之取缔事项。(5) 械弹之补充、储备、调配、检修、调查统计事项。(6) 械弹缉获、俘获和损坏、消耗之审核与处理事项。(7) 械弹、兵器废品之处理事项。(8) 机械化之装甲兵器与各种兵器器材装具之筹划、配备、存储、购置、检验及制式之决定事项。

1944年□月□日，兵工署增设警卫稽核处和兵工新发明评奖委员会。

1946年6月□日始，国民党政府军事机构大调整，兵工署隶于行政院国防部联合勤务总司令部，署内设办公室与总务、预算、警务3处及工业、外勤、研究发展、化学兵、训练5司（内训练司未成立），各室、处、司执掌事项如下：

办公室掌理：(1) 有关参谋、建议、联络事项。(2) 核阅文卷事项。(3) 处理机密文件事项。(4) 传达署长命令事项。(5) 本署政策之检讨与建议事项。(6) 组织工作程序及统计、报告事项。(7) 视察各单位工作实施效率及其指导事项。

总务处分3科掌理文书与档案、人

事、庶务各事项。

预算处分3科掌理：(1) 全署业务费预算之编审、申请、分配、监督事项。(2) 署属各单位预算执行情况之审核事项。(3) 各种基金之管理、收支事项。(4) 兵工厂产品成本之分析、考核事项。

警务处分2科掌理：(1) 防谍与保密事项。(2) 情报之搜集、编审、统计事项。(3) 反共宣传之计划、指导事项。(4) 各兵工厂安全布置之设计、督导事项。(5) 警备机构人员管理事项。(6) 警卫部队之整编、防务指导、教育管理及其官佐任免事项。(7) 军风纪之检查、纠正事项。(8) 警卫部队武器装备之补给事项。

工业司分6科和检验室掌理：(1) 各兵工厂组织、人事管理及迁建、运输事项。(2) 生产计划之厘订与监督实施事项。(3) 械弹之修理及兵工制造经费之统筹运用事项。(4) 各兵工厂所需材料之购运、储存、支配、调拨事项。(5) 美援物资之整理、运用事项。(6) 各种火炮、轻兵器及弹药之技术事项。(7) 各兵工厂军品之检验事项。

外勤司分5科掌理：(1) 全国各部队、机关、学校武器、弹药、零附件之筹划、补给、更换事项。(2) 库存武器、弹药之登记、调拨、保养、审核事项。

研究发展司分4科掌理：(1) 拟定兵工训练原则与教育总则并监督执行事项。(2) 审核训练科目与教程事项。(3) 拟订研究发展与训练之实施计划事项。(4) 搜集、编译各项兵工资料事项。(5) 弹药与兵器之研究事项。

化学兵司分3科掌理：(1) 拟订化学战勤务之行政计划及监督实施事项。(2) 督导各化学兵及各卫队化学战训练之实施事项。(3) 拟订化学部队及各级化学参谋机构之编制、装备及督导其化学战务技术之实施事项。(4) 各种化学战务情报之汇集、整理与研究事项。(5) 化学械弹器材计划、购储、配发之核查事项。(6) 各种化学兵器、弹药、器材之研究、设计、试产与生产事项。

兵工署还辖有：各地兵工厂与材料厂、各硝磺局、各军械库、各修械所、驻沪修理处、各训练中心与学校、各试验场、各兵器检验处、各材料整备处、台湾办公处、应用化学研究所、弹道研究所、兵工研究所、西北林场管理处、警务大队、兵工报刊社等。

国民政府行政院军政部军医署

1937年9月6日，国民政府行政院军政部军医司与国民政府军事委员会军医设计监理委员会合并改组为军政部军医署，规定军医署掌理下列各事项：1. 军医、牙医、司药、看护人员之任免、审核、考绩事项。2. 军医、牙医、司药、看护人员之动员事项。3. 平、战时卫生勤务之实施事项。4. 各级医务机构之筹设与配置事项。5. 军医之建制及编制事项。6. 红十字恤兵团体之管理事项。7. 伤、病、残废官兵之管理、待遇事项。8. 伤、病、残废官兵之归队、资遣、转院事项。9. 伤、病、残废官兵之检伤、核恤事项。10. 卫生器材之设计、筹备事项。11. 卫生器材之出纳、保管、核销事项。12. 保健、防疫、防毒、检验及卫生宣传事项。13. 卫生工程事项。14. 军医、牙医、医药、看护人员之教育事项。15. 看护士兵、担架士兵之训练事项。16. 各种教程、图书之编译、保管、分发事项。17. 军医行政统计册籍、图表格式之编定事项。18. 各部队、军事机关、学校医务卫生统计及其他统计事项。19. 襄校、陪检各部队、机关卫生事项。20. 各地军事卫生机关及各部队之医务视察与指导事项。21. 红十字恤兵团体之视察与指导事项。

军政部军医署置署长1人，中将，简任，承军政部部长之命综理署务，置副署长1人,少将,简任,辅助署长处理署务;设第1-3处和视察室,分掌法定事项。

1946年5月31日,国民政府行政院军政部裁撤,军医署亦告结束。

国民政府行政院军政部兵役署

1937年5月18日,国民政府任命朱为钦为军政部兵役司司长,建立起了全国兵役事宜的专管部门。兵役司司长,少将,简任,承军政部部长之命综理司务,下设若干科分掌兵役行政各事宜。

抗日战争爆发以后,兵源补充任务日益紧迫,兵役业务日渐增多。1939年2月□日,军政部兵役司扩组为军政部兵役署,作为主管全国兵役行政事宜的专门机构。兵役署置长1人综理署务,署内设总务处与役政、增补2司及会计室,各处、司、室执掌事项如下:

总务处分2科2室掌理:(1)文书之撰拟、收发、承转、审查、编校事项。(2)本署及各兵役机关人事之核转、登记事项。(3)署印典守事项。(4)署内各项业务之调查、登记、统计事项。(5)出纳、庶务办理事项。

役政司司长少将或中将或军简二(一)阶,分3科掌理:(1)兵役管区之规划、设置与推行事项。(2)兵役干部之训练、考核、奖惩事项。(3)兵役行政考核事项。(4)兵役法规之审订、解释事项。(5)兵役宣传事项。(6)出征军人家属优待事项。(7)常备兵之服役、常备军官佐之退役与除役之实施事项。(8)在乡军人之调查、管理事项。(9)其他有关兵役行政事项。

征补司分3科掌理:(1)适龄壮丁之调查、抽签、检查事项。(2)现役兵之征集、募集、入伍、退伍和归休事项。(3)征募费之核定与募兵区域之指定事项。(4)战时补充部队之编练与点校事项。(5)兵源补充之规划与调拨事项。

会计室办理会计与统计各事项。

1939年12月□日,役政司之国民兵科扩组为"国民兵司",分3科掌理:(1)国民兵之组织、调查统计、管理、教育、校阅、召集服役事项。(2)预备军士与候补军官佐之考记、考核、召集事项。(3)地方团队相关事项。(4)国民兵干部之训练、分派、考绩事项。

1940年6月□日,兵役署增设计委员会。9月□日,总务处之经理科扩组为"经理处",分3科掌理:(1)兵役机关、部队经费之核发、保管、汇兑事项。(2)账目登记与报表编制事项。(3)保管传票及核对各管区月报事项。(4)兵役管区团队被服之筹办、补充、配备、调拨、报废事项。(5)被服经费之出纳事项。

1941年12月□日,兵役署增设视察室,掌理:(1)各级役政机关奉行法令规章程序考查事项。(2)监交新兵、慰问征属事项。(3)驻区视察与考核、奖惩事项。(4)一般控案之调查事项。

1944年9月25日,军政部兵役署扩组为隶于行政院并兼受军事委员会指挥、监督之掌理全国兵役行政事宜的兵役部。

国民政府行政院兵役部

1944年9月24日,国防最高委员会决议行政院设置兵役部。9月25日,国民政府决定将军政部兵役署(1939年2月□日由行政院军政部兵役司扩组而成)扩组为"行政院兵役部"并兼受军事委员会之指挥、监督,掌理全国兵役行政事宜,对于各地方最高级行政长官执行本部主管事务有指挥、监督之责,就其主管事务对于各地方最高级行政长官之命令或处分认有违背法令或逾越权限者,得提经行政院会议议决后停止或撤销之。10月25日,国民政府公布《兵役部组织法》。10月26日,特任鹿钟麟上将为兵役部部长。11月15日,任命秦德纯中将为兵役部政务次长、徐思平中将为兵役部常务次长,任命主任参事1人,参事4人,秘书4-7人,正式成立了行政院兵役部。

兵役部保留了军政部兵役署所设之役政、征补、国民兵3司及会计室,对总务、经理2处进行了改组,将视察室易名为"督察处",增设了人事处、军医处、参事室、秘书室、部附室,各司、处、室执掌事项如下:

1. 部附室掌理部附、专员、附员之指挥、监督、考核事项。

2. 参事室掌理:(1)法案、命令之撰拟事项。(2)长官交办事项。

3. 秘书室掌理:(1)本部文稿之审核、呈转事项。(2)机要文电之处理事项。(3)会议记录事项。

4. 总务处处长少将或军简二阶,综理处务,副处长上校或少将或军简三阶或二阶,辅佐处务,正、副处长之下,分科掌理:(1)文件之收发、分配、保管事项。(2)印信之典守事项。(3)本部组织编制事项。(4)兵役行政统计与报告事项。(5)本部经费出纳与造报事项。(6)本部公产、公物之保管事项。(7)庶务及不属其他各司、处、室之事项。

5. 经理处处长少(中)将或军简二(一)阶,承部长之命综理处务,副处长少将或军简二阶,辅佐处务,正、副处长之下,分科掌理:(1)兵役经费之出纳、综核、编制表报事项。(2)新兵粮秣、被服、装具、阵营具及一切军需物品之经理、检验、调查事项。(3)新兵营舍之规划、建筑、管理事项。(4)军械之领发、保管事项。(5)补充兵员行军途中之食宿供应事项。(5)其他有关兵役经理事项。

6. 人事处处长少将或军简二阶,承部长之命综理处务,副处长少将或军简二阶,辅佐处务,正、副处长之下,分科掌理:(1)本部及所属各机关与部队军官佐之任免、考核、奖惩、服役、抚恤事项。(2)曾受训练之兵役干部分发事项。(3)人事调查与统计事项。

7. 军医处处长少(中)将或军简二(一)阶,承部长之命综理处务,副处长少将或军简二阶,辅佐处务,正、副处长之下,分科掌理:(1)新兵之卫生、医疗、防疫、救护事项。(2)兵役管理区卫生机构之筹划、设置、考核事项。(3)补充部队军医之派遣与考核事项。(4)新兵之体格检查事项。(5)新兵死亡与抚恤证明事项。(6)新兵疾病与死亡之调查、统计事项。(7)其他有关兵役机构、部队之医务事项。

8. 督察处处长少(中)将或军简二(一)阶,承部长之命综理处务,副处长少将或军简二阶,辅佐处务,正、副处长之下,分科掌理:(1)兵役业务之视察、督导事项。(2)各地推行兵役法令利弊得失之检讨、建议事项。(3)兵役弊端与违法事件之纠举事项。(4)其他有关兵役调查、督察事项。

1945年11月□日,行政院兵役部缩编为兵役署并归隶于行政院军政部之下(1946年5月31日,行政院军政部撤销,兵役署经管之兵役行政事宜由国防部兵役局接办)。

1944年10月26日-1945年11月□日,鹿钟麟任该部部长,秦德纯任政务次长,徐思平任常务次长。

国民政府行政院国防部

抗日战争胜利后,国内要求和平、民主情绪高涨,国民党政府也曾摆出过一副追求西方民主国家体制以治国的姿态,经过反复权衡,决定"撤销旧时之军事委员会,而成立现代列强共同采用之国防部,以期健全中央军政机构而奠立国军建设之基础"。自1946年3月30日起,经中美军官多次会议研讨,计经起草会议10次、改组会议6次、审议会议5次,5月30日,国防最高委员会乃作出决议：裁撤国民政府军事委员会及一切军政机构，在行政院下设立国防部掌管军政与军令业务，实现"以军属政"。5月31日，国民政府明令裁撤军事委员会及其所属各部、会以及行政院之军政部，改于行政院下设立国防部，并颁布《国防部组织纲要》，规定：

1. 国民政府为"策划国防"与"执行军事设施"，于行政院下设立国防部。

2. 国防部承国民政府主席之命综理军令事宜、承行政院院长之命综理军政事宜。

3. 国防部置部长1人，特任，掌理审定参谋总长所提关于国防需要之军事预算人员与物资之计划、提请行政院决定并监督其执行事项及审议总动员有关事项；置次长3人，简任，辅助部长处理部务；置参谋总长1人，特任，掌理军事之一切计划准备与监督实施及有关国防之各种建议事项（内关于军令事宜，得秉承国民政府主席之命令，关于军政事宜，得经国防部长提请行政院审定）；置参谋次长3人，简任，辅助参谋总长处理业务。

4. 国防部设第一至第六厅，分掌人事、情报、计划与作战、补给、编训、研究各事宜；设新闻、民事、保安、预算、史料、督察、兵役7局，分掌各该管事宜。各厅、局各置厅、局长1人，副厅、局长2人，均简任，厅、局长承参谋总长之命，分掌各该管业务，副厅、局长辅助厅、局长处理业务。设陆军、海军、空军及联合勤务共4个总司令部，分掌各该管事宜，各总司令部各置总司令1人，特任，承国民政府主席之命与参谋总长之指导，分掌军事实施，各置副总司令2-3人，辅助总司令处理事务。

同日，国民政府特任白崇禧为国防部部长、陈诚为国防部参谋总长，任命林蔚、秦德纯、刘士毅为国防部次长，任命刘斐、郭忏、范汉杰为国防部参谋次长，任命刘咏尧为国防部部长办公室主任。

6月1日，国防部成立。

与行政院其他各部相比，国防部有下列特色：

1. 国防部部长为行政院院务会议成员之一（1947年4月23日行政院改组后，为行政院政务委员），为国民政府主席最高军事顾问，综理全国军令与军政事宜，依照国民政府主席及行政院院长之训示，制定有关武装部队行政事项之法令、方针、政策，而以命令形式下达参谋总长，掌握人事、财务、物资三大权，负责国家政策与其他政府机关和军事组织间之相互联系和协调任务；国防部3名次长协助部长分掌一般业务（辖民用工程、预算财务、法规、特种计划4司）、人员业务（辖军职人事、文职人事、人力计划3司）和物资业务（辖工业动员、征购、土地及建筑3司）。国防部部长办公室与所设10司及国防科学委员会组成国防部本部，乃国防部部长之办公机构，构成国防部之本部系统、决策层面。

2. 国防部参谋总长是全军最高统帅——国民政府主席在军事方面的幕僚长、国防部部长行政职责上的首要顾问，亦是全军之最高司令官，负责推进有关国防方案之军令业务，依照国民政府主席与国防部部长之决策和政府既定之方针与政策主管军事指导事项，在国防部部长指导下执行国民政府赋予国防部长负责的一切行政事项和政策处置权并将其实施于武装部队；在军令方面，直接秉承最高统帅之命令与授权，以全军最高司令官之地位直接指挥武装部队，并直接对最高统帅负责；其下以3名参谋次长协助分掌一般参谋业务（辖有人事与行政、情报、计划与作战、补给、训练与编制、研究与发展6厅）与特业参谋业务（辖新闻、民事、保安、预算、史料、监察、兵役、测量8局）。国防部参谋总长办公室和所设6厅、8局及副官、军法、总务、预备干部管训4处，构成国防部之参谋系统、计划与指导层面。

3. 国防部设有陆军、海军、空军、联合勤务4个总司令部，各设总司令1人，既为参谋总长之幕僚长，亦为其所辖军种部队之司令官，负责执行参谋总长制定的各种计划，构成国防部参谋系统之执行层面。

国防部保密局是安插军统局核心人员"集体转业"而设立的既非一般参谋业务又非特业参谋业务的特殊机构。

国防部自1946年6月1日成立至1948年5月20日"行宪"开始之期间内，其组织机构变动情形略如下述：

1946年8月6日，青年军复员管理处改为"国防部预备干部管训处"并以蒋经国为处长。8月13日，第四厅厅长赵一肩免职，该厅掌理之补给业务暂由后勤部兼办。

1947年3月14日，副官处改设为"副官局"。4月1日，预备干部管训处改为"预备干部局"。4月12日，史料局改名为"史政局"。6月9日，裁撤特种计划司。10月7日，军法处改设为"军法局"。11月□日，国防部在上海、沈阳、天津、徐州、广州等交通要点城市设立"军法执行部"直隶于国防部、受军法局指导，负责对辖区内犯有妨害军事运输、破坏铁路、走私、经商等违纪案件之军人犯依法进行侦查并移送司法机关办理（其中依法应受军法审判者，仍由军法执行部审办）；视实际之需要，得分派巡回组侦查上述案件；配属若干宪兵，依法对辖区内宪兵部队、交通警察、铁路警察、水上警察、缉私队有指挥之权。军法执行部置正、副主任各1人、督察官3人、其他军法执行人员若干（由军法局、监察局、保密局、宪兵司令部现职人员中选派），内分设办公室、检查室、审理处依法理事。

1948年2月23日，新闻局、民事局合并，改设为政工局。3月30日，裁撤文职人事司。4月9日，总务处改设为总务局。5月20日"行宪"后，演变为中华民国总统府行政院国防部。

国民政府行政院国防部本部系统

国防部之本部系统除部长1人、次长3人外，还设有下列各机构：

1. 部长办公室：掌理国防部人事、文书、档案等一切总务事宜。

2. 民用工程司：掌理国防部内一切与军事需要有关的非军事工程业务（如：通航、河川、港湾、运河等之改良，水灾之防治，动力之开发，公路、桥梁之改良，交通、通讯之改良，以上各事项之监督及与各部之联系等），内分设2组理事。

3. 预算财务司：掌理监督与审核国防部预算事宜，内分设2组理事。

4. 法规司，掌理审核与批准有关国防部之一切法规、公布文件、与各部（会）保持联系各事宜，内分设2组理事。

5. 特种计划司：掌理临时交办之特种计划事宜（如：审判战犯之准备计划、占领区内军政之施政方针、敌国人民移动及俘虏遣送计划等事）；1947年6月9日裁。

6. 军职人事司：掌理监督国防部所设各机关处理军职之特种问题（如：任官、退役、离职、军法行政之审核，官兵之福利与教育及娱乐等事），内分设5组理事；1948年11月1日裁。

7. 文职人事司：掌理国防部文职人员人事行政方针、程序、规章之决定及代表国防部与考试院及其他行政机关就处理文职人员事宜保持联系等，内分设4组理事；1948年3月30日裁。

8. 人力计划司：掌理人力使用（包括征兵与募兵）计划之平衡、相互间协调事宜，内分设3组理事；1948年12月25日裁。

9. 工业动员司：掌理协同政府机关与民间团体共同计划和研究全国性之工业动员、工作协调事宜，内分设3组理事；1949年1月4日裁。

10. 征购司：掌理一切军用补给品征购之监督事宜、国防部所设军用品征购机关和生产军用品机构之监督事宜、保持与各公私机关间之联系事宜、与私人或外国政府间关于军用品获得合同之订定与调整及清算方式和程序之监督事宜，内分设3组理事；〈1949年6月21日裁〉。

11. 土地及建筑司：掌理国防所需之土地之取得与处理之监督事宜、军事设备与建筑之计划事宜及与其他行政机关间保持联系事宜，内分设3组理事；1948年5月29日裁。

国民政府行政院国防部参谋系统

国防部参谋系统除参谋总长1人、参谋次长3人外，设有下列各机构：

1. 参谋总长办公室：负责审阅呈送参谋总长签字之公文与承办不属于各厅、局、处办理之案件及执行参谋总长与参谋次长交办案件。置主任1人，承总、次长之命处理业务；置秘书长1人、副主任2人，襄助主任处理业务；置高级参谋8人，承长官之命办理临时交办事项；置秘书10人，承长官之命担任文电编译、撰拟、机密文件保管等事项。内分设3科办理有关国防军事资料、参谋联络、室内总务与人事各业务。

2. 第一厅：接办原军事委员会铨叙厅经办业务，掌理人事行政方针之制定与规定执行程序事项、人事法规之拟订事项、人事资料之搜集与分析事项及全国陆海空军军官人事之办理事项。置厅长1人，副厅长2人，除设办公室、总务组外，设1-5处：第1处掌理全国陆海空军将官之人事业务；第2处掌理全国陆海空军校尉官之人事业务、军官佐候补生之选拔与分配、军官学校毕业生分发等事项；第3处掌理军用文官之人事事项；第4处掌理人事方针、政策、计划、法规之拟订事项、军校受训人员选拔之审核事项、人事行政人员之训练事项、军风纪之督导事项及官兵福利之规划实施事项；第5处掌理服役计划之拟订事项、军官佐退（除）役与退职及转业之规划实施事项。

3. 第二厅：接办原军事委员会军令部第二厅之情报业务，负责拟订情报之全盘方针与政策及计划事项、协调各高级司令部间情报活动事项、发布参谋总长一切与情报有关之命令并监督其执行事项、代表国防部与其他部门协同办理有关情报事项。除置厅长1人、副厅长2人及设办公室外，设第1-6处：第1处掌理情报政策与计划之拟订事项、情报训练之考核事项、情报资料之整理事项；第2处掌理战讯之发布与控制事项、心理战之进行事项、外事之联络事项；第3处掌理国内和边疆情报之搜集、整理、研判、编纂和发布各事项；第4处掌理国外情报之搜集、整理、研制、编纂和发布各事项；第5处掌理国内外情报以外之特种情报的搜集、整理、研判和发布各事项；第6处掌理保密、防谍、反间各事项。此外还置有技术研究室、技术实验室、通讯总台（在西安、北平、重庆等地设有支台，在全国各地设有分台近万个），其外勤单位主要有各"剿匪"总司令部与各"绥靖"公署之第2处及各兵团与各军、师司令部之第2科。

4. 第三厅：接办原军事委员会军令部第一厅之计划与作战业务，掌理战略与作战计划之拟订事项、各高级司令部有关作战措施之监督与协调事项、军事方针与方法之决定事项。除置厅长1人、副厅长2人及设办公室外，设2处：第1处掌理陆海空军战略计划之拟订、战略作战实施计划之协调、作战与军事方针之策定各事项；第2处掌理战略与作战计划执行之推动与监督、军队向战场调动装备之指导、命令与实施计划之公布、作战所收报告和作战教训等资料之拟办与分配事项。

5. 第四厅：掌理补给业务，负责制订动员训练及战略所需之补给计划与政策。除置厅长1人、副厅长2人和设办公室外，设3处：第1处掌理研究战区后勤编制、审核勤务部队编制表、审订并协调有关后勤原则与实施程序及编组之政策和指导方针各事项；第2处掌理决定各单位补给之优先顺序与补给标准并办理分配与补充以及对武器、器材之统计各事项；第3处掌理拟订被服装具基本配赋基准、确定装备和补给所需物资及获得补给之分配、确定储藏政策、审订军需品生产之标准及其优先顺序、审订国防物资和军需品征购计划、研究并决定国防物资和军需品征购计划、研究并决定国防经济资源之利用、研拟有关国民经济与军需工业动员之政策及拟订国防军事设施程序各事宜。

6. 第五厅：掌理陆海空军与联合勤务各高级司令部及机关、部队、军校之编制及训练方针各事宜。除置厅长1人、副厅长2人与设办公室外，设2处：第1处掌理陆海空军与联合勤务各高级司令部及部队之动员和复员、会同有关各厅局配拨陆海空军和联合勤务所需人员、策动陆海空军和联合勤务部队均衡发展之计划、决定地方团队编制方针等事项；第2处掌理拟订陆海空军和联合勤务部队之训练标准与联合训练计划、指导各级各类军校教育与审查教程和教材、确定军事训练之基本方针、经常对训练机关与学校实行监督和考核、决定地方团队紧急使用方针、国民军训和地方团队训练场所之分配各事项。

7. 第六厅：掌理陆海空军武器装备之研究、改进、发展各事项。除置厅长1人、副厅长2人和设办公室、技术室外，设2处：第1处掌理拟订各项科学研究与发展计划、商榷与审核各机关团体或个人有关国防计划之建议、审订有关国防科学研究发展之法规、审订武器与器材及其他军用物品之标准与分类各事项；第2处掌理搜集国内外科学发明或改良及技术情报之联络、与第二厅协同办理调查人员之派遣及对国防部所属各研究机关与公私研究机构或个人之联系与指导及其工作之协调、协同第一厅办理军用技术人员之审核各事项。

8. 新闻局：接办原军事委员会政治部业务，掌理军队文化宣传与新闻报导、立法联络、社会联系各事项。除置局长1人、副局长2人及设办公室外，设3处：第1处掌理拟订有关军队生活之一般教育与技术教育及军属业务训练之教材、指导与考核各地军办公报和军事新闻通讯及相互供给新闻资料、搜集与编审及提供有关军中文化和娱乐之资料、协助各高级指挥官维持军纪、指导有关人员负责调查研究部队之心理和行为及态度各事项；第2处掌理研究对国防部有关各立法案件提出建议、办理对国防部攸关之立法悬案、与政府其他各院部会关于立法方面之联系和协调各事项；第3处掌理与民众团体和新闻界保持密切联系、办理有关重要人员与国防部因公往来之招待并对此项人员之来历和经历进行调查、研究国内外有关国防之报刊舆论并提供参谋总长参考等事项。1947年6月□日，增设第4处，专门掌理立法联络事项。

9. 民事局：掌理军事区内一切民事行政、民众组训及军法事宜。除置局长1人、副局长2人和设办公室外，设2处：第1处掌理军事区内有关民事业务之计划与指导及考核、拟订军事区内一切民事配合军事行动之计划与民众组训工作之设计和指导及考核各事项；第2处掌理军事区内财政、金融、土地、物资、救济等之指导与联络及考核事项和处理军民纠纷及设置军事法庭各事项。

10. 政工局：1948年2月23日，新闻局与民事局合并改设为"政工局"，除置正、副局长各1人和设办公室、调查统计室外，设6处：第1处掌理军事训练事项；第2处掌理宣传事项；第3处掌理慰劳事项；第4处掌理法制事项；第5处掌理民众组训事项；第6处掌理总务各事项。

11. 保安局：掌理保安部队编制与训练、协同维持地方治安及与其他武力相互间联系各事宜。除置局长1人、副局长2人和设办公室外，设2处：第1处掌理保安部队编制与装备及训练计划并监督实施、与地方民众团队武力保持联系、拟订对国防资源地区之警卫与协同维持地方治安之计划及督导、建议军队与保安部队及警察和民众团体武力相互间之联系等事项；第2处掌理保安部队与地方治安及国防资源地区之警卫、地方民众武力之调查统计和视导各事项。

12. 预算局：掌理国防部预算方针与计划之策定、预算之分配与调用及执行之指导和监督事宜。除置局长1人、副局长2人和设办公室外，设3处：第1处掌理拟订预算方针与程序及年度预算编制方法、审查和汇编国防部所属各机关之初步预算、搜集与统计有关预算资料、审订各种给与标准、拟办预算立法与预算法规各事项；第2处掌理审编单位预算、核签拨发款项、调查有关单位预算事宜、预算编审技术改进等事项；第3处掌理审核预算执行报表、实地监督预算执行、视导各级预算业务、审编决算报表各事项。1947年6月□日，增设第4处，掌理预算账簿记载、编报预算表册、调查物价、填发发款清册和通知各事项。

13. 兵役局：接办原军政部兵役署业务，掌理征兵、服役和后备役管理事宜。除置局长1人、副局长2人和设办公室外，设第1-3处治事［详见第163页"国民政府行政院国防部兵役局"词目］。

14. 监察局：掌理调查与监督陆海空军与联合勤务部队一切经济和效率事宜、担任必要之校阅和指定之调查及视察事宜。除置局长1人、副局长2人和设办公室外，设2处：第1处掌理对装具与兵器和器材及营具等装备之监察、对给养与燃料和卫生及官兵福利之监察、对人马点验与军事采购之监察各事项；第2处掌理对军事组织现况与行政效率及官兵生活之监察、对官兵军风纪与操守及法规执行情况之监察、对作战与教育及训练之监察、对档案资料之汇辑与统计及检讨和研究之监察各事项。

15. 史料局：掌理国防军事史料与文献之搜集、保管、整理、编纂、出版各事宜。除置局长1人、副局长2人和设办公室外，设2处：第1处掌理拟订与审核国防部所属机关与部队史料编纂之方针和程序及计划与各项规章、编译国防史和军事史及战史并审查有关图书出版物、编审军事学校与一般民众所需国防知识读物各事项；第2处掌理国防史与军事史及战史之资料与图书及文献之搜集与整理及保管和必要之史籍资料出版、拟订并审定国防部所属机关与部队及学校对上述史料之搜集与整理和审查与保管及编报之方针与程序和计划与法规并促进其实施、搜集有关国防设施与战时措置及总动员之资料、辅助各军校之战史教育与普通学校之国防教育、联系有关学术机构与个人等事项。1947年4月12日，史料局更名为"史政局"，1949年3月2日，史政局缩编为"史政处"。

16. 测量局：掌理全国测量业务之规划、指导、考核、测量学术研究与教育事宜。除置局长1人、副局长2人和设办公室外，设2处和技术室：第1处掌理基本测量、地形测量、航空测量之规划与指导及考核各事项；第2处掌理制图业务、测量教育之规划与指导和考核、测量物资之采购与管理及分配事项；技术室掌理测量学术之研究与法规之编定、编审有关测量业务著作与译作各事项。

17. 预备干部局：掌理预备干部之编组训练与其退伍指导及青年军复员管理处未了业务。除置局长1人、副局长2人和设办公室外，设2处：第1处掌理预备干部之教育与训练及召训、退伍与预备干部教育之视察和考核事项；第2处掌理预备干部之调查统计与福利和文化宣传与政治训练及退伍预备干部之教育辅导事项。

18. 军法局：掌理全国军法行政、军事检察、军事裁判、战犯处理及国防部与军事机构有关法律上各建议之处理等事宜。除置局长1人、副局长2人和设办公室外，设3处：第1处掌理检举军人犯罪、办理控案处理和侦缉、通缉、羁押、勘验各事项；第2处掌理军法案件裁判与判决之审核及军事犯之赦免各事项；第3处掌理调整与设置各级军法机构、甄审与考核军法人员、军人监狱与看守所之设置、军事人犯之管理各事项。

19. 总务局：掌理国防部交通管理、交际、消防、警卫、军风纪及其他一切总务事项。除置局长1人、副局长2人和设办公室外，设2处：第1处掌理国防部物品供应、经理、出纳、管理及一切杂务事项；第2处掌理国防部交际、交通管理、警卫、消防、军风纪等事项。

20. 副官局：掌理国防部所属机关与部队及学校之人事、公布部队之兵力与位置及保存此类档案、收发与呈转国防部文电并任国防部档案中心及拟订军邮业务实施计划各事宜。除置局长1人、副局长2人和设办公室外，设6处：第1处掌理汇办副官处各种业务计划与工作报告和工作日记、副官制度与副官业务研究、副官人员任免与甄选及教育与训练之建议、副官处业务统计与行政效率之检查等事项；第2处掌理人事业务实施办法、发布人事命令、陆海空军人事之登记与统计、国防部官兵人事业务、设计勋章与奖章式样等事项；第3处掌理国防部文电总收发和军邮、国防部文电处理程序、典守参谋总长印信、登记各单位驻地、通报与印信之刊发与收缴、处理不属于其他各处之文件、公文用具与格式之设计等事项；第4处掌理电报之译发与呈转、国防部直属各单位电务人员之指导与协调等事项；第5处掌理提供国防部档案管理之政策与计划及程序并监督其实施、管理国防部档案中心并规划与督导各级所属单位之档案管理、符号缩写之规划等事项；第6处掌理编译副官处业务有关资料、办理外事文书与翻译、国防部复制文件之审查与发行及建议等事项。

21. 保密局：乃原军事委员会调查统计局之秘密核心部分"集体转业"安插于国防部并于1946年7月1日成立之特殊机构，以控制内政部警察总署、交通部警察总局、国防部第二厅、各地稽察处、各地刑警及保密局前身之外围组织——中国新社会事业建设协会并从事特务活动为职责，除置局长1人、副局长1人外，设秘书室（内分文书、译电、事务3科）承办局长、副局长交办之各项任务并呈转与审阅各处文件；设会计室（由原军统局财务处改组而成）掌理会计、粮服、财产等事项，旋改设为"经理处"（内分审计、综合、会计、出纳4科并将第6处改为第5处，"经理处"列为第6处，原第5处改为"第7处"）；设6处：第1处（由原"军统局"之情报处改组而成）掌理情报之搜集、整理、研判等事项（内分军事、党政2科与经济、特种问题2研究室）；第

2处掌理"行动业务"（内分行动、侦防、策反、心理战4科）；第3处（由原"军统局"人事处改组而成）掌理人员任免、异动、考核、奖惩等事项（内分人事行政、考铨、卡片3科）；第4处（由原"军统局"电讯处改组而成）掌理电台通讯、无线电机制造、通讯器材管理与分发等事项（内分布置、业务、人事、工务4科）；第5处（由原"军统局"总务处改组而成）掌理一切有关购置与运输等事项（内分庶务、管理2科与汽车、电话2队）；第6处（由原"军统局"司法处改组而成）掌理有关保密局之司法事项与监狱及看守所之管理等事项（内分司法、侦讯2科）。此外，保密局还设有设计考核委员会、"军统局"重庆结束办事处，还设有外勤单位：东南特区、东北办事处（区一级）、各站、各特别组与各直属组（直属局领导）。

国民政府行政院国防部国防科学委员会

1947年4月17日，国民政府任命白崇禧、朱家骅兼任正、副主任委员，任命翁文灏等12人为委员，任命钱昌祚兼设计委员会主任委员，正式成立了国防部国防科学委员会（7月14日，派李运华为国防科学委员会常务委员），掌理指导并集中国内科学团体之力量，以解决对于国防有关的新兵器装备及有关部队的科学化问题。委员会置主任委员1人，由国防部部长兼任，置副主任委员1人，由国立中央研究院院长兼任，置委员若干人，由国防部参谋总长与行政院教育、经济、交通3部部长和资源委员会主任委员及国防部主管物资业务的次长与陆军、海军、空军、联合勤务4总司令部总司令和第六厅厅长等充任，并从中指定1-3人为常务委员处理会务，会内设秘书室和设计委员会，并根据需要设立专门委员会或专门小组。在国防部中，国防科学委员会与第六厅同处"军事进化之母"之地位。

国民政府行政院国防部陆军总司令部

1946年5月31日，国民政府特任顾祝同为陆军总司令部总司令。6月1日，军事委员会军事训练部、各兵监、中国陆军总司令部合编成立了国防部陆军总司令部，简称"陆军总部"，与海军总司令部、空军总司令部、联合勤务总司令部共同构成国民党政府军事指挥系统之执行机构，其执掌事项分平时与战时两类：平时执行最高统帅部之动员计划及实施一切陆军部队之编组、训练事宜；战时则：1. 在本国领土范围内负执行最高统帅部动员计划之责。2. 实施未拨归战区（包括国外战场）指挥之一切军队之编组与训练事宜。

作为国防部四大军事部门之一，其与国防部、其他各总部、各战区司令部、各独立指挥部之关系如下：

1. 对国防部：立于执行与建议之地位。

2. 对其他各总部：有咨询与协同之关系。

3. 对各军种部队：有训练与作战之联系，并经常与国防部、各总部、各战区司令部、各独立指挥部交换各军种之编制、训练、装备及发展等情报。

4. 对国防部各厅、局：有提供下列各项情报与建议之责：（1）陆军训练与使用之方针。（2）陆军人员、装备、补给等之现状与需要。（3）其他军种为协助陆军执行其任务所供给之训练、补给以及人员与部队等各方面之现状与需要。

5. 与海军、空军、联勤各总部：有相互交换下述各项情报与建议之责：（1）训练原则与方法。（2）作战方针与战斗方法。（3）应由其他一个或数个军种供给陆军所需之人员、装备、补给及特种训练。（4）应有陆军总部供给其他一个或数个军种所需之人员、装备、补给及特种训练。（5）现在及计划中之业务动态。

6. 对各战区、各独立指挥部：须使其明了作战陆军在战术编制、训练及装备方面所显示之效率以及改变或改良等事项。

陆军总司令部置陆军总司令1人，上将或中将，特任，承国民政府主席（"总统制"实行后，改作"承中华民国总统"）之命，根据参谋总长之计划并在其直接指导下综理陆军军务，与海军、空军及联合勤务3总司令共为国民政府（总统府）军事指挥系统之执行阶层。平时，陆军总司令之执掌事项为：1. 陆军建设计划、动员与复员计划及未列入战区陆军部队作战计划之策定与执行。2. 陆军情报计划之拟订与执行。3. 依国防部规定之方针与员额对所属单位编组之实施。4. 陆军训练计划之策定与执行。5. 陆军特殊性补给品及装备之处理。6. 陆军总司令部及直辖单位上校以下暨陆军部队、机关、学校校级官、佐、属职务分配、调转及服役、考绩、奖惩等之掌理。7. 陆地国境之守备及要地之警备。8. 陆军兵器、装备之研究与发展等。依当时之国防体制，由国民政府主席（中华民国总统）授权参谋总长统一指挥全国陆、海、空军，即由参谋总长直接指挥各战区，凡列入战斗序列之部队，均归战区司令长官指挥，故陆军总司令仅能对在后方区域未列入战斗序列之陆军部队实施编组、装备与训练，以供各战区调用。置副总司令2人，中将，简任，襄助总司令处理业务。置参谋长1人，中（少）将，承正、副总司令之命，监督、指导所属幕僚处理业务，一方面负责将全盘情况整理清楚并作成决策方案以供总司令决定之参考；另一方面将总司令之决定告知当事之参谋作下达命令之准备，命令既下，则监督其实行并考核其效果。置副参谋长2人，少将，助理参谋长处理业务。

陆军总司令部内设总司令办公室和掌理一般参谋业务之第1-6署及掌理特种参谋业务之总务、副官、工程、通信、军械、经理、财务、军医、军法、外事、新闻11个处与宪兵、史料、化学、监督4组，各室、署、处分掌事项如下：

1. 陆军总司令办公室置办公室主任1人，少将，承总司令、副总司令之命并受参谋总长、副参谋总长直接监督与指导，综理室务，置副主任1人，上校，辅佐主任综理室务，下设2科掌理：（1）机要、文书、译电事项。（2）呈送总司令核办公文之承启事项。（3）收集、整理总司令部各项统计资料以呈供参考事项。（4）承办临时交办之事项。（5）与海军、空军、联合勤务3总司令部之联络事项。

2. 第1署署长少（中）将，承陆军总司令、副总司令之命并受参谋总长、副参谋总长之监督与指导，综理署务，副署长2人，均少将，辅佐署长综理署务，下设3处掌理：（1）总司令部及直辖各单位上校以下暨陆军部队、机关、学校校级军官、佐、属职务之分配、调转、服役、考绩、奖惩事项。（2）陆军人事计划及实施办法之拟订事项。（3）增进人事行政效率之研究及计划事项。

3. 第2署（第2至6署的署长、副署长设置、军衔阶级、职权均同第1署），下设2个处掌理：（1）未列入战斗序列陆军部队情报计划之拟订及情报业务实施之指导、考核事项。（2）情报之搜集、整理、研制、联络及防谍反间事项。

4. 第3署下设办公室与2个处掌理：（1）作战指导之检讨事项。（2）未列入战斗序列陆军部队作战计划之拟订及督导实施事项。

5. 第4署下设办公室与2个处掌理：

(1)军品保养之监督、指导事项。（2）动员、复员及未列入战斗序列陆军部队补给与运输计划之拟订、监督事项。

6. 第5署下设4个处掌理：（1）对总司令部编制提供建议事项。（2）陆军所属部队、机关、学校编制之拟订、修正及编组实施事项。（3）陆军动员、复员计划之拟订与执行事项。（4）陆军训练计划之拟订及执行事项。

7. 第6署下设办公室和2个处掌理：（1）陆军兵器、装备之研究与发展事项。（2）陆军特殊性补给品之研究与改进事项。

8. 总务处置处长1人，上校（少校），承总司令、副总司令之命并受参谋总长、副参谋总长监督、指导、综理处务，副处长1人，上校（一等军需正），辅佐处长综理处务，下分5科掌理：（1）总司令部交际、管理、庶务及一切杂务事项。（2）总司令部警卫、消防、军风纪事项。（3）总司令部官兵福利事项。

9. 副官处，处长1人，副处长2人，上校、军简三阶，分5科掌理：（1）官兵人事业务事项。（2）陆军人事登记、统计、籍录之整理与保管事项。（3）命令发布与文电收发、缮译、校对、监印事项。（4）档案之保管及有关编印事项。

10. 工程处，处长少将，副处长上校，分3科掌理：（1）军事建制内及学校、要塞、工兵训练与装备补给事项。（2）军事建筑、军用工程之建议、监督事项。

11. 通信处，正、副处长设置、军衔阶级、职权与工程处同，分3科掌理：（1）军事建制内及学校、要塞、通信部队训练计划之拟订、监督事项。（2）军、师通信部队所需器材之订定事项。

12. 外事处置处长1人，少将，下分2科掌理对外联络、交际及外文译述事项。

13. 军械处，处长、副处长设置与工程处同，分3科掌理：（1）武器、弹药、装备补给计划之拟订及其实施之督导事项。（2）武器、弹药、装备及一切军品之保养及监督、指导事项。

14. 经理处，处长1人，军需监，副处长1人，一等军需正，分3科掌理：（1）总司令部及其直属之部队、机关、学校粮秣、被服、装具等军需品补给计划之拟订及其实施供给事项。（2）物品补给之督导、考核事项。

15. 财务处，处长，军需监，副处长，一等军需正，分2科掌理：（1）总司令部及所属机关、学校预算之编造、审核及监督、指导事项。（2）陆军建设、训练、动员、复员、研究经费概算之编审事项。（3）财务之稽核事项。

16. 军医处，处长军医监，副处长一等军医正，分3科掌理：（1）总司令部所辖部队、机关、学校医疗卫生行政之处理事项。（2）卫生材料补给计划之拟订与督导事项。（3）陆军总司令部所辖部队、机关、学校医疗卫生勤务之监督、指导、考核事项。

17. 军法处，处长军简二阶、副处长一等军需正，分3科掌理：（1）总司令部所属部队（宪兵及勤务部队除外）、机关、学校军法业务之督导、考核及提供建议事项。（2）总司令部所属部队（同前）、机关、学校军法案件之检察、审判、复核事项。

18. 新闻处，处长、副处长军衔阶级与工程处同，分3科掌理：（1）新闻出版之办理事项。（2）官兵一般文化生活与教育材料之供给事项。（3）与部队士气、纪律有关之心理、行为及态度之研究、调查事项。（4）社会对与陆军有关之情报和舆论之研究以供改进其部队组织及生活参考事项。（5）陆军全军新闻（训导）工作方针与计划之策定及其指导、考核事项。

1947年8月4日，增置陆军训练司

令1人；工程处改为"工兵处"；外事处裁撤；增设监察处，处长、副处长军衔阶级与工程处同，分2科掌理：（1）总司令部所属部队、机关、学校一切状况之调查与考核事项。（2）所属部队、机关、学校行政效率与教育训练之监察事项。（3）有关士气、纪律之建议事项。

1948年2月23日，新闻处改称"政工处"，并增设预算处。

1949年1月□日，陆军总司令部缩编为陆军编训总司令部，并将财务处与预算处合并为预算财务处，裁撤了士兵、通信、军械、经理、军医5处。3月1日，裁撤了第5、6两署。

国民政府行政院国防部海军总司令部

1946年5月31日，国民政府特任陈诚为海军总司令部总司令。6月1日，原军政部海军署撤销，改编为国防部海军总司令部。7月1日，海军总司令部正式成立，掌理：1. 海军建设、作战、动员、复员及训练各计划之策订与执行事宜。2. 所属各单位编组之实施事宜。3. 海军特殊补给品与装备之处理事宜。4. 对海军校尉官之任职、调遣、考绩、奖惩事宜。5. 江防与海防基地防务计划之策订、实施及要港之警备事宜。6. 海军兵器装备之研究与发展事宜。7. 民航之督导与联系事宜。8. 海军预算之编造事宜。9. 海军一般行政处理事宜。

海军总司令部置总司令1人，承国民政府主席之命、受参谋总长指导，综理总司令部部务，置副总司令1人，襄助总司令处理部务；置参谋长1人，承总司令、副总司令之命，监督并指导总司令部全体工作人员执行主管业务，置副参谋长1人，襄助参谋长处理业务。设总司令办公室与总务、医务、军法、编纂、新闻5处及第1-5署：

总司令办公室掌理审议和处理各单位文件、机要案件、临时交办案件、文书、业务统计各事项。

总务处掌理员工福利、庶务、交通、交际、书刊管理、印刷各事项。

医务处掌理海军医务、卫生行政事项。

军法处掌理海军所属部队、机关、学校军法案件之检察、审判、复核事项与军法业务之督导和考核及提供建议事项。

编纂处掌理有关海军资料与书刊之搜集、整理、译述、审核、出版、保管事项和各项法令、规章、信号之拟订、审核、改进各事项。

新闻处掌理研究社会对海军有关之情报与舆论及供应海军官兵新闻与文化教育材料等事项。

第1署掌理拟订海军人事和训练计划及其实施办法、海军人事业务、有关海军教育事项之拟订与审核及监督与指导实施各事项。

第2署掌理通信之设计与指导和管理及考核、情报计划之拟订与情报之搜集和整理及研究、与各国武官及陆空军之联络、作战计划之拟订与监督实施、有关编制配备与警备各事项。

第3署掌理一切航政之研究与设计、航路之设备与统制、商船建造之调查、海道测量、气象台设置及其管理与统计及考核、水上保安、军港港务之计划和设备及督导管理等事项。

第4署掌理舰艇、轮机、通信器材、枪弹与兵器、仪器之计划、购置、供应、保管、研究、设计、改良事项，造船与修械厂（所）业务之调查、审核及规章之厘订事项，材料与工具之统筹汇购事项。

第5署掌理财务行政之处理、粮服与燃料及军需物资之采购和供应、预算之编造与审核及监督指导事项。

1947年6月1日，增设副官处，掌理海军总司令部官兵人事业务、海军人事登记与统计及籍录之整理与保管、命令之发布及文印与档案之保管等事项；增设监察处，掌理所属部队、机关、学校一切状况之调查与考核及行政效率与教育训练之监察事项；增设第6署，掌理编组与训练等技术事项。

1948年4月1日，新闻处改称为"政工处"；原第2署属下之通信处独立，改设为总司令部直属之"通信处"；原第4署属下之预算处与财务处均独立，改设为总司令部直属之"预算处"与"财务处"。

海军总司令部还辖有海道测量局、海岸巡防处、各地造船所、各地海军工厂、上海军械处、各要港司令部、各舰队、各炮艇队、各水雷营、各鱼雷总队、各练习营、各海军军官学校、中央海军学校等单位。

国民政府行政院国防部海军总司令部【海军】基地司令部

抗战胜利后，国民党政府曾照海（江）面经纬度平行线和特殊地理形势，分别以上海、青岛、左营、榆林为中心，划分并成立了第1-4基地司令部。每区域基地置司令1人，中将，为海军总司令在该区内之代表，凡该区域内海军所属之陆上各行政及勤务机构均归其指挥，负责适时执行补给、修理勤务，以维持该区内舰艇部队之活动，并负责所辖区域内之"绥靖"事务。其指挥机关为基地司令部，以参谋主任为幕僚长，设军法、新闻2室和总务、军需、舰械、港务、军务5课，直辖各巡防处、各炮舰队、警卫部队、补给总站、造船所（工厂）、医院（诊疗所）、各无线电台、各气象台、各岛屿战术基地管理处等。

抗战胜利当年，国民党政府在上海成立海军舰队指挥部，在青岛成立海防舰队，在汉口成立江防舰队。继之又在上海设立海军第一基地司令部，在台湾左营设立海军台澎区专员公署，在福建马尾设立海军闽江江防司令部，在青岛、高邮、定海、淮阴、秀英、广州、厦门设立海军第1、2、4-8炮舰队和海军近卫营，由军政部海军处直辖。

1946年5月31日，行政院军政部撤销，改设了行政院国防部，原行政院军政部海军处亦改设为行政院国防部海军总司令部，各舰队指挥部、各海防与江防舰队、各基地司令部、专员公署等，均改归海军总司令部辖属。同年10月□日，设在上海的舰队指挥部撤销。11月□日，设在马尾的闽江江防司令部撤销；同时在青岛、上海分设第1、2海防舰队，归国防部海军总司令部直接指挥。12月□日，撤销海岸巡防处和海军水雷营；是月底，成立辽宁葫芦岛、海南岛秀英、浙江定海、福建厦门、天津大沽、湖北汉口、台湾基隆、福建马尾、台湾马公、广东黄埔及南京17个战术基地巡防处和东沙、西沙、南沙岛战术基地管理处。

1947年上半年，先在上海、台湾左营成立第1、第3海军基地司令部；下半年，在青岛、榆林成立第2、第4海军基地司令部，又成立长山岛、刘公岛巡防处（连同前已成立的11个，共13个巡防处）。至年底，第一海军基地司令部辖有定海巡防处和第4（驻上海）、第9炮艇队；第二海军基地司令部辖有长山岛、大沽、刘公岛、葫芦岛4巡防处和第1炮艇队（驻青岛）；第三海军基地司令部辖有马公岛、基隆、厦门、马尾4巡防处和第3炮舰队（驻左营）；第四海军基地司令部辖有秀英、黄埔（12月移驻榆林）2巡防处和第6、7炮艇队（均驻广州）。此外，海军第1、2舰队、江防舰队、南京与汉口2巡防处、海岸炮舰队、驻高邮之第2炮艇队和驻淮阴（后移驻兴化）之第5炮艇队、海军陆战大队等，均由海军总司令部直辖。

国民政府行政院国防部空军总司令部

1946年5月31日,国民政府特任周至柔为空军总司令部总司令。6月1日,原军事委员会航空委员会改组为空军总司令部,掌理:1.空军建设、作战、动员、复员、训练各计划之拟订与执行事宜。2.空军一般行政事项之处理事宜。3.航空工业建设计划之拟订与执行事宜。4.民用航空之监督事宜。5.空军预算之编造事宜。

总司令部置总司令1人,上将,特任,承国民政府主席之命、受参谋总长之指导,综理总司令部一切事项,置副总司令2人,中将,简任,襄助总司令处理部务;置参谋长1人,少(中)将,简任,承总司令、副总司令之命,监督、指导所属幕僚处理总司令部一切事务。设咨议、督察、秘书、统计4室与医务、财务、军法、气象、通信、工程、军械、总务8处及第1-5署:

1.咨议室置咨议官1人,掌理:(1)编制、训练、航空工业及有关建军之建议事项。(2)新兵器与装备之介绍事项。(3)联合作战之指挥、联系、技术合作等之建议事项。(4)其他临时交议事项。

2.督察室置督察长1人,掌理:(1)督察计划之拟订事项。(2)特种视察与调查之主持事项。(3)纠纷案件之办理与建议事项。(4)各单位督察业务之监督与指挥事项。(5)校阅之主办事项。

3.秘书室掌理:(1)文书制度之研究与督导事项。(2)机要文件之拟办与审核事项。(3)一般文书之处理事项。

4.统计室掌理:(1)统计报告与图表之审核、编拟、绘制事项。(2)统计资料之搜集、保管、建议事项。

5.医务处掌理:(1)规划与指导空军一切医务设施、卫生配备、医务人员之运用事项。(2)航空医学之研究事项。(3)医药与装备之购储、分配、管理事项。

6.财务处掌理:(1)空军财务法令规章之拟订和审核事项。(2)预算之编造与审核事项。(3)财务之办理与监督事项。

7.军法处掌理:(1)空军军法业务之处理与改进事项。(2)法律知识之灌输事项。(3)与司法机关和陆海军军法机关业务联系事项。

8.气象处掌理:(1)气象业务之规则与研究事项。(2)气象人员之训练事项。c气象问题之研究事项。(4)气象资料之搜集、整理、出版事项。(5)气象设施之建议事项。

9.通信处掌理:(1)空军与防空通信计划之拟订事项。(2)通信保密计划之研究与监督及改进事项。

10.工程处掌理:(1)机场、房屋、设备之修筑与保管事项。(2)空军工程计划之拟订与监督事项。(3)工程装备与地图之编印事项。(4)工程人员之训练事项。

11.军械处掌理:(1)军械与装备补充计划及实施办法之拟订事项。(2)各种弹药储购、分发、保管之研究与督导事项。(3)军械修理与技术情报之保密事项。

12.总务处掌理:(1)庶务与经理事项。(2)其他一切杂务事项。

13.第1署掌理:(1)空军人事计划事项。(2)空军人员任免与奖惩事项。(3)增进行政效率事项。(4)警卫部队之监督、指导事项。

14.第2署掌理:(1)空军情报计划之拟订事项。(2)情报之搜集与整理研究事项。(3)反间谍业务之进行事项。(4)指导、监督情报业务之实施事项。(5)驻外空军武官与军事代表团人选之建议事项。

15.第3署掌理:(1)空军作战详

细计划之拟订与执行事项。（2）空军各单位与人员训练计划及标准之拟订与执行事项。（3）管制空中交通与飞行安全等法令规章之拟订及执行事项。（4）防空计划之拟订与执行事项。

16．第4署掌理：（1）空军各项装备与供应计划之拟订事项。（2）补给勤务之监督、指导事项。（3）学校、基地、场站之保持与裁撤事项。（4）各项空军装备与器材之研究、发展、修造事项。（5）征购计划与其实施办法之拟订、指导事项。

17．第5署掌理：（1）空军未来作战、训练、防空、永久性军事设施各项计划之拟订与审核事项。（2）与陆海空军总司令部及联合勤务总司令部之联系事项。（3）陆海空军联合作战计划之研究事项。（4）空军部署与运用之研究事项。（5）军事工业情报之搜集与整理事项。（6）工业动员计划之拟订与研究事项。（7）空军动员与复员计划之拟订事项。

1947年6月□日，撤销秘书室。增设副官处掌理：（1）官兵人事业务事项。（2）部令发布事项。（3）文电收发、缮译、校对、监印事项。（4）档案保管事项。增设新闻处，掌理新闻、训导业务之计划与实施事项。增设防空处，掌理防空之编组、训练、装备、战术战略策划与建议事项（由原第3署属下改由总司令部直属）。同年12月□日，改督察室为"督察处"。

1948年4月□日，改新闻处为"政工处"。6月□日，增设副参谋长1人。9月□日，改督察处为"督察室"、改统计室为"统计处"。

1949年1月□日，该总司令部缩小编制：设咨议、督察、秘书、统计4室与副官、政工、防空、通信、气象、预算、财务、军医、工程、军法、总务11处及第1-5署：第1署设人事政策、人事业务2个处与登记科。第2署设作战情报、反情报2个处与技术情报室及史料科。第3署设作战、训练2个处与飞行安全室。第4署设技术补给、一般补给、修护、运输4个处与征询室及基地勤务科。第5署设作战计划、组织计划、训练计划、工业计划4室。

此外，空军总司令部还辖有各军区司令部、各供应司令部、各训练司令部、台湾空军指挥部、空军战略作战部队、空军参谋学校、空军通信总队、空军气象总队、航空工业局、警卫司令部等机构。

国民政府行政院国防部联合勤务总司令部

1946年5月31日，国民政府特任黄镇球为联合勤务总司令部总司令。6月5日，原军政部后方勤务总司令部及军需、兵工、军医、运输、通信、财务、卫生、抚恤等司、署、处合并改组为国防部联合勤务总司令部（简称"联勤总部"），其职掌为：1．依国防部颁订之联勤部队建设方略，策定及执行联勤部队之建设计划。2．依国防部颁订之国防作战计划与动员、复员计划，策定及执行补给计划及联勤部队动员、复员计划。3．依国防部颁定之情报方针与计划，拟订及执行联勤情报计划。4．依国防部规定之方针及员额，实施对所属单位之编组。5．依国防部颁定之训练方针，策定及执行联勤部队之训练计划。6．依国防部颁订之补给政策，处理陆海空军之共同性补给品及装备。7．依国防部规定之人事政策，掌理本总司令部及直辖各单位上校以下与所属联勤部队、机关、学校校级军官佐属职务之分配、调转、服役、考绩、奖惩等事项。8．策定军需工业之建设计划并研究与发展陆海空军一般性兵器和装备。9．督导、联系军需工业之民营工业。10．编造联勤单位之预算。11．办理陆海空军之营舍、仓库、医药、卫生及福利。12．俘房管理之设施。13．联勤单位一般行政之处理。

联合勤务总司令部置总司令1人，上将，特任，承国民政府主席之命、受参谋总长之指导，综理陆海空军勤务事宜，置副总司令3人，中将，简任，辅佐总司令处理各项事宜；置参谋长1人，少（中）将，简任，承总司令、副总司令之命，监督、指导所属幕僚处理各项业务，置副参谋长2人，少将，简任，佐理参谋长。设总司令办公室、宪兵司令部，计划指导、人事、特种勤务、情报、勤务、补给、训练、抚恤、物资与研究、总务、外事11处及运输、通信、经理、兵工、军医、财务、工程7署：

1. 总司令办公室掌理：（1）文电与档案管理事项。（2）印信之典守事项。（3）公文程序及其效率之管理与改进事项。（4）呈送总司令核判公文之承启事项。（5）收集、整理本总司令部各项统计资料呈供参考事项。（6）承办机要或临时交办案件事项。（7）酬应文字之撰拟事项。

2. 宪兵司令部掌理：（1）国家元首、国防部安全之警卫事项。（2）紧急计划之实施事项。（3）整饬军纪事项。（4）防护军机事项。（5）维护军益事项。（6）镇压骚动事项。（7）军人犯罪、军事犯罪、外事犯罪之调查、拘提、逮捕、侦讯及押解事项。（8）查缉间谍与奸细事项。（9）警防敌间之潜伏与活动事项。（10）俘虏之管理、侦讯及押解事项。（11）补给机构与补给秩序之维持事项。（12）国防与治安秩序之其他有关事项。

3. 计划指导处掌理：（1）达成勤务部队补给、医护、撤退等任务之计划和方针事项。（2）勤务实施之步骤及有关经济事项之研究与建议事项。（3）勤务统计之研究和策进事项。（4）勤务部队作战效率资料之搜集、整理、编纂事项。（5）简化勤务实施程序之研究与建议事项。

4. 人事处掌理审议本总司令部与所属军事和非军事人事之需要、获取、分配计划事项。

5. 特种勤务处掌理军中合作社、电影、图书、体育、娱乐设施各事项。

6. 情报处掌理：（1）联勤技术情报与防止情报外泄等计划拟订并监督其实施事项。（2）对敌国装备与掳获武器之研究和报告事项。（3）有关交通运输、物资、仓储、补给等情报之搜集与研究及联络事项。

7. 勤务处掌理：（1）审核与建议勤务部队和机关之编制及装备事项。（2）收集与整理军队和军事机关之编成、调动、设撤等情报资料事项。（3）运输业务实施与永久通信体制、设备、业务之监督事项。（4）发展并保持营房基地及其他设备事项。

8. 补给处掌理：（1）综核一切补给品、装备之储藏、分配、保养、补给事项。（2）研究、拟定、发布补给品之优先顺序及目录表册事项。

9. 训练处掌理：（1）会同国防部第5厅建立和确定勤务部队军事训练之标准、原则、技术事项。（2）颁布实施预备入伍训练与特种训练之计划及其程序各事项。

10. 抚恤处掌理：（1）陆海空军抚恤法规章则之撰拟、修正、解释及编纂事项。（2）官兵阵亡、病故、残伤各恤金之核定与发给事项。（3）陆海空军忠烈事迹之表扬、褒奖及遗族福利之设计和执行各事项。

11. 物资与研究处掌理：（1）各种补给品与勤务部队装备之研究、发展及协助事项。（2）综核有关补给方案物资之采购和生产事项。（3）编拟利用国际物资之需要方案并监督其实施等事项。

12. 总务处掌理：（1）总司令部之经理、给养、交际和联络事项。（2）总司令部官兵福利与娱乐各事项。

13. 外事处掌理：（1）有关军事外交之接待、联络、调查和交通之协助事项。(2) 译述及对外文稿之编撰事项。(3) 军事顾问团之福利事宜之协助事项。

14. 运输署掌理:(1) 指导、协调、监督国防部一切运输业务并管理军事运输之实施事项。(2) 指导国营、民营各种交通设备之改进与运用事项。(3) 汽辎与其他交通部队之编制、装备、补充及训练事项。(4) 军事运输工具和器材及燃料之设计、筹办、修整、保管、配发事项。(5) 编拟关于军队与货物运输船只位置、船只调动、船只与载货损失之情报资料等事项。

15. 通信署掌理:(1) 军事通信及照像事项。(2) 监督通信保密与密码暗号之工作与装备事项。(3) 主持通信兵装备之研究、发展、制造、购买、保管、补充及修理事项。(4) 实施与运用各种通信网及编练各种通信部队事项。(5) 调整和创制军队通信器材、通信方法及程序事项。(6) 各种通信器材之采办与补给事项。

16. 经理署掌理:(1) 粮秣与被服和装具及一般物品之筹办、生产、储备、分配、补给事项。(2) 建立军需工业与管制军需资源事项。(3) 民营军需工业之指导事项。(4) 军需物品和给与定量之研究改进事项。(5) 各级经理人员之训练事项。(6) 军马之补充、训练、改良、繁殖、保健与民马之指导和管制事项。(7) 官兵、军眷福利之筹划、供应事项。

17. 兵工署掌理:(1) 装备与补给品之发展、设计、采办、储藏及保养事项。(2) 训练专门工兵部队与人员事项。(3) 管理与监督兵工厂一切业务事项。(4) 研究、发展、试验新兵工物品及兵工所用之物资事项。(5) 依国防部原则拟订并发挥化学作战部队之战术原理事项。(6) 为参谋总长关于化学战部队之动员事宜充当技术顾问事项。

18. 军医署掌理:(1) 确定军人体格标准事项。(2) 采取防疫与各种治疗技术及完善医院之设备与康复实施等事项。(3) 组织与训练各种卫生单位供应勤务及作战部队需要事项。(4) 供应与储备军医业务所需之器材及装备事项。(5) 决定军人口粮之适当内容事项。

19. 财务署掌理:(1) 军费分配与运用规划及支出之审核与监督事项。(2) 金钱给与之研究与实践事项。(3) 会计与审计制度之设计和执行事项。(4) 联勤各财务机构业务之指导与考核事项。

20. 工程署掌理:(1) 确保所筹办之装备与补给品按时、按定量补给部队事项。(2) 军事建筑计划之执行与其修理事项。(3) 筹置并处理军队不动产事项。(4) 管理和监督工兵补给品与装备之采办、储藏及分配事项。

上列各处置处长1人,上校或少将,副处长1、2人,上校或少将或军需一级正(军需监)或军简三(二)阶;各署置署长1人,少将或中将或军医监或军需总监或一级军需监,副署长2人,少将(军简二阶)或军医监、军需监或军简三(二)阶。

1947年5月□日,裁撤计划指导处与外事处。改人事、情报、勤务、补给、训练、物资与研究处为第1—6处并增设下列各处:

1. 监察处:掌理所属部队、机关、学校一切状况之调查与考核及行政效率和教育训练之监察事项。

2. 军法处:掌理:(1) 机关、部队、学校军法案件之检察、审判、复核事项。(2) 所属各单位军法业务之督导、考核及提供建议事项。

3. 新闻处:掌理:(1) 新闻与出版及供给官兵文化生活教育事项。(2) 部队纪律、士气及有关心理行为和态度之研究与调查事项。(3) 研究社会对联勤部队有关之情报与舆论事项。(4) 全军新闻工作计划之策定及指导、考核事项。

4. 副官处：掌理：（1）联勤总部官兵人事业务事项。（2）联勤单位人事登记与统计、籍录之整理与保养事项。（3）部令之发布与文电之收发、缮印、校对、监印及编印事项。（4）永久性档案之保管事项。

1948年5月□日，特种勤务处扩组为"特种勤务署"。11月□日，成立荣誉军人总管理处掌理伤残军人之管理、教育、善后各事项。同年还增设了预算处，并将新闻处改名为"政工处"。

1949年1月□日，第1处与副官处合并为人事处；第2、3、5处合并为勤务处；第4、6处合并为补给处；预算处并入财务署。1月25日，联合勤务总司令部以主力移驻上海并设上海办事处和广州、台湾、重庆3个指挥所。

联合勤务总司令部成立后，曾将全国划分为若干补给区，于各重要地点设有补给区司令部和兵站，各省区分别设有供应局，还设有众多的运输指挥机构和各种仓库、工厂、医院及军需学校等。

国民政府行政院国防部兵役局

1946年5月31日，国民党政府颁布《国防部组织纲要》12条，规定国防部设兵役局掌理全国兵役行政，置局长1人，中将，简任，承参谋总长之命综理局务；置副局长2人，少将，简任，辅助局长处理局务。设局长办公室、总务组及第1-3处分掌法定事项：

1. 第1处掌理：（1）拟订人力利用计划事项。（2）兵役管区计划设置及实施工作指导、考核事项。（3）兵役书刊编纂事项。（4）兵役干部和预备干部之教育事项。（5）战时军人之优待事项。

2. 第2处掌理：（1）征兵与战时后备兵员之动员、召集事项。（2）常备兵、补充兵入伍之调拨与退伍归休、回役、转役等事项。（3）士兵册籍之编制、管理事项。（4）教育补充兵及提议有关设备、预算事项。

3. 第3处掌理：（1）拟订、审核后备部分之方针、法规、计划、立法、预算事项。（2）国民兵与在乡军人之调查、组织、管理、训练及召集服役事项。（3）核发退役军官佐薪饷事项。（4）后备事务之建立和维持事项。（5）军用技术人员之调查、登记和征调服役事项。

国民政府行政院国防部测量局

1946年6月29日，国民政府任命晏勋甫为国防部测量局局长（测量监，简任），综理局务，并置副局长2人（测量正，简任）辅助局长处理局务，下设办公室、总务组、技术室、第1、2处，正式成立了测量局。依组织条例之规定：测量局直接受参谋总长指挥，掌理：1. 测量业务之计划、指导、考核事项。2. 测量学术之研究及有关教育事项。3. 全国各种地图之测制、印刷、搜集、编审及供应事项。4. 陆、海、空军测量技术之改进与联系事项。测量局与国防部参谋系统最高一般参谋各厅之地位相等，与各厅无隶属关系，但在业务上受最高一般参谋各厅之指导，并须经由各厅执行其各项业务。

国民政府行政院海军部

1929年4月12日，国民政府任命杨树庄为海军部部长、陈绍宽为海军部政务次长代理部长职务。

1930年2月4日，国民政府公布《海军部组织法》，规定：

1. 海军部直隶于国民政府行政院，管理全国海军行政事宜。

2. 海军部对于各地方最高级行政长官执行本部主管事务有指示、监督之责，就主管事务对于各地方最高级行政长官之命令或处分认为有违背法令或逾越权限者，得请由行政院院长提请行政院会议议决后停止或撤销之。

3. 海军部设总务、军衡、军务、舰政、军学、军械、海政7司（以上7司执掌事项基本与原军政部海军署所设之总务处与军衡、军务、舰械、教育、海政5司之执掌事项同）及经理处，其经理处执掌：（1）军服、粮、煤之给与和准备事项。（2）饷项出纳与预决算事项。（3）会计与稽核事项。（4）俸给、旅费及各种给与和军需规定之审查事项。（5）经理人员之考绩事项。

4. 海军部部长，上将，特任，由行政院院长提请国民政府任免（1930年11月改由行政院院长提请国民政府主席依法任免），综理部务，统辖海军军人、军属，并指挥、监督所属各机关，对于下列各事项负责：（1）海军行政政策之规划与推进事项。（2）海军行政事项之筹议及其建设之考核事项。（3）海军部施政方针及工作计划之决定事项。（4）海军部编制经费预算之扼要提示事项。（5）海军部所立法规拟订、修正、废止和解释之核定事项。（6）海军部机构设置、变更、裁撤之决定事项。（7）海军部所属人员任免、考核、奖惩之决定事项。（8）海军部各单位工作之监督、指导、考核事项。（9）变更海军部重要案件处置方法之决定事项。（10）海军部重要新案之提示和决定事项。（11）重要会议之主持和参加事项。（12）海军部向行政院会议或军事委员会会议所提议案之提示与决定事项。（13）其他有关政务之处理事项。同时为行政院会议组成成员参加行政院重大行政事务之议决，并为国民政府军事委员会当然委员。

政务次长，中将，简任，其提请任免程序与部长同，会同常任次长（1931年2月21日改称"常务次长"）协助部长处理部务，并对下列事项负责：（1）政务之拟议、筹划与推进事项。（2）政绩之综合、考核事项。（3）政务之考察、督导与评判事项。（4）重要计划、方案及报告之审核事项。（5）重要会议之进行与筹议事项。（6）随时提请部长注意之重要事项。（7）部长交办事项。

常任（务）次长，中将，简任，其提请任免程序与部长同，会同政务次长协助部长处理部务，负责部内日常事务。

部、次长以下，置参事2-4人掌理撰拟、审核关于本部法案、命令事项；置秘书6人分任机要文件、编撰、传译事项；置副官6人分任宣传、命令、机密、差遣及一切交际事项；置司长7人、处长1人（1935年12月□日改为"设司长8人"）分掌各司、处事务（1935年12月□日改为"分掌各司事务"）；置技监1人及科长、科员、技正、技士、司书、副官、书记、译电员各若干人分掌各项事务，其名额依附表之所定（略）。

5. 海军部部长特任；次长、参事、司长、技监、科长、上校秘书、上校副官、上校技正，均简任；中（少）校秘书、副官、科员、技正、技士，均荐任；其余副官、科员、技士、书记、译电员及准尉司书，均委任。

6. 海军部各司、处（1935年12月□日改"各司"）之编制及海军系统依附表之所定（略）。

7. 海军部因事务上之必要，得设立委员会，其委员由海军部部长就现任海军人员指派之。

1935年12月23日，经理处改设为"军需司"，其职掌增列"营缮事项"和"海军军用事项"，司下分会计、储备、营缮、审核4科理事。

1937年1月□日，改军需司会计科为海军部会计室，增设海军部统计室，均受海军部部长之指挥、监督，独立掌理会计、统计事项。

海军部还辖有各舰队司令部、各地要港司令部、海军编译处、海军航空处、海军交通处、海军执法处、海军军械处、各海军医院、各海军练营和水雷鱼雷营、海军部驻沪办事处、巡防处、海道测量局。

1938年1月17日，海军部裁撤，其原经管事项由同年2月□日成立之军事委员会海军总司令部接办。其间，杨树庄、陈绍宽（1931年12月30日前代理，后实任）任部长，陈绍宽、陈季良（1932年1月6日任）任政务次长，李世甲、陈训泳（1934年2月3日任）任常务次长。

国民政府行政院交通部

1928年10月20日，原国民政府交通部改归国民政府行政院辖属。12月8日，《交通部组织法》再度修改：裁撤秘书长之设，改原设之次长1人为"政务次长、常任次长各1人"，部、次长以下设秘书、参事、技术3厅和总务、电政、邮政、航政4司，各掌法定事项。另派员在北平成立"北平档案保管处"，负责接收北洋政府时期之交通部档案。

1931年2月21日，常任次长改称"常务次长"；增设会计长办公处，将总务司掌理之会计事项移归办理。

1932年10月27日，会计长办公处改称"会计处"。

1935年6月24日，邮政司裁撤。

1938年1月1日，铁道部裁撤，其所掌理各事项并归交通部掌理，同时将原属全国经济委员会主办之公路建设事宜及军事委员会属下之水陆运输联合办事处亦并归交通部办理。自此，交通部之职掌为规划、建设、管理、经营全国国有铁路、公路、电政、邮政、航政并监督民营交通事业，其业务范围扩大，部设机构亦相应增多，除部长、政务次长、常务次长各1人外，设有秘书、参事、技术3厅和总务、人事、财务、材料、路政、电政、航政7司及邮政总局、会计处、公路总管理处、统计室分掌法定各事项：

1. 秘书厅掌理机要文件及部、次长交办事项。

2. 参事厅掌理撰拟、审核部颁法案、命令事项。

3. 技术厅掌理土木、桥梁、机械、电工、杂志、新路工程、材料试验各事项。

4. 总务司掌理：（1）文件收发、分配、撰辑、保存、部令公布事项。（2）典守印信事项。（3）刊行出版物事项。（4）经费出纳事项。（5）财产与物品保管事项。（6）其他庶务事项。

5. 人事司掌理：（1）本部与所属各单位职员任免、奖惩、训练、教育、待遇、卫生事项。（2）部属各学校之管理事项。

6. 财务司掌理：（1）本部及所属各机关、学校预算、决算、计算书之编制与审查事项。（2）款项支配与保管事项。（3）债务整理与偿还事项。（4）交通建设之经营、扩充、筹款事项。（5）财产处理事项。（6）土地收买等财务事项。（7）监督民营交通事业之财务工作事项。

7. 材料司掌理：（1）材料采购、保管、稽核、支配、转运事项。（2）材料账目登记、审核、统计事项。

8. 路政司掌理：（1）筹划铁路建设、铁路业务管理及附属营业事项。（2）管理铁路工务、机务事项。（3）公有与民营铁路之监督事项。

9. 电政司掌理：（1）筹划建设、管理、经营电信、电话、广播、电气交通事项。（2）监督公有与民营电气、交通事业等有关电务事项。

10. 航政司掌理：（1）筹划航业、航空设备与建设事项。（2）管理航业与航空之经营事项。（3）监督公有与民营航业及航空等有关航务事项。

11. 邮政总局掌理全国邮政事项。

12. 会计处掌理本部及所属机关岁计、会计各事项。

13. 公路总管理处掌理规划、建设、管理、经营全国公路事项。

14. 统计室掌理本部及所属机关、学校之统计事项。

1939年7月7日，增设公路运输总局掌理各省干线公路或特约运输业务并监督、指挥所属各运输局。

1940年6月□日，改统计室为"统计处"，设统计长。9月□日，增设驿运总管理处掌理全国水陆驿运行政并办理干线及国际驿运业务。

1941年6月□日、9月□日，公路总管理处、公路运输总局改隶于国民政府军事委员会运输统制局并改组为该局之"运务总处"。

1942年12月15日，国民政府军事委员会运输统制局裁撤，公路运输事宜和有关机构复改归交通部。

1943年4月19日，设公路总局掌理公路运输、工程及其他有关业务。同日，电政司改组为"邮电司"。邮政总局及7月14日设立的电信总局皆归邮电司管辖。7月14日，人事司改设为人事处；同日，还增设材料供应总处和电信总局。

1945年1月1日，国民政府军事委员会战时运输管理局成立，以掌理公路运输及指挥与监督铁路、空运、水运、驿运为职责，并拥有对军、商公私车辆指挥与调度之权，交通部掌理之公路部分各事项、各机构及驿运总管理处，统由战时运输管理局接办，并将之合并组成该局之运务处。11月27日，军事委员会战时运输管理局裁撤，其公路运输之经营与管理各事项及有关机构复移归交通部。

1946年1月□日，交通部再度设立公路总局。5月20日，设立交通警察总局。11月18日，增设民用航空局（1947年1月20日正式成立）。

1947年4月1日，设立东北铁路警察总局（旋改交通警察总局与东北铁路警察总局为第一、第二交通警察总局）。

自1928年10月20日-1948年5月20日止，交通部还先后设立有下列各附属机构：设计考核委员会，交通技术标准委员会，船舶技术规范设计委员会，领用物资委员会，诉愿审议委员会，各铁路管理局、各铁路工程局、各铁路保管处，各铁路公司，滇缅铁路督办公署，各铁路测量处，各铁路总机厂，东北运输管理局，国营招商局，交通技术人员训练所，邮政储金汇业局，材料储运总处，各区航政局，全国引水管理委员会，交通复员准备委员会，东南联运清理处，驻印代表办公处，东北、台湾、广东、武汉、京沪、平津区特派员办公处，日本对华赔偿交通委员会，日本赔偿物资运输处，交通技术研究所筹备处。

自1928年10月24日-1948年5月20日，先后有下列11人担任过国民政府行政院交通部部长：孙科、王伯群、陈铭枢、黄绍竑、朱家骅、顾孟馀（俞飞鹏代）、俞飞鹏、张嘉璈、曾养甫、俞大维、端木杰；有下列9人担任过该部政务次长：李仲公、唐有壬、俞飞鹏、陈孚木、彭学沛、徐恩曾、沈怡、龚学遂、谭伯羽；下列9人担任过该部常务次长：唐有壬、韦以黻、俞飞鹏、张道藩、彭学沛、卢作孚、潘宜之、凌鸿勋、萨福均。

国民政府行政院交通部邮政总局

1927年5月4日，国民政府任命王伯群代理交通部部长，部内设有邮政司掌理邮政事项。7月11日，陈润棠被任为邮政司司长。11月□日，另设邮政总局，与原设于北平之邮政总局并存，共同管理全国邮政事宜，交通部邮政司司长兼任邮政总局局长，北平邮政总局总办则兼任邮政总局（南京）总办。时北平邮政总局总办为外籍洋人。其总局内设有秘书室与总务、文牍、稽核、营业、联邮、供应、经济7股理事，而南京之邮政总局则仅设总务、稽核2股理事，其经济、联邮、供应3股例行事项，均由北平邮政总局之各该股兼理。

1928年6月8日，国民革命军占领北京后，南北两邮政总局乃行合并，先在南京设邮政总局秘书处专办承转业务，继而在上海另设邮政总局办事处，并对原建制作了如下改动：邮政总局局长仍由邮政司司长兼任并改称为"总办"，原外籍洋人总办退居赞襄地位并改称为"会办"，另增设副会办1人，局内改设为总务、秘书、考绩、财务、稽核、经划、供应、联邮、汇兑、储金10处。

1929年□月□日，会办增设为2人并规定华员、洋员各1人。

1930年1月□日，储金、汇兑2处划出，另行组成邮政储金汇业总局，邮政总局之职能乃改为掌理全国邮政事宜并指挥、监督各省区邮政管理局。

1931年6月□日，改总办为"局长"，简派，承交通部部长之命综理全国邮政事宜，置副局长1人，由交通部派华员充任。局内机构调整如下：裁秘书处而改置主任秘书1人、秘书2-4人；改财务处为"会计处"，将稽核处裁撤而将原经管业务并由会计处掌理；原考绩处改设为"考绩课"隶于总务处之下。如此，邮政总局于正、副局长之下设有总务、会计、经划、联邮、供应5处分理各事：

1. 总务处掌理：（1）人员进退、调迁、薪给、晋升、奖惩、考绩事项。（2）文稿拟写、缮校、收发、登记、保管事项。（3）英汉文件翻译与监印事项。（4）统计事项。

2. 会计处掌理：（1）邮票之发行与管理事项。（2）邮件与邮款遗失及被窃之赔偿事项。（3）全国邮政预算之编制、盈亏之计算、款项之收支与解拨、财产之保管事项。（4）退职员工养老、抚恤及临时工人之雇用事项。（5）总局与各邮区账目之审核事项。（6）各种账务调查报告之编制事项。

3. 经划处掌理：（1）邮运事务之规划事项。（2）邮运合同之审查事项。（3）邮政局（所）之增设与裁减事项。（4）功能志号变更之管理事项。（5）邮政舆图之编制与邮路之审订事项。（6）邮政房屋之管理与邮用器具之购置及保管事项。（7）公众对邮务设施控诉之办理事项。

4. 联邮处掌理：（1）国际联邮并办理国际邮件遗失赔偿及控诉事项。（2）签订国际邮运合同事项。（3）撰拟国际邮政文书、分发联邮刊物事项。（4）造具、审核国际联邮账目和国际邮件、包裹资费事项。

5. 供应处掌理：（1）购置、修理、保管、分发邮用物品事项。（2）印刷、保管邮票、明信片、特制邮筒、邮用单册、图书事项。

1934年底，南京交通部大厦落成，乃撤销上海办事处，邮政总局南迁至南京，与交通部合署办公。

1935年3月□日，副局长增为2人（1人辅助局长综理局务，1人兼任邮政储金汇业总局局长），并规定：

1. 视业务需要设视察长1人、视察2人。

2. 正、副局长、各处处长、视察长、视察均为设计委员，组成设计委员会，以局长为委员长。

3. 局内改设为秘书、视察2室和总务、考绩、业务、计核、联邮、供应6处分掌各事项：

秘书室掌理：（1）机要文电之撰拟与收发事项。（2）邮政法规之撰拟、增订、修改事项。（3）诉讼事务和涉及法律案件之处理、审核事项。（4）局长、副局长交办事项。

视察室掌理：（1）视察邮政局（所）并查办案件事项。（2）邮件检查事项。（3）查缉、取缔私运邮件违禁品事项。（4）遗失邮件之处理及批信局之管理事项。

总务处分6课掌理：（1）印信典守

167

事项。（2）文稿会签、翻译事项。（3）文书收发、分配、缮校、保存事项。（4）统计材料及年报等之编制事项。（5）款项出纳事项。（6）证券保管事项。

考绩处分2课掌理：（1）邮政职工任免、调遣、考绩、奖惩、给假事项。（2）职工教育等人事管理事项。

业务处分4课掌理：（1）邮政业务之改革事项。（2）各类邮件、包裹资费之拟订事项。（3）邮政局（所）之开闭及变更事项。（4）邮路、邮图之审核与绘制事项。（5）规划邮件、包裹运输事项。（6）邮房用地、舟船、车辆之购建、租赁、修理事项。（7）邮用单式及员工制服图样之审核事项。

计核处分4课掌理：（1）邮政款项之划拨、审核事项。（2）全国邮政预决算及各种会计表册之编造、审核事项。（3）邮政财产目录之编制及保管事项。（4）邮政资产保险事项。（5）邮票等之印制、分发、保管事项。（6）代售印花税票等邮政经济及计核事项。

联邮处分2课掌理：（1）国际互换邮件及包裹事项。（2）核算国际邮件、包裹运费事项。（3）拟订国际邮资事项。（4）商订国际邮运契约事项。（5）撰拟国际邮政文书事项。（6）有关参加国际邮政会议等国际邮联事项。

供应处分6课掌理：（1）邮用物品制造、修理、保管、分发事项。（2）采购物料事项。（3）邮政明信片、特制邮简及邮用单册、图书之印刷与分发等供应事项。

抗战期间，邮政总局西迁重庆，在上海设有驻沪办事处。1941年□月□日裁撤考绩处而改设"人事室"。1942年□月□日计核处仍改用"会计处"前称。1945年12月-1946年6月分4批先后迁回南京，其中供应处迁至上海。

国民政府行政院交通部邮政储金汇业总局

1930年1月□日，国民政府行政院交通部将邮政总局储金处与汇兑处划出，单独设立邮政储金汇业总局，作为掌理全国邮政储金及汇兑事宜的专职机构，对各邮局办理邮政储金和汇兑事务有指挥、监督之权。置总办1人，由交通部部长呈请简派，综理局务，置会办2人，由交通部部长派任，襄助总办综理局务；下设总务、营业、会计、储金、汇兑、划拨、保险7处分理各项业务。

1931年6月□日，废总办、会办旧制、旧称，改置局长1人，简派，承交通部部长之命综理局务，置副局长2人，由交通部部长派用，襄助局长分掌营业、会计事宜。

1935年7月□日，交通部邮政司裁撤，邮政储金汇业总局划归交通部邮政总局辖属，乃将邮政储金汇业总局名称改为"邮政储金汇业局"，并将划拨处裁撤，余仍保留原建制，掌理原事项，只是会计处又改称为"稽核处"。此后未见再有变化。

国民政府行政院铁道部

1928年10月23日，交通部路政司裁撤，行政院成立铁道部掌理全国铁道行政事宜。10月24日，国民政府特任孙科为铁道部部长。10月31日，任命连声海、王徵为铁道部政务次长、常任次长。11月7日，国民政府公布《铁道部组织法》，规定：

1. 铁道部规划、建设、管理全国国有铁道及监督省有、民有铁道。

2. 铁道部对于各地方最高行政长官执行本部主管事务有指示、监督之责，就主管事务对于各地方最高行政长官之命令或处分认为有违背法令或逾越权限者，得请由行政院院长提经国务会议议决后停止或撤销之。

3. 铁道部设部长1人，特任，综理部务并监督所属职员与所属各机关，设政务次长、常任次长各1人，简任，辅助部长处理部务；设参事2-4人，简任，撰拟与审核关于本部之法案命令；设秘书4-8人（内2人简任，余荐任），分掌部务会议及长官交办事务；设司长4人，简任，分掌各司事务；设技监1人，简任，监理一切技术事项；设科长12-16人，荐任，承长官之命掌理各科事务；设科员120-160人，委任，承长官之命办理各科事务；设技正16-20人（内4人简任，余荐任）、技士20-30人（荐任）、技佐20-24人（委任），办理各项技术事务。

4. 铁道部设总务、理财、管理、建设4司分掌各事项：

总务司掌理：（1）文件收发、分配、撰拟、保存事项。（2）公布部令事项。（3）典守印信事项。（4）本部与所属机关职员任免、考试、交付惩戒事项。（5）编制统计报告、刊行出版物事项。（6）本部经费预决算和会计事项。（7）交涉与译述事项。（8）庶务及不属他司（会）经管事项。

理财司掌理：（1）铁道营业收支预决算事项。（2）铁道债务之清理与偿还事项。（3）铁道建设之筹款事项。（4）铁道金融机关之筹设和监理事项。（5）各铁道收支之稽核事项。（6）铁道特别会计与统计事项。（7）铁道之土地与财产之保管和处理及收买事项。

管理司掌理：（1）国有铁道业务之管理与发展事项。（2）铁道运输之整理与国内外联运事项。（3）铁道车辆之调度与调剂事项。（4）铁道运价之规定事项。（5）铁道管理之改良事项。（6）铁道行政和技术人员之训练和教育事项。（7）购料之核验与使用件之考核事项。（8）铁道职工待遇之改良、保障及教育事项。（9）铁道警卫之编练和指挥事项。（10）商办铁道之监督事项。（11）铁道卫生事项。（12）国际铁道事项。（13）部属事业之管理事项。

建设司掌理：（1）国有铁道路线之审定、测绘、调整事项。（2）铁道终点与沿途附近市街、港埠设计和营造事项。（3）铁道建筑工程之计划和监理事项。（4）各铁道每年度所需材料之核定事项。（5）铁道用料工厂之建设和经营事项。（6）商办铁道路线计划之审查和核定事项。

1929年11月18日，理财、管理、建设3司改称财务、业务、工务3司，增设卫生、统计、联运3处。

1931年6月27日，增设会计处，设会计长，掌理本部与直辖各路及各附属机关岁计和会计事宜。

1932年1月□日，裁撤卫生、统计2处。8月□日，增设路警管理局掌理全国铁路警察行使职权之指挥和监督事项。10月□日，设参事厅掌理：1. 本部法令规章撰拟、核议、编定、解释事项。2. 铁道政策、施政方针之拟议事项。3. 各合同、条约之拟议事项。4. 铁道史料之征集、编纂事项。设秘书厅掌理：1. 机密文电之处理事项。2. 典守印信事项。3. 审定和选译铁道著作事项。4. 编造工作报告、铁道公报、铁道政策宣传材料事项。5. 本部图书之管理事宜。

铁道部依实际之需要，先后设立过40多个委员会，举其要者有：货等运价委员会、国道设计委员会、交通教育整理委员会、统一铁道会计委员会、铁道债务整理委员会、购料委员会、技术委员会、铁道设计委员会、经济设计委员会、铁道技术标准审订委员会，还有驻沪办事处、首都轮渡工程处、钱塘江桥工程处、交通大学、扶轮学校等。

1938年1月1日，铁道部撤销，其所经管事项统由交通部接办。此间，孙科、连声海（署）、叶恭绰、陈公博（代）、汪兆铭（暂兼）、顾孟馀、张嘉璈先后任该部部长；连声海、钱宗泽、曾仲鸣、曾养甫先后任政务次长；王徵、黎照寰、黄汉樑、刘展超、刘维炽、陈耀祖（代）、曾仲鸣、吕苾筹、曾镕甫先后任常任（务）次长。

国民政府行政院司法行政部

自1931年12月31日－1934年10月20日和1943年1月1日－1949年4月23日国民党政府溃败之日止，司法行政部两度归由行政院辖属。

1931年12月25日，中国国民党四届一中全会第2次正式会议决议通过之《政制改革案》内规定："司法行政改隶行政院，设部管理。"依此，原属司法院之司法行政部于1931年12月31日改由行政院辖属，惟其原建置与职能及各主官并其以下各属员均皆仍旧；12月30日，罗文干被任为该部部长。1932年1月6日，何世桢、郑天锡被任为该部政务次长；3月19日，王元增被任为监狱司司长；5月2日，李泰山被任为刑事司司长。1933年2月10日，陈瑾昆被任为民事司司长；11月7日，严璩被任为总务司司长。1934年1月23日，刘远驹继任民事司司长；10月3日，中执会政治会议决议：司法行政部改隶司法院；10月20日，该部部长罗文干被免，由居正暂兼部长职，政务次长郑天锡被免，谢冠生继任。

1943年8月1日，作为虚权元首制的国民政府主席林森去世，9月6日，五届十一中全会决议通过《国民政府组织法修正条文》，改行实权元首制，国民政府主席蒋介石兼行政院院长、为海陆空军大元帅，拥有司法人员任用权的司法行政部再度被揽于行政院系统之中。10月9日，改人事司为人事处，处长仍为汪楣宝，又改会计室为会计处，掌理岁计、会计各事项，会计长由石凌汉担任。

1947年8月9日，增设统计处，置统计长1人，掌理各项统计事务，邹慎夫任统计长。

1948年3月－9月，在全国48个重要城市设置49个特种刑事法庭，专事办理"戡乱"期间之特别刑事案件［详见第440页"国民政府司法院特种刑事法庭——中华民国总统府司法院特种刑事法庭"词目］。

司法行政部先后设立过下列各委员会：司法官资格审查委员会、司法官成绩审查委员会、监狱官审查委员会、审判官审查委员会、甄拔律师委员会、法制调查委员会、统计委员会、考绩委员会、设计考核委员会、司法补助费管理委员会。

司法行政部直辖机构有：最高法院检察署、首都高等法院、首都监狱、上海监狱、法医研究所。

1949年3月31日，中央特种刑事法庭于南逃至广州后办理结束。

撇开其隶属关系之多次变更不言，司法行政部主管长官相对说来是稳定的，自1928年11月13日－1949年4月23日，魏道明、朱履龢（代）、罗文干、居正（暂兼）、王用宾、谢冠生、梅汝璈、赵琛（代）、张知本先后任部长；朱履龢、何世桢、郑天锡、谢冠生、洪陆东、赵琛、杨正清先后任政务次长；谢瀛洲、郑天锡、石志泉、潘恩培、谢健、夏勤、汪楣宝先后任常任（务）次长。

国民政府行政院教育部

1928年10月23日，国民政府明令将大学院改为教育部，所有大学院掌理之教育行政事宜，统归教育部办理。另设中央研究院为独立之学术机关，直隶于国民政府。自此以始，以教育部管理全国学术及教育行政事宜乃成定制。10月24日，国民政府特任蒋梦麟为首任教育部部长。10月31日，任命马叙伦、吴震春为教育部政务次长、常任次长（1931年2月21日改称为"常务次长"并由此成为定制定称）。12月8日，国民政府公布《教育部组织法》，规定：

1. 教育部管理全国学术及教育行政事宜，对于各地方最高级行政长官执行本部主管事务有指示、监督之责，就主管事项对于各地方最高级行政长官之命令和处分认有违背法令或逾越权限者，得请由行政院院长提经国务会议议决后停止或撤销之；于必要时，得置各委员会，经行政院会议及立法院之议决，得增置、裁并各司及其他机构。

2. 教育部设部长1人，特任，综理部务并监督所属职员和各机关，设政务次长、常任次长各1人，简任，辅助部长处理部务；设秘书4-6人（内2人简任，余荐任），分掌部务会议及长官交办事项；设参事2-4人，简任，分掌撰拟、审核本部法律命令事项；设司长4人，处长1人，均简任，分掌各司、处法定事项；设督学6-10人（内4人简任，余荐任），掌理视察与指导全国教育事宜；设科长14-18人，荐任，科员80-110人，委任，承长官之命分掌各科事务。

3. 教育部设总务、高等教育、普通教育、社会教育4司和编译处分掌事项：

总务司掌理：（1）文件收发、分配、撰拟、缮校、保存各事项。（2）部令之公布事项。（3）印信典守事项。（4）职员进退之记录事项。（5）各类报告之编制事项。（6）公报之编制和发行事项。（7）预决算之编制与会计事项。（8）直辖机关经费和会计之稽核事项。（9）部属文物之保管事项。（10）庶务与不属其他各司掌理之事项。

高等教育司掌理：（1）大学和专门教育事项。（2）国外留学事项。（3）各种学术机关之指导事项。（4）学位授予及其他高等教育事项。

普通教育司掌理：（1）中等、小学、幼稚园教育事项。（2）师范教育事项。（3）职业教育事项。（4）地方教育机关之设立、变更及其他普通教育事项。

社会教育司掌理：（1）民众教育与识字运动事项。（2）补习教育事项。（3）低能及残废者教育事项。（4）美化教育事项。（5）公共体育事项。（6）图书与文献之保存及其他社会教育事项。

编译处掌理：（1）编译图书事项。（2）审核教育用书和教学仪器及其他教育用品事项。

1929年10月1日，增设蒙藏教育司，掌理蒙藏地方教育之调查、蒙藏教育师资之培养、蒙藏子弟入学之奖励、蒙藏教育经费之计划及其他蒙藏教育事项；增设华侨教育设计委员会，掌理华侨教育设计事项。

1933年4月□日，裁撤编译处，另单独设立了"国立编译馆"［见第173页"国民政府行政院教育部国立编译馆"词目］。

1936年10月□日，增设会计室与统计室，掌理会计、岁计与统计事项。

1939年12月18日，改会计室为"会计处"，置会计长1人。1940年7月27日任吴世瑞为会计长。

1940年11月16日，裁撤普通教育司，增设中等教育司掌理中等教育、师范教育、职业教育、地方教育之设立与变更及其他中等教育事项；增设国民教育司，掌理小学教育、失学民众教育、幼稚园教育及其他国民教育事项。

1943年11月27日，增设人事处。

1944年7月15日，改统计室为"统计处"并置统计长1人。12月23日，任王万钟为统计长。

1945年1月□日，裁撤华侨设计委员会。

1947年12月12日，改蒙藏教育司为"边疆教育司"，掌理各级边疆学校教育之计划和考核事项、部辖各级边疆学校之管理和考核事项、边疆青年入学之奖励和指导事项、边疆教育人才之储备和训练事项、边疆教育之调查研究和其他边疆教育事项。增设国际文化教育事业处,掌理国际文化团体合作事项、国际间交换教授和学生事项、国际留学生选派和指导事项、国际出版品交换及其他国际文化教育事项(原高等教育司之有关职能删去)。

1948年5月□日,教育资料研究室改为"资料室"。

自1928年10月24日-1948年5月20日,蒋梦麟(1930年12月4日免)、高鲁(1931年8月10日免,其间自1930年12月6日起由蒋介石兼理)、李书华(署,1931年12月30日免)、朱家骅(1932年10月28日免,其间自1932年1月9日起由段锡朋暂代)、翁文灏(1933年4月21日免)、王世杰(1938年1月1日免)、陈立夫(1944年11月20日免)、梅贻琦(1949年3月21日免,其间自1948年12月30日起由陈雪屏代理)、杭立武共12人先后担任(兼理、署、代理)教育部部长;马叙伦(1929年11月11日免)、刘大白(1930年12月5日免)、李书华(1931年6月27日免)、陈布雷(1932年1月9日免)、段锡朋(1938年1月14日免)、顾毓琇(1944年8月8日免)、朱经农(1946年10月16日免)、杭立武8人先后担任教育部政务次长;吴震春(1929年7月29日免)、刘大白(1929年11月11日免)、黄建中(1930年3月24日免)、朱经农(1930年12月15日免)、陈布雷(1931年6月27日免)、钱昌照(1937年4月16日免)、周炳琳(1938年1月14日免)、张道藩(1939年8月18日免)、余井塘(1944年7月10日免)、赖琏(1944年12月20日免)、杭立武(1946年10月16日免)、田培林12人先后担任教育部常务次长。

教育部还曾相继设立过以下各会、处:

1. 1928年12月□日,在北平设立国语统一筹备委员会。抗战开始后,停止工作。1940年7月□日,恢复工作:掌理本国标准语言文字之推行、编定、审核事项,推行国语教育人员之训练和指导事项。

2. 1929年12月□日,成立医学教育委员会,掌理拟订医学教育计划事项、审议医学课程和设备标准事项、建议与医学教育有关之一切兴革事项。

3. 1932年9月□日,成立体育委员会,掌理计划全国体育设施事项、指导全国体育研究和行政事项、督促各级行政机关实行体育计划事项、审核各级学校体育课程和成绩事项、审核各种体育机关之组织和计划及报告事项、审核体育界工作人员之资格事项、编造与审查全国体育预算及议复教育部部长交议事项。1945年6月□日,改称"国民体育委员会"。

4. 1938年3月□日,成立训育研究委员会,掌理三民主义教育之研究事项、训育计划之订定与督导及考核事项、训导人员之培养与指导事项、军事教育与童子军教育之督导和考核事项、学生自治团体之指导事项、训育学术团体之指导事项。1942年3月□日,改称为"训育委员会"。

5. 1939年6月□日,成立战区教育指导委员会,掌理战区教育督导事项、战地失学失业青年招致训练事项、战区教师登记和救济工作事项。1944年7月□日,战地失学失业青年招致训练事项归由专门机关办理,该委员会职掌改为:(1)办理战区教育之计划、推进及督导事项。(2)中央政令和国策之传布与宣扬事项。(3)战区和战时教育问题之研究事项。(4)战区教育之调查与统计事项。(5)战区教育之组织服务和训练事项。(6)战区退出之教职员之登记和救济事项。(7)战区电讯交通之建立事项。(8)战区教育经费之编造、审核及汇拨事项。（9）各战区教育行政机关之联系事项。1945年12月□日，与战地失学失业青年招致训练委员会合并改组为"教育部青年复学就业辅导委员会"。

6. 1939年7月□日，成立学术审议委员会，掌理审议全国各大学之学术研究事项、建议学术研究之促进与奖励事项、审议各研究所研究生之硕士学位授予和博士学位候选人之资格事项、审议专科以上学校之重要改进事项、审查专科以上学校教授之资格及审议留学政策之改进事项。

7. 1940年7月□日，成立教育部附设战区来渝学生指导处，掌理"战区来渝学生升学及职业指导并予以必要之补充训练"事宜。1941年7月□日，改名为"教育部特设战区学生指导处"。同年11月□日，将1934年成立的东北青年教育救济处改隶于战区学生指导处。1944年7月□日，该指导处裁撤，其经管各业务划归"战区失学青年招致训练委员会"办理。

8. 1941年2月□日，成立国民教育研究会，掌理各级国民教育之筹组与考核事项、各级国民教育研究会研究题材之编拟和解答及实验事项、砥砺国民学校事项、中心国民学校教员福利事业筹划事项。1942年5月□日，改名为"国民教育辅导研究委员会"。

9. 1944年7月□日，成立战地失学失业青年招致训练委员会，掌理战区失学失业青年招致训练事宜。1945年12月□日，与战区教育指导委员会合并改组为"教育部青年复学就业辅导委员会"。

10. 1945年4月□日，成立教育研究委员会，掌理订定教育制度、学生训导、学校行政之研究计划及其他有关教育之研究计划等事项。

此外，教育部还有如下各附属机关：国立编译馆、国立北平研究院、国立中央图书馆、国立北平图书馆、国立西北图书馆、国立西安图书馆筹备委员会、罗斯福图书馆筹备委员会、国立中央博物院筹备处、国立边疆文化教育馆、国立礼乐馆、教育部中华交响乐团、国立甘肃科学院、教育部中央教育电影制片厂、教育部电化教育工作队等。

国民政府行政院教育部国立编译馆

1932年6月□日，国立编译馆成立，隶于行政院教育部，掌理教科图书及学术、文化书籍之编译和审查事宜。设馆长1人，简任，承教育部部长之命综理馆务；设编审、总务2处分理各事；置主任编审、特约编审、编审员若干人。1933年7月□日，改主任编审为"特任编译"、特约编审为"特约编译"、编审员为"编译员"；11月□日，改编审、总务2处为"人文、自然、事务"3组。1942年□月□日增设副馆长1人，辅助馆长综理馆务，增设教科用书、社会、教育3组及人事、会计2室，改设编纂10-18人、编审70-90人、干事10-15人、助理干事10-15人，并得聘请特约编审若干人分成若干组，每组置主任1人，由编纂兼任。1948年8月□日废副馆长之设。

国立编译馆还设有下列9个委员会：大学用书编辑委员会、中小学用书编辑委员会、社会教育用书编辑委员会、边疆教育用书编辑委员会、华侨教育用书编辑委员会、统一中外地名译文委员会、图书资料委员会、设计考核委员会、出版委员会。

国民政府行政院卫生部——国民政府行政院内政部卫生署——国民政府行政院卫生署——国民政府行政院卫生部——中华民国总统府行政院卫生部

1928年2月27日，二届四中全会后的国民党政府将民政部易名为"内政部"。3月14日，中央执行委员会政治会议第132次会议通过《国民政府内政部组织法》，规定内政部设卫生司掌理全国卫生行政事项。10月20日，国民政府公布之《行政院组织法》第一条中即列有卫生部之设。11月14日，中央执行委员会政治会议第163次会议通过《卫生部组织法》，行政院内政部卫生司裁撤，改于行政院下设立卫生部。《卫生部组织法》规定：

1. 卫生部管理全国卫生行政事宜，对各地方最高行政长官执行本部主管事宜有指示、监督之责，认其执行本部主管事项之命令或处分有违背法令或逾越权限者，得请由行政院院长提经国务会议议决后停止或撤销之。

2. 卫生部设部长1人，特任，综理部务，监督所属职员及所属各机关，设政务、常任次长各1人，简任，辅助部长处理部务；设秘书4-6人（其中2人得为简任，余荐任），负责分掌部务会议事项与长官交办各事项；设参事2-4人，简任，撰拟、审核关于本部之法律命令；设司长5人，简任，分掌各司事项；设科长（荐任）、科员（委任）若干人，承长官之命分掌各科事务；设技监1人（简任）、技正若干人（委任），承长官之命办理技术事务。

3. 卫生部设总务、医政、保健、防疫、统计5司分掌各事项：

总务司分4科掌理：（1）文件收发、撰拟、保存事项。（2）印信典守事项。（3）部令公布事项。（4）出版物刊行事项。（5）庶务与官产处置事项。（6）本部与所属各机关人事和会计事项。

医政司分3科掌理：（1）医疗机构之监督与管理事项。（2）医药人员与药商之监督事项。（3）地方卫生之监督与协助事项。（4）卫生人才之教育与训练事项。（5）卫生宣传与各国卫生状况之调查事项。

保健司分3科掌理：（1）健康保险事项。（2）食物和饮料与其制造原料及卫生有关各商品之检查事项。（3）妇幼保健事项。（4）学校、工厂、矿场、监狱、公共场所卫生设备与状况调查及设计事项。（5）环境卫生事项。（6）医药救济与管理事项。（7）殓葬管理事项。

防疫司分3科掌理：（1）传染病、地方病、兽疫之防治与检疫事项。（2）海港、航空、车船检疫事项。（3）国际防疫事项。

统计司分2科掌理：（1）人口统计事项。（2）学校、工厂、矿场、监狱与其他特种卫生统计事项。（3）医药人员统计事项。（4）本部行政报告与统计年鉴之编制事项。

4. 经国务会议与立法院之议决，卫生部得增置或裁并各司与其他机关。

1930年12月10日，卫生部缩编为"卫生署"并改隶于国民政府行政院内政部。

1935年6月28日，内政部卫生署改为行政院直辖署，置署长1人，特任；秘书1-2人，荐任；设总务、医政、保健3科，置科长3人（荐任）、科员20-30人（委任）、技正4-8人（内2人简任，余荐任）、技士8-16人（内4人荐任，余委任）、技佐10-20人（委任），承长官之命分掌各科事务与办理技术事务；必要时并得酌用雇员。同年12月□日，增设海港检疫处掌理：（1）各海港检疫所之调查、设置、视察、改善事项。（2）应施检疫之传染病与疫区之调查、指导、通告事项。（3）各海港流行病之调查、统计、报告事项。（4）国际检疫事项。是月，还增设会计室、统计室掌理岁计与会计、统计事项。

1938年1月1日，行政院卫生署再度改为行政院内政部卫生署。2月11日，增置副署长1人，改会计员为会计主任。

1940年4月17日，内政部卫生署复改为行政院直辖署，署内原设各科一律改设为"处",并增设防疫处(原设之海港检疫处并入该处)、技术处、秘书室、视察室(置视察32人,负责分赴各地视察并指导卫生行政事宜)。

1944年4月25日,增设人事处,设2科分掌人事规章之拟订事项、人员铨叙案件之查催与任免迁调和级俸核签及考绩考成之筹办事项、考试与训练和进修及退休事项、抚恤与福利和人事登记及统计事项。7月24日,改会计室为"会计处",置处长1人。

1946年1月3日,增设参事室,置参事2人。1月29日,会计处仍改设为"会计室"。2月3日,人事处改设为"人事室"。

1947年4月23日,行政院卫生署扩组为"卫生部",除部长、政务次长、常务次长外,设有秘书、参事、技术、会计4处(会计处置会计长)和总务、医政、防疫、保健、地方卫生、药政6司(地方卫生与药政司未成立)及人事、统计、视察3室。5月1日,行政院卫生部正式成立,其职掌为:1.医学人员之注册与训练事项。2.医术机构之设置与改进事项。3.公共卫生之提倡事项。4.健康之维护事项。5.疫病之防范事项。6.卫生模范区之设立事项。7.卫生会议之举行及参与事项。

卫生部设部时,其部长特任,五院制实行前,由国民政府委员兼任,五院制实行后,由行政院院长提请国民政府任免,1947年4月23日后,改由行政院院长提请国民政府主席依法任免,总统制实行后,再改由行政院院长提请总统任免。部长综理部务,指挥、监督所属机关和职员,并对下列各事项负责:1.卫生政策之规划与推进事项。2.卫生事业之筹议与其建设之考核事项。3.卫生部施政方针与工作计划之决定事项。4.卫生部编制经费预算之扼要提示事项。5.核定卫生部所立法规之拟订、修正、废止、解释事项。6.决定卫部机构之设置、变更、裁撤事项。7.决定卫生部所属人员之任免事项。8.决定卫生部所属人员之考核、奖惩事项。9.监督、指导、考核卫生部各单位工作事项。10.决定卫生部重要案件处置方法之变更事项。11.提示和决定卫生部之重要新案事项。12.主持、参加重要会议事项。13.提示与决定卫生部向行政院所提议案事项。14.其他有关政务之处理事项。卫生部部长为行政院会议成员,参与行政院重大行政事务之议决。

卫生部政务次长作为该部副长官之一,简任,由行政院院长提请国民政府任免,1947年4月23日起改由行政院院长提请国民政府主席依法任免,总统制实行后,由行政院院长提请总统任免,其职责为会同常任(务)次长辅助部长综理部务,并对下列各事项负责:1.政务拟议、筹划、推进事项。2.政绩之综合、考绩事项。3.政务之考察、督导、评判事项。4.重要计划、方案、报告之审核事项。5.重要会议之进行、筹议事项。6.随时提请部长注意之重要事项。7.部长交办事项。

卫生部常任(务)次长,简任,与政务次长同为该部副长官,其请任程序与政务次长同;其职责为:会同政务次长辅助部长综理部务并对下列各事项负责:1.对下属工作分配之指导事项。2.审核下层不能决定之文件事项。3.卫生部全部文件之督理事项。4.卫生部内部纪律之整饬与各部门之联系事项。5.卫生部中层官员任免、奖惩之拟议事项。6.卫生法规、计划、方案、报告之审核事项。7.部内经费之处理事项。8.随时提请部长注意之重要事项。9.部长交办事项。

卫生部附设有下列各机构:中央卫生委员会、中医委员会、设计考核委员会、统计委员会、法规审议委员会、编译委员会、卫生技术研讨会、《中华药典》(第二版)编纂委员会、卫生事业人员资历评议委员会、牙医设计委员会、成药审核委员会、灰链丝霉素管理委员会。

卫生部之附属机构有：中央卫生实验院（辖有北平、东北、西北三个分院）、医疗防疫总队（辖有医疗防疫队10个大队、医疗工程队1个大队），南京、重庆、天津、广州、迪化（今乌鲁木齐）等地之中央医院，西昌、会理等地之卫生院，乌兰察布盟、伊克昭盟、阿拉善旗等地之卫生所，南京、北平等地之结核病防治院，中央生物化学制药实验处（辖有上海制药实验厂、上海生物学制品实验厂、上海卫生用具实验厂、天津生物制品实验厂、西北生物学制品实验厂、东北制药实验厂、东北生物学制品实验厂），药品供应处（辖天津、广州、上海、重庆、兰州5个供应站），药物食品检验局，上海、津塘秦、青岛、福州、厦门、汕头、广州、海口8个海港检疫所及长江检疫所。

1928年10月24日–1930年12月4日卫生部期间，薛笃弼、刘瑞恒先后任部长，胡毓威、胡若愚先后任政务次长，刘瑞恒任常任次长。1930年12月15日–1935年6月30日、1938年1月1日–1940年4月17日内政部卫生署期间，刘瑞恒、颜福庆先后任署长。1935年7月1日–1937年12月31日行政院卫生署期间，刘瑞恒、颜福庆、金宝善先后任署长，1938年2月11日增设副署长1人，6月4日起先后任命金宝善、沈克非、方颐积为副署长。1947年4月23日–1949年4月23日卫生部期间，周诒春、林可胜、朱章赓（代理）、金宝善先后任部长（3月21日金宝善被免后，未见再有部长任命），金宝善、袁贻瑾、朱章赓先后任政务次长，严慎予、王祖祥先后任常务次长。

国民政府行政院工商部

1928年10月20日，原设国民政府工商部改归国民政府行政院辖属，部长仍由孔祥熙续任，原设之次长1人郑洪年被任为政务次长，11月13日，穆湘玥被任为常任次长。12月8日，原设之总务处改设为"总务司"，执掌事项仍旧。同日，增设技监1人，掌理本部技术事项。

改隶后的工商部执掌事项被规定为：1. 设计与管理国营工业、化学工业、机械工业、冶炼工业及其他工业事项。2. 奖励、监督、保护、改良、推广民营化学与机械及冶炼和其他工业事项。3. 工业之专利及特评事项。4. 工业团体之核准及监督事项。5. 制造与检定及推行权度事项。6. 设计与管理国营商业事项。7. 奖励、保护、监督、改良、推行民营商业事项。8. 检查商品事项。9. 公司、商号、商标之注册事项。10. 调查与调节商业金融及国际汇兑事项。11. 调节物价与出产销场事项。12. 商约与商税事项。13. 发展国际贸易事项。14. 指导与监督劳工团体事项。15. 调解、仲裁工人与雇主间之纠纷及指导劳资合作事项。16. 考查工人工作能力及服务状况事项。17. 筹设工人保险与劳工银行、合作社事项。18. 国际劳工事项。

工商部内设总务、工业、商业、劳工4司掌理各法定事项外，附设有下列各委员会：工商设计委员会、工商法规委员会、度量衡推行委员会、奖励工业品审查委员会、诉愿审理委员会、国货调查委员会、特种工业审查委员会、工业技师审查委员会、会计资格审查委员会、展览会设计委员会、特种度量衡专门委员会、劳工卫生委员会。

工商部之附属机构有：驻沪办事处、商标局、工商访问局、全国度量衡局、度量衡制造所、度量衡检定人员养成所、国货陈列馆、中央工业试验所、北平国货陈列馆、北平劝业场及上海、青岛、汉口、天津、广州5个商品检验所。

1930年12月4日，中央执行委员会政治会议决议将农矿、工商2部合并组成国民政府行政院实业部。

国民政府行政院农矿部

1928年10月20日，原设国民政府农矿部改隶于国民政府行政院。11月6日，原设之"次长"1人改设为政务次长、常任次长各1人。

改隶后的农矿部部长仍由易培基续任，1929年3月30日，原农矿部次长麦焕章被任为政务次长（1929年6月26日由萧瑜署理），曾养甫被任为常任次长（1929年6月26日由陈郁兼署，后兼代）。

农矿部掌理事项被规定为：1. 检验与改良及保护农产、水产、畜产、种子事项。2. 消除与防范及检查虫害、兽疫事项。3. 检验与改良及奖励农用器具、肥料事项。4. 组织与指导农业、渔业、水产、畜牧等团体事项。5. 荒地之垦殖事项。6. 农田灌溉事项。7. 推广农业知识事项。8. 筹设农业银行与农民合作社事项。9. 田租之调查与规定事项。10. 全国造林之设计事项。11. 筹设与监督造林场事项。12. 保护与管理国有森林事项。13. 奖励与指导私有造林事业事项。14. 调查与测量和利用及垦殖国有荒山事项。15. 草拟与编辑及刊行森林法规事项。16. 训练与指导森林警察事项。17. 国营矿业事项。18. 矿权之特许与撤销事项。19. 核定与征收矿区税事项。20. 矿务警察事项。21. 矿区勘定与矿质分析事项。22. 矿业用地事项。23. 矿产物专卖事项。24. 地质调查事项。

12月8日：改原设之总务处为"总务司"，执掌事项依旧；改原设之矿业司为"矿政司"，执掌事项依旧；农务司与农民司合并改设为"农政司"；增设林政司掌理：1. 全国造林设计事项。2. 造林场之筹设与监督事项。3. 树苗与树种之试验、选择事项。4. 国有森林之保护与管理事项。5. 私有造林事业之奖励与指导事项。6. 国有荒山之调查、测量、利用、垦殖事项。7. 国都与国道之植树事项。8. 森林法之草拟、编辑、刊行事项。9. 森林警察之训练、指导事项。10. 国产木材之制造、利用、介绍、奖励事项。

依规定：农矿部部长1人，特任，综理部务并监督所属职员和各机关，对下列各事项负责：1. 农矿政策之规划与推进事项。2. 农矿部事业之筹议与其建设之考核事项。3. 农矿部施政方针与工作计划之决定事项。4. 农矿部编制经费预算之扼要提示事项。5. 农矿部所立法规拟订、修正、废止、解释之核定事项。6. 农矿部机构设置、变更、裁撤之决定事项。7. 农矿部所属人员任免、考核、奖惩之决定事项。8. 农矿部各单位工作之监督、指导、考核事项。9. 农矿部重要案件处置方法变更之决定事项。10. 农矿部重要新案之提示与决定事项。11. 主持、参加重要会议事项。12. 农矿部向行政院会议所提议案之提示与决定事项。13. 其他有关政务之处理事项。农矿部部长作为行政院会议组成成员之一，参与行政院重大行政事务之议决。

农矿部政务次长，简任，由行政院院长提请国民政府任免，会同常任次长协助部长处理部务，并对下列各事项负责：1. 政务拟议、筹划、推进事项。2. 政绩综合、考核事项。3. 政务考察、督导、评判事项。4. 重要计划、方案、报告之审核事项。5. 重要会议之进行与筹议事项。6. 随时提请部长注意之重要事项。7. 部长交办事项。

农矿部常任次长1人，简任，由行政院院长提请国民政府任免，会同政务次长协助部长处理部务，并对下列各事项负责：1．下属人员工作之指导事项。2．审核下层不能解决之文件事项。3．农矿部全部文件之督催事项。4．部内纪律之整饬与各部门间联系之协调事项。5．本部中层官员任免、奖惩之拟议事项。6．农矿法规、计划、方案、报告之审核事项。7．本部经费之处理事项。8．随时提请部长注意之重要事项。9．部长交办事项。

农矿部设有下列各委员会：设计委员会、统计委员会、农矿委员会、国营矿业筹设委员会、中央农业推广委员会、中央垦殖委员会、检查蚕种讨论委员会、农业金融讨论委员会、技师审查委员会、农矿法规起草委员会、技工事业调查设计委员会。

农矿部之附属机构有：驻沪办事处、农产物检查所、中央模范林区委员会、中央农事试验场、中央蚕业局、定远林垦局、北平农事试验场、北平种畜处、正定棉业试验场、张家口种畜场、矿业指导所、地质调查所、烈山煤矿局、裕繁铁矿、正丰煤矿、开滦矿务局、斋堂矿务监督处、益华铁矿保管处。

国民政府行政院实业部

1930年12月4日，中央执行委员会政治会议决议将行政院之工商、农矿2部合并而成实业部，孔祥熙被任为首任实业部部长。

1931年1月17日，国民政府公布《实业部组织法》，规定：

1．实业部管理全国实业（工业、农业、矿业、商业、林业、渔牧业）行政事务，对于地方最高行政长官执行本部主管事宜有指示和监督之责，于主管事宜对于各地方最高级行政长官之命令或处分认为有违背法令或逾越权限者，得经由行政院院长提出行政院会议议决后停止或撤销之。

2．实业部设部长1人，特任，综理部务并监督所属职员和各机关，设政务、常任（2月21日改称"常务"）次长各1人，简任，辅助部长处理部务。

3．实业部设秘书厅，置秘书6－10人（内3人简任，余荐任），掌理部务会议及长官交办事项。

设参事厅，置参事4－6人，简任，掌理撰拟和审核本部法案和命令事项。

设技术厅，置技监1－2人，简任，掌理本部技术事项。

设署长1人、司长8人，均简任，主持各署、司之法定事项，置科长24－32人（荐任）、科员120－160人（委任）、技正24人（内8－12人简任，余荐任）、技士32人（内18人荐任，余委任）、技佐20－30人（委任），分别在各署、司办理各科事务和技术事务；设总务、农业、工业、商业、渔牧、矿业、劳工7司和林垦署分掌法定事项：

总务司分5科掌理：（1）文件之收发、分配、撰拟、保存事项。（2）典守印信事项。（3）记录职员进退事项。（4）编制、整理各项统计事项。（5）编辑、刊行出版物事项。（6）部内经费预决算之编制和会计事务之处置事项。（7）部属机关经费和会计之稽核事项。（8）本部官产官物之保管事项。（9）其他庶务事项。

农业司分3科掌理：（1）农业和蚕桑之试验、改良、保护事项。（2）农地之改良事项。（3）病虫害之防除事项。（4）农具与种子之检查、改良、介绍、奖励事项。（5）农业团体之监督事项。（6）农田水利事项。（7）农业知识增进事项。（8）农业银行与合作社之促进事项。（9）田租调查事项。（10）农业与农村经济之调查和统计事项。

工业司分3科掌理：（1）国营化学、机械、冶炼和其他工业之筹设管理事项。（2）民营化学、机械、冶炼和其他工业之奖励、保护、监督、改良与推广事项。（3）工业品征集、试验、检定事项。（4）工业专利与特许事项。（5）国货证明与奖励事项。（6）工厂、工业技师、工业团体之登记、考核及监督事项。（7）工业标准、度量衡之制造、检定、推行事项。（8）工业调查和统计事项。

商业司分5科掌理：（1）国营商业之设计管理事项。（2）民营商业之奖励、保护、监督、改良、推广事项。（3）商品之检验、陈列、展览事项。（4）商号、商标之登记事项。（5）商业金融与国际汇兑之调查、调节、研究事项。（6）交易所与商业团体之登记、监督事项。（7）保险公司与特种营业之核准登记及监督事项。（8）会计师之登记、考核、监督事项。（9）调节物价和销品市场事项。（10）商约与商税之研究事项。（11）商埠与商港经营事项。（12）驻外商务官之指导与监督事项。（13）发展国际贸易事项。（14）商业调查和统计事项。

渔牧司分2科掌理：（1）渔牧保护、监督、奖励事项。（2）渔牧机关与团体之监督事项。（3）畜产与水产之改良、奖进事项。（4）渔税拟定事项。（5）家畜改良与卫生事项。（6）水产、畜产、种子之试验、检查、改良事项。（7）兽疫之调查与防除事项。

矿业司分3科掌理：（1）国营矿业之筹设与管理事项。（2）民营矿业之监督、保护、奖进事项。（3）矿权之特许与撤销事项。（4）矿业登记事项。（5）矿区税之拟订与征收事项。（6）矿业争议之处置事项。（7）矿警之管理事项。（8）矿业之调查统计事项。（9）矿区勘定与矿质分析事项。（10）矿业用地事项。（11）地质调查事项。

劳工司分3科掌理：（1）劳工团体之监督事项。（2）劳工生活之改良与保障事项。（3）工厂、矿场卫生设备之指导、监督、检查事项。（4）工人知识之增进事项。（5）工人失业与伤害之救济事项。（6）劳动保险事项。（7）工人合作社事项。（8）劳资协作与劳资纠纷之调节处理事项。（9）工人与工会间纠纷调解和处置事项。（10）国际劳工事项。（11）劳工移殖与劳工保护事项。（12）劳工统计事项。

林垦署掌理：（1）林业行政事项。（2）公布管理国有林私有林暂行规则与林业考成办法事项。（3）依照前定之林业政策推行林业工作事项。

4.经立法院之议决，实业部得增置和裁并所设各司及其他机关。

1932年10月27日，增设统计处，置统计长1人主持本部统计事项。

1935年6月1日，增设合作司。9月11日，任命章元善为司长。11月16日，合作司正式成立。合作司掌理：（1）合作社之监督事项。（2）合作事业之计划与促进事项。（3）合作事业之指挥与视察事项。（4）合作资金之调剂事项。（5）合作人才之训练事项。（6）合作事业之调查、统计及其他事项。

实业部附设有下列各委员会：会计师惩戒委员会、技师审查委员会、中央农业推广委员会、中央农业推广区管理委员会、奖励工业审查委员会、奖励工业技术审查委员会、会计师资格审查委员会、诉愿审理委员会、商约研究会、国货审查委员会、国营钢铁厂筹备委员会等。

实业部还设有下列各附属机构：商标局、全国度量衡局与所属度量衡制造所及度量衡检定人员养成所、国际贸易局、各商品检验局、农本局、中央工业实验所、中央农业实验所、中央工厂检查处、中央模范林区管理局、中央地质调查所、矿业指导所、工商访问局、中央种畜场、国货陈列馆、江西农村服务区管理处、江浙海洋渔业管理局、闽粤海洋渔业管理局、冀鲁海洋渔业管理局、北平林业试验场、山东林业试验场、祁门茶叶试验场、北平畜场、张家口种畜场、安徽种畜场、正定棉业试验场、南通棉业试验场、武昌棉业试验场、开滦矿务监督处、正丰矿务监督处、裕繁矿务监督处、斋堂矿务监督处、中央机器制造厂筹备处、硫酸錏厂筹备处等。

1937年12月□日，国防最高会议决议裁撤实业部，改设经济部。1938年1月1日，实业部裁撤。

自1930年12月4日－1937年12月31日，孔祥熙、陈公博、吴鼎昌先后担任部长；郑洪年、郭春涛、刘维炽、陈天固先后担任政务次长；穆湘玥、赵锡恩、许锡清、刘维炽、谷正纲、周诒春先后担任常务次长。

国民政府行政院实业部林垦署

1931年1月17日，国民政府公布《实业部组织法》，规定实业部设林垦署。

1932年3月5日，国民政府任命谭熙鸿为林垦署署长，直至1938年1月1日实业部改设为经济部时止，署长人选一直未有变动。

依《林垦署组织法》之规定，其执掌事项有：1. 宜林与宜垦之荒山和荒地勘测、登记事项。2. 林地与垦地之编定和整理及林区与垦区之划分事项。3. 全国造林之设计、奖励、指导事项。4. 保安林之编定及风景林、森林公园之设置事项。5. 公有林之管理或监督事项。6. 私有林之提倡、保护、监督事项。7. 森林警察事项。8. 林产物之利用及奖进事项。9. 林区狩猎事项。10. 公营垦务之计划、经营或监督事项。11. 林垦之查勘事项。12. 林垦争议之调处事项。13. 民营垦务之指导、监督、保护事项。14. 垦地机器、肥料之利用与指导事项。15. 林垦团体与合作社事项。16. 其他垦务事项。

林垦署设署长1人，简任，承实业部部长之命综理署务，下分4科理事。

1938年1月1日，林垦署裁撤。

国民政府行政院经济部

1938年1月1日，国民政府令"实业部著改为经济部"，"建设委员会及全国经济委员会之水利部分、军事委员会之第三部第四部著均并入经济部"。同时，将军事委员会之资源委员会、工矿调整委员会、农产调整委员会（除农产输出国外之贸易事宜外）以及财政部之粮食运销局也并入经济部。1月14日，经济部正式成立，隶于国民政府行政院，成为管理全国经济行政事务之最高机关。同日，国民政府公布之《经济部组织法》规定：

1. 经济部设部长1人，特任，综理部务并监督所属职员和各机关；设政务次长、常务次长各1人，简任，辅助部长处理部务。

2. 经济部设参事厅，置参事4－6人，简任，掌理审核法案命令和计划方案各事项。

设秘书厅，置秘书6－10人（内2－4人简任，余荐任），掌理审核文稿、部务会议、长官交办各事项。设技术厅，置技监2人，简任，技正、技士、技佐各若干人，掌理本部技术事项。

设总务司分3科掌理：（1）收发、分配、撰拟、保存文书事项。（2）典守印信事项。（3）人事、经费、庶务事项。（4）出版物编辑刊行事项。

设农林司分5科掌理：（1）农林、蚕桑、棉花、渔牧等之试验、检查、保护、奖进、推广事项。（2）农田、林区之整理、改良、保护事项。（3）农业灾害之研究、预防事项。（4）农、林、渔、牧各业团体之登记与监督事项。（5）荒山、荒地之测量与垦殖事项。（6）农业建设之设计事项。（7）狩猎之管理事项。（8）合作事业之监督、指导、推广事项。（9）农业经济之调查、设计事项。

设工业司分4科掌理：（1）国营工业之筹设、管理事项。（2）民营工业之保护、奖进、监督事项。（3）制造品之征集、试验、检定事项。（4）工业专利与特许事项。（5）国货之证明与奖励事项。（6）工业、工厂、工业技师之登记、考核事项。（7）工业标准事项。（8）工业调查事项。（9）度量衡制造、检定、推行事项。（10）劳工团体之登记、监督事项。（11）劳工生活之改良与保障事项。（12）劳资合作之指导事项。（13）劳资纠纷之调解事项。（14）工人与工会间关系之协调事项。（15）劳工调查事项。

设商业司分3科掌理：（1）国营商业之筹设、管理事项。（2）民营商业之保护、奖进、监督、推广事项。（3）商品陈列展览与商品检验事项。（4）商号、商标、商业团体之登记与监督事项。（5）交易所、保险公司及特种营业之核准登记与监督事项。（6）会计师之登记、考核、监督事项。（7）物价调节与出品销场事项。（8）商约、商税之研究事项。（9）商埠、商港之经营事项。（10）驻外商务官之指导、监督事项。（11）商业调查事项。

设水利司分3科掌理：（1）水利工程之设计、指导、审核事项。（2）水道保护事项。（3）水权处理事项。（4）水道水文事项。（5）测绘事项。（6）灌溉工程之筹设、管理事项。（7）水利之调查事项。

以上6司置司长6人、科长12－16人、科员100－150人，分司分科办理法定事项。

设矿务局分3科掌理：（1）国营矿业之筹设、管理事项。（2）矿权之特许与撤销事项。（3）矿业之登记、保护、奖进、监督事项。（4）矿区税之征收事项。（5）矿业争议之处理事项。（6）矿警之管理事项。（7）矿业之调查事项。（8）矿区之勘定与矿质之分析事项。（9）矿用地之征收事项。（10）地质调查与矿冶研究事项。

3. 经济部因事务上之必要，并得设各委员会。

5月14日，增设会计处，置会计长1人，分3科掌理岁计、会计、统计各事项。

7月30日，增设统计室，置统计主任1人，掌理原会计处第3科掌理之统计业务：制订统计册籍图表格式、推行与编制统一之统计办法、统计材料之登记与调查和整理及汇编、统计报告之编纂。

9月6日，增设全国度量衡局；9月14日，增设商标局。

1940年5月1日，增任钱昌照为资源委员会副主任委员；5月11日，裁农林、水利二司，其原管农林业务由农林部接管、其原管之水利业务移归行政院水利委员会掌理。10月11日，工业司原经管之劳工行政业务移由行政院社会部接办，经济部辖下之合作事业管理局亦改由社会部辖属。11月9日，增设管制司分3科掌理：（1）资源、物品、动力、工矿事业之管理与统制事项；（2）经济与技术人才之调整与统制事项；（3）经济事业经营标准之核定事项；（4）物价之调节事项；（5）商约、商税之研究事项。11月15日，增设电业司分2科掌理：（1）国营电气事业之保护、奖进、监督事项；（2）民营电气事业之保护、奖进、监督事项；（3）电气事业之注册事项；（4）电力供给之调整、设计、分配事项；（5）水力发电之调整、推进事项；（6）电力、电器、电热器材之检定事项。同日又增设企业司分2科掌理：（1）投资经营事业之筹设、计划、审核、指导、监督事项；（2）投资经营事业内之部派理事、董事、监察、主持人员考核事项；（3）投资经营事业之资产登记、处理办法及审查事项；（4）投资经营事业重要变更之研究、考核事项；（5）其他关于企业之各事项。同日还将统计室扩大为统计处，置统计长1人，处内分3科掌理：（1）工矿电各企业之统计事项；（2）商业、物价、物资管理之统计事项；（3）人事、财务之统计事项。

1944年1月□日，增设人事室，置室主任1人，掌理原总务司经管之人事业务。

1946年5月22日，原属经济部之资源委员会改由行政院直辖。6月□日，经济部各司、处增置帮办1人（由各司、处之科长、专门委员、简任技正兼任，当司、处长因故不在时，兼代司、处长职务）。7月14日，裁撤企业司。同日，增设国际贸易司，接办原商业司经管之国际贸易事项与原财政部贸易委员会经管之全部事项，分3科掌理：（1）全国进出口贸易之统筹事项。（2）民营进出口贸易之保护、奖进、监督事项。（3）进出口品类之拟定、介绍、证明事项。（4）进出口商品之检验事项。（5）驻外商务官之指导、监督事项。（6）国际商务会议与国际展览会之参加、举办及商业团体交往互派事项。（7）国际贸易争议之处置事项。（8）贸易政策、商约、进出口税则、外汇之研究与建议事项。（9）国外商情、国际贸易法规之调整与研究事项。（10）在华外商之调查事项和其他事项。

1948年5月17日，经济部改设为工商部。

1949年3月21日，经济部再度设立；4月，原设之农林、水利两部缩编为署，并入经济部。

自1938年1月14日-1949年4月23日（其间除去1948年5月17日-1949年3月21日改设为工商部外），翁文灏、王云五、李璜、陈启天、孙越崎先后担任经济部部长；秦汾、谭伯羽、萧铮、张子柱、刘泗英、简贯三先后担任经济部政务次长；何廉、潘宜之、谭伯羽、潘序伦、童季龄先后任经济部常务次长。

经济部先后附设有下列各委员会：诉愿审理委员会、合办事业监理委员会、农业评议委员会、中央农业实验所基金保管委员会、技师审查委员会、特种工业指导委员会、奖励工业技术审查委员会、国货审查委员会、会计师资格审查委员会、工业标准委员会、推广小工业设计委员会、敌货审查委员会、新生活运动委员会、钨锑专款管理委员会、农矿工商管理问题研究委员会、水泥管理委员会、复兴水利建设设计委员会、特种工业保息补助审查委员会、钢铁管理委员会、采金局协助金矿基金保管委员会、工业专利办法筹议委员会、经济事业考核委员会、厂矿职工指导委员会、省营公司监理委员会、非常时期工业技工管理委员会、总动员问题研究委员会、工业标准委员会、民营厂矿自费派员出国审查委员会、经济部六周年纪念矿冶奖金审查委员会、技工训练委员会、民营工矿贷款核议委员会、国外实习人员考选委员会、法规研究委员会、工业善后筹议委员会、经济部七周年纪念奖金审查委员会、收复区工矿事业整理委员会、计划委员会、接收工矿器材委员会、上海证券市场复业筹备委员会、收复区工业电商事业接收工作审议考核委员会、全国经济调查委员会、工商辅导工作考核委员会、员工福利委员会、技工训练设计委员会、发展纺织工业基金保管委员会、处理日本赔偿物资委员会、投资事业管理委员会、配售民营事业日本赔偿物资评价委员会。

经济部还设有下列各附属机构：农本局、中央农业实验所、江西农村服务区管理处。中央地质调查所及其华北分所和西北分所。中央水工试验所。中央工业试验所。全国度量衡局。黄河水利委员会、华北水利委员会、导淮委员会、扬子江水利委员会、珠江水利工程局、江汉工程局、泾洛工程局、金沙江工程处、湖北堤工专款保管委员会、金水河流域农场、水利设计测量队。合作事业管理局。工矿调整处。矿冶研究所。燃料管理处。采金局。资源委员会。商标局。商品检验局与上海、天津、青岛、汉口、重庆、广州、梧州7商品检验局及重庆商品检验局万县检验分处。西昌办事处。平价购销处。物资局。日用必需品管理处。技工训练处。无线电台。煤焦管理处、上海与河北天津2燃料管理委员会。经济部液体燃料管理委员会。各收复区特派员办事处、存印物资接收委员会。全国花纱布管理委员会（纺织事业管理委员会、纺织事业调节委员会）、中国纺织建设公司。驻越南代表办事处。上海、天津2交易所监理员办公处。上海、广州、汉口、天津、重庆、沈阳6工商辅导处。中华烟草公司。工业器材总库。中央标准局。蚕丝产销协导委员会、中国蚕丝公司。重庆、兰州、北平3工业试验所。经济部特种经济调查处。驻美、英、菲3商务参事办公处、驻英商务办公处、驻新加坡商务参事专处。

国民政府行政院经济部资源委员会

1938年1月14日，国民政府军事委员会资源委员会改归国民政府行政院经济部辖属，原国民政府建设委员会经办之电力事业归由资源委员会接办。时资源委员会已由原来的筹划经济动员兼事工业建设进而变成为经办国营工业机关，以开发、管理重要资源为目的，其工作重心一为建设与经营工业、矿业、电业，二为经管矿产出口、易货赔偿事宜。其具体职掌有：1. 创办、管理、经营基本工业。2. 开发、管理、经营重要矿业。3. 创办、管理、经营电气动力事业。4. 经办政府指定之其他事业。

经济部资源委员会置主任委员1人，承经济部部长之命综理会务与监督所属职员并负责召集委员会议，置副主任委员1人，辅助主任委员处理会务；置委员8-12人，由经济部部长聘任。另置技正20-30人，办理各项技术事务。

资源委员会改归经济部后，将原设之矿室、冶金室合并为"矿冶研究所"并改由经济部辖属；将原设之电气室交由会设之电工器材厂兼办。资源委员会内设有秘书、工业、矿业、电业4处和技术、经济研究、购料、会计4室，以主任秘书1人、处长3人和室主任4人主持各处、室事务：

1. 秘书处置秘书3人，分6组掌理机要文书、人事、法制、料运、事务、稿件核阅各事项。

2. 工业处分6组掌理：（1）机械、电机、冶炼、化工工厂之筹划与管理事项。（2）各工程进行之考核、监督事项。（3）考核各工厂生产、营业成本事项。（4）审核各工厂计划、章则、合同、人事事项。（5）拟议各工厂预算决算之编制与资金之拨发事项。（6）关于机械、电机、冶炼、化学工业之计划、研究、调查、试验及各工业机关业务之考核、统计事项。（7）工作报告之编审事项。

3. 矿业处分3组掌理：（1）各矿业生产事业之筹划、管理事项。（2）施工计划与工程报告之审核事项。（3）国内外重要矿业生产之调查、研究事项。（4）特种矿产品之管制、产收、运销事项。（5）会签各矿业机关预决算与资金拨付事项。（6）审核各机关人事、章则、契约、工作报告事项。

4. 电业处分6组掌理：（1）各电厂筹办事项。（2）各电厂管理之设计、指导、考核、改进事项。（3）各电厂预决算编制与资金拨付事项。（4）审核各电厂人事、章则、报表事项。（5）电业之调查、研究、计划及电业材料事项。

5. 技术室置专门委员若干人，掌

理：(1) 本会所属各项事业之技术设计、研究、试验事项。(2) 技术方案之审核事项。(3) 技术视察、指导事项。

6. 经济研究室掌理：(1) 本会所办工、矿、电气业经济方针之研究、设计事项。(2) 工作报告与统计资料之征集、整理、分析、汇编事项。(3) 本会各事业所在地生活指数与市场之调查、研究、编制事项。(4) 经济情报之调查、收集事项。(5) 季刊编辑发行事项。

7. 购料室分4组掌理材料之采购、储运、料款、调查、审核各事项。

8. 会计室分5组掌理：(1) 本室人事事项。(2) 本会暨所属各单位会计章则事项。(3) 本会各生产事业、管理、运输事业之会计、账务事项。(4) 本室文书事项。

1939年6月8日，增设财务委员会，由资源委员会正、副主任委员会派10－12人为委员并指定其中1人为常务委员，承正、副主任委员之命，分理财与出纳2组，在秘书处调用人员掌理：(1) 资源委员会所属各事业单位资金核拨与调度事项。(2) 资金运用之指导与监督事项。(3) 财务报告之审核事项。(4) 借款与发行债券之接洽及管理事项。(5) 借款之审核、监督及外汇筹划事项。

1942年5月□日，改购料室为"购料处"；改财务委员会为"财务处"。

1943年1月□日，改会计室为"会计处"。12月□日，改各处、室之组为"科"。

1944年10月□日，改秘书处掌人事之第3科为"人事处"（分3科治事）。

1938年1月14日－1946年5月22日，翁文灏一直兼任资源委员会主任委员，自1940年5月1日增设副主任委员起，此职务一直由钱昌照担任。1946年5月22日，经济部资源委员会改由行政院辖属。

国民政府行政院农林部

1940年1月23日，行政院第449次会议决议设立农林部。3月15日，国民政府特任陈济棠为农林部部长。5月11日，国民政府公布《农林部组织法》。6月14日，林翼中被任为农林部政务次长。7月22日，农林部正式成立，原经济部农林司经管之农林业务及其附属机构统由农林部接管。《农林部组织法》规定：

1. 农林部掌理全国农林、渔牧、垦殖行政事宜，隶属于行政院。

2. 农林部设部长1人，特任，综理部务，并监督所属职员和各机关，设政务次长、常务次长各1人，辅助部长处理部务。

3. 农林部设参事处，置参事2－4人，简任，掌理撰拟与审核本部法案、命令、计划、方案各事项；设秘书处，置秘书3－5人，简任，掌理部务会议记录、机要文件及部长交办各事项；设会计室，置会计主任1人，荐任，掌理岁计、会计事项；设统计室，置统计主任1人，荐任，掌理统计事项；设总务、农事、农村经济、林业、渔牧5司及垦务总局，各司各置司长1人，简任，主持各司、局事务（垦务总局置局长1人主持局务），分掌各事项：

总务司分4科掌理：(1) 文件之收发、分配、撰拟、保存事项。(2) 部令公布事项。(3) 印信、档案、图书之保管事项。(4) 出版物之编辑与刊行事项。(5) 本部公有财产之保管与款项出纳事项。(6) 本部与所属各机关职员任免、成绩考核事项。

农事司分4科掌理：(1) 农作物与农村副业之试验、检查、保护、奖进、推广事项。(2) 农地之整理、改良、保护事项。(3) 农作物灾害之研究与预防事项。(4) 土壤、肥料、种子、农具之改良与推进事项。（5）农业团体之指导、监督事项。（6）农事调查、蚕桑及其他农事事项。

农村经济司分3科掌理：（1）耕地租用之调整与改进事项。（2）农村贷款之设计与分配事项。（3）集体耕作之实验与指导事项。（4）农事金融与农业保险之设计、调节、指导事项。（5）农村经济之调查事项。（6）农民生计之扶植与保护等事项。

林业司分3科掌理：（1）荒山、荒地之勘测与造林事项。（2）宜林地之编定、整理及林区划分事项。（3）保安林之编定与风景林及森林公园之设计事项。（4）公有林与私有林之管理、监督、保护事项。（5）林产物之利用与奖进事项。（6）林业团体之指导与监督事项。（7）森林警察与狩猎管理事项。（8）林业之调查和设计事项。

渔牧司分3科掌理：（1）渔牧之保护、监督、奖励事项。（2）家畜病疫之防治事项。（3）种畜之试验、检查、改良事项。（4）兽类与禽类及水产之保护事项。（5）渔牧团体之监督与指导事项。（6）渔牧之调查与设计事项。（7）其他渔牧事项。

垦务总局（1941年2月□日成立，农林部部长陈济棠兼任局长）掌理：（1）公营垦务之计划、经营、监督事项。（2）民营垦务之指导、扶助事项。（3）垦务团体之指导、扶助事项。（4）宜垦荒地之调查与测勘事项。（5）垦民之征集与垦务人才之培养事项。（6）垦区规划事项。（7）垦地整理事项。（8）工具与肥料之利用、指导事项。

4. 农林部对于各地方最高级行政长官执行本部主管事务有指示、监督之责，就其主管事务对于地方最高级行政长官之命令或处置认有违背法令或逾越权限时，得提经行政院会议议决后停止或撤销之。

1943年8月21日，改会计室为会计处，置会计长1人主持处务，分3科掌理岁计审核、账务、会计人事各事项。

1946年10月30日，裁撤垦务总局，增设垦务司，置司长1人，简任，主持司务，分3科掌理垦殖业务之规划、设计、经营、督导等事项；增设人事室，置室主任1人，荐任，主持室务，掌理人员任免、考核、抚恤、登记等事项。同日，还将渔牧司改设为"渔业司"和"畜牧司"，各设司长1人，简任，主持司务，渔业司分3科掌理：（1）渔业之保护、奖励、推广、监督事项。（2）水产养殖与制造之试验、改进、检验事项。（3）渔业权之核准、登记、拟销事项。（4）水产动植物之保护事项。（5）渔场设备与渔船渔具之设计、指导事项。（6）渔港市场之规划、督导事项。（7）渔业警察事项。（8）水产团体之指导和监督事项。畜牧司分3科掌理：①畜牧事业之保护、监督、奖励事项。②家畜疫病之研究与防治事项。③种畜和畜产之试验、改良、检验事项。④兽类与禽类之保护事项。⑤畜牧经济之调整与设计事项。⑥畜牧团体之监督、指导事项。

1940年3月15日-1949年4月□日，陈济棠、沈鸿烈、盛世才、谷正纲、周诒春、左舜生先后任该部部长，林翼中（1940年6月14日始任）、雷法章、彭吉元、郭大鸣（代）、严慎予、谢登平先后任该部政务次长，钱天鹤、周昌芸先后任该部常务次长。

农林部设有下列各委员会：设计考核委员会（1941年□月□日成立时称"附属机关业务审核委员会"，1942年□月□日先后改称为"业务工作设计审核委员会"、"业务工作设计考核委员会"，1943年□月□日起定称为"设计考核委员会"）、农业复员委员会（1944年□月□日设立时称"农业复员专门委员会"，1945年□月□日改组为"农业复员善后计划设计委员会"，1946年1月

□日改定称为"农业复员委员会")、农产促进委员会（1938年5月□日成立，属经济部，1942年□月□日改隶于农林部，至1945年1月□日，与"粮食增产委员会"合并改组为"农业推广委员会"）、粮食增产委员会（1941年1月□日成立，1945年1月□日与"农产促进委员会"合并改组成"农业推广委员会"，1947年11月□日恢复"粮食增产委员会"原称）、诉愿审理委员会、农业技师审查委员会、农村经济建设委员会、农产运销改进委员会、蚕丝委员会、化学肥料事业管理委员会、西北羊毛增产委员会、河北垦业农场管理委员会等。

农林部还辖有下列各附属机构：中央农业实验所，病虫药械制造实验厂，农田水利工程处，棉产改进处，烟产改进处，西北淀粉厂，无锡农具实验制造厂，上海实验经济农场，江西水土保持实验区；中央林业实验所，第一经济林场，第二经济林场，秦岭国有林区管理处，洮河流域国有林区管理处，东江水土保持实验区，洪江民林督导实验区；中央水产实验所，冀海、江浙、闽台、广海4区海洋渔业督导处，中央畜牧实验所，西北羊毛改进处，滁县牛种、良丰牛种、西北役畜3改良繁殖场，西南、西北、青海、东南、华北、华西、晋绥7兽疫防治区；农业经济研究所，农业推广委员会，辅导遂宁合作农场办事处，河北垦业农场，农业勘查调查团。

1949年4月□日，农林部缩编为农林署并隶于经济部之下。

国民政府行政院农林部农业推广委员会

1945年1月，农林部将1941年1月□日设立之粮食增产委员会和1938年5月□日成立原隶于经济部、至1942年□月□日改隶于农林部之农产促进委员会合并改组为"农林部农业推广委员会"，执掌下列各事项：1. 农业推广之设计与督导事项。2. 农林、渔牧、垦殖及农田水利事业之推广事项。3. 粮食作物与棉花之推广事项。4. 农业推广人员之训练事项。5. 农业推广材料之繁殖、供应事项。6. 农民团体之指导与推广贷款之洽办事项。7. 农产品加工与运销之提倡及指导事项。

农业推广委员会置正、副主任各1人，简任，承农林部部长之命综理会务、主持农业推广委员会会议；置委员7－13人。会内设有秘书室、会计室、人事室、设计考核委员会，技术方面则分成6个组理事。

1947年11月□日，农林部恢复设立农业增产委员会，负责粮食增产计划拟订事项、预算审查事项、粮食增产工作之督导与考核及工作联系事项；其正、副主任委员由农林部部、次长兼任并指派本部与其附属机关之高级职员11－17人兼该会委员，不定期举行会议，所有粮食增产工作方针与要点经委员会会议议决后，交由农业推广委员会拟具详细计划、经农林部核准后施行；会内之主任秘书、会计、稽核各1人，均由委员兼任；置办事员若干人，负责文书与资料管理工作。

1948年2月□日，农业推广委员会增设统计室。6月□日，原设之6组改设为4组。5月20日，总统制实行，农林部仍为中华民国总统府行政院职能部门之一，农业推广委员会亦赓续存在。

国民政府行政院农林部垦务总局

1940年1月23日，行政院第449次国务会议决议设立之农林部所设9个司、局、所中，垦务总局是其中唯一的总局。2月，垦务总局成立，其执掌事项被规定为：1. 公营垦务之计划、经营、监督事项。2. 民营垦务之指导、扶助、监督事项。3. 垦务团体之指导、监督事项。4. 宜垦荒地之调查、测勘事项。5. 垦务之调查事项。6. 垦民之征集事项。7. 垦务人员之培植事项。8. 垦区之规划与垦地之整理事项。9. 垦地工具与肥料之利用及指导事项。10. 垦区内之水利、交通、教育、卫生、治安事项。垦务总局置局长1人，简任，承农林部部长之命综理局务，局内分4科掌理各事。于各垦区设有管理局或办事处。

1946年10月30日，农林部增设垦殖司主管垦殖事业各事项，垦务总局被裁撤。其间，陈济棠、沈鸿烈先后兼任该总局局长。

国民政府行政院全国粮食管理局

1940年7月30日，国民政府任命卢作孚为局长、何廉与熊仲韬及何北衡为副局长，成立全国粮食管理局，隶于国民政府行政院，掌理统筹全国粮食之产销、储运、调节、供求各事宜，由局长综理局务，副局长协助局长处理局务。局内设秘书与研究2室及行政管制、业务管制、财务3处，并设技正、技士、专员、稽核、视察等，分理法定各事项：

1. 秘书室置秘书主任1人、秘书2－4人，掌理：（1）文书撰拟、审核、缮校、收发各事项。（2）典守印信事项。（3）档案之保管事项。（4）人事之甄别、调查、审核事项。（5）法规之编审事项。（6）庶务处理事项。

2. 研究室掌理：（1）各地粮食产销盈虚之统计事项。（2）各类粮食品质之研究事项。（3）各地粮食市场之改进事项。（4）粮价稳定之研究和有关材料征集事项。

3. 行政管制处分4科掌理：（1）各级粮食管理机构之指导、监督及协助事项。（2）粮食产销储运之调查与登记事项。（3）粮食市场之管理事项。（4）粮价之平准事项。

4. 业务管制处分4科掌理：（1）全国军民粮食购销数量之决定事项。（2）购销地域之分配与业务之支配事项。（3）各地粮食运储之协助与保藏方法之指导事项。（4）各地粮食加工和调剂之规划及管理事项。（5）各地粮食之检验事项。

5. 财务处分2科掌理：（1）业务资金之筹划、领拨、保管事项。（2）业务会计之设计事项。（3）业务预算之编造事项。（4）其他财务之审核事项。

6. 技正、技士若干人，于主任技正1人指挥之下，办理技术设计各事项。

7. 专员若干人，办理研究与审核专门事项。

8. 稽核若干人，受正、副局长与各主管处、室之指挥，执行稽核各事项。

9. 视察若干人，于局长、副局长与各主管处、室指挥下，执行视察任务。

同年10月□日，于各省设粮食管理局，于各县设粮食管理委员会，于各乡（镇）设粮食干事1人，建立起从中央到地方基层的垂直粮食管理系统。

1941年5月20日，国民政府行政院全国粮食管理局改组成国民政府行政院粮食部。

国民政府行政院粮食部

1941年7月4日，国民政府公布《粮食部组织法》，规定：

1. 粮食部掌理全国粮食行政事宜，隶于行政院。

2. 粮食部设部长1人，特任，综理部务并监督所属职员与各机关，设政务次长、常务次长各1人，简任，辅助部长处理部务。

3. 粮食部设参事厅、秘书处、督导室与总务、人事、民食、储运、军粮、财务6司及调查、会计2处分理各事：

参事厅分3组掌理：（1）本部施政方针之拟议事项。（2）本部工作计划之汇编事项。（3）本部所属机构之设置、裁并、调整及工作计划之审核事项。

（4）本部法规章则之审核、撰拟、公布各事项。（5）本部所属各机关组织规程、章则之审核事项。（6）各省市粮食法规之审核事项。（7）诉愿、再诉愿之审核与决定事项。

秘书处分3组掌理：（1）本部收文之分配和提呈事项。（2）部稿之复核和呈判事项。（3）文稿之翻译、撰拟、保管、缮校事项。（4）部务会议之记录与议案之编制及整理事项。（5）各种会议报告之汇编事项。

督导室分3组掌理：（1）督导区域之划分事项。（2）督导人员之分配事项。（3）督导工序之规划和指导事项。（4）各地违反粮食管理案件之处理事项。（5）督导人员之训练与考核事项。（6）督导报告之审核事项。（7）各地督导工作之调查事项。（8）各地宣传工作之指导、推进事项。（9）宣传材料之编制与印发事项。

总务司分3科掌理：（1）文件之收发、撰拟、保管事项。（2）部令之公布事项。（3）印信之典守事项。（4）经费之出纳事项。（5）出版物之编辑与刊行事项。（6）部产之登记和管理事项。（7）庶务与不属其他厅、司、处、室事项。

人事司分3科掌理：（1）职员之任免、调迁、考核、奖惩、训练、福利事项。（2）人事调查事项。（3）其他有关人事事项。

民食司分5科掌理：（1）各省粮食行政计划与工作报告之指导、审核事项。（2）粮食政令之推行、指导、考察事项。（3）粮食纠纷案件之处理事项。（4）粮食之供应与调剂事项。（5）平价米之统筹供应事项。（6）各学校、工厂、机关团体购粮之审核与指导事项。（7）省际粮食盈虚之调剂事项。（8）各省粮荒救济事项。（9）战区与沦陷区购粮计划之核定与指导事项。（10）粮食进出口之管理与指导事项。（11）粮食管制之指导与监督事项。（12）粮食消费节约事项。（13）田赋征实经收部分之规划与指导事项。（14）粮食征募规划、指导、监督事项。（15）粮食灾歉登记与征购减免审核事项。

储运司分4科掌理：（1）仓库管理法规章则之拟定事项。（2）公私仓库工程与设备之管理及考查事项。（3）粮食储藏技术之指导事项。（4）粮食查验和验收事项。（5）粮食加工制造之调查、规划、技术指导事项。（6）各省积谷管理与监督事项。（7）粮食水陆运输路线之规划与水陆运输设备、材料、工具之购置和改善及调度各事项。（8）运费之审核与登记事项。（9）粮食储运之联系与统计事项。

军粮司分4科掌理：（1）军粮供应之规划与筹办事项。（2）各战区（省区）军粮及其配置与督导事项。（3）军粮调拨与分配事项。（4）购粮用费计算、军粮单据账册查核与存转事项。（5）军粮调拨之统计与报告事项。

财务司分4科掌理：（1）粮食资金之筹划事项。（2）财务报告之编制事项。（3）资金之出纳与保管事项。（4）各省与各附属机关资金之稽核与审查事项。（5）粮食库券之印制与发行事项。（6）粮食经费之收支与统计事项。

调查处分4科掌理：（1）粮食产品和耕地面积之调查事项。（2）各地粮食生产、消费、储藏、转运及粮价之调查事项。（3）视察报告之审查、整理、编纂事项。（4）有关粮食情报资料之征集与编制事项。

会计处分4科掌理：（1）岁计、会计事项。（2）指挥各附属机关会计人员事项。

此外，粮食部还设有：稽核若干人，承长官之命掌理稽核各项收支报告、书表、簿籍、凭证等事项；技正、技士若干人，承长官之命掌理各种技术事项。

因事实上之必要，粮食部得聘用顾问和专门人员。

1941年7月□日，庞松舟被任为粮食部常务次长。1942年4月3日，刘航琛被任为政务次长。9月22日，裁撤民食、军粮2司；储运司改名"储备司"；增设管制、分配2司；原民食司职掌基本归由管制司掌理，管制司另增下列执掌事项：1. 粮食市价之调整与平定事项。2. 粮商之登记与管理事项。原军粮司职掌基本归由分配司掌理，分配司另增下列掌理事项：1. 公粮划拨与民食供应及调剂之筹划事项。2. 粮食运输之规划与调度事项。3. 粮食运输工具和路线之配备事项。4. 粮食出纳与转移之指挥与考核事项。原储运司职掌中之粮食运输业务划归分配司掌理，其余职掌则由储备司掌理。

1944年7月10日，改人事司为"人事处"，分2科掌理原来经管业务。9月□日，督导室扩组为"督导处"，分3科掌理原经管各项业务。

1945年2月□日，原财政部之田赋管理委员会改隶粮食部。3月□日，田赋管理委员会改组为"田赋署"，置正、副署长各1人及主任秘书1人，分6科和会计、人事2室掌理全国田赋征实、征借、经收、册籍管理各事项。

1947年2月□日，调查处并入管制司，原隶于调查处之统计室升格为部属室。

1949年3月21日，粮食部缩编为署并隶于财政部之下。

1941年5月20日－1949年3月21日，徐堪、谷正伦、俞飞鹏、关吉玉先后任该部部长；刘航琛（1942年4月3日始任）、端木杰、庞松舟、端木恺、关吉玉、陈良先后任该部政务次长；庞松舟、赵龙文、陈良、田雨时先后任该部常务次长。

粮食部先后设有下列各委员会：粮政计划委员会、工程审核委员会、员工福利委员会、工作成绩考核委员会（1942年10月□日成立，后改称"设计考核委员会"）、诉愿审议委员会（1946年10月□日成立）、粮食紧急购储委员会（1948年8月□日成立，后改称"粮食购储委员会"，1948年11月□日成立）。

粮食部先后设有下列各附属机构：仓库工程管理处，粮食部粮食运输处和九江、武汉2区粮食储运处及上海、南京、芜湖、沙市4个粮食总仓库和无锡、扬州、怀宁、和县、宜昌、三河6个粮食仓库，四川粮食购运处（后称"四川粮食储运局"），重庆市平价米供应处，重庆市统购统销督导处，仓库督导室，修建四川仓库工程管理处，粮食部粮食工厂管理处，修建四川仓库工程稽核委员会，田赋署，中国粮食工业公司，仓库工程管理处，重庆民食供应处（后改称"陪都民食供应处"），四川第1－3民食供应处，粮食部川东南督粮特派员办公处，粮食部上海粮政特派员办公处，粮食部重庆碾米厂。

国民政府行政院粮食部田赋署

1945年8月7日，国民政府任命彭纶为粮食部田赋署副署长，标志着财政部田赋管理委员会的结束和粮食部田赋署接管全国田赋行政事宜正式开始运作。

依照《粮食部田赋署组织条例》之规定，田赋署职掌为：1. 田赋征额之核配事项。2. 田赋折征标准事项。3. 田赋及经征计划和章则事项。4. 征实考核事项。5. 赋地册籍之整理、编造事项。6. 改订科则事项。7. 田赋催收与升科除粮复粮事项。8. 征收机构与其经费配置和审核事项。9. 土地调查事项。10. 征粮附加之稽核事项。11. 有关田赋资料之搜集与整理事项。

田赋署正、副署长各1人，由国民政府简任，署长承粮食部部长之命综理署务，副署长辅助署长处理署务。署内

设第1-6科分理各事:

1. 第1科掌理:(1)田赋计划、章则事项。(2)田赋征实、征购、征借之折征标准与征额核配事项。(3)随赋征购、征借粮食与带征县级公粮事项。(4)田赋旧欠事项。(5)田赋减免事项。(6)督征宣导事项。(7)经征业务之考核事项。

2. 第2科掌理:(1)经收计划、章则事项。(2)经收实物种类之核定及其容量与重量之折合事项。(3)验收工具、验收实物之成色及方法事项。(4)经收业务之考核事项。

3. 第3科掌理:(1)整理与编造赋地册籍事项。(2)改订科则事项。(3)田赋催收及升科除粮复粮事项。(4)赋籍整理与催收业务之考核事项。

4. 第4科掌理:(1)征收机构之配置、审核事项。(2)征实、征借收数之稽核事项。(3)田赋、征购、征借粮食收据与数目之清理事项。(4)审核交代案件与核派监盘事项。(5)田赋征收考成事项。(6)稽核征收凭证与册籍事项。

5. 第5科掌理:(1)土地负担之调查研究事项。(2)征粮附加之稽核与纠察事项。(3)行政诉愿案件之处理事项。(4)田赋有关资料之搜集与整理事项。

6. 第6科掌理:(1)行政计划与工作报告之编制事项。(2)印信之典守事项。(3)文件之收发、分配、撰拟、缮校、保管事项。(4)契据、簿册、有价证券之保管事项。(5)出纳、庶务及不属其他各科之事项。

1945年8月7日-1949年3月21日,张导民(1946年9月11日始任)任该署署长,副署长则有彭纶、刘允衡(1947年6月17日-1948年12月29日)相继担任。

1949年3月21日,粮食部田赋署被改设为财政部田粮署。

国民政府行政院地政署

1941年12月23日,五届中执会第9次全体会议决议:1. 为遵行孙中山先生平均地权之遗教并实施土地政策,设置地政署直隶于行政院,其业务以掌理地籍、地价及土地使用为主,对于地价申报、有关地政之调查与统计事务,尤应着手进行。其他凡行政院各部有关地政之职掌,应由行政院详为审议,分别划归该署主管,以专责成。2. 内政部地政司应于地政署成立之日裁撤归并。3. 土地之税收与田赋整理事项,仍由财政部办理。

1942年6月□日,国民政府任命祝平为行政院地政署副署长,任命王南原、刘岫青、朱章宝为地政署地籍、地价、地权3处处长,任陈正谟署地政署参事。6月22日,地政署正式成立,接办原内政部地政司和地价申报处掌理之各项业务。10月□日,又任命何崇杰为地政署参事、范泽山为总务处处长。11月18日,任命郑震宇为署长,地政署职官配备齐全。

依国民政府公布之《地政署组织法》之规定:

1. 地政署直隶于行政院,掌理全国土地行政事宜,对于各级地方政府执行本署主管事务有指导、扶助之责,于地政署主管事务对各级地方政府之命令或处分认有违背法令或逾越权限者,得呈请行政院停止或撤销。

2. 地政署设正、副署长各1人,均简任,署长综理署务并监督所属职员和机关,副署长辅助署长处理署务。

3. 地政署设参事、秘书、视察、技术、会计、统计、估计专员、人事8室和总务、地籍、地价、地权4处分掌各事项:

参事室置参事1-3人,简任,掌理撰拟与审核本署法案、命令、计划、方案等事项。

秘书室置秘书2-4人,内1人简任,余荐任,掌理机要文件与长官交办事项。

视察室置视察3-5人,内1人简任,余荐任,掌理视察与指导土地行政事项。

技术室置技正6-10人,内3人简任,余荐任;置技士9-20人,内6人荐任,余委任;置技佐8-16人,委任,掌理技术各事项。

会计室置会计主任1人,荐任,佐理员6-10人,委任,依法掌理岁计、会计事项。

统计室置统计主任1人,荐任,佐理员6-10人,委任,依法掌理统计事项。

估计专员室置估计专员4-6人,委任,承长官之命督导各地方办理规定地价事宜。

人事室置主任1人,荐任,助理员2-4人,委任,掌理人事管理事项。

总务处置处长1人,简任,科长3人,荐任,分3科掌理:(1)文件收发、分配、撰拟、保管事项。(2)典守印信事项。(3)各级地政机关之组织与地政经费之筹划事项。(4)本署与各级地政机关之人事管理事项。(5)本署公物保管、经费出纳及庶务事项。(6)出版物之编辑与刊行事项。

地籍处置处长1人,简任,科长3人,荐任,分3科掌理:(1)土地测量与登记事项。(2)土地册籍之保管事项。(3)土地之调查事项。(4)公有土地之清理事项。(5)土地之重划与其他地籍事项。

地价处置处长1人,简任,科长3人,荐任,分3科掌理:(1)规定地价与地价申报之规划事项。(2)土地改良物估价事项。(3)地价各则标准之拟定事项。(4)督导地价册编制及其他地价事项。

地权处置处长1人,简任,科长3人,分3科掌理:(1)规划地权调整事项。(2)处理地权诉愿事项。(3)统制土地使用事项。(4)指导土地金融与其他地权事项。

地政署先后还设有:地政研究委员会、设计考核委员会、诉愿审议委员会、地政法规整理委员会。还附属有:中央土地测量队、测量仪器制造厂。

1947年4月23日,行政院地政署扩组为"行政院地政部"。

国民政府行政院地政部

1947年4月17日,国民政府公布第10次修正之《中华民国国民政府组织法》。在行政院所设23个部、会、署、局、处、团中,地政部列第13位(列水利部之后而在卫生部之前)。同日,李敬斋被任为该部部长(1948年12月22日由吴尚鹰继任),郑震宇于5月14日被任为政务次长(7月9日由汤惠荪继任,1949年1月6日由祝平继任),汤惠荪于6月11日被任为常务次长(7月18日由鲍德澂继任)。程元赓、吴文晖、魏树东、许振鸢、武旭如5人先后被任为地籍、地用、地权、地价、总务5司司长;李师珏被任为会计处处长,原行政院地政署正式扩组为"行政院地政部"。

扩组后的地政部,部长特任,由行政院院长提请国民政府主席依法任免,综理部务并监督所属职员和机关,政务次长与常务次长简任,辅助部长处理部务。部、次长以下,设有参事、秘书、技术3厅和地籍、地用、地权、地价、总务5司及会计处与人事、视察、统计3室,分理法定各事项,其新设之地用司执掌:(1)土地调查事项。(2)土地使用统制事项。(3)土地重划事项。(4)土地与房屋租赁管制事项。

1949年3月21日,地政部缩编为地政署并隶于内政部之下。

国民政府行政院社会部

1940年10月1日,中央执行委员会社会部改隶于国民政府行政院,原行政院内政部民政司经管之社会福利业务与原行政院经济部附属机构之一的全国合作事业管理局经管业务,统一划归国民政府行政院社会部掌理。10月11日,国民政府公布《社会部组织法》,规定:

1. 社会部掌理全国社会行政事宜,对于各地方最高级行政长官执行本部主管事宜有指示、监督之责,就本部主管事宜对于各地方最高级行政长官之命令或处分认有违背法令或逾越权限者,得提经行政院会议议决后停止或撤销之。

2. 社会部设部长1人,特任,综理部务并监督所属职员和各机关,设政务、常务次长各1人,简任,辅助部长处理部务。

3. 社会部设参事、秘书2厅与视导、会计、统计3室及总务、组织训练、社会福利3司和合作事业管理局,分理各法定事项:

参事厅置参事2-4人,简任,掌理撰拟与审核本部法案、命令、计划、方案事项。

秘书厅置秘书3-5人,内2人简任,余荐任,掌理部务会议与部长交办事项。

视导室置视导6-10人,内4人简任,余荐任,掌理视察与指导全国社会行政事宜。

会计室置会计主任1人,荐任,佐理员若干人,委任,掌理岁计、会计各事项。

统计室置统计主任1人,荐任,佐理员若干人,委任,掌理统计事项。

总务司置司长1人,简任,综理司务,分5科掌理:(1)文件之收发、分配、撰拟、保存事项。(2)部令之公布事项。(3)印信之典守事项。(4)本部与附属机关职员之任免、奖惩、考核事项。(5)部有官产、官物之保管事项。(6)经费出纳事项。(7)出版物之编辑与刊行事项。

组织训练司置司长1人,简任,综理司务,分7科掌理:(1)人民团体之组织训练事项。(2)各种人民团体相互关系之调整与联系事项。(3)劳资争议之处理事项。(4)社会运动与人民团体目的事业外一般活动之指导和监督事项。

社会福利司置司长1人,简任,综理司务,分6科掌理:(1)社会保险之指导实施事项。(2)劳动者生活之改良事项。(3)社会服务事业之倡导与管理事项。(4)日常生活费用指数之调查与统计事项。(5)职业介绍之指导与协助事项。(6)贫苦、老弱、残废等之收容与教养事项。

合作事业管理局置局长1人,简任,综理局务,分4科掌理:(1)全国合作事业计划之推进事项。(2)合作指导方法之研究事项。(3)合作实验区之设计与管理事项。(4)全国合作事业之调查事项。(5)合作规章之拟订事项。(6)合作刊物之编辑事项。(7)合作社登记之审核事项。(8)合作社工作人员之训练、考核、奖惩事项。(9)合作金融之调整与监督事项。(10)合作社物品供销业务之指导事项。

4. 社会部因事务上之必要,得聘顾问和专门委员若干。

5. 经立法院之议决,社会部得增置或裁并所设各司、局和其他各机关。

1941年1月□日,改会计室为"会计处",置会计长1人,简任,综理处务。3月21日,秘书厅增设机要室,置主任1人,荐任,掌理机要文电事项。4月28日,改统计室为"统计处",置统计长1人,简任,综理处务。11月24日,增设人事室,置主任1人,荐任,掌理人事业务各事项。

1942年9月18日,增设劳动局,

置局长1人，简任，综理局务，分3处各置处长1人，简任，综理处务，并分科掌理：(1)人力之调查、登记、统计事项。(2)总动员业务所需人力之征用与编制事项。(3)限制或调整从业者之就职、退职、受雇、解雇及其薪俸工资之综合联系事项。(4)限制机关团体雇用工人之综合联系事项。(5)私人雇用工役之职务与能力之查报及其数额之限制事项。(6)人力动员计划之拟定与演习事项。(7)劳动服务之推进事项。(8)一般力资之管制事项。(9)被征工人利益之保护事项。

1943年4月□日，增设工矿检查室，掌理全国工厂、矿场之检查事项。年底，增设社会服务事业管理处，置处长1人，简任，综理处务，分3组掌理：(1)直隶各社会服务业务之计划、推行、研究、设置、管理事项。(2)推行服务业务与其他有关团体或国际间合作及联系事项。(3)地方服务事业之计划、推行、指导、监督事项。(4)地方社会设施之倡导、奖励、监督、考核与社会生活之指导、改进事项。(5)复员服务与"荣军"服务之计划、推行、指导、监督及服务机构之筹设与管理事项。(6)有关机关团体设施之合作与联系事项。

1946年4月□日，工矿检查室扩大为"工矿检查处"，置处长1人，简任，分3科掌理：(1)工矿检查法规之拟定事项。(2)工矿检查之执行、指导、监督、考核事项。(3)工矿检查之宣传教育、设计研究、改进事项。(4)工矿检查资料之搜集、译制、译述事项。(5)工矿检查人员之训练事项。

1947年3月□日，增设社会保险局筹备处，置处长1人，分4科掌理：(1)拟定社会保险业务方案与实施章则事项。(2)筹划社会保险业务基金事项。

9月□日，《社会部组织法》修改，所设职能部门有下列变动：

1. 改组织训练司为"人民团体组织司"，其掌理事项亦改为：(1)人民团体之审核登记、指导、监督及一般活动之扶助与指导事项。(2)人民团体相互间关系之调整、联系事项。(3)国际团体组织之参加与协助事项。(4)外国侨民团体组织之登记、考查事项。

2. 改社会福利司为"劳工司"，其掌理事项亦改为：(1)劳工生活之改良与保障事项。(2)劳工福利之倡导与推行事项。(3)工时与工资标准之制定事项。(4)劳资关系之协调与争议之处理事项。(5)技术劳工之登记与调节事项。(6)国联劳工组织合作联系事项。

3. 设"社会救济司"掌理：(1)社会救济制度之实验与推行事项。(2)救济设施之登记、指导、考核、奖励事项。(3)灾难救济之实施事项。

4. 设"儿童保育司"掌理：(1)儿童福利之实验与推行事项。(2)儿童保育机构之登记、指导、考核、奖励事项。(3)特殊儿童之教养辅导事项。(4)童婴与母性之保护事项。(5)儿童生活与营养之倡导及改进事项。

5. 设"社会服务司"掌理：(1)社会秩序之整饬与改进事项。(2)社会服务之实验与推行事项。(3)社会服务设施之登记、指导、考核、奖励事项。(4)社会运动之倡导与促进事项。

6. 设"义务劳动管理处"掌理国民义务劳动各事项。

7. 正式成立"社会保险局"掌理社会保险业务之实施事项。

8. 裁撤劳动局与社会服务事业管理处。

9. 总务司、合作事业管理局、工矿检查处、参事厅、秘书厅、人事室、视导室、会计处、统计处9部门之设置与职掌一仍其旧。

1948年12月□日，改"人民团体组织司"为"人民团体司"；改"劳工司"为"工人司"（增加工人团体组织之登记与指导职能）；改"儿童保育司"为"妇女儿童司"（增加妇女福利倡导与推行职能）；恢复"劳动局"设置（掌理人力动员、国民义务劳动、国民就业辅导等职能）；撤销"义务劳动管理处"。

1940年10月24日-1949年3月21日，谷正纲一直任该部部长，洪兰友、贺衷寒、吴开先相继任该部政务次长，黄伯度一直任该部常务次长。

社会部先后设有社会行政计划、职工福利、工作成绩考核、社会法临时起草（后改为"社会法起草"）、人口政策研究、儿童福利研究、社会工作业务人员人事管理制度研究、社会工作人员训练、出版审查、专题研究、工作竞赛、亚洲劳工会议准备、荣誉军人就业辅导、福利救济事业审议、设计考核、复员、统计、法规、诉愿共19个委员会。

社会部辖有16个附属机构：重庆市工人服务总队、工人福利社、重庆（及各地）育幼院、汤峡口模范垦殖新村、重庆工运督导专员室、中华海员工会特派员办事处、劳工供应站、重庆实验救济院、各地社会服务处、重庆残废教养所、重庆游民习艺所、北碚儿童福利实验区、重庆婴儿保育院、重庆幼婴院、职业介绍所、习艺工厂。

国民政府行政院水利委员会

国民党政府成立后，与以前一样，水利行政事宜仍无统一主管机关，其中水灾防御事宜属内政部掌理，水利建设事宜属国民政府建设委员会掌理，农田水利事宜属农矿部掌理，河道疏浚事宜属交通部掌理。1928年7月□日，国民政府建设委员会设华北水利委员会。1929年1月□日，国民政府设黄河水利委员会、导淮委员会。1930年□月□日，华北水利委员会改隶于内政部。1934年1月□日，黄河水利委员会、导淮委员会改隶于国民政府全国经济委员会。1938年1月14日，国民政府行政院成立经济部，始将分属于内政部、交通部、全国经济委员会分别掌理之有关水利事项一体收归经济部设水利司专门掌理。1940年9月□日，又将经济部主管之水利行政事项划出，设立行政院水利委员会专事掌理。

1940年9月20日，国民政府公布《行政院水利委员会组织法》，规定：

1. 行政院水利委员会掌理全国水利行政事宜，其主管事项为：（1）设计与指导水利事业各事项。（2）测绘水道地形与测验水文气象事项。（3）勘查水利工程事项。（4）拟定水利技术标准事项。（5）兴办、督察、考核、验收水利工程事项。（6）养护、管理水利工程事项。（7）审核水利工款事项。（8）规划、推进兴办水利政策事项。

2. 行政院水利委员会设委员长1人，特任，由行政院院长提请国民政府主席依法任免（副委员长同此），召集、主持水利委员会会议，综理会务并监督所属职员与各机关，作为行政院会议组成人员之一，参与行政院重大行政事项之议决；设副委员长1人，简任，协助委员长综理会务；设委员7-9人，由国民政府简任；设处长3人，简任，在所设之3处主持处务。

3. 行政院水利委员会对于各地方最高级行政长官执行本会主管事宜有指示、监督之责，对各地方最高级行政长官执行本会主管事宜之命令或处分认有违背法令或逾越权限者，得提经行政院会议议决后停止或撤销之。

4. 行政院水利委员会设参事、秘书、会计3室与总务、设计、工务3处，分别掌理各室、处法定事项：

参事室掌理撰拟与审核本会主管法案、命令各事项。

秘书室掌理长官交办事项和机要事项。

会计室掌理岁计、会计、统计各

事项。

总务处掌理：（1）文件之收发、分配、撰拟、保存事项。（2）会令之公布事项。（3）印信之典守事项。（4）本会职员之任免、奖惩事项。（5）水利技术人员之训练与登记事项。（6）兴办水利之奖励与推进事项。（7）本会官产官物之保管事项。（8）本会款项之出纳事项。（9）出版物之刊行事项。（10）庶务与不属他处、室之事项。

设计处掌理：（1）水利事业之设计与指导事项。（2）水道与地形之测绘事项。（3）水文与气象之测绘事项。（4）水利工程之勘查事项。（5）水利研究与水工试验事项。（6）水利技术标准之拟订事项。（7）水利刊物之编审事项。（8）其他水利设计事项。

工务处掌理：（1）水利工程之兴办、督导、考核、验收事项。（2）水利工程之养护与管理事项。（3）水利工款之审核事项。（4）工料之征集事项。（5）材料与工具之采购、分配、保管事项。

1941年7月□日，行政院水利委员会改行丰任委员制，改原设之委员长为"主任委员"，原设之副委员长裁撤，改设常务委员4人，另以内政、财政、经济、交通、农林5部部长及振济委员会委员长为当然委员，设委员若干人；将秘书室扩大为"秘书处"，增设秘书长1人，简任，增设主任秘书1人，简任，设秘书若干人，处下分4科掌理：（1）文件之收发、分配、缮校事项。（2）档案之编存与整理事项。（3）印信之典守事项。（4）会议之记录事项。（5）本会与附属机关职员及雇员之任免、登记、考勤考绩、铨叙事项。（6）本会经费与事业费之出纳事项。（7）附属机关款项之汇拨事项。（8）现金与证券及契约和票据之登记、保管事项。（9）公物之购置、分配、管理事项。（10）公役管理与训练事项。

1943年水利委员会机构设置变动较多：

1. 增设人事室，掌理：（1）人事规章之拟订事项。（2）人员任免、迁调、级俸签核事项。（3）铨叙之查催事项。（4）人员抚恤与福利事项。（5）人员训练与人事调查统计事项。（6）人员考勤、考绩、考试各事项。

2. 增设统计室，掌理：（1）统计册籍与图表格式之制订事项。（2）编制统计统一办法与推行事项。（3）统计材料之登记、调查、整理、汇编事项。（4）统计报告之编纂事项。（5）所属机关统计人员之指导、监督事项。（6）所属机关统计工作之分配事项。（7）所属机关统计册籍图表格式之审查制定事项。（8）所属机关统计报告之审核与汇编事项。（9）统计工作与人事报告之核转事项。

3. 增设技监室，分4组掌理：（1）水利事业之研究、规划、实施、推进事项。（2）重要工程计划与水利技术问题之研究与审核事项。（3）水利技术资料之征集与整理事项。（4）查勘工作之筹划与报告之整理编辑事项。（5）各项水利工程之考察事项。

1944年11月□日，改秘书处为"总务处"，增设参事2人；会计室改设为"会计处"。

1945年7月18日，改行委员长制，设委员长1人，执行水利委员会会议之议决，综理会务并监督所属职员与各机关；副委员长1人，辅助委员长处理会务；设委员7－9人、秘书5人，增设视察4人掌理视察事项。取消了原有常务委员、当然委员、秘书长之设。

1940年9月□日－1947年4月23日，水利委员会委员长与主任委员一职一直由薛笃弼担任，常务委员一直为陈果夫、傅汝霖、秦汾、茅以昇4人，副委员长一直由沈百先担任，直至1947年4月23日改设为水利部。

行政院水利委员会辖下列水利机

构：黄河水利委员会、华北水利委员会、扬子江水利委员会、导淮委员会、珠江水利工程局、中央水利工程实验处、治河工程处。

1947年4月23日，水利委员会扩组为行政院水利部。

国民政府行政院水利部

1947年4月23日，行政院水利委员会改组扩大为行政院水利部。7月18日，国民政府公布《水利部组织法》，规定：

1. 水利部隶于行政院，掌理全国水利行政事宜，对于各省最高级行政长官执行本部主管事项有指示、监督之责，就本部主管事项对于各地方最高级行政长官之命令或处分认有违背法令或逾越权限者，得提经行政院会议议决后停止或撤销之。

2. 水利部置部长1人，特任，置政务、常务次长各1人，简任，均由行政院院长提请国民政府主席（1948年5月20日后改由"中华民国总统"）任免，部长综理部务并监督所属职员与各机关，作为行政院会议成员之一，参与行政院对重大行政事宜之议决；政务次长、常务次长会同协助部长综理部务。

3. 水利部设参事、秘书、技术3厅与会计处、人事室、统计室及总务、水政、防洪、渠港、水文5司，分理法定事项：

参事厅置参事3－4人，简任，分2组掌理：（1）撰拟、审核、修订、公布、解释颁部法规事项。（2）处理诉愿与涉及法律案之审议事项。

秘书厅置秘书3－5人（内2人简任、余荐任）分2组掌理：（1）机要文稿之撰拟事项。（2）部设机构文稿之审核事项。（3）电务之管理事项。（4）重要稿件之复核事项。（5）长官讲演之记录与手谕及紧要文件之催办和检查事项。（6）机密文件之保管事项。（7）新闻之发布事项。

技术厅置技监1人，简任，技正18－25人（内12人简任、余荐任）技士25－30人（内12人荐任、余委任）技佐20－25人（委任）分3组掌理：（1）水利事业计划之研究、规划事项。（2）工程计划之审核事项。（3）水利技术问题之研究与审核事项。（4）水利技术标准之拟订事项。（5）水工学术之研究事项。

会计处置会计长1人，简任，主持会计处事务，下分3科掌理：（1）本部与所属机关预算、概算、决算之调查与核编及核转和登记事项。（2）各项验收与监察之会办事项。（3）本部与所属机关会计制度、章则之设计、修订、核转事项。（4）债权与债务契约之审议事项。（5）支付凭单之签核事项。（6）记账凭证、会计簿籍之编制与登记事项。（7）本部会计报告之编送事项。（8）本部与所属机关会计人员之任免、调迁、训练、考核事项。（9）会计法令规章之审订、解释事项。

人事室掌理：（1）人事规章之拟订事项。（2）人员任免、迁调、级俸之签核事项。（3）铨叙案件之查催事项。（4）职员福利、抚恤、训练、进修事项。（5）人事登记、调查、统计事项。（6）职员之考勤考绩事项。

统计室掌理：（1）统计报告之编纂事项。（2）统计册籍与图表格式之制订事项。（3）统计材料之登记、调查、整理汇编事项。（4）所属机关统计人员之指导、监督、工作分配事项。

总务司置司长1人，简任，综理司务，下分4科掌理：（1）文书之收发、撰拟、缮校、保管各事项。（2）印信之典守事项。（3）款项之出纳、保管事项。（4）公有财产、公有物品之保管事项。（5）庶务与不属他司、处、室之事项。

水政司置司长1人，简任，综理司

务,下分3科掌理:(1)水权之处理与登记事项。(2)水利机构之规划与组织事项。(3)兴办水利之奖励事项。(4)诉愿事件之处理事项。(5)水利刊物之编辑事项。(6)其他水利行政事项。另设有资料室掌理水政资料之搜集、整理、保管事项。

防洪司置司长1人,简任,综理司务,下分2科掌理:(1)洪水之控驭事项。(2)堤防之规划与修守事项。(3)报汛与防汛事项。(4)水力工程之规划、兴修、管理、养护事项。(5)水力机械工具之研究、改进、推广事项。(6)民营水力事业之督导事项。(7)其他有关防洪事项。

渠港司置司长1人,简任,综理司务,下分2科掌理:(1)水道之整理、改进、养护事项。(2)运渠与大规模灌溉事业及排水工程、洗碱与改淤工程之规划、兴修、养护各事项。(3)其他有关港渠事项。

水文司置司长1人,简任,综理司务,下分2科掌理:(1)水文测验之规划、实验事项。(2)水道地形之测量事项。(3)水工与土工之试验及研究事项。(4)水工与土工仪器之研究、制造事项。(5)其他有关水文事项。

4. 水利部因实际之需要,经立法院决议与行政院会议通过,得增置或裁并各司、处。

是年11月□日,水利部增设器材司,置司长1人,简任,综理司务,下分3科掌理:(1)水工器材之采购、验收、装备、修理、分配、运输、研究、制造事项。(2)水工机械技工之训练事项。(3)其他有关水工器材事项。原由水文司经管之水工与土工仪器研究和制造事项移归器材司掌理。

1949年3月21日,水利部缩编为水利署隶于经济部。

1947年4月23日-1949年3月21日,水利部部长由薛笃弼、锺天心先后担任,政务次长由沈百先、王培仁先后继任,常务次长一直为马兆襄。

水利部(包括水利委员会时期)设有下列各委员会:诉愿审议委员会、法规编审委员会、技术人员资历审查委员会、设计考核委员会、财务审查委员会、水权登记审核委员会、学术审查委员会、建筑工程委员会、水利法规修订委员会。

水利部之附属机构有:淮河水利工程总局(1947年7月1日由导淮委员会改组而成,至1948年12月□日结束)、黄河水利工程总局(1947年7月1日由黄河水利委员会改组而成,1948年12月□日结束)、长江水利工程总局(1947年7月1日由扬子江水利委员会改组而成,1948年12月□日结束)、华北水利工程总局(1947年7月1日由华北水利委员会改组而成,1948年12月□日结束)、珠江水利工程总局(1947年7月1日由珠江水利委员会改组而成,1948年12月□日结束)、江汉工程局、海河工程局、泾洛工程局、中央水利实验处、水利示范工程处、湖北堤工专款保管委员会、新疆水利勘测总队、甘肃河西水利工程总队、黄河堵口复堤工程局、各勘测队、各水文站。

国民政府全国经济委员会——国民政府行政院全国经济委员会

1931年6月6日,国民政府公布《全国经济委员会组织条例》,规定:

1. 国民政府为促进经济建设、改善人民生计、调节全国财政,设立全国经济委员会隶属于行政院,凡国家一切经济建设或发展计划、其经费由国库负担或补助者,均应经全国经济委员会审定并呈请国民政府核定,全国经济委员会并得审核该建设或发展计划之工作及费用。

2. 全国经济委员会设委员若干人,由国民政府特派,以行政院正、副院长和内政、财政、交通、铁道、实业、教育6部部长及其他有关经济建设之中央各机关主管长官为当然委员,由当然委员推选并呈请国民政府任命至多不得超过11人为委员,由行政院正、副院长为正、副委员长。

3. 全国经济委员会设秘书长1人,简任,秘书2-4人(内2人简任,余荐任)技正4-8人(内4人简任,余荐任);秘书长承正、副委员长之命处理会内一切事宜,秘书助理秘书长处理行政事宜,技正办理各种经济设计事宜。

4. 全国经济委员会得分设各处、所,办理主管各事项,并得组织各种专门委员会研究各项专门问题、派专门人员视察或指导各种计划之实施。

6月14日,国民政府任命蒋介石、宋子文兼任全国经济委员会正、副委员长。9月26日,任命蒋介石等17人为该委员会委员并由朱家骅兼委员会秘书长,全国经济委员会筹备处成立,以秦汾为筹备处主任,秉承委员长之命办理一切筹备事宜并代行秘书长职权。筹备处设公路、工程、农村建设3专门委员会为审议机构;设公路处(辖第1-4区公路工程督察处)、工程处(辖江汉、江赣、皖淮、里下河4个工程局和豫省工务所及金水闸办事处)、中央卫生实施实验处、湖北堤工专款保管委员会为实施机构。10月30日,秘书长朱家骅辞职,此后再未见有秘书长之任命。12月15日,蒋介石第二次下野,行政院院长由陈铭枢代理,全国经济委员会委员长亦由陈铭枢代理。12月28日,行政院院长孙科正式兼任该委员会委员长。

1932年1月28日,蒋、汪合作体制形成,汪精卫以行政院院长继孙科而兼任全国经济委员会委员长。5月30日,中执会政治会议第312次会议通过《全国经济委员会组织条例》,规定由当然委员推选、呈请国民政府任命的委员人数至多不得超过21人。8月16日,设立工程专门委员会。9月□日,设立了工程处。12月□日,设立公路处。

1933年9月5日-9月7日,蒋介石在庐山牯岭召开谈话会,决定全国实行统制经济,将行政院全国经济委员会改组。9月13日,中执会政治会议上,汪精卫报告两案:1. 全国经济委员会组织变更,扩大职掌范围,直隶于国民政府,采用常务委员制,以汪精卫、孙科、宋子文为常务委员,其委员名额与人选由常委提请中执会政治会议决定。2. 麦棉借款交全国经济委员会支配,并另组监督与保管机关。9月16日,汪、孙、宋3常委在上海会商扩组全国经济委员会及其委员人选事宜,并确定麦棉借款用途。9月23日,国民政府公布《修正全国经济委员会组织条例》,规定该委员会由国民政府直隶。9月30日、10月1日,汪、孙、宋在上海与孔祥熙连续商谈全国财政及全国经济会事宜。10月11日,中执会政治会议通过全国经济委员会人选:1. 特派汪精卫、孙科、宋子文为全国经济委员会常务委员。2. 特派黄绍竑等25人为全国经济委员会委员。12月8日,常务委员增设为5人,蒋介石、孔祥熙被列为常务委员。

1934年1月□日,常务委员第3次会议决定:1. 将原设各"专门委员会"改称"委员会"。2. 将"工程委员会"改名为"水利委员会","工程处"改称"水利处","中央卫生设施实验处"改称"卫生实验处"。3. 增设"农业处"、"西北办事处"、"江西办事处"、"驻沪办事处"、"棉业统制委员会"、"蚕丝改良委员会"。如此,全国经济委员会经扩大、改组、调整,计设有8处7委员会,其分掌事项如下:

1. 秘书处:由秘书长(一直为秦汾)承常务委员之命主持一应事务,设3科分掌文书撰拟、典守印信、人事、会议记录、经费、庶务及各项专款事项等。

2. 公路处：设处长1人（一直为陈体诚），分3科掌理公路建设与发展计划、特定公路工程直接实施、公路卫生与安全、公路车辆与燃料之审核、公路研究资料与公路技术人员登记各事项。

3. 水利处：于处长（由茅以昇、郑肇经相继担任）之下，分设计、业务2科执掌水利建设与发展计划之设计与审核、拟订水利工程法规、督察与考核水利工程、水利工程人员登记与训练各事项。

4. 卫生实验处：于处长（一直为刘瑞恒）之下，分防疫检验、化学药物、寄生虫学、环境卫生等9系掌理传染病研究与预防、药材与药品研究、寄生虫病调查、环境卫生、组织社会医疗救济、卫生工作人员训练等事项。

5. 农业处：于处长（一直由赵连芳担任，1936年1月□日裁撤该处）之下，分3科掌理农业技术工作连络与辅助、农业试验与改良工作之实施、农村改良与农村救济机构工作、荒地垦殖与农田灌溉之实施各事项。

6. 西北办事处：驻西安，于主任（一直为刘景山）之下，分总务、技术2科掌理开发西北、办理西北各省经济建设事项（1937年7月30日，该处撤销）。

7. 江西办事处：驻地南昌，专为配合"围剿"苏区而设，于主任之下，分总务、技术2科，掌理江西省之"经济建设"事项。（1935年3月2日撤销，经办事项交农业处、卫生实验处办理）。

8. 驻沪办事处：主任邓勉仁之下，分文书、事务2科掌理沪地一切接洽事宜。

9. 棉业统制委员会：于主任委员陈光甫之下，分经济、原料、运销、制造4组，掌理植棉的改良与推广、纺织机械制造、棉业与纺织业管理等事项。

该委员会在南京设有"中央棉产改进所"，负责推动全国棉产改进事宜（1937年7月1日裁，其经办事项由实业部接办）。

10. 蚕丝改良委员会：于主任委员曾养甫之下，分经济、蚕桑、丝茧、推销4组，掌理改良原料减低成本、改良制造提高质量、改良贸易方法、训练蚕丝人才各事项（1937年7月1日裁，其经办事项由实业部接办）。

11. 公路委员会：掌理公路建设计划之审议、公路建设经费之核议、公路法规与公路工程标准之审核等事项（1938年4月□日，并入交通部）。

12. 水利委员会：掌理水利建设计划与经费之审议、水利法规与水利工程标准之审核等事项（1938年4月□日，并入经济部）。

13. 卫生委员会：掌理卫生计划之拟订、视察卫生设施、研究卫生问题等事项（1938年4月□日并入卫生署）。

14. 教育委员会：掌理建议教育政策、改革教育计划、研究教育问题等事项。

15. 农村建设委员会：掌理农业建设计划之拟订、推广农业统计、设计移民、垦殖、灌溉、防灾、农业信贷与合作之研讨等事项。

此外，国民政府全国经济委员会还有导淮委员会、黄河水利委员会、扬子江水利委员会、华北水利委员会、广东治河委员会5个直辖水利机构。

1938年11月□日，国民政府全国经济委员会裁撤。

1947年3月24日，六届三中全会决议：鉴于"以往行政院各自为政，而最高经济委员会等形同虚设，民间对经济政策之反应……无由沟通表达"，故应责令政府"健全全国经济委员会之组织、设计、监督、实行经济政策之责任"。缘此，5月26日乃将国民政府最高经济委员会改组，重设全国经济委员会，隶于行政院，掌理下列各事项：1. 主要经济政策之决定事项。2. 主要经济计划和方案之制定事项。3. 全国资源充分有效利用之督导事项。4. 特种经济措施之督导事项。5. 经济部门相互间工作之联系事项。该委员会设委员长1人，由行政院院长兼任，副委员长1人，由行政院院长呈请国民政府特派，设委员28－34人，以行政院院长和经济、交通、农林、财政、粮食、社会、地政、水利8部部长及资源委员会委员长、主计部主计长、善后救济总署署长、中央银行总裁13人为当然委员，另由行政院院长就国内富有经济学识与经验者聘任15－21人（内7－11人专任），设秘书处，置正、副秘书长各1人，设参事4－6人、秘书4－6人、正副组长各5人、专门委员18人，均简派，专员20人（内8人简派，余荐派）、科长15－20人，均荐派，设组员35人、办事员20人，均委派，所有以上各简、荐、委派之人员，均由行政院调用，另聘中外专门人员5－10人为顾问；因事务之必要，并得酌用雇员。

秘书处下分设5组掌理下列各事项：1. 经济政策、计划、方案之审定事项。2. 各经济部门工作之联系与配合事项。3. 物价、工价、运价之调查、稳定、调整等各种办法之审定、督导与指数之征集、审编事项。4. 财政与金融政策之审定事项。5. 对外贸易之发展与国际收支之平衡及利用外资之审议事项。6. 土地使用、水利开发、农林粮食生产运销、农民生活改进等之策划与督导事项。7. 工矿业生产计划、器材、燃料、动力之供应与调节事项。8. 交通运输之配合事项。9. 工业资金运用之督导事项。10. 劳工就业之策划与督导事项。

全国经济委员会还设有资料、总务2室，掌理下列各事项：1. 全国各重要地区一般经济情况资料之调查、收集、编制简明统计图表事项。2. 各机关经济资料之使用事项。3. 办理文书、会计、人事、庶务各事项。因事实上之必要，并得设立各特种委员会。

1947年4月14日，行政院院长张群兼任该委员会委员长。5月22日，陈立夫等21人被聘为该委员会委员。5月26日，全国经济委员会正式成立。6月19日，派顾毓琇为该会副秘书长。9月24日，派陈宗经等15人为该会专门委员，派田良骥等7人为该会专员，派陈康等3人为该会参事，开始了行政院全国经济委员会的全面运作。

该委员会设有下列4个特别委员会，掌理各自之法定事项：

1. 公共工程委员会：置正、副主任委员各1人与委员9－15人及工程师、副工程师、帮工程师、工务员各若干人，分组掌理全国公共工程之规划、实施、指导、督导各事项（其所实施或督导之工程，由全国经济委员会委员长"随时指定"）。

2. 物价委员会：以全国经济委员会委员长为主任委员，以经济部部长为副主任委员，以财政、交通、粮食、社会4部部长与主计部主计长及南京、上海2市市长和委员长指定之5－7人为委员，掌理：（1）物价严格管制区域之指定事项。（2）议价与限价之指导、监督事项。（3）禁止投机垄断与其他操纵行为之指导、监督事项。（4）日用必需品生产与运销之指导、调剂事项。（5）公用事业价格之核定事项。（6）工资与利润之评定事项。（7）物价之管制事项。

3. 国营事业出售监理委员会：置主任委员1人、委员11人、主任秘书1人，专员与组员及办事员各若干人（除少数专任外，均由全国经济委员会与行政院各部、会中调用），分组掌理：（1）出售事业估价、标价、售价之审核事项。（2）出售方法之督导事项。（3）承购人资格之审定事项。(4)承购优先次序之审定事项。(5)其他有关出售国营生产事业之审核事项。

4. 纺织事业调节委员会：1947年6月，"为促进纺织事业之建设"而成立。11月下旬，物价涨风陡起，按蒋介石关于控制物价"应以花纱布管制为中心，以金融措施相配合"之手令，纺织事业调节委员会于12月改组为"花纱布管理委员会"。

国民政府行政院经济会议

1937年8月12日，中执会常务委员会第50次会议决议设立国防最高会议，11月□日，国民政府军事委员会国家总动员设计委员会改隶国防最高会议并由时任军事委员会秘书厅秘书长的张群主持。乃因该会主管各事与行政院关系密切，"非改隶【行】政院不易推动，遂有改组之令"，行政院正在调整推动之中，"忽又奉命取消，其后，因事实需要，奉令在【行政】院成立经济会议"，指定由时任行政院院长兼财政部部长的孔祥熙兼任主席，与时任军事委员会办公厅主任的贺耀组共同"负责办理"。

1940年7月6日，中执会五届七中全会通过《总裁交议：拟于行政院增设经济作战部并设置战时经济会议，加强经济效率，适应长期抗战需要案》。12月7日，行政院经济会议正式成立，该会议乃全国战时经济行政权力最高之综合机构，亦即适应战时需要之经济参谋本部，专负战时经济统筹、政府一切经济设施审定与执行之督导及其成绩考核之责，其以行政院院长蒋介石为主席（由副院长孔祥熙代理），集合了行政院与军事委员会有关战时经济各部及有关重要部门长官与代表为委员（亦有称为"会员"者），即行政院正副院长、秘书长、政务处长与财政、经济、军政、交通、农林、社会6部部长及全国粮食管理局局长（1941年5月20日改为粮食部部长）、资源委员会主任委员、军政部军需与兵工2署署长、财政部贸易委员会主任委员，军事委员会正副参谋总长、军令与后方勤务2部部长、委员长侍从室第一、三处主任，中央设计局秘书长，中央银行正副总裁，四行联合办事总处秘书长及正副主席特别指定之人员为委员（亦称"会员"），主席依事实需要并得指派临时列席人员。经济会议设秘书长1人，副秘书长2人，由行政院院长于委员中指派，秉承主席之命处理会务及督导各业务机关执行经济会议议决事项并考核其成绩。

经济会议秘书处设下列各组分科掌理各事项：

1. 秘书室：置正副主任各1人、秘书若干人，承长官之命掌理法制之审定、各组（会）间之联系、文件撰拟与机密文件缮校及保管、电报编译、文电收发与图书及档案保管、印信典守与人事及会计和庶务、宣传、视察、交际等事项。

2. 政务组：置正副主任各1人，由行政院秘书处、政务处派员分任之，掌理经济行政机关之调整与联系、经济作战与政治之配合及联系、国际经济之联系与协调、经济会议之准备与记录及整理等事项。

3. 粮食组：置主任1人、副主任2人，由全国粮食管理局局长（1941年5月20日起改由粮食部常务次长）、农林部中央农业实验所所长、经济部农本局总经理分任之，掌理粮食增产与非必要作物之生产限制、粮食之分配与消费及节约和限制、粮食代用品之利用、粮价平定与粮食市场控制及防止囤积操纵等事项。

4. 物资组：置主任1人、副主任2人，由经济部管制司司长、平价购销处处长、燃料管理处处长分任之，掌理发展工矿等生产与手工业之促进及调整、物资之储备与调节、发明品之奖励与废弃物资之利用、企业组织与技术管理之改进及产品之规定、物资消费之分配与节约、限制利润与平定物价及控制市场和防止囤积操纵等事项。

5. 工资组：置正副主任各1人，由社会部福利司司长、经济部工矿调整处副处长分任之，掌理劳力之调节与分配及管理和征用、劳动工作时间之规定与劳动纠纷之防止及仲裁、劳动教育与卫生福利之改进、残废荣誉军人之职业分配、劳工失业救济与职业介绍等事项。

6. 运输组：置正副主任各1人，由军事委员会运输统制局指挥处副处长、交通部驿运管理处副处长分任之，掌理运输交通之配备与改进、运输路线之开辟与利用、运输力夫工具之调节与分配及管理和征用、进口物资之运输、粮食物资之运输等事项。

7. 金融组：置正副主任各1人，由四行联合办事总处副秘书长、财政部钱币司司长分任之，掌理金融机构之联系与业务调整、内汇与外汇之统制、国际资金利用、法币发行之调节、敌伪破坏金融之防止与对敌金融破坏策动等事项。

8. 贸易组：置正副主任各1人，以财政部贸易委员会副主任委员、经济部商业司司长分任之，掌理贸易机构之调整、国际商业之推广与管理、国际贸易与易货之促进、国内与省际货物流通及商业之调整和保护、战区与战地物资之搜购及运销等事项。

9. 合作组：置正副主任各1人，以社会部合作事业管理局长、工业合作协会官方人员分任之，掌理合作机构之调整与管理、生产与运销及信用和消费合作事业之筹划与推进、合作资金之统筹等事项。

10. 调查组：置正副主任各1人，于有关机关中指定负责人员分任之，掌理经济机构与经济行政之调查、国营与民营事业之调查统计、粮食与物资及劳力之调查统计、财政与金融及运输和商情之调查统计、国际经济资料之搜集与统计、敌伪经济设施与其实况之调查统计等事项。

11. 检察组：置主任1人，副主任2人，于有关机关中指定负责人员分任之，掌理经济检察与取缔违法事务之规则、经济检察机构之调整与其业务之督导、各级行政机构与经济检察工资组之促进、经济上一切弊端与浪费之检察、物资资敌与敌货输入之检察、经济检察人员之训练等事项。

12. 军事组：置主任1人、副主任2人，以军政部军务司司长、军粮总局局长、军令部指定之高级人员分任之，掌理战时经济与军事之配合和联系、经济作战之企划与指导及其与军事作战之联系、军需品与军需工业之整备运用、军事粮食与物资及劳力之供需与调节及增进和征购并分配、军事运输与其他运输之调节和联系、敌伪封锁之突破与渗透及反封锁等事项。

此外，经济会议还设有各种专门委员会，以指派之专门人员组织之；秘书处与所属各室、组得调用或委派必要人员并得聘请专家。

1942年4月30日，经济会议奉令改组为国家总动员会议，仍直隶于行政院；5月1日，国家总动员会议成立，由行政院院长蒋介石"躬亲领导"，会务则派由秘书长沈鸿烈"负责处理"。

国民政府行政院国家总动员会议

1941年12月23日，五届九中全会通过《加强国家总动员实施纲领案》决议10条，规定：以全国人民力量充分发挥与合理使用、士兵之粮秣与械弹供应无缺、土地之使用竭尽其利、一切物力之补充继续不匮、全国人民之生活能维持健康之水准相要求，以达到【抗战】军事胜利为目标，在此要求与目标之前提下，无论何人，其劳力之所获或其所有之物资，除供给其本人及其他节约、合理之需要外，应悉为国家战斗之用，并应尽量提供政府征购或借用，不得私作无益消耗或囤积隐藏之行为；全国土地应受国家之统制；运用金融之权力完全属于国家。并规定：由中央设置全国总动员机构，综理推动各项动员业务，"原有之国民精神总动员会及新生活运动总会及其他有关动员之机构，应合并工作"。

1942年3月29日，国民政府明令公布《国家总动员法》和经国防最高委员会第82次常务会议通过之《国家总动员会议组织大纲》，5月1日，正式成立国家总动员会议直隶于行政院，其主席由行政院院长兼任，其职权为：1. 策划国家总动员有关人力、物力、财力之统制、运用并推动其业务。2. 审查行政院所属各主管机关国家总动员有关之方案、计划与法案、命令。3. 协调行政院所属各主管机关国家总动员工作之执行并考核其成绩。4. 联系非行政院所属各机关国家总动员有关之工作。

国家总动员会议委员分"指派委员"、"聘任委员"两种，均由行政院院长指派或聘任：行政院秘书长、政务处长与内政、外交、军政、财政、经济、教育、交通、农林、社会、粮食10部部长、四行联合办事总处秘书长及其他由院长指派之人员为"指派委员"；中央党部、国防最高委员会、中央设计局、党政工作考核委员会之4位秘书长与国民政府主计长及军事委员会正副参谋总长、军令与后方勤务2部部长、委员长侍从室第一－三处主任、运输统制局局长、其他由院长聘任之人员为"聘任委员"。

国家总动员会议设常务委员3人，辅助主席处理日常事务，其人选由主席就委员中指定之。

国家总动员会议全体委员会议每月举行一次，必要时得召集临时会议，均由行政院院长召集；其常务委员会议每星期一次，并得通知与讨论事项有关之委员出席。

国家总动员会议对外不行文，其一切决议由行政院行之（但关于事务之处理，得用国家总动员会议公函或处、组公函行之）。

国家总动员会议设秘书处与军事、人力、财力、物力、粮盐、运输、检察、文化8组分任各项研究、审核及建议等工作：1. 秘书处，置正副处长各1人，均简派，承常务委员之命指挥、监督所属处理秘书处事务，置秘书2－4人，简派或荐派；处内设法制室、调查室、文书科、议事科分掌各项事务，每室置主任1人，简派，每科置科长1人，荐派，各室、科各置科员若干人，荐派或委派；所设各组各置主任1人，简派，各置秘书1人，专员若干人，简派或荐派，各置组员2－4人，荐派或委派，各组于必要时得置副主任1人（简派）；秘书处与各组职员除专任者外，得向各有关机关调用必要人员，并得由国家总动员会议雇用办事员及书记分派至各科、室、组办事；所设各组均各设置业务小组会，由组主任召集各主管机关负责人员及国家总动员会议聘请之专门人员参加。此外，国家总动员会议得设各种委员会并得聘请专门人员。

国家总动员会议所设各处、组执掌事项略如下述：

1. 秘书处内设2室3科分别掌理国家总动员各项法规之研究、审核、建议、起草、汇编事项，国家总动员人力、物力、财力、业务需要与实支经费及业务执行情况等之调查统计事项，各机关团体所送执行国家总动员业务之计划、报告、表册及各种动员业务之搜集整理、国际动员机构与敌伪经济设施之调查和公私调查统计机关团体之联系等事项，图书资料保管、文书与电报之收发和保管、人员之进退迁调、印信之典守事项，会计、出纳、庶务各事项，各种会议之记录、议案与议事日程及议事录之编制与保管等事项。

2. 军事组掌理总动员适应军事需要之策划与联系事项，经济作战与军事作战之配合联系事项，军需品、军需物资、劳力之供需与调节及征购与分配事项，协助军事运输与非军事运输之调节、联系等军事动员事项。

3. 人力组掌理动员人力和协助兵役之推行事项，人力之补充、供应与推行劳动服务事项，技术员工之调查、登记、培养、训练、征用、调整及检查能力、增进效率事项，从业与技术员工之就职、退职、转职、改职、转地就职、受雇、解雇及薪俸和工资之限制或调整事项，社会福利与劳资争议之处理事项，劳力之合理使用事项，职业团体与人民团体之组训、监督、整理、改进事项，卫生及伤兵、难民之救护事项。

4. 财力组掌理财政金融机构之调整、联系、加强事项，各机关经常费、临时费、事业费等各项预算之调整事项，银行与金融市场管制事项，公私企业资金筹集、运用、利润分配之管制事项，国外借款及国民在外资金之利用事项，人民债权行使与债务履行之限制事项，敌伪破坏财政金融之防止及对敌伪财政金融予以破坏之策划行动等事项。

5. 物力组掌理国家总动员物资之征购或征用事项，国家总动员物资与民生日用品之生产、贩卖、使用、修理、储运、消费、迁移或转让之指导、管理、节制或禁止事项，进出口货物之奖励、限制或禁止事项，经营国家总动员各种企业之管制与调整事项，物价与交易之管制事项，同业公会与职业团体业务上之督导及管制事项，合作组织之规划、运用、促进事项，民用土地、住宅或其他建筑物之征用或改造等事项。

6. 粮盐组掌理粮食生产与消费之管制事项，粮食之调查、征集、储运事项，军粮、民食之利用事项，耕地分配与耕作力支配及租用关系之拟定事项，水利、种子、肥料之改良与推广事项，病虫害之防治事项，食盐之产、收、运、销管制与盐政之改进等事项。

7. 运输组掌理运输与通信线路、工具、器材、燃料等之开辟、改进、储运、管制、征购、征用事项，运输与通信技术员工之管理、训练、征调与支配事项，运输与通信业务之调整、管制、应收费用之规定与限制事项，军事运输通信与非军事运输通信之供应与调剂事项。

8. 检察组掌理检察工作之计划、督导、考核事项，检察案件之审核与处置办法之拟议事项，违反或妨害国家总动员法令或业务之检察事项，囤积居奇、操纵垄断之检察事项，国家总动员法令实施效果之检察事项，发动民众协助检察事项，检察人员之训练等有关事项。

9. 文化组掌理普及总动员知识、唤起民众一致参加工作事项，科学技术、发明创造之推进与管理事项，战时文学艺术之促进事项，战时教育设施之调整与改进事项，战时各种训练机构与其业务之调整及推进事项，报馆与通讯社之设立事项，报纸、通讯稿与其他印刷物登载之限制、停止或命其为一定之记载事项，人民言论、著作、通讯等之限制事项，出版事业之管制事项，国民精神动员与新生活之推进等事项。

国家总动员会议还辖有经济检察队、国民精神总动员会（1943年3月□日裁撤）、国民经济研究所、调查队、物价审议委员会、工矿生产计划委员会等直属机构。

原本是行政院为策划、推动国家总动员设立的一个设计辅助机关，但由于"不肖员司又复乘机上下其手"，一经成立，便使其组织庞大臃肿、职权过重过滥,遂与行政各部门业务权责重复,冲突时起,撞车不断,官方诟病,民众误解,喷起烦言,"无法达成预期效果,引起中全会及参政会之责难",然若"遂予废置,固与政府威信有关",若如由军事委员会国家总动员设计委员会,二为国防最高会议国家总动员设计委员会,三演化而为国防最高委员会国家总动员委员会,四变为行政院经济会议,再演变为目下之行政院国家总动员会议,"再四更张,亦足予社会人士以不良观感",无奈之下,只得依蒋介石意旨拟定"调整办法",其调整原则略如下述:

1. 关于国家总动员会议之职权:

(1) 今后工作应着重研究联系,以符《国家总动员法》规定设置综理推动机关之旨。

(2) 常务委员人数应行增加,其会议并应定期举行。

(3) 其经办之一切有关动员之重要案件及管制物价问题,均应由常务委员会决议施行,紧急事件得由该会议秘书长先签请行政院正副院长核定,报告下次常务委员会议。

(4) 所有经常务委员会议决议及经由行政院正副院长核定各案件,概由行政院以院令交主管部(会)及省(市)政府执行之。

(5) 其日常事务由秘书长秉承行政院正副院长处理,并须列席行政院会议以利沟通协调。

2. 关于国家总动员会议之组织:

(1) 现有机构过于庞大,配置亦未尽得宜,亟须紧缩编制、减少单位,务使灵活,合于实用。

(2) 其事业经费应于发展方面妥为运用,不可位置闲员(若调查室之专员中多人并无专职)。

(3) 其军事组职责仅限于军需供应之商洽,可将其经管事项移归有关处、组办理而毋庸设置专组。

(4) 其经济检查队仅设有重庆、成都、自贡、万县、宜宾5队,不必另设总队,改以检查组秉承长官对其监督、考核即可,且组与队之编制亦应严谨,检察方法应妥筹改善。

(5) 其军法执行监管辖范围仅限重庆,可裁撤,由军事委员会军法执行总监部就近办理即可。

(6) 各省管制物价机构均已次第成立并由中央核拨经费办理各该地物价管理事务,毋庸再由该会议另行派员分赴各省组织联合办事处,"以一事权,而节公帑"。

(7) 国民经济研究所原由军事委员会移归,殊无继续办理必要,可即裁并。

(8) 其所设其他各处、组,亦应按照实际情形力求紧缩,或裁或并,"以资撙节"。

正是依据上列各原则,经蒋介石同意,才有了国家总动员会议1942年12月之大幅调整与改组:

1. 除原有之"指派委员"、"聘任委员"仍旧外,新增行政院副院长和国家总动员会议秘书长2人为"指定委员"。

2. 定以中央党部秘书长、行政院秘书长、国家总动员会议秘书长与军政、财政、经济、交通、农林、社会、粮食7部部长计10人为常务委员。

3. 国家总动员会议置秘书长1人,承行政院院长、副院长之命综理该会议事务,置副秘书长2人,辅佐秘书长处理事务;置参事5-8人,负责业务之综合设计与研究及有关法令之审核事宜;置秘书4-6人,承长官之命办理指定事项。

4. 国家总动员会议改设总务处、物资处与军事、人力、财力、运输、检察5组分掌各事项:

(1) 总务处分文书、事务、会计、议事、宣传5科,掌理文书、印信事项,财政、经费、典礼、警卫、员工福利事项，本会议与所属各机关岁计、会计事项，本会议各种会议记录、通告、会议议程整理与编印及保管和分发事项，宣传资料之汇集与整理、宣传文件之编撰与发表、各地动员情报之搜集与择要宣传、与各新闻事业机关之联系等事项。

（2）物资组分生产、管制、物价3科及调查室掌理国家总动员物资与民生日用品等之生产和奖进及协调、物资生产成绩之考察与技术之改进、物资生产法令与规章及方案与计划等之会同审议、与各生产主管机关联系等事项，国家总动员物资与民生日用品等市场管制之推进和指导、物资消费节约之策动、物资征购与征用、进出口奖励与禁止及限制等之建议、物资管制法令与规章及方案与计划等之会同审议、与各物资管制机关与储运机关间联系、同业公会与职业团体协助执行动员业务之督导等事项，物价情报之审核与物价调整、安定物价与人民生活办法之建议、管制物价工作之推进与指导、与各管制物价机关之联系等事项，国家总动员物资与民生用品之产运供求等之调查统计、各地物价与市场情形之调查统计、国家总动员业务执行情形之调查统计、推动国家总动员业务所需情报资料之搜集与整理、各国动员机构与业务执行情况之调查、敌伪经济设施之调查研究、与各调查统计机关团体间之联系、调查资料与图书之保管等事项。

其军事、人力、财力、运输、检察5组职掌如前仍旧，未予变更。

1943年4月30日，国民精神总动员会结束，其原经管业务归由该会议精神动员组赓续办理。是年11月□日，军事组被取消。

1944年8月30日，国家总动员会议再行改组：其委员、常务委员、正副秘书长仍如前设，设秘书厅承行政院正副院长之命办理该会议一切事务，厅下设秘书室、参事室、总务处、审议处、检察处及专门委员会分掌各事项：

1. 秘书室掌理文稿核拟、计划审议、机要、宣传等事项。

2. 参事室掌理法规之撰拟与审核事项。

3. 总务处掌理庶务、文书、会计、人事等事项。

4. 审议处分5科与调查室掌理物资产销、物价调整、交通调配、金融配合之审议与调查统计事项。

5. 检察处分3科与督察室掌理违反总动员法令之经济检察事项。检察处在各地设有经济检查队，承正副秘书长与检察处长之命办理国家总动员有关纠查、检举事项。

6. 专门委员会置专任专门委员5－7人，兼任专门委员若干人，掌理人力、物力、财力及精神总动员之策划与建议事项。

此外还另设有川康鄂、湘桂粤赣、滇黔、豫陕晋、甘宁青、闽浙皖等省际限政联合办事处等附属机构。

1945年3月30日，国家总动员会议撤销，其经管各事项交由行政院接办。

国民政府行政院资源委员会——中华民国总统府行政院资源委员会

1946年5月□日，原国民政府行政院经济部资源委员会改由国民政府行政院辖属，委员长，特任，综理会务，副委员长，简任，辅助委员长处理会务。正、副委员长之下，设业务委员会与秘书、财务、总务、会计4处及参事、人事、统计3室分掌各事项：

1. 业务委员会：乃资源委员会经办各项事业之核心部门，置主任委员1人，委员12－16人（由资源委员会高级职员、所属事业总公司之董事长或常务董事与总管理机构及重要服务机构之主持人员兼任），委员会内置秘书1－3

人（在综合组内办事）外，分电力、煤业、石油、金属矿业、钢铁、机械、电工、化工、糖业、水泥、纸业、综合12个组各理其事，掌理：（1）会属各事业建设方针与计划之筹划事项。（2）会属新事业设立之审查决定事项。（3）会属各事业业务之考核、监督、视察事项。（4）会属各事业业务统计与报告之编制事项。

2. 秘书处置主任秘书1人、秘书与专员各若干人，分3组掌理：（1）文书组掌理撰拟与审核文稿事项。（2）机要组掌理机要事项。（3）编纂组掌理编纂事项。

3. 财务处分6科与综合组掌理：（1）会属电业、煤业、金属矿业、化工及其他各单位之资金调度事项。（2）证券发行事项。（3）财务稽核事项。（4）盈亏补拨事项。（5）综合组掌理本处总务、账务事项。

4. 总务处分4科掌理本会文书、出纳、庶务、员工福利事项及附设之图书馆、医务室、供应社一切事项。

5. 会计处分6科掌理工、矿、电业会计事项与处内之账务、总务事项及会计章则事项。

6. 参事室置参事若干人，简任，承长官之命掌理本会法案、命令、计划、方案之撰拟与审核事项。

7. 人事室分4科掌理本会员工甄核、登记、统计、设计、劳工案件、员工福利、组训服务事项。

8. 统计室办理本会各种统计事项。

1948年5月20日，中华民国总统府成立，资源委员会由中华民国总统府行政院辖属。8月□日，业务委员会增设副主任委员1人，其正、副主任委员由资源委员会正、副委员长兼任，业务委员会会议除由业务委员出席外，秘书处之主任秘书、参事室之参事、各处之处长、人事室主任亦均得出席。

自1946年10月23日钱昌照被任为资源委员会委员长起，1947年4月23日改由翁文灏兼任，1948年5月31日，再改由孙越崎兼任，副委员长则由孙越崎担任，孙兼任委员长后，由吴兆洪继任副委员长。

行政院资源委员会附设有19个委员会：人事、设计考核、发明创作审查、工业法规研究、器材研究审核、大学奖学金审核、会计设计、建筑设计、矿产品评价、钢铁业务、酒精业务、工矿计划、福利、员工励进指导、水力发电审议、购置审查、调整资本重估资产审核、诉愿审理、工业技术专门委员会。

行政院资源委员会先后辖有下列各附属机构：金属矿业、电业2管理处，钢铁事业管理委员会，煤业总局，运务处，矿产测勘处，全国水力发电工程总处，驻美、驻印2总代表办事处，上海、平津、东北、重庆、台湾5办事处，经济、西康经济2研究所，国外贸易、材料供应、保险、电信4事务所，及分属于电业、煤业、石油、金属、钢铁、机械、电工、化工、糖业、水泥、纸业11个系统由资源委员会独资经营和参与经营且主办、不主办但参与经营之公司、厂、矿103家。

国民政府行政院蒙藏委员会

1928年10月20日，蒙藏委员会改隶于国民政府行政院。12月19日，中执会政治会议决议改蒙藏委员会主席制为委员长制。12月27日，国民政府特任阎锡山为委员长，任命阎锡山、恩克巴图、班禅额尔德尼、李培天、诺那呼图克图为委员。12月31日，任命赵戴文为委员并指定为副委员长。

1929年1月5日，委员长阎锡山就职。2月1日，行政院蒙藏委员会正式成立。2月7日，蒙藏委员会委员名额增为9-15人，设参事2人，改秘书处为总务处并取消秘书长之设，裁撤常务委员，公布经修正之《蒙藏委员会组织法》，规定：

1. 依《国民政府组织法》第20条之规定组织蒙藏委员会，掌理蒙古和西藏之行政事宜及各种兴革事宜。

2. 蒙藏委员会设委员长1人，特任，副委员长1人，简任；委员15－21人，简任，由国民政府遴选熟谙蒙藏政教情形者任命之并就中指定6人为常务委员；委员长执行委员会议之决议、综理会务并监督所属职员和各机关，副委员长与常务委员辅助委员长处理会务；委员长因事故不能执行职务时，由副委员长代理。

3. 蒙藏委员会委员会议每星期一次（必要时得召集临时会议），以委员长为会议主席。

4. 蒙藏委员会委员每年得轮流分赴蒙藏各地视察。

5. 蒙藏委员会设参事2－4人，简任，掌理撰拟、审核本委员会之法案与命令事项；设秘书2－4人（内2人简任，余荐任）掌理会议记录与长官交办各事项；设处长3人，简任，掌理各处法定事项；设科长9－12人，荐任，科员50－70人，委任，分别于各处分科办理事务；必要时，得派熟谙蒙藏情形或语言文字者为编译员或调查员，并得酌用雇员。

6. 蒙藏委员会设总务、蒙事、藏事3处：总务处掌理文书、统计、会计、庶务各事项；蒙事处掌理关于蒙古各事项；藏事处掌理关于西藏各事项。蒙藏委员会在北平设立办事处，置处长1人，简任，副处长1人，荐任；必要时并得呈请行政院转呈国民政府核准，于蒙藏地方或其他适当地点设立办事处。蒙藏委员会得设招待所。

7. 蒙藏委员会会议如与各院、部、会有关系时，得请各院、部、会派员列席。

4月6日，公布《蒙藏委员会整理蒙古台站暂行条例》，划原哲里木盟与呼伦贝尔各台站为喜峰口台站管理区，设喜峰口台站管理局管理；划原乌兰察布盟、伊克昭盟、土默特旗、阿拉善旗、额济纳旗各台站为杀虎口台站管理区，设杀虎口台站管理局管理；划原卓索图盟、昭乌达盟各台站为古北口台站管理区，设古北口台站管理局管理；划原锡林郭勒盟、察哈尔8旗4群及外蒙古各台站为张家口台站管理区，设张家口台站管理局管理；将原独石口台站管理处撤销，其原管各台站划归古北口、张家口2台站管理区。

1930年3月25日，公布《蒙藏委员会派驻各处专员条例》，于海拉尔、洮南、赤峰、张家口、包头、西宁、打箭炉（今康定县城）、库伦、恰克图、乌里雅苏台、科布多、唐努、乌梁海、阿尔泰、塔城、伊犁、拉萨、扎什伦布18处派驻专员，原喜峰口台站管理局所管事务改由洮南专员接收办理，原古北口台站管理局所管事务由赤峰专员接收办理，原张家口台站管理局所管事务由张家口专员接收办理，原杀虎口台站管理局所管事务由包头专员接收办理，原西康通讯处所管事务由打箭炉专员接收办理。

1931年2月10日，西藏达赖喇嘛派棍却仲尼（即贡觉仲尼）为西藏驻京办事处处长、阿旺坚赞为副处长；派曲批图丹为西藏驻平办事处处长、巫明远为副处长；派降巴曲旺为西藏驻康办事处处长、楚称月增为副处长。

1932年7月25日，蒙藏委员会委员名额增定为15－21人，恢复常务委员之设，指定克兴额、白云梯、贡觉仲尼、罗桑囊嘉、李培天、冷融6人为常务委员；参事增设为2－4人，裁撤专门委员之设。

1934年2月10日，公布《蒙藏委员会派驻蒙藏各地办事处组织规则》，于归化（今呼和浩特市）、西宁、康定、拉萨4处设立办事处，办理原专员办事处经办各事项。

1936年11月□日，蒙藏委员会增设会计室、统计室，原由总务处掌理之会计、统计业务移归2室分别掌理。

1940年4月1日，蒙藏委员会成立驻藏办事处，孔庆宗、张威白分任正、副处长。12月16日，蒙藏委员会委员名额增为21-27人；恢复设立专门委员；增设调查室，掌理边疆调查、调查材料之整理与编辑、计划与分配调查经费等事项；增设编译室，掌理蒙文、藏文、回文之翻译和该3种文字之各种书报发行及办理上列3种语言之广播等事项；增设驻外调查组（驻归绥、宁夏、酒泉、西康、新疆、西藏、滇西7调查组），掌理调查各该驻在区域一切情形、办理宣传与联络事项。

1944年12月□日，增设人事室，掌理人事管理事项；添聘顾问5-7人、专员11-15人；于蒙古各盟旗设置协赞专员，掌理推进盟旗政务、加强与中央政府间之联系等事项。

1947年7月16日，副委员长增设为2人，委员名额增定为27-35人，顾问名额增定为7-9人，专员名额增定为15-20人，专门委员名额增定为8-12人，再度取消了常务委员之设。

自1928年12月27日-1949年4月23日，先后有阎锡山、马福祥、石青阳、黄慕松、林云陔、吴忠信、罗良鑑、许世英、白云梯9人担任过该委员会委员长，先后有赵戴文、马福祥、王之觉、赵丕廉、白云梯、喜饶嘉措、周昆田7人担任该委员会副委员长。

蒙藏委员会还辖有蒙藏招待所、北平蒙藏学校、北平喇嘛寺整理委员会、蒙藏政治训练班、蒙藏月刊社、杀虎口牧场、张家口牧场、察哈尔盟旗特派员公署等机构和单位。

国民政府行政院蒙藏委员会驻藏办事处

1928年2月4日，二届四中全会通过之《中华民国国民政府组织法》第7条内，列蒙藏委员会为国民政府所设职能部门之一。3月21日，中执会政治会议第133次会议修正通过《国民政府蒙藏委员会组织法》。7月11日，国民政府蒙藏委员会成立。10月20日，蒙藏委员会改归国民政府行政院辖属。

1929年1月20日，班禅驻京办公处在南京成立。5月下旬，达赖驻平代表棍却仲尼（亦译作"贡觉仲尼"）秘密南下至南京，代表达赖喇嘛参加中国国民党总理孙中山之奉安大典。7月□日、12月□日，国民政府两度派专使入藏与达赖面晤并慰问藏胞。"九一八"事变起，日本侵占我东北三省，达赖、班禅均向中央政府表示：在国民政府领导下进行抗日。是年，达赖在南京设立"西藏驻京办事处"。

1929年2月7日，国民政府公布《蒙藏委员会组织法》，于第19条内规定："蒙藏委员会认为必要时，得呈请行政院转呈国民政府核准于蒙藏或其他适当地方设办事处。"

1934年2月10日，蒙藏委员会公布《蒙藏委员会派驻蒙藏各地办事处组织规则》，规定：

1. 蒙藏委员会依上述组织法内之规定，于归化、西宁、康定、拉萨设办事处，受蒙藏委员会之指挥、监督，办理：（1）宣达中央政情事项。（2）查报蒙藏情形事项。（3）传递公文事项。（4）照料公务人员事项。（5）整理台、站事项。（6）筹办台、站员丁生计与教育事项。（7）其他特交办理事项。

2. 各办事处置处长1人，简任，副处长1人，荐任，秘书1人，荐任，处员2人，委任，均由蒙藏委员会遴员呈请任命之，并得酌用雇员2-4人。

3. 各办事处得设无线电台及必须之电务人员。

4. 各办事处及所属台、站、电台之经费，由各该处造具预算书呈由蒙藏委员会核定转请政府拨发。

1940年4月1日,国民政府行政院蒙藏委员会驻藏办事处经过重重磨难最终在拉萨设立,直至国民党政府溃败日止,虽历经险阻,但蒙藏委员会驻藏办事处所有人员处险不惊,一直保持着中央政府驻藏办事机构之政治地位未曾稍变。

国民政府行政院侨务委员会

1928年10月20日,国民党政府实行五院制,国民政府侨务委员会改由国民政府行政院辖属。

1929年1月22日,侨务委员会将原行之主席制取消,改行委员长制:由国民政府于该委员会之常务委员中指定正副委员长各1人,林森被指定为委员长。2月5日,改原设之第一科为"普通侨务处",置处长1人主持处务,分科掌理:(1)调查、统计侨民状况事项;(2)处理侨民纠纷事项;(3)管理侨民团体事项;(4)指导、介绍回国侨民投资兴办实业与游历参观事项;(5)奖励、补助侨民事项。改原设之第二科为"文化事业处",置处长1人主持处务,分科掌理:(1)指导、监督、调查侨民教育事项;(2)指导侨民回国求学事项;(3)补助侨民教育经费事项;(4)宣传文化事项。6月5日,依三届一中全会决议,国民政府明令行政院侨务委员会移归中央执行委员会辖属。

1931年8月31日,中执会又将侨务委员会移由国民政府直辖,同日,林森辞委员长职,国民政府指定吴铁城、周启刚为该委员会正、副委员长。

1932年1月2日,国民政府侨务委员会再度改由国民政府行政院辖属。8月22日,侨务委员会委员长由指定改为由国民政府特任、副委员长改由国民政府任命,陈树人被特任为委员长,周启刚被任命为副委员长。《侨务委员会组织法》规定:

1. 侨务委员会隶于行政院,掌理中国在外侨民之指导、教育、移殖、保育、管理各事项。

2. 侨务委员会对于各地方最高级行政长官执行本会主管事项有指示、监督之责,就主管事项对于各地方最高级行政长官之处分或命令认有违背法令或逾越权限者,得提经行政院会议议决后停止或撤销之。

3. 侨务委员会设委员长1人,由国民政府特任,副委员长1人,由国民政府任命;设委员若干人,简任,并于委员中指定5-7人(后改为7-9人)为常务委员;委员长综理会务并监督所属职员,副委员长辅助委员长处理会务,常务委员于正副委员长指挥下处理本会日常事务。

4. 侨务委员会设秘书、普通侨务、文化事业3处,各置处长1人主持处务并分科掌理法定各事项。

1936年11月15日修正《侨务委员会组织法》,依规定增设会计室,置会计主任1人,分别掌理岁计、会计事项;增设统计室,置统计主任1人,掌理统计事项。

1943年6月□日,增设人事室,置主任1人,掌理人事管理事项。

1947年7月16日,副委员长增设为2人。7月23日、8月25日,周雍能、林庆年相继被任命为该委员会副委员长。9月27日,增设参事室,置参事2-3人,简任,掌理撰拟、审核本会主管法案与命令事项及研究、调查各国移民与居留法令事项。增设秘书室,置秘书4-6人,掌理机要文电、翻译外文、外事联系、会议记录各事项。增设专门委员会,置专门委员2人,依长官之命令掌理交办各事项。增设视察室,置视察6-10人,掌理视察国内所属机关工作与海外各地侨情及辅导侨民事业各事项。改原设之侨务管理处为"第一处"。改原设之侨民教育处为"第二处"。改原设之秘书处为"第四处"。增设第三处，置处长1人主持处务，处内分3科掌理：(1)调查侨民经济事项。(2)设计侨民事业事项。(3)协助侨民工商业和侨民回国投资兴办实业或考察实业之与经济主管机关间联系事项。增设侨务问题研究室掌理侨务研究事项。增设设计考核委员会，由委员长兼主任委员，分设计、考核2组，由副委员长分别兼管，掌理本会年度计划草案与考核规章之编拟事项。

自1929年1月22日林森被任为该委员会委员长起，至1949年4月23日止，先后有吴铁城、陈树人、刘维炽、戴愧生继任，自1931年8月31日周启刚被任为该委员会副委员长起，周雍能、林庆年、章渊若、陈耀垣亦相继担任过此一职务。

侨务委员会先后辖有下列各附属机构：侨民教育师资训练班（1934年□月□日设立，1941年□月□日改称"侨民教育师资训练所"），侨民教育函授学校（1940年7月1日成立），南洋小学教科书编辑委员会（1936年□月□日成立，1941年□月□日改为"侨民教育教材编辑室"，1942年□月□日并入南洋研究所），南洋研究所（1942年4月□日设立，1945年□月□日裁撤，其经管之业务归并由国立编译馆掌理），华侨通讯社（1941年□月□日设立），华侨月刊社（1946年□月□日成立），回国升学华侨学生临时接待所（1939年□月□日设立，1945年3月□日裁撤），侨乐村管理处（1934年11月□日成立，1945年□月□日裁撤），回国侨民事业辅导委员会（1941年3月□日成立，1945年9月□日裁撤），广东、福建、云南、上海、厦门、汕头、江门、海口等口岸之侨务局。

国民政府行政院禁烟委员会

1928年10月20日，国民政府禁烟委员会改归国民政府行政院辖属。11月30日，改由王维藩继任行政院禁烟委员会秘书处秘书长。12月31日，增派孙科为禁烟委员会委员。

1929年2月20日，中执会政治会议第176次会议通过《禁烟委员会组织法》，规定：

1. 禁烟委员会依《中华民国国民政府组织法》第17条第2款之规定组织之，承国民政府之命督理全国禁烟事宜。

2. 禁烟委员会对各地方最高级行政长官执行禁烟事宜有指示、监督之责，认为各地方最高级行政长官执行本会主管事宜之命令或处分有违背法令或失当之处时，得呈请行政院院长提经国务会议议决后停止或撤销之；对于各地方文武官员妨碍禁烟事宜之命令或废弛职务者，得依法提出惩戒；对于有吸食鸦片嫌疑而该主管长官未经举发者，得分别咨行或呈请检举、调验。

3. 禁烟委员会设委员9-13人，由国民政府任命并就中指定正、副委员长各1人，行政院内政、外交、军政、交通、财政、铁道、司法行政、卫生8部部长为当然委员。

4. 禁烟委员会委员每周举行会议一次，委员会议议决各事项由委员长执行，委员长因事故不能执行职务时，由副委员长代理之。

5. 禁烟委员会设总务、查验2处分理各事项：

总务处置处长1人，简任，科长2人，荐任，科员4-6人，委任，分2科掌理：(1)机要与会议记录事项。(2)文件撰拟、收发、保存事项。(3)会计、统计事项。(4)报告编制事项。(5)各种禁烟书报、标语、其他宣传品之编辑发行事项。(6)庶务事项。(7)印信典守事项。(8)不属查验处办理之其他各事项。

查验处置处长1人，简任，科长2人，荐任，科员4-8人，委任，分2科掌理：(1)各地方禁烟之督促事项。

(2) 对办理禁烟不力之地方官吏提付惩戒事项。(3) 各地方禁烟实施状况之调查事项。(4) 鸦片、吗啡、高根、海洛因等之调查与输送事项。(5) 国际禁烟与戒毒药品之化验事项。

6. 禁烟委员会为缮写文件和办理其他事项，得酌用雇员。

2月27日，取消原定之主席委员设置，改设为"委员长"，由国民政府于禁烟委员会委员中指定，取消常务委员设置，改设副委员长1人；裁撤秘书处。

1928年7月25日，张之江被任为该委员会主席委员，黄乃桢、王维藩先后被任为秘书长。1929年2月27日，改原设之主席委员为委员长，仍由张之江担任（1930年12月4日由刘瑞恒继任），自1929年1月14日起，刘之龙、钮永建、邓哲熙先后任副委员长。1935年5月29日，中执会政治会议第459次会议决议：裁撤行政院禁烟委员会，改于国民政府军事委员会设禁烟委员会赓续办理全国禁烟事宜。是年7月1日，国民政府行政院禁烟委员会宣告结束。

国民政府行政院驻平政务整理委员会

正当蒋介石全力进行第四次"围剿"时，1933年1月1日，日本军国主义者进攻山海关；2月20日，进攻热河，限令热河省内之中国驻军于24小时内全数撤离；2月23日，热河省政府主席汤玉麟率部逃出承德，日军128人未战而据全城；随后，长城抗战失败，热河全省陷敌。日军继续侵犯察哈尔，平、津暴露于日军枪口之下，危在旦夕。蒋介石将丢失热河的责任全数加诸国民政府军事委员会北平分会委员长张学良，3月11日，威迫张引咎辞职、通电下野、"赴欧考察"。3月12日，国民政府令免张学良本兼各职，并以何应钦接任国民政府军事委员会北平军分会委员长。5月3日，中执会政治会议决议设立行政院驻平政务整理委员会，以黄郛为委员长。5月4日，国民政府公布《行政院驻平政务整理委员会暂行组织大纲》，规定：

1. 行政院为整理北方各省、市之政务，特设行政院驻平政务整理委员会。

2. 行政院驻平政务整理委员会设委员23人并就中指定1人为委员长，其委员人选由行政院提请中央执行委员会政治会议通过后由国民政府特派，委员长综理会务并负责每月召集一次委员会议。

3. 行政院驻平政务整理委员会设参议厅、秘书处、调查处分别理事，并附设华北建设讨论会。参议厅置总参议1人掌理厅务；秘书处置秘书长1人掌理处务；调查处置调查主任1人掌理处务；必要时，可置帮办、副主任，辅助总参议、秘书长、调查主任处理各厅、处该管事务；亦得设顾问、咨议若干人。"为期以学术改善政务之进行"，附设华北建设讨论会。

4. 行政院驻平政务整理委员会"在不抵触中央法令范围以内，得拟定单行规程呈行政院核准施行"。

1933年6月17日，行政院驻平政务整理委员会正式成立。11月15日，中执会政治会议通过《修正行政院驻平政务整理委员会暂行组织大纲》（17日由国民政府明令公布）。

1935年6月18日，国民政府任命王克敏为代理行政院驻平政务整理委员会委员长。8月28日，中执会政治会议第472次会议决议：撤销行政院驻平政务整理委员会。8月29日，国民政府下达撤销令。8月30日，该政务整理委员会结束工作。

国民政府行政院赈务委员会

1930年1月25日，国民政府公布《赈务委员会组织条例》，规定：

1. 赈务委员会直隶于行政院，办理各灾区赈务事宜。

2. 赈务委员会以内政、外交、财政、铁道、交通、农矿、工商、卫生 8 部部长为当然委员，另由国民政府特派 11 人为委员，就中指定 5 人为常务委员并以其中之 1 人为主席。

3. 赈务委员会设总务、筹赈、审核 3 组分理各事：

总务组置总干事 1 人主持组务、副总干事 1 人辅助总干事处理组务，掌理：(1) 筹划会务事项。(2) 编列议事日程和担任会议记录事项。(3) 宣传与编辑刊物事项。(4) 管理经费事项。(5) 编列统计表册事项。(6) 典守印信事项。

筹赈组置总干事主持组务、副总干事 1 人辅佐组务，掌理：(1) 计划筹募赈款赈品事项。(2) 保管、存放、支用赈款赈品事项。(3) 赈品调查、采购、运输事项。(4) 调查各种灾情事项。(5) 散放赈款赈品事项。(6) 实施工赈事项。

审核组置总干事 1 人主持组务、副总干事 1 人辅佐组务，掌理：(1) 审核赈款赈品之出纳登记事项。(2) 审核赈款赈品收放、采买与运输赈品之册报单据事项。(3) 审核办赈经费支用与本会经费出纳事项。

4. 赈务委员会常务委员会议每星期举行一次、委员会议每月举行一次，主席认有必要或有委员 2 人以上请求，得召集临时会议。

5. 赈务委员会因事实之需要，得在上海、北平设立驻沪、驻平办事处，并得在各省设立赈务会。

1 月 27 日，国民政府特派许世英等 11 人为委员并就中指定许世英、王震、刘镇华、汪守珍、朱庆澜为常务委员，以许世英为主席。2 月 1 日，原国民政府赈灾委员会改组为国民政府行政院赈务委员会。5 月 27 日，行政院将内政部主管之赈济行政划归赈务委员会掌理。同日，任许世英为该委员会主席。

1931 年 6 月 30 日，赈务委员会改主席为委员长，常务委员仍为许世英、王震、刘镇华、汪守珍、朱庆澜 5 人；增设秘书 1 人，改以内政、外交、财政、交通、铁道、实业 6 部部长为当然委员。8 月 29 日，洪迥被任为赈务委员会秘书。

1936 年 2 月 7 日，朱庆澜继任为委员长；3 月 11 日，何绍南继任为常务委员（许世英去职）；11 月 5 日，行政院赈务委员会易名为行政院振务委员会。

国民政府行政院振务委员会

1936 年 11 月 5 日，国民政府公布《振务委员会组织条例》。自此以始，国民政府行政院赈务委员会易名为国民政府行政院振务委员会，其由国民政府特派之委员名额增为 31 人，就中指定 5 人为常务委员并以其中之 1 人为委员长，常务委员会议每周一次，委员会议每月一次，委员长认为必要或有委员 2 人以上请求，得召集临时会议；原设之 3 组改设为 3 科，各科置科长 1 人，荐任，置科员 3－4 人，委任；秘书由原设 1 人改设为 1－3 人（内 1 人简任，余荐任）掌理会议记录与长官交办事项，因助理事务与缮校文件，得酌用雇员；增设会计与统计 2 室，置会计员与统计员各 1 人，掌理岁计、会计与统计事项，受振务委员会委员长之指挥、监督，并依国民政府主计处组织法之规定，直接对主计处负责，该 2 室须用佐理人员名额，由振务委员会与主计处就本条例所定委任人员及雇员名额中会同决定之；凡热心振济事业、成绩卓著者，得聘为振务委员会顾问或会员；振务委员会委员、顾问、会员，均为无给职。

1937 年 4 月 22 日，刘镇华被免常务委员职，由唐宗郭继任。

1938 年 4 月 27 日，振务委员会并入国民政府行政院振济委员会而宣告结束。

国民政府行政院振济委员会

1938年2月16日，国防最高会议决议设立振济委员会，隶属于国民政府行政院，原振务委员会主管各事项、内政部主管之振灾救贫与慈善业务、行政院难民救济总会，均并入振济委员会。《振济委员会组织法》规定：

1. 振济委员会掌理全国振济事宜，直隶于行政院。

2. 振济委员会设委员7-11人，由国民政府任命并就中指定常务委员5人，另由国民政府聘任热心振济事业并卓有成绩和声望卓著者若干人为委员。

3. 振济委员会设委员长1人，特任，由行政院院长提请国民政府主席依法任免，综理会务并监督所属职员和各机关，为行政院会议组成人员，参加议决行政院重大政务事项；设副委员长1人，简任，由行政院院长提请国民政府主席依法任免，辅助委员长处理会务；设秘书1-3人（内1人简任，余荐任）办理机要文电、会议记录及长官交办事项。

4. 振济委员会设3处与会计、统计2室分掌事项：

第一处置处长1人主持处务，分科掌理：（1）收发、缮校、撰拟文电事项。（2）典守印信事项。（3）会议记录与编制议事日程事项。（4）整理与保管档案事项。（5）人事任免事项。（6）庶务事项。

第二处置处长1人主持处务，分科掌理：（1）指导、监督救灾机关事项。（2）救护与管理灾民事项。（3）募集、保管、分配赈款事项。（4）审核、勘报灾款事项。（5）设计防灾备荒事项。（6）调查各种灾情和其他应行考察事项。

第三处置处长1人主持处务，分科掌理：（1）指导、监督慈善机关事项。（2）救济残废老弱事项。（3）扶助灾民事项。（4）教养游民事项。（5）处置其他社会救济事项。

会计室掌理岁计、会计事项。统计室掌理统计事项。

4月23日，国民政府任命杜镛（即杜月笙）、王孝赉（即王晓籁）、曾镕甫、陈访先、黄伯度为振济委员会常务委员，特任孔祥熙为振济委员会委员长。4月27日，正式成立振济委员会（振务委员会宣告结束）。5月26日，任命屈晓光为副委员长。从4月23日起，杜镛、王孝赉、李思浩（1942年5月29日免）、周一夔、马文车、马愚忱、武汉三、邱鸿钧先后被任为振济委员会委员。

1939年6月12日，锺可讬被任命为该委员会第2处处长。7月12日，周一夔、孙履绳被任为该委员会秘书。8月14日，胡迈被任命为该委员会第1处处长。

1940年3月14日，南映赓被任命署理振济委员会第3处处长。12月11日，增设参事室掌理撰拟与审核本会主管法案、命令事项，胡迈、王理成被任为参事；改会计室为会计处，置会计长1人。

1941年7月21日，王耀被任为会计长。

1945年7月25日，振济委员会裁撤，其掌理各业务全部并入行政院善后救济总署。

国民政府行政院善后救济总署

1944年12月18日，国防最高委员会决议在行政院下设立救济善后督办总署，旋即定名为行政院善后救济总署。

1945年1月21日，国民政府公布《善后救济总署组织法》，规定：

（1）行政院设善后救济总署掌理战后收复区善后救济事宜。善后救济事宜得分别性质、会同中央或地方机关办理，或委托有关机关办理，其办法由行政院决定。善后救济工作完毕时，善后救济总署应即撤销。

（2）善后救济总署设署长1人，特任，综理署务并监督所属职员和各机关，出席行政院会议，设副署长1人，简任，辅助署长处理署务；设参事3-5人（简任）、秘书7-9人（内4人简任，余荐任）、厅长与副厅长各4人（简任）、处长3人（简任），分掌各厅、处事宜；设视察24-30人（内8人简任，余荐任）、技正8-10人（内6人简任，余荐任）、科长46-52人（荐任）、编审30-38人（荐任）、技工20-28人（内8人荐任，余委任）、科员120-140人（委任），必要时，上述人员得分别简派、荐派或委派；总署职员，经商得有关机关同意并呈准行政院后，得调用中央或地方机关相当之职员或技术人员充任；总署得聘用国内外专门人员和酌用雇员。

（3）善后救济总署设储运、分配、财务、赈恤4厅与调查、编译、总务、会计4处及人事室分掌各事项：

储运厅设第1、2组与驻京办事处分掌：（1）救济物资之点收事项。（2）仓储保管事项。（3）运输事项。（4）其他善后物资经理事项。

分配厅设3组与技术室分掌：（1）救济器材贷放与配发事项。（2）民用物资之散放和配售事项。（3）其他有关物资分配事项。

财务厅设业务、财务2组分掌：（1）财务之筹划运用事项。（2）财务之出纳保管事项。（3）财务报告之稽核和编制事项。（4）财务票据之处理、保管事项。（5）其他有关财务事项。

赈恤厅设4组与秘书室分掌：（1）难民输送与复业事项。（2）难民福利事项。（3）难民工赈事项。（4）其他有关赈恤事项。

调查处设3组分掌：（1）流离人民之调查事项。（2）战区社会情形之调查事项。（3）工商业损害之调查事项。（4）泛滥区域灾情之调查事项。（5）其他有关善后救济之调查事项。

编译处设5组分掌：（1）法规与报告之编译事项。（2）参考材料之检选编译事项。（3）出版物之编译刊行事项。（4）图书管理事项。

总务处设5科分掌：（1）文件之收发、分配、撰拟、保存事项。（2）署令之公布事项。（3）印信之典守事项。（4）本署经费之预算、决算与出纳事项。（5）各直辖机关经费之稽核事项。（6）本署财务与物品之保管事项。（7）本署庶务与不属其他厅、处事务之处理事项。

会计处置会计长1人与统计员1人，分掌岁计、会计事项与统计事项。

1月20日，蒋廷黻被特任为善后救济总署署长。1月21日，郑道儒被任命为副署长。1月23日，该总署正式成立。

1945年11月21日，副署长郑道儒被免，由李卓敏继任（任命令早于5月14日已发布）。

1946年4月10日，善后救济总署副署长增设为2人，郑道儒再次受任副署长职务（同年11月16日李卓敏被免职后，未见有新的副署长任命令发布）；又增设执行长、副执行长各1人，均简任，襄助署长处理署务（但未见任命）。

善后救济总署设有驻美京办事处，此外还设有福建、滇西、黔南、石臼所、烟台、临清6个办事处，各处置处长或主任1人主持处务，胡可时、徐颂九、郑宝南分任福建、滇西、驻美京办事处处长，高文伯、李国干、王师亮、王贺宸分任黔南、石臼所、烟台、临清办事处主任。

1947年10月31日，国民党政府决定另设行政院善后事业委员会接办善后救济总署原所经管善后业务各事宜，又规定将善后救济总署原所经管救济业务各事宜移归行政院社会部办理。至1947年12月□日,"联总"额定运华物资已全部运达并经行政院善后救济总署大体分配完毕,国民政府行政院乃令善后救济总署于是月底结束。12月30日,善后救济总署向行政院善后事业委员会与社会部移交完毕。

善后救济总署存在期间,设有设计考核委员会掌理编拟总署计划草案、考核业务情况诸事项;设有卫生业务委员会掌理紧急医疗救治、善后卫生业务诸事项。还设有上海、天津、青岛、九龙、汉口、大连6储运局和广州储运处及昆明、贵阳储运站,负责办理联合国善后救济总署(简称"联总")运华物资之接收、分发事宜。1946年1月□日设立有公路运输大队、2月□日设立有水运大队、7-8月间还曾设立有空运大队,担任运输与分送"联总"运华物资。此外还设有重庆、贵阳、昆明、西安4个难民疏送站,在上海设有难民接运站,担任难民运送事宜。善后救济总署还设有机具装配厂、渔业管理处(与农林部合组)、豫皖苏泛区农业机械化设计委员会。

国民政府行政院善后救济总署各分署

1945年9月12日,国民政府公布《善后救济分署组织条例》,规定:

1. 善后救济总署得于受战事损害较重之地区设置分署,在各该指定区域内办理善后救济事宜,并协助其他中央机关执行善后事务。

2. 善后救济分署置署长1人,简派,承总署署长之命综理分署事务,置副署长1-2人,简派或由总署聘任,辅助署长处理分署事务。

3. 善后救济分署设振务、储运、卫生、总务4组分掌各事项:

振务组掌理:(1)紧急救济事项。(2)难民安置与复业事项。(3)救济物资之贷售与散放事项。(4)工振与其他振务事项。

储运组掌理:(1)救济物资之收转、接运、输送事项。(2)救济物资之仓储、保管事项。(3)救济物资之筹划、应用事项。(4)其他物资经理事项。

卫生组掌理:(1)公共卫生与医疗设施事项。(2)防疫事项。(3)药品经理事项。(4)其他卫生事项。

总务组掌理:(1)财政之筹划、运用事项。(2)财务之出纳与保管事项。(3)文书收发、撰拟、保存事项。(4)印信典守事项。(5)庶务及不属其他各组之事项。

4. 善后救济分署设工作队若干,分赴区内各地实施救济事宜。

5. 凡设善后救济分署之地区,均相应设立善后救济审议委员会(分署正、副署长为当然委员),其主任委员、委员均由总署就各该区域内政、军各界及社会素有声望人士中遴聘。审议委员会对善后救济总署负责,审议与辅导分署之工作。

6. 善后救济审议委员会主任委员、委员长均为无给职。审议委员会之具体事务由分署职员兼办。

行政院善后救济总署自1945年9月18日起至10月24日止,相继设立有上海、广东、鲁青(山东、青岛)、苏宁(江苏、南京)、浙闽、湖南、台湾、晋绥察、广西、安徽、东北、河南、江西、湖北、冀热平津及陕甘宁共16个分署,刘鸿生、凌道扬、符国延、陆子冬、李淑明(11月24日由孙晓楼继任)、余籍传、钱宗起、张彝鼎、黄荣华、叶云龙、刘广沛、马杰、张国焘(1946年6月26日由蔡孟坚继任)、周苍柏、童冠贤及伍云甫分任各分署署长。

1947年11月底,各善后救济分署全部结束。

国民政府行政院善后事业委员会

1947年10月31日,国民政府公布《善后事业委员会组织条例》,规定:

1. 行政院为配合国际救助物资、继续办理联合国善后救济总署暨行政院善后救济总署结束后未完成之善后事业起见,设善后事业委员会。上述所定业务,以涉及2部、会或非1部、会所能单独执行而需集中办理者为限,并仍应按业务性质,分别会同有关部、会办理和监督、指挥(具体指黄泛区复兴、渔汛机轮、机耕、农具制造、乡村工业示范、其他未完成之善后事业并经行政院核定交办诸事项)。

2. 善后事业委员会设主任委员1人,由行政院院长呈请国民政府特派;设委员12人,除财政、经济、交通、农林、社会、水利、卫生7部部长与资源委员会委员长及中央银行总裁9人为当然委员外,余由行政院聘任;聘任委员中应有2人专任,常川驻会,辅助主任委员处理会务及日常业务。

3. 善后事业委员会设秘书3-5人(内2人简派,余荐派);设参事2-4人,简派;设技正7-10人(内5人简派,余荐派);设视察2-4人(内2人简派,余荐派);设编审2-4人,荐派;设组员15-20人(内5人荐派,余委派);得酌用雇员8-10人;得聘派专门委员6-10人(内4人简派,余荐派)。

4. 善后事业委员会设秘书处与会计、统计、人事3室分掌事项:

秘书处置主任秘书1人,简派,主持处务,分2组9科掌理:(1)本会会议记录事项。(2)文书之收发、撰拟、缮校、保管事项。(3)印信之典守事项。(4)经费出纳事项。(5)庶务事项。(6)会属事业机关组织规章、计划、报告之审核事项。(7)财务和经费预决算事项。(8)物资管理与运用事项。(9)所属事业机关之考核事项。(10)其他业务事项。

会计室掌理岁计、会计事项。

统计室掌理统计事项。

人事室掌理人事管理事项。

善后事业委员会设有下列各附属机构:

1. 黄泛区复兴局:1947年10月□日成立,掌理豫皖苏黄泛区复兴事宜,除设正、副局长各1人外,设第一、二处并置专门委员4-8人,掌理:(1)黄泛区复兴之农村垦殖事项。(2)黄泛区之工业建设事项。(3)黄泛区之水利事项。(4)黄泛区之公路建设及其他交通事项。(5)黄泛区复兴之物资供应、运输、配发、仓储、财务筹划、经费出纳与保管、物资经理事项。局下辖有河南、安徽、江苏3个业务管理处。1948年10月9日,王冠英被任为该局局长。

2. 保管委员会:1947年10月□日成立,负责保管"联总"已捐助之长期善后物资并筹划与保管国内外继续救助之物资和奖金之有效使用各事项。设委员15人,内由行政院指派5人,由行政院分别就国内素有社会声望人士和"联总"或联合国所办类似机构所推荐之外籍人员中各选聘5人为委员,由行政院指定其中之1人为主任委员。保管委员会内设执行委员会负责决定会内重大业务;设财务委员会负责审核财务重要事宜;设业务研究委员会负责检讨各事业之速度并提供建议;设秘书处负责办理一般行政事项、审核有关事业机构预算与物资运用及外籍人员选聘、财务管理及与银行往来各事项。

保管委员会并辖有善后物资供应总库,负责统一管理善后物资之供应。

3. 中国农业机械公司:1948年1月□日成立,掌理廉价供应农民简单农具并推广使用新式农业机械事项。

4. 乡村工业示范处:1948年1月□日成立,掌理研究各项小型工业并帮助发展农村小型工业事项。

5. 渔业善后物资管理处：原为1945年5月□日善后救济总署与农林部合办之渔业管理处，善后事业委员会成立后改隶并易名，继续掌理"联总"提供之渔业物资使用与分配事项。

6. 机械农垦管理处：1948年1月□日成立，掌理帮助和发展农村农垦机械化事项。

1947年11月26日－1949年4月23日，王云五、蒋梦麟先后任该委员会主任委员，陈伯君任参事。

国民政府行政院外汇管理委员会

1941年9月1日，行政院为统筹外汇管理事宜，将财政部钱币司、外汇审核委员会（1939年4月25日成立，掌理请购外汇之审查并提出审核意见签由财政部部长核定、按月报告工作情形、随时向部提供管理外汇建议各事项，同年7月□日中央银行外汇审核处撤销，其原经管进出口物品请购外汇审核事项亦划归该委员会掌理。委员会置主任委员1人、委员5－7人、秘书1人、专员2人、核算员4人、助理员4人，均由财政部部长遴员派充，经遴派：由戴铭礼任主任委员，以戴铭礼、徐柏园、金国宝、陈介生、童蒙正、陈端、霍宝树7人为委员）、贸易委员会3家分掌之外汇管理事项予以集中，于行政院设立统一外汇管理的行政机构——外汇管理委员会，掌理外汇管理政策之审订事项、请购外汇之审核事项、出口货物结汇与国外封存物资之处理事项、侨汇与其他汇款之督导事项、国外借款用途之支配事项、收集金银之筹划与督促事项、外汇管理之调查研究事项，置委员长1人（由财政部部长兼任）、委员11－15人（其中5－7人为常务委员）、秘书长1人、副秘书长2人、专员与稽核及编译各若干人，分第1－4处掌理：1. 申请购买外汇之审核、国内外移资金之管制、收集金银之筹划与督促各事项。2. 出口货物结汇之处理、国外借款用途之支配各事项。3. 国外封存资金之处理事项。4. 委员会内文书、印信、人事、会计、庶务及不属他处掌理之事项。专员、稽核、编译则分掌外汇问题之研究、业务之审核、有关外汇文件之评述各事项。

1942年4月□日，该委员会原由4个处掌理之各事项改由秘书室与第1－2处分掌。

1943年11月□日，平准基金委员会裁撤，其原经管业务划归该委员会掌理，同时该委员会亦改归财政部隶属（其主任委员1人仍由财政部部长兼任，还置有副主任委员2人、委员5－7人，主任秘书1人承正副主任委员之命处理会内日常事务，会内设秘书、专员、会计3室及第1－4处分掌各事项）。1945年4月□日奉命结束，其经管之关于华侨汇款督导、国外封存资金之处理、金银之管理、银行经营外汇业务查核业务由财政部接办，关于申请购买外汇之审核、出口货物结汇之处理、外汇市场之控制及管理外汇之调查、研究等事项，则移由中央银行办理。

国民政府行政院（中华民国总统府行政院）不管部、会之政务委员

1947年1月1日，国民政府公布《中华民国宪法》，其第58条内规定：行政院会议由行政院正、副院长与院属各部、会首长及不管部、会之政务委员组织之，以院长为主席。

1947年4月23日，国民政府改组，行政院试行内阁责任制，行政院正、副院长改由国民政府主席选任，并增设政务委员分任行政院各部、会首长，又设不管部、会之政务委员5－7人，均由行政院院长呈请国民政府主席提出国民政府委员会议决后任命（1948年5月20日，实行"总统制"后，改由行政院院长提请中华民国总统任命）。

不管部、会之政务委员无固定职权,作为行政院会议成员,得参加行政院会议对于国家重大行政事项之讨论、议决,并在行政院所属各部、会间协调与融合各项行政政策之实施步调,遇有不属各部、会之议案或不能立即解决之议案,常由行政院院长指定不管部、会之政务委员予以审查、协调、执行。

1947年4月23日—1949年4月23日,常乃悳、李大明、蒋匀田、缪嘉铭、彭学沛、雷震、杨永浚、郑振文、万鸿图、王师曾、胡适、阎锡山、刘航琛等先后被任为行政院不管部、会之政务委员。

国民政府立法院——代表党的立法机关

胡汉民在1929年12月5日国民政府立法院成立一周年纪念会报告辞中说:"照理论讲,党治政府下的立法院,当然是代表整个党的,……训政时期是以党训政,是以党代表人民行使政权,而以治权交给政府。立法院为政府的一部分,从党里接受了立法一部分的政权来,自当代表党去立法。"此乃整个国民党政府统治时期立法院行使之立法权的实质。

国民政府建立初期之立法机关:中央法制委员会、国民政府法制局

1927年4月27日,中执会政治会议决议:任胡汉民、丁惟汾、伍朝枢、戴传贤、钮永建、罗家伦、陈肇英、吴倚伧、戴修骏9人为委员,组成中央法制委员会。5月7日,中执会政治会议第89次会议通过《中央法制委员会组织条例》,规定:

1. 中央法制委员会负责秉承中执会政治会议及国民政府之命,草拟与审查一切法制,并得自行草拟与审查各项法制(但只能建议于中执会政治会议及国民政府而不得自行宣布)。

2. 中央法制委员会委员暂定9人,由中执会政治会议决定后咨由国民政府任命,其因实际之需要,得经中执会政治会议随时议决增减人数。

3. 中央法制委员会由3名常务委员管理一切日常事务,其委员会议至少每周开会一次,必要时,由常务委员召集临时会议。

4. 中央法制委员会设秘书1人,掌理会议记录及一切文书、庶务事宜,必要时并得添用雇员。

5. 中央法制委员会得聘请专门人才为顾问(但须呈报中执会政治会议核准)。

6. 《中央法制委员会组织条例》之拟订与修订,均得经中央法制委员会议决并呈请中执会政治会议核准咨由国民政府公布施行。

6月□日,中执会政治会议决设国民政府法制局。6月17日,国民政府任命王世杰为法制局局长。6月27日,《国民政府法制局组织法》公布,其规定如下:

1. 法制局直隶于国民政府,掌理草拟并修订法律条例案、保存法律条例正本、整理与刊行现行法规各事项。

2. 法制局置局长1人,由国民政府简任,综理局务;由局长荐任编审6—9人,分3股办事:第1股负责草拟与修订经济事项之法律条例案。第2股负责草拟与修订官制官规暨一切关于行政之法律条例案。第3股负责修订民事、刑事等法规暨一切关涉司法之法律条例案。

3. 法制局置秘书1人、办事员与书记员各若干人,掌理文牍、会计、编译、图书、文件保管、缮校、收发、庶务各事项。

4. 法制局草拟或修订之法律条例案,均应呈由国民政府交中央法制委员会审议。

5. 法制局于必要时,对于特殊立

法事项,得聘任专家为专门委员从事于调查、研究或起草各该特殊法律。

1927年9月□日,中央法制委员会裁撤。

1928年10月8日,国民政府法制局裁撤。

国民政府立法院

1928年10月3日,中执会政治会议通过之《中华民国国民政府组织法》第25条即规定"立法院为国民政府最高立法机关"。此后,《中华民国国民政府组织法》虽有多次修改,立法院此一"最高立法机关"之地位未变。10月8日国民政府公布之《中华民国国民政府组织法》内规定:

1. 立法院为国民政府最高立法机关,以议决法律案、预算案、大赦案、宣战案、媾和案、条约案和其他重要国际事项案为职责。

2. 立法院设正副院长各1人,"由国民政府委员兼任之";院长因事故不能执行职务时,由副院长代理。

3. 立法院设立法委员49-99人,由立法院院长提请国民政府任命,任期2年。

4. 立法院会议由立法院院长与立法委员组成并以院长为主席。

5. 立法院会议议决各案,由国务会议议决公布。

6. 立法委员不得兼任中央与地方政府之事务官。

10月20日,国民政府公布《立法院组织法》,规定:

1. 立法院内设秘书、统计、编译3处暨法制、外交、财政、经济4委员会,分掌院内事宜:秘书处置秘书长1人,简任;置秘书6-10人,内4人简任,余荐任;置科员10-20人,委任,分4科掌理各法定事项。统计处与编译处各置处长1人,简任,主持处务;各置科长4-6人,荐任;各置科员10-20人,委任,各分4-6科掌理各法定事项。各委员会由院长指定委员长1人,其委员由各立法委员自愿报任。

2. 立法院院长指挥全院院务及所属机关、维持院内秩序、整理院会议事日程。

3. 立法委员有5人以上连署,可向院会提出法律案。唯与议案有关系之委员不得参与该议案之表决。对本人缺席时院会通过之议决案不得有及时之动议提出。

4. 立法院对其他各院提出之议案,在未经议决前,得准由各院随时对原案提出修正或撤回;对各院及行政院各部、会执行已经院会议决各案,得提出质询。

5. 立法院会议每周至少举行一次,非有委员总数1/3之人员出席,不得开议,非有出席委员过半数之同意,不得议决。可否同数时,取决于主席。

6. 立法院会议一般公开进行,然经委员7人以上或国民政府各院院长暨行政院各部、会长之请求,得开秘密会议。

7. 立法院会议及立法院各委员会会议,得请各院院长暨行政院各部、会长列席。

8. 立法院得任用专门人员,其人数、人选、俸给,均由立法院自行决定。

1928年12月5日,国民政府立法院成立,国民政府委员胡汉民兼任院长,林森被任为副院长,院内设秘书、编译、统计3处(1933年5月11日裁撤统计处):

秘书处以秘书长(简任)为主官,于其指挥下掌理:(1)文书收发与保管事项。(2)文件分配、撰拟、编制事项。(3)会议记录事项。(4)院内委任职人员之任免事项。(5)典守印信事项。(6)会计与庶务事项。(7)不属他处与各委员会主管各事项。(8)院内任用专门人员与雇员事项(1930年7月7

日增列)。(9) 统计、调查事项(1933年5月11日增列)。秘书处原未分科,后视实际需要分设了议事、编制、文书、事务4科理事。

编译处以处长(简任)为主官,于其指挥下分6科掌理:(1) 中华民国法规之编辑与刊行事项。(2) 各国法制之编译事项。(3) 立法参考资料之检讨事项。(4) 特别编译事项。(5) 图书管理事项(1930年7月7日增列)。

统计处以处长(简任)为主官,于其指挥下分2科掌理:(1) 调查编辑全国之法律、政治、经济、社会各项统计事项。(2) 编辑刊行统计年鉴及单行本报告表册事项。

1933年5月11日,《立法院组织法》修正:1. 裁撤统计处,其执掌事项由秘书、编译2处分任。2. 秘书处增设科长2-4人,荐任;增设科员20-28人,内10人荐任,余委任;增设速记长1人,荐任;增设速记员4人,委任;增设书记官8-12人,委任。3. 增设军事委员会。

1936年10月29日,《立法院组织法》又一次修正,增设会计主任与统计主任各1人,荐任,分别掌理岁计、会计事项与统计事项,受立法院院长之指挥与监督并依《国民政府主计处组织法》之规定直接对主计处负责,其所需用之佐理人员名额,由立法院与主计处就法定之委任人员和雇员名额中会同决定。院内设法制、外交、财政、经济、军事5个委员会外,还先后成立有中国现行法律翻译、涉外立法研究、民法、刑法、商法、自治法、土地法、劳工法、宪法法规9个非法定常设之委员会。

1947年1月1日,《中华民国宪法》公布,其第六章第62-76条为立法部分,立法院正、副院长与秘书长之外,设有秘书、编译2处和特设之委员会多个,其性质、地位、职权及职权行使在宪法中被规定为:

1. 立法院为国家最高立法机关,由人民选举之立法委员组成,代表人民行使立法权(第62条)。立法院有议决法律案、预算案、戒严案、大赦案、宣战案、媾和案、条约案及国家其他重要事项之权(第63条)。

2. 立法院会期每年两次,自行集会,第一次自2月至5月底,第二次自9月至12月底,必要时得延长之。会期内每周二、五开会两次,必要时可增加会议次数(第68条)。

3. 立法院因总统之咨请或立法委员1/4以上之请求,得开临时会(第69条)。

4. 立法院会议由院长主席,非有立法委员1/5出席不得开议,其决议除宪法另有规定者外,以出席委员过半数同意行之,可否同数时,取决于主席。

5. 立法院会议得公开为之,但如有主席或出席委员1/10之提议或应行政院院长之请求,得开秘密会议。

6. 立法院会议时,立法院正、副秘书长得列席会议,其他关系院院长及各部、会长官亦得列席陈述意见(第71条)。

7. 立法院对于行政院所提预算案,不得为增加支出之提议(第70条)。

8. 立法院法律案通过后移送总统及行政院,总统应于收到后10日内公布之。但总统得依照本宪法第57条之规定办理(第72条)。

9. 依宪法提出于立法院之议案,在未经决议前,原提案者得提出修正案或将原案撤回。

10. 立法院之组织,以法律定之(第76条)。

4月17日,《国民政府组织法》修改,改原定立法院正、副院长由中央执行委员会选任为"由国民政府选任"。

自1928年12月5日-1948年5月20日,胡汉民、林森(邵元冲代理)、张继(覃振代理)、孙科(自1932年1

月31日-1933年1月6日由邵元冲代理）先后任立法院院长；林森、邵元冲、覃振、叶楚伧、魏道明、吴铁城先后任立法院副院长；李文范、李晓生（代理）、吴景鸿、张维翰、梁寒操、吴尚鹰先后任立法院秘书长；刘芦隐、陈念中、朱经农、朱君毅、谢保樵、左恭先后任立法院编译处处长；刘大钧任立法院统计处处长。

国民政府立法院立法委员

1928年10月8日国民政府公布之《中华民国国民政府组织法》第27条规定：立法院设立法委员49-99人，由立法院院长提请国民政府任命。

1931年12月30日，经过修改的《中华民国国民政府组织法》公布，立法院立法委员改设为50-100人，其半数由立法院院长提请国民政府主席依法任命，半数由法定之社会团体选举产生（此规定未见实行）。

1932年12月□日，立法院立法委员设定人数仍复改为49-99人，并改为"经立法院院长提请由中国国民党中央执行委员会政治会议议决后由国民政府主席任命之"。

1947年1月1日公布之《中华民国宪法》规定：

1. 立法院立法委员由国民选举产生：（1）由各省、各直辖市选出者计660人：其中人口在300万以下之省、市选出5人；人口超过300万之省、市，每满100万人增选1人。(2)由蒙古各盟旗选出22人。（3）由西藏选出10人。(4)由各民族在边疆地区者选出6人。(5)由侨居国外之国民选出19人。(6)由各职业团体选出56人。立法委员之选举及前项第2-6款立法委员名额之分配，以法律定之。妇女在第一项选出之立法委员中，10名以下者，当有妇女1人，超过10名，每满10名增加1人（第64条）。

2. 立法委员之任期为3年，连选得连任，其选举于每届任满前3个月内完成之（第65条）。

3. 立法院所设正、副院长各1人，由立法委员互选产生（第66条）。

4. 立法院得设各种委员会（立法委员自行报名参加），各种委员会得邀请政府人员及社会上有关系人员到会咨询（第67条）。

5. 立法委员在院内所为之言论及表决，对院外不负责任（第73条）。

6. 立法委员除现行犯外，非经立法院许可，不得逮捕或拘禁（第74条）。

7. 立法委员不得兼任官吏（第75条）。

至1948年1月□日，由国民政府任命的立法委员共4届364人：

1. 1928年11月7日-1930年12月□日，卢奕农等47人被任命为第一届立法委员。

2. 1930年12月□日-1932年12月□日，吕志伊等67人被任命为第二届立法委员。

3. 1933年1月12日-1935年2月□日，马寅初等102人被任命为第三届立法委员。

4. 1935年2月□日-1947年12月□日，焦易堂等86人被任命为第四届立法委员（第四届立法委员被任命后，"嗣抗日战起，立法委员未曾改派"，抗战胜利后，"复以行宪在迩，故仍蝉联，仅稍有一部分任免而已"，未曾换届，至1947年12月13日止，国民政府先后新任了赵允义等62人为立法委员）。

1948年5月7日，经选举产生之"行宪"第一届立法委员为于澄芳、苏汝淦等433人）。

综合以观，立法委员之职权和限制及保障如下：

1. 立法委员有提案权，有参加议决法律案、预算案、戒严案、大赦案、宣战媾和案、缔结条约案及其他国家重要事项案之权。

2. 立法委员在院内之言论及表决，对院外不负责任。

3. 立法委员除现行犯外，非经立法院许可，不受逮捕或拘禁。

4. 立法委员每届任期2年，连选得连任。

5. 立法院会议时，若正、副院长均因故不能出席，出席立法委员可互推1人为主席。

6. 立法委员提出法律案，须有委员30人以上之联署。

7. 立法委员可自愿选择担任立法院所设各种委员会委员职务，每人可兼任3委员会委员。

8. 立法委员在一会期内无故缺席者，视为辞职。

9. 立法委员不得兼任官吏，若就任官吏，即应辞去立法委员本职，若未辞职即就任官吏者，自其就任官吏日起以辞职论。

10. 立法委员亦不得兼任国民大会代表。

11. 立法委员对于本人缺席时立法院会议或委员会议议决各案，不得提出反对之动议。

12. 立法委员于出席院会时，对关涉本人之议案，不得参加表决。

13. 立法委员于立法院会议时，有违反议事规则或妨碍议场秩序行为者，会议主席可以警告、制止或禁止其发言，情节重大者，得付惩戒。

国民政府立法院院长

依1928年10月3日中执会政治会议通过之《中华民国国民政府组织法》第7条之规定，立法院正、副院长各1人"由国民政府委员任之"。

1931年6月14日三届五中全会据《中华民国训政时期约法》第77条修正通过之《中华民国国民政府组织法》第16条规定：立法院正、副院长与其他各院正、副院长和陆海空军副司令及直属于国民政府之各院、部、会长一样，"以国民政府主席之提请，由国民政府依法任免之"。同年12月25日，四届一中全会决议：立法院正、副院长与国民政府其他各院正、副院长一样，改为"由中央执行委员会选任之"，立法院与其他各院一样"独立行使职权并对中央执行委员会负其责任"。

依1943年9月10日五届十一中全会通过《修正国民政府组织法》，其第15条规定：立法院正、副院长与其他各院正、副院长一样，改为"由国民政府主席于国民政府委员中提请中国国民党中央执行委员会选任之"并"对国民政府主席负责"。

依1947年1月1日国民政府公布之《中华民国宪法》第66条之规定，立法院正、副院长"由立法委员互选之"，得出席立法院会议立法委员过半数同意者为当选，任期3年，连选得连任；院长因事故不能出席立法院会议或不能视事时，由副院长代理主席或代理行使职权。

立法院院长之职权，综合言之如下：1. 综理立法院院务。2. 主持立法院会议，维持议场之秩序。3. 担任立法院会议主席，当会议之议决出现可否同数时，以院长之决定行之。4. 在宪法施行前提请任命立法委员及立法院正副秘书长，并指定5个常设委员会及中国现行法律翻译、涉外立法研究、民法、刑法4个非常设委员会之委员与召集委员。5. 当依照《中华民国宪法》第49条之规定补选总统、副总统或监察院对总统、副总统提出弹劾案时，由立法院院长负责通告并召集国民大会临时会。6. 立法院与其他院发生争议时，应总统之召集，代表立法院参加会商。7. 参加司法院院长召集之五院院长委员会，会商解决省自治法施行中窒碍难行事项。8. 立法院院长对于院会已于否决或决定废弃之议案，得备具意见，提请中执会政治会议议决发交立法院重新复议，对此发交复议之案，立法院不得再行否决，并经由中执会政治会议为最后之决定。此为立法院院长唯一具有之特权——使死案、废案重新复活之权。

自1928年12月5日－1949年4月23日，胡汉民、孙科、童冠贤相继任立法院院长，林森、邵元冲、覃振、叶楚伧、魏道明、吴铁城、陈立夫、刘健群相继任立法院副院长。

国民政府立法院各委员会

1928年10月20日国民政府公布之《立法院组织法》规定：立法院除设正、副院长各1人外，设秘书、统计、编译3处暨法制、外交、财政、经济4委员会。12月8日，立法院第一次会议议决：增设军事委员会，推定焦易堂、傅秉常、邓召荫、邵元冲、钮永建分任立法院上列5个常设法定委员会之委员长。

各委员会就各自主管范围内事项，审议下列各议案：1. 院长交议之议案。2. 立法院会议议决交付审查之议案。3. 本委员会委员提议之议案。4. 他委员会移送本委员会相关联之议案。

各委员会会议由委员长随时召集（经1/3以上之请求，委员长亦得召集），以过半数委员之出席方可开议，以出席委员过半数之同意决之，可否同数时，取决于会议主席。遇有少数委员对议案坚不同意，得另备意见，由委员长依有关规定附带报告。各委员会所议事项有与他委员会相关联或本委员会所不能解决者，由委员长决定申报院长开联席会议，联席会议由各关系委员会委员长联名召集。

除上列5个常设法定委员会外，立法院还增设过下列非常设、非法定之委员会，如：中国现行法律翻译委员会、涉外立法研究委员会、民法委员会、刑法委员会、商法委员会、劳工法委员会、自治法委员会、土地法委员会、宪法法规委员会等。这些委员会存在时间长短不一，但均未设委员长，仅由立法院院长于委员中指定1人为"召集委员"而已。

1948年5月20日中华民国总统府成立后的立法院内设有地方自治、外交、国防、经济及资源、财政金融、预算、教育文化、农村及水利、交通、社会、劳工、地政、卫生、边政、侨务、海事、粮政、民法、刑法、商事法、法制共21个委员会，并规定于必要时得增设其他委员会或特种委员会。

立法院所设各委员会各置委员若干人（其中召集委员3－15人），均由立法委员自报分任，但每一立法委员自报分任委员会数不得超过3个。各委员会各就主管事项审议之议案与5个常设法定委员会审议之议案同（仅删去其中之第3项），其审议程序中增加"委员会审议案件须经初步审查者，由各该委员会委员若干人轮流审查，必要时得由召集委员指定若干人审查，并得由立法院院长或院会预定审查期限"、"其审查结果应制成议事录送会议主席签名，于院会前报立法院院长并由院长提交院会讨论"两项内容，余则与5常设委员会审议议案程序相同。

国民政府立法院秘书长

1928年10月20日国民政府公布之《立法院组织法》，规定立法院内设秘书处，秘书处置秘书长1人（简任）、秘书6－10人（内4人简任，余荐任）、科长2－4人（荐任）、科员20－28人（内10人荐任，余委任）、速记长1人（荐任）、速记员4人（委任）、书记官8－12人（委任）。秘书长为秘书处主官，承立法院院长之命综理处务，指挥属员分理法定各事项。

1941年5月□日，秘书长由简任改为"特任"。

自1928年11月13日李文范被任为立法院秘书长起，迄1949年4月23日止，李晓生、吴景鸿、张维翰、梁寒操、吴尚鹰、张肇元、陈克文相继任此职务。

1948年5月20日"行宪"后,立法院设正、副秘书长各1人,由立法院院长于立法委员以外遴选人员提请总统特派、简派,秘书长作为主管立法院院务之长官,承院长之命协理院务、列席立法院会议并于会前负责查点出席会议之立法委员人数向院长报告;副秘书长承立法院院长之命,襄助秘书长处理院务、列席立法院会议。1948年5月26日,延国符被任为立法院副秘书长。

国民政府立法院之质询权

依1929年7月10日国民政府公布之《治权行使之规律案》,立法院对未经立法院议决而公布施行之各种法律案(包括条例案及组织法案在内)、有关人民负担之财政案及经议决不得成立之法案,有提出质询之责,其公布施行之机关以越权论,立法院不提出质询者,以废职论。

国民政府立法院法律议案之三读会

立法院尚未成立之前的1928年11月13日,国民政府曾公布经国务会议议决、但非依据《立法院组织法》第25条拟定亦未经立法程序确认之《立法院议事规则》69条。1935年5月6日、5月14日分两次公布了上述《立法院议事规则（修正案）》（修正为70条）,规定:

1. 凡法律案之提出,须将该法案之原则及各条规定之理由备具立法旨趣书书面提出之。

2. 凡法律之议案,须开三读会后议决;立法院院长可酌量情形省略三读程序,出席会议委员1/3以上连署请求省略三读会者,亦可省略三读会程序。

3. 凡各院移送之案、政治会议及国民政府交议之案,立法院均提出第一读会并议决付各该关系委员会审查;各院移送之法律案、大赦案及行政院移送之条约案或外交重要事件案或预算案,须经院长发交专任委员会审查。

4. 第一读会于议程配付于委员后之翌日行之,朗读议案标题后,由提案者说明该提案之旨趣;各委员会将该议案经一读会之审查结果,由各该委员会委员长以书面报告院长,请院长提交大会,即议决再开二读会审议或径予废弃（其省略一读,由院长直接发交审查者,仅限最紧急或最简单之议案,其例极少）。

5. 第二读会于第一读会之翌日或同日行之,将议案逐条朗读议决,其修正之条项文句,交由专任委员会整理之（第二读会最速亦在第一读会之次周,有迟至数月或年余者,亦有经数次之审查始开第二读会者,其省略审查程序或于第一读会同日或翌日审毕而提付二读者,亦极少）。

6. 三读会于第二读会翌日或同日行之,即议决该议案全体之可否（三读会多从省略,其有最重要之议案必开三读会者,多于第二读会后继续行之）。

国民政府司法院

1928年10月8日,国民政府公布《中华民国国民政府组织法》,规定:

1. 司法院为国民政府最高司法机关,掌理司法审判、司法行政、官吏惩戒及行政审判各职权。

2. 关于特赦、减刑及复权事项,"由司法院院长提请国民政府核准施行"。

3. 司法院设正、副院长各1人,院长因事故不能执行职务时,由副院长代理。

4. 司法院对于主管事项,得提出议案于立法院。

10月20日,国民政府公布《司法院组织法》,规定:

1. 司法院由院长综理院务,院长因事故不能执行职务时,由副院长代理。

2. 司法院设秘书处，置秘书长1人（简任）、秘书6－10人（内4人简任，余荐任）、科员10－20人（委任），掌理：（1）文书之收发、编制、保管、分配事项。（2）文件之撰拟、翻译事项。（3）印信之典守事项。（4）会计事项。（5）庶务及其他不属于参事处主管之事项。

设参事处，置参事4－6人（简任），掌理司法院法案与命令之撰拟及审核事项。

设司法行政署，承院长之命综理司法行政事宜。

设司法审判署，承院长之命依法对民事和刑事诉讼案件行使最高审判权。

设行政审判署，承院长之命依法掌理行政诉讼和审判事宜。

设官吏惩戒委员会，承院长之命依法掌理文官与法官惩戒事宜。

3. 法令之统一解释和决定判例变更之权，由司法院院长经司法审判署署长及该署各庭庭长会议议决后行使。

4. 经国务会议和立法院之议决，司法院得增置或裁并所设各委员会及各机关。

11月7日，中执会政治会议第162次会议通过《修正司法院组织法》，改司法行政署为司法行政部，改司法审判署为最高法院，改行政审判署为行政法院。

11月16日，国民政府司法院正式成立。同日，王宠惠、张继被任为司法院正、副院长。

12月□日，伍大光代理司法院秘书长（1929年5月□日伍他调，由朱履龢兼代，1930年4月21日朱被免，改由谢冠生兼代）。

1931年12月29日－1932年5月21日，伍朝枢、居正继任司法院正、副院长职务，1932年5月21日－1948年6月24日，居正一直任司法院院长，副院长一职自1932年5月21日－1947年4月18日由覃振担任，覃殁后，李文范于1947年6月6日－1948年6月24日任副院长，其后即由石志泉继任。

司法院秘书长一职自1930年4月21日－1936年3月13日一直由谢冠生兼代，1936年3月13日谢正式被任命为秘书长，1938年4月26日谢被免职后，由张知本继任秘书长职务，自1943年2月18日－1948年7月5日，茅祖权被任为司法院秘书长，1948年7月5日－12月22日，司法院秘书长由端木恺继任，1948年12月22日起，谢冠生再次被任为司法院秘书长。

1931年12月31日－1934年10月2日和1943年1月1日以后，司法行政部改隶于行政院之下，司法院成为国家最高审判机关，特赦、减刑、复权事宜改由司法院院长提请国民政府主席署名行之。

只有在1928年11月16日－1931年12月30日和1934年10月3日－1942年12月31日这两个时段内、司法行政部隶于司法院时，司法院才是完整的、名实相符的国家最高司法机关，在司法行政部归由行政院辖属时期，司法院只能以一个国家最高审判机关观之。

1935年□月□日，司法院设司法院会议，司法院院长为会议主席，司法院所属各部、院、会主官和司法院秘书长为会议成员，掌理：（1）讨论司法之法律和预算事项。（2）司法机关简任以上人员之任免事项。（3）司法院所属各部、院、会间不能解决之事项。12月□日，增设法规委员会。

1938年4月30日，司法院增设会计处。

1942年9月2日，增设统计处。

1943年6月□日，增设人事室。

1947年1月1日，国民政府公布《中华民国宪法》，规定：司法院为国家最高司法机关，其职权有：1. 解释宪法。2. 统一解释法令。3. 民事、刑事诉讼之审判权。4. 行政诉讼之审判权。5. 公务员之惩戒权。

司法院辖有最高法院、行政法院、公务员惩戒委员会，最高法院对民事诉讼与刑事诉讼依法行使最高审判权，行政法院依法掌理行政诉讼审判事宜，公务员惩戒委员会依法掌理公务员惩戒事项。最高法院、行政法院、公务员惩戒委员会均独立行使其法定职权，在组织系统上隶于司法院之下，然司法院对其之判决或决议并无指挥和实行复议之权。

司法院院长，1928年10月3日定由国民政府委员兼任。1931年6月□日定由国民政府主席提请国民政府任命；同年12月□日改由中执会选任。1943年9月□日改由国民政府主席于国民政府委员中提出人选请中执会选任并对国民政府主席负责。1947年1月1日公布之《中华民国宪法》规定：司法院院长由总统提名经监察院同意后任命之，其任期与总统同为6年，但若新任总统对前任总统任命之院长认可，则可续任而不经再提名——同意——任命之程序。

司法院院长综理院务之内容概如下述：

1. 综理司法院院务及监督所属机构之一般性行政事务外，并会同最高法院院长监督最高法院。

2. 在"训政时期"，司法院院长得经最高法院院长与所设各庭庭长会议决后行使统一解释法令及变更判例之权；在"宪政时期"，司法院院长得召集大法官会议（并担任会议主席，遇会议合议议决可否同数时，由会议主席决之）并依会议之议决行使解释宪法和统一解释法律及命令之权。

3. 司法院院长得以大法官会议主席身份监誓正副总统之就职。

4. 司法院院长得出席五院院长会议，参与院与院间职权争议之处理。

5. 遇有省自治法施行中有因重大窒碍难行之事，司法院院长得召集五院院长组成委员会并担任委员会主席，讨论提出解决办法。

6. 最高法院各庭审理案件中，遇有法律上之见解同判决先例有异时，应最高法院之呈请，司法院院长得召集变更判例会议并为会议主席讨论议决之。在"训政时期"，司法院院长还得兼任最高法院院长，对行政法院、公务员惩戒委员会之审判认有必要时，得亲自出席。

司法院副院长除"依法于司法院院长因事故不能视事时代理之"之明定职权和在训政时期兼任公务员惩戒委员会委员长及在宪政时期司法院院长不能出席大法官会议时代理大法官会议主席外，无特别明定之其他职权。副院长任命程序之几次变化及"宪政"实施后之任期及续任程序与司法院院长同。

国民政府司法院会议

国民政府司法院会议以司法院之正副院长、司法行政部部长与政务次长及常务次长、最高法院院长、行政法院院长、中央公务员惩戒委员会委员长、司法院秘书长、最高法院与行政法院及中央公务员惩戒委员会书记官长、最高法院检察署检察长、法官训练所所长为组成人员，但如司法院院长认为无须全体出席时，可仅召集司法行政部部长、最高法院院长、行政法院院长、中央公务员惩戒委员会委员长会议，有必要时，除司法院规定之组成人员外，其他有关主管人员可临时列席会议。司法院会议由司法院院长主席，院长因故不能出席时，由副院长代理主席。会议讨论关于司法之法律案、司法之概算案、司法机关简任以上人员之任免案、司法院所属各部院间不能解决之事项案，以及其他司法院院长或司法院所属各部、院、会长官认为应交会议决定之事项案。司法院会议于每月之第一、三两周之星期二举行；司法院院长认有特别事故时，可召集临时会议。

国民政府司法审理四级三审制的废除和三级三审制的实行

1927年6月24日，国民政府任命王宠惠为司法部部长。8月16日起，各级审判机关一律改称法院，大理院改称为最高法院。是月，国民政府司法部拟具《暂行法院组织法草案》，确定司法审理仍行"四级三审制"，全国之审判机关分为下列四级：

1. 初级法院：审理第一审民事、刑事诉讼案件并登记其他非讼事件。

2. 地方法院：审理不属初级法院判决而控诉之案件与不服初级法院之决定或其命令而按照法令进行控告之案件。

3. 高等法院：审理不服地方法院第一审判决而控诉之案件与不服地方法院之决定或其命令而按照法令进行控告之案件。

4. 最高法院：审理依法令属于最高法院审理特别权限内各案件之初审与终审及不服高等法院二审判决而上告案件之终审和不服高等法院之决定或其命令而按照法令进行控告各案件之终审。

1930年6月21日，三届中执会政治会议第231次会议通过《法院组织法立法原则》12条，决定：

1. 废除法院组织之四级体制，取消地方简易庭，改行法院三级制，即在中央设最高法院于国民政府所在地；在交通未发达前，在离中央政府较远之适当地点设立分院，掌理一定区域内最高法院管辖事项（但关于统一解释法令事项、刑事非常上诉事项、司法行政事项，概由最高法院集中为之）。在地方于各省、各特别区域各设一高等法院为原则，在区域辽阔之省，可于适当地点设立分院，管理该省一定区域内高等法院应管辖事项。在各县、市以每一县、市设一地方法院为原则，而于区域狭小之县、市，可合数县、市设一地方法院，于区域辽阔之县、市，可于适当地点设立地方法院分院为变通（因各级法院均可设立分院，原行之巡回审判制取消）。

2. 案件审理以三审为原则、二审为例外。

3. 最高法院审判案件，以推事3或5人之合议制为之；高等法院审判案件，以推事3人之合议制为之（但高等法院对案件审判之最初准备与调查程序，得以推事1人为之）；地方法院审判案件为独任制，以推事1人为之。

4. 各级法院与分院之院长综理院行政事宜并得兼任推事，地方法院之分院如推事仅有1人者，由该推事兼理该分院行政事宜而不另设院长。

5. 各级法院及其分院之实任推事受法律之特别保障，除有法定原因并依法定程序外，不得有勒令停职、免职、转职、减俸等情事。

1932年7月6日，三届中执会政治会议第316次会议修正通过《法院组织法立法原则》，规定：（1）最高法院不设分院。（2）高等法院与地方法院得定期于所在地外之适当地点开庭审理案件。（3）地方法院审判案件，以独任制为原则；但遇特别重大之案件，亦得斟酌情形以3人之合议行之。

国民政府司法院统一解释法令和统一解释法令会议

国民党政府规定：凡公署公务员和法令所认可之公法人，有对关于其职权之法令条文提出请求解释之权。但此种请求解释只能以抽象之疑问为限，而不能胪列具体事实。凡向司法院请求解释法令者，由司法院院长发交最高法院院长分别民事、刑事，分配于民事庭或刑事庭庭长拟具解答案；凡向最高法院请求解释者，最高法院院长亦得分别民事、刑事，分配于民事庭或刑事庭庭长拟具解答意见。各解答案经各庭庭长签注意见后，复经最高法院院长赞同者，由最高法院院长呈司法院院长核阅、司法院院长亦赞同者，其解答案即作为统一解释法令会议议决案。最高法院院长或过半数以上庭长对于解答有疑义时，由最高法院院长呈请司法院院长召集解释法令会议。最高法院院长与各庭庭长虽无异议而司法院院长认为有疑义时，由司法院院长召集会议讨论并以有法定会议人员2/3以上之到会及过半数到会人员之同意为议决。是项会议以司法院院长为主席，司法院院长有事故未能出席时，由司法院副院长代行主席职务，司法院院长、副院长均因故未能出席时，由最高法院院长代行主席职务。司法院院长认为该会议之议决案尚有疑义时，得召集最高法院全体推事加入会议复议，复议以司法院院长、庭长、推事全员2/3以上之同意为议决。

国民政府司法院变更判例权之行使

国民党政府规定：变更判例之权由最高法院院长及所属各庭庭长会议议决后，交由司法院院长行使。

国民政府司法院司法行政部

1928年11月7日，二届中执会政治会议第162次会议通过《司法行政部组织法》，规定：

1. 司法行政部管理全国司法行政事宜，对地方最高级行政长官执行司法行政部主管范围内各事项有指示、监督之责，对其中违背法令或逾越权限之命令或处分，有请司法院长提经国务会议议决后停止或撤销之权。

2. 司法行政部设部长1人，特任，由司法院院长提请国民政府任免，综理部务并监督所属职员和各机关；设政务次长、常任次长各1人，简任，由司法院院长提请国民政府任免，辅助部长处理部务。设秘书4-6人（内2人简任、余荐任），由部长咨呈司法院院长转请国民政府任命，分掌部务会议记录事项及长官交办事项。设参事2-4人，简任，由司法院院长提请国民政府任免，负责撰拟与审核本部之法律和命令事项。设司长4人，简任，由司法院院长提请国民政府任免，分掌部设各司事务；设科长若干人，荐任，由部长咨呈司法院院长转请国民政府任命，承长官之命分掌司设各科事务；设科员若干人，委任，由部长任命，承长官之命于各科办理事务；设技正1-2人，荐任，设技士3-5人，委任，承长官之命办理各项技术事务。

3. 司法行政部设总务、民事、刑事、监狱4司，分掌法定各事项：

总务司掌理：（1）文件之收发、分配、撰拟、保存事项。（2）部令之公布事项。（3）印信之典守事项。（4）司法院所属各机关职员之任免事项。（5）考绩和交付惩戒事项。（6）统计报告之编制事项。（7）出版物之刊行事项。（8）本部经费与各项收入之预决算和会计事项。（9）司法经费和直辖各机关会计之稽核事项。（10）部有官产官物之保管事项。（11）司法机关之设置与废止及其管辖区域之划分与变更事项。（12）司法机关员之训练与教育事项。（13）律师事项。（14）罚金与赃物及没收财物之稽核事项。（15）庶务及不属其他各司之事项。

民事司掌理：（1）民事诉讼审判及检察之行政事项。（2）关于非讼事件和公证事项。（3）司法机关所管之登记事项。（4）关于其他民事事项。

刑事司掌理：（1）刑事诉讼审判及检察之行政事项。（2）特赦、减刑、复权事项。（3）执行刑罚和缓刑事项。（4）国际引渡罪犯事项。

监狱司掌理：（1）监狱之设置与废止及管理事项。（2）监狱官吏之监督事项。（3）犯罪人之感化与假释及出狱人之保护事项。（4）犯罪人异同识别与犯罪人卫生及工作各事项。

1928年11月13日，魏道明被特任

为司法行政部部长；11月27日、12月5日，朱履龢、谢瀛洲先后被任命为司法行政部政务次长、常任次长；马寿华、刘远驹、王淮琛、郑灿被任命为总务、民事、刑事、监狱4司司长；张翼枢、徐维震、徐声金被任命为参事。

1936年□月□日增设会计室与统计室，掌理岁计与统计事项。

1942年7月□日增设人事司，掌理人事管理事项。

1943年1月20日，汪楫宝被任为人事司司长；10月9日，人事司改设为人事处，处长仍为汪楫宝（1947年6月□日汪被免，由梁仁杰继任，11月□日梁被免，由周祖琛继任）；同日，会计室改设为会计处，石凌汉被任为会计长。

1947年8月9日，统计室改设为统计处，邹慎夫被任为统计长；同日增设编查室，掌理编译、调查事项。

1948年3月25日，设中央特种刑事法庭，以楼观光为庭长、何政涵为首席检察官，并在全国分区设特种刑事法庭，专办"戡乱"期间各特种刑事案件〔详见第440页"国民政府司法院特种刑事法庭——中华民国总统府司法院特种刑事法庭"词目〕；为复核非军人各特种刑事案件，特增设"特种刑事司"（其司长任命未见发表）。

司法行政部先后设有司法官资格审查、司法官成绩审查、监狱官审查、审判官审查、甄拔律师、法制调查、统计、考绩、设计考核、司法补助费管理共10个委员会；直辖最高法院检察署、首都高等法院、各省高等法院、首都监狱、上海监狱、法医研究所等机构。

1928年11月13日-1949年4月23日，魏道明、朱履龢、罗文干、居正、王用宾、谢冠生、梅汝璈（赵琛代）、张知本先后任该部部长，朱履龢、何世桢、郑天锡、谢冠生、洪陆东、赵琛、杨正清先后任该部政务次长，谢瀛洲、郑天锡、石志泉、潘恩培、谢健、夏勤、谢瀛洲、汪楫宝先后任该部常务次长。

司法行政部在1931年12月31日-1934年10月20日和1943年1月1日-1949年4月23日期间两度改归国民政府行政院（中华民国总统府行政院）辖属，唯其职权范围、职权行使方式、机构设置及其主官未曾有变。

国民政府司法院最高法院

1928年11月7日，二届中执会政治会议第162次会议通过《最高法院组织法》，11月17日由国民政府公布，规定：

1. 最高法院为全国终审审判机关，负责审理不服高等法院及其分院第一审判决而上诉之刑事诉讼案件、不服高等法院及其分院第二审判决而上诉之刑事诉讼与民事诉讼案件、不服高等法院及其分院裁定而抗告之案件以及非常上诉案件。

2. 最高法院设院长1人综理院务但不得指挥审判，其人选由司法院长提请国民政府特任（1948年5月20日"行宪"前，多由司法院院长兼任）。最高法院院长须具有下列资格之一：（1）曾任简任推事或检察官5年以上者。（2）曾任简任推事或检察官1年以上并任简任行政官吏5年以上者。（3）曾任立法委员5年以上者。院长之职权初定为"对全院行政有统一指挥、监督之权并有统一解释法令及必要处置之权"，但不得指挥审判，后定为"综理院务、兼任推事和审判庭庭长并在司法院院长督同下监督最高法院统一解释法令及必要处置之权"（即由司法院院长经最高法院院长与各庭庭长会议议决后行使之权）。

3. 最高法院设民事庭、刑事庭各若干（其庭数多少，由司法院视事务之繁简以院令定之），各庭置推事5人并以其中简任之1人为庭长,其人选由司法行政部部长呈请司法院院长提请国民政府任命,庭长监督各该庭事务并负责分配案件。

4. 最高法院民事、刑事各庭之审判均采合议制,合议审判时,以庭长为审判长,庭长有事故时,由该庭资深推事充任。

5. 最高法院配置检察署,置检察长1人,简任(其呈请任命程序与推事同),指挥、监督并分配该管检察事务;置检察官若干人,简任(其呈请任命程序与推事同),处理关于检察之一切事务。

6. 最高法院与检察署各置书记官长,荐任(呈请任命手续与推事同),分别掌理书记事务;置书记官若干人,荐任(任命手续与推事同)或委任(由最高法院院长与检察署署长任命),分别办理文牍、记录、编案、统计、会计、庶务及典守印信等事务;此外并得置相当数额之庭丁与司法警察。

7. 最高法院及检察署荐任以上人员之任免,由司法行政部部长先行咨询最高法院院长及检察署检察长意见后再请任命;委任人员之任免须分别咨行、呈报司法行政部备案。

8. 最高法院之预决算由司法院院长核定。

1928年11月13日,国民政府特任林翔继徐元诰(1927年11月5日任)为最高法院院长。最高法院设有民事庭2、刑事庭1。至抗战前夕已增至民事庭5、刑事庭11。

1938年1月□日,成立最高法院上海特区分庭,以上海第一、二两特区法院管理区域为其管辖区域,受理区域内不服高等法院或分院之裁判而上诉或抗告之案件。11月□日,最高法院所设民、刑庭紧缩为8个。

1941年12月□日,最高法院上海特区分庭因日寇占上海租界之故,被逼移驻福建永安并改设为最高法院浙赣闽分庭,以浙赣闽3省之未陷敌区域为管辖区域。

1943年6月12日,设置最高法院湘粤分庭于湖南桂阳。

1945年9月□日,最高法院各分庭均告结束。

自1927年11月5日任命徐元诰为国民政府最高法院院长起,至实行五院制后最高法院归于国民政府司法院系统,直至1949年4月23日国民党政府溃败日止,林翔、居正、焦易堂、李芝、夏勤、谢瀛洲相继任最高法院院长。

国民政府司法院最高法院检察署之检察长与检察官

1928年11月7日,二届中执会政治会议第162次会议通过之《最高法院组织法》规定:最高法院配置检察署,置检察长1人,简任,指挥、监督并分配该管检察事务,置检察官若干人,简任或荐任,处理关于检察之一切事务。

检察长由检察官兼任,除指挥、监督所属检察官执行检察职务外,得亲自处理检察事宜——即实施侦查、提起公诉、实行公诉、协助自诉、担当自诉、指挥刑事裁判之执行及其他法定职务,并得将所属检察官之事务移转于所属其他检察官处理。检察长对最高法院独立行使职权。

最高法院以外之其他各级法院均置检察官,在其所配置之法院管辖区域内执行职务,其职权主要是实施侦查、提起公诉、协助自诉、指挥刑事裁决及其他法令所定职务之执行(但遇紧急情形者除外)。

最高法院检察署检察长和各级法院之首席检察官,均得由检察官担任。检察官服从监督长官之命令,对于法院独立行使职权。

1930年6月21日,三届中执会政治会议第231次会议通过之《法院组织法立法原则》12条，其内规定：

1. 各级法院均配置检察署，以为检察官执行职务之所，亦表检察官独立执行职务之精神，而去世人误以检察官系附属于法院之疑惑。

2. 检察官员具司法行政官性质，与各级法院实任推事受法律之特别保障有异，享受文官之保障待遇。

1932年7月6日，三届中执会政治会议第316次会议修正通过之《法院组织法立法原则》内规定：除最高法院内配置检察署外，其余各法院均仅配置检察官，其有检察官2人以上者，以其中之1人为首席检察官。

国民政府司法院各级地方法院

1927年8月11日，二届中执会政治会议决议："一应法律，在未制订、颁行以前，凡从前施行之各种实体法、诉讼法及其他一切法令，除与中国国民党党纲或与国民政府法令抵触者外，一律暂准援用。"8月12日，国民政府通令各级法院遵照办理。8月16日，国民政府令将大理院改称为最高法院并将各审判机关一律改称法院。同月，国民政府司法部拟具《暂行法院组织法草案》，规定：

1. 司法继续实行"四级三审制"，由初级法院审理第一审民、刑事诉讼案件并登记其他非讼事件，由地方法院审理不属初级法院审判权限与不属高等法院特别权限内之初审案件、不服初级法院判决而控诉之案件、不服初级法院之决定或其命令而按照法令进行抗告之案件。

2. 普设地方法院时，依向例，于地方法院内附设简易庭受理初审案件。

3. 地方法院之设立，原则上一县、市设一地方法院，县或市区狭小者，得合数县市设一地方法院；其县或市区辽阔者，得设地方法院分院。

4. 地方法院审理案件行3人合议或1人独任制。

5. 地方法院及分院置院长1人，承高等法院院长之命综理院之行政事务并兼任推事与充任审判庭庭长；地方法院之分院若仅有1名推事时，其分院之行政事务即由该推事兼理，而不另设院长，地方法院之实任推事受法律之特别保障，除有法定原因并依法定程序外，不受停职、免职、转职、减俸等处分。

6. 地方法院配置检察署以为检察官执行法定职务之处所。

1930年6月21日，三届中执会政治会议第231次会议通过《法院组织法立法原则》，规定：

1. 废除法院组织四级制体制，取消地方简易庭，改行法院组织三级制，在各县市，以每一县市设一地方法院为原则，而于区域狭小之县市，可合数县市设一地方法院，于区域辽阔之县市，可于妥适地点设立地方法院分院为变通，地方法院既可设立分院，则原行之巡回审判制废除。

2. 案件审理以三审为原则、二审为例外。

3. 地方法院审判案件取独任制，以推事一人为之。

4. 地方法院及分院置院长掌理行政事务并得兼任推事，地方法院分院如仅有推事1人，则由该推事兼理该分院行政事务，不另设院长。

5. 地方法院及其分院之实任推事受法律之特别保障，除有法定原因并依法定程序外，不得有勒令停职、免职、转职、减俸等情事。

6. 地方法院配置检察署以为检察官员执行职务之所。

7. 检察官员与实任推事受法律之特别保障有异，以司法行政官性质享受文官之保障待遇。

1932年7月6日，三届中执会政治会议第316次会议对《法院组织法立法原则》作出修正，规定：

1. 除最高法院配置检察署外，其他各法院仅配置检察官，其有检察官2人以上者，以其中之1人为首席检察官。

2. 地方法院与高等法院一样，得定期于其所在地外之适当地点开庭审理案件。

3. 地方法院审判案件以独任制为原则，但遇特别重大之案件，亦得斟酌情形以3人之合议行之。

国民党政府统治下的中国各县市，真正成立地方法院并公正司法者，为数极少。绝大多数县份，仍袭用着"县老爷"升堂理案决讼之旧制。1933年8月12日，国民政府曾有"禁用刑讯"的明令发表，然对县太爷理案决讼、轻易动刑的局面有多少改变，实难定数。在"剿匪"区域，各县县长更被加委为"军法官"掌理军法审判各事项。1934年4月24日，蒋介石曾以国民政府军事委员会委员长的名义通令兼理司法之各县县长"激发天良"，做到讼案一经成立，即"随到随审，随审随结"，无论如何重大或复杂之案件，其审结期"不得超过三十日"，并要求省政府将此"列诸考成"、"随时督察"，以"厉行惩戒"，"期贯彻实行"，其实际效果如何无从测知。

1936年4月9日，国民政府制定公布《县司法处组织暂行条例》，决定设立县司法处，置审判官，独立行使审判权，而以县长兼理检察事务，以纠县长兼理司法中之误审错判及凭借司法权侵犯人民利益和人身自由之弊端。随着抗日战争的爆发，国民党政府更是无法顾及此事了。

国民政府司法院高等法院

1930年6月21日，三届中执会政治会议第231次会议通过《法院组织法立法原则》，规定司法实行三级三审制度："三级"指地方法院、高等法院、最高法院言，"地方法院为法院之单位，上级为高等法院，再上级为最高法院"；"三审"指对诉讼案之审理程序言，其诉讼以"三审为原则，二审为例外"，"以三审为原则者，求诉讼之详审也"，"地方法院审判案件原则用独任制，遇特别重大之案件，亦得斟酌情形以三人之合议行之。高等法院审判案件用三人合议制，但对最初准备及调查程序，得以推事一人为之。最高法院用三人或五人合议制"。

高等法院设于首都、各省、院辖市及特别区域（其省区辽阔者，增设分院于适宜地点，并将院与分院之行政事项酌予划分），其受理之案件为：1. 关于内乱、外患及妨害国交之刑事之第一审诉讼案。2. 不服地方法院或分院第一审判决而上诉之民事、刑事诉讼案件。3. 不服地方法院或分院裁定而抗告之案件；不服高等法院之判决者，可于规定期内按法定程序上诉于最高法院。4. 有关选举诉讼案件，由高等法院受理，并依民事诉讼程序先于其他诉讼案件审判，一审终结，不得上诉。

各高等法院置院长一人，由简任推事兼任，并得兼充审判庭庭长，依1927年12月1日国民政府公布、1928年2月23日修正之《各省高等法院院长办事权限暂行条例》之规定：

1. 高等法院院长依职权或院内临时委员会之决议及司法部（1928年11月11日起改为"司法行政部"）部长之命令，处理各该省或院辖市之司法行政事务（另有规定者不在此限）。

2. 高等法院院长依职权处理：（1）监督、指挥全院之司法行政事项。（2）分配民、刑案件事项。（3）督促民、刑诉讼进行事项。（4）考核职员成绩事项。（5）撰辑、收发、保存文件与编制统计和报告事项。（6）登记及其他非讼事件事项。

3. 召集由院长、庭长、首席检察官组成之临时委员会会议（以院长为主席，院长有事故时，由首席检察官代理主席），处理：（1）本院会计事项。（2）本院及院辖机关官产、官物事项。（3）稽核罚金、赃物及没收事项。（4）报告证据保存事项。（5）报告保证金保存事项。

4. 依司法部（后之司法行政部）部长之命令处理：（1）筹划添设法院与监所事项。（2）司法教育事项。（3）呈请派署荐任职职员与委派委任职职员事项。（4）所属职员徽告或惩戒、请假或辞退、临时委派代理、叙给官俸及叙晋等级事项（5）核转法官办案成绩分类事项。（6）编制法院及各县司法收入事项。（7）各县办理命、盗案件之审判、记功、记过、惩戒及不遵院令之惩戒事项。（8）承审员之任免、升用、奖惩事项。（9）各监所职员之任免、奖惩及监督所属会、监、所一切事项。（10）疏脱人犯呈请交付惩戒事项。（11）律师登录、惩戒及其他事项。

在《法院组织法立法原则》通过与修改前后，各省市高等法院成立者先后有：1927年11月14日成立者有江苏、浙江、安徽、福建4省之高等法院。1927年12月3日成立者有河南省高等法院。1928年1月13日成立者有湖北、广东2省之高等法院。1928年3月19日成立者有湖南省高等法院。1928年4月2日成立者有四川、广西、陕西3省之高等法院。1928年4月14日成立者有江西省高等法院。1928年7月9日成立者有山东省高等法院。1928年7月31日成立者有上海临时法院。1928年12月26日成立者有宁夏省高等法院。1928年12月31日成立者有新疆省高等法院。1929年2月26日成立者有青海省高等法院。1929年11月18日成立者有河北省高等法院。1931年5月2日成立者有察哈尔省高等法院。1931年10月24日成立者有贵州、甘肃、绥远3省之高等法院。1932年3月11日成立者有热河省高等法院。除此23个高等法院外，见诸载籍者无。

国民政府司法院行政法院

1932年11月17日，国民政府公布《行政法院组织法》，规定：

1. 行政法院掌理全国行政诉讼审判事宜。

2. 行政法院设院长1人，特任，综理院务并兼任评事与充任庭长。

3. 行政法院设评事10-15人，简任，掌理审判事宜；设书记官长1人（荐任）和书记官10-18人（委任），分别掌理记录、编案、撰拟、统计、会计、收发、典守印信各事项；必要时，得酌用雇员与庭丁。

4. 行政法院评事须年满30岁、"对党义有深切研究"并曾任国民政府统治下简任职公务员3年以上者方可充任。

5. 行政法院分设2-3庭，各庭置庭长1人，除由行政法院院长兼任者外，余均于评事中遴选，庭长监督各该庭事务并定其分配。各庭置评事5人，内须有曾充法官者2人。各庭之审判以庭长与评事5人之合议行之，庭长有事故时，以资深评事充任。

6. 行政法院评事与最高法院推事同样享受法律之保障。

1933年6月2日，行政法院成立，设第一、二庭为审判机构，各庭内设有书记官室，掌理记录与收发案件等事项；设书记厅为行政机构，厅内设有书记官长1人，分3股掌理：（1）典守印信事项。（2）收发与缮校文件事项。（3）发售状纸事项。（4）保管档案与图书事项。（5）处理庶务事项。（6）撰拟文件事项。（7）编辑报告与统计事项。（8）担任会议记录事项。（9）出纳款项与编制预决算事项。同日，茅祖权被任为行政法院院长。8月18日，茅祖权、于恩波被任为司法院行政法院第一、二庭庭长；茅祖权、于恩波、王淮琛、胡翰、梅光羲、王子弦、王芝庭、王建祖、苏兆祥、叶大澂10人被任为行政法院评事。

1935年4月3日，季手文被任为行政法院评事。

1936年7月□日，行政法院各庭之书记官室改设为"书记官科"；书记厅之总务、文书2股均改设为"科"，会计股亦改为"会计室"，并增设了统计室。

1939年5月□日，庭长于恩波死去，王淮琛被任为庭长。

1943年2月18日，茅祖权被免行政法院院长、庭长、评事职务，张知本继任院长（1949年4月1日，由端木恺继任）；5月□日，行政法院增设人事室。

1946年3月□日，行政法院增设编审科。

1947年6月16日，王芝庭被任为庭长、张知本被命兼任庭长；10月23日，王淮琛被免庭长职。

行政法院还先后设有行政法规研究委员会、判例编辑委员会、设计考核委员会、公务员服用国货委员会、新生活运动委员会等。

国民政府司法院行政法院评事

1932年11月17日，国民政府公布《行政法院组织法》，规定行政法院置评事10-15人，简任，审理行政法院之审判事宜。行政法院所设之2-3庭，除由院长兼任庭长外，余均由评事中遴选之；每庭置评事3-5人（内须有2人曾充法官职务），其审判以庭长与评事5人合议行之（庭长有事故时，由资深评事充任庭长），其所作之判决及与之有关事件，有拘束各关系机关之法律效力。

评事须具备下列资格：1. 在教育部认可之国内外专科以上学校修习政治法律学科3年以上毕业且任国民政府统治下之简任职公务员2年以上并确有成绩。2. 对中国国民党党义有深切之研究。3. 年满30岁。

行政法院评事与最高法院推事同享法律之保障，非有法定原因并依法定程序，不得将其停职、免职、转调或减俸。评事之俸给适用普通公务员之规定。评事因积劳成疾不能服务不得不辞职者，享受退休金待遇。

1933年8月18日，茅祖权、于恩波被任兼行政法院评事，王怀琛、胡翰、梅光羲、王子弦、王芝庭、王建祖、苏兆祥、叶大澂被任为评事。

此后，自1935年4月3日起，至1948年□月□日止，季手文、王凤雄、朱树生、苏秋宝、潘培敏、李丽侠、赵鍫、杨玉清、李翊民、吴忠本、余谷、锺孟雄等曾先后被任为评事。

国民政府司法院中央公务员惩戒委员会

1928年10月20日，国民政府公布《司法院组织法》，其内规定：司法院设官吏惩戒委员会掌理文官与法官之惩戒事宜。

1931年5月□日，改官吏惩戒委员会为公务员惩戒委员会。6月8日，国民政府公布《公务员惩戒委员会组织法》，规定：

1. 公务员惩戒委员会直隶于司法院，分中央公务员惩戒委员会与地方公务员惩戒委员会两种，掌管除法律另有规定外之一切公务人员之惩戒事宜。

2. 中央公务员惩戒委员会设委员长1人，特任，设委员9-11人，简任，掌管全国荐任职以上公务员及中央各官署委任职公务员之惩戒事宜。

3. 中央公务员惩戒委员会委员须为年满30岁、任简任职公务员2年以上或荐任职公务员5年以上或对"党国"有特殊功勋或致力国民革命10年以上、对政治法律有深切研究之人，其中须有3-5人为曾充简任法官者。

4. 中央公务员惩戒委员会置书记官长1人,简任或荐任,承长官之命掌理典守印信与分配案件事项;置书记官15－20人(内5人荐任、余委任),承长官之命办理记录、编卷及其他事务。

5. 地方公务员惩戒委员会分设于各省及各院辖市,设委员长1人,由各省高等法院院长及院辖市地方法院院长兼任;设委员7－9人,由司法院就各省高等法院及院辖市地方法院所设各庭庭长和推事中遴派3－5人,余就省政府各厅、处现任荐任职公务员中遴派兼任,掌管各该省、市委任职公务员之惩戒事宜,并得由委员长调用该地方法院职员办理分配案件、记录、编卷等事务。

6. 中央公务员惩戒委员会惩戒案件之审议,须有7委员出席,地方公务员惩戒委员会惩戒案件之审议,须有5委员出席,并各由委员长指定其中之1人为主席。

7. 公务员惩戒委员会委员长综理会务并监督所属职员,对于惩戒案得查其进行程序,但不得对惩戒案件进行干涉。

1931年12月□日公布之《修正国民政府组织法》中,规定中央公务员惩戒委员会委员长由司法院副院长兼任。

1932年1月11日,国民政府特任司法院副院长居正兼中央公务员惩戒委员会委员长,4月6日,任命茅祖权等11人为委员(此后新任命者多有,被免与继任者亦多,不予赘述),正式成立了中央公务员惩戒委员会。委员会内设书记厅掌理会内行政事项,分总务、文书、议事3科及会计、统计、人事3室理事:

1. 总务科掌理:(1)典守印信事项。(2)出纳公款事项。(3)保管公物事项。(4)汇集图书事项。(5)管理员工福利与卫生事项。(6)料理庶务事项。(7)拟编概算预算准备事项。(8)搜集统计资料事项。

2. 文书科掌理:(1)文电撰拟、收发、登记事项。(2)卷宗编制与保管事项。(3)会议记录事项。(4)工作报告之编制事项。(5)文件缮校事项。(6)特刊编辑事项。

3. 议事科掌理:(1)惩戒程序进行事项。(2)惩戒案件分配事项。(3)委员工作配置事项。(4)会议通知与记录事项。(5)议决书正本核对事项。(6)办案手册编制事项。(7)惩戒统计资料搜集事项。

4. 会计室掌理岁计、会计事项。

5. 统计室掌理统计事项。

6. 人事室掌理人事管理事项。

1933年1月7日,覃振继任委员长职务(1937年8月9日由王用宾继任,1944年4月7日王殁后,6月23日仍任覃振为委员长而以马宗霍代理,1947年7月4日由翁敬棠继任,1948年12月22日再由谢冠生继任)、周用吾被任为书记官长(1943年11月27日由王登第继任,1944年11月3日由周兆雄继任,1947年7月□日再由翁景瑞继任)。

国民政府司法院捕获法院

1932年12月15日,国民政府公布《捕获法院条例》,规定:

1. 在与敌国作战期间,对于商船得进行临时检索,并得对其中之违禁品与违禁人进行拿获与审讯。

2. 捕获法院分地方捕获法院(设于沿海口岸)与高等捕获法院(设于中央政府所在地)。

3. 担任拿获任务的中国军舰舰长须将应予拿捕之船舶引进至设有地方捕获法院之口岸,该地方捕获法院院长得指定主任推事进行调查并将调查结果移送本捕获法院之检察官,由检察官提出应予拿捕或予释放之意见。对于应予拿捕者,由该地方捕获法院通知关系人,该关系人应于接获通知书后之10日内提出申述书并送达该地方捕获法院。

4. 捕获法院按期庭审判决，关系人不服者，得上诉于高等捕获法院，由高等捕获法院作出终审判决。

国民政府司法院审理被告为在华外国人民刑事诉讼案件之10个法院内设专庭

1931年5月4日，国民政府公布《管辖在华外国人实施条例》11条，根据"外国人（专指1929年12月31日在华享有领事裁判权外之外国人民）应受中国各级司法法院之管辖"的原则，规定：

1. 在东省特别区、沈阳、天津、青岛、上海、汉口、巴县（今重庆市巴南区）、闽侯（今福州市闽侯县）、广州、昆明之地方法院及其系属之各该高等法院内设立专庭，受理属于外国人为被告之民、刑诉讼案件，各专庭庭长"由所系属之法院院长兼充"，司法行政部得遴选品行端方、具有法官资格之中外法律专家若干人，派充于各该专庭任法律咨议，该咨议得"用书面向法庭陈述意见，但不得干涉审判"。

2. 在上列10处以外地区民、刑诉讼案件中之外国人，依法有书面申请受该管区域内法院审理之权。

3. 外国人犯有刑法或其他刑事法规上之嫌疑并已逮捕者，须于24小时内移送法院审讯。外国人之拘提、羁押与其住宅或其他处所之搜索，依《刑事诉讼法》之所定执行。

4. 外国人与外国人或其他人民所订仲裁契约，经当事人一方或双方申请，除有违背公共秩序、违背善良风俗、依普通法律原则应认为无效者外，"法院应认有效并执行依据该项契约所为之决定书"。

5. 民、刑诉讼案件中之当事人为外国人，该外国人得依法委任中国律师或外国律师（依中国《律师章程》与其他关于律师之法令）为其诉讼代理人或辩护人。

6. 犯《违警罚法》之外国人，由各该地之法院或警察机关审讯之，警察机关处罚初犯之外国人，限于判定15元以下之罚金（再犯者不在此限），判定后5日内不完纳该项罚金者，得依法易以拘留（以1元扣留1日计，不满1元者，亦得以1日计）。外国人之监禁、拘留、羁押处所，按司法行政部命令之所定。

国民政府考试院

1928年10月3日，中执会政治会议第157次会议通过《中华民国国民政府组织法》，列考试院为第5章，规定：

1. 考试院为国民政府最高考试机关。2. 考试院主管考选、铨叙事宜。3. 考试院对主管事项有提出议案于立法院之权。4. 所有公务员均须依法律经考试院考选、铨叙，方得任用。5. 考试院对于公务员任用（除法律另有规定者外）中之不合规定资格者，得不经惩戒程序径请降免。

10月20日，国民政府公布《考试院组织法》，规定：

1. 考试院设正、副院长各1人，院长综理院务，对考选委员会正、副委员长与委员及铨叙部长、次长人选得提出名单呈请国民政府任命。院长因事故不能执行职务时，由副院长代理。

2. 考试院设秘书、参事2处：秘书处置秘书长1人，简任，置秘书6-10人（内4人简任、余荐任），置科员10-20人，委任，掌理：（1）文书之收发、编制、撰拟、保管、翻译事项。（2）印信之典守事项。（3）会计、庶务及不属参事处主管之其他事项。参事处置参事4-6人，简任，掌理撰拟、审核关于考选与铨叙之法律和命令事项。

3. 考试院设考选委员会，掌理：（1）文官、法官、外交官、其他公务员、专门职业和技术人员之考选及册报事项。(2) 组织典试委员会事项。(3) 办理考试之其他应办事项。

4. 考试院设铨叙部,掌理:(1) 公务员登记事项。(2) 考取人员分类登记事项。(3) 成绩考核登记事项。(4) 公务员资格、任免、升降、转调之审查事项。(5) 公务员俸给、奖恤之审查与登记事项。

5. 考选委员会委员长与委员、铨叙部部长与副部长,均由考试院院长提请国民政府任免。

6. 考试院依《考试法》举办考试事项时,依规定调用各机关人员并得依法律在各省组织典试委员会。

1930年1月6日,考试院正式成立。至此,"五权宪法中之五院规模乃灿然大备"。

1928年10月8日,国民党政府公布任命令,以戴传贤为考试院院长(1932年5月27日起由钮永建代理,至1935年12月10日钮免代、戴复任,1948年6月24日由张伯苓继任),10月18日令以孙科为考试院副院长(1931年6月14日由刘芦隐继任,1932年6月10日由钮永建继任,1941年12月26日由朱家骅继任,1944年11月21日由周钟岳继任,1948年6月24日由贾景德继任,1949年3月26日再由钮永建继任),11月6日,陈大齐任考试院秘书长(1929年12月10日起由许崇灏正式继任,1941年12月27日由李培基继任,1942年1月10日-27日由陈大齐继任,1942年1月27日由史尚宽继任,1948年7月5日由雷法章继任)。

1942年10月17日,考试院增设人事处,置处长1人主持处务,分审核、训练、辅导3科掌理人事管理各事项。

1946年2月14日,《考铨处组织条例》公布,考试院依规定设立了浙江福建、安徽江西、湖北湖南、广东广西、四川西康、云南贵州、陕西河南、山西绥远、河北山东、甘肃宁夏青海10个考铨处(同时受考选委员会和铨叙部之指挥、监督),掌理各该考铨区内各省之考选、铨叙事宜。

考试院还设有设计考核委员会(掌理考试院施政方针与年度计划之设计事项、工作进度与成绩之考核事项、人事行政制度之研究事项等)和法规委员会(1942年9月1日设立,掌理考铨法规之拟订事项、本院事例之纂辑事项、院长交议事项、部会长建议之审议事项、法令之送审事项等)。

国民政府考试院会议

考试院会议由考试院正、副院长与考试委员共同组成,以考试院院长为会议主席,如院长、副院长均因故不能出席时,出席会议之考试委员可公推1人为会议主席。

考试院会议执掌事项统言之为"统筹考试事项",细言之则为:1. 考铨施政方针、工作计划、预算决算之审定。2. 向立法院提出之法律案。3. 由院核准及院属各部、会公布之重要规程章则。4. 举行考试及各种考试分区之决定。5. 主持考试人选之确定。6. 分区视导考铨行政计划之决定。7. 考选委员会(部)、铨叙部共同关系之事项。

国民政府考试院考选委员会

1928年10月□日开始筹备成立考选委员会。1929年8月1日,国民政府公布《考选委员会组织法》,规定:

1. 考选委员会掌理全国考选事宜。

2. 考选委员会以委员长1人(特任)、副委员长1人(简任)、委员5-7人组成,其行政事宜经委员会议议决后由委员长执行。

3. 考选委员会设秘书处,置秘书长1人(简任),承委员长之命指挥所属处理会务,置秘书4人(内2人简任,余荐任)、科长4-6人(荐任)、每科置科员4-8人(委任),于秘书长指挥下分理各事项;置专门委员16-32人,由考试院聘任,负责计划一切考选实施、襄理各项专门考试事宜，必要时得聘任编纂12-24人襄助专门委员办理编译事项。

1929年12月23日，戴传贤被任为考选委员会委员长（1930年12月15日由邵元冲继任，1932年12月15日由王用宾继任，1934年12月22日由陈大齐继任）、邵元冲被任为该委员会副委员长（1930年12月15日由王用宾继任，1932年12月15日由陈大齐继任，1935年4月12日由许崇清继任，1936年10月31日由沈士远继任）、刘芦隐等5人被任为考选委员（此后任免多多，于此不赘）、陈有丰被任为该委员会秘书长（1930年12月9日由沈士远继任，1932年12月15日起由陈有丰兼代，1935年9月27日正式再度任命，1938年□月□日再度由沈士远兼任，1940年4月3日正式任命沈士远为秘书长，1941年12月26日沈被免，1942年3月27日由陈念中兼任）。

1930年1月6日，考选委员会成立，直隶于考试院，主管全国文官、法官、外交官、专门职业和技术人员及其他公务员之考选事宜，办理并组织典试委员会、考选人员之册报以及举行考试和其他应办各事项。3月，增设专门委员会，置专门委员16-32人，分设法学、商学、文学教育学、理学工学、农学、医学、军事学、编审、设计9组，主管考选实施之计划、考选资料之编译、专门考试之襄理各事项。1936年11月□日，增设会计室掌理岁计、会计事项，增设统计室掌理统计事项。

1941年8月□日，《考选委员会组织法》修正，委员增为7-11人；秘书处缩编为秘书室；增设第1-4处，各处置处长1人主持处务：第1处分3科掌理中央与地方公职候选人考试事宜；第2处分4科掌理任命人员之高等、普通、特种考试事宜；第3处分3科掌理各种依法应领证书专门职业及技术人员之考试事宜；第4处分6科掌理文书、议事、人事、出纳、庶务、调查登记各事宜。

1942年4月25日，卢毓骏任第三处处长、李昌熙任第四处处长（6月20日由李光宇继任），同年5月14日，陈仲经任第二处处长（9月10日由赵汝言继任），1943年5月17日，孙轶尘任第一处处长（1944年11月17日-1945年12月29日由王季高继任，后仍由孙轶尘担任）。此外，考选委员会还增设有视察4-8人。

1943年1月□日，增设人事室掌理人事管理事项。

1945年5月□日，考选委员会被撤销，改设为考选部。

国民政府考试院铨叙部

1928年10月20日，国民政府公布《考试院组织法》，规定考试院设铨叙部掌理公务员资格认定、铨叙、俸给、登记、任免、升降转调、奖恤审查等事项。12月17日，国民政府公布《铨叙部组织法》，规定：

1. 铨叙部掌理全国文官、法官、外交官、其他公务员及考试人员之铨叙事宜。

2. 铨叙部设部长1人（特任）综理部务并监督所属职员，设副部长1人（简任）辅助部长处理部务；设秘书6人（内2人简任，余荐任）、司长3人（简任）、科长12-16人（荐任）、科员60-90人（委任），于各司、处主持与办理法定各事项。

3. 铨叙部设秘书处与登记、甄核、育才3司：

秘书处于秘书长指挥之下分3科掌理：（1）文书之收发、保管、分配事项。（2）文件之撰拟事项。（3）部令之公布事项。（4）印信之典守事项。（5）部内职员进退之记录事项。（6）会计、庶务及不属于其他各司主管事项。

登记司分2科于司长指挥之下掌理：（1）公务员之登记事项。（2）考取人员之登记事项。

甄核司分3科于司长指挥之下掌理：（1）公务员成绩记载事项。（2）公务员任免与升降转调事项。（3）公务员资格审查事项。

育才司分3科于司长指挥之下掌理：（1）公务员俸给、年金、奖恤之审查事项。（2）公务员之补习教育事项。（3）公务员其他公益事项。

4. 铨叙部副部长、司长、秘书长、有关科长组成铨叙审查委员会（以副部长为主席），掌理公务员成绩、任免、升降转调、资格、俸给、年金、奖恤审查之复核事项。

1929年11月5日，国民政府特任张难先为部长（1930年12月4日由钮永建继任，1933年3月3日由林翔继任，1935年6月□日林殁，7月6日由马洪焕暂代，7月27日由石瑛继任，1937年11月17日由钮永建兼任，1935年5月19日由李培基继任，1941年12月27日由贾景德继任，1948年7月13日再由沈鸿烈继任），简任仇鳌为副部长（1933年3月4日改任为政务次长，1935年8月17日由李晓生继任，1936年10月31日由王子壮继任，1948年7月19日再由皮作琼继任；1933年3月4日简任马洪焕为常务次长，同日马原任之秘书长职务撤销），简任彭国钧（1932年10月5日由宋湜继任，1935年10月25日由杨宙康继任，1942年9月21日由朱汉生继任，1946年1月29日由罗万类继任）、刘通（1932年10月5日由王维藩、1935年10月25日由宋湜、1942年4月□日由徐道邻、1945年2月□日由杨裕芬先后继任）、马鹤天（1935年□月□日由高惜冰继任）为登记、甄核、育才司司长。

1930年1月6日，铨叙部与考试院及考选委员会同时成立。1933年2月24日，《铨叙部组织法》修改，裁撤秘书长之设，副部长1人改设为政务次长、常务次长各1人。

1936年11月□日，增设会计室、统计室，置会计室主任1人，统计室主任1人，分别掌理岁计、会计事项和统计事项。

1941年12月20日，裁撤育才司，增设考功、奖恤2司，朱汉生被任为考功司司长（1942年9月23日由陈曼若继任）、陈曼若被任为奖恤司司长（1942年8月19日由谭译圭继任），并增设参事2-5人，考功司分4科掌理公务员考绩、考成、叙级、叙俸及其他成绩之审查事项，奖恤司分4科掌理：（1）公务员之奖励审查事项。（2）公务员之退休金、抚恤金、年金之审查事项。（3）公务员之进修、保险及其他之福利事项。还增设了专员室、视察室。

1942年5月5日，增设总务司，简任濮绍戡为司长（1945年3月19日由方闻试用继任，10月17日正式继任，1949年3月11日由王心锦试用继任），分4科掌理：（1）文书之收发、保管、分配事项。（2）部令之公布事项。（3）印信之典守事项。（4）出纳与庶务事项。

1944年8月□日，《铨叙部组织法》再度修改，其职掌被规定为：掌理全国文职公务人员之铨叙及各机关人事机构之管理事项。11月□日，增设督催室和设计考核委员会（该委员会掌理铨叙部施政方针与年度计划之设计事项及工作进度和成绩之考核事项）。

1945年1月□日，增设典职司，简任范炳文为试用司长（10月17日正式任用），分5科掌理：（1）人事管理机构设置与变更之审核事项。（2）人事管理人员任免和考核之拟议事项。（3）人事管理人员工作之督导、通讯、汇报、储备、训练事项。（4）本部人事管理事项。

铨叙部还依1936年6月15日国民政府公布之《铨叙处组织条例》之规

定，于1940年8月5日设立了湘粤桂、浙闽赣、豫陕晋冀鲁皖铨叙处。9月28日，设立甘宁青铨叙处。各铨叙处掌理各该省区和邻近省市委任职公务员之铨叙事宜。

1946年2月14日，《铨叙处组织条例》废止，各铨叙处裁撤。

国民政府考试院各考铨处

依1946年2月14日国民政府公布之《考铨处组织条例》之规定：考试院可在一省或二省以上之地区设考铨处，掌理各该规定省区内之考选、铨叙事宜，并分别受考选委员会、铨叙部之指挥、监督；考铨处依考试院之指定，兼办院辖市之考选、铨叙事宜。

考铨处之执掌事项为：1. 关于公职候选人考试之筹办与试务事项。2. 关于任命人员考试之筹办事项。3. 关于专门职业及技术人员考试之筹办与试务事项。4. 关于委任职公务员之资格与俸给审查事项。5. 关于委任职公务员之考绩、考试及升降转调事项。6. 关于委任职公务员奖励、退休、抚恤之初审事项。7. 关于委任职公务员之登记与考取人员之分发事项。8. 关于省政府以下各机关人事机构之指导事项。考铨处视事务之繁简、经考试院之核定，设3－5科分掌上列各事项及处内总务事项。

考铨处置秘书1－3人（均荐任）、科员20－30人和助理员15－24人（均委任）、得用雇员15－25人，必要时，得荐派专员3－5人；置会计员与统计员各1人，依国民政府主计处组织法之规定办理岁计、会计与统计事项，其需用佐理人员应就上列所定委任人员及雇员名额内派充之。

国民政府时期之典试委员会

1935年7月31日，国民政府公布《典试法》，规定：

1. 凡依《考试法》举行考试时，均得依法组织典试委员会与试务处，分别办理考试事宜。

2. 典试委员会以典试委员长1人与典试委员3－21人组织之：高等考试之典试委员长特派、典试委员简派；普通考试之典试委员长与典试委员均简派；典试委员长得聘任襄试委员若干人襄理典试事宜。典试委员会得于典试委员长与典试委员就职后成立。

3. 考试日程之排定、命题与阅卷标准之决定、拟题与阅卷之分配、应试人各试成绩之审查决定、弥封姓名册之开拆与对号、及格人员之榜示及其他应行讨论事项，均由典试委员会议决议之。

4. 典试委员会开会时，以典试委员会委员长为主席，襄试委员得列席会议。

5. 各科试题由典试委员（或会同襄试委员）加倍预拟并密送典试委员会委员长决定之。

6. 试务处置处长1人（高等考试特派，普通考试简派）、主任秘书1人和秘书2－4人（简派或荐派）、科长3－5人（荐派）、科员与办事员若干人（委派）、监场主任与监场员若干人；高等考试或普通考试在首都举行时，试务处处长由考选委员会委员长或副委员长出任，其在各省区或考试院所指定之区域举行时，试务处处长由各省省政府主席或厅长或所在地之最高行政长官出任。试务处得于试前一个月内成立。举行特种考试时，不设试务处，其事务由典试委员会调派人员兼办之；如考试院认为有特殊情形者，得派专任人员或委托其他机关办理之。

7. 试务处主任秘书以下各职员承处长之命分别办理考试各事务，但关于会议记录、试题缮印、阅卷分配、分数核算及其他典试事宜上之必要事项，应受典试委员会委员长之指挥、监督。

8. 典试委员长、典试委员、襄试委员、试务处长、试务处职员，在典试期内，应回避一切应酬。

9. 考试完毕，典试委员长应将办理典试情形，试务处长应将办理试务情形，分别连同关系文件送由考选委员会呈报考试院，典试委员会与试务处均于考试完毕后撤销。

国民政府——中华民国总统府时期之考试制度

1928年3月21日，中执会政治会议第133次会议通过《中央政治会议关于考试制度之决议》，规定：

1. 考试制度适用之范围如下：（1）现任官吏不须补受考试，但于第一次考试举行之后6个月，应由考试院审查其资格及成绩，以定黜陟。（2）在考试推行之初期，简任以上官吏，得以考试院之审查代考试。（3）荐任以下，以考试为唯一登庸之法，不设例外。

2. 考试院之职权如下：（1）考试院有铨审权。（2）考试院以公务员考试为限。（3）官吏考试应划定筹备期间，定期举行。

1933年2月23日，国民政府公布《考试法》（1935年7月31日修正），规定：

1. 国民政府考试院依本法之规定行使考试权。

2. 公职候选人、任命人员、依法应领证书之专门职业或技术人员，均须经考试定其资格。

3. 任命人员、依法应领证书之专门职业或技术人员之考试分普通与高等两种；遇有特殊情形时，得举行普通考试之特种考试（其中须临时举行而相当于普通考试之特种考试，其条例由考试院定之）。

4. 凡系公立或立案之私立中等以上学校毕业得有证书与有中等以上学校毕业之同等学历并经检定考试及格之中华民国国民，得应普通考试；凡系公立或立案私立大学与独立学院或专科学校毕业得有证书、在教育部承认之国外大学与独立学院或专科学校毕业得有证书、有大学或专科学校毕业之同等学历并经检定考试及格、确有专门学术技能或著作并经审查合格、经普通考试及格4年后或曾任委任官及与委任官相当职务3年以上之中华民国公民，得应高等考试。

5. 普通考试与高等考试之分类分科及其应试科目，由考试院定之。

6. 普通考试于首都和各省区或考试院所指定之区域、高等考试于首都或考试院所指定之区域每年或间年举行一次。普通考试分为第一试与第二试（第一试不及格者不得应第二试），高等考试分为第一、二、三试（第一试不及格者不得应第二试，第二试不及格者不得应第三试）。考试院依考试之不同类别确定采用二试式或三试式。普通考试或高等考试举行前，均应先举行检定考试。各种考试除由特别规定者外，概用本国文字。考试及格者，由考试院发给证书。

7. 举行考试时组织典试委员会与试务处办理典试事宜，并调用各机关人员办理考试事务。

8. 被褫夺公权者、亏空公款者、曾因赃私处罚有案者、吸用鸦片或其代用品者，不得应任何考试；对于考试及格人员，若事后发现有上列情形之一或冒名顶替或潜通关节者，由考试院撤销其资格。

1948年8月14日，中华民国总统府公报刊载了《修正考试法》（全文计4章31条），规定：

1. 公务人员之任用与专门职业及技术人员之执业，均以本法之考试定其资格。

2. 公务人员与专门职业及技术人员之考试分普通考试、高等考试2种；遇有特殊情形时，得举行特种考试。

3. 具有下列资格之一之中华民国国民得应普通考试：（1）公立或立案私

立中等以上学校毕业者。（2）经普通检定考试及格者。具下列资格之一之中华民国国民，得应高等考试：（1）公立或立案私立专科以上学校毕业或经教育部或考试主管机关承认之国外专科以上学校毕业者。（2）经高等检定考试及格者。（3）有专门学术或技能经审查合格者。（4）经普通考试及格者。

4. 普通考试、高等考试之分类、分科、应试科目、应考资格及应考人年龄，均由考试院定之。

5. 特种考试高于高等考试者，其考试法另定之；特种考试相当于高等考试者，其应试资格依高等考试应具资格之规定，其分类、分科及考试科目，由考试院定之；此外之他种特种考试之分类、分科、应试资格及应试科目，亦由考试院定之。

6. 普通考试于首都及各省区或考试院所指定之省区，高等考试于首都或考试院指定之省区，每年或间年举行一次。但遇必要时，得临时举行之。

7. 普通考试、高等考试、特种考试，均得分式举行并分别以笔试、口试测验或实地考试等方式行之，其笔试除有特别规定外，概用本国文字。

8. 公务人员考试与专门职业及技术人员考试，其应考资格及应试科目相同者，其及格人员同时取得两种考试之及格资格。

9. 举行普通考试或高等考试前，得先举行检定考试，检定考试规则由考试院定之。

10. 举行考试时，组织典试委员会办理典试事宜（典试法另定之）并得派监试人员监试（监试法另定之）。

11. 考试及格者，由考试院发给证书并登载公报。

12. 有下列各情事之一者，不得应任何考试：（1）犯《刑法》内乱外患罪、经判决确定者。（2）曾服公务，有贪污行为、经判决确定者。（3）褫夺公权者。（4）受禁治产之宣告者。（5）吸食鸦片及其代用品者。

专门职业及技术人员考试应考人员除依前之规定外，并应受各该职业法所定之限制。对于考试及格人员，事后发现有前列各情事之一，或有冒名、冒籍，或潜通关节，或伪造、变造证件情事者，由考试院撤销其考试及格资格并调销其及格证书，如涉及刑事，移送法院办理。

13. 公务人员考试：（1）全国性之公务人员考试应分省区或联合数省区举行，并应按省区分定录取名额，由考试院于考期前3个月公告之，其定额比例标准为：该省区人口在300万以下者，5人；人口超过300万者，每满100万人，增加1人。（2）各省区之公务人员考试应分别在各省区举行，应考人以本籍为限。（3）公务人员之升等，除法律别有规定外，应经升等考试（升等考试法另定之）。（4）各机关雇员考试，应经考试院规定原则，由各机关办理之。

14. 专门职业及技术人员考试：（1）专门职业及技术人员考试除以笔试、口试测验或实地考试等方式行之外，并得以检核行之。（2）前定之检核，除审查证件外，得举行面试或实地考试。

15. 具下列资格之一之中华民国国民，得应专门职业及技术人员普通考试之检核：（1）公立或立案私立专科以上学校毕业或经教育部或考试主管机关承认之国外专科以上学校毕业者。（2）公立或立案私立高级职业学校毕业并在行政或公营、民营事业机关服务成绩优良有证明文件者。（3）曾任委任职或与委任职相当职务成绩优良有证明文件者。

16. 具有下列资格之一之中华民国国民，得应专门职业及技术人员高等考试之检核：（1）公立或立案私立专科以上学校毕业或经教育部或考试主管机关承认之国外专科以上学校毕业，并在行政或公营、民营事业机关服务成绩优良有证明文件者。（2）公立或立案私立专科以上学校毕业，或经教育部或考试主管机关承认之国外专科以上学校毕业并在专科以上学校讲授主要学科有证明文件者。

17. 前定之服务或讲授之年限由考试院定之，但不得少于2年。

18. 非中华民国国民应专门职业及技术人员考试，另以法律定之。

19. 凡确具私立中等以上学校毕业资格，其学校在本法公布前因政令未达未经立案者，经提出确实证件，得承认其应考资格之学历。

国民政府监察院

1927年11月9日，中央特别委员会第9次会议修正通过《国民政府监察院组织法》，规定：

1. 国民政府监察院根据中国国民党党纲组织之。

2. 监察院受中国国民党之监督、指导与国民政府之命令，掌理监察国民政府所属行政、司法各机关事宜。

3. 监察院之职权为：（1）关于发觉官吏犯罪事项。（2）关于弹劾官吏事项（国民政府及各省政府对于所属官吏亦得弹劾之）。（3）关于考查各种行政事项。（4）关于中央及地方审计事项。（5）关于官厅簿记及表册之统一事项。

4. 监察院行使职权时，得调查该官署之档案册籍，遇有疑问，该官署主管人员应责为充分之答复。

5. 监察院弹劾官吏，发现刑事犯罪时，应将刑事部分移交司法机关审理；该项案件之刑事起诉权，由监察院监察委员一人行使。

6. 监察院置委员7人，下列事项由委员会议议决行之：（1）弹劾事项。（2）分配事务事项。（3）其他院内行政事项。

7. 监察院设秘书处，承委员会之命，掌管典守印信、会议记录、文书收发与编撰、会计、庶务及其他不属各司之事项；设第一司掌理考查各种行政事项；设第二司掌理弹劾官吏及关于官吏犯罪事项；设第三司掌理中央及地方审计及统一官厅簿记表册事项。

8. 监察院设置秘书长1人、司长3人，均简任，分别主持秘书处与各司事务；置秘书5人、科长若干人，均荐任；置科员若干人，委任，于秘书处及各司分科办事。因缮写文件及其他事务需要，得酌用雇员。

1928年2月4日，二届四中全会通过《中华民国国民政府组织法》，于第7条内规定国民政府设监察院。10月8日，国民政府公布《中华民国国民政府组织法》，于第6章内规定：

1. 监察院为国民政府最高监察机关，依法行使弹劾权和审计权。

2. 监察院设正、副院长各1人，由国民政府委员担任（1931年2月14日，改为"以国民政府主席之提请，由国民政府依法任免之"；1931年12月26日，又改为"由中国国民党中央执行委员会选任之"；1943年9月15日，再改为"由国民政府主席于国民政府委员中提请中国国民党中央执行委员会选任之并对国民政府主席负责"），院长因故不能执行职务时，由副院长代理（院长行使之职权为：（1）综理院务并监督所属机关及其职员。（2）主持监察院会议。（3）提请任命监察委员、监察使、监察院秘书长及审计部部长与次长。（4）院与院发生争议时，参加由国民政府主席召集之五院院长委员会，会商解决省自治法施行中之窒碍难行事项。（5）立法院开议讨论有关监察事项之法律案时，列席并陈述意见）。设监察委员19-29人，由监察院院长提请国民政府任命。

3. 监察院对于主管事项，得提出议案于立法院。

4. 监察院以正、副院长和监察委

员组成监察院会议，以院长为会议主席，议决关于监察权之行使和分配等事项。

5. 监察委员不得在中央政府和地方政府各机关兼任职务。

6. 监察委员依法获得保障。

10月20日，国民政府公布《监察院组织法》，规定：

1. 监察院以监察委员行使弹劾权，设立审计部行使审计权。

2. 监察院为行使职权，得向各官署和其他公立机关查询或调查档案、册籍，遇有疑问时，该主管人员应负责为详实之答复。

3. 监察院院长综理院务、为监察院会议主席、提出监察委员和审计部部次长及各监察区监察使人选请由国民政府任命。监察院副院长于院长因事故不能执行职务时代理其职务。监察院正、副院长（各1人）均由中央执行委员会选任国民政府委员担任，任期无定限。

4. 监察院设秘书、参事2处分掌事项。

秘书处置秘书长1人（简任，1941年5月改为特任）秘书6－10人（内4人简任，余荐任）、科长4－6人（荐任）、科员40－50人（内12人荐任，余委任）、书记官20－40人和办事员20－40人（均委任），分机要、设计、文书、议事、调查、总务6科和监印、译电2室掌理：（1）撰拟机要文书、编制密电码事项。（2）编制公报事项。（3）拟制工作计划事项。（4）整理院颁法规与建议案事项。（5）保管档案、撰拟例行文件事项。（6）办理本院和所属机关业务检讨会议及学术研究会议事项。（7）整理与撰拟专案调查报告事项。（8）出纳款项、办理庶务、典守印信事项。（9）译电事项。

参事处置参事4－6人（简任）、聘用编撰4－6人，掌管监察法规之撰拟、审核事项及本院则例、事例之编撰与审定事项。必要时，监察院得酌用雇员40－60人。

5. 监察院院长得提请国民政府特派监察员为监察使，分赴各监察区巡视监察，行使弹劾权。

6. 监察院审计部设部长1人（特任），政务次长和常务次长各1人（简任），均由监察院院长提请国民政府任命。

审计部掌理：（1）监督政府所属全国各机关预算之执行事项。（2）审核政府所属全国各机关计算与决算事项。（3）核定政府所属全国各机关计算与决算事项。（4）核定政府所属全国各机关收入命令和支付命令事项。（5）稽核政府所属全国各机关财政上之不法或不忠于职守之行为事项。

1928年10月8日，国民政府曾特任蔡元培为监察院院长，负责筹备监察院成立事宜。

1929年8月29日，蔡元培坚辞院长职务，国民政府以赵戴文继任。

1930年11月17日，三届四中全会决议："限期成立监察院，实行监察职权"，"推选于右任同志为国民政府监察院院长"。11月18日，国民政府发布该任命令。

1931年2月16日，国民政府任命刘三、朱庆澜、周觉、周利生、刘成禺、萧萱、于洪起、吴忠信、高一涵、李梦庚、姚雨平、叶荃、王平政、刘莪青、田炯锦、邵鸿基、高友唐、乐景涛、奇子俊、袁金铠、罗介夫、谢无量、郑螺生共23人为监察委员，2月17日任命杨谱笙为监察院秘书长（1932年8月27日由王陆一、1937年10月2日由吴瀚涛、1940年9月24日由程中行、1945年10月8日由李崇实先后继任），4月4日任命商文立、洪兰友、王广庆、高朔为监察院参事，6月15日任命陈果夫为副院长（12月29日由丁惟汾、1935年12月10日由许崇智、1941年12

月26日由刘尚清、1947年6月6日由黄绍竑、同年10月27日再由刘哲先后继任）正式成立了国民政府监察院。同日，修正之《国民政府组织法》中规定：监察院监察委员增为29－49人，并改由"国民政府主席提请国民政府依法任免"。

1932年12月26日，《国民政府组织法》再度修改，监察院监察委员29－49人仍恢复由监察院院长提请国民政府任免原则。

1937年9月27日，国民政府公布《非常时期监察权行使暂行办法》，规定监察院增加纠举、建议两项职权（依据实际，监察院还有监督考试院举行之各种考试和赈济部门所施放各种赈济之权）。

国民政府监察院监察委员

1927年11月9日，中央特别委员会第9次会议修正通过《国民政府监察院组织法》，规定监察院置监察委员7人，掌理国民政府所属行政司法各机关官吏事宜，即：1. 关于发觉官吏犯罪事项。2. 关于弹劾官吏事项。3. 关于审查各种行政事项。4. 关于中央及地方审计事项。5. 关于官厅簿记及表册统一事项。并规定监察委员行使职权时，得依监察院命令调查该官署档案册籍，若有疑问，该官署主管人员应负责为充分之答复，发现被弹劾官吏有刑事犯罪而须将该刑事部分移交司法机关审理时，其刑事起诉权由监察委员行使。

1928年10月3日，二届中执会常务委员会议通过之《中华民国国民政府组织法》，规定监察院置监察委员19－29人，由监察院长提请国民政府任命之；监察委员组成监察院会议，以监察院院长为主席，议决弹劾事项、事务分配事项、院内其他行政事项；监察委员之保障，以法律定之；监察委员不得兼任中央政府及地方政府各机关之职务。10月5日，国民政府公布《监察院组织法》，规定：

1. 监察院以监察委员对全国各机关各级公务员（包括监察委员在内）行使弹劾权。
2. 监察院得划定监察区，并由监察院院长特派监察使分赴各监察区行使弹劾职权，各监察区监察使由监察委员兼任。
3. 监察委员得单独提出弹劾案，经由监察院院长另外指定之监察委员3人之审查并多数认为应付惩戒者，监察院应即将被弹劾人移付惩戒。
4. 弹劾案提出后，原弹劾人不得撤回。
5. 监察委员不尽职时，立法院得向监察院提出质询。

1931年6月14日与12月26日，三届五中全会与四届一中全会对《中华民国国民政府组织法》两度修改，监察院部分变动有三：1. 监察院监察委员人数改定为29－49人。2. 监察委员改"由监察院院长提请国民政府主席依法任免之"。3. 监察委员不得兼任"其他公职"。

1933年4月24日与1935年3月4日，国民政府先后两次修正公布《监察院组织法》，均于首条规定："监察院以监察委员行使弹劾权。"

1937年12月17日国民政府制定颁布、1938年8月27日修正公布之《非常时期监察权行使暂行办法》规定：监察委员（或监察使）受监察院之分派于执行职务之省市（或该管监察区内），除依法行使监察权外，为适应非常时期需要，对于该省市（或该管监察区）内公务员违法或失职行为认为应速去职或为其他急速处分者，得以书面纠举呈经监察院院长审核后，送交各该主管长官；其违法行为涉及刑事或军法者，得交各该审判机关审理之。被纠举人为委任职公务员者，监察委员在将书面纠举呈送监察院院长审核之同时，并应以书面径送各该主管长官或其上级长官，各该主管机关或其上级长官自接受该项纠举书之日起一个月内不为行政处分，又不向监察院声复不应处分之理由时，监察委员（或监察使）即以该纠举文件为弹劾案不经《弹劾法》所定之必须审查程序呈院长审核后备文移付惩戒机关。监察委员（或监察使）对于各机关公务员之于非常时期内应办事项奉行不力或失当者，得以书面提出建议或意见呈经行政院院长审核后送交各该主管机关或上级机关，该主管机关或上级机关接受该项建议或意见后，应即为适当之计划与处置并通知监察院。

同年9月9日，监察院对《非常时期监察权行使暂行办法》作出修正，规定：监察委员（或监察使或调查专员）进行视察或调查时，须持监察院制发之特别调查证并须遵守《监察院调查规则》与《监察院调查证使用规则》所为之各项规定；所为之纠举书、建议书、意见书、特别调查证，皆需依监察院规定之格式为之。

监察委员（或监察使）依《考试法》与《特种考试暂行条例》之规定，有受监察院之简派担任任命人员高等、普通、检定、特种4类考试监试委员之权责。

1947年1月□日，监察院监察委员改设为54－74人。1948年2月17日，监察院监察委员名额任命至180人，至1949年4月23日国民党政府溃败时止，其在册之监察委员为172人，他们是：王平政、白瑞、李正乐、梅公任、王新令、马耀南、谷凤翔、何克夫、邱念台、杨宗培、曹浩森、王宣、李煦寰、王含章、李不韪、刘延涛、李兴中、郑仲武、朱乃洪、侯天民、奇世勋、张维翰、邢森洲、常恒芳、李纪才、曹承德、陈肇英、王冠吾、陈大榕、张岫岚、李醒民、张志广、王竹祺、陈山、崔景华、张一中、王澍霖、杨宗培、陈志明、陈云阁、赵守钰、柴峰、孙玉琳、田欲璞、王向辰、曾遒、蔡孝义、崔震华、宋英、李正乐、郭仲隗、杨虎、唐鸿烈、金维系、吕超、于镇洲、陈访先、余俊贤、拉敏益喜楚臣、林世增、喻培厚、酆景福、龙舟、李黎洲、唐玉书、王维祺、毕东垣、李鸣钟、曹德宣、胡文晖、杨贻达、权少文、郑少兰、袁晴晖、邓惠芳、吴大宇、倪弻、衡权、廖怀忠、赵熙、梁上栋、段克昌、陈岚峰、刘平江、陈庆华、李缎、陈江山、贺有年、祁大鹏、于德纯、熊在渭、高登艇、张蔼真、白川、张建中、黄觉、王赞斌、钱用和、刘巨全、陈达元、卢凤阁、田毅安、赵愚如、李梦彪、马空群、萧一山、郭昌鹤、王枕华、马庆瑞、褚寿康、何巴敦、计宇结、金越光、郭靖恺、顾映秋、耿毅、郝遇林、谭文节、张定华、傅瑶琴、邝瑶普、张国柱、冷曝东、黄汝鑑、李延俊、丁淑容、马寿昌、郭学礼、张秉智、黄芜轩、苏鼎瑞、张瑞璜、张骏、陈翰珍、丁俊生、侯俊、胡阜贤、格桑悦希、刘行之、廖葛民、谢汝霖、何济周、土恕、赵光宸、丁惟汾、刘永济、杨群先、胡之润、张维贞、杨令德、梁子林、刘耀西、夏剑秋、毛以亨、邹鲁、冯云仙、黄宝实、土丹策丹、绛巴扎喜、丹巴彭措、居正、何予淑、韩起功、宫世尘、孙式庵、曹启文、陈恩元、马良骏、哈尔、王素甫、孜牙吾东、沙拉哈尼姆。

国民政府监察院监察委员保障法

1929年9月3日，国民政府公布《监察委员保障法》，规定：

1. 监察委员行使职权时所发之言论，对外不负责任。

2. 监察委员在职中，其所在地之军警机关应予以充分保证。

3. 监察委员除现行犯外，非经监察院许可，不得逮捕、监禁；逮捕机关须于24小时内将逮捕理由通知监察院。

4. 监察委员除经中国国民党开除党籍者、受刑事处分者、受禁治产之宣告者、受惩戒处分者外，不得免职、停职或罚俸。

5. 非经监察委员本人同意，不得转任他职。

6. 监察委员除受人指使并捏造事实而提出弹劾者、确有证据证明收受公务员之馈赠与供应者、对确有应受弹劾显著事实应被弹劾之公务员故意不弹劾而经人民举发属实者外，不得以失职论。

7. 监察委员被弹劾或被立法院提出质问或被监察院院长认为失职、非经3名以上监察委员审查并经多数认为有前项所列情形之一应付惩戒外，不得移付惩戒。

8. 监察委员复提弹劾案移付惩戒机关并经惩戒机关最后议决该移付惩戒人仍不应受处分时，提案监察委员除受监察院院长给予之警告处分外，不负其他连带责任。

国民政府监察院监察区和监察使署

1933年2月22日，三届中执会政治会议决议：划全国为14个监察区，即苏皖赣、浙闽、湘鄂、粤桂、冀鲁豫、晋陕、辽吉黑、滇黔、四川、热察绥、甘宁青、新疆、康藏、蒙古。各监察区设一监察使主事。熊育锡等26人被任命为监察院监察委员。各监察区设立监察使署，提请中央特派监察委员任监察使，分区执行职务，监察使以下，分设秘书室及总务、调查2科治事。2月24日，刘守中和周震鳞为监察使的晋陕监察区监察使署及热察绥监察区监察使署最先成立。

1934年6月□日，国民政府鉴于事实上之需要，划全国为16个监察区，第1监察区辖江苏，第2监察区辖安徽江西，第3监察区辖福建浙江，第4监察区辖湖南湖北，第5监察区辖广东广西，第6监察区辖河北，第7监察区辖河南山东，第8监察区辖山西陕西，第9监察区辖辽宁吉林黑龙江，第10监察区辖云南贵州，第11监察区辖四川，第12监察区辖热河察哈尔绥远，第13监察区辖甘肃宁夏青海，第14监察区辖新疆，第15监察区辖西康西藏，第16监察区辖蒙古。

1935年4月6日，第1—4、第6—7、第13共7个监察区监察使署（即江苏、安徽江西、福建浙江、湖南湖北、河北、河南山东、甘肃宁夏青海7个监察区监察使署）成立，丁超五（1938年2月12日由李世军继任，1942年2月25日由吴绍澍、1945年9月29日由程中行、1947年3月17日由严庄先后继任）、苗培成（1938年2月17日由杨亮功、1944年11月11日由陈肇英先后继任）、陈肇英（1942年8月22日由高鲁、1944年11月11日由杨亮功先后继任）、高一涵（1940年8月7日由苗培成、1947年3月11日由高一涵先后继任）、周利生（1945年9月29日由李嗣璁继任）、方觉慧（1938年2月17日由李嗣璁、1945年1月22日由郭仲隗先后继任）、戴愧生（1938年2月19日由严庄、1940年8月7日由高一涵、1947年3月11日由邓春膏先后继任）7人分任各该监察区监察使。

1936年4月14日，国民政府公布《监察使署组织条例》并定即日起在设署各监察区内施行，规定：

1. 监察使承监察院之命综理全署事务。

2. 监察使依法于所在监察区内巡回监察，行使弹劾权。

3. 监察使署置总务、调查2科，依法分理署内各事项。置秘书2或3人（荐任）办理机要文件及交办各事项，置科长2人（荐任）主持科务，科员3—5人、调查员2—4人、助理员5—8人（以上均委任），并得酌用雇员。

4. 监察使署之岁计、会计与统计

事务，由国民政府主计处设会计员1人依法办理。

8月15日，第10监察区（云南贵州监察区）监察使署成立，任可澄任该监察区监察使（1939年11月29日由李根源、1946年1月29日由张维翰先后继任），该监察区因疆域辽阔，特简派有监察副使1人辅佐监察使分驻主持并商承检察使就署内所定员额中调派办事人员。

1939年10月7日，第5监察区（广东广西监察区）监察使署成立，刘侯武任该监察区监察使（1947年3月28日由仇鳌、同年8月22日由刘成禹先后继任）。

1943年3月2日，第14监察区（新疆监察区）监察使署成立，罗家伦任该监察区监察使（1946年2月12日由麦斯武德、1947年8月9日由马良骏先后继任）。

抗日战争胜利后，台湾回归祖国，1945年10月22日乃将原第3监察区即福建浙江监察区析解为福建台湾监察区和浙江监察区，杨亮功任福建台湾监察区监察使而由蒋伯诚任浙江监察区监察使（1946年11月8日由朱宗良代理，1947年10月14日正式继任）。

1946年5月8日，将四川西康合设为一个监察区，任曾道为该监察区监察使；又将东北九省分设为辽宁安东辽北、吉林松江合江、黑龙江嫩江兴安3个监察区；1947年10月11日，任谷凤翔为辽宁安东辽北监察区监察使。

1948年7月28日，中华民国总统令颁《监察委员行署条例》，依令改原河北监察区为冀热察监察区、改原安徽江西监察区为皖赣监察区、改原云南贵州监察区为云贵监察区、改原广东广西监察区为两广监察区、改原四川西康监察区为川康监察区；8月21日，改原湖南湖北监察区为两湖监察区；9月1日改原河南山东监察区为豫鲁监察区、改原山西陕西监察区为晋陕绥监察区、改原江苏监察区、原浙江监察区为苏浙监察区（原两监察区均撤销）。各监察区均成立监察委员行署。其中：苏浙区监察委员行署成立于上海，以庆深庵为该区监察使；闽台区监察委员行署监察使由高登艇担任，监察委员行署成立于福州，晋陕绥区监察委员行署成立于西安，由奇世勋任该监察区监察使；豫鲁区监察委员行署成立于青岛，以刘耀西为该监察区监察使；其他各监察区监察使均以原人留任未变。在16个监察区中，吉林松江合江、黑龙江嫩江兴安、西藏、蒙古4个监察区之监察使署一直未见成立。

国民政府监察院非常时期监察权行使程序之简化

1937年12月□日，国民政府监察院为缓解弹劾案成立手续繁琐、进行纡缓之弊（弹劾案经监察委员1人提出后，须经提案委员外之3名监察委员审查，以作交付惩戒与否之决定；若审查结果与提案人意见相左，还得再经除提案委员和审查委员外之另5名其他监察委员之审查，以作最后之决定；经审查成立并移付惩戒后，还须经被弹劾人之申辩及惩戒机关之复查，始能议决裁定。处分一案，动辄经年，案中涉及刑事，更非短期内所能解决。如此纡缓，难以迅赴事功、适应抗战期间之非常情形），乃拟具《非常时期监察权行使暂行办法》呈请国民政府公布施行。该办法规定：

1. 监察院监察委员或监察使对于公务员之违法或失职行为认为应行急速处分者，得以书面提出纠举，纠举书经监察院院长审核后即可径交各该主管长官或其上级长官作为依据、决定撤职或其他行政处分；各该长官或其上级长官接获纠举书后，若认为不应处分，即应声复理由，倘不为处分又不声复理由或虽作声复而无理由，监察院得以纠举书作为弹劾案移付惩戒机关，惩戒机关对该被弹劾人做出惩戒处分时，各该主管长官或其上级长官应同负责任。

2. 公务员之违法行为有涉及刑事或军法者，应由各该主管长官或其上级长官接获纠举书后送交审判机关审理。

3. 纠举案提出后，即以该被纠举人之主管长官或其上级长官为受理机关。

国民政府监察院监察使巡回监察制

国民政府监察院成立后，专门制定了监察区监察使巡回监察制度，规定：

1. 监察使应就所派监察区内巡回监察。

2. 监察使对于所派监察区内公务员违法和失职行为应提出弹劾，其弹劾案得以书面为之；遇有紧急事项，并得先以电报提出，事后补具书状。监察使认为情节重大、急须从速救济者，除提起弹劾案外，并得径行通知该主管长官予以急速救济之处分，该主管长官接获通知而不为急速救济处分者，于被弹劾人受惩戒时应同负责任。

3. 监察使为行使职权，得向所派监察区内各官署及其他公立机关查询或调查档案和册籍，遇有疑问，该主管人员应负责为详实之答复。

4. 监察使得接受人民举发公务员违法或失职之书状，但不得批答。

5. 监察使应将所派监察区内各官署及公立机关之设施和公务员之行动及人民疾苦和冤抑等事项并实际监察各情形，随时报告监察院。

6. 监察使及其所属不得接受地方供应和馈遗。

国民政府监察院监察委员视察和巡察制

1938年□月□日，监察院实行了指派监察委员分赴未设监察使署地方和监察院认为有必要视察之地方实地视察的制度，并订有《监察委员分赴各地视察工作准则》。是年，监察院指派监察委员5人分头视察四川省各指定地区和派员赴广东、陕西、绥远之榆林和伊克昭盟视察。

1939年□月□日派员视察陕南。

1940年□月□日派员视察四川、贵州2省及山东敌后军政实施情形，并组成2个战区巡察团巡察了南北各战区。

1941年□月□日派员视察四川。

1942年□月□日派员视察西康并于9月至次年6月逐月派员2人轮流巡察战时首都重庆，依巡察之所得，分别提出建议案或弹劾案。

1943年7月□日，将定员、定期巡察战时首都之制改为不限员、不定期之巡察制。

国民政府监察院弹劾权之行使

1929年5月29日，国民政府公布《弹劾法》（1932年6月24日修正），规定：

1. 监察委员对于公务员违法或失职行为，应向监察院提出弹劾案，该弹劾案当以书面详叙事实之方式为之。

2. 监察委员提出弹劾案，应经提案委员外之监察委员3人审查并经多数审查委员认为应付惩戒时，监察院即应将被弹劾人移付惩戒；若审查委员认为不应交付惩戒而与提案委员意见相左时，应将该弹劾案交付除提案委员和审查委员以外之其他监察委员5人再行审查以作最后决定。弹劾案之审查以全体监察委员按序轮流担任；与弹劾案有关系之监察委员应行回避该案之审查和再审查。

3. 弹劾案在未经决定并移付惩戒机关前，不得外泄。

4. 弹劾案一经提出，即不得撤回。

5. 监察院院长对于弹劾案不得指使或干涉。

6. 监察院应接受人民对公务员违法和失职行为之举发诉状，但不得批答。

7. 被弹劾对象属国民政府委员、五院正副院长，即"选任政务官"，该弹劾案须向中国国民党中央监察委员会提出并以其为惩戒机关（监察委员被弹劾，其惩戒机关同此）；属特任、特派政务官员和"准政务官"，即国民政府与五院所属各部部长、副部长、政务次长、各委员会委员长与副委员长及视同政务官之蒙藏、侨务2委员会委员等，该弹劾案须向国民政府政务官惩戒委员会提出并以其为惩戒机关；属简任官以下之公务员，即全国荐任以上公务员（包括聘任人员、县保卫团军事训练员及各省管狱员等）与中央政府各官署之委任职公务员，该弹劾案须向中央公务员惩戒委员会提出并以其为惩戒机关；军事长官被弹劾，该弹劾案须向国民政府军事长官惩戒委员会提出并以其为惩戒机关；民团指挥被弹劾，该弹劾案须向普通法院提出并以其为惩戒机关；普通军官佐被弹劾，该弹劾案须向军政部与海军部提出并由其发交各该主管署、司按陆海空军各项法规管辖与审议后签由各该部部长核定后以命令行之。

8. 被弹劾人于受惩戒时有犯罪行为者，应移送司法机关依普通法律进行审判。

9. 监察院对于违法或失职情节重大须作急速处置之公务员，应于向惩戒机关移付弹劾案时向该主管长官提出，若该主管长官不作急速处理，在被弹劾人受惩戒时须负连带责任，惩戒机关对于移付弹劾案件有延压时，监察院得提出质询。

国民政府监察院审计部

1928年2月28日，国民政府任命于右任为国民政府审计院院长。4月27日，任命茹欲立为审计院副院长。7月14日，任命王培颙等10人为审计院审计，并由王培颙、贺世缙兼署审计院第一、二厅厅长，由王士铎兼署审计院总务处处长。10月20日，国民政府于《监察院组织法》规定监察院设审计部以行使审计职权，国民政府审计院乃改称"审计部"，并归辖于国民政府监察院之下，其组织建制及主管长官等一仍旧贯。

1929年10月29日，国民政府公布《审计部组织法》，规定：

1. 审计部直属国民政府监察院，依《监察院组织法》第五条和《审计法》之规定行使职权。

2. 审计部设部长1人（特任），秉承监察院院长之命综理部务，设副部长1人（简任），辅助部长处理部务。

3. 审计部设第1-3厅和总务处：第1厅掌理政府所属全国各机关之事前审计事宜。第2厅掌理政府所属全国各机关之事后审计事宜。第3厅掌理政府所属全国各机关之稽察事宜。总务处掌理文书、庶务等事项。置厅长3人主持厅务，由部长指定审计兼任，置处长1人主持处务，由部长指定简任秘书兼任。各厅分设3科，各置科长1人，由部长指定协审、稽察兼任；每科置科员4-8人（委任）。总务处分4科，每科置科长1人（荐任）、科员2-4人（委任）。

4. 审计部置秘书2-4人（内2人简任，余荐任），分掌会议记录和长官交办事项。置审计9-12人（简任），协审12-16人和稽察8-10人（荐任），分别执掌审计、稽察职务。

5. 审计部于各省及直隶于行政院之市设立审计处，在其他不能依行政区划分之机关设立审计办事处，置驻外审计、协审、稽察，分别执掌各审计处与审计办事处应办事项，掌理各该省、市内中央与地方各机关之审计及稽察事宜。

6. 审计、协审、稽察依审计会议之决议，调赴各机关分别执行职务，在京各机关之审计与稽察事宜，由审计部内不兼厅长与科长职务之审计、协审、稽察兼理。审计部为执行上述职务,得设佐理员40-60人(委任)。

7. 审计部以部长、副部长、审计组成审计会议,处理审计、稽察重要事项及调度审计、协审、稽察人员。审计会议以审计部部长为主席,部长有事故时,由副部长代理,审计会议决议以出席人员过半数之同意为之,可否同数时,取决于主席。

8. 审计部协审在未有考试合格之人员以前,必须:(1) 曾在国内外专门以上学校学习经济、法律、会计知识3年并有相当经验。(2) 或曾任会计师或关于审计之职务3年以上并成绩优良。

审计部稽察在未有考试合格人员以前,必须:(1) 于稽察事务所须学科曾在国内外专门以上学校修习3年以上毕业并有相当经验。(2) 或于稽察事务曾任技师或官职3年以上并成绩优良。

审计部审计必须具备上列协审、稽察之资格并曾任简任以上官职,或现任最高级协审、稽察1年以上并成绩优良。

审计、协审、稽察在职中,不得兼任其他官职、律师、会计或技师、公私企业机关之任何职务。

在与被审计机关之长官或主管会计、出纳人员为配偶或有七亲等内之血亲或五亲等内之姻亲关系时,应回避对该机关之审计事宜。

审计、协审、稽察非受刑之宣告或惩戒处分者,不得免职或停职。

9. 审计部遇必要时,得聘用专门人员。

1931年2月21日,茹欲立被任命为监察院审计部部长;3月21日,李元鼎被任为审计部副部长;3月21日,王培颢等7人被任为审计,王培颢、林襟宇兼任第一、二厅厅长,王士铎被任为总务处长。

1933年1月20日,李元鼎被免去审计部副部长职务,2月24日茹欲立被任为第二任审计部部长(1935年2月24日由陈之硕代理,1936年8月8日由林云陔继任,直至1948年10月4日林死后未再有新任命发表)。4月24日,依修正《监察院组织法》之规定,审计部原设之副部长1人改设为政务次长、常务次长各1人。6月3日,王正基被任为政务次长(1934年11月19日由陈之硕、1937年2月6日由刘纪文先后继任)、童冠贤被任为常务次长(1935年4月4日由张承槱、1937年1月12日由王籍田、1942年7月16日由李崇实、1945年11月17日由蔡屏藩先后继任)。是年9月□日,增设第三厅,至1934年9月□日调林襟宇任该厅厅长(原任第二厅厅长由常云湄继任)。

1935年3月21日,任商文立等5人为驻外审计,自此,审计部设审计与驻外审计之制度一直未变。

1936年□月□日国民党政府"超然主计制度"实行后,审计部总务处内原设之会计、统计2股被改设为会计室与统计室,各置会计主任1人、统计主任1人(均荐任),分理岁计、会计事项与统计事项,受审计部部长之指挥、监督,并依国民政府主计处组织法之规定直接对主计处负责,需用之佐理人员名额由审计部与主计处就审计部法定之委任人员与雇员中决定之。还增设了秘书室和审计室:秘书室掌理机要文件撰拟事项、文稿复核事项及部长交办事项;审计室分3组掌理3厅各类经费审计与稽察之复核事项。

1948年6月9日,中华民国总统令林云陔为审计部审计长(7月22日免,以刘纪文继任,1949年4月21日再由张承槱继任),1949年4月21日,任陈元瑛为副审计长,由此以观,审计部取消了部长、政次、常次之原设制,唯其部内3厅1处之设置未变,时任命之审计人数达11人,驻外审计人数达26人。

国民政府监察院审计部审计职权行使之三种方式

审计部成立后,其审计职权行使,

采用了三种不同的方式：

1. 送请审查方式：《审计法》内虽有"审计机关应派员赴各机关执行职务"之规定，然因国家幅员辽阔和各级政府机关为数极多，审计人员势难就地遍设，故只能在实施派员就地驻审原则之同时，兼采送请审计之方式以为补救，对于县或有特殊情形之机关，得由审计机关通知其送审。

2. 派员就地驻审方式：《审计法》规定，在京各机关之审计、稽察职务，由审计部不兼厅长之审计与不兼科长之协审兼理，审计机关应派员赴各机关执行审计职务，此乃派员就地驻审之审计方式。与送请审计方式中所送审收支凭证、计算、决算之只重形式因而容易流于作伪相比较，派员就地驻审方式可以熟知驻在机关之内部情形而不易被蒙蔽，并便于随时随地调查各事件原委。对大宗收支，事前便于审核稽察，经手者难为巨额之侵占。以报告与账册核对，以账簿与单据核对，以单据与稽察报告核对，纵有虚伪亦不难发现。故派员就地驻审，可大大提高审计效率。自1938年5月□日《审计法》公布至抗战胜利前夕，由审计部派员就地驻审者计有：内政、经济、交通、教育、农林5部与资源、振济2委员会及财政部税务署、交通部邮政与电信2总局、工矿调整处、甘肃油矿局、花纱布管制局、粮食储运局、粮食增产委员会、日用必需品管理处和中央、中国、交通、中国农民4银行、中央信托局、粤汉和湘桂2铁路局（抗战胜利后归由西南铁路审计办事处管辖）、陇海和宝天铁路局（抗战胜利后归由西北铁路审计处管辖）、第24和第50兵工厂、钢铁迁建委员会、中国茶叶和复兴2公司等机关，各省审计处亦分别于省政府所属之机关派员就地驻审。抗战胜利后，中央和国营机关虽间有裁并，然派员就地驻审为审计职权行使方式中最主要之方式这一基本格局未变。

3. 委托审计方式：即审计机关对审计事项委托其他机关、团体或个人办理。

国民政府监察院审计部各省市审计处及各审计办事处

1932年6月17日，国民政府公布并定同日施行之《审计处组织法》规定：

1. 审计部于各省省政府所在地或直隶于行政院之市市政府所在地设审计处；中央公务机关、各省公务机关、公有营业机关及其组织非由行政区域划分者，经国民政府之核准，得由审计部设审计办事处。

2. 审计处置处长1人，由审计兼任，承审计部部长之命综理处务；置审计1人（简任）、协审2人（荐任）、稽察1人（荐任）、秘书1人（荐任）、佐理员（委任）若干人，佐理员名额由审计部按事务之繁简分别拟定呈请监察院核定之；因缮写文件或其他事务需要，得酌用雇员。

3. 审计处分3组掌理：（1）本省（市）内中央与地方各机关之事前审计事项。（2）本省（市）内中央与地方各机关之事后审计事项。（3）本省（市）内中央与地方各机关之稽察事项。设总务组掌理处内文书、会计、统计、庶务及其他各组交办事项。其第1、2组主任以协审兼任，第3组主任以稽察兼任，均由审计部派充；总务组主任以秘书兼任。

4. 审计办事处视事务之繁简分甲、乙两种：甲种审计办事处人员名额及处内分组与审计处同。乙种审计办事处置协审1人兼处主任，置稽察1人、秘书1人、佐理员若干人分股办事。

5. 审计处与审计办事处办理事前审计、事后审计、稽察事项之人员，于事务简单之机关，各得兼管数机关之同类事项。

1934年4月□日，审计部设立了江苏、浙江、上海、湖北4省市审计处和津浦铁路局审计办事处。

1935年12月□日，审计部又设立了河南、山西2省之审计处。

1936年□月□日，设立广东省审计处。

1937年以后，又设立了湖南、贵州、四川、广西、福建、江西、安徽、甘肃、云南9省之审计处。

1945年8月15日抗战胜利后，再增设了河北、山东、山西、青海、台湾、重庆6省市之审计处及西北铁路局、西南铁路局、中国纺织建设公司、国营招商局4审计办事处。

国民党政府时期之审计

1928年3月21日中执会政治会议第133次会议修正通过交国民政府公布之《国民政府审计院组织法》规定：审计院设第一、二厅，各厅各置审计4-6人（简任），各厅厅长即由国民政府于审计中简任之，审计之地位在部、次长之下而与司（局）长相当，独立行使审计职权，不受任何干涉。

审计须具下列资格：1. 曾任国民政府简任职务并曾在国内外大学或专门以上学校修习经济、法律、会计之学3年以上毕业具有相当经验者。2. 或曾任会计师及审计职务（包括于其稽察事务曾任技师或职官）3年以上成绩优良者。3. 或现任最高级协审、稽察1年以上成绩优良者。

1928年7月14日，贺世骥、闻亦有、王士铎、吴宗涛、周增奎、王培骥、杨汝梅、赵希复、常云湄、林襟宇被任为审计；10月4日，刘文海被任为审计。

审计与审计院正、副院长及协审同享文官保障待遇：非经法院褫夺公权或依《惩戒法》受惩戒处分，不得免职、停职、退职。但亦同受下列限制，即在职中不得兼任其他官职，不得为律师或会计师、亦不得兼任商店、公司或国有企业机关之董事、经理或其他重要职务。

审计与审计院正副院长组成审计会议，处理审计与稽察重要事宜及调度审计、协审、稽察人员。

1928年10月20日，国民政府审计院改称"审计部"并归隶于国民政府监察院之下。1931年3月21日，审计部改设为第一、二、三厅，审计部改设部长、政务次长、常务次长，其审计之设未有变动。

国民党政府时期之协审

1928年3月21日中执会政治会议第133次会议修正通过之《国民政府审计院组织法》规定：审计院设第一厅掌理监督预算执行事项，设第二厅掌理审核决算事项，各厅各置审计4-6人，简任，各厅各置协审6-8人，荐任。协审之设沿袭旧置，位于审计之下而在稽察之上，略低于行政机关之秘书而高于科员，与科长同级。

1929年10月29日，国民政府公布《审计部组织法》，规定审计部设三厅掌理各机关之事前审计事宜、事后审计事宜、稽察事宜。审计部置协审12-16人，荐任，与审计共同执行审计职务。审计部还置有驻外审计与驻外协审及驻外稽察，分别执行各审计处与各审计办事处之审计职务。

协审由经考试及格者或具有下列资格之一者充任：1. 曾在国内外专门以上学校修习经济、法律、会计之学3年以上毕业并有相当经验者。2. 曾任会计师或审计职务3年以上成绩优良者。

协审享法定保障：非经法院褫夺公权或受官吏惩戒委员会惩戒者，不受免职、停职、退职处分。但亦受如下之限制：协审在职中不得兼任其他官职、律师、会计师、技师和公私企业机关之任何职务。

国民党政府时期之稽察

国民党政府时期监察院审计部行使审计职权之中级官员，位次于秘书与协审而与科长相等，为荐任官，独立行使职权，不受干涉，但在职中不得兼任律师、会计师、技师、公私企业职务及其他任何官职。

国民党政府时期之稽核

国民党政府时期行政院资源委员会、粮食部等职能部门所设掌理稽核事项之官员，负责稽核所管业务、收支报告、簿记凭证和饬查交办事项，一般皆置30－60人，其中简任者少而荐任者多。

中华民国总统

1946年11月15日－12月25日，国民党政府召开"制宪国民大会"。12月25日，大会通过《中华民国宪法》并定1947年12月25日施行，规定：

1. 中华民国总统为国家元首，有下列各项职权：（1）对外代表中华民国。（2）统帅全国陆海空军。（3）经行政院院长或行政院院长与有关部、会首长之副署，公布法律与命令。（4）经立法院之通过与追认，宣布戒严与解严。（5）行使缔约、宣战、媾和之权。（6）宣布大赦、特赦、减刑、复权。（7）授予荣典。（8）任命文武官员。（9）召集五院院长会商解决院与院间争执不决各问题。（10）于情况紧急时发布紧急命令实行紧急处置。

2. 总统、副总统由国民大会选举产生，凡中华民国年满40岁之国民均有被选举权。

3. 总统任期6年，连选得连任1次。

4. 总统之选举应于前届总统任期届满前60日举行，其候选人由国民大会代表100人以上连署提出，以得代表总额过半票数为当选。于任期内如有犯罪、违法、失职事情，可以罢免。

5. 总统因故不能视事时，由副总统代行总统职权。总统、副总统皆不能视事时，由行政院院长代行总统职权。但代行期不得超过3个月。

6. 总统缺位时，由副总统继任至总统任期届满时止。总统、副总统均缺位时，由行政院院长代行总统职权并得依规定召集国民大会临时会补选总统、副总统，以补足原总统、副总统未满之任期。

7. 总统、副总统于任满之日解职。

8. 总统除犯内乱或外患罪外，非经罢免或解职，不受刑事上之诉究。

9. 当选总统于原任总统任满之月就任。前届总统于当选后20日内就任。

总统就职宣誓之誓言如下："余谨以至诚向全国人民宣誓：余必遵守宪法，尽忠职务，增进人民福利，保卫国家，无负国民付托。如违誓言，愿受国家严厉之制裁。谨誓。"

总统宣誓时，由司法院院长以大法官会议主席身份监誓。

1948年3月29日－5月1日，国民党政府召开"行宪国民大会"。4月19日，蒋介石被选举为中华民国总统。此后，经过4轮角逐，李宗仁以微弱多数当选为中华民国副总统。5月20日就职礼成。

1949年1月21日，蒋介石发表下野文告，副总统李宗仁"代行总统职权"，直至国民党政府彻底溃败。

中华民国总统府

1948年3月22日，国民政府立法院宪法法规委员会审查通过《中华民国总统府组织法草案》，5月1日，国民政府以《中华民国总统府组织法》正式颁布并定5月20日起施行。依所规定：

1. 中华民国总统依据宪法行使职权，设总统府。

2. 总统府置资政若干人，由总统就勋高望重者中遴聘，对于国家大计向总统提供意见并备咨询。

3. 总统府置正副秘书长与正副参军长各1人、秘书12－18人、参事4－6人、编审14人、参军10－15人，设第一－六局、机要室、侍卫室、人事室、会计处、统计室、警卫总队、军乐队、国策顾问委员会、战略顾问委员会、稽勋委员会；由第一局局长兼任总统府典玺官，承秘书长之命典守国玺；置参议若干人，由总统府聘任。此外，国父陵园管理委员会、国史馆、中央研究院、"戡乱建国动员委员会"，皆归总统府直辖。

中华民国总统府秘书长

《中华民国总统府组织法》规定：总统府置秘书长1人，特任，承总统之命综理总统府一切事务并指挥、监督府内所属职员；置副秘书长1人，简任，辅助秘书长处理事务。总统府置典玺官1人，承秘书长之命典守国玺；置秘书12－18人，简任，承秘书长之命掌理撰拟、审核重要文件及其他特交事项；置参事4－6人，简任，承秘书长之命掌理撰拟命令、审核方案及特交核议事项（必要时并得置专门委员3－7人，荐派或简派，襄助办理）；置编审14人，内4人简任、余荐任，承秘书长之命掌理呈府备案各项规程、章制及各机关工作报告之审核与编辑事项。秘书长依法对总统府人事处、会计处、统计室有指挥与监督之权；依法对总统府警卫总队、军乐队有会同参军长拟订编制呈请总统核定之权。

自1948年5月20日－1949年4月23日，吴鼎昌（1948年12月22日免）、吴忠信（1949年1月29日免）、翁文灏先后担任中华民国总统府秘书长。副秘书长则未见有任命。

中华民国总统府参军长

《中华民国总统府组织法》规定：总统府置参军长1人，特任，承总统之命掌理军务、典礼、侍卫、警卫事项；置副参军长1人，简任，辅助参军长处理事务。总统府就现役陆海空军将官中任命参军10－15人，承参军长之命办理有关军务及特交事项。对总统府警卫总队、军乐队之编制，参军长依法有会同秘书长拟订总统府警卫总队、军乐队编制呈请总统核定之权。

自1948年5月25日－1949年4月23日，薛岳（1948年10月30日免）、孙连仲（1949年2月21日免）、李汉魂先后担任中华民国总统府参军长。副参军长则未见任命。

中华民国总统府资政

《中华民国总统府组织法》规定：总统府置资政若干人，由总统就勋高望重者中遴聘之，对于国家大计，得向总统提供意见，并备咨询。

1948年7月30日，中华民国总统蒋介石聘张静江、许崇智、李石曾、章嘉呼图克图、吴敬恒、孔祥熙、吴忠信、张君劢、徐傅霖、曾琦、李璜、莫德惠12人为中华民国总统府资政，直至国民党政府彻底溃败逃离大陆之日止，未有变动。

中华民国总统府第一局

《中华民国总统府组织法》规定：总统府设第一局掌理：1. 法令与文告宣达事项。2. 文书撰拟与保管事项。3. 典守印信事项。4. 会议记录事项。

第一局置正、副局长各1人（简任）、科长7人与专员3－5人及速记员2人（均荐任）、科员60人（内23人荐任，余委任）、书记官49人与事务员13人（均委任）、雇员54人，分办具体事项。

第一局局长兼任总统府典玺官，承秘书长之命典守国玺。

局内设总收发室掌理总统府内文件总收、总发、登记、分配事项，由荐任级主任1人率科员9人（内3人荐任，余委任）、书记官5人与事务员3人（均委任）、雇员5人分任事务。

自1948年5月31日－1949年4月23日，中华民国总统府第一局局长一直由许静芝担任。

中华民国总统府第二局

《中华民国总统府组织法》规定：总统府设第二局掌理：1. 机要文件之撰拟事项。2. 机要案件之查签与传递事项。3. 调查材料之研究与整理事项。

第二局置正、副局长各1人（简任）、科长3人与专员2人（均荐任）、科员9人（内3人荐任，余委任）、书记官5人与事务员3人（均委任）、雇员10人分办具体事务。

自1948年5月31日－1949年4月23日，中华民国总统府第二局局长一直由陈方担任。

中华民国总统府第三局

《中华民国总统府组织法》规定：总统府设第三局掌理：1. 有关军事命令之宣达事项。2. 有关军事文件之承转事项。3. 其他有关军务事项。

第三局置中将局长1人和中、少将副局长1或2人；置少将高级参谋5－7人与上、中、少校参谋15－20人；置中、少校副官1－4人与上、中尉副官3人；置秘书4－7人（内4人简任，余荐任）、科员15－23人（内10人荐任，余委任）、书记官10－15人与绘图员2人及事务员3－6人（均委任）、雇员8人分办具体事务；其分科办公时，由高级参谋兼任科长。

第三局于必要时得置专门委员1人或2人（荐派或简派）。

自1948年5月31日－1949年4月23日，俞济时（1949年2月21日免）、刘士毅先后任中华民国总统府第三局局长。

中华民国总统府第四局

《中华民国总统府组织法》规定：总统府设第四局掌理：1. 各项典礼事项。2. 阅兵事项。3. 出巡事项。4. 授勋事项。5. 国际礼仪事项。6. 接待外宾事项。

第四局置中将（或简任）局长1人与少将（或简任）副局长1人、上校（或荐任）科长3人与秘书1人（荐任或简任）、科员12－16人（内8人荐任，余委任）与书记官4人及事务员6人（均委任）、雇员4人分办具体事务，并得于必要时置专门委员1人或2人（荐派或简派）。

自1948年5月31日－1949年4月23日，中华民国总统府第四局局长一直为吴思豫。

中华民国总统府第五局

《中华民国总统府组织法》规定：总统府设第五局掌理：1. 印信、关防、官章之铸造事项。2. 勋章、奖章、奖旗、纪念章制发事项。3. 总统府所颁法规与公报之编印事项。4. 职员录之刊行事项。5. 公文用纸之划一与印制事项。

第五局置正、副局长各1人（简任）、技正3－5人（内2人简任，余荐任）、科长3人与专员2人（荐任）、科员20人（内6人荐任，余委任）、技士10人（内3人荐任，余委任）、技佐12人与书记官19人及事务员6人（均委任）、技工78人分任具体事务。第五局设有铸印工厂、制章工厂、印刷工厂，各厂各置厂长1人（荐任），各司专项制作事项。

自1948年5月31日－1949年4月23日，中华民国总统府第五局局长一直为周仲良。

中华民国总统府第六局

《中华民国总统府组织法》规定：总统府设第六局掌理：1. 庶务事项。2. 出纳事项。3. 来宾登记事项。4. 交际事项。5. 交通事项。6. 卫生、医药事项。

第六局置中将（或简任）局长1人与少将（或简任）副局长1人、上校（或荐任）科长7人、科员15－37人

（内2-6人荐任，余委任）、书记官10-15人与事务员15-30人（均委任）、正副主任医官各1人（荐任或简任）、医官5人（荐任）、司药3人与看护长1人（均委任）、雇员30人分理各项具体事务。

自1948年5月31日-1949年4月23日，陈希曾（1949年1月29日免）、徐本生先后任中华民国总统府第六局局长。

中华民国总统府机要室

《中华民国总统府组织法》规定：总统府设机要室掌理有关机要电务事项。

机要室置正副主任各1人与秘书2人（均简任）、科长2人与视察4人（均荐任）、科员30人（内6人荐任，余委任）、雇员2人分任各项具体事务。

自1948年5月31日-1949年4月23日，毛庆祥（1949年1月29日免）、李杨先后任中华民国总统府机要室主任，张廷桢则一直任副主任。

中华民国总统府侍卫室

《中华民国总统府组织法》规定：总统府设侍卫室掌理侍卫事项。

侍卫室置中将侍卫长1人，承秘书长之命综理侍卫室事务，置少将副侍卫长3人，辅助侍卫长处理侍卫室事务。置上、中、少校侍从武官4人，置上、中、少校侍卫官16人与上、中、少尉侍卫官12人及上、中、少尉侍卫42人，置上、中、少校警务员16人与上、中、少尉警务员13人，置中校参谋2人与中、少校副官2人，置秘书1人（荐任或简任）、书记官2人与事务员2-4人（均委任）、雇员2人，分任各项具体事务。

自1948年5月31日-1949年4月23日，石祖德（1949年2月21日调任为中华民国总统府中将参军）、李宇清先后任侍卫室侍卫长，任副侍卫长的有竺培基（7月29日调任他职后，12月7日由俞滨东继任）、柳元麟（1949年3月2日调任他职后未再见有人继任）、吴中相（9月17日调任他职后，9月24日由刘树梓继任）。

中华民国总统府人事处

《中华民国总统府组织法》规定：总统府设人事处，受秘书长之指挥、监督，并依法律之规定掌理本府人事管理与奉交有关人事之查签、登记等事项。

人事处置处长1人（简任）、科长3人或4人与专员3人（均荐任）、书记官16人与事务员1人（均委任）、雇员19人，于处长指挥下分任具体事务。

人事处依法对本府第三、四、六3局与机要室及侍卫室之科员、事务员、绘图员，得按其学历与经历为军职之铨叙。

中华民国总统府会计处与统计室

《中华民国总统府组织法》规定：总统府设会计处与统计室，受秘书长之指挥、监督，并依法律之规定掌理本府岁计、会计事项与统计事项。

会计处置会计长1人（简任）、科长2人或3人与专员1人（均荐任）、佐理员23人（委任）、雇员2人，统计室置主任1人（荐任）、佐理员12人（委任）、雇员1人，分别于会计长与统计室主任指挥下办理具体事务。

中华民国总统府警卫总队

《中华民国总统府组织法》规定：总统府设警卫总队，"其编制由秘书长会同参军长拟订，呈请总统核定之"。由此可见，中华民国总统府警卫总队受秘书长与参军长之双重指挥、监督。

1949年3月21日，李友德、徐国玮被任为中华民国总统府警卫总队正、副总队长。

中华民国总统府军乐队

《中华民国总统府组织法》规定：总统府设军乐队，"其编制由秘书长会同参军长拟订，呈请总统核定之"。由此可见，中华民国总统府军乐队受秘书长与参军长之双重指挥、监督。

中华民国总统府战略顾问委员会

1948年5月20日，中华民国总统府成立。5月31日，特任白崇禧为战略顾问委员会主任委员而将原主任委员何应钦调任为国防部长，原已任命之委员龙云、于学忠、鹿钟麟、杨杰、陈济棠、陈绍宽、何键、刘峙、卫立煌、蒋鼎文、贺耀组、张发奎、熊式辉、邹作华、万耀煌15人全部留任。7月28日、8月19日、8月28日、9月15日、9月20日、10月1日、10月30日、11月1日，先后又特任了刘士毅、蒋光鼐与孙蔚如、王东原、姚琮、刘茂恩、唐式遵、薛岳、唐生智9人为委员。

11月12日，中华民国总统令颁《战略顾问委员会组织条例》，规定由总统特聘战略顾问19－29人并就委员中指定正副主任委员各1人（副主任委员未见指定），依条例所定，主任委员白崇禧和其余委员24人全部留任，并改称为"战略顾问"。

11月28日，《战略顾问委员会组织条例》修改，规定战略顾问由中华民国总统特聘具有下列三项资格之一者充任：1. 抵御外侮或敉平祸乱有勋劳于国家者。2. 曾任重要军职、富有军事经验者。3. 富有军事学术研究、声誉卓著者。

1948年11月14日、11月20日、12月11日、1949年1月13日、2月11日、4月12日、4月14日，陈继承、刘建绪与王懋功、熊斌、黄琪翔与刘斐、孙连仲与俞济时、韩德勤与上官云相、徐景唐11人先后被特聘为"战略顾问"。直至1949年4月23日国民党政府溃败之日止，未再见变动。

中华民国总统府国策顾问委员会

1948年3月25日，国民政府立法院通过《中华民国总统府组织法》，5月1日，国民政府公布并定同年5月26日起施行，其第25条内规定："总统府设国策顾问委员会……，其组织法另以法律定之。"

7月30日，中华民国总统蒋介石首批聘任邵力子、李文范、茅祖权、俞飞鹏、张作相、万福麟、王树翰、邓家彦、蒋梦麟、陈布雷、张难先、余家菊、何鲁之、戴翼翘、胡海门、鲍尔汉、张钫、罗桑坚赞、陈树人19人为国策顾问委员会委员。依所规定：国策顾问委员会设国策顾问31－47人，由中华民国总统从"翊赞中枢有勋劳于国家者"、"信望素著，富有政治经验、学术经验者"、"对于建国事业有伟大贡献者"中特聘，处理总统交议事项并对建国有关事项随时向总统提供意见。

11月□日，正式成立国策顾问委员会，由总统指定其中之1人为主任委员综理会务，置主任秘书1人、秘书1人、助理秘书4－6人、书记官6－10人，均由总统府人员兼充，分掌文书、庶务各事项。

中华民国总统府立法院

1947年3月31日，国民政府依《中华民国宪法》第26条制定之《立法院组织法》规定：

1. 立法院行使"宪法所赋予之职权"。

2. 立法院设正、副院长各1人，院长综理院务，院长因事故不能视事时，由副院长代理之。

3. 立法院会议时，以院长为主席。主席得维持议场秩序。若有立法委员违反立法院议事规则或有其他妨碍议场秩序之行为发生时，主席有权提出警告，制止或禁止其发言，其情节重大者，主席有权提付惩戒（该项惩戒由立法院各委员会之召集委员组成纪律委员会审议后提出立法院会议行之）。

4. 立法院置秘书长1人（特派），承院长之命处理院内事务并指挥、监督所属职员；置副秘书长1人（简派），承院长之命襄助秘书长处理院内事务。正、副秘书长均由院长于立法委员外遴选人员提请任命。

5. 立法院设秘书、编纂、会计3处与统计、人事2室，各处置处长与会计长1人（简任），处内均分科办事，各室置室主任1人（荐任），分理各自应办事项。

6. 立法院设内政与地方自治、外交、国防、经济与资源、财政金融、预算、教育文化、农林与水利、交通、社会、劳工、地政、卫生、边政、侨务、海事、粮政、民法、刑法、商事、法制共21个委员会。各委员会各置委员若干人，由立法委员分任，每一立法委员得任3个委员会之委员。各委员会得依委员人数之多寡，置召集委员3-5人（立法委员可声明愿为一委员会之召集委员，就愿为各该委员会召集人之立法委员中抽签决定）。各委员会各置专门委员1-3人（简派）担任法案之研究与草拟事项。

7. 依宪法由机关提出于立法院之议案，须经立法院有关委员会审查再报由院会讨论，确有必要时，亦得径提院会讨论。由立法委员提出之议案，先提出院会讨论。议案在未经议决前，原提案者可随时提出修正案或将原案撤回。

8. 立法院会议须有立法委员总数1/5之出席方得开议，其议决须有出席委员过半数之同意方为有效，可否同数时，取决于主席。立法委员对院会或委员会于本人缺席时所通过之议案不得提出反对动议，对关系于立法委员个人本身之议案不得参与表决。立法委员提出法律案须有30人以上之连署方可。

9. 立法院会议一般公开进行，但经主席或有出席委员1/10以上之提议或应行政院之请求，亦得开秘密会议。

10. 立法院得置专员16-24人。

同日，国民政府还明令公布了依《中华民国宪法》制定之《立法院立法委员选举罢免法》，旋又公布《立法院立法委员选举罢免法施行条例》，规定：由各省、各直辖市选出立法委员622名，由蒙古各盟部旗选出立法委员22名，由在边疆地区（指滇、黔、康、川、桂、湘6省）各民族选出立法委员6名，由西藏（包括西藏地方及分居于青海、西康、甘肃3省境内之藏民和旅居内地之西藏人士三部分）选出立法委员15名，由侨民选出立法委员19名，由职业团体（包括农、渔、工矿、商业、教育、新闻记者、律师、会计师、技师、医药团体等自由职业团体）选出立法委员84名，以上总计应选立法委员共为768名。

1948年5月1日，"行宪国民大会"闭幕，依《中华民国宪法》规定：立法院应于国民大会闭幕后7日自行集合成立。截至5月8日止，全国各省、市与蒙藏地方及边疆地区"依法当选立委业经公告者"为丁澄芳等629名，占立法委员额定数768名之81.9%；"向筹备处报到者"400名，占当选并业经公布之立法委员629名之63.6%。5月8日-6月30日，当选立法委员首次集会于南京。5月17日，依法互选孙科、陈立夫为立法院正、副院长（11月26日，正、副院长由童冠贤、刘健群继任）。5月26日，任张肇元、延国符为立法院正、副秘书长，任左慕、侯标庆、曾启辉为编译、人事、会计处处长。

1949年1月6日，立法院秘书长由陈克文继任。

中华民国总统府行政院

1947年1月1日，国民政府公布《中华民国宪法》，其第53-61条为行政院部分，规定：

1. 行政院为国家最高行政机关，设正、副院长各1人，院长由中华民国总统提名经立法院同意后由总统任命。若在立法院休会期间行政院院长辞职或出缺，总统须于40日内提出新的人选并咨请立法院同意，在未经提出新的人选并经立法院同意前，行政院院长职务由副院长暂行代理。设部、会长及不管部、会之政务委员若干人，副院长与各部、会长及不管部、会之政务委员均由行政院院长提请总统任命。

2. 行政院院长与副院长、各部（会）长及不管部（会）之政务委员组成"行政院会议"并以行政院院长为主席，议决上列人员依法提出于立法院之法律案、预算案、戒严案、大赦案、宣战案、媾和案、条约案、其他重要国际事项案或涉及各部、会共同关系之事项案。

3. 行政院于会计年度（每年之7月1日-次年之6月30日）开始前之3个月内将下年度预算案提出于立法院，并于会计年度结束后之4个月内提出决算案于监察院。

4. 行政院与立法院之关系如下：（1）行政院得向立法院提出施政方针与施政报告。（2）行政院对立法院之决议得予执行，若对立法院议决之法律案、预算案、条约案认有窒碍难行时，经总统之核可，可于该决议案送达行政院之10日内移请立法院复议，复议结果若有出席复议立法委员总数之2/3认为应维持原案时，行政院院长应即接受执行，否则，则应辞职。（3）立法院立法委员开会，有向行政院院长及行政院各部（会）长提出质询之权，被质询之人当然得向立法院作出答复。（4）立法院对于行政院之重要政策若不赞同，得以决议移请行政院变更，行政院对该移请变更之立法院决议若持异议，经总统之核可，行政院可再移请立法院复议，复议结果若仍有出席复议立法委员总数之2/3人员认为应维持原决议时，行政院院长应即接受执行，否则，则应辞职。

同年3月31日，国民政府公布并定1948年5月25日施行之《行政院组织法》规定：

1. 行政院为"行使宪法所赋予之职权"，设内政、外交、国防、财政、教育、司法行政、农林、工商、交通、社会、水利、地政、卫生、粮食、主计15部与资源、蒙藏、侨务3委员会及新闻局共19个职能部门，各司其法定职权。经行政院会议及立法院之议决，行政院得增设或裁并各部（会）及所属各机关。

2. 行政院院长综理院务并监督所属机关，院长因故不能视事时，由副院长代理其职务。

3. 行政院内置秘书长1人（特任）、副秘书长1人（简任），承院长之命处理与襄助处理本院事务并指挥、监督所属职员。

4. 行政院设秘书处、参事【处】、会计室、统计室、人事室：（1）秘书处置秘书16-20人（内10人简任，余荐任）、科长15-20人（荐任）、科员50-80人（内20-30人荐任，余委任）、书记官30-40人（委任）并得用雇员40-50人，分科掌理法定事项。（2）参事【处】置参事8-12人（简任）、编审10-12人（荐任）、书记官10-20人（委任）并得用雇员15-20人，掌理法定事项。（3）会计室置会计主任1人（荐任）、科员6-8人（委任）、佐理员2-4人（委任）并得用雇员2-4人，掌理岁计、会计事项。（4）统计室置统计主任1人（荐任）、科员3-5人与助理员2-4人（均委任）并得用雇员2-3人，掌理统计事项。（5）人事室置主任1人（荐任）、科员8-11人与助理员3-6人（均委任）并得用雇员1-3人，依法律之规定掌理人事事项。

5. 行政院各部、会首长均为政务委员，并得置不管部（会）之政务委员共同组织行政院会议并以院长为主席

（院长因故不能出席时，由副院长代理，院长与副院长均因故不能出席时，由出席者公推一人代理主席），每周举行会议一次，必要时，院长得召集临时会议，有法定出席人1/3认为有开临时会议之必要时，亦得请求院长召集临时会议。

6. 行政院会议议决宪法第58条规定之各事项，其议决以出席人过半数之同意为有效，对议案产生异议时，以院长意见为决定意见。

7. 行政院正、副秘书长与新闻局局长均得列席行政院会议。必要时得邀请有关人员列席会议备询。

8. 法定行政院会议成员因事不能出席时，得由各该部、会副首长代表列席。法定列席人员因事不能到会，不得再派代表列席。

9. 行政院会议议决事项，由秘书处会同新闻局统一发布。

同年4月18日，中执会常务委员会暨国防最高委员会联席会议上，蒋介石以总裁身份提出国民政府委员暨五院院长名单，会议照例通过。4月24日，国民政府公布上述名单暨行政院院长提请国民政府主席任命之行政院各部、会首长与不管部（会）之政务委员名单，由中国国民党、中国青年党、中国民主社会党3党"联合"之国民政府成立，所谓"扩大政权基础"的"改组"完成。

1948年5月20日，蒋介石、李宗仁就中华民国总统、副总统职，中华民国国民政府结束，中华民国总统府成立，国民政府行政院遂为中华民国总统府行政院所取代。5月25日，翁文灏被特任为首届中华民国总统府行政院院长（同年11月26日由孙科、1949年3月12日由何应钦先后继任）；5月31日，顾孟馀被任为副院长（6月22日由张厉生、12月22日由吴铁城、1949年3月21日由贾景德先后继任），李惟果被任为秘书长（12月22日由端木恺、1949年3月21日由黄少谷先后继任）、梁颖文被任为副秘书长（1949年3月11日由倪炯声继任）。

中华民国总统府行政院内政部

1948年5月31日，张厉生被中华民国总统特任为内政部部长。6月22日，张厉生调升行政院副院长后，彭昭贤、洪兰友、李汉魂先后于6月22日、12月22日、1949年3月21日继任内政部部长。7月8日、1949年4月4日，胡次威、唐纵先后任内政部政务次长。内政部常务次长胡次威于7月8日调任政务次长后，未见再有常务次长的任命。

内政部所设机构与职掌变化较大，略述如下：

1. 1949年1月□日，中国国民党中央执行委员会组织部调查统计局改组为"内政部调查局"，掌理"违反政府利益"和"破坏国家安全"之调查事项，局内设第1-4处事。

2. 依1949年3月15日立法院通过之《简化行政机构案》决议，内政部所设各机构又作了如下调整：（1）原行政院卫生部缩编为署并改隶于内政部，成为中华民国总统府行政院内政部卫生署。（2）原内政部警察总署与原内政部禁烟委员会合并，改设为内政部警政司。（3）原内政部礼俗司并入民政司。（4）原内政部人口局缩编，改设为户政司。（5）原行政院地政部与原内政部营建、方域2司合并，改设为内政部地政署。（6）原行政院社会部组织训练、社会、福利3司与社会服务处合并，改设为内政部社会司。（7）原行政院社会部工人司与劳动局及社会保险局筹备处和工矿检查处合并，改设为内政部劳工司。（8）原行政院社会部合作事业管理局缩编，改设为内政部合作司。（9）原行政院社会部总务司与秘书、参事2厅和会计、统计2处及人事、视导2室，以及原社会部所属各被裁并机构之相应部门，一律归并入内政部之总务司、秘书处、参事室、会计处、统计处、人事室、视察室，被裁并各机构之编审人员、专门设计人员、技术人员，亦相应并入内政部之编审室、专员室、技术室。

经过如此调整，内政部设有总务、民政、户政、警政、社会、劳工、合作7司与会计、统计2处及秘书、参事、专员、编审、视察、技术、人事7室和地政、卫生2署，除总务司与各处、室之职掌仍旧外，其余6司执掌事项调整如下：

1. 民政司掌理：（1）地方行政之指导、监督事项。（2）地方行政人员之任免、训练、奖惩事项。（3）地方行政之组织计划事项。（4）地方自治之规划与监督、指导事项。（5）自治经费之筹划、监督事项。（6）选举事项。（7）边政辅导事项。（8）地方各级行政机关印信之颁发事项。（9）礼制乐典事项。（10）服制事项。（11）纪念典礼事项。（12）褒扬与奖恤事项。（13）国葬、公葬、公墓事项。（14）时历事项。（15）祠宇与寺庙之登记与管埋事项。（16）名胜古迹与古物之调查、登记及保管事项。

2. 户政司掌理：（1）人口登记与普查事项。（2）户籍调查、统计、登记事项。（3）国籍与归化事项。（4）国民身份证与更改姓名事项。（5）人口政策事项。

3. 警政司掌理：（1）警察行政事项。（2）地方警察组织编制事项。（3）警官与警察之教育、训练事项。（4）保安、刑事、外事、国境各警种警察之管理事项。（5）警察经费、装备、抚恤、福利事项。（6）禁烟行政、国际禁烟及禁烟宣传事项。（7）各种出版品登记事项。

4. 社会司掌理：（1）社会服务事项。（2）社会福利与救济事项。（3）社会习俗辅导事项。（4）农渔与工商团体之登记及监督事项。（5）国际团体之参加协助与外国侨民团体之登记、考查事项。（6）社会运动之倡导、促进事项。（7）工作竞赛之推动事项。

5. 劳工司掌理：（1）工矿设备之检查事项。（2）劳工之调查、统计事项。（3）劳资间之协调事项。（4）劳工福利事项。（5）劳工安全事项。（6）劳工救济事项。（7）劳工团体组织之登记、指导事项。（8）国际劳工组织之合作与联系事项。（9）国民义务劳动事项。

6. 合作司掌理：（1）合作事业之计划与督导事项。（2）合作实验区之设计与管理事项。（3）合作社之登记与审核事项。（4）合作事业之调查与统计事项。（5）合作人员之登记与考核事项。（6）合作社物品供销业务之指导事项。（7）合作事业机关、团体之联系事项。

中华民国总统府行政院外交部

1948年5月31日，中华民国总统仍特任王世杰续任外交部部长。6月12日，仍任命刘师舜续任外交部政务次长、叶公超续任常务次长，所有司、处长与室主任均原职留任。时外交部设有秘书处、参事厅、亚东司（内分3科理事）、亚西司（内分3科理事）、欧洲司（内分4科理事）、美洲司（内分2科理事）、总务司（内分4科理事）、情报司（内分3科理事）、礼宾司（内分3科理事）、条约司（内分2科理事）、人事处（内分3科理事）、会计处（内分3科理事）、机要室（内分3科理事）。12月22日，吴铁城继任为外交部部长。

1949年1月18日，叶公超继任外交部政务次长。3月12日，黄霖继任外交部常务次长。3月21日，傅秉常继任外交部部长。

外交部所设机构中，于1948年12月裁撤驻平津特派员（驻东北特派员已于1947年12月22日裁撤）。

263

在国外，继 1948 年 5 月 16 日将驻澳公使馆升格为大使馆后，11 月 14 日又将驻埃及公使馆升格为大使馆。12 月 30 日，设立驻卢森堡公使馆。1949 年 1 月 21 日，派郑宝南为驻联合国代表办事处主任。3 月 5 日，特派朱世明继任驻日代表团团长。

中华民国总统府行政院财政部

1948 年 5 月 31 日，中华民国总统特任王云五为财政部部长。6 月 12 日，任命徐柏园为财政部政务次长、杨道樾续任财政部常务次长。7 月 21 日，财政部直接税署与税务署合并，改设为财政部国税署并于各省设国税管理局。10 月□日，财政部增设督导委员会。11 月 11 日，徐堪续任为财政部部长。11 月 20 日，沈元鼎继任财政部政务次长。

1949 年 2 月 11 日，梁颖文继任财政部政务次长。3 月 21 日，刘攻芸继任财政部部长。4 月 4 日，夏晋继任财政部政务次长。时财政部设有参事厅、顾问室与秘书、人事、会计、统计 4 处和总务、钱币、公债、地方财政 4 司及关务、国库、国税、田粮 4 署和盐务总局共 15 个职能部门。

中华民国总统府行政院国防部

1948 年 5 月 29 日，国防部裁撤土地及建筑司。5 月 31 日，中华民国总统特任何应钦兼任国防部长。6 月 1 日，国防部裁撤民用工程司。6 月 3 日，任命华振麟为国防部部长办公室主任。6 月 12 日，萧毅肃被任命为国防部次长（继刘士毅任）。6 月 24 日，第四厅厅长杨业孔被免职。6 月 29 日，第三厅厅长刘云瀚被免职。7 月 5 日，再度任命郭汝瑰为第三厅厅长（实际上早在 1947 年 3 月□日郭已继罗泽闿任）、沈发藻为第五厅厅长。7 月 31 日，任李及兰继方天为国防部参谋次长。8 月 2 日，任命蔡文治为第四厅厅长。8 月 13 日，国防部部长办公室主任华振麟被免职，改由刘廉一代理。11 月 1 日，裁撤军职人事司。11 月 9 日，刘咏尧被任命为部长办公室主任。12 月 1 日，总务局局长钱寿恒被免职，改以李子敬继任。12 月 22 日，国防部部长何应钦辞职照准，改以徐永昌继任部长职务。同日，法规司司长何孝元被免职，钱治士继任该司司长。12 月 25 日，裁撤人力计划司。12 月 30 日，国防部参谋次长刘斐被免职，萧毅肃改任参谋次长。

1949 年 1 月 4 日，裁撤工业动员司。1 月 6 日，黄杰被任为国防部次长（补萧毅肃遗缺）。1 月 13 日，第四厅厅长由温鸣剑继任。同日，萧西清继任副官局局长职务（原局长陈春霖于 1 月 4 日被免职）。是月，保密局随下野的蒋介石迁往台湾，在南京留下一个假保密局以应付代行总统职权的李宗仁，并在上海设立了国防部保密局上海办事处以领导大陆各地之特务工作。2 月 1 日，第五厅厅长沈发藻被免职，改以吴鹤云继任。3 月 2 日，史政局局长吴石被免职（因"通共"泄密嫌疑）。同日，史政局改设为"史政处"。3 月 10 日，裁撤预备干部局。4 月 22 日，何应钦再度担任国防部部长。同日，改国防部参谋总长（时由顾祝同担任）为国防部部长之幕僚长。

中华民国总统府行政院交通部

1948 年 5 月 31 日，中华民国总统特任俞大维兼交通部部长，任命谭伯羽为交通部政务次长、凌鸿勋为交通部常务次长。时交通部设有参事、秘书、技术 3 厅与总务、财务、材料、路政、航政、邮电 6 司及电信、邮政、公路、第一交通警察、第二交通警察、民用航空 6 局和人事、会计、统计 3 处，各厅、司、局、处之主官均原职留任，其内部设置亦一仍如前未变。其设计考核委员会、交通技术标准委员会、交通技术研究所筹备处、船舶规范技术委员会、领用物资委员会、诉愿审议委员会、日本对华赔偿交通委员会、日本赔偿物资运输处8个附设机构亦照旧运作，其附属机构中之大部分未有变动。

1949年1月29日，交通部政务次长谭伯羽辞职，凌鸿勋调任斯职。同日，萨福均被任为交通部常务次长。3月21日，交通部部长俞大维辞职，端木杰被特任为该部部长。4月4日，交通部政务次长凌鸿勋被免职，马崇六继任该部政务次长。

中华民国总统府行政院教育部

1948年5月31日，中华民国总统特任朱家骅为教育部部长。6月12日，任命杭立武为教育部政务次长、田培林为教育部常务次长。同日任命但荫荪、王伯琦、刘英士为教育部参事，任命贺师俊、唐培经、吴兆棠、英千里、凌纯声、吴研因分任教育部总务、高等教育、中等教育、社会教育、边疆教育、国民教育6司司长，任命廖国庥、王万钟、万绍章、韩庆麟分任教育部会计、统计、人事、国际文化教育事业4处长。7月15日，边疆教育司司长凌纯声辞职（未见再有任命令发表）。10月22日，社会教育司司长英千里辞职（未见再有任命令发表）。12月22日，教育部部长朱家骅辞职，梅贻琦被特任为该部部长（12月30日交由陈雪屏代理）。12月30日，陈雪屏继杭立武任教育部政务次长并代理部长职务。

1949年1月15日，教育部总务司司长贺师俊辞职（此后未再有任命）。3月7日，但荫荪被任命为社会教育司司长（试用）。3月21日，教育部部长梅贻琦辞职（陈雪屏亦免去代理部长职务），杭立武被特任为该部部长。4月5日，陈雪屏辞政务次长职，任命吴俊升继任。同日，常务次长田培林辞职（后未再有任命）。

教育部还于1948年11月15日任命了赵士卿、凌纯声分任国立编译馆、国立边疆教育馆馆长，直至1949年4月23日国民党政府最后溃败时止，未有变动。

中华民国总统府行政院卫生部

1948年5月31日，中华民国总统特任周诒春为卫生部部长。6月12日，任命金宝善为政务次长、严慎予为常务次长。卫生部原有参事、秘书、技监与总务、医政、保健、防疫4司司长及会计处会计长和各司、处原置科室一应人等均继续留任。9月16日，政务次长金宝善辞职，袁贻瑾被任命继任该职。12月22日，卫生部部长周诒春辞职，林可胜被特任为部长。同日，技监方颐积辞职，容启荣继任为技监。同日，容启荣原任之防疫司司长由蔡方进继任。

1949年1月13日，政务次长袁贻瑾与常务次长严慎予均辞职，朱章赓与王祖祥继任为政务次长、常务次长。1月18日，部长林可胜辞职，金宝善被特任为部长而以政务次长朱章赓代理。3月21日，金宝善辞部长职（朱章赓亦免去代理部长职务），此后未再有任命令发表。

中华民国总统府行政院主计部

1948年5月20日，中华民国总统府成立，依据《中华民国总统府行政院组织法》之规定，行政院设主计部主管原国民政府主计处经管各事项。主计部设主计长1人综理部务并监督所属职员及机关，设副主计长1人辅助主计长处理部务；设主计官8-12人掌理岁计、会计、统计各法规、方案、制度等之规划、拟订、审议事项；设视察9-12人承长官之命分赴各机关、各省市视察及指导岁计、会计、统计事宜；设专门委员、专员各若干人，承长官之命办理指定专门事项。

主计部设岁计、会计、统计3局与总务司及秘书、人事2处分理各法定事项。

正、副主计长与主计官组成主计会议，依法掌理法定事宜。

5月31日，中华民国总统特任徐堪

为主计部主计长。6月12日，任命庞松舟为主计部副主计长。同日，任命庞松舟为主计部主计官、杨汝梅为岁计局局长。7月5日，任命赵章黼、朱君毅、杨汝梅、吴大钧、钱荔浦、范宗成、王玮、王耀、陈长蘅为主计部主计官，又任命王玮为岁计局副局长、闻亦有与王耀为会计局正副局长、朱君毅与赵章黼为统计局正副局长。8月13日，任命陈朗秋为人事处处长。总务司司长则由罗宗文担任。11月11日，徐堪被免主计部主计长职务，庞松舟被特任为主计部主计长。11月30日，李倪被任命为主计部副主计长（补11月11日庞松舟调任后之遗缺）。

1949年1月18日，副主计长李倪被免职，梁颖文被任命为副主计长。3月□日，主计部缩编为行政院主计处，唯其内部组织设置及各部门职掌依旧。

此外，主计部还附设有预算审议委员会。

中华民国总统府行政院农林部

1948年5月31日，中华民国总统特任左舜生为农林部部长。7月19日，任命谢澄平为农林部政务次长，常务次长仍由周昌蕓续任。原农林部所设各司、处、室与附设各委员会及所附属各机构一仍其旧，其各主管长官一应人等均继续留任。6月23日，农林部技正赵连芳辞职后未再见有任命。6月23日、7月29日，增任胡云翼、徐汉豪为参事（均为试用）。7月30日，任命徐天从、朱祖贻、周宝三为秘书。10月16日，参事唐启宇辞职。10月22日，何骥被任命为总务司司长（原为试用）。

1949年3月中旬，农林部缩编为农林署并改隶于行政院经济部之下，掌理事宜仍旧，但仅设正、副署长各1人（简任），署长综理署务并监督所属职员及各机关，副署长辅助署长处理署务。设秘书3-5人，分掌机要文件与会议记录及长官交办事项。设视察4-6人，承长官之命视察农林渔牧行政与业务。设技正与技士各若干人，承长官之命掌理技术各事项。署内分设农业、林垦、渔业、畜牧、总务、会计6处与统计、人事2室，掌理各法定事项。其中农业处由原农林部之农业司和农村经济司合并缩编而成，林垦处由原农林部之林业司和垦殖司合并缩编而成，总务处由原农林部之总务司缩编而成。

中华民国总统府行政院工商部

1948年5月20日，中华民国总统府成立，行政院将经济部改设为工商部。5月31日，中华民国总统特任陈启天为工商部部长。7月19日，任命张子柱为工商部政务次长。7月24日，任命童季龄为工商部常务次长。原参事陈匪石等6人与所设总务、工业、商业、矿业、电业、管制、国际贸易7司和会计、统计2处及人事室之司长、会计长、统计长、室主任一概留任，各司、处、室掌理事项依前不变；自5月13日原经济部撤销改设工商部所附设之奖励工业技术审查、国货审查、厂矿职工指导、全国经济调查、工商辅导工作考核、技工训练设计、发展纺织工业基金保管7委员会掌理事项亦依前不变；其附属之处理日本赔偿委员会、矿冶研究所、中央地质调查所、中央标准局、中央工业试验所、重庆等地之工业试验所、技工训练处、商标局、无线电总台、上海等地之商品检验局、上海交易所监理员办公处、上海区等地之燃料管理委员会、驻美商务参事办公处、重庆等地之工商辅导处、特种经济调查处、全国花纱布管理委员会等20余机构之主管照前供职，所有人员亦照旧各司其事。

中华民国总统府行政院经济部

1949年3月12日，中华民国总统府行政院将原设之工商、农林、水利3部和资源委员会合并，改设为行政院经济部。3月21日，中华民国总统特任孙越崎为经济部部长。4月4日，任命简贯三为经济部政务次长。

经济部设秘书、参事、技术3厅与总务、工业、矿业、商业、管制5司和会计、统计2处及人事室与农林、水利2署（该2署掌理农林、水利行政事宜并管理所有农林、水利各机构），依旧掌理各厅、处、室法定事项，各厅、处、室主官人等依原定位置供职（唯原工商部所设之电业司并入工业司，原工商部所设之国际贸易司并入商业司）。4月7日，裁撤管制司。

原农林、工商、水利3部和资源委员会附设各机构与所辖各附属机关一仍前制，唯改由经济部统辖。

中华民国总统府行政院粮食部

1948年5月31日，中华民国总统特任关吉玉为粮食部部长。6月12日，任命陈良为粮食部政务次长、田时雨为常务次长。原粮食部所设之参事、秘书、督察各员与总务、财务、管制、分配、储备5司和人事、督导、储运3处及田赋署司长、处长、正副署长及其以下一应人等，均照旧供职不变。8月18日，储备司司长彭纶辞职，由胡昌龄继任。8月26日，总务司司长李兆龙辞职，由荆磐石继任。10月30日，管制司司长刘行骥辞职。12月29日，田赋署副署长刘允衡被免职后未再有任命。

1949年1月21日，柳哲铭被任命为管制司司长。3月21日，粮食部裁撤，其掌理之业务由行政院财政部设田粮署接办。

中华民国总统府行政院地政部

1948年5月31日，中华民国总统特任李敬斋为地政部部长。6月12日，任命汤惠荪为地政部政务次长。常务次长鲍德徵，参事刘岫青、朱章宝、陈正谟、周之佐，总务、地籍、地用、地权、地价5司司长武旭如、程元赓、吴文晖、魏树东、许振鸾，会计处会计长李师珪，以及各司、处长官以下一应人等均原职留任；原地政部附设各委员会与附属各机关亦均一仍前制不变。10月23日，王南原被任命为地政部技术厅技监。12月22日，地政部部长李敬斋辞职，吴尚鹰被特任为部长。

1949年1月6日，地政部政务次长汤惠荪辞职，祝平继任为政务次长。3月21日，地政部部长吴尚鹰辞职，此后再未见有任命。4月□日，地政部缩编为地政署并改隶于行政院内政部之下。

中华民国总统府行政院水利部

1948年5月31日，中华民国总统特任薛笃弼兼水利部部长。6月12日，任命沈百先为水利部政务次长，常务次长马兆骧与参事韩寿晋、朱柱勋、吕达及总务、水政、水文、防洪、渠港、器材6司司长段爽清、蔡振、吴又新、杨乃俊、张元羲和会计处会计长黄德馨，秘书、参事、技术3厅与人事、统计2室及专员、视察一应人等，均原职留任，各厅、司、处、室均按原建制掌理各法定事项不变，所有附设各委员会与附属各水利机构（计有淮河、黄河、长江、华北、东北、珠江6水利工程总局与江汉、海河、泾洛3工程局）之主官及其以下人员亦均按原建制掌理原法定事项不变。12月22日，水利部部长薛笃弼辞职，锺天心被特任为水利部部长。

1949年1月6日，水利部政务次长沈百先辞职，由王培仁继任。同日，水利部常务次长马兆骧辞职并未再见新任命令发表。3月21日，部长锺天心辞职，亦再无人继任。4月□日，水利部缩编为水利署并改隶于行政院经济部之下。

中华民国总统府行政院社会部

1948年5月31日，中华民国总统特任谷正纲为社会部部长。政务次长贺衷寒、常务次长黄伯度、参事黄友郯与陈盛兰（试用）均原职留任。社会部原设之参事、秘书2厅与会计、统计2处和人事、视导2室及人民团体组织、劳工、社会救济、儿童保育、社会服务、总务6司与合作事业管理、社会保险2局和工矿检查、义务劳动管理2处之主官及其以下一应人等，均原职原位留任，社会部所有附设各委员会与各附属机构，亦均照旧理事。12月21日，《社会部组织法》再次修改：人民团体组织司改称人民团体司；劳工司改称工人司（增列工人团体组织之登记、指导职能）；儿童保育司改称妇女儿童司（增列妇女福利倡导及推行职能）；义务劳动管理处撤销，再设劳动局掌理人力动员、国民义务劳动、国民就业辅导事项；参事增设为4-7人、秘书增设为6-8人、视导增设为12-18人、科长增设为28-31人、编审与编译增设为20人、增设顾问2-4人和专员39-58人。

1949年1月21日，社会部政务次长贺衷寒辞职，由吴开先继任。3月1日，社会部部长谷正纲辞职，此后再未见有任命。3月21日，社会部奉令裁撤，其掌理事项由行政院内政部接办。

中华民国总统府行政院全国经济委员会

1948年5月25日，中华民国总统特任翁文灏为行政院院长兼全国经济委员会委员长。陈立夫、刘健群、萧铮、黄元彬、陈方、楼桐孙、简贯三、刘振东、王晓籁、吴蕴初、李铭、邹秉文、林可玑、万鸿图、邓飞黄、傅汝霖、施奎龄、潘序伦、何浩若、刘航琛、孙隆吉21名委员与副秘书长顾毓瑔和参事陈康文、马翼伯、吴学蔺3人及专门委员刘克僎、方景仁2人，均原职留任。其所设备机构及其掌理事项，均仍其旧未有变动。11月16日，翁文灏辞行政院院长本兼2职，孙科继任为行政院院长兼全国经济委员会委员长。

1949年3月12日，孙科辞行政院院长本兼2职，何应钦继任为行政院院长兼全国经济委员会委员长。

中华民国总统府行政院蒙藏委员会

1948年5月31日，中华民国总统特任许世英兼任蒙藏委员会委员长，副委员长白云梯与喜饶嘉错及委员章嘉、唐柯三、马鹤天、邱甲、达理扎雅、敏珠策旺多济、罗桑坚赞、吴叔人、周昆田、土丹参烈、孔庆宗、陈效藩、邦达饶干、赵锡昌、曾少鲁、高长柱、王家齐、土丹桑布、张镇林、黄正清、李炜、黎伯豪、吴景敖、马云文、金庸、王乐阶、孙亚夫、吴化鹏（署）、史秉麟、白凤兆、嘉木样、朱绶光、东本33人和参事赵镇、阮承霖、谭声丙、张中微（试用）4人并蒙事、总务2处处长纪贞甫、黄启銮，均原职留任。藏事处处长则未见有任命。8月9日、9月1日、9月8日，马步青与刘华、陈强立（署）、金鼎铭4人相继被任命为蒙藏委员会参事。12月22日，许世英辞委员长职务，白云梯被特任为蒙藏委员会委员长。

1949年1月6日，白云梯被免副委员长职务，周昆田被任命为蒙藏委员会副委员长。

中华民国总统府行政院侨务委员会

1948年5月31日，中华民国总统特任刘维炽兼侨务委员会委员长。副委员长周雍能、林庆年2人，常务委员萧吉珊、吕渭生、马湘、郑兆辰、余超英5人，委员萧吉珊等29人，参事张礼千、郭英迎2人，第一、三处处长甘泫、刘荫茀2人及秘书等，均原职留任。7月7日，林逸川被任为委员。7月8日，副委员长周雍能辞职，由章渊若继任。7月12日，曾晓峰等4人被任为委员。7月20日，冯正忠被免去委员职务。7月30日，梅公毅被任为第二处处长。8月9日，张子田等12人被任为委员。8月25日，谭贞林被任为委员。12月22日，侨务委员会委员长刘维炽辞职，戴愧生被特任兼侨务委员会委员长。12月25日，卢其昌被任命为第四处处长。

1949年1月18日，侨务委员会副委员长林庆年辞职，陈耀垣受命继任。

中华民国总统府行政院善后事业委员会

1948年5月31日，中华民国总统特派王云五兼善后事业委员会主任委员并任命王云五等10人为委员。所有原设各处、组、室主官及以下人员均照旧供职，所有各附属机构亦照原定理事。8月5日，王云五辞主任委员兼职，同日由蒋梦龄继任。11月11日，王云五辞委员职务，同日由徐堪继任。12月22日，委员陈启天、薛笃弼、周诒春辞职，由刘维炽、锺天心、林可胜于同日继任。

1949年1月18日，委员林可胜辞职，由金宝善继任。1月20日，委员俞鸿钧辞职，由刘攻芸继任。3月21日，委员徐堪、俞大维、左舜生、锺天心、刘维炽、谷正纲6人辞职，只见端木杰1人继任。此后未再见变动。

中华民国总统府司法院

1948年5月20日，"行宪"开始后，中华民国总统府公布新的《司法院组织法》，规定：

1. 司法院为国家最高司法机关，掌理民事、刑事、行政诉讼之审判及公务员之惩戒。

2. 司法院设院长1人综理院务及监督所属机关，设副院长1人辅助院长处理院务，院长因事故不能视事时代理院长。

3. 司法院设大法官19人组成大法官会议（以院长为主席），行使解释宪法并统一解释法律和命令之职权。

4. 司法院正、副院长和大法官人选均由中华民国总统提名、征得监察院同意后任命之。

5. 司法院设秘书长1人（特任），承院长之命处理院务并监督所属职员。

6. 司法院设秘书、参事、会计3处与统计、人事2室，分掌各法定事项。

6月24日，司法院原任院长居正、副院长李文范均被免职，中华民国总统特任王宠惠、石志泉为司法院正、副院长。司法院参事王龄希、王登第、刘含章、刘蔚凌继续留任。会计处会计长则改由吴志廉担任。7月5日，秘书长茅祖权被免职，改由端木恺继任；参事刘蔚凌被免。7月14日，江庸、燕树棠、黄右昌、郗朝俊、李伯申、胡伯岳、洪文澜、张于浔、林彬、刘克儁、沈家彝11人被任命为司法院大法官。9月6日，参事刘含章被免。11月15日，杨肇烜被任为参事。12月22日，端木恺被免去司法院秘书长职务，改由谢冠生兼任。

1949年1月13日，向哲濬、黄亮、翟楚、桂裕、蒋保厘5人被任为司法院参事。3月30日，魏大同、夏勤、梅汝璈、翁敬棠、叶在均、向哲濬、李浩培、苏希洵8人被任为司法院大法官。

中华民国总统府司法院大法官

1947年1月1日国民党政府公布之《中华民国宪法》第79条第2款规定："司法院设大法官若干人"，"由总统提名，经监察院同意任命之"。大法官任期9年，须具有下列资格之一者方可担任：1. 曾任最高法院推事10年以上而成绩卓著者。2. 曾任立法委员9年以上而有特殊贡献者。3. 曾任大学法律系主要科目教授10年以上而有专门著作者。4. 曾任国际法庭法官或者有公法学或比较法学之权威著作者。5. 研究法学、富有政治经验、声誉卓著者。大法官总额为19人，其上述任一款资格之人数不得超过大法官总人数的1/3。

司法院以大法官会议（以院长为主席）行使解释宪法并统一解释法律及命令之权。大法官会议解释宪法之事项主要为：1. 关于适用宪法发生疑义之事项。2. 关于法律或命令有无抵触宪法之事项。3. 关于省、县自治法与省法规及县规章有无抵触宪法之事项。大法官、大法官会议以"超出党派"和"依据法律独立行使职权，不受任何干涉"相标榜。

1948年7月14日和1949年3月30日，江庸、燕树棠、黄右昌、郗朝俊、李伯中、胡伯岳、洪文澜、张于浔、林彬、刘克儁、沈家彝和魏大同、夏勤、梅汝璈、翁敬棠、叶在均、李浩培、苏希洵、向哲濬19人先后被任为大法官。

中华民国总统府司法院最高法院

1948年5月20日"行宪"后，司法院属下之最高法院院长、庭长、推事及所设各部门主官以下一应人等，均原职留任。7月2日，推事王柔远被免职。7月13日，最高法院院长夏勤被免职，谢瀛洲继任院长。翁敬棠等25位庭长、李昀等96位推事（包括杨贻谷等19位署理推事在内），均仍继续留任。7月20日，何定宇被任为署理推事。8月□日，最高法院书记厅增设刑事科与民事科，按刑事、民事之别，分掌诉讼文卷之点收与编订、诉讼案件之总登和程序之初审查、诉讼进行中之文稿撰拟、卷证保管、诉讼案件分配各庭裁判之编号等事项。9月21日，殷日序被任为庭长，王镇远被免推事职务。9月22日，谢瀛洲等4人被任为庭长。9月30日，童献之、杨国柱被任为署理推事。10月5日，黄景柏被任为署理推事。10月22日，周致泽、12月7日金世鼎、12月9日熊林达（署）、12月14日邱涣瀛（署）、12月25日邵潜、12月31日伍学骥6人被先后任命为推事。11月26日陶德骏、12月4日骆允协、12月13日孙煦存、12月31日柯凌汉4人被先后免去推事职务。

中华民国总统府司法院行政法院

1948年5月20日"行宪"后，司法院行政法院继续以张知本为院长，庭长仍为王芝庭、张知本2人，评事仍为王芝庭、季手文、苏秋宝、潘培敏、李翊民、吴忠本、余谷7人。7月28日、10月5日，锺孟雄、朱树声被先后任为评事。行政法院内设机构与所属机构一应人等，均照旧供职不变。

1949年4月1日，行政法院院长张知本被免职，端木恺继任院长职务。

中华民国总统府司法院中央公务员惩戒委员会

1948年5月20日"行宪"后，司法院中央公务员惩戒委员会组织建制、人员编制一仍其旧。委员长翁敬棠于12月22日被免职，谢冠生继任委员长。委员刘武、于若愚、陶冶公、沈君匋、吴祥麟、王风雄、邓克愚、姜绍谟、张企泰、王淮琛10人留任。9月6日，沈均匋被免。10月5日，刘天囚被任命为委员。12月25日，胡咏高、沈源（署）被任为委员。

1949年1月13日，吴祥麟被免委员职务。

自1948年5月20日-1949年4月23日，中央公务员惩戒委员会书记官长一直由翁景瑞担任。

中华民国总统府考试院

1948年5月20日"行宪"后之中华民国总统府考试院仍设正、副院长各1人，设考试委员19人，皆由中华民国总统提名、经监察院同意后由总统任命，其任期与正、副总统每届6年之规定同。院长综理院务并监督所属职员及机关，院长因故不能视事时，由副院长代理其职务。考试院院长之职权概括言之有：1. 综理考试院院务并监督所属职员和机关。2. 为考试院会议主席，以决定考试、任用、铨叙、考绩、升迁、保障、抚恤、退休、养老等之政策及其他有关人事行政之重大事项。3. 院与院间发生争执时，参加总统召集之五院院长会商解决之会议。4. 参加由司法院院长召集之五院院长会商解决自治法施行中窒碍难行事项之会议。

考试院正、副院长与考试委员组成考试院会议，统筹考试、铨叙各事宜。考试院会议以院长为主席。

考试院设秘书长1人，承院长之命处理院务并指挥、监督所属职员。考试院设秘书、参事2处与会计、统计、人事3室，分掌法定事项。

1948年6月24日，院长戴传贤被免职，张伯苓继任考试院院长，副院长周钟岳被免职，由贾景德继任，7月5日，秘书长史尚宽被免职，由雷法章继任。参事范扬、吴浴文、朱德铨、陈天锡4人全部留任。6月15日，任命朱汉生为参事，8月17日被免。10月19日，宋湜被任为参事。12月20日，陈念中、陈训慈被任为参事。

1949年3月31日，考试院副院长贾景德被免，由钮永建继任。4月12日，范扬被免去参事职务。

中华民国总统府考试院考试委员

1947年1月1日，国民政府公布之《中华民国宪法》第84条规定：考试院设院长、副院长各1人外，设考试委员19人，由总统提名并经监察院同意任命之。第88条规定：考试委员须超出党派以外，依据法律独立行使职权。

1948年5月20日"行宪"后，7月15日，中华民国总统提名并经监察院同意任命了陈逸松等10人为考试委员，至1949年3月31日，由总统提名并经监察院同意又任命了高一涵等8人为考试委员。依照法理，考试委员任期当与总统每届任期6年相同。依照规定：考试委员如有出缺，其继任人员任期至出缺委员任期届满之日止；考试委员须具下列各款资格之一者方可担任：1. 曾任考试委员声誉卓著者。2. 曾任典试委员长富有贡献者。3. 曾任大学教授10年以上声誉卓著并有专门著作者。4. 高等考试及格20年以上、简任职满10年并达最高职、成绩卓著并有专门著作者。5. 学识丰富，有特殊著作或发明，或富有政治经验、声誉卓著者。

中华民国总统府考试院考选部

1948年5月20日"行宪"后，考试院考选委员会改设为考试院考选部，仍掌理全国文职公务人员、专门职业及技术人员之考选事宜并办理与组织典试委员会等事项。7月13日，中华民国总统特任田炯锦为考选部部长。7月19日，任命沈士远、马国琳分任考选部政务次长、常务次长。考选部设第1-4司与会计、统计、人事3室及附设设计考核等委员会。其中第1司掌理公务人员之高等、普通、特种、升等、奖学5种考试与典试委员会组织等事项。第2司掌理专门职业和技术人员高等、普通、特种考试与考试之检核及典试委员会组织等事项。第3司掌理高等检定考试、普通考试之各种考试应考资格审查与试务、各种考试成绩之核算、考试及格人员之册报与登记各事项。第4司掌理会议记录、文书收发与保管、文书分配与撰拟和编制及缮印、印信典守、经费出纳、公产公物保管、庶务事项。会计室掌理岁计、会计事项。统计室掌理统计事项。人事室掌理人事管理事项。11月24日，李光宇被任命为第3司司长；戴通骝、赵汝言被任为该部参事。

1949年1月3日，李宗羲被任命为参事。1月13日，李飞鹏、聂振轩被任命为第2、第4司司长。3月11日，杜元戴被任命为第1司司长（试用）。

中华民国总统府考试院铨叙部

1948年5月20日"行宪"后，考试院铨叙部部长贾景德以下各委员继续留任，机构设置一仍如前。7月13日，部长贾景德被免职，由沈鸿烈继任为部长。7月19日，政务次长王子壮被免职，皮作琼继任为政务次长。常务次长马洪焕与参事刘庆苌、王惠中、侯绍文、龚瑞祥及登记、甄核、考功、奖恤、总务、典职6司司长罗万类、杨裕芬、陈曼若、谭翼珪、方闻、范炳文6人，均一直继续任职未变。

中华民国总统府监察院

1947年1月1日国民党政府公布之《中华民国宪法》第9章内规定：

1. 监察院为国家最高监察机关，行使同意、弹劾、纠举、审计各权。

2. 监察院设监察委员，由各省、市议会和蒙古、西藏地方议会及华侨团体按额定数选举产生（每省5人，每直辖市2人，蒙古各盟部旗8人，西藏8人，侨居国外之国民8人），任期6年，连选得连任。

3. 监察院设正、副院长各1人，由监察委员互选产生。

4. 监察院依宪法之规定行使同意权时，须有出席委员过半数之同意方为有效。

5. 总统提名司法院正、副院长各1人与大法官19人暨考试院正、副院长各1人与考试委员19人，得经监察院同意后方可任命。

6. 监察院为行使监察权：（1）得按行政院及其各部、会之工作，分设内政地政、外交侨务、国防、财政粮政、经济资源、农林水利、教育、交通、司法、社会卫生、蒙藏10个委员会，调查一切实施与有否违法及失职。（2）得向行政院及其各部、会调阅其所发布之命令与各种有关文件。（3）经各该委员会之审查与决议，得提出纠正案移送行政院及其有关部、会，促其注意和改善。（4）对于中央及地方公务人员，认为有失职或违法情事，得提出纠举案或弹劾案，如涉及刑事，应移送法院办理。（5）对于中央及地方公务人员之弹劾案，须经监察委员1人以上之提议、9人以上之审查和决定，始得提出。（6）对于总统、副总统之弹劾案，须有全体监察委员1/4以上之提议、全体监察委员1/2以上之审查与决议，始得向国民大会提出。

7. 监察委员候选人须具有下列资格：（1）依法有选举权、年满35岁之中华民国国民，侨居国外之国民应于侨居地居住合计3年以上。（2）各省、市与蒙古、西藏地区候选人之提出，应有选举人5人以上连署，华侨团体应有选举人10人以上连署。

8. 监察委员在任期内如发生违法与失职情事，由原选举区依法罢免（但各选举区选举人对于就任监察委员未满6个月者，不得申请罢免）。

9. 监察委员不得兼任其他公职或执行其他业务。

10. 监察委员在院内之言论与表决，对院外不负责任。

11. 监察委员除现行犯外，非经监察院许可，不得逮捕和拘禁。

12. 监察院设审计长，由总统提名，经立法院同意后任命之，审计长应于行政院提出决算后3个月内依法完成其审核，并提出审核报告于立法院。

13. 监察院之组织以法律定之。

1948年6月5日施行之《监察院组织法》规定：

1. 监察院院长综理院务并监督所属机关，院长因事故不能视事时，由副院长代理。

2. 监察院由正、副院长与监察委员全体组成监察院会议并以院长为主席，院长因故不能出席时，由副院长代理主席，院长、副院长均不能出席时，由出席委员互推1人为主席。监察院秘书长得列席会议。监察委员因故不能出席院会，得以书面提出并通知秘书长提会报告。委员于院会上提出议案应以书面为之，临时议案以具有亟待解决之特殊事由并有委员2人以上之附议，于报告事项或讨论事项完毕之后方可提出。院会一般公开进行，但遇有必要，由主席或出席委员提议并由主席征询出席委员同意后，亦得改开秘密会议。院会讨论结果如有两个以上主张时，应就各该意见与原提旨趣距离较远者依次付表决，若先付表决者已得可决时，其余主张即不再付表决。出席委员若对表决有疑问，经10人以上提议，得为复表决或反表决。院会之表决以举手或起立行之，必要时亦得举行投票。院会依宪法第79、84条之规定，对总统关于司法院正副院长与大法官及考试院正副院长与考试委员之提名行使同意权时，得先经全院委员审查会审查并有全体监察委员过半数之出席及获出席委员过半数之无记名投票赞同，方为有效。

3. 监察院设秘书处，置秘书长1人（特派，由院长于监察委员之外遴员提请总统任命），承院长之命处理院务并指挥、监督所属职员，置秘书8－12人（内6人简任或简派）、调查专员8－16人（内6人简任，余荐任）、科长4－6人（荐任）、速记员2－4人（内2人荐任，余委任）、科员40－50人（内12人荐任，余委任）、书记官20－40人（委任），分科掌理会议记录、案件派查、资料搜集、文书收发与分配和撰拟与编制和保管、印信典守、经费出纳、庶务各事项，并得聘用专门委员6－12人与酌用雇员40－60人。设参事处，置参事4－6人（简任），掌理撰拟与审核监察院法律、命令各事项。设会计处，置会计长1人（简任）、科长2人（荐任）、科员4－6人（委任），并得酌用雇员4－6人，掌理岁计、会计事项。设统计室，置主任1人（荐任）、科员2－4人，并得酌用雇员2－4人，掌理统计事项。设人事室，置主任1人（荐任）、科员3－6人（委任），并得酌用雇员1－2人，掌理人事管理事项。

4. 监察院视事实需要，得将全国分为若干监察区并设置监察委员行署，承监察院之命令执行监察区内之监察职务。各监察委员行署由监察委员3人主持，设秘书室，置秘书2－3人（内1人简任，余荐任），掌理机要文件和监察委员交办事项；设总务科，置科长1人（荐任）、科员4－6人（委任），掌理印信典守、文书撰拟与收发及保管、款项出纳与保管、物品购买与修缮及保管、其他不属调查科之事项；设调查科，置科长1人（荐任），掌理编制表册、整理调查报告、其他临时调查各事项；设会计员与统计员各1人及佐理员2－3人和人事管理员与助理员各1人（均委任），并得酌用雇员6－10人，掌理岁计、会计与统计及人事管理各事项。

5. 监察院设审计部，置审计长1人主持部务并指挥、监督所属职员，掌理监督、核定、审核、稽察政府所属全国各机关预算之执行、收入与支出命令、计算与决算及财政上之不法或不忠于职务之行为。

至1948年5月24日，江苏、浙江、安徽、江西、湖北、湖南、四川、福建、台湾、广东、广西、云南、贵州、河北、山东、河南、山西、陕西、甘肃、宁夏、青海、察哈尔、热河、辽宁、西康25省与南京、上海、天津、青岛、重庆、汉口、西安、广州、沈阳、北平10直辖市共选举产生监察委员155名（占应选出总数182名之85.16%）并报经内政部向全国公布名单。5月26日，中华民国总统令："依宪法产生之第一届监察院监察委员定于民国三十七年六月五日在首都集会。"6月3日，原监察院举行第111次院会后宣布："根据《训政结束程序法》之规定，训政时期监察院之职权将终止于【六月】四日。"6月5日，"行宪"第一届监察院集会。6月9日，监察委员互选于右任、刘哲为正、副院长。6月12日，李崇实被任命为监察院秘书长。监察院参事张有伦、陈凌云、曾洪父、范体仁、马良翰（试用）、戴克光6人继续留任。

中华民国总统府监察院弹劾权之行使

1948年5月20日"行宪"开始后，中华民国总统府于7月19日公布了《监察法》，新增了如下有关弹劾权行使之规定：

1. 监察院对总统、副总统之弹劾，须有全体监察委员1/4以上之提议并有全体监察委员过半数之审查和决议，方得向国民大会提出。

2. 监察委员向监察院提出之弹劾案在未经审查决定前，原提案委员可以书面补充事实，在审查决定并业已送交惩戒机关后，原提案委员若有新证据发现，得以书面交付审查后移送惩戒机关并案办理。

3. 弹劾案提出后，得经监察委员9人以上之审查与决定后，监察院方得向惩戒机关移送，若经审查认该弹劾案不能成立而与提案委员意见相左，则应经另外之监察委员9人以上之再审查作出最后决定。

4. 监察院认为被弹劾人之违法或失职行为中有涉及刑事或军法者，除向惩戒机关提出外，并得径送各该管司法机关或军法机关依法办理；惩戒机关、司法机关、军法机关接获后应急速办理并将办理结果通知监察院转知原提案委员，对被弹劾人申辩中之必要部分，亦得依此办理。

5. 监察院对于逾期3个月尚未处理之弹劾案，得向惩戒机关提出质询。

6. 凡经弹劾而受惩戒之人员，在停止任用期间，任何机关不得任用；被弹劾人员在惩戒案进行期间如有升迁，得于受惩戒处分后撤销。

中华民国总统府监察院监察区和监察委员行署

1948年7月28日，中华民国总统颁布《监察院监察委员行署组织条例》，划全国为苏浙、皖赣、闽台、两湖、两广、云贵、甘宁青、新疆、川康、晋陕绥、冀热察、豫鲁、辽东安东辽北、吉林松江合江、黑龙江嫩江兴安、西藏16个监察区，各监察区设立监察委员行署，每一监察委员行署以监察委员3人主持，其内部仍分设秘书室与总务、调查2科各理其事。8月21日，由高一涵任监察使的两湖区监察委员行署成立于汉口。9月1日，苏浙区、闽台区、豫鲁区、晋陕绥区监察委员行署分别成立于上海、福州、青岛、西安，庆深庵、高登艇、刘耀西、奇世勋分任各该区监察使。其余皖赣、两广、云贵、甘宁青、新疆、川康、冀热察、辽宁安东辽北8监察区之监察使仍由陈肇英、刘成禺、张维翰、邓春膏、马良骏、曾道、李嗣璁、谷凤翔分任。

1949年4月4日，任命各监察区监察委员行署主持人员，每行署3人。
1. 苏浙区：金越光、王向辰、刘平江。
2. 皖赣区：陈访先、任秉钧、毕东垣。
3. 两湖区：黄芜轩、田欲扑、黄宝实。
4. 闽台区：高登艇、孙玉琳、陈庆华。
5. 两广区：曹浩森、王赞斌、李煦寰。
6. 豫鲁区：刘耀西、孙世庵、张志广。
7. 晋陕绥区：奇世勋、王新全、王文光。8. 川康区：冷曝东、吕超、张维翰。9. 云贵区：卢凤阁、谢汝霖、祁大鹏。10. 甘宁青区：邢森洲、权少文、马耀南。11. 新疆区：马良骏、哈的尔、沙拉哈尼姆。其余吉林松江合江、黑龙江嫩江兴安、西藏、蒙古4个监察区监察委员行署未见成立。

中华民国总统府监察院审计部

1948年5月20日"行宪"后，中华民国总统府依《中华民国宪法》第104条之规定，于监察院设审计长与副审计长依法行使审计职权。6月9日，中华民国总统特任林云陔为审计部审计长。审计史赞铭、何启澧、何履亨、陈元瑛、汪康培、邵遂初、范士舆、陈定谟（署）、万荣斌9人和驻外审计刘文海等25人继续留任。第1-3厅厅长和总务处处长，仍由汪康培、陈元瑛、史赞铭和周文广担任。7月5日，陈定谟被任为审计。7月22日，审计长林云陔被免职，由刘纪文继任。11月18日，任命俞大璋、黄蔼如为审计。12月14日，任命江家修为驻外审计（2月10日驻外审计胡继贤被免，江之任命为补胡之遗缺，驻外审计25人维持足额）。

1949年4月21日，审计长刘纪文被免职，张承槱被特任为审计长。陈元瑛被任命为副审计长。

中华民国总统府监察院审计长

1947年1月1日国民政府公布之《中华民国宪法》第104条规定：监察院设审计长，由总统提名，经立法院同意任命之。

1948年6月9日，原国民政府监察院审计部部长林云陔被特任为中华民国总统府监察院首任审计长。7月22日、1949年4月21日，刘纪文、张承槱先后继任审计长职务。1949年4月21日，陈元瑛被任命为首任副审计长。

监察院审计长综理审计部部务，担任审计会议主席，主持议决全国各机关决算及计算之审核、预算执行之监督、收入命令及支付命令之核定、冒滥及其他关系财政不法或不忠于职务行为之稽察等审计事宜，负财政监察之总责，并依《中华民国宪法》第105条之规定，于行政院提出决算后3个月内依法完成其审核并提出审核报告于立法院。

国民党政府时期之内政部部务会议

《内政部部务会议规则》规定：1. 内政部荐任以上官员均得出席部务会议，享有提案、发言权。2. 部务会议主要讨论部内应行兴革之重大事项、依法令应行办理之重大事项及部内各室、署、司互相关涉事项。3. 部务会议于每月之第4个星期开会一次，由部长任主席，部长因故不能出席时，由政务次长或常务次长任主席；遇有特别紧急事项，得由部长召集临时会议。4. 部务会议议决事项，由部长核定后交由主管室、署、司依照办理。

国民党政府时期之财政部部务会议

《财政部部务会议规则》规定：1. 财政部部务会议以财政部部长、次长、主任秘书、参事、署长、司长、委员长为组成人员，以部长为会议之主席，部长因故不能出席时，由次长代理。2. 部务会议主要讨论财政部各署、司、厅、处、会提议事项。3. 部务会议分常会和临时会两种：常会每两星期举行一次，临时会由部长于必要时召集。4. 部务会议议决事项须经部长核定后交主管署、司、厅、处、会依照办理。

国民党政府时期之实业部部务会议

《实业部部务会议规则》规定：1. 实业部部务会议以部长、政务次长、常务次长、参事、秘书、署长、司长、统计长、技监为组成人员。2. 部务会议由部长任主席，部长因事故不能出席时，由政务次长或常务次长代理主席。3. 会议涉及各科主管事项或技术事项时，主管科长或主管技正得列席并表示意见。

国民党政府时期之铁道部部务会议

《铁道部部务会议规程》规定：1. 铁道部部务会议以部长、次长、参事、司长、技监为组成人员，各委员会主任委员、联运处处长、卫生处处长、统计处处长得于遇有关系议案时列席会议。2. 部务会议以部长为主席，部长因故不能出席时，由次长代理主席；参事、司长、技监因事不能出席时，得派代表列席；遇有必要时，得请饬主管或专门人员列席说明。3. 部务会议主要讨论前次会议记录、已办与未办事件之报告、关于整顿部务与路政之建议、本部预算与各项法规之审定。4. 部务会议每星期开会一次，每次会议以2小时为限，必要时，由主席宣告延长。除常会外，遇有必要，由部长召集临时会议。

国民党政府时期之海军部部务会议

《海军部部务会议规则》规定：1. 海军部部务会议以次长、参事、司长、处长为组成人员，以次长为主席，次长因故不能出席时，得指定人员代理；司长、处长因故不能出席时，得派代表列席；遇有必要时，并得饬主管或有关系之人员出席说明。2. 会议定每星期二上午8时开会，以2小时为限，但遇有必要时，得由主席宣告延长。3. 会议以整理部务与解决各厅、司、处所不能单独解决之事项为职责，主要讨论：（1）部长交议事项。（2）各司、处互有关涉事项。（3）前次会议议决事项之已办、未办报告。（4）各司、处每周工作报告。

国民党政府时期之训练总监部部务会议

《训练总监部部务会议规则》规定：1. 训练总监部部务会议以总监、副监、参事、总务厅长、步兵监、骑兵监、炮兵监、工兵监、辎重兵监、政治训练处处长、国民军事教育处处长、军学编译处处长等为组成人员。2. 部务会议以训练总监为当然主席，总监缺席时，指定副监代行。3. 训练总监部各监、厅、处主管长官缺席时，得用书面报告，由次级人员代表出席。各监、厅、处主办与当日议案有关事务人员，于必要时亦得列席报告或临时备询。4. 部务会议主要讨论：（1）教育法令公布事项。（2）各监、厅、处本职内应行举办与进行请示事项。（3）教育计划实施事项。（4）其他应行讨论改善事项。5. 部务会议分常会与临时会两种：常会每星期二举行，临时会由总监临时以命令召集。

国民党政府时期之印信、关防、铃记、小章

1929年4月13日，国民政府颁布《印信条例》，规定印信种类分为"印"、"关防"、"铃记"、"小章"4种：

1. 永久性机关、属于行政范围之机关用"印"。

2. 临时性机关、不属于行政范围之机关用"关防"；特殊机关中与荐任职同等或荐任职以上者，用"印"或"关防"，得临时核定之。

3. 委任职机关用"铃记"。

4. 特任职、简任职长官或简任职机关、荐任职机关长官用"小章"（俗称"官章"）；荐任职机关或与荐任职同等之机关，如有发给"小章"必要者，由各该主管机关声叙理由、呈请发给。

各种印信用料质地、大小尺寸规定如下：

1. 国民政府、陆海空军总司令、五院之印，用银质，7.5厘米见方。

2. 国民政府主席、陆海空军总司令、五院院长、特任职长官之小章，用牙质，2厘米见方。

3. 特任职、简任职、荐任职机关及与荐任职同等之机关之印、关防、小章，用铜质，简任职机关印6.725厘米见方，荐任职机关印6.5厘米见方，简任职机关关防长9.0厘米、宽6.5厘米，荐任职机关关防长8.5厘米、宽5.725厘米；特任职小章2.0厘米见方，简任职小章1.725厘米见方，荐任职小章1.5厘米见方。

4. 委任职机关暨荐任职之临时性机关之铃记用木质，5.5厘米见方。

各机关请铸印信，应呈由各该主管机关长官转请国民政府核定、由印铸局铸发；领取印信，应备文向各该主管机关领取。启用印信，应备文将启用日期并拓具印模、呈由各该主管机关长官转呈国民政府备查。缴销旧印，须截角呈缴各该主管机关长官转缴国民政府核交印铸局销毁。

然实际运用中，亦有未严格按条例规定执行者，如：1932年8月6日行政院公布《行政督察专员暂行条例》，其

第13条即规定:"行政督察专员办事处关防,依照国民政府颁发《印信条例》所定简任关防式(横6公分、纵9公分),镌制木质关防,发交该行政督察专员启用并拓具摹形咨报内政部备案。"这里,简任职特殊机关之关防就未用"铜质"而用"木质",且尺寸大小亦未按原定之宽"6.5厘米"镌制,便是一个例证。

国民党政府时期之特任、简任、荐任、委任职官员

1933年9月23日,国民政府公布《暂行文官官等官俸表》(1936年9月23日、1941年9月27日、1945年2月20日、1946年3月4日和11月14日先后5次修正),规定:

1. 国民政府文官长与主计长、五院所属各部会之部长与委员长,均为特任职官员,月俸800元。

2. 国民政府各局之正副局长、秘书、参事、主计处主计官与秘书、机要室主任、参军处主任秘书、会计长、统计长、会计处长、统计处长、编审主任、机要室副主任、机要室秘书、编审、视察、警卫室秘书、正副主任医官;五院及所属各部会之次长与副委员长、秘书长、署长、技监、厅长、司长、审计、秘书、参事、技正、编修、编审、督学;各省省政府主席、委员、厅长、秘书长;行政院院辖市与省政府辖属市之市长、秘书长、参事、局长;部分县之县长(不得超过简任5级),均为简任职官员,月俸430-680元(简任职官员分设为8-1级)。

3. 国民政府之秘书、科长、技正、主任、编审、视察、荐任科员与技士及医官、会计与统计2处处长、会计主任、统计主任、正副主任医官、医官;五院及所属各部会之秘书、科长、协编、技正、编审、督学、视察、荐任科员;各省省政府与各厅之秘书、科长;行政院辖市政府与省政府辖属市政府之局长、秘书长、市长、参事、秘书、科长;县政府之县长(荐任6级以上)、秘书(荐任6级以下),均为荐任职官员,月俸180-400元(荐任职官员分设为12-1级)。

4. 国民政府及所属机关之会计主任、统计主任、会计员、统计员,一、二、三等之会计佐理员、统计佐理员、技士、科员、技佐、看护长、绘图员、司药、书记官、事务员;五院及所属各部会之一、二、三等技士、科员、技佐、书记官、办事员,行政院院属市与省政府辖属市之一、二、三等科员与办事员、局长、科长、秘书,县政府之科长、督学、指导员、科员、技士、技佐、事务员,区署之区长、警佐、助理、秘书、指导员、巡官,均为委任职官员,月俸55-200元,乃国民政府文官官阶之最低级。

国民党政府时期之政务官

依1930年4月10日国民政府公布之《现任公务员甄别审查条例施行细则》,1933年3月20日国民政府公布之《公务员任用法施行条例》之规定,政务官"指须经政治会议议决任命之官吏","以须经中央政治会议议决任命者为限"。

依1930年3月4日三届三中全会通过之《限制官吏兼职案》决议,政务官与"事务官除在本机关外不得兼职"有别:"为求国家意志之统一、施政方针之连贯",在不违背"中央官吏不得兼任地方官吏"与"各院、部、会官吏不得兼任其他院、部、会官吏"及"各省、市官吏不得兼任其他省、市官吏"之原则下,"政务官得任兼职"。

1933年3月11日,国民政府公布《公务员任用法》,其第13条规定:"本法于政务官不适用之"。由此可见,政务官之任用,不受《公务员任用法》所

定资格与程序之限制。同年 12 月 1 日，国民政府第 2 次修正公布《公务员惩戒法》，规定："降级处分"，"于特任、特派之政务官不适用之"，降级、减俸、记过 3 种处分，"于选任政务官及立法委员、监察委员【及准政务官】不适用之"。又规定：选任政务官被弹劾，由中央监察委员会受理；特任、特派政务官被弹劾，由国民政府受理。此与事务官被弹劾概由中央公务员惩戒委员会受理显然不同。

1946 年 3 月 15 日，六届二中全会决议中规定："政务官须以对于政策有认识与执行能力者为标准"，"政务官须对其政策负责，政策失败或执行不力，必须课以责任"。

由国民党政府时期之实际情形观之，下列各人员均属不同层次之政务官范围：1. 属选任政务官者有：（1）国民政府委员。（2）五院正、副院长。2. 属特任、特派政务官者有：（1）国民政府所属各部部长与各委员会委员长。（2）五院所属各部部长与各委员会委员长。（3）各省政府主席、各院辖市市长。（4）各驻外大使。（5）其他特任、特派官吏。3. 属简任政务官者有：（1）国民政府所属各部副部长与政务次长、各委员会副委员长。（2）各省政府委员、厅长。（3）各驻外公使。4. 属准政务官者有：视同政务官之蒙藏委员会委员和侨务委员会委员。

国民党政府时期行政各部之部长、副部长、次长、政务次长、常任（常务）次长

国民党政府一权制时期即在五院制实行以前，国民政府设各部执行政务，其部长由国民政府委员兼任，次长（少有几个部称"副部长"）由国民政府任免。

1928 年 10 月 8 日五院制实行后，行政院所属各部部长、政务次长、常任次长（1931 年 2 月 21 日起改称为"常务次长"）改由行政院院长提请国民政府任免，1930 年 11 月 17 日三届四中全会后，再改由行政院院长提请国民政府主席依法任免，1947 年 1 月 1 日公布之《中华民国宪法》又规定由行政院院长提请中华民国总统任免。

行政各部部长，特任，综理部务并对下列各事项负责：1. 本部主管事项政策之规划与推进。2. 本部主管事项之筹议及其建设之考核。3. 本部施政方针及工作计划之决定。4. 本部编制经费预算之扼要提示。5. 本部法规拟订、修正、废止、解释之核定。6. 本部机构设置、变更、裁撤之决定。7. 本部所属人员任免、考核、奖惩之决定。8. 本部各单位工作之监督、指导及考核。9. 本部重要案件变更处置方法之决定。10. 本部重要新案之提示与决定。11. 重要会议之主持与参加。12. 本部向行政院会议所提议案之提示与决定。13. 其他有关政务之处理。作为行政院会议组成人员之一，参加行政院重大行政事项之讨论与议决。

行政各部之政务次长，简任，会同常务次长协助部长处理部务，并对下列各事项负责：1. 政务之拟议、筹划与推进。2. 政绩之综合与考核。3. 重要计划、方案及报告之审核。4. 政务之考察、督导与评判。5. 各种重要会议之进行及筹划。6. 随时提请部长注意之重要事项。7. 部长交办事项。8. 其他政务事项。

行政各部之常务次长（1931 年 2 月 21 日以前称作"常任次长"），简任，会同政务次长协助部长处理部务，并对下列各事项负责：1. 对下属人员工作分配之指导。2. 审核下层不能决定之文件。3. 本部全部文件之督催。4. 本部内纪律之整饬与部内各部门之间联系之协调。5. 本部中层官员任免、奖惩之拟议。6. 本部法规、计划、方案及

报告之审核。7. 本部经费之处理。8. 随时提请部长注意之重要事项。9. 部长交办事项。

国民政府主计处属下之会计局、会计处、会计室、会计长、会计处长、会计主任、会计员

1931年4月1日，国民政府主计处正式成立，主计处除置主计长1人（特任）、主计官6人（简任）外，还设有秘书室、岁计局、会计局、统计局，分掌法定各事项。其中会计局置正、副局长各1人（简任），由主计长呈转国民政府于主计官中派充，局内分5科掌理：1. 各机关会计人员之任免、迁调、训练及考核事项。2. 各机关会计表册、书据等格式之制定与颁行事项。3. 各机关会计事务之指挥、监督事项。4. 各机关会计报告之综核、记载事项。5. 总报告之汇编事项。

1948年5月20日，中华民国总统府成立，国民政府主计处改组为中华民国总统府行政院主计部，但均以原主计处内设机构建制执掌原法定事项。

国民政府五院制与所属各部、会、署、局及各省政府、各院辖市政府所设掌理岁计、会计事宜之机构统名之为"会计处"，由国民政府主机处任命简任会计长（或处长）1人主事，其属员即佐理人员有科长、科员、助理员（或办事员）等，分若干科理事。

国民政府五院与所属各部、会、署、局及各省政府与院辖市政府之未设会计处者，国民政府各处、司、局与府属各部、会、署、局，各省辖市市政府，上列各机关所设掌理岁计、会计事宜之机构统名之为"会计室"，由国民政府主计处任命荐任会计主任1人主事，其属员即佐理人员有科员、助理员（或办事员）等。

国民党政府时期各机关办理岁计、会计事宜之最低级官员统名之为"会计员"（委任），由国民政府主计处任命，与一般科员级别基本相当，依《国民政府主计处组织法》之规定，直接对主计处负责，同时受所属上级机关主办会计事宜人员之监督、指挥。

国民政府主计处属下之统计局、统计处、统计室、统计长、统计处长、统计主任、统计员

国民党政府时期，国民政府与五院暨所属各部、会、署、局以及各省省政府与各院辖市政府，均设有专门掌理统计事宜之机构——统计处，统计处置统计长1人（简任）或处长1人（简任或荐任）主持处务（统计处长职位略低于统计长），依《国民政府主计处组织法》之规定，直接对主计处负责，如对本机关原定统计部分之组织认有修正必要者，得拟具修正案呈请国民政府主计处核办。各机关统计处下分科治事。

在不设统计处之机关，国民政府各处、司、局与各部、会、署之附属机关，各省政府之厅、处、局与各省辖市政府，设有地位略低于统计处之统计室主办统计事宜，统计室置主任1人，荐任，其职位与科长同，其属员即佐理人员有科员、办事员等，亦依《国民政府主计处组织法》之规定直接对主计处负责，同时亦受上级机关主办统计事宜人员之监督、指挥，如对本机关原定统计部分之组织认有修正必要者，得拟具修正案呈请国民政府主计处（或呈由所属上级机关主办统计事宜人员核转主计处）核办。

各机关统计处、统计室掌理统计事宜之最低级官员为"统计员"（委任），由国民政府主计处任命，其职位与一般科员相当，依《国民政府主计处组织法》之规定，直接对主计处负责，同时受所属上级机关主办统计事宜人员之监督、指挥。

国民党政府时期之参事

国民党政府自成立时起,即设有参事与参事处,其后之行政、司法、考试、监察4院与府、院辖属之各部、会(国防部、主计部除外)及各省省政府与院辖市市政府,均设有参事(简任)和参事处(室)。参事承各机关长官之命,对下列各事项负责:1. 法案与命令之撰拟、审核、解答事项。2. 计划与方案之撰拟、审核事项。3. 出席重要会议、出席与列席有关法案审查会议。4. 本机关长官交办事项。非熟悉所在机关之业务并有丰富之法律学识者难能胜任。1948年5月20日,中华民国总统府成立,其组织法内规定:必要时,得置专门委员3-7人(简任或荐任)襄助参事办理应办事项。

国民党政府时期之视察

国民党政府时期之行政院内政、财政、交通、粮食、农林、地政、卫生、水利、主计等部与侨务委员会、善后救济总署、司法院及上列各部、会、署、院之所属机构设置或曾经设置之官职——视察,其职责是承各该单位长官或主官之命,考查或调查交办事项。各院、部、会所置之视察为简任或荐任职官员,其地位较参事为低而较科长为高,与秘书职级、地位相当;各部、会所属机构所置之视察一般为荐任。

国民党政府时期之专员

国民党政府时期监察院、法院、蒙藏委员会、侨务委员会、地政部、卫生部、新闻局等机构所置聘用或聘派官员——专员,其职责为:承所属机关长官之命调查、研究、处理特交案件或重要问题。

国民党政府时期之总办、督办、会办

国民党政府时期,行政院交通部邮政总局、电政总局、邮政储金汇业总局及广西善后督办公署曾先后于1928年□月□日、1930年□月□日、1931年□月□日置总办及督办为主官,综理局务及署务,与主官称谓相应,其简任或简派辅佐总办及督办综理局务及署务之副长官被称之为"会办"。

国民党政府时期之外交官

国民党政府时期派往有外交关系各国常驻机构之各级官员,通称为"外交官",亦称"驻外使馆人员"。其中,全权大使,特任;全权公使,简任;代办,简任;均为主持办理本国与驻在国外交事宜之代表。参事,简任,襄办外交事宜及总核机要。一、二、三等秘书,荐任,掌理机要文书及机要调查报告。随员,荐任,掌理一般文书及一般调查报告。主事,委任,掌理档册登记、文件缮写及其他庶务事项。

国民党政府时期之大使

依1930年2月□日国民政府公布之《驻外使领馆组织条例》,大使为国民政府之最高一级外交官,特任,月俸800元,承外交部之指挥,办理本国与驻在国之外交事宜并监督使馆所属职员及驻各地领事,大使未到任或暂时离任或因故尚未派定时,外交部得指派临时代办暂维使馆事务。

国民党政府时期曾派有驻苏联、英国、美国、比利时、波兰、法国、印度、伊朗、墨西哥、缅甸等20多个国家的大使。

国民党政府时期之公使

"公使"为国民党政府时期之第二级外交官,依1930年2月□日国民政府公布之《驻外使领馆组织条例》之规定,按《文官官等官俸表》所列,定为简任1、2级,1937年5月□日,改定为简任1-4级,月俸为680、640、600、560元。《驻外使领馆组织条例》规定:驻外公使承外交部之指示,办理本国与

驻在国之外交事宜并监督公使馆所属职员及驻各地领事，公使如兼任使馆秘书，得由外交部派充代办使事官；公使未到任或暂时离任或因故尚未派定时，得派临时代办。

国民党政府时期曾派有驻瑞士、葡萄牙、古巴、巴拿马、澳大利亚、奥地利、委内瑞拉、多明尼加（今译作多米尼加）等近20个国家的公使。

国民党政府时期之代办与临时代办

"代办"、"临时代办"为国民党政府时期之第三级外交官。依1930年2月□日国民政府公布之《驻外使领馆组织条例》规定：代办、临时代办为简任二级，1937年5月□日改为简任4-7级，月俸为560、520、490、460元，其官阶、官俸次于公使而与大使馆参事相等，但其职权大于大使馆参事。代办之职权为：承外交部之命办理本国与驻在国之外交事宜并监督所属职员及领事。大使、公使未到任或暂时离任或因故尚未派定时，得派临时代办。临时代办职权与代办等。

国民党政府时期之驻外使领馆人员

1944年3月14日，国民政府公布《驻外使领馆人员任用条例》，规定：驻外使领馆之代办、参事、一等秘书、二等秘书、三等秘书、随员、总领事、领事、副领事、随习领事、主事，均称为"驻外使领馆人员"。

国民党政府时期之总领事

"总领事"为国民党政府时期之最高级领事官，荐任1、2级，1937年5月□日改定为简任5、6级和荐任1-4级，其职位略低于大使馆参事而略高于大使馆一等秘书。总领事以保护驻在地之本国侨民及本国在外商业为主要职责，如未到任或暂离任所或因事故暂未派定时，得由外交部酌派代理总领事以执行职责。依1948年之统计，国民党政府于纽约、芝加哥、伦敦、巴黎、惠灵顿、海参崴、伯力、塔什干、布拉哥（布拉格）、仰光、曼谷、汉城（今首尔）等地置总领事31人。

国民党政府时期之领事官

国民党政府时期常驻国外有关商埠、地方办理通商等事务之官员，通称为"领事官"，亦称"驻外领馆人员"。其中总领事（简任或荐任）、领事（荐任）、副领事（荐任）、随习领事（荐任）负责保护驻在地之本国侨民及本国在外商业，主事（委任）掌理档册登载、缮写及庶务。在未设领事馆之地，得酌设通商事务员，在未置领事或通商事务员之地，得酌派名誉领事或名誉副领事。

国民党政府时期之领事

国民党政府时期之第二级领事官被称为"领事"，荐任2-3级，1937年5月□日，改定为荐任3-6级，其职位与使馆二等秘书相当。领事分总领事馆领事、领事馆领事2种；总领事馆领事受总领事之指挥，襄办领事事务及办埋文书、调查事项；领事馆领事受外交部指挥，保护驻在地之本国侨民及本国在外商业。领事如未到任或暂离任所或因事故尚未派定时，得由外交部酌派代理领事或副领事。依1948年统计，国民党政府在赤塔、宰桑、阿拉木图、利物浦、孟买、佐治城、槟榔屿、吉隆坡、西雅图、马赛、亚历山大、金边等地置派有48位领事馆领事或暂代领事馆领事之副领事。

国民党政府时期之副领事

"副领事"为国民党政府时期之第三级领事官，荐任3-4级，1937年5月□日改定为荐任3-8级，其职位与使馆之二、三等秘书相当。副领事亦有总领事馆副领事与领事馆副领事、副领事馆副领事3种：总领事馆副领事与领馆副领事承总领事与领事之指挥襄办领事事务及掌理文书、调查事项；副领事馆之副领事承外交部之指挥、保护驻在地本国侨民及本国在外商业。依1948年之统计，国民党政府在苏瓦、巴拉马利波、米市加利、马沙打冷、答巴租腊5地设有副领事馆并派驻有副领事。

国民党政府时期之随习领事

"随习领事"乃国民党政府时期之第四级领事官，荐任4-5级，1937年5月□日改定为荐任7-10级，其职位低于副领事而与使馆随员相等，负责掌理文书、调查事项。

国民党政府时期之随员

"随员"乃国民党政府时期之第七级外交官，荐任4-5级，1937年5月□日改定为荐任7-10级，其职位略次于使馆之三等秘书而与随习领事相当，负责掌理文书、调查、报告事项。

国民党政府时期之外交部特派员

"外交部特派员"乃国民党政府时期外交部经行政院核准派驻特定地区办理有关外交事项之官员，秉承外交部部长之命办理驻在地及规定区域内对外交涉事项及特别交办事项，在办理过程中，得随时与驻在地及规定区域内之有关系机关接洽，并应随时呈报外交部，其特别重要事项应先向外交部请示并按指令办理。

1943年9月起，外交部曾先后在云南、广东、广西、新疆、平津、台湾派驻过简任特派员，特派员在驻在地成立有自己的办事机构——外交部特派员公署。

国民党政府时期之外交部交涉员

国民党政府曾于1927年11月在各通商巨埠设有办理外交事务之官员，称为"外交部某埠交涉员"。交涉员由外交部部长荐任，其职责是承外交部部长之命办理所在商埠之外交事务，与交涉员职务有关事项除须呈报外交部外，并须报告于所在省之特派交涉员，关于全省外交事项并须商承特派交涉员办理；如遇有必须经由地方政府或司法官厅或军队办理时，除呈报外交部外，得随时商请各该主管机关办理。交涉员与特派交涉员均兼受所在省政府监督。

交涉员所设之办公机构称作"交涉署"，设在各省的称"外交部某省交涉署"，设在各通商巨埠的称"外交部某埠交涉署"。

国民党政府时期之佐理员

国民党政府时期，考试院、地政部、善后救济总署、交通部交通警察总局、卫生署中医委员会等，均设置有或曾经设置有"佐理员"之官职，其官阶为委任，其职责为承该机关长官或主官之命办理指定之专项事务，其地位略低于科员，与办事员、助理员、书记官级别相当。

国民党政府时期之协修

国民党政府时期，国史馆设有职司编纂之官员名曰"协修"，1946年11月□日置，定额为25-30人，其中10人得为简任，余均荐任，位在纂修之下而在助修之上。

国民党政府时期之公务员

国民党政府时期，文官中除政务官以外之所有简任、荐任、委任职公务人员及司法官、警官、长警，均称为公务员。

简任职公务员须具备下列各项资格之一：1.现任或曾任简任职、经甄别审查或考核合格。2.现任或曾任最高级荐任职2年以上、经甄别审查或考核合格。3.曾任政务官1年以上。4.曾于民国有特殊勋劳或致力国民革命 10 年以上而有勋劳。5. 在学术上有特殊之著作或发明。

荐任职公务员须具备下列各项资格之一：1. 经高等考试或与其相当之特种考试及格。2. 现任或曾任荐任职、经甄别审查或考核合格。3. 现任或曾任最高级委任职 3 年以上、经甄别审查或考核合格。4. 曾于民国有勋劳或致力国民革命 7 年以上而有成绩。5. 在教育部认可之国内外大学毕业而有专门著作、经审查合格。

委任职公务员须具备下列各项资格之一：1. 经普通考试或与其相当之特种考试及格。2. 现任或曾任委任职、经甄别审查或考核合格。3. 现充或曾充雇员 3 年以上、成绩优良并正继续服务。4. 曾致力国民革命 5 年以上而有成绩。5. 在专科以上之学校毕业。

有下列各款情事之一者，无资格任公务员：1. 褫夺公权尚未复权。2. 亏空公款尚未清偿。3. 曾因赃私处罚有案。4. 吸用鸦片或其代用品。

国民党政府时期之公务员任用程序

国民党政府时期，对各级公务员之任用程序有下列诸项规定：1. 简任职、荐任职公务员须经国民政府交铨叙部审查合格后方可任用。2. 委任职公务员须由该管长官送铨叙部审查合格后方可任用。3. 考试及格人员须由铨叙部按其考试种类和科目以先后为序分发相当官署任用。4. 初任人员先应试署并从最低级俸叙起。5. 由简任职资格而以荐任职任用或有荐任职资格而以委任职任用者，得按其原级叙俸并保留原有资格。6. 试署人员试署期满，应由主管长官考查成绩并加具评语、送由铨叙部审查后，分别呈请国民政府或通知该管长官予以实授。7. 试署满 1 年后，始得实授。

国民党政府时期之公务员甄别审查

国民党政府规定：各官署职员任职满 3 个月，须由各该官署长官就各职员平时成绩加具考语，按定式表格填载，并连同应备证件或证明文书，报送铨叙部依《公务员任用法》所定简任、荐任、委任职公务员应具资格予以甄别审查（各官署之官署长官由其主管长官按定式填写与报送），凡经甄别审查合格者，概由铨叙部发给粘贴有本人照片之证书并登公报公布名单，此一程序被称之为"公务员之甄别审查"。

国民党政府时期公务员之试署与实授

1933 年 3 月 11 日，国民政府公布《公务员任用法》，其内规定：公务员之任用程序分为试署与实授：初任人员应为试署并从最低级俸叙起（但曾任公务员积有年资与劳绩者得按其原级叙俸）。有简任职资格而以荐任职任用或有荐任职资格而以委任职任用者得保留其原有资格。在 3 月 20 日公布之《公务员任用法施行条例》中，第 19 条规定：试署人员于试署终了时，应由主管长官考查成绩加具考语、送由铨叙部审查后，分别呈请国民政府或通知该管长官予以实授，其成绩不良者，得降免之。

1935 年 11 月 13 日，国民政府修正公布《公务员任用法》，将第 11 条修改为：公务员之任用程序分为试署与实授，试署满 1 年并成绩优良者，始得实授；其成绩不良者，应由铨叙机关分别情节，延长其试署期或降免之。将第 12 条修改为：初任人员应为试署并从最低级俸叙起。但委任人员之分等者，得就各该等之最低级俸叙起。曾任同等公务员积有年资及劳绩者，得按其原叙等级、原支俸额酌叙级俸；其有简任资格而以荐任职任用或有荐任职资格而以委任职任用者，不适用前项之规定。

同年 12 月 31 日，国民政府公布《公务员任用法施行细则》，于第 19 条规定：试署人员试署期满，应由主管长官考查成绩后填具成绩考查表并依规定之程序送由铨叙机关审查之。试署人员在试署期内调任同官等职务时,前后服务年资得合并计算。

国民党政府时期公务员之试用与权理

1942年10月6日,国民政府以渝文字第99号训令发布并施行经国防最高委员会第94次常务会议准予备案之《非常时期公务员任用补助办法》9条,规定:

1. 非常时期公务员之任用中,若遇有拟任人员未尽合法定资格情形时,凡其学历、经历与拟任职务确属相当者,铨叙部得依其学历、经历并依本办法附表所示之规定并计年资,准予试用,其试用期定为1年,试用期满,经考核,成绩优良者,认为铨叙合格,予以任用。

2. 拟任人员之合法资格或依前条所叙之资格,仅能叙至低一官等最高级者,如其学历、经历与拟任职务确属相当时,铨叙部得予以低一等官职任用或试用,准其权理拟任职务。

3. 权理人员积有升等任用资格时,即以所权理之职务任用。

4. 权理期内,经考核,成绩不良者,免其权理职务。

国民党政府时期之非常时期战地公务员及其任用

1940年7月13日,国民政府公布《非常时期战地公务员任用条例》,1943年12月2日修正,并印有该条例之施行细则,规定:1. 在对敌作战地域或已对敌进入战事状态地域之简任、荐任、委任职公务人员,均称为"非常时期战地公务员"。2. 非常时期,战地公务员适用法定资格确有困难者,得由该管行政长官依抗战需要就其职务上必要之学识、经验、技能、体力拟定任用办法,呈请行政院、考试院会同核定之。合于前项任用办法之人员,得分别派用。3. 合于法定资格或前条任用办法之战地公务员,因特殊障碍,不能依规定期限送请任用审查者,经铨叙部核定,得延长其代理期间。4. 战地如驻有铨叙部所派督导人员时,其任用表件得就近送请审查。

国民党政府时期之主计人员及其任用

1936年10月30日,国民政府公布《主计人员任用条例》(1937年3月9日、1943年12月22日先后修正公布),规定:

1. 本条例所称"主计人员",指办理岁计、会计或统计之主计官、会计人员及统计人员之全体言。

2. 主计官、会计长、统计长、会计主任、统计主任、会计员、统计员为主办人员,余为岁计或统计佐理人员。

3. 主计官应具下列各资格之一并各按其关于岁计、会计、统计之学历、经历分别任用之:(1)现任或曾任主计官、经铨叙合格者。(2)现任或曾任会计长或统计长1年以上、经铨叙合格者。(3)在教育部认可之国内外大学或独立学院专修主计学科毕业并在各官署曾任与简任职相当之岁计、会计或统计职务5年以上而著有成绩者。(4)在教育部认可之国内外大学或独立学院专修主计学科毕业并在公营事业机关主办与简任职相当之岁计、会计或统计职务5年以上而著有成绩者。(5)在教育部认可之国内外大学或独立学院充任专任教授、讲授主计学科5年以上并于主计学术有特殊之著作而经审查合格者。

4. 会计长或统计长应具下列各资格之一并各按其关于岁计、会计、统计之学历、经历分别任用之:(1)现任或曾任会计长或统计长、经铨叙合格者。(2)现任或曾任简任职之岁计、会计或统计职务1年以上、经铨叙合格者。(3)现任或曾任最高级荐任职之岁计、会计或统计职务3年以上、经铨叙合格者。(4)

在教育部认可之国内外大学或独立学院专修主计学科毕业并在各官署曾任与简任职相当之岁计、会计或统计职务4年以上、著有成绩者。（5）在教育部认可之国内外大学或独立学院专修主计学科毕业并在各公营事业机关主办与简任职相当之岁计、会计或统计职务4年以上、著有成绩者。（6）在教育部认可之国内外大学或独立学院充任专任教授讲授主计学科4年以上并于主计学术有专门著作、经审查合格者。

5. 荐任职会计主任或统计主任应具下列各资格之一，并各按其关于岁计、会计、统计之学历、经历分别任用之：（1）经高等考试会计审计或财务行政人员考试及格或与高等考试相当之特种考试会计统计审计或财务行政人员考试及格，并办理或实习岁计、会计或统计事务1年以上成绩优良者。（2）现任或曾任荐任职会计主任或统计主任、经铨叙合格者。（3）现任或曾任荐任职之岁计、会计或统计职务1年以上、经铨叙合格者。（4）现任或曾任最高级委任职之岁计、会计或统计职务3年以上、经铨叙合格者。（5）在教育部认可之国内外专科以上学校专修主计学科毕业并在各官署曾任与荐任职相当之岁计、会计或统计职务3年以上、著有成绩者。（6）在教育部认可之国内外专科以上学校专修主计学科毕业并在公营事业机关曾任与荐任职相当之岁计、会计或统计职务3年以上、著有成绩者。（7）在教育部认可之国内外专科以上学校教授主计学科3年以上并于主计学术有专门著作、经审查合格者。（8）领有会计师证书并继续执行会计师业务1年以上、成绩优良、经审查合格者（荐任职会计、统计佐理人员之任用资格，适用此项之规定）。

6. 委任职会计主任、统计主任或会计员、统计员应具下列各资格之一并各按其关于岁计、会计、统计之学历、经历分别任用之：（1）经普通考试会计统计审计或财务行政人员考试及格或与普通考试相当之特种考试会计统计审计或财务行政人员考试及格，并办理或实习会计或统计事务1年以上者。（2）现任或曾任委任职会计主任、统计主任或会计员、统计员，经铨叙合格者。（3）现任或曾任委任职之岁计、会计或统计职务1年以上，经铨叙合格者。（4）在教育部认可之国内外专科以上学校毕业，曾修主计学科之一，并曾在官署或公营事业机关曾任与委任职相当之岁计、会计或统计职务2年以上者。（5）在教育部认可之国内外专科以上学校毕业，经中央或省、市政府主计机关训练合格，并曾任岁计、会计或统计职务2年以上者。（6）在教育部认可之国内外专科以上学校专修会计或统计毕业，并曾任委任职之岁计、会计或统计职务1年以上者。（7）经铨叙合格之委任职公务员，经原服务机关保送至中央或省、市政府主计机关训练合格者。（8）在主管教育机关认可之高级职业学校商科毕业或高级中学毕业、曾修主计学科2年以上，并曾在官署或公营事业机关办理岁计、会计或统计职务3年以上者。（9）在主管教育机关认可之高级中学毕业、曾受主计机关认可6个月以上之会计或统计训练毕业，并办理岁计、会计或统计职务3年以上者。（10）在主管教育机关认可之高级中学以上学校讲授主计学科2年以上者。（11）领有会计师证书者。

7. 委任职会计、统计佐理人员应具下列各资格之一并各按其关于岁计、会计、统计之学历、经历分别任用之：（1）经普通考试会计统计审计或财务行政人员考试及格或与普通考试相当之特种考试会计统计审计或财务行政人员考试及格者。（2）现任或曾任委任职之岁计、会计或统计职务，经铨叙合格者。（3）在教育部认可之国内外专科以上学校毕业，曾修主计学科之一种者。（4）

在教育部认可之国内外专科以上学校专修会计或统计毕业者。（5）在主管教育机关认可之高级职业学校商科毕业或高级中学毕业、曾修主计学科2年以上，并曾在官署或公营事业机关办理岁计、会计或统计职务1年以上或经中央或省、市政府主计机关训练合格者。（6）在主管教育机关认可之高级中学毕业，曾在主计机关或各机关主计部门办理岁计、会计或统计职务2年以上，或经中央或省、市政府主计机关训练合格者。（7）在主管教育机关认可之高级中学毕业、曾受主计机关认可6个月以上之会计或统计训练毕业，并办理岁计、会计或统计事务1年以上者。（8）在主管教育机关认可之中等以上学校训练会计或统计2年以上者（县政府所属各机关会计员、统计员之资格，准适用此项规定）。

8. 低级委任职会计、统计佐理人员应具下列各资格之一：（1）在主管教育机关认可之高级中学毕业，并曾修主计学科或曾受专门主计训练得有证书者。（2）在主管教育机关认可之高级职业学校商科毕业并办理岁计、会计或统计事务6个月以上者。（3）在主管教育机关认可之初级职业学校商科毕业，并曾受主计机关认可6个月以上之会计或统计训练毕业，且办理岁计、会计或统计事务1年以上者。（4）在主管教育机关认可之中等以上学校讲授会计或统计1年以上者。（5）现充各级政府主计机关或各机关主计部分之雇员继续办理岁计、会计或统计事务3年以上并成绩优良、现支最高薪额者。

9. 主计处岁计局佐理人员之任用资格，适用关于会计佐理人员之规定。

10. 简任职主计人员之任用，由国民政府交铨叙部审查合格后任命之；荐任职主计人员之任用，由国民政府主计处送铨叙部审查合格后呈荐之；中央机关、各省政府及院辖市政府主计机关中委任职主计人员之任用，由国民政府主计处送铨叙部审查合格后委任之；省、市政府所属各机关、省辖市政府与县政府及其所属各机关中委任职主计人员之任用，由各该省、市政府主计机关送铨叙机关审查合格后，呈请国民政府主计处委任之。

11. 委任职主计人员之职务有一定期间者，得由各主管机关分别规定任用期限，依前条第2项、第3项所定程序委任之，期满解职，并转报铨叙部备案。

12. 委任职主计人员经依法任用后，如调任其他机关之同等主计职务时，得免送铨叙机关审查（但仍应报请查核登记）。

13. 公营事业机关及中等以上公立学校主计人员之任用，其名称、等级与简任、荐任、委任职相当者，得适用第5条、第9条之规定。

14. 主计人员之官等官俸，除法律另有规定外，应分别比照所在政府或机关所定俸给标准定之。

15. 主计人员除法律另有规定外，非受惩戒处分、刑事处分或禁治产之宣告，不得免职。

16. 各级政府主计机关或各机关主办基本国势调查或各项普查、抽查、试查临时所需统计调查人员，其任用资格得于各该统计方案内定之，不受本条例之限制。

17. 本条例未规定事项，适用《公务员任用法》之规定。

国民党政府时期之卫生事业人员及其任用

1947年3月1日，国民政府公布《卫生事业人员任用条例》，规定：

1. 卫生事业人员分下列3类：（1）技术类：医药、护理、助产、卫生、化学、细菌、检验、卫生工程、卫生教育、营养等技术属之。（2）业务类：管理、门市、挂号等业务属之。

(3) 总务类：文书、财务、材料、庶务等事务属之。

2. 卫生事业人员，按其资历、位置分为4等：1等为6级；2等、3等各9级；4等为6级。卫生事业人员之职称、资历、位置、等级、薪级评分对照表，由卫生署会同铨叙部拟订、呈行政院及考试院核定。

3. 1、2等卫生事业人员应于拟任机关填具资历表、检附最近体格检查表及有关证件，呈由卫生署核转铨叙部依资历、位置评分标准及资历、位置评分表叙定资历、位置后，由国民政府任命之。3等卫生事业人员应于拟任前由拟任机关填具资历表、检附最近体格检查表及有关证件，呈由卫生署依资历、位置评分标准及资历、位置评分表叙定资历、位置后任用，并于下月上旬汇送铨叙部核定备案。四等卫生事业人员由各该事业机关依照资历、位置评分标准及资历、位置评分表叙定资历、位置后任用并每月报卫生署核转铨叙部登记。前项《资历、位置评分标准》及《资历、位置评分表》、《资历表》、《体格调查表》，由卫生署会同铨叙部拟订呈行政院及考试院核定。

4. 1、2、3等卫生事业人员在任用前得由拟任机关遴派资历、位置相当人员代理，但应于3个月内送请核叙。经叙定资历、位置者，由卫生署发给资历、位置证书并送铨叙部加盖印信。

5. 初任人员应经实习，期间为1年，期满考核成绩合格，经叙定资历、位置后任用之（但医事人员领有考试院专门职业考试及格证书或卫生署发给之执业证书者，免除实习）。转任非本类职务者，应重新叙定资历、位置，先行试用6个月，期满考核成绩合格，再行任用。前项实习及试用办法由卫生署定之。

6. 卫生事业人员对于叙定之资历、位置有异议时，得于接到通知后3个月内叙明理由并附具证件呈请复核，但以1次为限。

7. 卫生事业人员资历、位置之核叙，除有下列各款情形之一者外，不得超过3等1级：（1）高等考试或相当于高等考试之特种考试及格者。（2）国内外专科以上学校毕业者。

8. 卫生事业人员经叙定资历、位置者，得转任文官职务，其办法由考试院会同行政院定之。

9. 卫生事业人员有下列情形之一者，不得任用：（1）褫夺公权、尚未复权者。（2）背叛中华民国、经通缉有案尚未撤销者。（3）亏空公款、尚未清偿者。（4）因赃私处罚有案者。

10. 卫生事业人员有下列情形之一者，得保留其资历、位置：（1）因机关裁撤或紧缩而停职者。（2）辞职奉准者。（3）调任非本类职务者。（4）资高职低、尚未调整者。

国民党政府时期之边疆从政人员及其任用

国民党政府时期奖励政府机关、教育机关、军事机关工作人员赴边疆从政。1943年5月18日，国民政府公布经立法程序之《边疆从政人员奖励条例》12条，规定：

1. 本条例所称边疆从政人员，系指本条例施行后，由内地派往边疆服务之人员。其原在边疆服务之人员，得参酌本条例之规定办理。

2. 本条例所称之边疆区域分为远区与近区，由国民政府以命令定之。

3. 定有官等之边疆从政人员任用资格，得适用关于边远省份公务员任用资格之规定。必要时，得由铨叙部呈请考试院转呈国民政府准予以较高等级待遇或任用。

4. 边疆从政人员以实际服务满3年为一任，任满经主管机关核定、成绩优良者，按其服务区域之远近，给予3－6

个月之休假；其因事实上之必要未予休假者，得加给3－6个月薪俸。任满3次、年满50岁者，得以较高职务调回内地任用。

5. 边疆从政人员赴任、返任、休假、回籍或内调之旅费，赴任时之治装，到任后之住宅及医药等，依区域之远近，分别从优给予。其随赴任所眷属之往返旅费及未赴任所眷属之安家费，得酌予津贴。其实施办法，由铨叙部会同有关机关定之。

6. 边疆从政人员服务之年资计算标准，近区以1年抵内地1年半，远区以1年抵内地2年。

7. 边疆从政人员所任职务及派往时期，应由原派机关报铨叙部分别审查登记。

8. 边疆从政人员得予以短期训练，其办法由铨叙部会同有关机关定之。

9. 边疆从政人员考核办法，由铨叙部会同有关机关定之。

10. 军事或教育机关派赴边疆服务人员，准用本条例之规定。必要时，得由主管机关会同铨叙部另定奖励办法。

国民党政府时期之地方行政官吏任期与保障

依1935年□月□日行政院发布之《划分中央与地方权责纲要原则》训令之规定，地方行政官吏之任期与保障，按下列各原则执行：

1. 省政府主席、委员、厅长与行政院院辖市市长、局长，均任期3年；地方机关简任与荐任职主管长官、县长、市长、局长，均试署1年、实授3年。

2. 地方机关主管长官在任期中及所属法定人员经铨叙合格予以实授者，应受保障。

3. 应受保障人员除自请辞职及机关裁并或缩小外，非因惩戒、考成考绩或刑事处分，不得免职、停职、降级或转任。

4. 任届期满，按其成绩，分别任免。

5. 地方机关主管长官之考成办法，由中央规定。

国民党政府时期之地方行政官吏保荐与被保荐

依1935年□月□日行政院发布之《划分中央与地方权责纲要原则》训令之规定：省政府主席、行政院直辖市市长，有资格保荐各该省、市政府所属简、荐任人员。每一简任缺出，保荐人得开具被保荐人3名呈由中央决定（如为厅长或局长时，则先与主管部会商后开送）。被保荐人除政务官外，其任命资格及程序，仍分别依法办理。至特保超升者，并须依《考绩法》之规定。

国民党政府时期之长警

国民党政府时期，规定行政警察、司法警察均称"长警"。

国民党政府时期之职员与雇员

国民党政府时期，规定称官吏、技师、教员、管理员、事务员及其他委任以上人员或聘用人员为"职员"，称录事、勤务、各工厂之司书、书记及无关工业工作之雇用人员为"雇员"。

国民党政府时期之办理考绩机关

国民党政府时期，规定对各级、各类机关公务员之考绩事宜实行分级办理制度，即：

1. 中央机关及其所属机关简任、荐任、委任职公务员，各省省政府及其所属机关简任、荐任职公务员暨未设铨叙处省份之省政府各厅、处、局与省辖市市政府各处、局委任职公务员，行政院直辖市市政府及其所属处、局简任、荐任、委任职公务员，各省省长，各行政区管理公署简任、荐任、委任职公务员，由铨叙部办理。

2. 省政府及其所属机关与省辖市政府各处、局委任职公务员，各省行政督察专员公署、各县政府、各设治局委任职公务员，由铨叙处办理。

3. 在未设铨叙处省份，其省政府各厅、处、局所属机关委任职公务员与各行政督察专员公署、各县政府、各设治局委任职公务员，由各省委任职公务员铨叙委托审查委员会办理。

国民党政府时期之聘用、派用人员及其任用

1944年4月20日，国民政府公布经立法程序之《聘用派用人员管理条例》，规定：

1. 中央及地方机关依组织法聘用或派用之人员，概依本条例之规定管理之。

2. 本条例所称聘用人员，以相当于简任或荐任职务之有给专任者为限；所称派用人员，指简派、荐派、委派或其相当之派用人员而言。派用人员以充临时机关之职务或属于临时性质或有期限之职务为限（该项人员，得以现职人员派充）。

3. 聘用或派用人员之名称，须能表示其职务之性质与等级；其名额应于组织法中规定之。

4. 聘用或派用人员之学识、经验，应与其职务相当；其资格标准，除法律另有规定外，由考试院会商主管院或直隶国民政府之主管机关定之。

5. 聘用或派用人员兼任本机关有官等之职务时，仍应依法送铨叙机关审查合格后，始得任用。

6. 聘用人员之薪给，由考试院会商主管院或直隶国民政府之主管机关定之。派用人员之俸给，比照《文官官等官俸表》，由考试院会商主管院或直隶国民政府之主管机关定之（但由现职人员派充者，仍支原俸）。聘用或派用人员薪俸之核叙及考成，准用《公务员叙级条例》及《公务员考绩法》之规定。

7. 聘用或派用人员之初次登记及动态登记办法，由铨叙部定之。各机关聘用或派用人员，经铨叙机关审查，如与组织法无依据或名额、资格不符规定者，应不予登记。

8. 经登记有案之聘用或派用人员具有简、荐、委任资格者，于转任简、荐、委任之职务时，其所任聘用或派用职务之经历，得与其他经历并计年资、核叙等级。

9. 本条例施行后，铨叙机关应造具各机关聘用或派用人员登记名册，送审计机关审核其薪俸。各机关聘用派用人员于组织法中无依据或名额不符规定或薪俸超过定额者，其薪俸之全部或一部，审计机关应不予核销。

10. 本条例施行前各机关原有聘用或派用人员之整理办法，由考试院会同主管院或直隶国民政府之主管机关定之。

国民党政府时期县长之试署、实授与代理

1932年1月30日，国民政府公布《县长任用法》（1933年6月2日，经立法程序由国民政府修正公布），规定：

1. 年在30岁以上、具有下列各款资格之一者，得任用为县长：（1）依法受县长考试及格者。（2）高等考试行政人员考试及格并曾任荐任官1年以上者。（3）在依法举行县长考试以前，各省考取之县长经考试院复核及格并曾任荐任官1年以上者。（4）在教育部认可之国内外大学、独立学院或专门学校研究法律、政治、经济、社会各学科，得有毕业证书，并曾任荐任官2年以上，经甄别审查合格，成绩列甲等、得有证书者。（5）曾任简任官1年以上，经甄别审查合格，成绩列甲等、得有证书者。（6）曾任荐任官3年以上，经甄别审查合格，成绩列甲等、得有证书者。（7）现任县长，曾经内政部呈荐，复经铨叙部甄别审查合格，成绩列甲等、得有证书者。（8）曾任高级委任官5年以上，经甄别审查合格，成绩列甲等、得有证书者。上列各款人员任用顺序，应先就具有第一款资格之人员任用之，第一款人员不敷任用时，始得任用具有第二款资格之人员，余依次类推。

2. 县长之任用分试署与实授：（1）县长试署期为1年。依法试署县长在试署期内，如省政府认为应予免职或停职时，应先开具事实、专案咨经内政部核定行之，但情节重大者，得由省政府先予停职再行报部。（2）试署期满，考核成绩优良者，予以实授；其成绩不良者，免职。（3）依法受县长考试及格，曾任县长2年以上并著有成绩、经奖叙有案者，得不经试署即予实授。（4）县长实授期间以3年为一任。实授县长在任期内，除自请辞职或遇县治合并外，非依《公务员惩戒法》经付惩戒或付刑事审判、依法应停职或免职外，不得停职或免职。实授县长在任期内不得调任。（5）实授县长任期届满、成绩优良者，应予连任或升任等级较高之县。（6）实授县长满6年、已支荐任最高级俸而成绩特别优异者，得以简任职待遇。（7）县长之试署与实授，均由省政府咨内政部咨铨叙部、经审查合格后，由内政部呈行政院转呈国民政府任命之。

3. 县长因故离职或出缺时，得由省政府派员代理，其代理期间不得逾3个月。凡由省政府委派、未经国民政府正式任命试署或实授之县长，统称为"代理县长"。

4. 省政府委派代理县长，自省令发表之日起，至迟于1个月内，应由省政府按定式表格填写4份、连同证明文件，咨送内政部转请依法审查呈荐。

国民党政府时期之县行政人员及其任用

1935年12月7日，国民政府公布《县行政人员任用条例》，规定：

1. 县政府秘书、科长或局长、科员、技术人员，统称为"县行政人员"。

2. 县行政人员之任用，除法律另有规定外，概依本条例之规定：（1）应就考试及格人员尽先任用。（2）应就本县合格人员尽先任用。（3）由县长遴选合格人员，呈请省政府委任之。（4）秘书由县长呈请省政府任免之。（5）经考试合格、依法任用者，非依法律不得停职或免职；其有违法或失职者，得由县长先令停职、派员暂行代理并仍呈省政府核准依法交付惩戒。

3. 县行政人员之叙俸，由各省政府参照委任职公务员俸给之规定并酌量地方情形分别拟订、呈请内政部核定之。

4. 省政府委任各种县行政人员，应按月列表汇报内政部、铨叙部备案。

5. 县政府科长或局长应就具有下列各款资格之一并具有与其所任职务相当之学识或经验者任用之：（1）经普通考试及格或与普通考试相当之特种考试及格、曾任委任职1年以上者。（2）经相当于普通考试之考试复核及格、曾任委任职1年以上者。（3）现任或曾任委任职1年以上，经甄别审查或考绩合格者。（4）现任或曾任县政府科员、继续服务3年以上而成绩优良者。（5）曾于普通考试举行前在内政部备案之各省县政训练机关毕业并曾任委任职1年以上者。（6）曾在主管教育机关认可之专科以上学校毕业并曾任委任职1年以上者。（7）曾致力国民革命5年以上而有成绩经证明属实并曾在主管教育机关认可之中等以上学校毕业者。

6. 县政府科员应就具有下列各项资格之一并具有与其所任职务相当之学识

或经验者任用之：（1）具有前款所列7项资格之一者。（2）经普通考试及格或与普通考试相当之特种考试及格者。（3）经相当于普通考试之考试复核及格者。（4）曾致力国民革命5年以上而有成绩经证明属实并有相当学识者。（5）现充任或曾充任县政府办事员或书记并继续服务3年以上而成绩优良者。（6）曾在主管教育机关认可之中等以上学校毕业并曾任行政事务1年以上者。（7）曾任小学教职员2年以上者。（8）曾办地方自治2年以上、确著成绩并有相当之学识者。（9）于普通考试举行前在内政部备案之各省县政训练机关毕业者。

7. 依上列5.、6.各项规定任用之各种县行政人员，其资格之审查，铨叙部得委任各该省政府组织之公务员任用资格审查委员会办理之。

8. 县政府专门技术人员之任用，适用《技术人员任用条例》之规定。

国民党政府时期之县各级干部人员考试及考试及格人员分发任用

1942年9月30日，国民政府公布《县各级干部人员考试规则》，规定：

1. 县各级干部人员指县行政人员与乡镇保甲干部言：（1）县除县长外，县政府之秘书、科（局）长、科员、技术人员均为"县行政人员"。县行政人员分为普通行政人员、财务行政人员、教育行政人员、警察行政人员、社会行政人员、经济行政人员、土地行政人员、卫生行政人员和建设、军事、户政、统计、会计各类人员及其他应经训练之县行政人员。县行政人员分甲、乙两级。（2）乡镇保甲干部人员指乡镇长与乡镇公所之股主任、干事及保长、甲长、保办公处干事。乡镇保甲干部人员分甲、乙、丙三级。

2. 县行政人员之各类考试为普通考试，适用普通考试各规则所定之应考资格与考试科目，或选用县行政人员各类考试甲级或乙级人员应考资格表及考试科目表所规定之各该类考试之应考资格与考试科目，必要时得于公告前呈准考试院变更或增减。初试及格，送由训练机关训练。训练期满，举行再试。再试及格后，其分甲、乙两级者，甲级得依法以县政府科长、县指导员及其他相当职务分发任用。乙级得依法以县政府科员、区指导员及其他相当职务分发任用；其考试不分级者，得依考试成绩及服务年资比照前项规定办理。

3. 乡镇保甲干部人员考试为特种考试，其应考资格与考试科目适用自治人员应考资格表及乡镇保甲干部人员考试科目表之规定，必要时得于公告前呈准考试院变更或增减。其考试分初试、再试：初试分体格检验、笔试、口试3项，体格检验不合格者，不得应笔试与口试。初试及格，送由训练机关训练，训练期满，举行再试。再试及格，其分级者，甲级得以乡镇长选用，乙级得以保长与乡镇公所股主任、干事选用，丙级得以甲长与保办公处干事选用；其考试不分级者，得依考试成绩及服务年资比照前项规定办理。

国民党政府时期省县公职候选人之考试、检核及任用

1943年5月17日，国民政府公布《省县公职候选人考试法》，规定：

1. 省县甲种公职候选人考试分为试验与检核2种：县公民年满25岁并具有下列资格之一者，得应甲种公职候选人试验：（1）有普通考试应考资格。（2）曾在初级中学毕业或具有同等学力。（3）曾任乡镇长、保长或乡镇公所干事以上职务。（4）经自治训练及格。（5）曾任国民学校教职员或在教育文化机关服务1年以上。（6）曾办理地方公益事务1年以上。（7）曾任职业团体或其他人民团体职务1年以上。

县公民年满25岁并具有下列资格之

一者，得应甲种公职候选人检核：（1）曾任县参议员。（2）曾任乡镇民代表或乡镇长2年以上。（3）有委任职之任用资格。（4）有普通考试应考资格并有社会服务经历3年以上。（5）经自治训练及格并有社会服务经历3年以上。（6）办理地方公益事务3年以上。（7）曾任职业团体或其他人民团体主要职务3年以上。（8）曾任自由职业3年以上。

2. 经甲种公职业候选人考试及格，得为省参议员或县参议员候选人。

3. 省县乙种公职候选人考试分为试验与检核2种：县公民年满25岁并具有下列资格之一者，得应乙种公职候选人试验：（1）曾在国民学校毕业或具有同等学力。（2）曾任甲长或保办公处干事1年以上。（3）曾受自治训练。（4）曾任国民学校教职员或在教育文化机关服务。（5）曾办理地方公益事务。（6）曾任职业团体或其他人民团体职务。

县公民年满25岁并具有下列资格之一者，得应乙种公职候选人检核：（1）具有国民学校毕业程度并出席保民大会3次以上。（2）曾任甲长或保办公处干事3年以上。（3）曾从事自由职业1年以上。（4）有甲种公职候选人应试验规定资格之一。

4. 乙种公职候选人考试及格者，得为乡镇民代表、乡镇长或保长候选人。

5. 省县公职候选人考试及格者，由考试院发给及格证书并予公告。

6. 凡各种考试及格或铨叙合格者，考试院得依其资格分别认定其具有本法所定公职候选人及格之资格。

7. 市公职候选人考试，准用本法之规定。

8. 有下列情形之一者，不得应省县公职候选人考试：（1）背叛中华民国、通缉有案者。（2）褫夺公权者。（3）亏欠公款者。（4）曾因赃私处罚有案者。（5）禁治产者。（6）吸用鸦片或其他代用品者。（7）受《国籍法》第9、18条之限制尚未解除者。

国民党政府时期之专门职业及技术人员考试与检核

1942年9月24日，国民政府公布《专门职业及技术人员考试法》（1944年5月3日修正、10月27日经立法程序再修正），规定：

1. 专门职业及技术人员之考试依本法行之。但法律另有规定者依其规定。

2. 本法所称"专门职业及技术人员"指下列依法应领证书之人员：（1）律师、会计师。（2）农业技师、工业技师、矿业技师。（3）医师、药剂师、牙医师、兽医师、助产士、护士、药剂士。（4）河海航行员、引水人员、民用航空人员。（5）其他依法应领证书之专门职业及技术人员。

3. 专门职业及技术人员之考试方法分试验、检核2种（其检核除审查证件外，必要时得举行面试）；其考试之种类、科别及应试科目，均由考试院定之。

4. 中华民国国民有下列资格之一者，得应专门职业及技术人员高等考试之试验：（1）公立或经教育部立案或承认之国内外专科以上学校毕业得有证书者。（2）有专门学识或技能相当于专科以上学校毕业之学历，经检定考试及格者。（3）普通考试及格后，在行政或公营、民营事业机关服务（"民营事业机关"以在主管机关依法登记者为限）或在社会上执业（"在社会上执业"应提出执业证书及执业所在地主管机关出具执行职业起讫年月之证明书或其他足资证明之文件）3年以上并有证明文件者。（4）普通考试及格后曾任委任职或与委任职相当职务3年以上并有证明文件者。

中华民国国民有下列资格之一者，得应专门职业及技术人员高等考试之检核：（1）任命人员高等考试及格后分发任用或学习期满，成绩审查认为优良者（"成绩优良"应提出主管机关之证明书或其他足资证明之文件）。（2）公立或经教育部立案或承认之国内外专科以上学校毕业后在行政或公营、民营事业机关服务，成绩优良有证明文件者。（3）公立或经教育部立案或承认之国内外专科以上学校毕业并在公立或经立案之专科以上学校讲授主要学科有证明文件者（"讲授主要学科"应提出讲授各该学科2年以上之聘书和讲义或同科目之著作，该讲义或著作呈缴后不予发还）。

5. 中华民国国民有下列资格之一者，得应专门职业及技术人员普通考试之试验：（1）公立或经教育部立案或承认之国内外中等学校毕业并得有证书者（"中等学校"指高级中学、旧制中学或其他同等学校）。（2）中央或地方主管机关所设中等以上学校程度之训练所毕业并得有证书者（"中等以上学校程度之训练所"指其毕业程度相当于高级中学）。（3）有专门学识或技能相当于中等以上学校毕业之学力，经检定考试及格者（该"检定考试"依《检定考试规程》办理）。（4）在行政或公营、民营事业机关服务3年以上并有证明文件者。

中华民国国民有下列资格之一者，得应专门职业及技术人员普通考试之检核：（1）任命人员普通考试及格后分发任用或学习期满、成绩审查认为优良者。（2）公立或经教育部立案或承认之国内外专科以上学校毕业得有证书者。（3）公立或立案或经教育部承认之高级职业学校、高级中学、农工商等科或旧制甲种农工商等科学校毕业，并在行政或公营、民营事业机关服务、成绩优良，有证明文件者。（4）曾任委任职或与委任职相当职务、成绩优良有证明文件者。

6. 前定之"试验资格"须与所应考试类别、科别相当；前定之"检核资格"须与所应考试同等同科；前定之"服务年限"、"讲授年限"由考试院定之，但不得少于2年。

7. 非中华民国国民应专门职业或技术人员考试者，另以法律定之。

8. 专门职业及技术人员经考试及格者，由考试院发给及格证书，并送各主管机关登记。

9. 专门职业及技术人员之检核由考选委员会设置检核委员会办理之。声请检核者应呈缴：（1）声请检核履历书。（2）保证书。（3）资格证明文件。（4）最近2寸正面脱帽半身照片4张。声请检核得以通讯为之。律师检核依《律师法》及《律师检核办法》之规定。

10. 医师、药师、牙医师、助产士、护士、药剂士在校时之实习，以服务论。

国民党政府时期之教育文化机关

国民党政府规定："教育文化机关"指下列各类机关：（1）教育行政机关。（2）教育行政机关所属各事业机关。（3）社会教育机关。（4）学术机关。

国民党政府时期之国军部队和地方部队

1934年4月16日，国民政府军事委员会公布《陆海空军任官施行程序》，规定：国军军官佐分为编制额内国军军官佐与编制额外国军军官佐两类，编制额内国军军官佐指中央直属军事机关及中央编号之部队、舰队、航空队言，编制额外国军军官佐指国军军事教官、联络员、调查员、服务员、差遣员、候差员及其他不在编制额内之军官佐言。

国军之任官区有三：1. 第一区为中央直辖陆军机关、中央直辖部队、海军部所属及直辖舰队、航空署所属及直辖航空队。2. 第二区为国民政府军事委员会北平分会所属机关、部队、舰队。3. 第三区为中央编号之各部队。

又规定：现任地方部队指现在未归

中央编号之部队、舰队、航空队、各省之保安队及其他地方性质之军事机关。

下列5区计30省区之部队为"地方部队"：1. 第一区为苏、浙、皖、豫、鄂、湘、赣、闽、陕、甘、宁11省。2. 第二区为冀、鲁、晋、辽、吉、黑、热、察、绥9省。3. 第三区为川、滇、黔3省。4. 第四区为粤、桂2省。5. 第五区为康、藏、青、新、蒙5省（区）。

国民党政府时期之边境、边远省份、高等与中等教育人数较少之边远省区

1931年7月6日《国闻周报》第8卷第26期附录之《奖励国人考察边境办法》内称：该办法内所指之"边境"，暂以热河、察哈尔、绥远、宁夏、甘肃、外蒙古、新疆、青海、西藏、西康、云南、广西为范围。

1936年1月10日，国民政府定新疆、宁夏、青海、甘肃、贵州、西康6省，同年12月24日定广西，1940年6月29日续定云南，1944年11月28日增定绥远，1946年2月1日又定台湾，同年4月27日续定辽宁、安东、辽北、吉林、松江、合江、黑龙江、嫩江、兴安9省，1947年2月11日再定热河，合计20个省为"边远省份"。

国民党政府依1930年度全国中等教育统计，规定黑龙江、甘肃、察哈尔、热河、绥远、青海、新疆、宁夏、西康、蒙古、西藏11个省（区）为"中等教育人数较少之边远省区"，又依教育部1932年度全国高等教育概况统计，规定甘肃、察哈尔、绥远、热河、新疆、西藏、青海、宁夏、蒙古、西康10个省（区）为"高等教育人数较少之边远省区"。

国民党政府时期之办理地方公益事务机关

国民党政府规定：凡从事有关地方文化、经济、交通、救济等公共利益之事务并经主管官署许可登记者，皆称为"办理地方公益事务机关"。

国民党政府时期之中等学校

国民党政府在《考试法施行细则》、《专门职业及技术人员考试法施行细则》中皆规定：高级中学、旧制中学或其他同等学校称为"中等学校"。

国民党政府时期之人民团体（民众团体）、文化团体、自由职业团体、职业团体

国民党政府规定：

1. 农会、渔会、工会、商会、工商同业公会、学生会、妇女会、文化团体、宗教团体、公益团体、自由职业团体及其他经中央核准之人民团体，称为"人民团体"（又称"民众团体"）。人民团体由民众自行组织，唯须接受党部之指导与协助及政府之监督。凡农会、工会、商会、工商同业公会、渔会、律师公会、新闻记者联合会等，其团体性质均带有业务关系，故其会员均应以现在从事本业者为原则。

2. 凡以增进中国文化、发扬民族精神、促成社会进步为目的而成立之团体，皆称"文化团体"。文化团体之名称须与其组织宗旨相符合，不得与三民主义及法律规定之范围以外为政治活动，其活动不得妨碍社会公共利益。有违背三民主义之言论或行动、褫夺公权、患精神病、嗜好赌博或吸食鸦片者，不得为文化团体会员。文化团体之组织方式，得按其性质及地方具体情形规定之。具有增进学术、教育性质之团体，其主管官署在中央为内政部、在省为民政厅、在县为社会局（未设社会局之县市为县市政府）。文化团体不得以团体为会员，有特殊情形者，须呈请当地高级党部转呈上级党部许可。

3. 凡经主管机关批准立案由新闻

记者、律师、医师、工程师、会计师等所组织之团体,皆称为"自由职业团体"。

4. 凡由同一职业人员结成并经批准立案之团体,皆为"职业团体",如农会、渔会、工会、商会、教育会等。

国民党政府时期之实业团体、产业公会、职业工会

国民党政府规定:

1. 凡会员确以其资本或技能从事各种事业并曾经主管机关立案之团体,皆为"实业团体"。

2. 凡集合同一企业内各部分不同职业工人所组织之团体,皆为"产业公会"。

3. 凡集合同一职业工人所组织之团体,皆为"职业工会"。

国民党政府时期之法、法律案、条例、章程、规程

1928年3月1日,国民政府公布并定同日施行之《立法程序法》规定:

中央政治会议议决、由中央执行委员会交国民政府公布之一切法律,统称为"法"。

国民政府之内政、外交、财政、交通、司法、农矿、工商等部、最高法院、监察院、考试院、大学院、审计院、法制局、建设委员会、军事委员会、蒙藏委员会、侨务委员会、各省政府、各特别市政府,各得提出法律案于中央政治会议讨论。

中央政治会议得命法制局起草法律案,于必要时并得示以立法原则。

关于现行法律之变更或废止、现行法律有明文规定应以法律规定及其他涉及国家各机关之组织或人民之权利与义务关系各项、经立法院认为有以法律规定之必要等法律案,应经立法院三读会程序通过。

凡条例、章程或规则等,应根据法律规定;不得违反或抵触法律;应以法律规定之事项,不得以条例、章程、规则等规定。

1929年5月14日国民政府公布并定同日施行之《法规制定标准法》又规定:凡法律案,由立法院三读之程序通过、经国民政府公布者,定名为"法"。

1943年,国防最高委员会秘书处奉命整理法规时,订有原则8项,其中凡关于规定机关组织之法规,均称为"规程"。

国民党政府时期之立法程序及法规制定标准

1928年2月22日,中央执行委员会政治会议第129次会议通过《立法程序法》,规定:

1. 中央政治会议得议决一切法律,由中央执行委员会交国民政府公布,该项法律概称曰"法"。

2. 国民政府为执行法律或基于法律之委任,得制定施行法律之规则,该项规则概称曰"条例"。

3. 《中华民国国民政府组织法》第7条所列各机关、各省政府、各特别市政府制定条例时,除法令有特别规定外,须呈经国民政府核准。条例不得与法律抵触。

4. 政治会议委员、国民政府及所设各机关、各省政府、各特别市政府各得提出法律案于中央政治会议,中央政治会议得命法制局起草法律案,于必要时并得示以立法原则(国民政府命法制局起草条例案时此)。

5. 法律案或条例案除经政治会议或国民政府常务委员会认为有特殊情形者外,于决议前须交法制局为初步审查。

6. 中央政治会议讨论法律案及国民政府讨论法律案时,法制局长得列席申述意见。

7. 国民政府接到中执会所交政治会议议决之法律案时,应于十日内公布之。在公布期限内,国民政府得请政治会议复议,但以一次为限。

1929年5月14日,国民政府公布《法规制定标准法》,规定:

1. 凡法律案由立法院三读会程序通过、经国民政府公布者,定名为"法"。

2. 下列事项为"法律案",应经立法院三读会程序之通过:(1)关于现行法律之变更或废止者。(2)现行法律有明文规定应以法律规定者。(3)其他事项涉及国家各机关之组织或人民权利、义务关系,经立法院认为有以法律规定之必要者。

3. 凡条例、章程或规则等之制定,应根据法律,不得违反或与法律相抵触。

4. 应以法律规定之事项,不得以条例、章程、规则规定之。

1932年6月23日,四届中执会第25次常务会议通过《立法程序纲领》(同年7月14日、次年4月20日先后经第28、67次常务会议修正),规定:

1. 法律案之提出立法院分下列4种:(1)中执会政治会议交议者。(2)国民政府交议者。(3)行政院、司法院、考试院、监察院移送审议者。(4)立法委员依法提出者。

2. 各院之各部、会及行政院所属之省、市政府关于其主管事项,得呈请各该院核定后以各该院名义提出法律案于立法院。

3. 五院以外之国民政府直辖各机关关于其主管事项之法律案之提出,均应呈请国民政府核定后由国民政府交立法院审议。

4. 一切法律案,(1)属政治会议提出者,由政治会议自定原则。(2)由1之(2)、(3)、(4)提出者,应由原提案者拟定法案原则草案送政治会议定之。(3)由2、3所列各移送提案应审定法案原则草案送政治会议定之。(4)立法院对于政治会议所定之原则不得变更(但若有意见可向政治会议陈述)。(5)各种法律案之原则,除秘密政治、军事、外交等法律案外,政治会议得先交立法院审议,立法院审议后,再送政治会议为最后之决定。(6)各提案机关呈请政治会议决定原则时,如已有全文草案者,应附呈其草案。

5. 立法院通过之法律案在国民政府未公布以前,政治会议认有修正之必要,得以决议案发交立法院依据修正之。

国民党政府时期之法律施行日期

1932年12月23日,国民政府公布并施行《法律施行日期条例》,规定:

1. 凡法律明定"自公布之日施行"者,首都以刊登该法律于国民政府公报之日或公布该法律之命令依限应到达各主管官署之日起,各省市以刊登法律之公报或公布该法律之命令依限应到达该省市最高主管官署之日起,发生效力。

2. 凡法律特定有"施行日期"者,自特定日起发生效力。但刊登该法律之公报或公布该法律之命令到达各主管官署或各省市最高主管官署在特定日期之后者,以依限应到达之日起发生效力。

3. 刊登该法律之公报或公布该法律之命令,如因天灾或事变不能依限到达时,自其到达之翌日起发生效力。

4. 在本条例施行以前颁布之法律,如所刊登之公报或公布之命令于本条例施行后到达在该法律施行日期之后者,依本条例之规定。

5. 命令之施行日期准用本条例之规定。

6. 法律施行到达日期如下:(1)首都之五院:3日。(2)首都之各部、会:7日。(3)各省区之江苏:15日;浙江、安徽、山东、河南:20日;江西、河北、湖北、福建：25 日；山西、湖南、广东、吉林、辽宁、察哈尔：30 日；绥远、热河：35 日；黑龙江、陕西：40 日；广西、宁夏、甘肃、青海、四川：60 日；贵州、云南：90 日；西康：100 日；新疆、蒙古、西藏：120 日。

国民党政府时期之护照

国民党政府时期颁有专门的《护照条例》，依所规定，其护照有外交护照、官员护照、普通护照、军用运输护照、专运护照、行旅护照、考察护照、运柩护照 8 种，其发放对象与颁发程序如下：

1. 外交护照：中国国民党中央执行委员及其眷属、中央监察委员及其眷属、国民政府委员及其眷属、国民政府所属各部院会长官及其眷属、国民政府各院正副院长与所属各部会署长官及其眷属、外交官与领事官及其眷属、公文专差、上列各人员之随从，如若出国，应向外交部领取外交护照。

2. 官员护照：上列人员以外之中央各机关、地方各机关因公派遣出国人员，应向外交部领取官员护照。

3. 普通护照：应领外交护照与官员护照以外之本国人民如若出国，应向外交部或外交部指定之地方政府或驻外使领馆领取普通护照。

4. 军用运输护照：凡运输军械与弹药、用以制造械弹之机器材料、军用器材、军需物品、军用卫生材料、军用教育器材，由军事机关、部队或行政机关直属之最高长官具名并分别报由军政部转呈国民政府核发军用运输护照（其急需运输者，得径呈国民政府核办；地方法团、公司、商号，则呈由地方最高官署转请发给）。

5. 专运护照：公务机关运送大宗公用物品或材料，由中央主管机关颁发专运护照（其运输区域不逾一省者，由该省最高主管机关颁发）。

6. 行旅护照：公务员出差或旅行，其运输行李或零星物品，由中央机关或省市政府颁发行旅护照（其旅行区域不逾一省者，由所在县市政府颁发）。

7. 考察护照：本国人民或团体获准赴各地研究与考察，由中央主管机关颁发考察护照（其考察区域不逾一省者，由所在省政府颁发）。

8. 运柩护照：运送灵柩，由首都警察厅或省、市、县公安机关颁发运柩护照。

中国国民党本部军事委员会

"军事委员会"之设，始见于 1922 年 1 月 16 日孙中山以中华民国陆海军大元帅令公布之《【陆海军大元帅】大本营条例》。该条例第 3 条规定：大本营设幕僚处、兵站处、军事委员会、军务处、军法处、参军处、政务处、建设处、度支处、宣传处。第 6 条规定"军事委员会赞襄联合作战，并任大本营与各省各军之联络"。

1923 年 1 月 23 日，孙中山决定"军事委员会委员……一律重新任命"。2 月 2 日，中国国民党本部在上海举行中央干部会议第一次会议，决议成立军事委员会和政治委员会。2 月 3 日，委柏文蔚、吕超、黄大伟、蒋作宾、蒋中正、顾忠琛、朱霁青、路孝忱、叶荃、吴介璋、朱一鸣 11 人，2 月 8 日又任命熊秉坤、吴忠信 2 人为中国国民党本部军事委员会委员。是为中国国民党设立军事委员会之起始，继而有中国国民党中央执行委员会和中华民国国民政府军事委员会之问世。

中国国民党中央执行委员会军事委员会

1924 年 7 月 11 日，中国国民党中央执行委员会政治委员会在大本营举行首次会议，议决派许崇智、杨希闵、刘震寰、谭延闿、樊钟秀、胡汉民、廖仲恺、蒋介石、伍朝枢9人为军事委员会委员，俄人高和罗夫为顾问，中国国民党中央执行委员会军事委员会依此于当日成立。

1925年7月3日，中国国民党第一届中央执行委员会通过设置中华民国国民政府军事委员会决议，中国国民党中央执行委员会军事委员会从此归于政府系列。

广州国民政府时期之中华民国国民政府军事委员会

1925年6月24日，大元帅大本营总参议·代行大元帅职权的胡汉民发布《中国国民党中央执行委员会关于政府改组决议案》，规定："设置军事委员会掌理全国【军事】事务，以委员若干人组织会议，并于委员中推定一人为主席。凡关于军事之命令，由军事委员会主席及军事部长署名。在军事委员会内设军需等处分掌职务。"此乃中华民国国民政府军事委员会成立之最早法律文字依据。

7月3日，中国国民党第一届中央执行委员会议决通过派汪精卫、胡汉民、伍朝枢、廖仲恺、朱培德、谭延闿、许崇智、蒋介石为军事委员会委员案。

7月5日，《中华民国国民政府军事委员会组织法》公布，规定：

1. 军事委员会须设在国民政府所在地，必要时，得以决议迁移之。

2. 军事委员会受中国国民党之指导及监督、管理，统辖国民政府所辖境内海陆军、航空队及一切关于军事各机关。

3. 军事委员会以委员若干人组成，并得于委员中推举1人为主席、特任1人为国民政府军事部部长。

4. 军事委员会内设秘书厅、政治训练部、参谋团、军需局、航空局、海军局、兵工厂等分理事务，并以军事委员会委员分任"直接监督之责"。

5. 军事委员会议决事项须经出席委员2/3以上多数通过方为有效（多数委员不在委员会所在地时，军事委员会主席及委员1人有决定处置之权），所议决之件，由主席署名，以军事委员会名义、用命令执行之（关于政治训练部及军需局者，须有该管机关长官副署）。

6. 军事委员会关于国防计划实施、军事动员、军制改革、高级军官及同级官佐任免、陆海军移防、预决算、高等军事裁判暨其他与国民政府政策有关事项之文告及命令，须军事委员会主席与国民政府军事部部长共同署名行之。

9月6日，以汪精卫为主席的中华民国国民政府军事委员会在广州正式成立。

1926年4月10日，汪精卫因中山舰事件发生愤而出走。4月16日，中国国民党中央执行委员会和中华民国国民政府举行联席会议，推选时任国民革命军总司令的蒋介石为国民政府军事委员会主席。

10月6日，中央各省区联席会议通过《国民政府发展决议案》，议决"原有之军事委员会仍然存在"。

武汉国民政府时期之中国国民党中央执行委员会军事委员会

1927年3月10日，中国国民党二届三中全会通过《统一党的领导机关决议案》，规定在中央执行委员会下设政治委员会与军事委员会，并通过《中央执行委员会军事委员会组织大纲》，规定：

1. 中央执行委员会军事委员会为国民政府最高军事行政机关，其设立之目的在于巩固国民政府统治下之疆域，扑灭国内反革命武力，以谋求全国之统一，并筹划国防，使不受帝国主义者进攻之危害。

2. 军事委员会权力如下：（1）管理全国水陆空兵力、军事制造机关、军事教育事务。（2）规定国防军数额、组织法、设备、军队制度、军械种类和数量。(3) 购办军事制造所需之机器和材料（如向国外购买，须经中央执行委员会通过）。(4) 制定并向中央执行委员会提出维持全国各军队所需和中央军事政治学校与一切军事教育机关及中央政治部之预算。(5) 对自制或购买各种军械款项和中央执行委员会核准发给各军队与各机关款项之用途实行监督，并向中央执行委员会报告其决算。(6) 管辖并养成水陆空干部人员和高级军官及军事技术人才。(7) 指导一切军事教育机关和各种军事学校。

3. 军事委员会及其主席团议决之各议案及办法，须经中央执行委员会通过方生效力，方可交由各该管军事机关执行。

4. 军事委员会由中央执行委员会于高级军官中选出委员9－13人，并于不任军职之中央执行委员或候补中央执行委员中选出委员6人组成，全体委员会议平时每月开会2次，战时至少每月开会1次，每次会议须有过半数委员之出席并至少有不任军职之中央委员3人之出席方为合于法定人数，其决议须有出席委员过半数之赞同方为有效。

5. 军事委员会以中央执行委员会指定之7名军事委员（内须有3名不任军职）组成主席团，执行中央执行委员会关于军事之决议及军事委员会之决定，并处理军事日常事务；主席团每周至少开会两次，开会时，其他委员可以列席；主席团之决议及发布命令，须有主席团委员过半数之签名方生效力。

6. 军事委员会为适应战时之指挥需要，得于军事委员会委员中设立总司令1员，其人选由中央执行委员会指定。

7. 军事委员会下设总政治部和参谋、军事制造、海军、陆军、航空、军事经理、军事审计、秘书、军事学校及教育机关管理10个处与革命军事裁判所。

8. 军事委员会提出之总司令、前敌总指挥、军长等人选，经中央执行委员会通过，方可任命；师长和与其同级军事长官及以下各军官之任命，得由军事委员会全体会议通过方可，全体会议不开会时，得经主席团通过任命代理。

9. 军事委员会委员之任免，在中央执行委员会全体会议闭会期间，于必要时，常务委员会得执行任免权，俟下次全体会议追认。军事委员会委员因事无法出席会议时，经军事委员会之许可，得派代表人列席会议，唯无表决权。军事委员会主席团委员不得派代表代行职权。

时军事委员会委员为蒋介石等16人，主席团成员为汪精卫、谭延闿、蒋介石、唐生智、程潜、邓演达、徐谦7人。

国民革命军

1924年6月16日，孙中山在广州黄埔创办中国国民党陆军军官学校，是为国民革命军建军之起始。是年11月□日和12月□日，何应钦和王柏龄出任该校教导团第一、第二团团长。

1925年4月6日，中国国民党第一届中央执行委员会第73次会议通过建立党军案，决将"校军"改称为"党军"。4月29日，蒋介石被任命为"党军司令官"，何应钦被任为"党军第一旅旅长"，下辖何应钦、沈应时、钱大钧为团长的第一、二、三团。6月15日，一届中执会第83次会议决议："建国军及党军改称国民革命军。"7月8日，国民政府决定将党军第一旅与粤军之一部扩组为国民革命军第一军。8月20日，任蒋介石为国民革命军第一军军长，下辖何应钦、王柏龄、谭曙卿为师长的第一、二、三师。其他所属各军亦统一改称国民革命军。8月26日，建国湘军改编为国民革命军第二军，任谭延闿为军长，下辖张辉瓒、谭道源、戴岳为师长的第

四、五、六师。建国滇军改编为国民革命军第三军,任朱培德为军长,下辖王均、朱世贵、朱培德为师长的第七、八、九师。建国粤军改编为国民革命军第四军,任李济深为军长,下辖陈铭枢、陈济棠、张发奎、徐景唐为师长的第十、十一、十二、十三师。福军改编为国民革命军第五军,任李福林为军长,下辖李群、练炳章为师长的第十五、十六师。

1926年1月20日,将鄂军和警卫师合编为国民革命军第六军,任程潜为军长,下辖邓彦华、胡谦、杨源浚为师长的第十七、十八、十九师。3月24日,新桂军改编为国民革命军第七军,任李宗仁为军长,下辖白崇禧、俞作柏、刘日福、黄旭初、伍廷飏、夏威、胡宗铎、锺祖培、吕焕炎为旅长的第一－九旅。5月21日,唐生智部改编为国民革命军第八军,任唐生智为军长,下辖何键、李品仙、刘兴、叶琪为师长的第二－五师;周斓为师长的教导师、夏斗寅为师长的鄂军第一师、贺龙为师长的独立师。8月6日,黔军袁祖铭部第二师改编为国民革命军第九军,任彭汉章为军长,下辖贺龙、杨其昌、毛凤翔、何厚光为师长的第一－四师;李晓炎为师长的教导师、李汉襄为旅长的混成旅。8月10日,黔军袁祖铭部第七师改编为国民革命军第十军,任王天培为军长,下辖王天锡、杨胜治、王天生为师长的第二十八－三十师;吴勉安、颜德基、潘善斋为师长的教导第一－三师。同日,国民革命军第四军之一部扩建为国民革命军第十一军,任方本仁为军长,下辖陈可钰、蒋光鼐、朱晖日、蔡廷锴、戴戟、杨其昌为师长的第一－三、第十、第二十四、第二十六师。8月26日,将孙传芳陆军第四师改编为国民革命军第十四军,任赖世璜为军长,下辖吴建中、谢杰为师长的第一、二师;易简为师长的暂编第一师。9月12日,将吴佩孚部河南陆军第十师改编为国民革命军第十二军,任任应岐为军长,下辖朱昌渤、张光廷、何璧辉、许克祥、马民豪、刘民杰为师长的第一－六师;姚继虞、刘叙彝为师长的独立第一、二师。同日,将建国豫军樊钟秀部改编为国民革命军第十三军,任樊钟秀为军长,下辖李山林、赵天清、赵振江为师长的第一－三师;邱文彬、李万铃为旅长的第一、二混成旅。9月15日,将吴佩孚部鄂军第二师改编为国民革命军第十五军,任刘佐龙为军长,下辖余殿军为师长的第十二师和严敬为旅长的独立旅。10月12日,将福建曹万顺旅和粤军陈炯明、林虎残部改编为国民革命军第十七军,任曹万顺为军长,下辖曹万顺、杜起云、王成芳为师长的第一－三师。10月16日浙军改编为国民革命军第十八军,任夏超为军长。10月23日,浙军第一师在绍兴改编为国民革命军第十九军,任陈仪为军长,下辖余宪文、石锋为师长的第一、二师。同日,川军杨森部改编为国民革命军第二十军。11月4日,湘西黔军袁祖铭部改编为国民革命军新编第七军,任李燊为军长。11月20日,将柏文蔚收编之鲁军张克瑶旅和安徽地方民团改编为国民革命军第三十三军,任柏文蔚为军长,下辖袁家声、张克瑶、岳相如为师长的第一－三师。11月27日,滇军范石生部改编为国民革命军第十六军,任范石生为军长;川军刘湘部改编为国民革命军第二十一军,任刘湘为军长;川军赖心辉部改编为国民革命军第二十二军,任赖心辉为军长;川军刘存勋部改编为国民革命军第二十三军,任刘成勋为军长;川军刘文辉部改编为国民革命军第二十四军,任刘文辉为军长;黔军周西成部改编为国民革命军第二十五军,任周西成为军长,下辖犹国才为师长的第二师。12月11日,将孙传芳部浙军第二师改编为国民革命军第二十六军,任周凤岐为军长,下辖伍崇仁、斯烈、张国威为师长的第一－三师。12月20日，任杨树庄为国民革命军海军总指挥，下辖潘文治、林寿昌、陈琛为队长的第一、二航队和鱼雷航队。12月28日，河南保卫军第八军魏益三部改编为国民革命军第三十军，任魏益三为军长。12月31日，任刘伯承为军长，成立国民革命军新编第十五军。此外，还辖有吴铁城为师长（1925年10月2日任）的国民革命军独立第一师，贺耀组为师长（1926年8月26日任）的国民革命军第二师，张贞为师长（1926年9月24日任）的国民革命军独立第四师，马祥斌为师长的国民革命军独立第五师，张中立为师长的国民革命军独立第十二师，林伟成为队长的航空队。

至1927年3月下旬攻占南京、上海时止，国民革命军已由北伐出师时之8个军10万人发展成40余军近100万人的庞杂队伍。

此后，在十年内战、抗日战争和其后国共两党决战时期，蒋介石集团控制和把持下的国民党政府一直称其辖下之军队为"国民革命军"。

国民革命军总司令

1926年5月31日，蒋介石、张静江、谭延闿于葵庐会谈中谈及设立国民革命军总司令部事，蒋、谭经过一番相互推让，于6月4日在中国国民党二届中执会临时全会通过出师北伐并任蒋介石为国民革命军总司令案。6月5日，国民政府发布特任令。7月9日，在广州东校场举行"国民革命军总司令就职及北伐誓师典礼"，由谭延闿授印、吴敬恒授旗，蒋介石受印、受旗，正式就任国民革命军总司令。

1927年4月18日，蒋介石集团在南京建立国民党政府后，于7月15日再度发表蒋介石为国民革命军总司令之任命令。8月13日，蒋介石以指挥徐州战事失败而辞国民革命军总司令职东渡日本，国民革命军总司令职权短时间内由何应钦、白崇禧、李宗仁为首的国民政府军事委员会行使。在国民政府一再敦促下，蒋介石于1928年1月7日正式复国民革命军总司令职。10月8日，蒋介石被选任为五院制国民政府主席兼任中华民国海陆空军总司令，才停止了国民革命军总司令职衔的使用。

国民革命军总司令部

1926年6月5日，国民政府特任蒋介石为国民革命军总司令。7月4日，特任李济深为国民革命军参谋长、鲍罗廷为国民革命军政治顾问、加伦为军事顾问、白崇禧为行营参谋长、邓演达为政治部主任，并任命了办公厅主任和秘书、参谋、副官、交通、军需、军法、军医、航空、交际9处处长以及兵站总监、警卫团团长、卫士队队长、后方留守司令部总司令与政治部主任。

7月7日，国民政府公布《国民革命军总司令部组织大纲》，规定：

1. 国民政府特任国民革命军总司令1人，统辖国民政府下之陆、海、航空各军，对中国国民党与国民政府在军事上完全负责。

2. 自出征动员令下达之日起即为战争状态，至征战结束、北伐完成、全国统一之日止，在此整个期间内，"为图军事便利起见，凡国民政府所属军、民、财政各部机关，均须受总司令指挥，秉承其意旨办理各事"。

3. 国民革命军总司令得设总司令部于军事委员会内，但得以作战之进步随时进出于前方。

4. 国民革命军总司令部设参谋长1人、总参议与高等顾问若干人，组成参谋厅，参赞戎机，襄助总司令处理进行事宜，参谋长以军事委员会参谋部部长兼任或由总司令呈请国民政府委任。

5. 原属军事委员会之政治训练部、参谋部、军需部、海军局、航空局、兵工厂等各军事机关，均改直属于【国民革命军】总司令部。

6.【国民革命军】总司令出征时，得于国民政府所在地设立治安委员会代行【国民革命军】总司令职权；治安委员会受中央执行委员会政治会议之指挥；治安委员会之议决各案中之关于军事者，须交【国民革命军】总司令部执行。

7月9日，国民革命军总司令部正式开始运转。11月8日，国民革命军再度攻克南昌，蒋介石以南昌为国民革命军总司令部所在地，刻意经营，与南北、内外各种反动势力代表人物或使节频繁交往，与武汉国民政府相对抗。

1927年4月18日，蒋介石集团南京组府后，国民革命军总司令部设于南京三元巷。5月2日《国民革命军总司令组织大纲》再度公布。

1926年7月7日–1927年4月17日期间之国民革命军总司令及国民革命军总司令部

1926年7月7日，《国民革命军总司令部组织大纲》发布。随后又公布《国民革命军总司令部政治部组织大纲》，规定：政治部（原"军事委员会军事训练部"易名）直属于【国民革命军】总司令部，受【国民革命军】总司令部直接指挥与监督，承【国民革命军】总司令之意旨，受中国国民党中央执行委员会军人部与宣传部之指导，以主任、副主任各1人督率各军、各独立师及各种军事机关之政治部与宣传委员会处理进行之一切政治工作事宜，并对【国民革命军】总司令部与各军、各独立师及各种军事机关之政治部与宣传委员会一切政治工作之实施完全负责，随时向【国民革命军】总司令或中央执行委员会军人部报告。

7月29日，国民政府公布之《戒严条例》内规定：1. 国民政府在用兵时期内，为确保战地及内地之安宁与秩序，得由国民革命军总司令宣布戒严或使宣告戒严。2. 战争之际，凡要塞、港、岛、湾及其他重要地区，为防制敌人侵越或应付非常事变起见，各该地最高军事长官得就该地情形临时宣布戒严，但须迅速呈报【国民革命军】总司令得其核准。3. 在戒严期间，各地方最高军事长官须就其所担任作战或留守区域内之戒严情状及一切处置随时迅速报告【国民革命军】总司令查核。4. 国民革命军总司令认为戒严之情事终止时，即为解严之宣告，该《戒严条例》于解严宣告后失其效力。

1927年3月10日–17日在武汉召开的二届三中"全会"通过对《中央执行委员会组织大纲》（3月10日通过）、《军事委员会总政治部组织大纲》（3月15日通过）、《国民革命军总司令条例》（3月17日通过）的修改与制定，试图对权力过大的国民革命军总司令及国民革命军总司令部予以制限：

在《中央执行委员会军事委员会组织大纲》中，重申"军事委员会为国民政府最高军事行政机关"，取消军事委员会主席，改行"主席团"制，"军事委员会设主席团【委员】7人（其中须有3名不任军职之委员），由中央执行委员会全体会议指定之"，"主席团之决议及发布命令，须有主席团委员四人签名方生效力"，"在战时为指挥战事行动及使各军队为战争准备、指挥统一起见，得设立总司令于军事委员会中，【其人选】由中央执行委员会指定之"。

在《军事委员会总政治部组织大纲》中规定：在中央执行委员会军事委员会之下设立总政治部，专任军队中党务及政治工作；总政治部主任1人，由中央执行委员会全体会议任免之，于必要时，可由中央执行委员会常务委员会执行任免权，但须得全体会议之追认；总政治部之工作方针须完全受本党全国代表大会与中央执行委员会之指导，但日常工作事项,应对军事委员会负责,受军事委员会之指导;总政治部在中央执行委员会常务委员会指导之下,监督、考核各级党代表之工作;军、师政治部主任及同等之工作人员,应由总政治部提出、军事委员会通过、呈请中央执行委员会任命,其他各级人员依照《任免条例》办理。

《国民革命军总司令条例》更规定:1. 国民革命军总司令,依《中央执行委员会军事委员会组织大纲》第20条之规定,由国民政府特任之。2. 在战时,总司令有使水、陆、空各军队为战事准备并统一指挥各军队战事行动之权,对于中央执行委员会负责。3. 总司令为军事委员会委员之一,因指挥作战之便利,随时出驻前方。4. 出征动员令须由军事委员会议决、经中央执行委员会通过、交总司令执行之。5. 动员令下后,即为战事状态,总司令在作战地及警备地有宣布戒严令之权,并得指挥前方之军、民、财、政各机关。

1927年4月18日-1929年3月15日期间之国民革命军总司令及国民革命军总司令部

1927年4月18日,国民党政府在南京成立后,4月29日,二届中执会政治会议第84次会议通过之《中华民国国民政府军事委员会组织大纲》,规定"在战时,军事委员会得设国民革命军总司令部"。5月2日,同上会议第86次会议通过《国民革命军总司令部组织大纲》13条,交由国民政府公布,除与前同之各项规定外,还明定:凡编入作战军战斗序列之陆海空军,均归国民革命军总司令统辖、指挥,其未编入作战军战斗序列者,"仍由军事委员会直辖","但应作战上之要求,总司令得咨请军事委员会调遣之"。国民革命军总司令部于总司令外,置参谋总长、参谋次长、顾问、总参议、总咨议各1人,置参议、咨议各若干人,其内设机构除办公厅、参谋团外,还有参谋、副官、军法、经理4个处,并辖有总政治部(4月17日,二届中执会政治会议第73次会议聘吴稚晖、陈铭枢暂代总政治部主任与副主任,4月25日,国民政府特任吴稚晖、陈铭枢与刘文岛为总政治部正、副主任,6月1日,依二届中执会政治会议第143次会议决议,改称"政治训练部",各军、师之政治部亦随之改称"政治训练处")、东北特别委员会(3月30日为联络、处理东北问题事设立,蒋作宾、熊斌、刘朴忱被任为委员)、兵站总监部(5月7日设)。在作战地域,国民革命军总司令部还设有"战地政务委员会"。

1927年8月13日,蒋介石辞国民革命军总司令职下野,国民革命军所有军队均由军事委员会指挥。

1928年1月7日,蒋介石复任国民革命军总司令,国民革命军总司令部及其所属恢复原运转程序。1月27日,张静愚被任为航空队司令。2月6日,二届四中全会通过决议,修正《国民革命军总司令部组织大纲》,重新明定:"国民政府为图战时军令之统一,特任国民革命军总司令一人,凡属国民革命军之陆海空各军,均归其节制、指挥","国民革命军总司令对中国国民党中央执行委员会及国民政府在军事上负其责任","国民革命军总司令得兼任军事委员会主席","本组织大纲遇有应行修正时,【由国民革命军总司令部自行修正】,由中央执行委员会核准,交国民政府公布之"。3月9日,成立"战地政务委员会"。3月13日,重新任命李济深为参谋总长、何应钦为参谋次长代理参谋总长职务。同日,任何成濬为总参议。3月27日,任张之江为参谋团主任。3月31日,成立首都警备司令部(由陈诚兼任司令)。4月7日,任郭大崇为江宁要塞司令。4月14日,任郁邦彦为马尾要塞司令。4月20日,任张继为上海兵工厂厂长。5月8日,任杨元华为江阴要塞司令、朱棠为厦门要塞司令。5月中旬，任命总司令部内设各厅、处、科长官。5月28日，成立国民革命军总司令部警卫司令部（陈诚为司令、应山三为参谋长）。10月4日，任邓振铨为吴淞要塞司令。10月8日，二届中执会常务委员会选任蒋介石为五院制国民政府主席，依同日公布之《中华民国国民政府组织法》规定，国民政府主席兼中华民国海陆空军总司令。

1929年1月1日，编遣会议召开，决定对全国军队实行编遣。1月22日，国民政府国务会议决定：国民革命军总司令部及所辖各集团军总司令部、各总指挥部限于3月15日一律撤销。1月27日，国民政府通令："国民革命军总司令部、各集团军总司令部、海军总司令部，均着于三月十五日一律撤销，各编遣区办事处，均着于三月十六日正式开始办公。"3月15日，蒋介石通电全国："本日撤销国民革命军总司令部"，并将国民革命军总司令部改组成为"中华民国海陆空军总司令部"。

国民革命军总司令部战地政务委员会

1928年3月9日，国民政府公布《战地政务委员会组织条例》，规定：战地政务委员会直隶于国民革命军总司令，受总司令之指挥，处理作战区域内民政、财政、外交、司法、交通各种政务，其人员由国民政府各部调充。3月13日，国民政府特派蒋作宾为战地政务委员会主任委员。3月19日，设秘书处，任王霜荄为秘书长，任仇鳌、陈家栋、赵世瑄、林者仁、蔡公时为战地政务委员会委员，会内设民政、财政、外交、司法、交通等处。4月12日，增设教育处。4月23日，《战地政务委员会组织条例》修正为"处理作战区域内民政、财政、外交、司法、交通、工商、农矿、建设各种政务"。增设工商、农矿、建设3处。5月8日，国民政府公布《战地各县县政府组织暂行条例》、《战地各县设置财政专员暂行条例》，规定：战地各县县长受战地政务委员会之指挥、监督，处理全县行政事务；财政专员由战地政务委员会任免，承战地政务委员会之命令处理各县财政（但向由县政府处理者例外）。同日公布之《战地政务委员会组织规则》，规定战地政务委员会于不抵触中央法令范围内，可颁布临时法令，作战区域内民政、财政、外交、司法、交通、工商、农矿、建设各官吏，均由战地政务委员会任免。

是年6月27日，二届中执会政治会议第146次会议决议裁撤战地政务委员会。6月30日，国民政府发布撤销该委员会之明令。

1927年4月21日–9月16日期间的国民政府军事委员会

1927年4月18日，国民党政府在南京成立。4月21日，蒋介石以国民革命军总司令名义通电军事委员会由广州迁南京并即日开始办公。4月29日，二届中执会政治会议第84次会议通过《中华民国国民政府军事委员会组织大纲》。7月4日，二届中执会第103次会议暨政治会议第108次会议决议以胡汉民等46人为军事委员会委员，继之，二届中执会第108次会议暨政治会议第114次会议以陈训泳等6人为军事委员会委员，推定胡汉民、何应钦、李鸣钟、阎锡山、杨树庄、李宗仁、李济深为常务委员。

7月12日，《中华民国国民政府军事委员会组织大纲》公布，规定：

1. 军事委员会为国民政府之军事最高机关，负全国陆海空军编制、统御、教育、经理、卫生及充实国防之责。

2. 军事委员会委员由中央执行委员会遴选负有军事重责及富有军事、政治学识经验者若干人，交由国民政府特任之。

3. 由军事委员会委员互选 5-7 人为常务委员，由常务委员互选 1 人为主席。

4. 战时最高军事长官，如国民革命军总司令、西北国民军总司令、国民革命军北方总司令，均得出席中央军事委员会常务委员会议。

5. 凡执行军事委员会之议决案及用军事委员会名义发布命令，均由全体常务委员署名行之。

6. 各省区最高行政机关执行与军事有关联之事项时，军事委员会负有指挥、监督之责。

7. 在战时，为指挥统一起见，得设国民革命军总司令，由中央执行委员会于军事委员中遴选 1 人，交由国民政府特任之。

8. 军事委员会内设总务、参谋、军务、军事教育 4 厅及海军、航空、经理、政治训练 4 处。

胡汉民被常务委员推为军事委员会主席。

1927 年 9 月 20 日 - 1928 年 2 月 6 日中央特别委员会期间的国民政府军事委员会

1927 年 8 月 13 日，蒋介石下野。9 月 16 日，中国国民党中央特别委员会成立。9 月 20 日，国民政府特任于右任等 67 人为军事委员会委员，并废除主席制，改设主席团，由中央特别委员会于军事委员会委员中指定若干人组成。军事委员会发布命令时，由主席团常务委员署名。主席团之常务委员由军事委员会所在地之主席团成员推定，紧急重大事件由常务委员处理，寻常事件由常务委员公推 1 人处理。李宗仁、白崇禧、朱培德、李济深、汪精卫、何应钦、杨树庄、阎锡山、胡汉民、唐生智、冯玉祥、程潜、蒋介石、谭延闿 14 人被指定为军事委员会主席团成员，李宗仁、李济深、李鸣钟、何应钦、杨树庄、阎锡山、胡汉民 7 人被推定为主席团常务委员，常务委员任期被定为 3 个月。军事委员会于主席团之下设办公厅（内设常务委员室、机要室）、参谋厅（内设厅长办公室、第一－三局，并辖各省陆地测量局）、军政厅（内设厅长办公室和军务、军械、军医、军法、交通、航空 6 处，各处均设若干科分理各事）、总务处（内设处长办公室，分 4 科治事，辖有军乐、输送、传达 3 队）、经理处（内设总务、财政、粮服 3 科和驻沪办事处及护送大队）、审计处（内设处长办公室和审核、编案、统计 3 科）、军事教育处（内设处长办公室和教育、编译 2 科）、政治训练部（内设主任办公室和秘书、总务、宣传、组织 4 处，并辖各军、师政治训练处及革命军日报社、宣传队、编辑委员会、政治工作人员养成所、国民剧场、驻沪事务所、前方办事处）、兵站总监部（内设兵站总监和参谋长各 1 人及参谋、副官、秘书、野战经理、野战交通 5 处，并辖各兵站支部与独立分站）。

1928 年 2 月 6 日 - 11 月 17 日二届四中全会后至五院制实行初期之国民政府军事委员会

1928 年 2 月 6 日，二届四中全会通过《国民政府军事委员会组织大纲》，规定军事委员会为国民政府军政最高机关，掌管全国海陆空军之行政，负编制、教育、经理、卫生及充实国防之责。国民革命军总司令则是国民政府为图战时军令之统一而特任的军事将领，凡属国民革命军之陆海空军，均归其节制和指挥；国民革命军总司令得兼任军事委员会主席，对中国国民党中央执行委员会和国民政府负责。还规定：废除主席团，设常务委员 11-15 人，凡执行军事委员会议决案和用军事委员会名义颁布命令，均由军事委员会主席和常务委员署名，紧急重大事件由主席和常务委员负责处理。军事委员会设常务委员办公厅、参谋厅、军政厅、总务厅和经理、审计、军事教育3处暨政治训练部和法规编审委员会,分掌各事项。全会推定于右任等73人为军事委员会委员,并推于右任、白崇禧、李宗仁、李济深、何应钦、朱培德、程潜、冯玉祥、杨树庄、蒋介石、阎锡山、谭延闿12人为常务委员,指定蒋介石为主席(4月□日,蒋率师北伐后,由李济深代理主席职务)。

8月14日,二届五中全会通过《整理军事案》,决议撤销军事委员会,原军事委员会主管之各事项,分别移由国民政府参谋本部、训练总监部、军事参议院和国民政府行政院军政部掌理。

10月8日,五院制《国民政府组织法》公布,规定国民政府主席兼中华民国海陆空军总司令统率海陆空军,而没有了军事委员会的位置。

11月7日,国民政府明令撤销军事委员会。

国民政府军事委员会淞沪卫戍司令部——国民政府军事委员会淞沪警备司令部

1927年9月□日,国民政府军事委员会为维持上海地区卫戍事宜——作为作战地区后方要地之治安及制压"反动"分子,特设淞沪卫戍司令,其指挥机关为淞沪卫戍司令部。

淞沪卫戍司令由国民政府军事委员会任命,其职权为:

1. 禁止有"妨碍"革命军事工作及有"反革命"情形之集会、结社、言论、新闻、图画、标语、戏剧等出现。

2. 禁止聚众暴动、骚扰情事之发生。

3. 禁止非军人携带武器。

4. 必要时禁止可供军需之用之民有物品向外输出。

5. 检查出入军火船及其他物品,停止水陆交通。

6. 必要时没收私有枪炮、弹药、兵器、火具及危险物品。

7. 检查邮件、电报、新闻纸及其他一切印刷品。

8. 所属卫戍地区内之行政、司法案件之与军事有关者,地方行政官与司法官须受该卫戍司令之指挥,依军法裁判。

9. 遇有战事时,如公私产业成为军事之障碍时,得破坏之。对因执行职务而发生之损害不负赔偿之责。

10. 遇有事变时,得调遣卫戍地区内全部水陆空军与警察部队及一切民众武装自卫团体并得指挥与军事有关之一切机关。遇有非常事变时,得商调辖境以外之军队(但须同时呈报军事委员会)。

11. 卫戍地区内遇有战事或其他非常事变时,得临时宣布戒严(但须同时将戒严之情状及相关事宜迅速呈报军事委员会)。

1930年3月□日,国民政府公布《首都卫戍司令部条例》时,规定:卫戍司令部除首都外,一概不得设立。凡已设立并经国民政府认为有存在之必要者,均应改为"警备司令部"。依此,淞沪卫戍司令乃改称"淞沪警备司令",其指挥机关亦改称为"淞沪警备司令部"。

国民政府军事委员会首都卫戍司令

1928年1月□日,国民党政府为巩固首都南京地区之卫戍和治安事务,特设首都卫戍司令直隶于国民政府军事委员会,其司令由军事委员会呈请国民政府任命,负责管辖南京城区及下关、浦口两商埠之卫戍事宜,"负拱卫京畿、维持治安并整饬军纪、风纪之责"。卫戍区内如遇战事、灾害或非常事变,卫戍司令得呈请军事委员会宣布戒严或指拨部队以供警备调遣(若有急事不及呈请时，得酌调附近军队相机处理，但须及时呈报军事委员会）。在戒严时，该司令有宣布下列各项规定并予执行之权：

1. 禁止有"妨碍革命军事工作"及有"反革命情形"之集会、结社、言论、新闻、图画、标语、戏剧等。

2. 禁止"聚众暴动、骚扰"。

3. 必要时禁止"可供军用之民有物品"之输出。

4. 检查出入之军火船及其他物品，停止水陆交通。

5. 必须时得呈准军事委员会核准，对依法准许私有之军械、子弹及火具、危险品予以没收。

6. 检查邮件、电报、新闻纸及其他一切印刷品。

7. 卫戍区内之地方行政官得与首都卫戍司令协商依法裁判区内之与军事有关之地方行政案件及司法案件。

8. 必要时得入家宅、建筑物、车船中检查。

9. 必要时得令寄住于卫戍区内之中外居民退出。戒严情事终止时即宣布解严。虽非戒严期内，但按情形之必要，需执行上列各项规定中之某一项或某几项者，得由卫戍司令呈请军事委员会核准后施行之。

1930年3月□日，首都卫戍司令为国民政府首都卫戍司令部取代。

中华民国海陆（陆海）空军总司令

1928年10月8日，国民政府公布《中华民国国民政府组织法》，规定："国民政府主席兼中华民国海陆空军总司令"。同日，被选任为国民政府主席的蒋介石就自然地兼任了中华民国海陆空军总司令职务。

1930年11月17日，三届四中全会通过《中华民国国民政府组织法（修正案）》，改"海陆空军"为"陆海空军"，由国民政府主席兼中华民国陆海空军总司令。

1931年11月18日，粤方四全大会在广州召开，会议强烈要求废除中华民国陆海空军总司令之设，而改设国民政府军事委员会率军抗日及蒋介石下野等，中华民国陆海空军总司令部被迫于11月30日撤销。

同年12月2日，蒋介石以国民政府主席名义发布《赣豫鄂三省绥靖系统及管区规定》，并颁布《驻赣（豫、鄂）特派绥靖主任公署组织大纲》，规定：

1. 为赣豫鄂三省继续清剿及指挥"剿赤"部队便利起见，于各驻在该省特派一绥靖主任，由国民政府任命之。

2. 特派绥靖【主任】公署编制如下：主任1（上将）。办公厅参谋长1（中将），秘书2（中校、少校各1），副官2（少校、上尉各1），书记2（上尉、中尉各1），电务员5（上尉1、中尉4），司书2（少尉、准尉各1）。参谋处处长1（少将），参谋1（上校），处员2（上尉、中尉各1），书记4（上尉、中尉各2），司书8（少尉2、准尉6），第一科科长1（上校），参谋9（中校4、少校3、上尉2），第二科科长1（上校），参谋8（中校2、少校3、上尉3），第三科科长1（上校），参谋6（中校1、少校3、上尉2）。副官处处长1（上校），副官1（中校），书记2（上尉、中尉各1），查马长1（少尉），司书4（准尉），庶务科科长1（中校），副官14（少校5、上尉4、中尉5），炊事长1（准尉），交际科科长1（中校），副官5（少校2、上尉3），军医2（少校1、上尉1），司药1（中尉）。交通处处长1（上校或中校），处员8（中校或少校2、上尉3、中尉2、少尉1），传令排长1（中尉），书记1（中尉），司书2（准尉）。军需处处长1（上校），军需13（中校1、少校2、上尉3、中尉3、少尉4），书记2（上尉、中尉各1），司书4（少尉1、准尉3）。军法处处长1（上校），军法官5

（中校1、少校2、上尉2），书记3（上尉1、中尉2），司书4（准尉）。军械处处长1（上校或中校），处员3（少校1、上尉1、中尉1），技士2（中尉），书记1（中尉），司书2（准尉）。若某省公署因事务繁杂不敷服务时，得随时增设之。

3. 各该省之特派绥靖主任有指挥该管区内驻剿各军、特种部队及水陆军警与团防之权，其指挥系统及管区范围如附表规定（该规定全文如下：【中华民国陆海空军】总【司令】部既经结束，各行营亦应随之取消，惟赣豫鄂三省在事实上因有特殊情形，一时不可无统率机关，特于各该省暂各设置绥靖最高机关，以资统驭，继续清剿，其隶属系统与管区范围，概拟定如下：国民政府特派驻赣绥靖主任管辖江西清乡督办、南昌卫戍司令、九江警备司令、赣省"剿赤"各部队、湘鄂间边区"剿赤"各部队、江西兵站监，并指导江西省政府与江西党政委员会；国民政府特派驻豫绥靖主任管辖鄂皖边区绥靖督办、豫陕晋边区绥靖督办、豫省各绥靖区主任、豫境各部队、铁路警备司令，并指导河南省政府；国民政府特派驻鄂绥靖主任管辖湘鄂川边区绥靖督办、武汉警备司令、襄樊及鄂北各警备司令、武汉要塞司令、鄂境各部队，并指导湖北省政府；同时，各特派绥靖主任受军政部、参谋本部之指导）。

4. 本大纲自公布之日起施行。

12月15日，蒋介石通电辞国民政府主席本兼各职，中华民国陆海空军总司令的名义亦由此不复存在。

1932年1月29日－1937年8月12日期间的国民政府军事委员会

1931年11月18日－12月5日，粤方四全大会在广州召开，通过设立国民政府军事委员会案。

1932年1月29日，四届中执会政治会议推蒋介石、冯玉祥、阎锡山、张学良为军事委员会委员。2月6日国民政府军事委员会在洛阳成立。3月5日，四届二中全会通过《关于军事委员会案》，内称："军事委员会之设立，其目的在捍御外侮、整理军事，俟抗日军事终了，即撤销之。"全会通过之《国民政府军事委员会组织大纲》规定：

1. 军事委员会直隶于国民政府，为全国军事最高机关，掌理国防和"绥靖"之统率、军事章制和军事教育之最高决定、军费支配和军实重要补充之最高审核、军事建设和军队编遣之最高决定、中将和独立任务少将以上之任免审核各事宜。

2. 军事委员会设委员长1人、委员7-9人，由中执会政治会议选定、交国民政府特任；行政院院长、参谋总长、军政部部长、训练总监部总监、海军部部长、军事参议院院长为军事委员会当然委员；由委员互推3-5人为常务委员辅助委员长筹划一切事宜。

3. 除军令事项委员长负责执行外，其他事项由委员长召集常务委员会议讨论决定后交各主管部办理。

4. 军事委员会内设办公厅并置正、副主任各1人，承委员长和参谋总长之命综理厅务并监督所属和处理下属各部、会、厅、局之他项业务；办公厅内设高级侍从参谋室、机要室、第1-4处及海军军令处。

同日，还决定将行政院军政部改由行政院和军事委员会兼领。3月7日，四届中执会推选蒋介石为国民政府军事委员会委员长。3月18日，蒋介石就委员长职。3月21日，军事委员会正式办公。7月16日，修正《军事委员会暂行组织大纲》，规定：行政院院长不再列为军事委员会当然委员。军事委员会内除设办公厅外，设第一厅，下辖参谋本部事务处和第1-3处。设第二厅，下辖陆军事务、海军事务、空军事务、铨叙事务、政治训练5处。设第三厅，下辖秘书、副官、总务、审计、监察、预算6处。国民政府直辖之参谋本部、训练总监部、军事参议院和行政院辖属之军政部、海军部，均受军事委员会之指导。

1933年2月8日，国民政府军事委员会委员长决设南昌行营以统一指挥各省"剿匪"军事并监督与指挥各省党政事务。4月27日，公布《国民政府军事委员会委员长南昌行营组织大纲》。5月21日成立南昌行营［详见第435页"国民政府军事委员会委员长南昌行营"词目］。8月□日，决定将行政院军政部航空署改隶于国民政府军事委员会。

1934年4月□日，改第二厅下辖之铨叙事务处为铨叙厅，下辖第1－3处；又成立马政委员会。5月□日，行政院军政部航空署正式改设为军事委员会航空委员会。

1935年5月4日，撤销第一－三厅，改于委员长之下设办公厅、各部（院）长办公室、铨叙厅、审计厅、政治训练处、航空委员会、防空委员会、军医设计监理委员会、马政委员会、军事长官惩戒委员会、资源委员会、调查统计局。6月5日，将行政院禁烟委员会裁撤，改于军事委员会设立禁烟总会，并由军事委员会委员长兼任禁烟总监。8月□日，军医设计监理委员会与行政院军政部军医司合并为行政院军政部军医署。12月18日，增设副委员长2名，阎锡山、冯玉祥被任为副委员长。

1936年1月□日，军事委员会办公厅高级侍从参谋室与委员长南昌行营办公厅侍从室合并改组成立国民政府军事委员会委员长侍从室。7月13日，五届二中全会通过《组织国防会议及粤桂两省军事政治之调整案》，决议组织国防会议，指定李宗仁等18人为国防会议会员，并修正通过《国防会议条例》第二条之规定，决由军事委员会委员长蒋介石为国防会议议长，副议长由行政院院长担任（时蒋既是军事委员会委员长又是行政院院长，故国防会议正副议长均为蒋介石）。

1937年8月12日－1946年5月31日期间的国民政府军事委员会

1937年7月7日，卢沟桥事变爆发后，中国国民党中央执行委员会常务委员会于8月12日决议，由军事委员会委员长行使陆海空军最高统帅权并对党政实行统一指挥，规定："凡属中央党政各机关适应战时之各种特别设施、令行各省市地方党政机关办理者，概行先送军事委员会委员长核定施行。"军事委员会随之作了相应改组：于委员长之下设正副参谋总长各1人和正副秘书长各1人及办公、铨叙、审计3厅及政治训练处、调查统计局、委员长侍从室外，设第一部掌军令（1938年2月□日，与国民政府参谋本部合并改组为国民政府军事委员会军令部）、第二部掌政略、第三部掌国防工业、第四部掌国民经济、第五部掌国际宣传、第六部掌民众组训、管理部、后方勤务部、卫生勤务部、警卫执行部、秘书厅。国民政府参谋本部、训练总监部、军事参议院和行政院军政部、海军部改由军事委员会兼领。9月8日，成立军法执行总监部。10月□日，成立贸易、农产、工矿3调整委员会。11月16日，中执会常务委员会通过《非常时期党政军机构调整及人员疏散办法》，决定中执会之组织、宣传、民众训练3部暂归军事委员会指挥；第二部取消，其执掌事项中之与总动员有关者，归由总动员设计委员会掌理；第五部取消，其执掌事项由宣传部成立国际宣传处专门掌理。

1938年1月1日，国民政府实行战时体制，军事委员会亦相应改组：

1. 军事委员会设委员长1人统率全国陆海空军并指挥全民、负国防之责（取消副委员长与常务委员之设）。

2. 军事委员会设委员 7-9 人,由中执会政治会议选定、交国民政府特任,正副参谋总长和军令、军政、军事训练、政治 4 部部长及军事参议院院长为军事委员会当然委员。军事委员会委员襄赞委员长筹划国防用兵。参谋总长为委员长之幕僚长,负责指导会属各部、院、会、厅、局、处、室,并襄助委员长处理一切事务,副参谋总长辅助参谋总长处理事务。

3. 军事委员会设办公厅(1937 年 10 月□日-12 月□日期间曾改称为"总办公厅"),置主任 1 人,承委员长与正副参谋总长之命综理厅务,并监督与考核所属及呈请长官予以赏罚和任免,下辖高级参谋室、机要室和军事、总务、交际、秘书、顾问事务 5 处及法规审议委员会;还设有参事室、委员长侍从室、铨叙厅、航空委员会、调查统计局、军令部、军事训练部、政治部、军法执行总监部、后方勤务部、海军总司令部、军事参议院,并直接指挥行政院军政部。6 月□日,将原中华复兴社特务处扩组为军事委员会调查统计局。8 月□日,增设抚恤委员会。9 月□日,调查统计局所属邮电检查处改组为军事委员会特检处而辖于办公厅之下,继续办理全国邮件与电信检查事宜。

1939 年 1 月 14 日,与行政院交通、财政、经济、军政 4 部合组了水陆运输联合委员会。2 月 1 日,国民政府军事委员会委员长重庆行营结束并被改为国民政府军事委员会委员长成都行辕与西昌行辕。2 月 8 日派贺国光为主任统辖四川军事(1940 年 11 月□日由张群继任,1946 年 4 月 23 日撤销,重新恢复设立国民政府军事委员会委员长重庆行营)。2 月 14 日派张笃伦为主任办理西康建省后的军政事宜与边务(1946 年 2 月 23 日由贺国光继任,同年 5 月 31 日撤销)。3 月 22 日,增设战地党政委员会(1943 年 1 月 1 日撤销),〔详见第 312 页"国民政府军事委员会战地党政委员会"词目〕。同日,办公厅增设主任办公室。撤销交际处,改由总务处设科专理交际事宜。高级参谋室与法规审议委员会合并为法制委员会。6 月 5 日,增设战时新闻检查局、军事运输总监部和点验、校阅、考核 3 委员会。

1940 年 4 月 18 日,撤销运输总司令部和军事运输总监部,改设战时运输统制局;增设炮兵总指挥部、技术研究室。

1941 年 1 月 1 日,副参谋总长增设为 2 人(参谋总长仍为何应钦,副参谋总长除白崇禧外,增程潜)。10 月□日,增设外事局。

1942 年 1 月□日,增设译电业务管理处。12 月 15 日,战时运输统制局结束,改设为"运输会议"统筹交通运输事宜。其原设之监察处改组为"水陆交通统一检查处"而隶于办公厅之下。

1943 年 1 月 1 日,裁撤战地党政委员会。3 月□日,裁撤炮兵总指挥部。5 月□日,改军事、总务、秘书 3 处为第 1-3 处;顾问事务处并入外事局。1944 年 7 月□日,第 1-3 处改为第 1-3 组。11 月 4 日,增设知识青年从军编练总监部。11 月 16 日,将军政部兵役署扩组为兵役部隶于行政院之下,同时兼受军事委员会指挥。是月,改法制委员会为法制处;将原第 2 组主管之会计、经理事务划出该组,增设会计室、经理室,专门承办会计、经理事宜,并隶于办公厅之下(时办公厅下设有第 1-3 组与机要、会计、经理 3 室及军用译电业务管理处,辖有法制、考核、邮航检查 3 处和俄文编译馆、汽艇管理所、残废伤病官兵抗属遗族调查慰问组)。

1945 年 1 月□日,裁撤运输会议,同时将交通部之公路总局和西南督运委员会及后方勤务部之部分运输系统与运输会议合并,改设为军事委员会战时运输管理局。2 月□日,后方勤务部改组为后方勤务总司令部并改隶于行政院军政部。4月□日，将军事委员会交通警备司令部与水陆交通统一检查处及行政院财政部缉私署合并改组为"交通巡察处"而隶于办公厅之下。5月□日，为办理"策反"事宜，于参谋总长办公室内增设"宣导组"。9月25日，兵役部缩编为兵役署归隶于军政部。10月1日，撤销战时新闻检查局。10月2日，撤销军法执行总监部，其业务归由军政部军政司掌理。11月26日，撤销参事室；将委员长侍从室改设为国民政府文官处政务局和国民政府参军处军务局。11月27日，撤销战时运输管理局，其业务仍归并于行政院交通部公路总局。12月31日，海军总司令部裁撤，改于行政院军政部内设立海军处掌理海军事宜。

1946年3月□日，交通巡察处裁撤并改设为行政院交通部交通警察总局。5月31日，国民党政府裁撤军事委员会暨所属各部、会，同时亦将行政院军政部裁撤，改于行政院设立国防部。至此，国民政府军事委员会乃告结束。

国民政府军事委员会中国陆军总司令部

1944年12月25日，国民政府军事委员会在昆明设立中国陆军总司令部，任军事委员会参谋总长何应钦兼任中国陆军总司令，1945年2月3日，任龙云、卫立煌为中国陆军副总司令，任萧毅肃为参谋长，聘美军司令部参谋长麦克鲁为副参谋长，原在远征军司令部工作的杜恩担任参谋长顾问，总司令部所设参谋、军务、卫生、经理、副官、秘书6处与人事科亦有美籍军官参与工作。总司令部辖有远征军卫立煌部、黔桂湘边区汤恩伯部、第四战区张发奎部、滇越边区卢汉部与杜聿明、李玉堂两个突围军共28个军86个师及其他特种部队若干之兵力。中国陆军总司令部的职责是：统一指挥、整训西南各战区所属部队配合盟军在缅、印、滇、越对日军作战，并负责由史迪威公路开放后大量输入之美械装备、作战物资之接收与分配。

1945年3月1日，将第一集团军总司令兼滇越边区总司令卢汉所部之第60军（军长卢汉兼，辖第182、184师）、第二路军张冲部（辖暂编第20、21、22师）、第52军（军长赵公武，辖第2、25、195师）改编成第一方面军由卢汉任司令官，黄杰（1945年6月□日他调，改由霍揆彰继任）、关麟征任副司令官，是年8月15日，日本投降后，卢汉奉命率部入越，设占领军司令部于河内并作为受降主官受降越南北纬16度线以北地区日军投降事宜。将第四战区张发奎所部第46、62、64军改编成第二方面军，以张发奎为司令官，8月15日本投降后作为该方面军受降主官，负责广州、香港、雷州半岛、海南岛地区日军投降事宜。将黔桂湘边区汤恩伯所部第27集团军（辖第13、20、26、71、94军）改编成第三方面军，由汤恩伯任司令官，霍揆彰（6月□日他调，由郑洞国继任）、张雪中任副司令官，8月15日日本投降后，汤恩伯作为该方面军受降主官，负责受降南京、上海日军投降事宜。将第24集团军王耀武所部第73军（军长韩浚，辖第15、77、暂编第5师）、74军（军长施中诚，辖第51、57、58师）、100军（军长李天霞，辖第19、63师），后增第18军（军长胡琏，辖第11、18、199、新编第23师）改编成第四方面军，以王耀武为总司令，彭位仁、傅仲芳为副总司令，8月15日日本投降后，王耀武为该方面军受降主官，负责受降长沙、衡阳地区日军投降事宜。

中国陆军总司令部还辖有中国远征军、青年军。

1945年8月15日，日本投降，中国陆军总司令部作为中国战区最高统帅主持该战区范围内日军投降事宜的代表，还负有指导、监督收复党政机关接收之责，为此曾于1945年9月□日成立有党政接收委员会。

1946年6月1日，中国陆军总司令部与军事委员会所属军训部各兵监及同盟军中国战区统帅部合编组成"国民政府行政院国防部陆军总司令部"。

国民政府军事委员会战地党政委员会

国民政府军事委员会为统筹战地（即游击区）党政军设施，于1939年3月22日在重庆成立了战地党政委员会，以蒋介石为主任委员（1940年4月□日，由军事委员会副参谋长程潜兼任）、李济深为副主任委员（1940年4月□日李他调，由军事委员会政治部副部长周恩来继任），以甘乃光、何键、徐堪、陈诚、翁文灏、陈立夫、徐永昌、张定璠、周恩来、屈映光、蒋作宾、胡宗铎、李杜、黄炎培、王葆真、梁漱溟为委员（1941年1月□日增任晏道刚为委员），以邵力子为秘书长（1940年9月□日由晏勋甫继任）。

依据《军事委员会战地（即游击区）党政委员会组织纲要》之规定：战地党政委员会负战地（即游击区）党政工作之设计、指导、监督及考核之责，具体任务如下：1. 在政治上，恢复和健全游击区之党政机关，发动和组织民众摧毁敌伪组织。2. 在军事上，普遍建立游击根据地，扩大游击战争，发动民众自卫武装，收编与训练战地游民和会匪，策反伪军。3. 在经济上，统制战地物资，对敌实行经济封锁，调整税捐、租佃、劳资关系。4. 在文化教育上，推行民族文化运动，防止奴化教育，揭破敌伪欺骗宣传。此外，还负有调训战地党政干部与训练新干部之责。并规定：中央党政机关对于战地特颁之法令得悉由军事委员会转行，战地党政委员会对于现行法令认为在战地有暂行停止实施之必要时，得呈请军事委员会委员长核定。

战地党政委员会成立初期，设正副主任委员各1人、委员11-15人、秘书长1人、设计委员与指导员各若干人，均由各军政机关及中央党部调用，内部机构设有机要、总务、党务、政务、军事5组，每组均分为2科办事。

是年4月□日，《修正军事委员会战地（即游击区）党政委员会组织纲要》颁布，规定更为严密、系统，各规定如下：

1. 军事委员会为统筹战地党政军之设施起见，特设立战地党政委员会，负战地党政工作之设计、指导、监督及考核之责。

2. 战地党政委员会对于战地党政工作，依军事委员会制定之《战地政治纲领》施行（《战地政治纲领》另定之）。

3. 战地党政委员会于军事委员会指定之战区设置分会，其设置条件如下：（1）全部已沦为游击区者；（2）一部分已沦为游击区者。该分会之行政范围只限于该游击区，其区域由该战区最高军事长官划分呈请军事委员会核定之。前项区域得依军事情况之变化呈请重新划定。

4. 分会辖境内已划定之游击区，于必要时，得设置战地党政委员会区会；未经指定设置分会之战区，其沦为游击区之部分如有特殊情形，亦得呈请设置，其组织由战地党政委员会按当地情形订定并呈报国防最高委员会。

5. 战地各省之行政督察区，得因山川形势及作战之便利重新划定并扩充其范围与充实行政督察专员公署之组织。

6. 中央党政机关对于战地特颁之法令，悉由军事委员会转行。

7. 战地党政委员会对于现行法令认为在战地有暂时停止实行之必要时，

得呈请军事委员会核定之。

8. 战地党政各机关仍保持原有组织及系统，如事实上有调整之必要时，呈经军事委员会商由中央各主管机关办理。

9. 战地党政委员会及其分会应于适当地点酌调战地现行党政工作干部人员加以训练并得训练新干部人员以补充之。

10. 战地党政委员会除设计委员、指导员、视察员外，编制员额为130人，计分设为：主任委员（上将）、副主任委员（中将或上将）各1人，委员11-15人（中将或上将），秘书长1人（同中将），设计委员（同少将或中将、上校，不定额）、指导员（同上校或少将，不定额）、视察员（同上校或中校，不定额）各若干人，均由各军政机关及中央党部调用，不得兼薪，但必要时得酌设专任人员。为辅助指导员、视察员办理技术工作，得设服务员（同上、中、少、准尉，不定额）若干人。

11. 战地党政委员会设秘书处及党务、政务、军务、机要、总务组分掌各事项，各处、组均分2科办事。（1）秘书处：置处长1人（同少将）、秘书3人（同上校2、同中校1）、科长2人（第1科科长由同上校秘书兼任，第2科科长由同上校干事兼任）、干事3人（同上校1，同中校1、同少校1）、书记7人（同上尉4、同中尉3）、译电员5人（同少校1、同上尉2、同中尉1、同少尉1）、司书25人（同少尉10、同准尉15），掌理文书收发、印信典守、电报翻译、会议记录、分（区）会组织及长官交办等事项。（2）党务组：置组长（同中将或同少将）、副组长（同少将或同上校）各1人、科长2人（同上校或少将，第一科科长由副组长兼任）、干事5人（同上校2、同中校1、同少校2）、书记2人（同上尉）、司书1人（同准尉或同少尉），掌理战地之宣传、民运及关于其他党务事项。（3）政务组：置组长1人（同中将或同少将）、副组长2人（同少将或同上校）、科长2人（同上校或同少将，第一科科长由副组长兼任）、干事7人（同上校或同中校3、同中校或少校4）、书记3人（同上尉）、司书1人（同准尉或同少尉），掌理战地行政事项。（4）军务组：置组长1人（中将或少将）、副组长2人（少将或上校）、科长2人（上校或少将，第一、二科科长均由副组长兼任）、干事8人（上校2、中校4、少校2）、书记3人（同上尉）、司书1人（同准尉或同少尉），掌理战地游击部队之活动及人民抗敌部队之整编诸事项。（5）机要组：置组长1人（同中将或同少将）、副组长2人（同上校或同少将）、科长2人（同上校或同少将，第一科科长由副组长兼任）、干事12人（同上校2、同中校6、同少校4）、书记2人（同上尉）、司书1人（同准尉或同少尉），掌理情报、调查、统计及参考资料之搜集事项。（6）总务组：置组长（同中将或少将）、副组长（同少将或同上校）各1人、科长2人（同上校或同少将，第一科科长由组长兼任）、干事5人（同上校2、同中校2、同少校1）、书记2人（同上尉）、司书1人（同准尉或同少尉），掌理人事、庶务、会计事项。

12. 战地党政委员会应于每星期举行会议一次，讨论工作设施方针。秘书长、设计委员、组长、处长均得列席。必要时，得由主任委员召集临时会议。

13. 战地党政委员会各级职员，以就党政军各机关现职人员遴调为原则。

14. 战地党政委员会办事规程另定之并呈报军事委员会备案。

同年4月□日，《修正军事委员会战地党政委员会分会组织纲要》规定：

1. 战地党政委员会分会（以下简称分会）依据《修正战地党政委员会组织纲要》第3条之规定设置之。

2. 分会名称冠以该战区定名为第几战区战地党政委员会分会。

3. 分会负责指导及监督该战地党政事宜。

4. 分会认为该战地有制订单行规则之必要时，应呈经战地党政委员会转呈军事委员会核准行之。分会工作计划应呈报战地党政委员会核准。

5. 分会有考核该战地各级党政军机关工作人员之权。

6. 分会设主任委员（上将或中将）、副主任委员（中将）各1人、委员（中、少将）11-15人、秘书长（同少将或同中将）1人、秘书（同上校）1人、专员（同上校或同中校）若干人（不定额）。为辅助专员办理技术工作，得设助理员（同上、中、少、准尉）若干人（不定额）。分会管区内之省主席、党部主任委员均为当然委员。

7. 主任委员由该战地最高军事长官兼任，副主任委员兼秘书长，由中央遴派，但依实际情形，得分别遴派之。

8. 分会于秘书长以下分设党务、政务、军务3处及机要、总务2科，处下得分2科办事：（1）党务处置处长1人（同上校，兼任第一科科长）、科长2人（同上校）、干事4人（同上校2、同中校2）、书记4人（同上尉2、同中尉2）、司书2人（同少尉）。（2）政务处置处长1人（同上校或同少将，兼第一科科长）、科长2人（同上校）、干事4人（同上校2、同中校2）、书记4人（同上尉2、同中尉2）、司书2人（同少尉）。（3）军务处置处长1人（上校或少将，兼第一科科长）、科长2人（上校1、同上校1）、干事4人（中校2、少校2）、书记4人（同上尉、同中尉各2）、司书2人（同少尉）。（4）机要科置科长1人（同上校）、干事4人（同上校1、同中校1、同少校2）、书记2人（同上尉1、同中尉1）、司书2人（同少尉）。（5）总务科置科长1人（同上校）、干事2人（同中校1、同少校1）、书记1人（同上尉）、司书1人（同少尉）。

每分会除专员、助理员不定额外，含兼职科长在内，额定编制73员名，均以就地方党政军机关调用为原则。

战地党政委员会依据军事委员会之指定，设置有下列10个分会：1. 第三战区分会，设于江西上饶，1939年7月□日成立。2. 第四战区分会，设于广东曲江，1939年7月□日成立。3. 第九战区分会，设于湖南长沙，1939年10月□日成立。4. 豫鄂皖边区分会，设于安徽立煌，1939年10月□日成立。5. 第二战区分会，设于山西兴集，1940年3月□日成立。6. 冀察战区分会，设于河南洛阳，1940年3月□日成立。7. 鲁苏战区分会，设于山东临沂，1940年4月□日成立。8. 第六战区分会，设于湖北恩施，1940年11月□日成立。9. 鲁苏豫皖边区分会，设于河南南阳，1940年12月□日成立。10. 豫鄂皖苏边区分会，其设置地点与成立时间未详，待查。各分会辖境内已划定之游击区，于必要时可设置党政区会；在未经指定设置分会之战区，其沦为游击区之地区，若情形特殊，亦可呈请设置区会。为重建沦陷区党政机关与民众组织并摧毁敌伪之一切组织设施，战地党政委员会各分会还组织有党政总队。

1942年2月17日，军事委员会办公厅曾以"收电渝机字第6728号"快邮代电致函行政院秘书处秘书长陈仪，指出："过去各地党政分会暨党政总队与各地方原有党政机关诸多纠纷，自应切实研究彻底调整，此后战地党政委员会之性质，只可任指导、考核、联系与设计，切不可直接管理行政。否则，必与沦陷区省府发生事权冲突之弊。"在此后所拟之《战地党政委员会今后改进意见》中，把原本针对敌伪的斗争矛头同时亦指向了中国共产党，其云："在沦陷区内对敌、伪、奸进行斗争，重建党政组织。"

1943年1月1日，战地党政委员会及各地分会、区会均予撤销，其业务中之军事部分由各战区司令长官部（总司令部）之参谋处与军务处接办，政治部分由各战区（边区）政治部与地方政府接办，党务部分由各战区（边区）特别党部或地方党部接办。与此同时，授予战区司令长官（行营主任、边区总司令）在作战必要时有指导辖境内党政之特权，唯应召集党政军联席会议议决后报军事委员会备查。

国民政府军事委员会国家总动员设计委员会——国防最高会议国家总动员设计委员会——国防最高委员会国家总动员委员会

1937年7月7日日本发动全面侵华战争，7月22日，经蒋介石同意，国民政府军事委员会密令设立国家总动员设计委员会并派时任军政部部长的何应钦为主任委员，派时任交通部部长的俞飞鹏与时任军政部政务次长的曹浩森为副主任委员。8月1日，国民政府军事委员会国家总动员设计委员会正式成立并召开第一次大会，出席委员（其中行政院相关部会长官与军事委员会相关部会长官为"当然委员"，余为"分组委员"）31人，决定作为总动员业务中心的"资源动员"由军事委员会资源委员会负责召集实业、军政、财政、交通、铁道5部及国民政府全国经济委员会会同筹办，余如兵役、伤兵慰劳抚恤、军队卫生管理、教育、宣传、民众组训、地方行政、难民救济、社会卫生、财政金融、经济、交通、国防工业等问题之研究与审查事宜，由会内所设4组分掌，日常会务则设秘书处负责处理。8月19日又加派时任国民政府训练总监部副监的张华辅、9月26日再加派时任军事委员会办公厅副主任的刘光为副主任委员（自8月1日起，各"当然委员"、"分组委员"亦有加派或改派）。由于各委员均系兼职，人数虽多，职虽重要，因散处各地，联系不易密切。为迅速推进业务，自8月27日起，定每周五上午9时起举行会议一次，然效果仍难见好。10月18日，军事委员会委员长蒋介石乃以"复秘京总代电"颁发《修正国家总动员设计委员会组织大纲》并改派时任军事委员会第二部部长的熊式辉为主任委员，而改以黄绍竑、何廉为副主任委员。10月25日，国家总动员设计委员会各项案卷均移由军事委员会第二部接收。11月16日，军事委员会第二部奉令结束，乃又将所接收之各项案卷"仍移交国家动员设计委员会接收"。时，国家总动员设计委员会已改归国防最高会议直隶。

1939年1月28日，中执会五届五中全会通过《国防最高委员会组织大纲案》决议，于第一条第二款明定"【国家】总动员委员会直隶于国防最高会"，负责主持国家总动员设计及指导各省、市、县动员委员会工作，置正、副主任委员各1人综理会务。设秘书处，置主任秘书1人，承正、副主任委员之命，督率总务、文书、编审、统计4股处理会务。设第1-4组分掌下列各事项：第1组负责研究与审查关于兵役、抚恤、军队卫生之计划事项，第2组负责研究与审查关于教育、宣传、民众组训之计划事项，第3组负责研究与审查关于地方行政、难民救济之计划事项，第4组负责研究与审查关于财政金融、国防工业之计划事项。

1941年12月23日，中执会五届九中全会通过《加强国家总动员实施纲领案》决议，规定："第十，中央应设置全国总动员机构综理推动各项动员业务，原有之国民精神总动员委员会及新生活运动总会及其他有关动员之机构应合并工作。"

1942年3月29日，国民政府明令公布《国家总动员法》并定同年5月5日施行。5月4日，蒋介石昭告全国同胞实施《国家总动员法》，由此，各级总动员委员会撤销并改设为各级动员会议，隶于行政院之下。

国民政府军事委员会航空处

1927年4月18日，国民党政府在南京成立，4月21日蒋介石以国民革命军总司令名义通电全国谓：国民政府军事委员会已由广州迁至南京并即日开始办公。7月12日，国民党政府公布新的《军事委员会组织大纲》，规定军事委员会所设之4厅4处中，航空处列于海军处之后而在经理处、政治训练处之前。时属国民革命军总司令部之航空处设有军事、经理2科与军医、副官2室。9月□日，航空处改隶于国民政府军事委员会，处内改设：1. 总务科掌理文书、庶务、经理、军医各事项。2. 训练科掌理航空飞行训练事项。3. 军事科掌理作战、炸弹制造及保管、摄影、图画各事项。4. 政治训练处掌理政治训练各事项。

1928年10月8日，国民党政府实行五院制。11月7日，国民政府明令："军事委员会著即裁撤，所有该管一切事宜，限十一月十日以前结束，分别移交【行政院】军政部、【国民政府】参谋【本】部、军事参议院、训练总监部办理。"11月10日，国民政府军事委员会通电宣告结束，航空处改组为行政院军政部航空署。

国民政府军事委员会参谋厅陆军测量局（陆地测量总局）

国民政府军事委员会参谋厅于1927年12月□日所设分管全国土地测量等事宜的专门机构——陆军测量局，其执掌事项为：1. 全国土地测量各项业务之规划与实施。2. 各省兵要地图图底之收集与保管。3. 其他不属于各省所能办理之各项测政事宜。陆军测量局置局长1人，少将，由参谋厅遴选富有军事测量学识与经验之人员、呈请国民政府军事委员会任命，承厅令综理局务；置上校副局长1人，协助局长掌理局内各项业务规划之审定、成绩进度之考核及各项业务材料、费用之统计事项。

局长之下设三角、地形、制图3科，分掌下列各事项：1. 三角科掌理天体与气象观测、海岸潮汛测定、全国干线水准、土地三角测定、国防界址勘定、各种计算表册研制等事项。2. 地形科掌理全国各种兵要地理查勘、要塞地形测勘、全国兵工道路测勘、地质地层分布测勘、不属于各省陆军测量局办理之兵要地图查勘等事项。3. 制图科掌理全国兵要地图之收集与调制、全国兵要地图之摄影与电技和雕刻及机印与石印和其他制版、各省兵要地图图底之存储与保管、兵要地图之编纂与集成、要塞地区模型制造等事项。必要时并得增设经界科办理土地清丈与土地测量审定事项。

1936年7月，参谋厅陆军测量局改组为陆地测量总局，其局长承军事委员会参谋总长、参谋次长之命综理局务，副局长辅佐局长处理局务；正副局长之下改设总务、经理、三角、地形、航测、制图6科。

国民政府军事委员会资源委员会

1935年4月□日，国民政府参谋本部国防设计委员会与国民政府行政院军政部兵工署资源司合并，组成国民政府军事委员会资源委员会，执掌人力与物力资源之调查、统计、研究、计划、建设、开发、动员及其他有关资源各事项，重点转向重工业之建设。

资源委员会置委员长1人综理会务；置委员48人，由委员长聘任并从中指定5人为常务委员；以行政院各部部长为当然委员。各委员分别担任资源之调查、统计、研究和动员之计划事项。其日常办事机构仍为秘书厅（与国防设计委员会一样），由正、副秘书长各1人承委员长之命赞襄会务。秘书厅设秘书办公、调查、统计3处及专员、矿、冶金、电气4室，各处、室执掌事项仍与国防设计委员会时之各处、室同。

同年5月□日，资源委员会增设设计处，掌理审查计划、研究法规、规划资源动员各事项。

1937年7月7日，抗日战争爆发后，资源委员会主持并会同行政院军政部、实业部、财政部组织了上海、天津、青岛等沿海城市工厂内迁事宜。

1938年1月14日，国民政府军事委员会资源委员会改由国民政府行政院经济部辖属。

国民政府军事委员会所属各战区、战区司令长官（总司令）、战区司令长官部（总司令部）

1937年7月7日，"卢沟桥事变"发生，8月13日，日军进攻上海，淞沪战火继起，中华民族全面抗击日本侵略由此开始，至1945年8月15日日本战败投降时止，在中国抗日战争时期，国民政府军事委员会先后在全国范围内建立过12个战区，分别任命战区司令长官并成立战区司令长官部，于战区司令长官之下设参谋长、高级参谋、机要室、参谋处（内设作战、情报、后方3课）、副官处（内设总务、管理、人事、交际4课）及必要之经理、卫生、军法人员、航空司令、工兵司令、兵站总监（其编制另定），其编制如下：

司令长官1，上将，乘马4，小汽车1，承陆海空军大元帅之命指挥、统帅所属部队担任一切作战事务。

参谋长1，中将，乘马2，小汽车1，承司令长官之命处理一切军务事宜。

高级参谋4，中将或少将1，少将3，乘马4，承司令长官之命及参谋长、副参谋长之指导，襄赞一切军务事宜。

机要室：参谋2，上校或中校2，乘马2，承各级长官之命协理一切不属于各处之机密事件；秘书2，同中校1，同少校1，承各级长官之命办理一切不属于各处之机要文件及翻译事项；副官2，少校1，上尉1，乘马2，办理一切临时指派事宜；书记1，1等书记，办理一切不属于各处之普通文件；司书2，2等司书；文书军士2，上士；卫士11，上士1、中士4、下士6；乘马11（司令长官4、参谋长2、副参谋长1、高级参谋1）；司机3，同上士；公役6，2、3、4等各2；炊事兵4，1等兵；饲养兵10，上等兵1、1等兵4、2等兵5；乘马10。

航空司令1，少将或上校，乘马1，承司令长官与参谋长之命，计划关于航空使用事项。卫士1，下士；公役2，4、5等各1；饲养兵1，1等兵；炊事兵1，1等兵。

工兵司令1，少将或中将，乘马1，承司令长官及参谋长之命，计划工兵使用事项；参谋2，上校1、中校或少校1，乘马2；卫士1，下士；公役2，4、5等各1；饲养兵1，1等兵；炊事兵1，1等兵。

合共每一战区司令长官部编制官佐员额22人、士兵名额46人、乘马45匹、小汽车3辆。

此外，还成立有级别低于战区但高于集团军的苏鲁、冀察战区，其长官称"总司令"，其指挥机构称"总司令部"。

兹以各战区设立先后时序分述如下：

1. 1937年8月20日，国民政府大本营制颁《关于全面抗战之国军作战指导方案》、《国军战争指导方案训令》，命令在全国率先设立第二－五战区[详见第47－49页"1931年12月25日－1943年9月12日五院制实行后主席虚权制下的国民党政府"词目内之19－23]。

2. 第一、第六战区以下各战区先后设立情形如下：

（1）第一战区：[详见第47页

"1931年12月25日-1943年9月12日五院制实行后主席虚权制下的国民党政府"词目内之⑲〕

(2) 第六战区：〔详见第49页同上词目内之㉔〕

(3) 第七战区：〔详见第49页同上词目内之㉕〕

(4) 第八战区：〔详见第49页同上词目内之㉖〕

(5) 第九战区：〔详见第50页同上词目内之㉗〕

(6) 第十战区：〔详见第50页同上词目内之㉘〕

(7) 第十一战区：〔详见第50页同上词目内之㉙〕

(8) 第十二战区：〔详见第50页同上词目内之㉚〕

(9) 鲁苏战区：〔详见第50页同上词目内之㉛〕

(10) 冀察战区：〔详见第51页同上词目内之㉜〕

综上可知：战区乃抗战期间最高统帅部依据全国各地之政治、补给、战略、战术四大因素之相互关系划分而成的若干作战地区，各该地区各置司令长官成立司令长官部，以期作战指挥便利、灵敏。各战区司令长官1人，上将，副司令长官1人或数人，上将或中将，辅佐司令长官（凡指挥3个集团军以上之战区，可增设副司令长官1），司令长官承军事委员会委员长之命统辖战区内一切军事、政治、党务各事宜。作为辖区战场之实际统帅，战区司令长官有依据战区内实际状况和最高统帅之训令与指示指挥辖区内部队从事作战之权，并对辖区内之政治与保安团队及水陆警察拥有指挥之权。

战区司令长官部为各战区之最高军事指挥机关，直接受命于最高统帅部，根据最高统帅部所赋予之任务和军事作战之总方略策定所辖区域内之作战计划，并由此律定所辖各兵团之行动，直接统帅战场、指导会战。战区司令长官部于正副司令长官外，置参谋长1人、秘书长1人，以下分机要室与参谋、军务、卫生、副官、经济作战5个处，分掌指定事项。

1945年8月15日，日本投降后，至10月□日，国民党政府为适应其大规模的政治需要，将各战区改设为各"绥靖区"、"绥靖公署"、"指挥部"等。

国民政府军事委员会军令部

1938年1月17日，国民政府军事委员会改组，将其于1937年8月20日所设掌理作战事项之第一部与由原训练总监部改称掌理军训事项之军训部及原国民政府参谋本部合并改组为军令部，掌理国防、用兵、情报、参谋、人事、教育、陆地测量各事项，对各军事机关、部队之参谋业务有指挥与监督之权，并统辖陆军大学校、战史编纂委员会、陆地测量局、炮兵指挥部、工兵指挥部、通信兵指挥部、陆海空军驻外武官等机构。

军令部置部长1人，上将，承军事委员会之命综理部务；置次长2人，中将，承军事委员会之命辅助部长综理部务；置主任高级参谋1人，中将，高级参谋（中、少将级）、参谋（上、中、少校级）各若干人，于主任高级参谋指挥之下，分管不属各厅之机要与审核章制等事项；置厅长3人，中将，承部长之命综理厅务。军令部设第一、二及总务3厅：

第一厅设4处与办公室，掌理：1. 国防作战计划之策定、命令起草及兵员布置事项。2. 军队编制、装备及调遣事项。3. 城塞设计、审核及有关海空军作战事项。4. 兵役动员、绥靖及警备事项。5. 国家总动员各项计划、资源调遣与统制及整备事项。6. 后方勤务指导计划事项。7. 兵要地志之调查与编纂、测量计划之审核及地图保管事项。8. 军队教育与演习事项。9. 战史资料之搜集与编纂及战略战术之研究事项。

第二厅设4处与办公室,掌理:1.敌军谍报、各战场敌情及"边区谍报"事项。2.苏联、欧美及与敌有关各情报之搜集、研究、整理、判断事项。3.驻外武官之派遣、指导及外国驻华武官之招待事项。4.谍报计划与谍报人员之训练事项。5.外侨与各国驻华兵力之登记事项。6.防范间谍与汉奸活动事项。7.在华外人军备行动之调查与整理事项。8.谍报教育与通讯及谍报技术之研究与计划事项。

总务厅设3处与办公室,掌理:1.本部职员与海陆军参谋人员之任免、考核、恤赏事项。2.参谋教育、陆军大学之组织及教育纲领事项。3.口令、信号及陆军通讯联络事项。4.本部文电、章制、印信与文书之收发与印制事项。5.各项会计审核、警员及交通运输等事项。

1月10日,国民政府任命徐永昌为军令部部长;1月31日,任命杨杰(林蔚代理)、熊斌为军令部次长(1940年5月□日熊免职后,8月12日由刘斐继任;1943年5月□日林被免后,由罗卓英继任;1944年月□日罗被免,熊斌再度继任;1945年10月23日熊被免,由秦德纯继任);3月28日,张华辅被任为主任高级参谋,张元祜等19人被任为高级参谋;同日,刘斐被任为第一厅厅长(1940年8月12日由张秉钧继任)、徐培根被任为第二厅厅长(1939年1月□日由杨宣诚、1944年2月□日由郑介民先后继任)、陈焯被任为总务厅厅长(1939年11月□日改称第三厅,1945年□月□日,陈被免,由李瑞浩继任),军令部正式组织成立。

1939年9月□日,增设将官级部附5人、校官级部附15人;11月□日,军令部增设高级参谋室,除置中将主任高级参谋1人外,置中将高级参谋与上、中将参谋各若干人;增设高级副官室,除置同少将秘书1人外,置同上校与同中校或同少校秘书各若干人;改总务厅为第三厅,将原总务厅第三处改为第三厅总务处;高级参谋室掌理:1.不属各厅之机要和一切交办事项。2.审核建议、章制及临时联络之派遣事项。高级副官室掌理:1.中外来宾接待及重要命令传达事项。2.一切联络事项。秘书室掌理各种文牍、部务会报之撰拟及不属各厅之文电事项等。

1940年5月□日,撤销炮兵指挥部,其业务由第一厅接管。

1941年10月1日,第二厅增设第五处和一个专门掌理谍报、通讯、译电事宜的组。

1942年4月□日,增设战讯发布组。8月增设联络参谋33人。9月17日,于第二厅第二处内增设参谋4人。12月19日,撤销工兵指挥部与通信兵指挥部,其业务并入第一厅。12月□日,原陆地测量局划归军令部,改称第四厅(1943年2月9日任命晏勋甫为厅长)。

1943年4月□日,将技术室和电讯总队及无线电总台合并成立"通讯总所"。6月30日,正式决定将所属测量总局并入第四厅,置厅长1人(中将)、副厅长1人(中将或少将),厅内分办公、技术2室与第一、二处,掌理陆地测绘、测绘教育事项,另辖有中央陆地测量学校及其第一分校、各省测量局、各测量作业队。9月1日,为培训驻外武官,成立"预备武官训练班"。

1944年6月□日,成立"边务研究所"。7月□日,预备武官训练班结束。

1945年8月□日,第三厅第一处改人事处;第四厅增设测量处,掌理该厅原第一处经管业务,原第一处缩编为管理室,原第二处改称制图处。

1946年5月31日,国民政府军事委员会撤销,改于行政院下设立国防部,军令部宣告结束。

国民政府军事委员会海军总司令部

1938年1月1日,国民政府军事委

员会决定裁撤海军部，将其原经管业务并归于军事委员会海军总司令部办理。1月17日，原国民政府行政院海军部裁撤，时军事委员会海军总司令部在海军总司令之下设参谋长1人，设有参谋处（分军务、文书2科治事）、军衡处（分铨叙、恤赏2科治事）、舰械处（分轮电、名器2科治事）、军需处（分会计、储蓄2科治事）；置有中校与少校秘书4人、中校与少校副官3人，分掌有关事务；另设有警卫连、军乐队、无线电台。辖有第一、二舰队，海军陆战队之第一、二独立旅，练习营，鱼雷营，特务营，布雷营，试发雷队，各沿江要塞地之炮台。10月25日，武汉失守，海军舰艇仅有排水量计为8,666吨的14艘舰艇残存。

1939年7月16日，国民政府军事委员会改组方案披露出已有将海军总司令部改为海军处之预案，延至1945年12月31日，军事委员会最终裁撤了海军总司令部，改在行政院军政部内设立海军处，由陈诚、周宪章任正、副处长，魏济民任办公室主任。

国民政府军事委员会运输统制局

1940年4月□日，国民政府军事委员会为统制和管理运输业务与燃料，成立了运输统制局，执掌：1. 国内外各公私运输机关与运输工具之管理、调配事项。2. 进出口物资运输之数量与程序之支配事项。3. 有关运输一般设施之审定事项。4. 有关运输争议之解决事项。5. 各运输线路工程之考核与监督事项。

运输统制局主任1人，特任，由军事委员会参谋总长兼任；副主任2人，特任，由行政院交通部部长和军事委员会后方勤务部部长兼任；正、副参谋长1人，简任。下设：1. 秘书处，置秘书长1人，简任，内分3科掌理局内文书、人事、庶务各事项。2. 指挥处，置处长1人，简任，内分3组6科，掌理运输工具之调度、仓库设备之添置与管理、运输运力之宣传、伕车与驮运驿站之设置、运输有关一切设施之备办各事项。3. 财务处，置处长1人，简任，内分3组掌理国外运费与关税之核算、领支与转账各事项。4. 监察处，置处长1人，简任，内分3组6科，掌理运输纪律与秩序、运输线路之保安及工作考核各事项。5. 液体燃料管理委员会，置主任委员1人，简任，内分采购、储运、分配3组及秘书室，掌理液体燃料之采购、储运、分配及会内文书各事项。9月□日，撤销财务处，其业务归并由秘书处办理；指挥处改组为"运务总处"，处内改设为车务管理和驿运管理2组。

1941年7月□日，行政院交通部公路总管理处与运输总局及所属各机构均改隶于运输统制局之下。10月□日，运输统制局组织法修正，规定除执掌原定各事项外，增加经管各运输线路工程之计划、兴筑、修理、保养、警卫、稽查各事项，局内机构设置除增加1名副主任外，又将公路运输总局并入运务总处，将公路总管理处改组为公路工务总处，增设汽车司机技工管训委员会、汽车配件管理委员会。12月□日，增设会计处，还增设了参事、专员若干人，分任研究、审核、编纂各项设施方案与法规等事项。

1942年12月□日，根据军事委员会《调整中央军事机构办法》之规定，运输统制局被撤销，其经管事项中之公路运输与工程管理事项，由已于1943年1月□日成立之行政院交通部公路总局赓续办理；其监察处被改组为国民政府军事委员会水陆交通统一检查处；其他事项由国民政府军事委员会运输会议接办。

国民政府军事委员会战时运输管理局

1945年1月□日，军事委员会为适

应作战需要、统一管理战时各种运输及各种有关业务,又将行政院交通部公路总局和驿运管理处及军事委员会后方勤务部所属军事运输机构合并,组成战时运输管理局,全国各种运输工具、燃料、配件,统一由局核定支配;各军事、公路、商业运输单位中备车较多者,统一由局派遣中、美技术人员进驻、作为监理官,其车辆、器材、仓库概由监理官管理;各省公路管理局运输指挥权统一由局掌管,其他一切非局属运输机关,其军运事项亦均受局统一指挥、监督。

战时运输管理局置局长1人,特任,由行政院交通部部长兼任,承军事委员会委员长之命综理局务;置副局长2人,简任,由交通部一名次长和驻华美军副参谋长麦克鲁少将分别兼任(后因麦克鲁少将公务繁忙,加派驻华美军马罗上校为助理副局长),局内设秘书、监理、人事、督察4室和总务、运务、公路工务、机料、财务、会计6处:

1. 秘书室分4组掌理机要文电之撰拟、法规章则之审定、对外事务之进行、文件编译、统计资料之汇编各事项。

2. 监理室分2科掌理运输路线警卫与保安之监督与联系、水陆运输纪律与秩序之考核与监督、其他有关违法案件之检举与审理各事项。

3. 人事室分3科掌理局属人员任免、铨叙、考核、奖惩、员工管训、退休、抚恤各事项。

4. 督察室分2科掌理水陆运输路线之稽查、督察各事项。

5. 总务处分3科掌理文书收发与保管、印信典守、员工福利统筹、庶务办理各事项。

6. 运务处分6科掌理运输工具之统筹调度与管制、运输计划之拟定与运量之考核、运价之厘订、牌照与行驶执照之登记与核发、驾驶人员与技工之登记与考核、其他水陆空驿各项运输业务之联系与监理各事项。

7. 公路工务处分4科掌理公路路线之规划、新修与改善工程之设计与监工、公路保养与养路费率之厘订、公路工程器材之筹拨、公路工程之督察与各项工程之审核、其他有关公路工程各事项。

8. 机料处分5科掌理运输工具保养与修理之督导、运输工具之统筹、各种配件制造与修理之规划、各厂(所)与仓库之统筹设置、国内外材料之储运与采购、燃料与工具及配件之统筹支配各事项。

9. 财务处分2科掌理经费之筹拨与调剂、款项之收支保管、财产与契据之登记与保管各事项。

10. 会计处分3科掌理预算之编审与统用登记、决算之核编、总损益之计算、会计制度之设计、所属机关会计事务之指导与监督、财务处理与检查、报表与单据之审核、监盘交代与监算之验收、会计人员之任免与进退各事项。

此外,还有设计考核委员会及参事、专门委员、专员、视察等人员之设置,掌理审核、研究、视察诸事宜。

同年7月,增设水运管理处,分3科掌理运务、船务、水道及其有关设备之设计、计划与调查事项,船舶征调、运务实施及运费核算事项,船舶、码头、厂、库之燃料及船员领江各管理事项。

1945年11月□日,公路工程与水、陆、空运输之战时状态结束,战时运输管理局改组为行政院交通部公路总局,恢复平时营运。

国民政府军事委员会委员长

"中华民国国民政府军事委员会"一词,早在1925年7月5日广州国民政府公布之《中华民国国民政府军事委员会组织法》中已有记载,而"中华民国国民政府军事委员会委员长"一词,则是 1932 年 3 月 14 日中国国民党四届二中全会通过《整理军事捍御外侮案》时才见出现，该决议规定：国民政府军事委员会设委员长 1 人（由中国国民党中央执行委员会政治会议选定、由国民政府特任）主持其事并负责进行，其他事项由委员长召集常务委员或委员会议讨论决定后、交各主管部办理。军事委员会设办公厅办理会内事务，办公厅正副主任各 1 人由委员长提请国民政府任命。自此以始，"中华民国国民政府军事委员会委员长"一词乃见诸载籍。3 月 8 日，国民政府特任蒋介石为军事委员会委员长，直至 1946 年 5 月 31 日军事委员会撤销，军事委员会委员长一直由蒋介石担任。只是在 1935 年 12 月 18 日 - 1937 年 12 月 31 日期间，阎锡山、冯玉祥出任过副委员长职务，至 1938 年 1 月 1 日，国民政府军事委员会改组，取消了副委员长之设。

国民政府军事委员会北平分会

1932 年 8 月 17 日，四届中执会政治会议第 321 次会议决议撤销北平"绥靖"公署。8 月 19 日，北平"绥靖"公署正式撤销并被改设为国民政府军事委员会北平分会，以蒋介石兼任该分会委员长，副委员长则由 8 月 16 日准辞北平"绥靖"公署主任的张学良担任。9 月 1 日，《国民政府军事委员会北平分会组织条例》公布，规定该分会委员长有"统辖所管区域内之各省军政、军令、国防、绥靖等事宜"之职权。是日，北平分会成立，蒋介石命副委员长张学良代理委员长职务，王树翰等 18 人为分会委员，万福麟、荣臻、蒋伯诚为常务委员，荣臻为分会办公厅主任。1933 年 3 月 11 日，张学良通电下野，次日，国民政府令免张学良本兼各职，由何应钦代理北平分会委员长职务。1935 年 11 月 26 日，国民党政府在日军压力下下令撤销军事委员会北平分会，而改以得到日军同意的冀察政务委员会管辖河北、察哈尔、北平、天津 2 省 2 市 "政务"[详见第 103 页"国民政府冀察政务委员会"词目]。

国民政府军事委员会委员长侍从室

从 1936 年 1 月 □ 日正式组设成立，至 1945 年 11 月 □ 日名义上撤销，11 月 26 日，原班人马转移至国民政府文官、参军 2 处，委员长侍从室一直凌驾于国民党政府党、政、军一切机构之上。

早在 1926 年 6 月 4 日蒋介石受任国民革命军总司令并率师北伐期间，便经常有侍从副官、侍从参谋、侍从书记随带身边以供驱使，是为委员长侍从室之胚胎期。

1932 年 3 月 4 日，中国国民党四届二中全会通过之《国民政府军事委员会组织大纲》规定会内于办公厅之下除设第 1 - 4 处与海军军令处外，还设有机要室与高级侍从参谋室，后者即为委员长侍从室孕育期雏形之一。

1933 年 5 月 21 日，国民政府军事委员会委员长南昌行营成立后，蒋介石接受行营秘书长杨永泰之建议，把经常随侍同行之亲信侍从参谋、侍从秘书、侍从副官、侍从保卫人员组成委员长侍从室，编列于委员长南昌行营正式编制之内。6 月 20 日，《国民政府军事委员会委员长南昌行营组织大纲》公布，其内规定：委员长南昌行营之委员长办公厅除置正副主任、秘书长、侍从高级参谋各 1 人襄助委员长分别处理行营一切事务外，还专设有"侍从高级参谋室"，置侍从参谋、侍从秘书、侍从副官各若干人，分别助理委员长办公厅事务。侍从高级参谋在《国民政府军事委员会委员长南昌行营组织系统表》中，列于委员长办公厅之下，而与秘书长室各办公厅主任室并列，且被简称为"侍从室"，是为委员长侍从室孕育期之雏形之二。

1936 年 1 月 □ 日，国民政府军事委员会委员长南昌行营委员长办公厅侍从高级参谋室与国民政府军事委员会办公厅高级侍从参谋室合并改组成立了"国民政府军事委员会委员长侍从室",内设第一处(世以"侍一处"相称)、第二处(世以"侍二处"相称),由钱大钧、陈布雷分任该2处主任(均为特任官),直接向委员长负责。

侍一处直接承委员长之命掌理军事参谋、委员长警卫及侍从室总务等事宜,并置副主任1人以为辅佐,下设第一、二、三组(世以"侍一组"、"侍二组"、"侍三组"相称):侍一组主管经理、会计、出纳、医疗、卫生、生活福利(包括对蒋介石本人及其住宅各项生活安排)、交际、接待来宾等项业务。其所需经费于以蒋介石个人名义所列之特别费项下开支,并直接向蒋负责;侍二组主管军事参谋业务——军政、军令、军训、国防设计、"绥靖"、兵役、军需、军医、兵工、后勤补给、公路工程、交通通信、运输、空军、海军、军法、人事、情报,总之,从作战指挥、部队训练、军事装备到交通运输、后勤补给、人事经理等,无所不包,几乎囊括了军事委员会所属各重要部门和其他行政部门所管各业务内容,甚至连军事委员会参谋总长所不能和不敢决定的一些报告和请示文件及来自全国各地军政大员的请示报告文电,均经侍二组参谋人员研究、审核、签注意见后送由委员长蒋定夺,蒋介石手令之发布、催办、检查,亦均由侍二组发出。侍二组因此成为侍一处的核心,其组长亦由侍一处主任钱大钧自兼。侍三组主管警卫事项,由王世和任组长,除设有武装警卫大队担任保卫委员长驻留期间和行动期间之安全外,还设有便装侍卫官和便装卫士若干人。

侍二处直接承委员长之命掌理党务、政治、军事、外交、情报和草拟讲话稿、重要文告及密电稿等事宜,并置副主任1人以为辅佐;下设第四、五组(世以"侍四组"、"侍五组"相称):

侍四组为党政秘书组,主管政治、党务、秘书业务,举凡行政、外事、财政、司法、铁道、交通、邮电、水利、教育、卫生、经济、侨务、蒙藏、党务、人事、抚恤、情报等,无所不包。其组长初由侍二处主任陈布雷自兼,后由陈方接任,乃侍二处之核心;侍卫组为侍从秘书组,以李惟果为组长,蒋介石将收罗之一批简任以上党政人员放在该组,予以侍从秘书名义,平时备供咨询,必要时外调任用。1938年秋,蒋为处理来自"中统"、"军统"、"三青团"3个特工系统的各种情报,特决定增设以唐纵为组长的侍六组,以掌管综核情报业务并直接秉承蒋之旨意处理;侍六组同时受侍一处与侍二处双重领导,其本组业务在侍从室内得对其他组保密。

除侍一、侍二两处以外,委员长侍从室还设有侍卫长1名,专负统一调动和指挥警卫大队便装侍卫人员之责。1936年1月-1938年3月,侍一处主任钱大钧兼任侍卫长;1938年3月-1942年,由王世和代理副侍卫长职务;1942年-1944年春,由冯圣法任副侍卫长;1944年春-1945年11月,由俞济时任侍卫长。

1940年初,陈果夫向蒋介石提出"由党培植、掌握新干部"计划,建议成立专门组织办理人事调查、登记、考核业务机构,经蒋批准,在侍从室内成立了以陈果夫和萧赞育为正副主任的第三处(世以"侍三处"相称),将侍五组原掌之人事业务划由侍三处主管(侍五组改为专管外交行政),侍三处主任特任,直接承委员长之命,掌理对国民政府与中国民民党高级官员进行调查、考核等事宜,并置副主任1名以为辅佐,下设第七、八、九组(世以"侍七组"、"侍八组"、"侍九组"相称):侍七组主管人事调查与考核,以邓海翔为组长;侍八组专管人事登记,以于抟翰为组长;侍九组主管中央训练团学员通讯和调查，以王慕曾为组长。

抗战后期，侍从室还成立了由蒋介石直接掌握、受侍二处主任陈布雷指导、专门处理蒋介石来往电报的"机要组"，组长由蒋的随从秘书毛庆祥兼任，组内秘书和译电人员均由毛庆祥亲自挑选，经机要组发出的蒋的所有电报，均以"机"、"侍机"或"中正"、"中○"作为专门标识；蒋介石出行各地时，机要组均得派译电人员随行。

1945年11月中旬，国民政府军事委员会委员长侍从室撤销，以侍二组人马与原掌业务内容为基础，成立国民政府参军处军务局，内分第一、二、三科，在第一副局长指导下，分别主管公开部分的编制、装备、人事、战斗序列、兵役、训练等业务之审核和计划作战、作战情报业务审核、国防和交通与补给和后勤及外事之研究和审核各事项；第四、五、六科，在第二副局长指导下，分别主管秘密部分之国际国内情报业务、中共情报业务、军法案件审核业务、"军统"之情报业务，该3科主管之业务对内亦须保密。以原侍一组全班人马和所掌全部业务转移到参军处内成立总务局予以保存。以侍四组全班人马和原掌业务内容为基础，成立国民政府文官处政务局。侍六组所管综核各方情报业务划归参军处军务局与文官处政务局赓续办理。侍三处原管人事考核和中央训练团学员通讯小组领导等项业务，归由文官处政务局办理。原侍从室主要人马亦转移至国民政府任职：原侍一处主任商震改任国民政府参军处参军长，原侍六组组长唐纵和原副侍卫长冯圣法改任国民政府参军，原侍卫长俞济时改任国民政府参军处军务局局长，原机要组组长毛庆祥改任国民政府参军处机要室主任，原侍四组组长陈方改任国民政府文官处政务局局长等等。

1948年5月20日，中华民国总统府成立后，政务局改称第二局，军务局改称第三局，机要室仍依原名，还新成立了总统府侍卫室，重新设置了正副侍卫长职务，实际上仍是国民政府军事委员会委员长侍从室的继续延伸。

国民政府军事委员会航空委员会

1933年8月□日，行政院军政部航空署改隶于国民政府军事委员会，增设了防空、统计2科。

1934年3月□日，航空署由杭州移驻南昌。5月□日，改组为国民政府军事委员会航空委员会，置委员长1人（由蒋介石自兼）、委员若干人。会内设办公厅，置主任1人，处理日常公务，厅下设第一－五处：第一处掌理作战、航政、防空、情报、械弹事项。第二处掌理教育、编译事项。第三处掌理人事、管理、军医、军法、统计事项。第四处掌理机械、器材事项。第五处掌理财务、补给事项。另置掌理建筑事项的第六科直属于航空委员会。

1936年1月□日，航空委员会由南昌迁回南京。4月□日，改办公厅主任为航空委员会主任，承委员长之命统率全部空军。会内增设秘书长1人，襄助主任处理会务。增设参事室与办公厅（掌文书、管理事项）。原设之第一－五处与第六科之组织及职掌仍旧。

1937年5月□日，航空委员会改行委员制，置委员长1人（仍由蒋介石自兼）、秘书长1人、常务委员3人（以其中之1人为主任委员）。会内设顾问室、参事室和常务委员办公室（掌文书、管理、编译事项）及第一、二、三厅分理各事：1. 第一厅下设3处分掌：（1）作战、组织动员、械弹事项。（2）军官教育、技术教育事项。（3）官兵人事、军法、医务事项。2. 第二厅下设2处分掌：（1）器材与修理事项。（2）工程与修缮事项。3. 第三厅下设2处分掌：（1）财务与补给事项。（2）油料、运输、通信、照像、气象事项。11月□日，航空委员会西迁武汉，撤销主任委员与常务委员，改设为正副主任，将第三厅第2处原掌理事项并入空军兵站监部。

1938年3月□日，航空委员会再度改组，于委员长、正副主任之下设主任办公室、顾问室、参事室和军令、总务、技术、防空4厅及人事、会计2处和政治部。军令厅下设参谋、航政、训练3处，总务厅下设经理、总务2处，技术厅下设技术、器材、建筑3处，防空厅下设积极防空、消极防空、防空情报3处，分别理事。

1939年初，航空委员会自汉口辗转迁至成都，时会内改设为秘书、顾问、副官、会计长办公4室，参谋、航政、机械、人事、经理5处，政治部，训练（分训练、教育2处）、防空（分积极防空、消极防空、防空情报3处）2监。

1941年9月□日，国民政府军事委员会制颁新的《航空委员会组织条例》，规定：

1. 航空委员会掌理空军军令、军政、发展航空工业、设计与指导及监督全国防空并督导民用航空各事宜。

2. 航空委员会设委员长1人、委员10-14人、主任1人、副主任1-2人，委员长统率空军、综理航空与防空一切事宜，各委员襄赞委员长推行空军建设，主任承委员长之命监督、指导空军建设与处理会内业务。

3. 航空委员会分本部、空军总指挥部、军政厅、防空总监部4部分设官任职：

（1）本部设：①参事室，承委员长之命、受主任之指导，掌理空军各部队、场站之考绩与临时交议或派遣事宜。②法制委员会掌理本会法制之审查、研究，并承办所属组织编制之审核。③飞行失事审查委员会掌理本会法制之审查、研究及预防业务。④人事处掌理空军人员铨叙、恤赏、军法暨人事登记等事宜。⑤秘书处掌理文电、机要等业务。⑥顾问事务室掌理分配外籍顾问之工作、分配与指导及考核编译官工作、编译与通译、外籍人员事务等业务。⑦副官室掌理交际与上列各处、会、室之庶务、管理、出纳、车辆、消防等业务。

（2）空军总指挥部设正、副总指挥和参谋长各1人，总指挥承委员长之命、受主任指导、率领所属掌理空军军令事宜，副总指挥辅助总指挥处理事务。参谋长承正、副总指挥意旨处理总指挥部业务。分设：①秘书室掌理文书、机要事项。②参谋处掌理作战、情报、通信、气象、战史、地图等业务。③航政处掌理各场站站务、民航、照像、油料、械弹等业务。④训练处掌理侦炸、驱逐、降落伞部队和参谋人员之训练事宜。⑤交通处掌理运输规划和交通技术事宜。⑥总务处掌理人事、经理、庶务事项。

（3）军政厅：设正、副厅长各1人，厅长承委员长之命、受主任之指导，率所属掌理空军军政事宜，副厅长辅助厅长处理事务。下分设：①秘书室掌理文书、屯务事项。②教育处掌理各飞行学校与机械教育之规划、实施事项。③机械处掌理各种航空器之制造、修理及器材之购置、分配事项。④编译处掌理国内外空军典章、教材及图书资料搜集、编译事项。⑤建筑处掌理飞机场及空军一切地面建设与营产管理事项。⑥经理处掌理财务、粮服、装具、器材购置事项。⑦卫生处掌理保健、医务、药材事项。⑧总务处掌理厅内人事、庶务与金钱出纳事项。

（4）防空总监部：设总监、副总监各1人，总监承委员长之命、受主任指导，掌理全国防空事宜，副总监辅助总监处理事务。下分设：①军防处掌理防空教育与防空作战事项。②情报处掌理防空情报与防空作战事项。③民防处掌理民间防空之设计、防护训练、灯火、避难管制等事项。④总务处掌理部内及所属人事、庶务、文书各事项。此外,航空委员会还设有政治部与会计处。

1943年2月□日,取消空军总指挥部、军政厅建制,其原设各处、室或予合并或改为直属委员长。经此调整后,航空委员会改以:1. 参事室掌理设计、考核、审议、研究、校阅及担任临时派遣等事项。2. 秘书处掌理本会文书、电务、印信与档案保管、外国语文之翻译等事项。3. 编译委员会(原军政厅之编译处改称)掌理业务仍旧。4. 法制委员会掌理业务仍旧。5. 购料委员会(新设)掌理航空器材、油料、械弹、通信、照像、气象、卫生、交通、特种装具等器材及其他材料之购办事项。6. 总务处掌理庶务、管理、出纳诸事项。7. 参谋处掌理作战、警卫、情报、通信、气象、侦察与轰炸和驱逐机人员训练、战史诸事项。8. 航政处除掌理原执掌事项外,增掌建筑及地图两项业务。9. 原设之交通、机械、经理、卫生、人事、会计、教育7处和政治部及防空总监部之掌理事项仍旧。

此后,航空委员会组织机构又迭有变更,至抗战胜利,其会内设有:主任办公室、参事室、秘书室、航空工业计划室、法制、购料、编译、飞行失事审查4委员会,参谋、人事、航政、交通、教育、机械、经理、卫生、会计、总务、防空11处,政治部,计20个职能部门,还辖有:空军各路司令部、空军各地区司令部,各基地指挥部,各空运大队,各机场勤务队,各飞机修造厂,各飞机用油、械弹、器材、被服厂(库),各无线电台,各气象台,各空军参谋、军官、机械、通信、防空、幼年学校练习队及训练班。

1946年6月1日,行政院国防部成立,国民政府军事委员会结束,航空委员会于是改组为国防部空军总司令部。

自1934年5月航空委员会改隶于军事委员会之日起,至1946年5月31日军事委员会结束之日止,12年间,其委员长一职一直由蒋介石担任,秘书长一职一直由蒋宋美龄担任(1934年5月-1937年5月),先后担任主任一职者有:陈庆云(1934年5月-1936年2月)、周至柔(1936年2月-1938年2月;1939年5月-1946年5月)、钱大钧(1938年2月-1939年5月);先后担任副主任一职者有:黄光锐(1938年2月-1946年5月)、沈德燮(1941年2月-1946年5月)、王叔铭(1945年□月-1946年5月)。

国民政府军事委员会禁烟督察处——国民政府行政院财政部禁烟督察处

1934年5月9日,国民政府军事委员会委员长南昌行营制定《禁烟督察处组织规程》,规定:

1. 禁烟督察处直隶于国民政府军事委员会,"承军事委员会委员长之命办理各省、市、区禁烟督察事宜,采用有效方法,限期禁绝鸦片及严缉麻罪毒品","先从腹地豫、鄂、皖、赣、苏、浙、陕、甘各省举办,再行推及边省"。

2. 禁烟督察处设正、副处长各1人,处长综理禁烟行政与缉私、执法各事务及会同会计长指挥会计人员办理各项会计事宜;副处长襄助处长处理事务,遇必要时,代行处长职权。设总、副监察各1人。总监察督率下属人员监察本处及其所属一切行政、执法、缉私、稽核账目、开发表册各事项;副监察襄助总监察处理事务,遇必要时,代行总监察职权。设正、副会计长各1人,会计长督率所属人员办理本处及其所属一切款项收支与经费汇报事务,与处长会衔签发所有解拨款项文件;副会计长襄助处理该管事务,遇必要时,代行会计长职权。设缉私主任1人,秉承督察处长之命,督率所属与管辖缉私巡轮、巡缉团办理一切缉私行政事宜(缉私主任得设缉私主任办公室,其组织规则另定）。设巡缉团长1人，依次秉承缉私主任与督察处长之命，督率所属办理堵缉、巡缉及监运事宜（巡缉团编制另定）。上述人员，经由军事委员会委员长任命。总监察、会计长得于本处内各设办公室（其组织规程另定）。

3. 禁烟督察处设秘书室，置秘书主任1人，秘书3人，秉承正、副处长之命，掌理禁烟设计、拟定禁烟规章、来文分发、文稿复核、机要文件撰拟、密码电本保管和编译各事项。设执法室，置执法主任1人、执法员2人，秉承正、副处长之命，掌理违禁人犯审理和科罚、私货之没收、贩卖毒品和各种代替品之科罚和没收、特业纠葛之处理、案犯之看守等事项。设第一科，掌理关防和印章之典守、文稿之撰拟、护照之核发、文书之收发与缮校、职员之任免与考核及奖励、员兵之抚恤、文卷和公物之保管、处内经费之支付和核定、庶务和其他不属于各科事项。设第二科，掌理税则之规定、征榷之改革、印花与照票及提单之保管和收发、税收与运销等之统计、运输计划和轮船之备办、一切计划之监管和改革等事项。设第三科，掌理禁种之查铲、禁吸之调查统计、缉获私土与毒品之保管和处理、贩售之取缔、证照之保管和核发等事项。各科各设科长1人，秉承正、副处长之命，掌理各科事宜；各科各设科员17人、办事员6人、录事3人，受科长指挥，办理各科事务。

4. 禁烟督察处得设各省市办事处、总公栈与分公栈、监运所与监运分所。

禁烟督察处总监察掌理督率所属人员监察本处及所属一切行政、执法、缉私和稽核账目表册各事项，副监察协助总监察处理上述各事项。总监察办公室设秘书2人，承总监察和副监察之命，掌理拟订规章、核阅文件及其他机要事项。设2科分别掌理文件撰拟与缮校及分配与收发、监运人员进退与考绩、考核全处和所属各机关人员工作情况、审核禁种与禁运及禁售与禁吸各种报告、监视运输、调查与审查稽核税费之收解、稽核各处与所属各机关收支款项之册报、稽查公栈货量出入和存销、稽核各种统计等事项。另设密查组掌理临时指派事项。总监察办公室得向各省市办事处派驻监察，承总监察和副监察之命，督率所属人员掌理驻在省市之检查禁种禁运禁售禁吸实在情形并审核转报、过秤与记码及贴花之监视转报、运输之监视转报、收解正附税款运费与手续费之稽核转报、收解各项证照费与罚金及缉获之私土与毒品、税花领用之稽核转报、实地巡缉与堵缉情况之考察转报、处理案件之考查转报等事项。

禁烟督察处会计长督率所属人员办理本处和所属各机关一切款项收支和经费汇报事宜，所有解款和拨款文件，均得有督察长和会计长会衔签署方为有效。副会计长协助会计长工作。会计长办公室置秘书1人，承会计长和副会计长之命，办理拟定规章与核阅文件及其他机要事项，并设3科掌理室内文书与庶务、会计人员进退考核、传票与单据之核签、各种经费账目与收解款项及代征款项与划拨抵解账暨押解票据与货币换算及盈亏与其他款项之登记、账簿与传票及会计与统计表册报告之编制、税票之填发与登记及保管、岁出岁入与概算决算及各种款项收支与会计表册报告之审核和汇编、所属各机关会计事务之视察与账目之检查等事项。会计长办公室得向各省市办事处派驻会计专员，向有收入之办事分处派驻会计员办理会计事务。

禁烟督察处监运所设所长1人，承正、副处长之命，综理所务，并指挥、监督所内外职员与各省市监运分所及派出所办理"公运"事宜。设2课分掌"特货"运载、轮运、车运之请领与填报护照和封条、考核燃料与消费、轮运与车运之检查等"公运"之一切事项。监运所得在各省市设立监运分所或派出所。

禁烟督察处总公栈设经理1人，承处命综理总公栈一切事务；设2课分掌"特货"进栈保管、"特货"收发与结存数目造册及日报通知、"特货"保管之分类登记与转拨过账、"特货"存仓填发存单与开箱之监视、"特货"进出过秤与起码及算税、"特货"出仓验对提单、眼同贴花、指挥消防、"特货"价目悬牌与通告等事项；总公栈得在各省市或重要区域设立分公栈；总公栈还设有消防队和交易登记所。

禁烟督察处缉私主任办公室设主任1人，承正、副处长之命，督率所属和管辖缉私巡轮与巡缉团之一切缉私和行动事宜。置秘书1人，承主任之命，拟订规章与核阅文件及办理机要；分3课掌理各地水陆侦缉之计划、各地缉私员兵之督察与考核、缉私情报之收集与登记、私犯之预审与移解、武汉三镇之缉私、查抄车船与飞机邮包、接洽、缉获私货毒品之验收和转解、缉私人员之奖惩等事项。还附设有巡缉团与缉私专员，巡缉团团长由军事委员会委员长任命，秉承缉私主任与督察处长之命，督率所属办理堵缉与监运各事宜。

1938年2月□日，禁烟督察处改隶于行政院财政部，继续办理"特税"事宜，其内设各机构和附设各机构及其职能和运转程序一仍如前。

1940年1月□日，各省市禁烟督察处改组为禁烟稽核处，专负稽核和运输之责。同月□日，禁烟督察处奉令裁撤各缉私机构。10月□日，禁烟督察处奉令办理结束，各省市禁烟稽核处陆续裁撤。

1941年4月□日，禁烟督察处清理完毕，正式结束。

国民政府军事委员会禁烟委员会

1935年6月5日，国民政府特派蒋介石兼任军事委员会禁烟委员会总监。6月10日，任命许世英等26人为委员，并就中指定甘乃光、李仲公、吕苾筹等为常务委员，改总务、查验2处为第一、二组，由张开琏、钱隽逯分任组长，增设主任秘书1人，由委员李鸿基兼任。

1938年1月10日，国民政府军事委员会禁烟委员会改隶于国民政府行政院内政部，更名为"行政院内政部禁烟委员会"。

国难会议

1931年7月-8月，川、湘、鄂、豫、皖、苏、浙、鲁、冀、辽、吉、热、黑、闽、赣、粤16省遭大洪灾，5000万以上灾民流离失所。9月18日，日本军国主义者挑起侵华战火，不足3个月，日本侵华军占我东北三省。国人对政府当局置民族灾难、国家危亡于不顾而投全力于"剿共"内战之举措愤激难平，各地各界于募款赈济灾胞的同时，更纷纷组织起抗日救国组织、出版抗日御侮报刊，吁请停息内争、结束内战、实施宪政、政治民主、一致对外、共赴国难。11月12日-11月23日、11月18日-12月5日、12月3日-12月5日，中国国民党四全大会分别由宁方、粤方、沪方在南京、广州、上海召开，三方会议上虽均有"团结一致，共赴国难"的词句，然"肃清共祸"仍被列为首要任务。宁方四大虽于11月22日通过《组织国难会议案》，声言"现在国难日急，中央亟应延揽各方人才，于中央执行委员会领导之下，组织一国难会议，以期积思广益、共济时艰"，然同时又在《对于第三届中央执监委员会报告之决议案》中强调继续"戡定内乱及剿赤"之方针；粤方四大亦声言"今后应努力……对内肃清共党"；12月28日，三方统一召开的四届一中全会在肯定"国难会议与国民救国会议"、"急待召集"、"一致对外为本党与全国人民共同之呼声"的同时，仍继续声言"赤匪之焰张……腹心之祸患甚于外敌"、"继续努力肃清赤匪……而后可以息内患、充国力、专心一致，以御外寇"。表明宁粤双方共同的立场，仍然是先安内而后攘外、先"剿共"而后抗日。

1932年1月8日，国民政府颁布国难会议召集令，决定延聘全国各界"富有学识、经验、资望人士""共谋自立之道"。1月28日，日军进攻上海。1月30日，国民政府迁都洛阳。

3月1日-6日，四届二中全会决定国难会议在洛阳召开，并限令会议只能讨论"绥靖"、"救灾"、"御侮"，不得议及其他。

4月7日，国难会议在行政院院长汪精卫主持下于洛阳召开，按原定名额，应有227名代表到会，然平、津、沪等地相当一部分被邀名流、硕望人士看透了汪精卫主持下的这一会议不会对抗日御侮与民主政治两大要求作出什么有益的表示，纷起以不出席会议相抵制，在只有144人出席的情况下，在议决了"救灾、绥靖、御侮"三项安内攘外方针并决议完成训政、实行宪政和在训政期间设立中央民意机关以监督财政与外交后，于4月11日闭幕。国人渴望以民主政治为中心以救国难的会议，在蒋、汪共同破坏下，没有达到、也无法达到预期之目的。

国民会议

1930年10月9日，蒋冯阎中原大战结束，蒋介石立即从河南前线致电中国国民党中央，提出立即召开国民会议以制定约法的主张；经过和胡汉民的激烈争斗，蒋介石的主张得以贯彻。

1931年4月24日，以蒋介石为主席的国民政府公布了《国民会议组织法》，规定：

1. 国民会议由各省市之职业团体、中国国民党、蒙古与西藏两地方及海外华侨所选出之代表组织之。

2. 中国国民党中央执行委员和中央监察委员及国民政府委员得出席国民会议，候补中央执行委员和候补中央监察委员、国民政府各院所属各部部长和各委员会委员长、国民会议主席团特许之人员得列席国民会议。

3. 国民会议议事以公开为原则，但有出席者1/3以上请求或主席团认为必要，亦得秘密。

4. 国民会议有过半数代表到会即可开议，有到会代表过半数之同意即可议决；遇有重大议案，得经到会代表2/3同意方可议决；其议决方式由主席斟酌情形以举手或以起立或以投票行之。

随后即成立了以戴季陶为主任的国民会议代表选举总事务所和以王宠惠、吴敬恒为首的约法起草委员会。

5月5日-17日，国民会议在南京举行，447名代表、44名党政首要、近千名记者和各界人士参加了开幕式，在成立了代表资格审查、提案审查、特别审查3委员会后，经过8次大会，通过了《中华民国训政时期约法》为主体的数十项议案：约法以国家大法形式确定了中国国民党一党专政之政治体制；《昭告全国拥护和平统一案》表明蒋介石鬻除异己、巩固统治之方针和决心；《剿灭赤匪报告案》表明蒋介石国民党政府此时最重要和迫切之任务是"剿共"。

5月17日，国民会议宣布闭幕，所设3委员会结束，所谓"国民会议"乃消失于无形。

国民会议主席团

1931年4月24日，国民政府公布《国民会议组织法》，规定由国民会议代表互选9人组成主席团主持国民会议，主席团负责商议特许列席人员数额和名单、厘订会议议题、整理议事程序、主持会议进行、掌理会议行政、保障代表安全、实施代表奖惩等事项；其议决以过半数之同意为有效。国民会议结束，主席团即形消失。

国民会议代表名额配置和选举监督

1931年1月1日，国民政府规定国民会议代表总额为520名，由各地方按配置定额从农会、工会、商会和实业团体、教育会、国立大学、教育部立案之大学、自由职业团体及中国国民党中选出。其中由各省市选出者472名，由蒙古和西藏两地方选出者22名，由在外华侨选出者26名。

国民会议代表之选举，在中央成立国民会议代表选举总事务所以总其成，在各省以民政厅厅长为总监督，在各县以县长为监督，在各院辖市以市长为监督，在蒙古和西藏以蒙藏委员会为总监督并由蒙藏委员会就蒙古、西藏之高级长官中各派1人为选举监督，在外华侨则以侨务委员会为选举总监督。

国民参政会之提出和定名

1932年4月7日-11日，"国难会议"在洛阳召开，会上有"提前设立民意机关"之决议，决定设立"国民代表会议"。12月19日，四届三中全会通过蒋介石等7人所提议案即《定期召集国民参政会并规定组织要点交常会切实筹备，以期民意得以集中、训政早日完成案》，该案要点如下：1. 中央民意机关定名国民参政会（"国民代表会"自此无人再提）。2. 国民参政会决议事项之最后决定权属于中国国民党中央执行委员会。3. 国民参政会应于民国二十二年内召集。4. 国民参政会代表之产生采选举与延聘两种方法。5. 国民参政会之职权，应以训政时期约法为基础，参酌中央执行委员会政治会议及国难会议所举各点规定之。6. 关于国民参政会之一切法规，交由中央执行委员会常务委员会于4个月内依照立法程序制订、颁布、施行。

此后，四届中执会常务委员会第51次会议推定戴传贤等7人，第58次会议又加推居正等9人起草《国民参政会组织法（草案）》、《国民参政会会员选举法（草案）》，经中执会常务委员会第59、60次会议审查、修正、通过，并函送政治会议转交立法院办理立法手续。经立法院完成之《国民参政会组织法》凡8章23条，其内规定国民参政会是国民政府于训政时期征集全国国民公意之机关。其职权为：审议国民政府交议之预算案、宣战案、媾和案以及其他重要国际事项，提出法律案，受理人民请愿，建议关于政治设施于国民政府；会员总额160人（其中由各省市职业团体、蒙古、西藏、海外华侨选举产生150人，由国民政府聘任10人），任期1年（如必要，任期可延长，但以不超过一年为限）；其会议于每年3月29日-4月29日、10月10日-11月10日开常会两次（必要时可延长，但不得超过15日）；会议时，由会员互选7人组成主席团，掌理议事程序之整理进行、会议行政、会员之保障与执行惩戒各事项；会期中设立资格审查、提案审查、分组审查、惩戒审查4委员会。

经立法院完成立法程序之《国民参政会会员选举法》，确定选举之6项原则为：间接选举制，选票单记法，选举人记名，比较多数为当选，被选人年龄不作限定，选举监督不必加入党部人员。还决定对150名会员之选举产生作如下调整：由各省职业团体选举产生者109名，由各直辖市职业团体选举产生者21名，由蒙古选举产生者6名，由西藏选举产生者6名，由海外华侨选举产生者8名。如此分配，各省市职业团体最多可选举产生6名、最少可选举产生1名。

1933年3月，增加由各省市妇女团体选举产生6名会员的规定，使国民参政会会员总额增为166人。同时又规定各省市有选举权之职业团体为农会（渔会)、工会、商会、实业团体、教育会、国立大学暨独立学院、教育部立案之大学暨独立学院、自由职业团体。是年6月,立法院将法制委员会拟定之《国民参政会会员选举法》送交中执会政治会议后,就未有下文了。

国民参政会之成立

1938年3月31日,中国国民党临时全国代表大会决议:"国防参议会之设置,应更扩大其规模,俾得在国民大会未克召集之时,设一国民参政机关,得以集中全国才智,共谋国是。"4月7日,五届四中全会通过《国民参政会组织条例案》,4月12日由国民政府明令公布,其内规定:国民参政会是"国民政府在抗战期间为集思广益、团结全国抗战力量"的"特设"机构;置参政员150名,凡年满30岁、具有中华民国国籍之男女公民,皆可当选为参政员;参政员任期1年;参政会每3个月开会一次,会期一般10天,须有过半数以上参政员之出席方可开议;中央各院、部、会长官得出席会议,但不参与表决;参政会置正副议长各1人、驻会委员15-25人,均由参政员互选产生;抗战期间,国民参政会有决议政府内外重要施政方针之权,有向政府提出建议之权,有听取政府施政报告之权,有向政府提出询问之权;参政会休会期间由驻会委员会负责"听取政府各种报告及决议案之实施经过"。6月16日,参政员总额改定为200名。

7月6日,国民参政会首次会议在汉口召开,200名参政员中之162名出席会议,汪精卫、张伯苓被选为正副议长,张君劢等15人被选为驻会委员。

国民参政会之职权

1938年4月12日,国民政府公布《国民参政会组织条例》,规定其职权为下列4项:1. 于抗战期间,对政府对内对外重要施政方针在实施之前有决议之权。2. 有向政府提出建议之权。3. 有听取政府施政报告之权。4. 有向政府提出询问之权。

1940年9月26日,增加"组织调查委员会调查政府委托调查事项"并提交政府核办之权。

1944年9月16日,增加"政府编制国家总预算,应于决定前提国民参政会或其驻会委员会作初步之审议"之权。

国民参政会参政员名额及其配置

1938年4月12日,国民政府公布《国民参政会组织条例》,规定参政员总数为150人,其中由各省市从曾在本省市公私机关或团体服务3年以上并确为本省市籍之著有信望者中选举产生88名,由在蒙古、西藏公私机关或团体服务之著有信望者或熟谙各该地方政治、社会情形、信望久著之人员中选举产生6名(蒙古4名、西藏2名),由海外侨民就其居留地工作3年以上之著有信望者或熟谙侨民生活情形、信望久著之人员中选举产生6名,由曾在文化或经济团体服务3年以上之著有信望者或努力国事、信望久著之人员中遴选产生50名。6月16日,改文化或经济团体或努力国事并著有信望之遴选产生参政员为100名,参政员总额因之增为200名。

1940年12月23日,改各省市选举产生参政员为90名,改文化或经济团体或努力国事、著有信望之遴选产生参政员为138名,参政员总额因之增为240名。

1942年3月16日,改各省市选举产生参政员为164名,改蒙、藏选举产生参政员为8名,改海外侨民选举产生参政员为8名,改文化或经济团体或努力国事、著有信望之遴选产生参政员为60名,参政员总额仍为240名。

1944年9月16日,改各省市选举产生参政员为199名,改文化或努力国事、信望久著之遴选参政员为75名，参政员总额因之增为290名。

1947年3月1日，改各省市选举产生参政员为227名，改文化或经济团体或努力国事、信望久著之遴选参政员为119名，参政员总额因之增为362名。

国民参政会之驻会委员

1938年4月12日，国民政府公布之《国民参政会组织条例》规定：由参政员互选15-25人组成国民参政会驻会委员会，负责休会期间"听取政府各种报告及决议案之实施经过"。7月15日，第一届国民参政会第一次会议选出张君劢等15人为驻会委员。11月6日，一届二次会议选出周炳琳等25人为驻会委员。

1939年2月20日，一届三次会议选出孔庚等25人为驻会委员。9月17日，一届四次会议选出张澜等25人为驻会委员。

1940年4月9日，一届五次会议选出孔庚等25人为驻会委员。

1941年3月9日，二届一次会议选出褚辅成等25人为驻会委员。11月25日，二届二次会议选出孔庚等25人为驻会委员。

1942年10月31日，三届一次会议选出孔庚等25人为驻会委员。

1943年9月27日，三届二次会议选出林虎等25人为驻会委员。

1944年9月18日，三届三次会议选出褚辅成等25人为驻会委员。

1945年7月21日，四届一次会议选出林虎等25人为驻会委员。

1946年4月2日，四届二次会议选出林虎等25人为驻会委员。

1947年6月2日，四届三次会议选出郑揆一等25人为驻会委员。

国民参政会之议长——主席团

1938年4月12日，国民政府公布之《国民参政会组织条例》规定：国民参政会置正副议长各1人。6月17日，五届中执会常务委员会第81次会议选任汪精卫、张伯苓为正副议长。12月29日，汪精卫通电叛国，1939年1月20日，五届中执会常务委员会第111次会议决议推蒋介石任国民参政会议长，副议长仍由张伯苓担任。

1940年9月26日，国民政府修正公布《国民参政会组织条例》，规定："国民参政会置主席团，由国民参政会选举主席五人组织之，其人选不以参政员为限"，"国民参政会及其驻会委员会开会时，由主席团互推一人为主席"。

1941年3月2日，二届一次会议选举蒋介石、张伯苓、左舜生、张君劢、吴贻芳为第二届国民参政会主席团。

1942年3月16日，国民政府修正公布《国民参政会组织条例》，规定国民参政会选举5-7人组成主席团，其人选不以参政员为限。10月22日，三届一次会议选举蒋介石、张伯苓、吴贻芳、莫德惠、李璜为三届国民参政会主席团。

1943年9月18日，三届二次会议鉴于蒋介石已当选为国民政府主席并函辞参政会主席团兼职，乃补选王宠惠、王世杰、江庸为参政主席团成员。

1945年7月7日，四届一次会议选举张伯苓、吴贻芳、莫德惠、李璜、江庸、王云五为四届国民参政会主席团成员。

1947年5月22日，四届二次会议鉴于王云五、王世杰辞职，乃补选张君劢、林虎为参政会主席团成员。

国民参政会参政员之任期

1938年4月12日，国民政府公布《国民参政会组织条例》，规定："国民参政员之任期为一年，国民政府认为有必要时，得延长一年。"

1940年4月16日，上述规定改为"国民政府认为有必要时，得延长之"，其延长期由定限改为无定限。

1947年12月25日，国民政府发布命令："国民参政会参政员任期，着延长至三十七年三月二十八日（国民大会召开前一日）为止。"

国民大会

1935年12月2日，五届二中全会决议于1936年11月12日召开国民大会，"实施宪政，还政于民"。

1936年5月5日，国民政府公布《中华民国宪法草案》。5月14日，公布《国民大会组织法》、《国民大会代表选举法》并定7月1日施行。5月29日和7月2日，国民政府公布《国民大会代表选举总事务所组织条例》、《国民大会各省市代表选举事务所组织规程》等6个系列文件。此后，国民大会代表选举总事务所及区域、职业、特种选举事务所相继成立。依规定，全国应选举产生国民大会代表1200名，其中依区域选举法由各省市选出者665名、依职业选举法由各职业团体选出者380名，依特种选举法由辽、吉、黑、热四省和蒙古、西藏两地方及在外侨民和海陆空军与军事教育机关选出者155名。鉴于各种"选举"困难重重，10月15日，五届中执会常务委员会决议国民大会延期召开。

1937年2月20日，五届三中全会议决国民大会于11月12日召集并授权中执会常务委员会修改国民大会组织法及国民大会代表选举法。同年4月，中执会常务委员会将修正意见交立法院修正后由国民政府公布，保持了"当然委员"和"列席委员"之大部（取消了"国民大会主席团特许之人员得列席大会"之原规定），增加了"国民政府可直接指定代表240名"之规定。

抗日战争爆发后，国民大会因战事关系而无法召开。鉴于国民参政会内各党派对于召开国民大会、实施宪政屡有建议，1939年11月17日五届六中全会乃决定于1940年11月12日召开国民大会并恢复国民大会代表选举总事务所之工作。1940年9月18日，五届中执会常务委员会再度宣布国民大会延期召开，所有未完成选举事项，仍由选举总事务所继续办理。10月23日，《国民大会筹备委员会组织条例》公布，蒋作宾被任为筹备委员会主任委员，洪兰友被任为筹备委员会秘书处处长。12月□日，"国民大会堂"在重庆复兴关建成，1941年7月9日被日机炸毁。此后，国民大会召开"遂无确期"。

1942年4月□日国民大会筹备委员会结束。10月19日，五届中执会常务委员会决定将原筹备委员会经办事项交内政部设立国民大会事务处办理。

1943年9月□日，五届十一中全会决议：于战后一年内召开国民大会制定宪法并决定实施宪政日期。11月□日，于国民参政会内设置了"宪政实施协进会"。

1945年3月2日，蒋介石以"宪政实施协进会"会长资格于该会会议上宣称：不必等战事终了，即预定于是年11月12日召开国民大会。前一年5月之五届十二中全会及本年5月14日之六全大会亦均作如是说。是年8月，恢复了国民大会筹备委员会，叶楚伧被任为该筹委会主任委员，洪兰友被任为该筹委会秘书长。

抗战胜利后，政治协商会议有召集国民大会的8项协议，国民政府明令国民大会于1946年5月5日举行，并扩充代表名额为2005名，但限定第一届国民大会职权为"制定宪法"。1946年4月24日，鉴于政治协商会议各代表之抗议，国民政府决定大会延期举行。7月3日，国防最高委员会第179次会议决定国民大会于当年11月12日召开并不再变更。11月12日，由于中共、民盟皆拒绝参加，国民政府宣布会议延期3天召开。11月15日，"制宪国民大会"在南京开幕。12月25日，通过了

《中华民国宪法》后闭幕。

国民大会代表之区域选举

各省及直隶于行政院之市,依区域选举方法选出应出之国民大会代表,称为"国民大会代表之区域选举"。各选举区由各该区内各县之乡长、镇长联合推选该区应出国民大会代表名额10倍之人选(选区如设有市者,由坊长参加推选)。在无乡长、镇长、坊长之县、市或设治局,由其与乡长、镇长、坊长相当人员参加推选)报省,经省政府签注意见,报由国民政府就中指定3倍于各该区应出代表名额之候选人,再由各选举区选民就指定候选人中选出应出代表。

国民大会代表之职业选举

各省及直隶于行政院之市各种职业团体,依职业选举方法选出应出之国民大会代表,称为"国民大会代表之职业选举"。职业选举不分选区,唯有在《国民大会代表选举法》颁布前成立之职业团体和自由职业团体,方有资格参加选举。各省职业团体由各该团体之机关职员依应出代表数推选出3倍之人选报省(市),经省(市)政府签注意见、报由国民政府就中指定2倍于各该团体应出代表之名额为候选人,再由各该团体有选举权之会员就候选人中选出应出之代表。

国民大会代表之特种选举

辽宁、吉林、黑龙江、热河四省和蒙古、西藏两地方及在外侨民和全国海陆空军与军事教育机关,依特种选举方法选出应出之国民大会代表,称为"国民大会代表之特种选举"。其中辽、吉、黑、热四省国民大会代表选举不分区域,其候选人由国民政府指定,名额为各该省应出代表名额之三倍,由选举总事务所发给选举证,选举人持证赴指定场所投票或将选票寄给选举总监督;蒙古、西藏两地方应出国民大会代表候选人之推选、指定和选举,与辽、吉、黑、热四省同;在外侨民应出国民大会代表,其候选人之推选与指定,参照职业选举法之规定,但推选候选人之团体由侨务委员会决定,应出代表之选举参照各省区域选举法之规定;军队国民大会代表由陆、海、空军军队与军事教育机关之官兵,依选举法有选举权者,就国民政府指定之候选人选举,候选人应有选举人资格、年满25岁、曾在国民革命军服务5年以上、卓有成绩,或曾在军事教育机关毕业、学行俱优者。以上各特别地区、特别种类国民大会代表候选人经国民政府指定后,再由各选举人就中选出应出之代表。

国民大会之"当然代表"与"列席代表"

1936年5月14日,国民政府公布《国民大会组织法》,内中规定:中国国民党中央执行委员和中央监察委员,均得为国民大会"当然代表",候补中央执行委员和候补中央监察委员、国民政府主席、国民政府委员、国民政府各院部会长官、国民大会主席团特许人员,均得为国民大会"列席代表"。上列"当然代表"和"列席代表",均不包括在国民大会代表法定总额1200名代表之内。

1937年4月,国民政府公布修正后之《国民大会组织法》,将上列规定改为:中国国民党中央执行委员和中央监察委员、候补中央执行委员和候补中央监察委员,均得为国民大会之"当然代表",国民政府委员和国民政府各院部会长官,均得列席国民大会;取消了原定国民大会主席团特许人员列席国民大会之规定。

国民党政府时期之陆军官制

1934年7月24日,国民政府公布《陆海空军官制表》,将陆军军官与军佐分为上、中、初三等:

上将、中将、少将为上等军官;军需总监、军医总监、测量总监、军需监、军医监、司药监、兽医监、测量监为上等军佐。

宪兵、步兵、骑兵、炮兵、工兵、通信兵、辎重兵之上、中、少校为中等军官；一、二、三等之军需正、军医正、司药正、兽医正、测量正、军乐正为中等军佐。

宪兵、步兵、骑兵、炮兵、工兵、通信兵、辎重兵之上、中、少尉为初等军官；一、二、三等之军需佐、军医佐、司药佐、兽医佐、测量佐、军乐佐为初等军佐。

军法官和军用文官之阶级比照军佐。

各军种以本军种名称冠于军官、军佐等级之前，称为"陆（海、空）军上将（校、尉）"、"陆（海、空）军一等军需（军医、司药、兽医、测量）正等"。

军官少尉之下设有"准尉"一级，军佐三等以下设有"准佐"一级，但明定"不列入官等"。

国民党政府时期之海军官制

1934年7月24日，国民政府公布《陆海空军官制表》，将海军军官与军佐分为上、中、初三等：

上、中、少将和轮机中、少将为上等军官；造械总监、造舰总监、军需总监、军医总监及造械监、军需监、军医监、测量监为上等军佐。

上、中、少校及轮机上、中、少校为中等军官；一、二、三等之造械正、造舰正、军需正、军医正、测量正、航务正、电信正为中等军佐。

上、中、少尉及轮机上、中、少尉为初等军官；一、二、三等之造械佐、造舰佐、军需佐、军医佐、测量佐、航务佐、电信佐为初等军佐。

军法官及军用文官之官阶比照军佐。

海军少将之下有"代将"一职，但明定"不任官"。

海军航空军官依空军官制表任官。

海军军官少尉之下设有"准尉"一级，但明定"不列入官等"。

国民党政府时期之空军官制

1934年7月24日，国民政府公布《陆海空军官制表》，将空军军官与军佐分为上、中、初三等：

上、中、少将为上等军官；机械总监、机械监、军需监、军医监为上等军佐。

上、中、少校为中等军官；一、二、三等之机械正、军需正、军医正为中等军佐。

上、中、少尉为初等军官；一、二、三等之造械佐、军需佐、军医佐为初等军佐。

军官少尉之下设有"准尉"一级，军佐三等佐之下设有"准佐"一级，但明定"不列入官等"。

军法官及军用文官之阶级比照军佐。

国民党政府时期之特级上将

1935年3月30日，国民政府公布《特级上将授任条例》，规定"中华民国陆海空军最高军事长官任为特级上将"，"特级上将由国民政府特任之"。同年4月1日，国民政府依上述规定授予蒋介石"特级上将"军衔，直至国民党政府溃败时止，再无他人享此殊荣。

国民党政府时期之上将

1935年3月27日上午8时，中国国民党中央执行委员会政治会议第450次会议决议通过张学良、冯玉祥、阎锡山、何应钦、李宗仁、朱培德、唐生智、陈济棠8人为一级陆军上将。

3月30日，国民政府公布《上将任官施行条例》，规定：依据《陆海空军官制表》及《陆海空军军官佐任官暂行条例》，除特级上将另有规定外，所有陆海空军之最高军衔为上将，上将分第

一、二两级："凡中将建有殊勋者，任以第二级上将，再建殊勋者，晋为第一级上将。"

陆海空军上将员额各有所定，其第一级上将以不超过全部上将定额 1/4－1/3 为度。

4月2日，张学良、冯玉祥、阎锡山、何应钦、李宗仁、朱培德、唐生智、陈济棠被任为陆军第一级上将；陈调元、何成濬、朱绍良、韩复榘、宋哲元、刘湘、刘峙、万福麟、何键、白崇禧、刘镇华、顾祝同、商震、傅作义、徐永昌、于学忠、杨虎城、蒋鼎文、龙云、徐源泉、杨爱源、程潜22人被任为陆军第二级上将（其中程潜于1939年5月13日、白崇禧于1945年8月20日晋为第一级上将）。

1936年9月12日张发奎；9月26日张治中、张之江、钱大钧、鹿钟麟、陈诚、卫立煌、马鸿逵、薛岳、刘建绪；12月16日庞炳勋、孙连仲、盛世才13人加上将衔（其中陈诚于1939年5月2日晋为陆军第二级上将，1947年2月21日再晋任为陆军第一级上将；卫立煌于1939年5月2日、薛岳于1944年2月9日、张发奎和张治中于1945年8月20日晋任为陆军第二级上将）。

1937年1月8日吕超，3月31日邓锡侯，4月10日朱绶光，5月14日廖磊和夏威，6月7日王树常，9月18日刘文辉和杨森，10月15日杨杰9人加上将衔（其中吕超于1946年12月7日、邓锡侯于1947年2月21日晋任为陆军第二级上将）。1938年2月2日贺耀组，10月24日唐式遵2人加上将衔。1939年5月2日张自忠和孙震，5月13日卢汉3人加上将衔。1940年5月25日潘文华、王缵绪、王陵基3人加上将衔。

1942年8月6日袁济安、尹承纲、漆道征、黄上桐、吕鉴周、林赐熙6人被任为陆军第二级上将。

1945年8月20日胡宗南加上将衔。

1946年6月13日汤恩伯、黄琪翔、罗卓英3人加上将衔；同日，余汉谋晋任为陆军第二级上将；7月13日，李济深、但懋辛、李杜、张钫、石敬亭、郭汝栋、金汉鼎、周濂、王树常9人被任为陆军第二级上将；10月19日，张贞晋任为陆军第二级上将；11月14日，白达马宁尔特特授上将衔。

1947年1月6日，蔡廷锴晋任为陆军第二级上将；1月16日，俞飞鹏被任为陆军第二级上将；2月21日，熊式辉、陈仪由中将加上将衔晋任为陆军第二级上将；2月28日，姚以价、11月18日，邹作华2人晋任为陆军第二级上将；6月9日，陈铭枢被特任为陆军第二级上将；8月9日，林蔚加上将衔；11月11日，孔庚被任为陆军第二级上将。

1949年2月21日，李汉魂〈5月24日刘士毅，8月17日马步芳〉加上将衔。

在海军中，1935年9月6日，陈绍宽被任为海军第一级上将；1946年11月23日，萨镇冰被任为海军第二级上将。

在空军中，1940年5月□日，毛邦初、1948年9月22日，王叔铭先后被授予空军少将军衔。

国民党政府时期之陆海空军人事评判委员会

1933年1月14日，国民政府军事委员会公布《陆海空军人事评判委员会章程》（1934年4月20日该委员会第1次会议修正）规定：

1. 本会直属于军事委员会，掌陆海空军官佐官职任免、退役、除役、考绩等之核议及人事法规之审议事宜。

2. 本会之组织如下：（1）会长：军政部部长。（2）委员：参谋本部参谋总长与次长、训练总监部训练总监与副监、军事参议院院长、海军部部长与政务次长、军事委员会办公厅主任与副主任、军事委员会铨叙厅厅长与副厅长、军政部政务次长、中央军官学校教育长、陆军署长、航空署长、军需署长。（3）干事：军事委员会铨叙厅第一、二、三处处长；军政部军衡司长；海军部军衡司长；参谋本部总务厅第一处处长。

干事于开会时列席，必要时，铨叙厅厅长得召集干事会议。

3. 训练总监部各兵监对本兵科军官考绩，各业科主管机关长官对于本业科军佐考绩，其他各机关、学校长官对于议案有关者，均得列席参加审议。

4. 本会事务由军事委员会铨叙厅办理之，所有本会议案及军官佐人事之初核，均由铨叙厅处理。

5. 本会业务之概则如下：（1）关于军官佐任官及退役、除役之审核，于每年3、9两月行之。（2）关于军官佐考绩之审核，于每年举行考绩时行之。（3）关于军官佐任职、免职之审核，少将以上任免之审核通常每月开会一次办理之，上校以下任免之审核由会长行之（其急切者，得开临时会议）。（4）关于人事法规之审议，在上列各款会议时行之（必要时，得开临时会议）。

6. 本会议定事项，呈由军事委员会委员长核定后，分别由军事委员会或主管部、署依法办理之。

7. 本章程由军事委员会呈请国民政府备案。

国民党政府时期之陆海空军人事评判委员会会议

1934年4月20日，军事委员会陆海空军人事评判委员会第一次会议议决之《陆海空军人事评判委员会会议细则》规定：

1. 本委员会会议区分为：（1）季会：于任官考绩时举行，会议之久暂，视业务情形而定。（2）常会，于每月定期举行。（3）临时会，于必要时举行。上述各会议均由会长召集之。

2. 季会审议事项如下：（1）关于军官佐任官事项。（2）关于军官佐退役、除役、延役事项。（3）关于军官佐考绩事项。（4）关于各项人事法规之修正、拟订事项。（5）其他关于人事上重要事项。

3. 常会审议事项如下：（1）关于军官佐之免官、复官事项。（2）关于军官佐之停役、回役事项。（3）关于少将以上军官佐任职、免职事项。（4）关于少将以上军官佐勋奖、惩罚事项。（5）关于军官佐之特恤及少将以上追赠官阶事项。

4. 临时会审议事项如下：（1）常会审议事项中之急须核议者。（2）各项人事法规急须修正或拟订者。（3）其他人事上急须核议之重要事项。

5. 本委员会上列各会议均以会长为主席，会长因事缺席时，由会长先期指定委员一人代理之。

6. 本委员会上列各会议审议事项均由铨叙厅先期审查并签具意见提会核议之。

7. 各委员如有提案，应于开会之前一日书面送铨叙厅编列议事日程。

8. 本委员会会议已经决定之议案如认有修正之必要时，得由会长或委员2人以上之提议提出复议。

9. 本委员会开会时，委员及列席人员如因事不能出席时，应先期报告会长。

10. 本细则由本委员会议决呈军事委员会备案施行。

国民党政府时期之陆海空军军官佐人事业务纲要

1934年4月16日，国民政府军事委员会会令公布《陆海空军军官佐人事业务纲要》，规定：

1. 陆海空军军官佐人事上之各种

业务,除别有法规规定者外,均依本纲要所定行之。

2. 陆海空军军官佐之人事业务所含事项如下:(1)官职之任免。(2)服役。(3)官籍及职录。(4)铨资。(5)考绩。(6)勋奖。(7)惩罚。(8)休假及婚姻。(9)抚恤。(10)其他关于人事事项。

3. 陆海空军军官佐人事之业务机关如下:(1)总掌机关:国民政府文官处、行政院秘书处、军事委员会人事评判委员会、军事委员会铨叙厅。(2)分掌机关:军政部陆军署军衡司、海军部军衡司。(3)主业机关:参谋——参谋本部总务厅;宪兵——军政部陆军署军务司;各员科——训练总监部各兵监;航空——航空署人事科;各业科及其他特职——主管署、厅、司。(4)统属机关:中央军事各机关——军事委员会、军事参议院、参谋本部、军政部、海军部、训练总监部、航空署;各部队与学校及其他机关。

4. 国民政府文官处承办关于陆海空军军官佐官职任免与服役等之命令及行政院秘书处承办关于陆海空军军官佐人事事项之提议和呈请等各事宜,依对于一般公务员所定及对于陆海空军军官佐所特定各法规办理之。

5. 军事委员会人事评判委员会审核陆海空军军官佐之任免及服役,呈请军事委员会委员长核定或分别处理。

6. 军事委员会铨叙厅为本会承办全国陆海空军军官佐人事之机关并承办本会人事评判委员会之事务,对于陆海空军军官佐人事一切事项有审议核查之权责。

7. 军政部对于陆、空军军官及一般官佐之人事业务由陆军署军衡司掌理之,其事项如下:(1)官职任免及服役命令事项依照规定程序办理。(2)国内外陆、空军毕业员生之分发事项。(3)赏赉、叙励事项(依照规定程序办理)。(4)陆海空军军官佐之人事惩罚事项(上校以下由部办理,少将以上呈军事委员会核定)。(5)考绩与铨资事项(应由部核报资绩次序)。(6)核定抚恤事项。(7)休假权内之准许及其他之核请事项。(8)婚姻之核许事项。(9)官籍之调制、发行及现职职员录之审查、保管事项。(10)动员名簿之调制事项(会同参谋本部办理)。

8. 海军部对于海军官佐人事上之权责准用军政部对于陆、空军官佐之所定,对于本部隶属系统内所属官佐人事业务之掌理,得各于编制及职掌中规定之。

9. 参谋本部对于参谋人员有总核考绩及提议其职务任免之权,其意见得呈报于军事委员会委员长,其业务由总务厅掌理之;对于隶属系统内所属官佐之人事业务之掌理,得各于编制及职掌中规定之。

10. 军政部陆军署军务司对于宪兵军官参加铨叙厅之考绩审查,其他各署、司对于主管各业科及各种特职之军佐人事初核各长官之考绩,并将关于其职务任免等意见,经由部长呈报军事委员会委员长。

11. 训练总监部各兵监对于本兵科军官参加铨叙厅之考绩审查。

12. 军事委员会对于本会所属官佐,军事参议院、参谋本部、军政部、海军部、训练总监部、航空署对于本院、部、署所属官佐人事业务之掌理,得各于编制及职掌中规定之;上列各机关对于其所有之隶属机关如有事务主管之规定者,则关于其人事之业务,以所定人事主管者为主办而以事务主管者为会办。

13. 其他各部队、舰队、各机关、学校之人事业务,得各于编制职掌中规定之。

14. 各独立部队、舰队、机关、学校等掌理人事之职员于最高人事机关

（军事委员会铨叙厅、军政部与海军部各军衡司）登记之并受其指导。

15. 地方军事机关与部队之人事业务办理办法另定之。

国民党政府时期之陆海空军军人、视同陆海空军军人、在乡军人、陆海空军军属、上官、哨兵、部队

依1929年9月25日国民政府公布并于同日施行之《陆海空军刑法》第5－11条之规定：

1. 陆海空军现役人员、召集中之在乡军人及非依召集而在部队服军人勤务或履行服役义务之在乡军人，均为"陆海空军军人"。

2. 陆海空军所属之学员与学生、陆海空军军佐与军属、地方警备队之官长与士兵，均为"视同陆海空军军人"。

3. 在现役以外之兵役者及退役之准尉以上官长，均称"在乡军人"。

4. 现服勤务之陆海空军文官，均称"陆海空军军属"。

5. 有命令权之军官或无命令关系而官阶在上者，均称"上官"或"长官"。

6. 于军队驻扎地为卫戍或任警戒之军人，称为"哨兵"。

7. 陆海空军军队、官署、学校及一切特设机关，称为"部队"。

国民党政府时期之陆海空军军籍主管与存用机关

1934年7月26日，国民政府行政院军令部部令颁行《陆海空军军籍条例》，于第13、14条规定：

1. 主管军籍之编制及发行者为"军籍主管机关"，各种军籍之主管机关如下：（1）官籍及准尉籍、准佐籍：陆军：军政部（陆军署军衡司承办）。海军：海军部（军衡司承办）。空军：航空署（人事科承办）移送军政部总掌之。（2）军士籍：现役者由师（独立旅）司令部（副官处承办）及其他独立部队主管之；其退役后由所定地方机关主管之。（3）兵籍：现役者由团（独立营）本部主管之；其退役后由所定地方机关主管之。

2. 军政部与海军部关于军籍事务须互相连络；各地方机关主管军士籍及兵籍者，须与有关系之现役军士籍及兵籍主管机关连络；各军籍主管机关所编制之军籍，须呈请上级机关审核备案。

3. 除军籍主管机关外之军事机关、部队、学校及民政、司法各机关，须存用军籍之全部或某一种者为"军籍存用机关"。

4. 军籍之发行及存用机关与保存年限等，均于各种军籍规则分别规定之。

国民党政府时期之陆海空军军官佐履历登记与呈报及存用机关

1934年7月26日，国民政府行政院军令部部令公布《陆海空军军官佐履历规则》（1935年3月1日施行），规定：

1. 凡陆海空军军官佐履历之编造、呈报、汇订、保管，均依本规则办理。

2. 陆海空军军官佐履历以履历表记载之，其登记与呈报分下列2种：（1）登记履历表：由军事委员会铨叙厅、军政部军衡司、海军部军衡司依规定格式登记之。（2）呈报履历表：由陆海空军官佐本人或所隶长官依规定格式具报之。

3. 凡关于陆海空军军官佐任用时，其履历均以登记履历表为准。

4. 军事委员会铨叙厅、军政部与海军部之军衡司于陆海空军军官佐初任及叙任时，按履历表应载事项登记于"登记履历表"，尔后升迁、调补及其他关于履历变更事项，随时修正之。

5. 呈报履历表按下列程序呈报：（1）官佐任官时，奉任官命令后，即呈报履历表于主管兵监或业科主管机关；宪兵军官及军乐军官呈报军政部军务司；参谋适任军官，并呈报参谋本部。（2）佐官就职同时，须呈报履历于所隶各级长官。（3）陆海空军军官佐履历表各法定存用机关认有必要时得令官佐呈报履历。

6. 陆海空军官佐履历之存用机关如下：（1）存用登记履历表者：军事委员会铨叙厅存用全国陆海空军官佐之履历表2份；军政部军衡司存用陆、空军官佐之履历表2份；海军部军衡司存用海军官佐之履历表2份。（2）存用呈报履历表者：各兵监存用各该兵科军官之履历表1份；军政部陆军署军务司存用宪兵军官及军乐军佐之履历表1份；各业科主管机关存用各该业科军佐之履历表1份；参谋本部存用参谋适任军官之履历表1份；各机关、学校、部队存用各该机关、学校、部队所属官佐之履历表1份；在乡军官主管机关存用备役官佐之履历1份。

7. 陆海空军官佐登记履历表之保管：（1）军事委员会铨叙厅、军政部军衡司、海军部军衡司应按现役与备役之阶级分别官科与官组汇订成集、编列号数，以便查阅。（2）各部队、机关、学校存用所属官佐履历依编制汇订。（3）其他各兵科业科等主管机关应按阶级分别成集。

8. 陆海空军官佐于呈报履历时，对于履历所载事项如有更正，应随时通报该部队、机关、学校主管人事职员，由该管最高长官于每年7月汇报军事委员会铨叙厅及军政部与海军部之军衡司登记。

9. 陆海空军官佐在晋任后更呈新表时或除役及死亡时，其原有履历表即撤销之。

10. 陆军官佐履历表用黑格、海军用红格、空军用蓝格，以便识别。

11. 准尉、准佐、军法官、军用文官、军用技术人员及其他军用人员之履历事项，适用本规则之规定。

国民党政府时期之陆海空军官佐服役、停役、退役、除役、回役

1934年6月17日，国民政府公布《陆海空军官佐服役暂行条例》（同年10月27日修订公布并定1935年3月1日起施行），规定：

1. 陆海空军官佐自任官起至服役限龄止，有服役之义务（其依本条例之所定而奉命延役者同），其官科及官秩依官制之所定，其任官及任职依另条例之所定。

2. 陆海空军官佐服役限龄如下：上将：70岁。中将：65岁。少将：60岁。上校：58岁。中校：55岁。少校：53岁。上尉：50岁。中尉：47岁。少尉：47岁。空军官佐空中服务，不论阶级，均以47岁为最大年龄，退役未达47岁者为空中备役，空中备役届满而未达服役限龄者为地面备役。

3. 陆海空军官佐之服役期间区分为现役与备役：（1）自任官时起役列入官籍，在平时战时均服军职，是为"现役"。（2）由现役退役后至服役限龄止，是为"备役"。（3）备役官佐平时除受召集外，不服军职，战时应召任职（平、战两时召集规则另define）。（4）备役期满，则予除役。（5）军官佐在现役中依任职条例而免职、停职、撤职后尚未命其退役者及奉命入学者，均仍为现役。（6）军官佐服现役而达服役限龄者则不服备役，径予除役。

4. 陆海空军官佐有下列各款之一者，应予停役：（1）已受陆海空军官职以外之他种官职者，称"外职停役"。（2）受免官之处分者，称"免官除役"。（3）判处有期徒刑或因案通缉者，称"刑事停役"。（1）之至可回军役复职者、（2）之经复官者、（3）之刑期既满或业经审结为无罪及取消通缉并均经复官者，均予回役。

5. 现役军官佐退为备役时，分例退、甄退2种。现役军官佐有下列各款之一者，例退为备役：（1）停役满3年而未回役者，总称"停役例退"。（2）免职、停职、撤职满3年而未任职者，总称"停职例退"。（3）考绩连续3年不及格者，称为"考绩例退"。（4）届满本官阶停年4倍而不能晋任者，称为"限年例退"。现役军官佐有下列各款之一者，甄退为备役：（1）体质衰弱或病伤不堪服役者，总称"病伤甄退"。（2）因补充及官额等事实之必要而规定退役员额时考绩居后者，称为"依额甄退"。

6. 备役军官佐之免官停役、刑事停役及回役，与现役军官之所定者同。备役军官佐对于召集不应召者予以停役，称为"违召停役"，至次期召集不应召时予以回役。

7. 现役与备役军官佐（在停役中者亦同）有下列各款之一者，均予除役：（1）满服役限龄者，称为"限龄除役"。（2）病伤与残废、不堪服各种役务而无恢复之望者，总称为"残废除役"。（3）判处无期徒刑者，称为"刑事除役"。（4）消失国籍者，称为"失籍除役"。（5）备役军官佐连续不应召满3年者应予除役，称为"违召除役"。（6）备役军官佐停役满3年者应予除役，称为"久停除役"。

8. 因官额或事实之必要，对于限年例退者须予延长服役时，为"留退延役"。对于限龄除役者须予延长服役时，为"留除延役"。其应延役期间，均以命令定之，期满，分别退役、除役。前项延役，对于由现役而应予除役者，其延役应为现役或为备役，以命令定之。

9. 陆海空军官佐之退役、除役及延役，由军政部、海军部呈经行政院转呈国民政府以命令行之；其停役、回役，由军政部、海军部以命令行之并呈经行政院呈请国民政府备案。

10. 陆海空军官佐与服役有关之身份规定如下：（1）各种除役均除官籍。（2）外职停役与违召停役均留官籍。（3）免官停役在未复官以前失其官位，开除官籍。（4）刑事停役同时免官，其尔后得以复官与否，视其案情定之，停役期间开除官籍。（5）刑事除役、违召除役及失籍除役同时免官，永不复官。（6）其他停役与除役之非免官者仍应保持其原有官位。

国民党政府时期之陆海空军官佐员额标准

1933年12月27日，国民政府军事委员会人事整理预备会第8次会议之陆海空军官佐员额标准如下：

（一）陆军：

1. 陆军官佐（少尉以上，不含准尉）员额以对于陆军士兵定额总数的5%–8%为准编制（额外之附员亦含在内），该数率得视国军常备兵额之多寡而适用之：常备兵额多时用小率，常备兵额少时用大率（陆军常备兵额之规定另定）。

2. 官佐总数中，部队官佐与部队以外之官佐（中央机关、地方军事机关如绥靖公署、团区司令部及各学校等）两者之比例，以部队官佐不下于93%–90%，部队以外之官佐不超过7%–10%为准，其用小率抑用大率同1.。

3. 官佐总数中，军官与军佐二者之比例约以军官85%、军佐（各种军用文官在内）15%为准。

4. 军官中各阶级之百分数概定如下：将官1、上校3、中校16、上尉30、中少尉50；依上之所定各种编制须加审查，以使军官佐人数适合总员之定额；依上之所定，现有之军官佐发生溢额者，须行退役，此次任官依现状行之，补官后同时施行退役，以便合于前列官佐定额，尔后之各种补充方法须分别筹拟实施，以使现役军官佐无缺无滥（动员、补充亦同)。

(二)海军官佐:海军之官佐定额,按照现有海军官佐统计人数作为暂定标准。

(三)空军官佐:空军官佐总额及军官军佐之比例依国防计划常备空军总量定之,其中军官各级之百分比如下:(1)上将1、中将1、少将3,将官总数与校官、尉官总数之比以1%为限。(2)校官、尉官以百分数计算如下:上校5%,中校6%,少校15%,上尉33%,中尉25%,少尉16%。

(四)陆海空军官佐员额于每期定期任官前由军事委员会拟定交军政部、海军部经由行政院呈请国民政府核定之。

国民党政府时期之陆海空军参谋任职规则

1935年1月5日,国民政府参谋本部公布《陆海空军参谋任职规则》(同年3月28日军事委员会第116次常委会修正),规定:

1. 各级参谋之任职,除依《陆海空军军官佐任职暂行条例》办理外,并依照本规则施行。

2. 各级参谋须经参谋本部审核、遴选,合于下列资格之一者,始得任用之:(1)曾在国内外陆海军大学校毕业者。(2)曾在国内外陆海空军各专门学校毕业及在国内外陆海军军官学校毕业并任军职3年以上者。(3)与军官学校相当之其他军事学校修业年限在1年半以上、毕业后曾任军职3年以上、有参谋能力者。

3. 各独立单位长官于每期考绩时应照2.所列资格将所属适任参谋人员密呈或密咨参谋本部核办。

4. 参谋本部依照全国参谋职缺,分别陆、海、空军及官阶,以若干倍额选定适任各级参谋人员造具名册,呈送军事委员会备查,并于每届定期任职以前将增删人员具报。经若干年后,得更新上项名册。

5. 各级参谋之任职,由参谋本部在适任人员内遴选送呈军事委员会核准后,照一般任命程序办理。

6. 各级参谋经审核呈准后,得由参谋本部先行令(咨)该管独立单位长官遵(查)照。

7. 各级参谋调任其他军职时,由军事委员会行知参谋本部。

8. 各级参谋之免职程序与任职程序同。

9. 各级参谋有因故离职或停职者,应由该管独立单位长官将其原因及所派代理人员呈(咨)参谋本部转报军事委员会查核。

国民党政府时期之陆海空军官佐分类、分区任官

1934年4月16日,国民政府军事委员会公布《陆海空军任官施行程序》,就中对军官佐分类及分区任官,作出如下规定:

1. 军官佐分类:(1)现职军官佐属于国军(中央直属军事机关及中央编号之部队、舰队、航空队)在编制额内者。(2)现职军官佐属于国军(同上)在编制额外者(国民军事教官、联络员、调查员、服务员、差遣员、候差员及其他不在编制额内之军官佐)。(3)现任地方部队(现在未归中央编号之部队、舰队、航空队、各省之保安队及其他有地方性质之军事机关)之职务者。(4)现在行政及其他各界任职之军官佐。(5)闲散无职之军官佐。

2. 军官佐之分区任官:

(1)国军之分区任官:第一区:中央直辖陆军机关、中央直辖部队、海军部所属及直辖舰队、航空署所属及直辖航空队;第二区:国民政府军事委员会北平分会所辖机关、部队、舰队;第三区:中央编号之各部队。

(2) 地方部队：第一区：苏、皖、豫、鄂、湘、赣、浙、闽、陕、甘、宁11省；第二区：冀、鲁、晋、辽、吉、黑、热、察、绥9省；第三区：川、滇、黔3省；第四区：粤、桂2省；第五区：康、藏、青、新、蒙5省（区）。

其中国军第1-3区、地方部队第1区及其非现职军官佐被规定为第一期施行任官区，地方部队第2-5区及其非现职军官佐被规定为第二期施行任官区。

国民党政府时期之陆海空军士兵等级

1935年1月10日，国民政府公布《陆海空军士兵等级表》，规定：

1. 陆军士兵分为军士、兵卒2级，列宪兵、步兵、骑兵、炮兵、工兵、通信兵、辎重兵、军需、军医、兽医、测量、军乐12科。其军士分上士、中士、下士3级，其兵卒分上等兵、一等兵、二等兵3级（其中军需、兽医、测量3科无兵卒设置）。

2. 陆军各兵科之附记文字如下：(1)各兵科军士、兵卒级内含有军械、铁工、鞍工、缝工、靴工（工长、工匠）及文书军士。(2)炮兵科军士内含有火工军士。(3)工兵科军士内含有木工、电气、机械军士。(4)军医科军士为看护及磨工军士，军医兵卒为看护兵。(5)兽医科军士为掌工军士。

3. 海军士兵分军士、兵卒2级，列兵科、轮机、造械、造舰、军需、军医、通讯、军乐8科。其军士分上士、中士、下士、一等兵4级，其兵卒分二等兵、三等兵、一等练兵、二等练兵4级（其中造械、造舰、军需、军医4科无一等练兵、二等练兵设置）。

4. 海军各兵科之附记文字如下：(1)海军军士长（少尉级）、副士长（准尉级）均按照各科冠以职称。(2)海军士兵所属各科如下：帆缆、枪炮、鱼雷、水雷等属兵科。轮机、电机、雷机、炉工、铁工、铜工、机工等属轮机科。修械属造械科。船匠、漆工等属造舰科。簿记、轮机簿记等属军需科。司药、看护等属军医科。电信信号属通讯科。军乐、司号等属军乐科。(3)技术士兵及军属士兵不列科，其等级比照3.之所定。(4)海军航空比照空军士兵等级办理。

5. 空军士兵分为军士、兵卒2级，列机械、通讯、摄影、测候、军医、军需6科。其军士在机械、通讯、摄影、测候4科分一等军士、二等军士、三等军士，在军需、军医2科分上士、中士、下士3级，其兵卒分上等兵、一等兵、二等兵3级（其中军需科无兵卒设置）。

6. 空军各兵科之附记文字如下：(1)机械、通讯、摄影、测候4科军士分一、二、三等，其余军士分上、中、下三级。(2)兵卒分上等兵、一等兵、二等兵。(3)机械包括军械士兵、电气士兵，每等各分3级。(4)通讯包括信号兵。(5)关于文书、传达、特务、军乐等，比照陆军办理。

国民党政府时期之陆海空军军需总监、军需监、军需正、军需佐

军需为国民党政府时期之陆海空军军佐，其中陆、海军军需分三等八级，即：军需总监、军需监（上等军需官），一、二、三级军需正（中等军需官），一、二、三级军需佐（初等军需官）。空军军需分三等七级，即：军需监（上等军需官），一、二、三级军需正（中等军需官），一、二、三级军需佐（初等军需官）。

军需总监相当于陆、海军中将衔军官，为军需官中之最高级。军需监相当于陆、海军少将衔军官，为陆、海军之高级军需官，为空军之最高级军需官。军需正一、二、三级相当于陆、海、空军之上、中、少校衔军官。军需佐一、二、三级相当于陆、海、空军之上、中、少尉衔军官。

国民党政府时期之陆海空军军医总监、军医监、军医正、军医佐

军医总监为国民党政府时期陆、海军军佐中之最高等军医官,相当于陆、海军中将衔军官。

军医监为陆、海、空军军佐中之高等军医官,相当于陆、海、空军少将衔军官。

军医正为陆、海、空军军佐中之中等军医官,分一、二、三级,相当于陆、海、空军上、中、少校衔军官。

军医佐为陆、海、空军中之初等军医官,分一、二、三级,相当于陆、海、空军上、中、少尉衔军官。

国民党政府时期之海空军电信正、电信佐

国民党政府时期海、空军军佐中之电信官分电信正、电信佐两等六级:一、二、三级电信正相当于海、空军上、中、少校衔军官,一级电信正为电信中之最高级。二、三级电信正为中级电信官。一、二、三级电信佐相当于海、空军之上、中、少尉衔军官,为初级电信官。

三级电信佐以下置准佐一级,相当于海、空军准尉衔军官,但不列入官等。

国民党政府时期之陆军军官佐任官

1934年6月15日,国民政府公布《陆军军官佐任官暂行条例》,规定:

1. 陆军军官佐均依本条例按照陆军官制任官,其任职依另条例之所定。

2. 各级官佐之任官由军事委员会决定交军政部呈行政院转请国民政府任命之。

3. 各级官佐之任官分为初任、叙任、晋任、转任4项。

4. 初任自少尉始,其规定如下:(1)初任军官必须陆军军官学校或国外同等学校毕业见习期满。(2)初任军佐必须军需、军医、兽医、测量等学校或国外各同等学校毕业见习期满。(3)准尉任少尉必须服满准尉职务2年以上并曾受应行准备教育成绩及格(但不得超过(1)款初任军官1/3)。

5. 叙任依现在职务并具有下列各款规定之一,核其出身、经历、年资,任以相当之官:(1)出身有初任军官佐3款资格之一者。(2)曾受相当军事教育依原定期限毕业者。(3)出身行伍循序而至现在级职得有证明者。(4)大学经济、医药、兽医等系或专门学校出身而现任军需、军医、兽医、司药职务满3年以上或上项出身经加以规定军事教育并考验及格者。

6. 晋任之规定如下:(1)晋任必须逐级递进,不得超越。(2)晋任必须经过规定之实职年资称"停年"。中将4年,少将3年,上校4年,中校3年,少校3年,上尉4年,中尉2年,少尉1年。(4)由上尉晋任少校,须于尉官级内服3年以上之队职;由上校晋任少将,须于校官级内服2年以上之队职。(5)中将须实职年资已满并于国家建有殊勋始得晋任上将。

7. 转任之规定如下:(1)自上校以下各兵科军官奉命受他兵科教育考验及格后,准转任该兵科相当军官。(2)海军与空军官佐受过陆军教育经考验及格,核其经历,准转任相当阶级之陆军军官佐。(3)转任后即消失其原有之官,非经核准回复,不得任原官职务。

8. 任官时期除特令外,均于每年3、9两月定期举行(平、战时相同)。

9. 军法官、军用文官、军用技术人员、政治训练人员,其出身非兵科、业科者,于定期任官时由军事委员会核其资历、考绩,予以注册并分别送铨叙部议叙,其任用办法另定。

国民党政府时期之陆军军官佐任职

1934年7月27日，国民政府公布《陆军军官佐任职暂行条例》（定1935年4月1日施行），规定：

1. 陆军军官佐依照《陆军军官佐任官暂行条例》任官后，依照本条例任以与其官位相当之军职。各种军职之名称及其相当之官位，于各种编制中定之，编制外之组员依核准设置者为准。军法官、军用文官、军用技术人员、政治训练人员及其他聘雇人员不行任官者，依其任用办法径予任职。

2. 军官佐之任职，于其本官组内行之（官组依《陆军军官官组规则》之所定），但调任职不在此限。

3. 任职之权统属于中央，其任命程序区分如下：

（1）特任：上将之军职属之，由国民政府特任。

（2）简任：中将至上校各职属之，由国民政府任命。

（3）荐任：中、少校之军职属之，由军政部部长荐请行政院转请国民政府任命。

（4）委任：上尉至少尉各职属之，由军政部部长委任。

（5）荐任军职以上，由军事委员会核议决定。但各级独立单位长官对于所属各级军职适用人员，得依照资序、绩序范围陈述意见呈请中央任职长官核夺。

4. 任职之时期分定期与临时：

（1）定期任职：在定期任官后随即施行任职，是为任职之常则。

（2）临时任职：在定期任职以外如有急要，亦得临时任职。

5. 任职时对于职务之指定，分专职与通职：

（1）专职指任：职有专掌者，指定专一职务以任之。

（2）通职指任：在一单位内，同类之职务，其职掌共通者，指明职务种类而任之，其应补何缺，由该管长官指定。

6. 任职时对于所任人员服职之命令有实任、署任、兼任、代理之分：

（1）实任：官、职相称，认为适任者，予以实任。

（2）署任：官、职相称，能否胜任尚难确定者，先行署任，于3个月以上1年以内认为适合时，再予实任；如逾期不予实任，则须调任。

（3）兼任：以原有职务之人员命其兼理他职，是为兼任。

兼任以非队职及不妨碍其本职之事务而有下列情形之一者为限：①法定兼职。②应事务之需要必须兼任时。

（4）代理：在定期任职之前，军职遇有缺员而无相当人员可以补充时或补充之员尚未就职时或职员因故离职而未开缺时，由直属长官命其次级资深者或同阶之附员代理其职务；军职有法定之代理人员者，从其所定；代理之员仍理其本职事务者，为"兼代"。各级长官令派代理时，应随即呈报中央任职长官于定期任职或临时任职时核定任职。

7. 军官佐于任职中有下列各种调任：

（1）补充调任：官组之缺员过多，其次级官组之升任人员不敷补充时，由其他同官位之官组中行调任以补充之，称为"补充调任"。

（2）配置调任：因组织与编制之变更或职务之需要或人地关系而行调任，称为"配置调任"。

（3）经历调任：军官佐应予以本官科各种职务之经历（其应有之队职年期依《陆军军官佐任职暂行条例》之所定），此各种职务之调任，称为"经历调任"。

（4）职期调任：军官佐任同一职务未满1年者，除特殊原因外，不予调任；满4年以上者，除有必须留任之原因外，应予调任,称为"职期调任"。

8. 定期任官后或临时分发于各部队、机关、学校之军官佐编入官组后,照前之所定施行任职。

9. 军官佐之免职、停职、撤职,规定如下:

(1) 免职有如下3种:①改任免职,军官佐升任或调任他职时,免其本职而改任新职,称"改任免职"。②待命免职:因组织与编制之变更而职务裁撤时,令其免职待命,称"待命免职"。③退除免职:现役军官佐在任职中,依照《陆海空军服役暂行条例》之规定而退为备役或除役者,令其免职退役或免职除役,称"退除免职"。军官佐因疾病、事故自请辞职经核准者,按其情形适用上列各项免职待命者,未届退役以前得令复职。

(2) 停职有如下4种:①事病停职:因疾病、事故连续请假达3个月以上者而命其停职,称"事病停职"。②处分停职:过犯尚不须撤职而非他种惩罚所可满足者,命其停职,称"处分停职"。③待讯停职:因犯罪嫌疑或被劾而须查办或受审理未决者,先命其停职,称"待讯停职"。④失踪停职:非因犯罪而失踪在3个月以内尚不能判明者,命其停职,称"失踪停职"。

停职后3个月内其停职原因终止者,得核令回职;届限而不能回职者,或虽未届限而职务重要不便久停者,得核令免职。待讯停职依查办或审理结果判定为犯罪者,应予撤职。

(3) 撤职有下列2种:①过犯撤职:过犯较重予以撤职者,称"过犯撤职"。②免官撤职:在任职中而免官者,同时予以撤职,称"免官撤职"。

撤职经1年以后其原因终止者,在未届退役以前得核予复职。

10. 免职、撤职之权与任职之权同——统属于中央,停职之权规定如下:

(1) 军事委员会委员长对于各级军官佐,得核定其停职期间。

(2) 军政部长对于中、少将与上校各级,得核定1个月以内之停职;对于中校以下各级,得核定3个月以内之停职。

(3) 其他中将以上各独立任务之长官对于上将至少校各级,得核定1个月以内之停职;对于上尉以下各级,得核定2个月以内之停职。

(4) 少将及上校各独立任务之长官对于上尉以下各级,得核定1个月以内之停职。但核定停职后应随时呈报其上级长官备案。

11. 任职者之就职时与免职、停职、撤职者之卸职时或代理者之接代与卸代时,其职务须行交代(代理中仍由该职之本官负责者,不行交代)。

军职之交代规则另定。

12. 各级独立长官遇有临时差事须命令办理者,对于所属军官佐得行派差。

派差以派附员任之为常;如派其他专职人员办理差事时,以差事与职务有关且事简期短不致妨及其职务为限。

该专职人员奉派差事时,除办理所派差事外,仍服其本有职务;如因差事而不能服其本有职务者,其本有职务须派员代理。

国民党政府时期之陆军军官佐任职暂行条例施行规则

1934年9月□日,国民政府核准《陆军军官佐任职暂行条例施行规则》,规定:

1. 陆军官佐任职,除有特别规定外,悉依本规则施行;军法官、军用文官、军用技术人员、政治训练人员除照各该任用办法施行外,比附本规则适用之。

2. 军职种类之区别如下:

按职务而区别者:(1) 队职:战列

部队之职务属之。①主队职：队长（如师、旅、团、营、连长等）、队附（如团附、营附、连附）等属之，如设副师长、副旅长时，亦为主队职；②队属职：主队职以外所有在队之额定职及附员等属之。(2) 准队职：机关、学校所属之练习队、教导队、特务队等非战列部队之职务属之，亦分为准主队职及准队属职。(3) 非队职：除上列（1）、(2) 外之机关、学校及其他各种职务属之。参谋，得视其所服务之地位而分别其为队属职、准队属职及非队职。

按权限而区别者：(1) 独立长官职：为在一独立单位中之最高长官（如：军政部部长与独立师、旅、团长及其他独立机关长官等是）。(2) 隶承长官职：各级长官在编制中有所隶承者（即各独立机关、部队长官以次各长官，如：机关中部长以下之署、司、处、科长等及部队中师长以下之旅、团、营、连长等是）。(3) 副长官职：编制中定为长官之副者（如：机关中之次长、副厅长、副署长及部队中之副师长、副旅长等是）。依（1）、(2) 之所定，又可分为"独立副长官"及"隶承副长官"。(4) 属员：前列以外依编制而属于长官之下者。

3. 军职之缺员应就下列范围任用：(1) 本官组内之附员。(2) 自下级官组晋任后分发到本官组之人员。(3) 上两项人员缺乏时，由他官组之有余额者调用。

4. 荐任以上军职，由军事委员会委员长核定后，其任命程序区分权属之所定交由军政部按行政手续办理之。

5. 临时任职除依法定办理外，特再增如下规定：

（1）以附员或队属职人员与非队职人员为限，非不得已时不以主队职人员调充。

（2）在必须以主队职人员调任时，其遗缺以附员或队属职人员与非队职人员补充，否则，俟次届定期任职时行之，在期前可适用悬缺派代之法。

但战时对于作战部队中行临时任职时，不拘此限。

（3）临时任职之权与定期任职同。

6. "专职指任"即任以有专一职掌之职务且指明隶属番号职名者言，"通职指任"即在同一隶属单位内之职务相通、阶级相同者于任职时明定其隶属阶级、职名而不指明其番号者言。

通职指任之职务如下：(1) 部队内团及独立营属之连长、连附。(2) 机关内各厅、署、司、处、局、厂、所之科员、处员、办事员等。(3) 学校内之教官。(4) 各部队、机关、学校内之附员。(5) 除以上外，皆为"专职指任"人员。(6) 各所属范围内之通职人员得以互相调用，但应随时报告中央任职长官备案；各隶属单位内之通职人员，由该单位内之长官分配以职务之番号，分别配属之后，立即汇报中央任职长官备案。

7. 署任年资按实职计算，兼任、代理均以其本职或原阶计算年资。各阶长官对于本职不得自行派代，须呈所隶长官行之；署任、兼任、代理之俸薪给与，依照《俸薪给与规则》之所定。

8. 军官佐在各阶内应有之队职年期，依任官暂行条例及其施行规则之所定。

9. 官佐分发之规定如下：（1）定期分发：在定期任官时，以新晋任之官佐适当分配于官组隶属之部队、机关、学校为"定期分发"。（2）临时分发：在整理改编时，按各部队、机关、学校之需要，以所余之官佐适当分发为"临时分发"。（3）分发到后，由各该长官拟定应补职缺呈报中央任职长官核定后，再按任职程序施行任职。

10. 就职期限除下列各原因外不得迁延：（1）赴任路程所需之日期。(2) 因不意之天灾事变而延误之日期。(3) 特准缓就之日期。(4) 凡卸职后而

347

未就职者,在上列规定期限内照公差论;逾限呈准者照请假论;逾限未呈准者照停职办理。

11. 军官佐任职有下列之回避:(1)职务回避:凡在一单位内所属之官佐不得升任原单位长官之职。但一年以后不计,战时不在此限。(2)人员回避:以职务之直接隶属者为限,其区分如下:①上下回避:凡曾有上下直接隶属关系之两官佐,应于5年内不予倒置。②亲属回避:凡有祖孙(直属)、父子、兄弟(同胞)关系者,应行回避。③凡回避者,就其职务以小避大,而调任相当之职并得以临时行之。

12. 免职之方式及手续分当然与命令2种:

(1)当然免职。下列各款不另发免职命令者为"当然免职":①退役、除役。②组织撤销。③身故阵亡。④战后复员。

(2)明令免职。除上列各款外,均以命令免职。

(3)免职待命者,应照本规则关于临时分发之规定分发于各部队、机关、学校。

13. 各阶长官对于所属官职之权限如下:

(1)军事委员会委员长对于少将以上之停职,得随时交军政部转呈备案或明令公布。

(2)军政部长对于中、少将与上校之停职,除照规定呈报军事委员会备案外,并分呈行政院转呈备案或明令公布。

(3)军政部长及各阶独立任务长官在法定之赋予权限以外,对所属之停职,按下列办法办理:①密呈陈转请示中央任职长官奉准后行之。②先行停职(不指明期限),俟呈转奉准后再明令停职期限;倘因职务重要,同时派员暂行兼代或派附员代理其职务。③停职以命令行之。④在处分停职期限内,不予回职。但经中央任职长官特准者,不在此限。

14. 凡弃职潜逃、奉命通缉、判处徒刑者,均照"过犯撤职"办理;"免官撤职"者其免官之原因仅以属于判罪或处分而免官者为准,其复职之程序与任职之程序同。

15. "派差":系在职务范围以内有特殊性质或在职务范围以外之临时事项、经长官令派而举办者,称"派差"。

派差以适任附员任之为常,如必须以专职人员派差时,视其期限之久暂与职务重要与否,得分别派员兼代或代理其职务。

各阶独立长官于派差后须随时叙明事实分别呈报长官或最高长官备案;业务终了,应即呈报销差并将办理情形呈报备案。

国民党政府时期之陆军军官佐资序规则

1934年6月21日,国民政府军事委员会第92次常会议决《陆军军官佐资序规则》(定于1935年3月1日施行)规定:

1. 陆军军官佐之官阶依《陆军官制》之所定,在同一官阶中之资序先后,依本规则办理之。

2. 陆军军官佐之资序以年资、学资及出生年月日为决定之标准,本阶年资相同者以学资为序,年资、学资均相同者,以出生年月日为序。

3. 陆军军官佐之年资应以实任职务之期间为准,凡未任实职或中途停任实职者,在其期间中均无年资。

4. 年资之计算法如下:

(1)在本官阶自任官后任职之日起至于现在止为其取得之年资。

(2)在同官阶中而奉命调任者,将两职或两职以上之年资先后连续合并计算。但调任时其到任日期如超过途程表所规定时,其超过日期倘无正当理由经核准者，作为请假论。

（3）奉命入学或考察以及服行公差者，在规定期间内于其本官阶仍有其年资。

（4）阵伤及其他因公负伤而奉准休养者，在规定期间内，于其本官阶仍有其年资。

（5）因事、病请假者，按日扣除其年资，至考绩时计算，只以月计，满15日以上者作为1月，不满15日者舍而不计。

（6）凡逾限停役、停职、撤职、待命、免职及失踪之期间均无年资。

5. 陆军官佐之学资以其所历学校之等次为序，其等次如下：（1）陆军大学校。（2）各兵科专门学校。（3）军官学校或军佐之正式学校。（4）官佐各等补习学校或班、所。（5）各部队所属之干部组织教育或教导队等，（1）－（3）所列学校系以正式班次为准，其附设班次及短期召集之教育不在此列。

6. 关于陆军官佐学资之规定如下：（1）在两个以上之学校出身者，以学校之等次高者为其学资。（2）在两个以上同等次之学校出身者，只以其一学校为准而不增加其学资。（3）国外留学毕业者，比照国内同等之学校决定。（4）同一学校出身者，以期次之先后为序。

7. 官组所隶之各机关应于每定期任官或授职之后，依上列各条及官组规则所定编制官组资序册呈由该管长官审定发还存查。

但遇有修正之必要时，得就原册修正，若修正之人数达全人数1/5以上时，应再重行编制。

8. 资序册所用之称号应与官组规则7. 所定称号同，其册内并应备定式之统计表与资序表。

9. 官佐在同一官阶中，按其年资分为以下3级：1. 新资：停年未满者。2. 常资：停年届满后之2年以内者。3. 深资：常资届满以后者。

10. 各部队、机关、学校于每期呈报考绩时，应照本规则所定编制所属官组资序册同时具报。但其官佐之官组不隶于本部队、机关或学校者，应按规定先期向该管长官呈请核转。

11. 经核准在案之附员与编制内之人员一律服务者，亦须编入于资序册内。

12. 关于年资之审查，除照本规则所定外，并须查照《陆军官佐实职年资计算标准》办理。

13. 凡初任少尉者之年资，由各官组所隶机关于本规则公布后确定记录之，以后继续办理。以各官阶叙任者，于任官时同时分别定其应列入资级，以任官之日为所定资级之始日，以后由官组所隶机关办理之；该项叙任在叙任以前之年资无记录可稽者，由官组所隶机关以可能为限就履历及其他方法适当审定之。但经叙任定级后，必须确切记录。

14. 各部队、机关、学校办理上如发生疑义时，由军事委员会铨叙厅决定之。

国民党政府时期之陆军军官佐官组、官科、官阶

1934年6月21日，国民政府军事委员会第92次常会议决《陆军军官佐官组规则》（定1935年3月1日施行），规定：

1. 陆军军官佐之资序、绩序排列，以官组为单位，任官后官组之编成以下列各款为基础：

（1）官科：军官依其兵科、军佐依其业科区分。

（2）官阶：军官自上将以至少尉，军佐亦比照其各阶而分别其官阶。

（3）编制及其员额：依部队、机关、学校编制内之员额及规定之附员，将同一官阶之人数施行适当之区分。

（4）官佐任官时之晋任及任职时之

调任，概依编成之官组以办理之为常。

2. 现役官佐之官组编成时，因官阶及统计之关系，得依以下之规定分别办理：

（1）上将：不分兵科以全国通为一官组。

（2）中将：不分兵科以全国通为一官组。军佐之同官阶者，则依其原出身之业科比照编成，除有须特加规定者外，本阶以下之各阶均与军官一律办理。

（3）少将：全国通依其原出身之兵科分别编成一官组，如该兵科之人数过多，得依部队或地区分编为数官组，其每一官组约以60人为度。

（4）上校：全国通分兵科各为一官组，如同科人数过多时，则按地域或以若干部队为一组而编成数官组，其一组之人数以约60人为度。

（5）中校以至少尉：各分兵科，每一官组人数以约60人为度，并按照编制及以下要领编成其官组：

①一部队之同官阶人数不逾60人时，即以该部队之同官阶者为一官组。

②一部队之同官阶人数不满10人者，以若干同兵科部队之同官阶者合编一官组。

③一部队之同官阶人数超过60人，则按照其建制及次级单位之顺序再行区分以编成官组。

④如全国合计而该兵科之人数不满60人时，则以全国通编为一官组。

⑤各机关、学校之人员分别官科，均依其同一官阶另编成该机关、学校之相当官组，如同一官阶之人数超过60人，得依其次级机关之顺序分编为数官组；倘不满10人，则以各机关、学校之同官科官阶者并为一官组。

⑥官组定员系以编制定员及附员合并计算，依本条例所规定而编成之官组，其官阶系合全国编成者，称为"通编官组"；如系分编者，称为"分编官组"；照（1）－（4）及（5）①、②、③、④所编成之官组为该官佐之"本有官组"，照（5）⑤另编成之官组，对于未有部队隶属关系之人员，亦得视为其"本有官组"。

3. 现役军官由上校以至少尉除依2（4）－（5）编成其官组外，其原在部队服务而调服机关、学校之职务者，依然保有其原部队之"本有官组"并依2（5）⑤所定办法另编成官组别称为"现职官组"。但非由部队调用而无"本有官组"者，则此项"现职官组"即兼有"本有官组"之性质（军佐同此）。

4. 各部队高级司令部或独立单位之本部，其部内现属之官佐不另编成官组，其所属之中校以至少尉（军佐同此）如因2（5）③所定之关系而编成数官组时，则依其同一官阶分配编入于次级单位各官组中。

5. 凡有关联之各现役官组须互相承接，除中尉与少尉（军佐同阶者同此）之官组有特殊之情形以外，其余官组均应以次官阶之官组数目多于上官阶之官组数目，否则亦应令其相等并依下列规定办理：

（1）上官阶与次官阶同为"通编官组"者，即以该两官组上下承接之。

（2）上官阶为"通编官组"而次官阶为"分编官组"者，以次官阶之数个官组与上官阶之一个官组相承接。

（3）上下两官阶同为"分编官组"，除数目相等得对照承接者外，其不相等之官组，应查照上下两官组之数目适当分配以行承接。

（4）少尉官组承接中尉官组时，如因中尉官组之数目反多于少尉官组之数目，应以一个次阶官组分配承接数个上阶官组（军佐之同阶者同此）。

（5）官组之承接法一经决定，非有特殊情形不得变更。

6. 备役军官亦依其官科与官阶编成官组，少将以上均为"通编官组"，上校以下则以地域为范围适宜编为"分编官组（备役之军佐同此）"。

7. 官组册应定以称号，即以陆军所隶之部队、机关、学校或地区以及官科、官阶等命名，唯于现职之官组应于其官组之下标明"现职"字样、备役之官组应于其官科之上标明"备役"字样，以示区别。

8. 官组内军官佐之变动应以如下之规定办理：

（1）入组：现役官佐任官或任职以后或由现役而入备役，依照本规则所定而将其官科、官阶、姓名等编入官组册时，称为"入组"。

（2）出组：官组因服役变更及官阶与职务之任免而出其原籍官组者，称为"出组"。

（3）转组：出于甲官组而入于乙官组者，称为"转组"。

（4）留组：本有官组之官佐调任职务于机关、学校时，或官组之官佐停职、免职、撤职、停役及入学时，均保留官籍于其原有之官组，称为"留组"（停职、撤职、停役之留组，在他规则定有期限者，依其规定）。

（5）离组及回组：前款留组之官佐在事实上已离其官组但犹未至出组之程度，称为"离组"，离组以后，因回职、复职或回役于其原官组者，称为"回组"。

（6）复组：官组除有其"本有官组"外尚有其"现职官组"者，称为"复组"。凡有复组之官佐，其数个官组中以其本有官组为主。

（7）组外：官佐未有所隶官组者及已出组而未转组者或留组之规定已满而未有其新官组者，均无所隶之官组，称为"组外"，对于各该官佐则称为"组外官佐"

（8）本系1.－6.款事项均从属于服役或任职等命令，应由官组所隶机关查照办理。

9. 官组之所隶机关规定如下：

（1）现役军官佐：①官组内之军官同属一部队、机关或学校者，其官组即隶于该部队、机关或学校（但师内之旅，其官组仍隶于师）。②官组内之军官如分属于数部队、机关或学校者，其校官以上官组隶属于军事委员会铨叙厅、尉官官组隶于军政部军衡司。③军佐之官组，其上等官隶于军事委员会铨叙厅；中、初等官非限于一部队、机关或学校者，隶于其主管署、司、局（如：军需署、军医司、测量总局等），限于一部队、机关或学校者，隶于该部队、机关或学校。

（2）备役军官佐：①中、初等官佐之官组隶于团区司令部或团区司令部相当之指定机关。②该官组内之官佐非限于一团区之地域内者，其官组隶于师管区司令部或相当之指定机关，若非限于一师管区者，军官隶于军政部军衡司，军佐隶于主管署、司、局。③上等官佐之官组隶于军事委员会铨叙厅。

（3）组外官佐：在初任或复官尚未入组及因故脱出原组之官佐按本规则无人何官组之规定者，应分别现役、备役呈由应隶之机关依例递呈军事委员会或军政部核定入组。

10. 官组所隶机关之业务概要如下：

（1）资序与绩序册表之调制、核转及保管。

（2）官佐人事变更之呈报或通告。

（3）前述之变更属于官佐自身者，现役官佐向官组所隶机关、备役官佐按其籍贯向县或市转向官组所隶机关呈报。

11. 官组所隶机关不得自行变更其组内之现员。

12. 现役官佐之官组册内所填注之资序，应依照《陆军官佐资序规则》办理，备役者并将其退役之年月日填入。

13. 本规则所定之官组编成及其一切有关事项如发生疑义时，得由军事委员会铨叙厅决定之。

国民党政府时期之陆军官佐实职年资计算标准

1934年4月25日，国民政府军事委员会人事评判委员会第2次会议议决之《陆军官佐实职年资计算标准》规定：

1. 实职年资及停年之解释如下：军官佐实任职务之期间称"实职年资"；在某官阶所任实职之期间称"某官阶实职年资"；官阶升任时在原官阶必须经过之规定实职年资称"停年"（各官阶之停年依《任官条例》之所定）。说明：（1）以前对于"等级"、"阶级"各字之适用，分官为三等九级，而在每级内以薪水分阶，兹改为"等阶级"之顺序，即官分上、中、初三等，每等分上、中、少三阶，每官阶内之年资及职薪则分级，合"等"、"阶"、"级"三者称"官秩"，分称之则为"官等"、"官阶"、"资级"、"薪级"。（2）"停年"者，在此年限内停止晋升之谓，乃"停留晋升年期"之缩称。

2. 实职之规定：经正式公布或核准备案之机关、学校、部队编制内之各项职务均为"实职"；经核准或备案增加之额外人员，其与编制内人员一律服务者，得作为"实职"；以上之实职人员由现职（不论额内额外）奉命修学、实习、研究、考察或公差离职期间，均仍作为"实职"。但组织法与编制表以外之临时名义（如参议、咨议、服务员、候差员等）均不得作为"实职"，其任官办法另定之。

3. 实职年资计算及分级如下：（1）实职年资自就职之日起计算，其停职、免职、撤职及失踪之期间扣除计算。（2）某官阶之实职年资，以在该官阶中前后各职务之任职期间合并计算之。（3）军官佐在一官阶内之年资依其实职年资之浅深区分为"新资"、"常资"、"深资"3级：停年未满者（如：上尉任官后自第1-4年）称"新资"，停年届满后之2年以内（如：上尉任官后之第5、6年）称"常资"，常资届满后皆称"深资"（如：上尉自第7年以后）。

4. 本期任官对于年资之适用办法如下：（1）关于年资者：在补官以前之年资作为此次补官之标准，补官后同时定其资级以为尔后之标准。（2）现在实职人员指逐阶升任而至现职，其在以前各阶之停年合计足数者以现阶任官，其以后之资级依其现阶之实职年资而定；其以前各阶之停年合计不足者，若合计其现职之年资仍不足数者降一级任官为"深资"，若足数而以现职任官为"新资"。（3）曾任上阶职务而现任次阶职级者以现阶任官，其以后年资作为"深资"。（4）曾任上阶职后任次阶职而现任上阶职者以现阶任官，其年资以两上阶职合并计算而定其以后之资级。（5）越一阶而任现阶之职者不论年资浅深，均降一阶任官，其年资作为"深资"（如：前以中尉越升少校者以上尉任官，其任官后之年资作为上尉第5年初论）。（6）越二阶而任现阶之职者降一级任官，其年资作为"新资"。（7）凡次阶人员代理上阶职务者，均仍以其本有之原官阶任官，其资级以在本、代两阶之前后年资合并计算为其所任官阶之资级。（8）其在现职为代理名义而其本有官阶不明者得降一阶任官，其以后资级照现职年资计算。（9）因过失而降为现官阶者，或以现官阶任官或以未降以前之原官阶任官，依案情轻重及降职后时期之久暂而核定之，任官后之资级，凡以未降以前之原级任官者均作为"新资"，以所降之现级任官者作为"深资"。（10）因改编而降任现职者，如奉准保留原资有案，则仍以原阶任官，其在降阶中之年资与其在原阶官时之年资合并计算，定其任官后之资级；未奉准者，仍以现职任官，以其原职年资并入于现职年资而定其任官后之资级。（11）凡现在闲散或在行政界任职者，均作非现职军官佐，其任官办法另定之。

5. 本期任官后之晋升与资级之关系如下：（1）深资者考绩及格、考试及格而在同官组内有上级缺出，除依《军官佐服役条例》而应予退役、除役者外，其余均于次期任官时即予晋升。（2）常资者俟次期任官时依考绩、考试及上阶官额之缺员多寡择优论升。（3）新资者自任官之日起计算年资，停年期满，方得论升，其在新资期中，各期考绩均备将来之合并考成。

国民党政府时期之陆军官组人员中之附员

1934年6月21日，国民政府军事委员会第92次常会议决《陆军军官佐资序规则》（定于1935年3月1日施行）所附"官组人员统计表"规定：

1. "定员"栏含下列3级：（1）编制员额。（2）规定之附员。（3）合计。

其表末之"附说一"云："规定之附员系经核准之额外人员，非指编制内之团附、营附、连附而言"。

在《陆军军官佐资序规则》内列有专条云："经核准在案之附员与编制内之人员一律服务者，亦须编入于资序册内。"

由此可见，附员乃编制员额外经核准规定之人员，与编制员额内之团附、营附、连附非同一概念。

国民党政府时期之陆军司药监、司药正、司药佐

司药为国民党政府时期之陆军军佐，分司药监、司药正、司药佐三等七级：司药监相当于陆军少将衔军官，为高等司药官。司药正分一、二、三级，相当于陆军上、中、少校衔军官，为中等司药官。司药佐分一、二、三级，相当于陆军上、中、少尉衔军官，为初等司药官。

国民党政府时期之陆军军乐正、军乐佐

国民党政府时期，军乐官列为陆军系列军佐，分二等六级：一、二、三级军乐正相当于陆军上、中、少校衔军官，为中等军乐官。一、二、三级军乐佐相当于陆军上、中、少尉衔军官，为初等军乐官。

三级军乐佐以下设准佐一级，相当于陆军准尉衔军官，但不列入官等。

国民党政府时期之陆军兽医监、兽医正、兽医佐

国民党政府时期，陆军军佐中之兽医官分三等七级，即：兽医监，相当于陆军少将衔军官，为上等最高级兽医官。一、二、三级兽医正，相当于陆军上、中、少校衔军官，为中等兽医官。一、二、三级兽医佐，相当于陆军上、中、少尉衔军官，为初等兽医官。

国民党政府时期之陆军测量总监、测量监、测量正、测量佐

国民党政府时期，陆军军佐中职司测绘之测量官分三等八级，即：测量总监相当于陆军中将衔军官，为测量官中之最高级；测量监相当于陆军少将衔军官，位在测量总监之下而在一级测量监之上，为高级测量官，测量总监与测量监为陆军上等测量官。一、二、三级测量正相当于陆军上、中、少校衔军官，为陆军中等测量官。一、二、三级测量佐相当于陆军上、中、少尉衔军官，为陆军初等测量官。

国民党政府时期之海军军官佐任官条例

1934年6月15日，国民政府公布

《海军军官佐任官暂行条例》，规定：

1. 海军军官佐均依本条例按照海军官制任官。

2. 海军军官佐任官分为初任、叙任、晋任、转任4项。

3. 初任自少尉始，其规定如下：（1）初任军官必须海军学校或国外同等学校毕业并见习期满。（2）初任军佐必须造械、造舰、军医、军需、航务、电信等专门学校或国外同等学校毕业并见习期满。（3）准尉确有经验、著有劳绩，得任为少尉（但晋至中尉为止）。

4. 叙任依现在职务并具有下列规定之一，核其出身、经历、年资，任以相当之官：（1）有3.所定各款之一之出身者。（2）大学及专门学校之造械、造舰、医药、经济、航务、电信等科系出身而任现在之职务满3年以上者。

5. 晋任之规定如下：（1）晋任必须按阶递进，不得超越。（2）晋任必须经过规定之实职年资（但上尉以上除如6.之所定外，非有上级缺额时，不得晋任）。（3）晋任必须经过之实职年资称为"停年"，各级军官之停年如下：少将3年。上校4年半。中校3年。少校3年。上尉4年半。中尉2年。少尉2年。军佐各级之停年同上。（4）上款年资以海上勤务计算；如系陆上勤务，得以1年3个月抵算海上勤务1年。（5）少将及同级军佐须实职年资已满并有特别劳绩始得晋任。（6）中将晋上将，以资深而于国家建有殊勋者为限。

6. 上尉以上之官佐，在任职期内官职相等，如满下列实职年资并成绩卓著，而无上级缺额时，得晋任一级：（1）上尉8年半。（2）少校6年。（3）中校6年。（4）上校8年半。（5）上列年资以海上勤务计算，如系陆上勤务，得以1年3个月抵算海上勤务1年。

7. 转任之规定如下：（1）自上校以下，各科军官佐奉命受他科教育、考验及格者，准转任以该科相当军官佐。（2）陆军、空军官佐受过海军教育，经考验及格，核其经历，准转任以相当阶级之海军军官佐。（3）转任后，即消失其原有之官，非经核准回役，不得任原官职务。

8. 各级官佐之任官，由军事委员会决定交海军部呈行政院转请国民政府任命之。

国民党政府时期之海军军官佐任官条例施行细则

1935年6月25日，国民政府公布《海军军官佐任官暂行条例施行细则》，规定：

1. 凡海军军官佐任官实施事项，悉依本细则施行。

2. 任官时期除特令外，均于每年3、9两月定期举行，平、战时皆同。

3. 凡军官佐之任官，由军事委员会按其年资、考绩审核决定，函请行政院转呈国民政府任命之。海军部对于所属军官佐之任官，应将其年资、考绩呈请军事委员会核夺。

4. 军法官、军用文官、军用技术人员、政治训练人员及非海军出身之造械、造舰、军医、军需、航务、电信、造船、药料、经济等科系（大学或专科学校）人员于定期任官时，由军事委员会核其资历、考绩予以注册并分别送铨叙部登记。其任用办法另定。

5. 海军陆战队、海军各要塞、海军航空兵官佐、军事学校教授人员，其由陆军、空军出身者，得参照陆军与空军军官佐任官暂行条例及其施行细则办理。

6. 军官佐初任之规定如下：（1）军官之初任者，必须具海军学校或同类之国外学校毕业且见习期满之资格。（2）军佐之初任者，须具造械、造舰、军医、军需、航务、电信等专门学校或国外同类学校毕业且见习期满之资格。（3）准尉任少尉、准佐任三等佐，须确有经验且著有劳绩者。

7. 军官佐叙任之规定如下：（1）出身合于《海军军官佐任官暂行条例》3. 所列资格之一者，分别任以军官佐。（2）出身合于《海军军官佐任官暂行条例》4. b之规定者，分别任以相当军佐；其出身原科与职务不同者，依其原出身任官。（3）出身有2科以上者，依其经历以其出身中之一科任官。（4）各科军官因教育上之必要而使受他科之教育者，仍以其原出身之科任官。（5）叙任适用于第一次之任官，尔后概以初任起为常。

8. 叙任军官佐之出身在《海军军官佐任官条例》4. 各款规定之外者，均不任官，而以现任职务所属之科存记。

9. 军官佐晋任，俟停年届满后资深绩著，依照《海军军官佐任官暂行条例》5.、6. 两条之规定办理。但海军学校出身之少尉于停年期满时，得晋任中尉。

10. 战时为补充上之需要，对于所要官阶之停年，得特令减缩之。

11. 海军军官佐于军事上有特殊建树可为军人表率者，得特令晋任，除停年依照规定外，其他不受任官条例及本细则之所限。

12. 对于国家著有勋绩之海军官佐，其身后有须特令追晋官阶者，不受任官条例及本细则之所限。

13. 海军官佐之转任，必以原阶转任为原则，其转任前后之实职年资得合并计算。若转任而兼晋任者，则必依照对于晋任之规定。

14. 海军学校出身之附员，依条例分别办理。

15. 各役军官佐历次依期应召集且成绩优良者，得依补充上之需要择优晋任。

16. 军官佐任官其出身与经历有疑义时，得调验其文凭、委状；如文凭、委状不能提出时，其出身应以同学2人出具证明书及同学录证明之，其经历部分以所隶长官2人出具证明书及职员录证明之。

17. 军官佐有下列情形之一者，免官：（1）因罪处刑并受褫夺公权之宣告者。（2）触犯刑法，核其情节必须予以免官者。（3）消失国籍者。

18. 因上列各款而免官者，其免官之原因终止后，得核予复官，但须由本人呈递悔省书于海军部转呈军事委员会，核办复官时，应以原官阶复任，其命令之程序与任官同。

国民党政府时期之海军造舰总监、造舰监、造舰正、造舰佐

国民党政府时期海军军佐中之造舰官分三等八级：造舰总监与造舰监为上等造舰官，一、二、三级造舰正为中等造舰官，一、二、三级造舰佐为初等造舰官。

造舰总监相当于海军中将衔军官，为高等造舰官中之最高级；造舰监相当于海军少将衔军官，位列造舰总监之下而在一级造舰正之上，为高等造舰官。造舰正分一、二、三级，相当于海军上、中、少校衔军官，为中等造舰官。造舰佐分一、二、三级，相当于海军上、中、少尉衔军官，为初等造舰官。

三级造舰佐以下置准造舰佐一级，相当于海军准尉级军官，但不列入官等。

国民党政府时期之海军造械总监、造械监、造械正、造械佐

国民党政府时期，海军军佐中之造械官分三等八级，即：造械总监与造械监为上等造械官，一、二、三级造械监为中等造械官，一、二、三级造械佐为初等造械官。

造械总监相当于海军中将衔军官，为高等造械官中之最高级。造械监相当于海军少将，位列造械总监之下而在一级造械正之上，为高等造械官。一、二、三级造械正相当于海军上、中、少校衔军官，为中等造械官。一、二、三级造械佐相当于海军上、中、少尉军官，为初等造械官。

三级造械佐以下置准造械佐一级，相当于海军准尉级军官，但不列入官等。

国民党政府时期之海军航务正、航务佐

国民党政府时期，海军军佐中之航务官分二等六级，即：一、二、三级航务正，相当于海军上、中、少校衔军官。一、二、三级航务佐，相当于海军上、中、少尉衔军官。一级航务正为航务官中之最高级。

三级航务佐以下置准佐一级，相当于海军准尉衔军官，但不列入官等。

国民党政府时期之海军测量监、测量正、测量佐

国民党政府时期，海军军佐中职司测绘之测量官分三等七级，即：海军测量监相当于海军少将衔军官，为海军测量官中上等测量官之最高级。一、二、三级测量正相当于海军上、中、少校衔军官，为海军中等测量官。一、二、三级测量佐相当于海军上、中、少尉衔军官，为海军初等测量官。

国民党政府时期之空军总司令

1946年5月31日，周至柔被任为空军总司令，6月1日，国民政府行政院国防部空军总司令部置空军总司令1人，上将或中将，特任，承国民政府主席之命（"总统制"实行后，改为"承中华民国总统之命"），在参谋总长直接指导下，负统御、指挥空军之全责，与陆军总司令、海军总司令、联合勤务总司令共同构成国民政府（总统府）军事指挥系统之执行层面。

空军总司令对下列各事项负责：1. 策订与执行空军建设、作战、动员、复员、情报、训练各计划。2. 实施对所属单位之编组。3. 处理空军之特殊性补给及装备。4. 掌理空军总司令部及其直辖单位上校以下空军军官暨空军部队、机关、学校校级官佐与属职职务之分配、调转及服役、考绩、奖惩各事项。5. 防空警备。6. 策定及执行航空工业建设计划及航空兵器、装备之研究与发展。7. 民用航空之督导、联系。8. 编造空军预算。9. 其他空军一般行政。

依《国防部组织法》关于国民政府主席（中华民国总统）授权参谋总长统一指挥全国陆、海、空军之规定精神，空军总司令亦有承参谋总长之命执掌空军作战之指挥权。

国民党政府时期之空军军区司令官

1946年6月1日，国民政府行政院国防部空军总司令部成立，为便于对指定区域内空军各单位之指挥计，以各地区之地理情况及交通线（铁路、公路、水路及电路）情况为凭，将全国划为5个空军军区：

第一区——东北区，含辽宁、安东、辽北、吉林、松江、合江、黑龙江、嫩江、兴安、热河10省，司令部驻沈阳。

第二区——华北区，含河北、山西、察哈尔、绥远、山东、河南6省，司令部驻北平。

第三区——西北区，含陕西、甘肃、宁夏、新疆、青海5省，司令部驻西安。

第四区——华中及东南区，含湖北、湖南、江西、广东、广西、福建、浙江、安徽、江苏、台湾10省，司令部驻汉口。

第五区——华西区，含四川、西

康、西藏、云南、贵州5省，司令部驻重庆。

各空军军区置司令官1人，直接对空军总司令负责，其执掌事项为：1. 军区作战计划之策订。2. 驻防军区内空军作战部队之作战指挥。3. 直属空军作战部队之行政管理。4. 所属基地、场、站之管理及配属部队之指挥。5. 军区训练计划之策定、实施及监督。其指挥机构为空军军区司令部。军区辖区内所有战术作战部队、机场勤务部队、运输部队、警卫部队、供应分处、防空部队、通信大队、气象大队等概受其辖属及指挥。

国民党政府时期之空军军官佐任官条例

1934年6月15日，国民政府公布《空军军官佐任官暂行条例》（1935年1月4日修正公布），规定：

1. 空军军官佐均依本条例按照空军官制任官，其任职依另条例之所定。

2. 空军军官佐之任官分为初任、叙任、晋任、转任4项。

3. 初任自少尉始，其规定如下：（1）初任军官必须中央航空学校毕业并见习期满或由军事委员会认可之国内外各级飞行学校毕业并经考验合格与补受军事训练后见习期满。（2）初任机械军佐必须中央航空机械学校专科毕业并见习期满或国内外大学理工科及相当之专科技术学校毕业并经考验合格补受军事训练者。（3）初任军佐之军医、军需，必须国内外军医、军需学校或大学医科、经济科及相当学校毕业并经空军军医、军需训练后见习期满。（4）准尉升少尉，必须服满准尉职务2年以上并曾受应行准备教育、成绩及格。但不得超过初任军官1/3。

4. 叙任依现任职务并具有下列规定之一，核其出身、经历、年资，任以相当之官：（1）出身有3. 所列4款资格之一者。（2）出身于国内外普通航空学校或大学及专科学校，服空军军官职务满2年以上或服空军军佐职务满3年以上者。

5. 晋任之规定如下：（1）晋任必须逐级递进，不得超越。（2）晋任必须经过之实职年资并考绩优良而有上级缺额时。（3）上述"晋任必须经过之实职年资"称为"停年"，各级军官之停年如下：中将4年；少将3年；上校4年；中校3年；少校3年；上尉4年；中尉2年；少尉1年半。军佐各级之停年与军官同。

6. 转任之规定如下：（1）陆海军之军官少校以下受空军军官之定期训练并经考验合格者，核其经历，准予转任相当之空军军官。（2）空军军官及陆海军军佐少校以下受空军军佐之定期训练并经考验合格者，核其经历，准予转任相当之空军军佐。（3）转任后即消失其原有之官，非经核准回复，不得任原官职务。（4）陆海军军官佐之调在空军服务者，仍按陆海空军军官佐任官条例任官。

7. 各级官佐之任官由军事委员会决定，交军政部呈行政院转请国民政府任命之。

国民党政府时期之空军军官佐任官条例施行细则

1935年1月8日，国民政府公布《空军军官佐任官暂行条例施行细则》，规定：

1. 凡空军军官佐任官实施事项，悉依本细则施行。

2. 任官时期除特令外，均于每年3、9两月定期举行，平、战时皆同。

3. 凡军官佐之任官，由军事委员会按其年资及本官阶内之考绩审核决定，交军政部呈行政院转呈国民政府任命之。

4. 军法官、军用文官、军用技术人员、政治训练人员，非出身于兵科、业科者，于定期任官时，由军事委员会核其资历、考绩，予以注册，并分别送铨叙部登记，其任用办法另定。

5. 军官佐初任之规定如下：（1）军官之初任者，依《空军军官佐任官暂行条例》（3）①所定办理。（2）机械军佐之初任者，依条例（3）②所定办理。（3）军需军佐与军医军佐之初任者，依条例（3）③所定办理。（4）准尉晋任少尉、准佐晋任三等佐，依条例（3）④所定办理。

6. 条例（3）④所定准尉升少尉之定额，系以每一少尉官组为标准计算之，即一少尉官组每次任少尉时，学校出身者占2/3，准尉出身者不得超过1/3；所称"准备教育"，系指条例（3）所定各学校之特定教育而言。准佐之升任同此原则。

7. 依条例（4）之所定，应叙任之军官佐如下：

（1）出身合于条例3. 各款之一资格者，分别任以空军军官佐。

（2）出身于各种飞行学校、未补受军事训练、现服空军军官职务满2年以上者，任以空军军官。

（3）出身于各大学或专门学校、未补受军事训练、现服空军军官职务满2年以上者，任以空军军佐。

（4）出身于机械士及准佐递升而至三等佐以上之军佐、服务满3年以上者，任以相当军佐。

（5）陆海军军官佐调在空军服务者，仍按陆海军军官佐任官条例任官。

（6）军法人员以军用法官注册各兵科、业科出身而现任空军军法职务者，以出身之科任官。

（7）秘书、书记、司书、译电员、打字员之均以军用文官注册各兵科、业科出身而现任空军军用文官职务者，以出身之科任官。

（8）技术人员以军用技术人员注册各兵科、业科出身而现任空军技术职务者，以出身之科任官。

（9）测候、摄影、通信等人员而出身于各兵科、业科者，以出身之科任官；其在各科以外者，以军用技术人员注册。

（10）政治训练人员而出身于各兵科、业科者，以出身之科任官；在各科以外者，以军用文官注册。

（11）各军事学校教官、教员、助教及各军事机关、学校之译述人员等，其为各兵科、业科出身者，依其出身之科任官；其非各兵科、业科出身者，分别以军用文官、军用法官、军用技术人员注册。

（12）出身有2科以上者，依其经历，以其一科任官。

（13）各科军官因教育上之必要而使受他科之教育者，仍以其原出身之科任官。

（14）出身之科与现在职务所属之科不一致者，依其原出身之科任官。

以上叙任，适用于开始第一次之任官，尔后概以自初任起为常。

8. 条例（4）②所称"相当航空专科定限教育之教育机关"（其机关之种类另定之），须依照原定期限毕业得有证明书者。

9. 叙任军官佐之出身，其在条例（4）各款规定之外者，均不任官，而以现在职务所属之科存记。

10. 军官佐之年资计算，依《空军军官佐资序规则》之所定。

11. 军官佐晋任，依上官阶之缺员在合条例5. 所定之军官佐中遴选之。

12. 前称之"上官阶之缺员"及其选补，以官组为范围（官组依《空军军官佐官组规则》之所定）。

13. 官组中之缺员指下列所定：（1）依服役条例之所定而停役、退役、除役者。（2）依任官条例之所定而经晋任、转任或免官者。（3）依编制之所定而增设员额者。（4）因其他原因而发生缺员或增额者。(5)任官时以官组中所有上列各款员额，除由其他同阶官组或组外官佐调补者外，其余为该官组之缺员。

14. 所称"上阶官组之缺员以次阶官组之官佐升补之"，其规定如下：(1)上阶官组之下以一次阶官组相承接而该次阶官组中之官佐其年资、考绩及格者足以升补时，则依缺升补。(2)一上阶官组之下以数个次阶官组相承接者，以各次阶官组年资、考绩及格者之人数多寡为准，适当分配而增补之。(3)因次阶官组官佐之年资、考绩不足升补上阶官组之缺员时，则以他上阶官组缺员较少而次阶官组之及格官佐较多者调升补充之。(4)上项之调补为使各官组官佐素质等齐起见，除上项所列原因外，并宜通常行之。

15. 各官阶晋任时，其论资、论绩之运用如下：(1)少尉晋中尉：论资。(2)中尉晋上尉：资一、绩一。(3)上尉晋少校：论绩。(4)少校晋中校：资一、绩一。(5)中校晋上校：论绩。(6)上校晋少将：论绩。(7)少将晋中将：停年届满并有特别劳绩者。(8)中将晋上将：停年届满并于国家建有殊勋者。(9)军佐之晋任与对军官之所定者同。(10)资序、绩序依定期任官前考绩之所定。

16. 战时军官佐之晋任，除停年必须届满外，一概论绩，不受11.－15.所定之限制；为补充之必要，对于所要官阶之停年，亦得特令减缩之。

17. 军官佐于军事上有特殊建树可为军人表率者，得特令晋任，除停年照规定外，其他不受任官条例与本细则之所限。

18. 对于国家著有勋绩之军官佐，其身后有特追晋官阶者，不受任官条例及本细则之所限。

19. 军官佐依任官条例所定之转任，必以原阶转任为原则，其转任前后之实职年资得合并计算；若转任而兼晋任者，则必依照对于晋任之所定。

20. 备役军官佐历次依期应召并成绩优良，得以补充上之需要择优晋任。

21. 军官佐任官，其出身与经历有疑义时，得调验其文凭、委状，如文凭、委状不能提出时，其出身应以同学2人出具证明书及同学录证明之，其经历应以所隶长官2人出具证明书及职员录证明之。

22. 军官佐有下列情形之一者免官：(1)因罪处刑并受褫夺公权之宣告者。(2)触犯刑法，核其情节，必须予以免官者。(3)消失国籍者。

23. 因上所定原因而免官者，其免官之原因终止后，得核予复官，但须由本人呈递悔省书于原官组所隶机关经层转核夺。复官时应以原官阶复任，其命令之程序与任官同。

国民党政府时期之空军机械总监、机械监、机械正、机械佐

国民党政府时期之空军军佐分三等八级：机械总监、机械监为上等军佐。一、二、三级机械正为中等军佐。一、二、三级机械佐为初等军佐。

另设准佐一级，相当于空军准尉军官，但不列入官等。

机械总监相当于空军中将衔军官，为空军机械官中之最高级。

机械监相当于空军少将衔军官，位在机械总监之下而在一级军械正之上，为空军高级机械官。

机械正分一、二、三级，相当于空军上、中、少校衔军官，为空军中等机械官。

机械佐分一、二、三级，相当于空军上、中、少尉军官，为空军初等军械官。

国民党政府时期之空军测候正、测候佐

国民党政府时期，空军军佐中职司

观测气象之测候官分二等六级，即：一、二、三级测候正，相当于空军上、中、少校衔军官，为中等测候官。一、二、三级测候佐，相当于空军上、中、少尉衔军官，为初等测候官。

三级测候佐以下置准佐一级，相当于空军准尉衔军官，但不列入官等。

国民党政府时期之军用文官任用暂行条例

1934年12月25日，国民政府公布《军用文官任用暂行条例》（定1935年7月1日施行），规定：

1. 军用文官系指秘书、书记、司书、普通科学及外国语文教员、译述员、报务员、译电员及其他军用文职人员而言（军官佐任军用文官之职者仍保有其军官佐之身份，但不算为军职之年资）。

2. 军用文官之任免，除别有规定者外，悉依本条例并参照《陆军军官佐任职暂行条例》及其施行规则之所定行之。

3. 军用文官各阶与文职比照如下：

（1）简任职同中将（简任1、2级）、同少将（简任3-5级）、同上校（简任6-8级）。

（2）荐任职同中校（荐任1-6级）、同少校（荐任7-12级）。

（3）委任职同上尉（委任1-4级）、同中尉（委任5-8级）、同少尉（委任9-12级）、同准尉（委任13-16级）之任免，依陆军准尉、准佐任用规则之所定。

4. 简任职军用文官以合于下列资格之一者任用之：

（1）现任或曾任文官简任职经甄别审查或考绩合格者。

（2）现任或曾任文官最高级荐任职2年以上经甄别审查或考绩合格者。

（3）曾任政务官1年以上者。

（4）曾任国立大学教授3年以上者。

（5）在需要之学术上有特殊之著作或发明者。

（6）曾任上校以上之备役军官佐或同上校以上之军用文官或现任同中校之军用文官已满停年者。

5. 荐任职军用文官以合于下列资格之一者任用之：

（1）经文官高等考试及格或与高等考试相当之特种考试及格者。

（2）现任或曾任文官荐任职经甄别审查或考绩合格者。

（3）现任或曾任文官最高级委任职3年以上经甄别审查或考绩合格者。

（4）在教育部认可之国内外大学或高等专门学校毕业经审查合格者。

（5）曾任少校以上之备役军官佐或同少校以上之军用文官或现任同上尉之军用文官已满停年者。

6. 委任职军用文官以合于下列资格之一者任用之：

（1）经文官普通考试及格或与普通考试相当之特种考试及格者。

（2）现任或曾任文官委任职经甄别审查或考绩合格者。

（3）现充文官雇员继续服务3年以上成绩优良者。

（4）在专科学校或教育部认可之高级中学或旧制中学以上之学校毕业者。

（5）曾任少尉以上之备役军官佐或同少尉以上之军用文官或现任同准尉之军用文官已满停年者。

7. 同准尉以上之军用文官以在初中以上学校或相当职业学校毕业或有相当之技能并均经考验合格者任用之。

8. 军用文官之任用，除依4.-7.所定外，并依其学识、经验与其所任之职务相当者为限。

9. 军用文官经国民政府任命或军政部（海军部）核准委用后，除军官佐已有官位者外，统由军政部（海军部）将该员履历汇转铨叙部查核按级登记。

10. 有下列各款情事之一者，不得任为军用文官：（1）褫夺公权、尚未复权者。（2）亏空公款、尚未清偿者。（3）曾因赃私、处罚有案者。（4）吸用鸦片或其代用品者。（5）身体衰弱或有暗疾不堪服务者。

11. 各级军用文官之初任应各以其最低阶为原则，但以其学识、经验任用者不在此限。

12. 军用文官初任时，得视其能力先予署任，察其胜任，再予实任，其署任期以3－6个月为限。

13. 军用文官晋任之规定如下：（1）晋任必须逐阶递进，不得超越。（2）晋任必须停年已满并成绩优良而有上阶官额时。（3）军用文官各阶停年如下：同少将3年。同上校4年。同中校3年。同少校3年。同上尉4年。同中尉2年。同少尉2年。同准尉2年。

14. 军用文官晋任之遴选，以所隶单位为范围，如本单位内无相当人员时，得由其他单位调用之或以4.－7.所列资格者遴选。

15. 在一单位内之军用文官同一阶级名称者为"通职"，得由其最高长官互相调用，但应随时呈报中央任职长官备案。

16. 军用文官有下列各项情形经核予免职者即行退职：

（1）因伤病、残废、衰弱不堪服务而退职者，称为"伤病退职"。

（2）因考绩连续3年不及格而退职者，称为"考绩退职"。

（3）因组织与编制之裁减而退职者，称为"裁减退职"。

（4）本人自请辞职经核准者，称为"志愿退职"。

17. 军用文官退职时合于下列各款之一者，给予赡养金至终身止，其金额与对于陆军官佐所定之数目同：（1）服实职满15年以上，退职时年龄已满60岁者。（2）在职中因公残废者。

18. 在受领赡养金期内有下列情形之一者，终止或停止发给赡养金：（1）犯罪受刑事处分者，终止。（2）丧失中华民国国籍者，终止。（3）再任职者：终止。

19. 军用文官之俸薪，除别有规定外，与陆军军官佐一般规定者同。

20. 备役军官佐在任军用文官至退职时，合于（17）之规定者，给予赡养金而取消其原有之退役俸；上项改任人员动员召集时，应立即解除军用文官职务而应召。

国民党政府时期之军用技术人员任用条例

1934年12月25日，国民政府公布《军用技术人员任用暂行条例》（定1935年1月1日施行），规定：

1. "军用技术人员"以具有3.－5. 所定之出身资格而从事下列之军用技术业务者为限，其任免除别有规定者外，悉依本条例并参照《陆军军官佐任职暂行条例》及其施行规则之所定行之：

（1）兵器、弹药、舰艇、航空机、车辆暨军用粮秣、被服、装具及一切军用机械、器材之研究、设计、制造、修理、检验等业务。

（2）牧畜、繁殖及改良马种等业务。

（3）土木建筑、电机、机械等工程业务。

（4）理化上有研究、试验、制作及兵器弹药之保管等业务。

（5）气象测候业务。

（6）工厂设计及管理（关于考工、核料及成本会计部分）业务。

（7）其他认为军用需要之特种技术业务。

（8）上列各款之教授、编译业务。

2. 军用技术人员各阶与文职比照

如下：

（1）简任职同中将（简任1－2级技监）、同少将（简任3－5级技监与技正）、同上校（简任6－8级技正）。

（2）荐任职同中校（荐任1－6级技正与技士）、同少校（荐任7－12级技士）。

（3）委任职同上尉（委任1－4级技佐与技士）、同中尉（委任5－8级技佐）、同少尉（委任9－12级技副）。

同准尉（委任13－16级技副）之任免依陆军准尉准佐任用规则之所定。

3. 简任军用技术人员以合于下列资格之一者任用之：

（1）现任或曾任简任技术人员并经审查、考绩合格者。

（2）现任或曾任荐任最高级技术人员满3年以上并经审查、考核合格者。

曾由国内外大学或学院毕业后从事技术业务5年以上而有军事技术上特殊之著作、经验或发明并经审查、考绩合格者。

4. 荐任军用技术人员以合于下列资格之一者任用之：

（1）现任或曾任荐任技术人员并经审查、考绩合格者。

（2）现任或曾任委任最高级技术人员4年以上、曾受高等教育并经审查、考绩合格者。

（3）曾由国内外大学或专科学校毕业后在国内外从事技术业务满3年以上、能设计制造而确有成绩并经审查、考验合格者。

5. 委任军用技术人员以合于下列资格之一者任用之：

（1）现任或曾任委任技术人员并经审查、考绩合格者。

（2）曾由国内外专科以上学校毕业并经考验合格者。

（3）与前项同等学校毕业学力相当并经考验合格者。

6. 同准尉之技术人员须在职业学校毕业或在军用工厂充任匠目3年以上而确有成绩并经考验合格者。

7. 技术人员所任职务必须与其所学之科系相当，其各科系以下列为适用：

（1）属于大学或独立学院者：物理学系、化学系、数学系、土木工程系、机械工程系、化学工程系、造船学系、建筑学系、冶金学系、畜牧学系、工商管理学系（工厂管理为主）。

（2）属于专科学校者：矿冶专科、机械工程专科、电机工程专科、化学工程专科、土木工程专科、河海工程专科、建筑专科、纺织染色专科、制革专科、造船专科、飞机制造专科、畜牧专科。

（3）其他国内外大学或专科学校所习科系而为本条例1. 所需要者。

8. 军用技术人员经国民政府任命或军政部（海军部）核准委用后，除军官佐已有官位外，统由军政部（海军部）将该员履历汇转铨叙部查核、按级登记。

9. 有下列各款情事之一者，不得任为军用技术人员：（1）褫夺公权尚未复权者。（2）亏空公款尚未清缴者。（3）曾因赃私处罚有案者。（4）身体衰弱或有暗疾不堪服务者。

10. 简任、荐任、委任军用技术人员之初任，应各以其最低阶为原则，但依其学术、经验及有特殊原由者不在此限；军用技术人员初任，得视其能力先于署任，察其确实能胜任者再予实任，其署任期以3－6个月为限。

11. 军用技术人员之晋任规定如下：（1）晋任必须逐阶递进，不得超越。（2）晋任必须停年已满并成绩优良而有上阶缺出时，各阶停年为：同少将3年。同少校4年。同中校3年。同少校：3年。同上尉4年。同中尉2年。同少尉2年。

12. 军用技术人员晋任之遴选范

围；委任职者以所隶本单位内为范围，荐任职以上者得由所隶最高主管机关按其职务需要适宜配备之。

13. 军用技术人员除免职、停职、撤职外，有下列各项退职：

（1）因病伤、残废、衰弱不堪服务而退职者，称为"伤病退职"。

（2）考绩连续3年不及格而退职者，称为"考绩退职"。

（3）因组织与编制之裁减而退职者，称"裁减退职"。

前列3项退职者中之成绩优良者，得按其退职时之薪级酌予分发于军用技术各机关、场、所服务。

（4）本人自请辞职经核准者，称为"自愿退职"。

14. 军用技术人员之俸薪，除照陆军军官佐之俸薪定额外，并给技术加薪。技术加薪之定额依照陆军军官佐薪俸给与之所定。

15. 军用技术人员退职时合于下列各款之一者给与赡养金至终身止，其金额与对于陆军官佐所定之数目同：（1）服实职满15年以上、退职时年龄已满55岁者。（2）在职中因公残废者。

16. 在受领赡养金期内有下列情形之一者，终止或停止发给赡养金：（1）犯罪受刑事处分者，终止。（2）丧失中华民国国籍者：终止。（3）再任官职者，停止。

17. 军官佐具有（3）、（4）、（5）所定资格而任军用技术人员者，得保有军官佐之身份，遇有动员时，得酌量其职务之轻重分别召集与否。

国民党政府时期之军法及监狱人员任用暂行条例

1934年12月25日，国民政府公布《军法及监狱人员任用暂行条例》，规定：

1. 军法、监狱人员之任用，除别有法规规定者外，悉依本条例施行。

2. 本条例所称军法、监狱人员如下：

（1）军法人员：指各级军法官及掌管军法裁判与军法行政之司、处、科长及其科员。

（2）监狱人员：指军人监狱长及掌管监狱行政之科长与科员。

3. 军法、监狱人员之任免，除本条例所规定者外，并参照陆军军官佐任职暂行条例及其施行规则之所定行之。

4. 军法、监狱人员各阶与文职比照如下：

（1）简任职同中将（简任1－2级）、同少将（简任3－5级）、同上校（简任6－8级）。

（2）荐任职同中校（荐任1－6级）、同少校（荐任7－12级）。

（3）委任职同上尉（委任1－4级）、同中尉（委任5－8级）、同少尉（委任9－12级）、同准尉（委任13－16级）之任免，依陆军准尉准佐任用规则之所定。

5. 简任职军法人员以合于下列资格之一者任用之：

（1）现任或曾任法官简任职并经甄别审查或考绩合格者。

（2）现任或曾任法官最高级荐任职2年以上并经甄别审查或考绩合格者。

（3）在国立大学法科任教授3年以上者。

（4）曾任同上校以上军法官、有法律专科以上出身者，或现任同中校军法官、有法律专科以上出身、并已满停年、且考绩优良者。

6. 荐任职军法人员以合于下列资格之一者任用之：

（1）经文官高等考试之司法官考试及格者。

（2）现任或曾任法官荐任职并经甄别审查或考绩合格者。

（3）现任或曾任法官最高级委任职3年以上并经甄别审查或考绩合格者。

（4）在教育部认可之国内外大学法科毕业办理司法事务 2 年以上并经审查合格者。

（5）曾任同少校以上之军法官、有法律专科以上出身者，或现任同上尉军法官、有法律专科以上出身，并均已满停年、考绩优良者。

7. 委任职军法人员以合于下列资格之一者任用之：

（1）现任或曾任法官委任职并经审查或考绩合格者。

（2）经文官普通考试之承审员考试与法院书记官考试及格者。

（3）在教育部认可之国内外法律专科以上学校毕业并经审查合格者。

（4）曾任同上尉以下军法官、有法律出身者。

8. 简任职监狱人员以合于下列资格之一者任用之：

（1）现任或曾任法官或监狱官简任职并经甄别审查或考绩合格者。

（2）现任或曾任法官或监狱官最高级荐任职 3 年以上并经甄别审查或考绩合格者。

（3）曾任同上校以上军法官与监狱官、并有法律专科以上出身者，或宪兵科上校以上军官或现任同中校军法官与监狱官、并有法律专科以上出身及宪兵科中校、已满停年并考绩优良者。

9. 荐任职监狱人员以合于下列资格之一者任用之：

（1）经文官高等考试之司法官考试或监狱官考试及格者。

（2）现任或曾任法官或监狱官荐任职并经甄别审查或考绩合格者。

（3）现任或曾任法官或监狱官最高级委任职 3 年以上并经甄别或考绩合格者。

（4）在教育部认可之国内外监狱专门学校毕业或大学法科毕业、办理司法或监狱事务 2 年以上并经审查合格者。

（5）曾任同少校以上军法官或监狱官、并有法律或监狱专科以上出身及狱务经验者，或宪兵科少校以上军官或现任同上尉军法官与监狱官、并有法律或监狱专科以上出身及宪兵科上尉军官已满停年、并经考绩优良者。

10. 委任职监狱人员以合于下列资格之一者任用之：

（1）经文官普通考试之监狱官考试及格者。

（2）现任或曾任监狱官委任职并经甄别审查或考绩合格者。

（3）在教育部认可之国内外监狱或法政专门以上学校毕业并经审查合格者。

（4）曾任同上尉以下军法官与监狱官、并有法律或监狱专科出身者及宪兵科上尉以下军官、并经考绩优良者。

11. 同准尉之军法与监狱人员，以法律与监狱或宪警出身并经考验合格者任用之。

12. 军法与监狱人员经国民政府任命或军政部（海军部）核准委用后，除军官佐已有官位者外，统由军政部（海军部）将该员履历汇转铨叙部查核、按级登记。

13. 有下列各情事之一者，不得任用为军法与监狱人员：（1）褫夺公权尚未复权者。（2）亏空公款尚未清缴者。（3）曾因赃私处罚有案者。（4）吸用鸦片或其代用品者。（5）身体衰弱或有暗疾而不堪服务者。

14. 简任、荐任、委任军法与监狱人员之初任应各以其最低阶为原则，但依其学识、经验任用者不在此限。

15. 军法与监狱人员晋任之规定如下：（1）晋任必须逐阶递进，不得超越。（2）晋任必须停年已满并成绩优良而有上阶缺出时。（3）各阶停年如下：同少将 3 年。同上校 4 年。同中校 3 年。同少校 3 年。同上尉 4 年。同中尉 2 年。同少尉 2 年。同准尉 2 年。

16. 军法与监狱人员之遴选以所隶

单位为范围，如本单位内无相当人员时，得由其他单位内调用之，或以合于5.－11.所列资格者遴委。

17．在一单位之军法与监狱人员同一阶级名称者为"通职"，得由其最高长官互相调任。但应随时呈报中央任职长官备案。

18．军法与监狱人员有下列情形核予免职者即行退职：

（1）因伤病、残废、衰弱不堪服务而退职者，称"伤病退职"。

（2）因考绩连续3年不及格而退职者，称"考绩退职"。

（3）因组织与编制之裁减而退职者，称"裁减退职"。

（4）本人自请辞职经核准者，称"志愿退职"。

19．军法、监狱人员退职时合于下列各款之一者，给予赡养金至终身止，其金额与对于陆军军官佐所定之数目同：（1）服实职满15年以上、退职时年龄已满60岁者。（2）在职中因公残废者。

20．在受领赡养金期内有下列情形之一者，终止或停止发给：（1）犯罪受刑事处分者，终止。（2）丧失中华民国国籍者，终止。（3）再任官职者，停止。

21．军法、监狱人员之俸薪，除别有规定者外，与陆军军官佐一般规定者同。

22．备役军官佐任军法、监狱人员期间，停止其退役俸。备役军官佐任军法、监狱人员至退职时合于19．之规定者，给予赡养金而取消其原有退役俸。此等改任人员遇有动员召集时，应立即解除军法、监狱职务而应召集。

国民党政府时期之集团军总司令部

抗日战争时期，国民党政府为使各战区内达到指挥灵活便利之目的，特将各战区内之军队以军为单位划分为若干集团军并于其上设立军事指挥机关——集团军总司令部以统辖之，每一集团军辖2－5个军和1－3个独立师及通信、特务、输送等队。

集团军总司令部置正、副总司令及参谋长各1人，设机要室及参谋、副官、军法3处，总司令由上将或中将担任，承战区司令长官之命统辖集团军所属各部队并对作战负指挥之责，各军对经理、人事诸事有所请求，须经由集团军总司令转呈战区司令长官核定，副总司令，中将，为总司令之辅佐。仅指挥2个军之集团军不设副总司令，指挥3个军以上之集团军可增设兼任副总司令1人。

国民党政府时期之财政收支系统法

1935年7月24日，国民政府公布《财政收支系统法》，对中央、省、县（市）三级政府财政收入和支出之划分、调剂、分类，均作了明确规定，全文共15章及附表3个。

根据其《附表一：收入分类表》之规定，下列19类属中央收入：1．税课。2．专卖。3．特赋。4．惩罚及赔偿。5．归公绝产。6．规费。7．代管项下。8．代办项下。9．物品售价。10．租金使用费及特许费。11．利息及利润。12．公有营业及事业之盈余。13．协助。14．赠与及遗赠。15．财产及利权售价。16．收回资本。17．公债。18．长期赊借。19．其他收入。

下列17类属省收入：1．税课。2．特赋。3．惩罚及赔偿。4．规费。5．代管项下。6．代办项下。7．物品售价。8．租金使用费及特许费。9．利息及利润。10．公有营业及事业之盈余。11．补助及协助。12．赠与及遗赠。13．财产及利权售价。14．收回资本。15．公债。16．长期赊借。17．其他收入。

下列17类属县（市）收入（与省之收入项目同）。

根据《附表二：支出分类表》之规定，下列23类属中央支出：1．财政行使。2. 国务。3. 行政。4. 立法。5. 司法。6. 考试。7. 监察。8. 教育及文化。9. 经济及建设。10. 卫生及治疗。11. 保育及救济。12. 营业投资及维持。13. 国防。14. 外交。15. 侨务。16. 移殖。17. 财务。18. 债务。19. 公务人员退休及抚恤。20. 损失。21. 信托管理。22. 普通补助。23. 其他支出。

下列17类属省支出：1. 政权行使。2. 行政。3. 立法。4. 教育及文化。5. 经济及建设。6. 卫生及治疗。7. 保育及救济。8. 营业投资及维持。9. 保安。10. 移殖。11. 财务。12. 债务。13. 公务人员退休及抚恤。14. 损失。15. 信托管理。16. 普通协助及补助。17. 其他支出。

下列17类属县（市）支出（除较省少"移殖"类支出外，余16类支出与省同）。

根据《附表三：税课分类表》之规定，下列11类属中央税课：1. 关税。2. 货物出产税。3. 货物出厂税。4. 货物取缔税。5. 印花税。6. 特种营业行为税。7. 特种营业收益税。8. 所得税。9. 遗产税。10. 由直隶于行政院之市分得之营业税。11. 由县、市分得之土地税。

下列5类属省税课：1. 营业税。2. 由县、市分得之土地税。3. 由县、市分得之房产税。4. 由中央分给之所得税。5. 由中央分给之遗产税。

下列8类属直隶于行政院之市之税课：1. 土地税。2. 房产税（土地法施行后，并入土地改良物税）。3. 营业税。4. 营业牌照税。5. 使用牌照税。6. 行为取缔税。7. 由中央分给之所得税。8. 由中央分给之遗产税。

下列8类属县或隶属于省之市之税课：1. 土地税。2. 房产税（土地法施行后，并入土地改良物税）。3. 营业牌照税。4. 使用牌照税。5. 行为取缔税。6. 由中央分给之所得税。7. 由中央分给之遗产税。8. 由省分给之营业税。

国民党政府时期之划分国家收入地方收入标准

1928年7月□日，全国财政会议通过《划分国家收入地方收入标准》，规定：

1. 盐税、海关税及内地税、常关税、烟酒税、卷烟税、煤油税、厘金及一切类似厘金之通过税、邮包税、印花税、交易所税、公司及商标注册税、沿海渔业税、国有财产收入、国有营业收入、中央行政收入共15种税收为现行国家收入。

2. 将来新收入之所得税、遗产税划为国家收入。

3. 田赋、契税、牙税、屠宰税、牌照税、内地渔业税、船捐、房捐、地方财产收入、地方营业收入、地方行政收入、其他属于地方性质之现有收入共12种税收为现行地方收入。

4. 将来新收入之营业税、市地税、所得税之附加税划为地方收入。

5. 国家税、地方税划分后，各自整理，不得添设附加税（唯所得税得征附加税，但不得超过正税之20%）。

6. 地方收入性质与国家收入重复时，财政部得禁止其征收。

7. 新收入新税时，凡与旧收入性质相抵触之部分，应即废止；性质相同之税捐，应即归并。

8. 中央收入与各省收入虽经划分，但事实上如有必要时，得由中央补助地方，亦得由地方协助中央。

国民党政府时期之划分国家支出地方支出标准

1928年7月□日，全国财政会议通过《划分国家支出地方支出标准》，规定：

1. 下列21项费用由国家支出：（1）中央党务费。（2）中央立法费。（3）中央监察费。（4）中央考试费。

(5）政府及所属机关行政费。（6）陆海军及航空费。（7）中央内务费。（8）中央外交费。（9）中央司法费。（10）中央教育费。（11）中央财务费。（12）中央农矿工商费。（13）中央交通费。（14）蒙藏事务费。（15）中央侨务费。（16）中央移民费。（17）总理陵墓费。（18）中央官业经营费。（19）中央工程费。（20）中央年金费。（21）中央内外各债偿还费。

2. 下列 13 项费用由地方支出：（1）地方党务费。（2）地方立法费。（3）地方行政费。（4）公安费。（5）地方司法费。（6）地方教育费。（7）地方财务费。（8）地方农矿工商费。（9）公有事业费。（10）地方工程费。（11）地方卫生费。（12）地方抚恤费。（13）地方债款偿还费。

国民党政府时期之中央政府应支费用与地方政府应支费用

1932 年 9 月 24 日，国民政府公布《预算法》，规定：除转账及退还金支出外之一切支出，均称为"费用"。

1935 年 7 月 24 日，国民政府公布《财政收支系统法》，规定：

1. 中央政府在地方行使司法权与考试权及监察权之费用、国防费用与外交费用、人民移殖与侨务费用，均由中央政府负担。

2. 在中央 23 类支出中，教育文化、经济建设、卫生治疗、保育救济 4 类经费之总额，其最低限度，在中央不得少于其预算总额的 50%。

3. 各级地方政府区域内人民行使政权费用，由各该级政府负担。

4. 与移殖或侨务有特殊关系之省、市，得自定经费。

5. 区、乡、镇之各类费用，应依类分别列入各该市、县经费预算，其中教育文化、经济建设、卫生治疗、保育救济 4 类经费之总额，其最低限度，在省、区或县、市不得少于其预算总额之 60%。

国民党政府时期之概算与预算

1931 年 11 月 2 日，国民政府公布《预算章程》，规定：

1. 年度预算在未经国民政府主计处编成总预算案以前称为"概算"（1932 年 9 月 24 日，国民政府公布《预算法》，规定：各机关初步拟编之收支计划、经核定概数，以作编造拟定预算基础，称之为"概算"）。

2. 年度预算分为国家及地方两部分，按照办理预算收支分类标准分别编制。

3. 国家及地方预算各分为"普通会计"及"营业会计"两种，按照办理预算收支分类标准分别办理。

4. 普通会计及营业会计各分岁入（一会计年度内一切所入之总额与应退还之收入及其上年度结存称"岁入"）、岁出（一会计年度内一切费用总额与退还金及预算准备金称"岁出"），并按其性质各分为经常、临时两门分别编制。

5. 每一会计年度以每年 7 月 1 日至次年 6 月 30 日止，其年度以开始时之次年为名称。

6. 每一会计年度内之一切收入为"岁入"、一切支出为"岁出"，均编入预算。

7. 国家支出机关之收入列入国家岁入预算，属于国家收入机关之支出列入国家岁出预算，均应满收满支，不得将收支各数互相抵除。其属于地方各机关之收支亦同此。

8. 各级政府之预算，每一会计年度办理一次；各级政府之预算，依法定系统划分，各自独立；每一会计年度之一切费用，均应编入其预算。

9. 预算之岁入与岁出，应按来源与用途分门、类、纲、目。

10. 预算应具备总预算、机关别之

分预算、基金别之分预算 3 种：（1）总预算以政府全部岁入、岁出编成，仍应具备机关别及基金别之总略。（2）机关别之分预算按各机关单位编制。（3）在每一机关单位下，其基金别之分类应于总预算金别之分类相合。（4）基金别之分预算分普通收支预算、营业预算、公债预算、信托预算及其他特种基金预算 5 类。

11. 总预算应以其各分预算之岁入、岁出总额编入。但其营业预算部分之编入，以盈余或亏空之净额为限；其信托预算部分之编入，以受信托政府所入及费用之实数为限。

12. 营业分预算，仍应分别编入其岁入、岁出之总额。为收入而经营之政府专卖或独占事业之收支，不得列入营业预算。

13. 总预算及分预算，按其需要设准备金。准备金分常备金、预备金、后备金 3 种：（1）常备金于行政预算中设定。（2）预备金于法定分预算中设定。（3）后备金于法定总预算中设定。

国民党政府时期之中央与地方决算分类

1929 年 9 月 7 日，国民政府于第 833 号训令内公布《编制中央分类决算办法》及《编制地方分类决算办法》，规定：

1. 中央决算分为以下 20 类：（1）中央党务类。（2）中央国务类。（3）中央行政类。（4）中央立法类。（5）中央司法类。（6）中央考试类。（7）中央监察类。（8）中央军务类。（9）中央内务类。（10）中央外交类。（11）中央财务类。（12）中央文化类。（13）中央农矿类。（14）中央工商类。（15）中央交通类。（16）中央卫生类。（17）中央建设类。（18）中央官营业类。（19）中央内外债类。（20）中央特务类。

2. 地方决算分为以下 15 类：（1）地方党务类。（2）地方行政类。（3）地方立法类。（4）地方司法类。（5）地方公安类。（6）地方财务类。（7）地方教育类。（8）地方农矿类。（9）地方工商类。（10）地方交通类。（11）地方卫生类。（12）地方建设类。（13）地方官营业类。（14）地方债款。（15）地方特务类。

国民党政府时期之中央与地方权责划分

1935 年□月□日行政院训令发布《划分中央与地方权责纲要原则》，除关于国防军及地方兵警问题原则 3 项密未宣告外，其他 5 项原则明白宣告如下：

1. 关于地方行政官吏之保荐与任命原则 4 项为：（1）保荐人员以省政府主席及行政院直辖市市长为限。（2）被保荐人以各该省、市政府所属简、荐人员为限。（3）每一简任缺出，保荐人得开具被保荐人 3 名呈由中央决定，如为厅长及局长时，则先与主管部会商开送。（4）被保荐人除政务官外，其任命资格及程序，仍分别依法办理。至特保超升者，并须依《考绩法》之规定。

2. 关于地方行政官吏之任期与保障原则 6 项为：（1）省政府主席委员、厅长及行政院直辖市市长、局长任期 3 年，地方机关简、荐任主管长官、市长、县长及局长均试署 1 年、实授 3 年。（2）地方机关主管长官在任期中及所属法定人员经铨叙合格予以实授者应受保障。（3）应受保障人员除自请辞职及机关裁并或紧缩外，非因惩戒、考成考绩或刑事处分，不得免职、停职、降级或转任。（4）任期届满，按其成绩分别任免。（5）省政府主席委员、厅长及行政院直辖市市长、局长之考成办法由中央定之。（6）现行法规有与本原则不合者，由立法院或主管机关分别依照本原则修订。

3. 关于地方行政及经济问题原则 11 项为：

（1）地方事业有关于国家整个政策者，应以国防以民生为中心目标先由行政院依照下列事业范围参酌现行法令分别规定其具体纲领，以为各地方施政及建设之准则：①关于重要水利之兴办及交通事业之发展事项。②关于重要矿业之开发事项。③关于土地政策之实施事项。④关于主要农业之经营事项。⑤关于移垦事项。

（2）地方政府举办①范围以内之事业，应斟酌当地情形拟定计划呈请中央核定，其施行之程序与细则得由各地方政府自订之。

（3）地方政府呈请举办之事业计划，其所需经费，应拟具预算并说明经费之来源及其筹措之方法，一并呈请中央拟定。

（4）凡既经核定之地方事业计划，中央政府之各部会除负监督、协助之责外，非商得地方政府之同意，不得率令纷更。

（5）地方政府如欲变更其已经中央核准之事业计划与预算，非先呈请中央核准，不得随时变更或中止其进程。

（6）凡有关国家整个政策之地方事业，中央除先规定其全国一致之必要事项外，应多留伸缩余地，俾适应各地方之特殊情形而富有因地制宜之便利。

（7）凡以前地方已经举办之事业、不合于国家整个政策者，应由各地方政府声叙理由及其进行现状专案呈请中央核定。

（8）经济统制事项，应归中央统筹办理。但亦得由中央授权于地方政府准其于法令范围内实施统制办法。

（9）凡重要工业及有关国防之工业，应由中央举办。但地方政府经中央之特许，亦得依法经营。

（10）全国币制、金融行政事宜，由中央统筹办理。各省内有造币厂、局，应一律由中央管理，不得铸造，其已设有地方银行并发行钞券者，均应遵照中央所定办法办理。

（11）各省、市政府发行公债，应由中央核定。凡以前未经核定之省、市公债及其他类似公债之杂色流通券，应由各省、市政府限期整理收回。

4. 关于中央与地方之财政原则4项为：

（1）国家税与地方税，应依中央颁布之法令明白划分，国家税由中央直接征收。凡以前国税尚有委托地方征收者，均由中央收回办理。

（2）地方收支预算，须呈经中央核定，其地方所需经费如有不足，得由中央补助办法统筹办理。

（3）中央补助地方经费之支出，应根据下列标准：①地方请准之补助费，应用于事业费并须指定用途，非经呈准，不得变更。②凡现有各地方之补助费，应依上述标准，参照各地方收支实况，于审核各地方预算时分别修正之。

（4）中央与地方财政必须明确划分，而地方财政亦须有系统，应由中央制定法则，现在立法院提出之《收支系统法》，亟宜参酌实情详细审议公布，并依此法再由中央编订地方财政之各项通则。

5. 关于法制之制定原则4项为：

（1）应注重行政法规，避免其他法律之纷更。

（2）关于行政法规可由行政院或考试院自行修改者，应依据本会议所通过之审查案，由行政院或考试院自行修改。

（3）关于行政法规其修改应经立法程序者，由行政院或考试院依据本会议所通过之审查案提出修正案。

（4）未来之创制立法，应对于原提案之精神加以注意。

国民党政府时期之财政收支分类

1935年7月24日，国民政府公布《财政收支分类系统法》，规定：1. 中华民国各级政府财政收支之划入、配置、调剂及分类，依本法之规定。2. 税课分为：（1）完全中央税；（2）应依其纯所入按法定比例标准分给省、市、县之中央税；（3）省税及直隶于行政院之市税；（4）市县税。3. 独占及专卖。4. 特赋。5. 规费。6. 罚款。7. 售价。8. 租金使用费及特许费。9. 信托管理所入。10. 利息、利润、盈余、赠与或遗赠及其他合法之收入。11. 政府间之征免。12. 补助及协助。13. 借贷。14. 支出。

国民党政府时期税课中之中央税

依1935年7月24日国民政府公布之《财政收支系统法》第2章之规定：

1. 下列各税为完全之中央税：（1）关税：指由海、陆、空进出国境之货物进口税与出口税及海港之船舶吨税等税。（2）货物出产税：指盐税与矿产税及其他以法律规定之货物出产税。（3）货物出厂税：指卷烟税、火柴税、水泥税、棉纱税、麦粉税及其他以法律规定之工厂制造品出厂税。（4）货物取缔税：指烟税、酒税及其他以法律规定之无益物品或奢侈物品出产、制造、贩卖或消费之取缔税。（5）印花税：指交易凭证、人事凭证、许可凭证等证明文件依法贴用之印花税。（6）特种营业行为税：指交易所证券及物品交易税、银行兑换券发行税及其他以法律规定之特种营业行为税。（7）特种营业收益税：指交易所收益税、银行收益税及其他以法律规定之特种营业收益税。

2. 下列各税为以其纯所入按法定比例标准分给省、市、县之中央税：（1）所得税：按其纯所入10%－20%分给省；按其纯所入20%－30%分给市、县（前定百分数于非常预算得变更之）。（2）遗产税：按其纯所入15%分给省；按其纯所入25%分给市、县（省与市、县得以纯所入之40%充教育经费；前定百分数于非常预算得变更之）。

3. 凡中央税，地方政府不得重征，并不得以任何名目征收附加捐费。

4. 一切货物税均为中央税，地方政府不得征收，并不得阻止国内货物之自由流通。

5. 各级政府均不得在货物通过地点征收任何税捐。但因改良水、陆道路而对于通过舟、车征收之费用不在此限。

6. 各种税课依各单行税法之规定征收之。

国民党政府时期税课中之省税与直隶于行政院之市之市税

依1935年7月24日国民政府公布之《财政收支系统法》第2章之规定：营业税为省税及直隶于行政院之市税，其纯所入总额在省应以30%归所属市、县；在直隶于行政院之市应以30%归中央。

国民党政府时期税课中之市、县税

依1935年7月24日国民政府公布之《财政收支系统法》第2章之规定：

1. 土地税为市、县税，除中央因地政机关整理土地需用经费时得先于该项纯所入总额内提取10%外，在市、县，得以该项其余纯所入总额15%－40%归省；在直隶于行政院之市，15%－40%得以归中央（前项应归中央或省之土地税及中央提取之整理土地经费，其总额不得超过各该市、县土地税纯所入总额50%）；依土地法对于土地改良物征收之税属于市、县，但县及属于省之市应以其纯所入总额15%－30%归省。

2. 下列各税为完全市、县税：（1）营业牌照税：指戏馆、旅馆、酒馆、茶馆、饭馆、球房、屠宰户及其他应行取缔之行业之营业牌照税。（2）使用牌照税：指舟、车牌照税及其他因使用地方公有财产而征收之牌照税。（3）行为取缔税：指宴席、电影、戏剧及其他应行取缔之行为按价加征之税。

国民党政府时期各级政府之独占及专卖

依 1935 年 7 月 24 日国民政府公布之《财政收支系统法》之规定：

1. 各级政府经法律许可，均得经营独占公用事业。

2. 地方政府所经营独占事业之供给，以该管区域为限。但经邻近地方政府之同意，得为扩充其供给区域之约定。

3. 中央政府为增加国库收入或统制生产消费，得依法律之规定专卖货物并得制造之。

4. 前项专卖为中央独有之权，地方政府不得为之。

国民党政府时期各级政府之特赋

依 1935 年 7 月 24 日国民政府公布之《财政收支系统法》之规定：

1. 各级政府于该管区域内对于因道路、堤防、沟渠或其他土地改良之水、陆工程而直接享受利益之不动产，得征收特赋。

2. 前项特赋之征收，不得超过各该工程直接与间接实际所费之数额。若其工程之经费出于借赊时，其特赋之征收以借赊之资金及其利息之偿付清楚为限。

3. 上列各工程之举办与特赋之征收，均应经过预算程序始得为之。

国民党政府时期各级政府之规费

依 1935 年 7 月 24 日国民政府公布之《财政收支系统法》之规定：

1. 司法机关、考试机关及各级政府之行政机关征收规费，应依法律之所定。未经法律规定者，非先经立法机关之决议，不得征收之。

2. 各级政府所属下列各种事业机关或组织对于直接享受其利益得征收规费，但除法律另有规定外，应由该管最高行政机关核定并经过预算程序始得为之：（1）教育文化事业。（2）经济建设事业。（3）卫生治疗事业。（4）保育救济事业。（5）保安防灾事业。（6）保健娱乐事业。

3. 小学教育、传染病之预防、残疾之赡给及水火灾患之救济，不得收费。

国民党政府时期各级政府之罚款收入

依 1935 年 7 月 24 日国民政府公布之《财政收支系统法》之规定：

1. 罚金或没收财物，非依法律不得为之。

2. 各级政府依法律之规定，得制定关于罚款之单行规程，各公务机关及公立事业机关经各该主管最高行政长官之核准，亦得为之。

3. 各级政府依法律之规定，得制定关于罚款之单行规程，各公务机关及公立事业机关经各该主管最高行政长官之核准，亦得为之。

4. 罚金及没收财产之收入应归入国库，罚款之收入应分别归入各级政府之公库，其定有奖赏金者，每次奖赏金至多不得逾所罚或所没收金额 30%。

国民党政府时期各级政府之物品售卖

依 1935 年 7 月 24 日国民政府公布之《财政收支系统法》之规定：

1. 各级政府对于公有财产孳生之物品，公务机关及事业机关或组织对于出产物品与其应用物品中之剩余或废弃物品，均得按时价售卖之，但应经各该级审计机关之同意，未设审计机关者，应经该管上级长官之核准（独占、专卖或其他公有营业机关售卖其剩余或废弃物品同此）。

2. 公务机关得售卖其公开之印刷品，其售价应以成本为标准。但关于宣传性质或有益于公民智识者，得在成本以下；为取缔人民行为之印纸，其售价得在成本以上；教育、文化机关，试验场、所，监狱及其他保育、救济之处所，其出品之售价，应以成本为标准，但遇必要时，得在成本以下；独占价格及专卖价格之规定，应经立法机关之议决。

3. 公有营业机关所供给之物品或劳务，其售价应参酌成本及市面通行之时价定之。

4. 各级政府出售不动产或重要财产，除法律另有规定外，应经各该级审计机关之同意，未设审计机关者，应经该管上级长官之核准。

国民党政府时期各级政府之租金与使用费及特许费之收取

依 1935 年 7 月 24 日国民政府公布之《财政收支系统法》之规定：

1. 各级政府对于其所有财产，均得依法收取租金或使用费。

2. 各级政府有权经营之独占公用事业对于承揽经营者，得收特许费。

国民党政府时期各级政府之信托管理收入

依 1935 年 7 月 24 日国民政府公布之《财政收支系统法》之规定：各级政府依法为信托管理时，其管理费所入，应列入预算及决算。

国民党政府时期各级政府之利息与利润等其他合法收入

依 1935 年 7 月 24 日国民政府公布之《财政收支系统法》之规定：各级政府所有金钱之利息、公务上或事业上获得之利润、公有益之盈余、所受之赠与或遗赠及其他合法之收入，均各为其当然收入。

国民党政府时期各级政府之征免

依 1935 年 7 月 24 日国民政府公布之《财政收支系统法》之规定：

1. 各级政府及其所属机关为办理公务及教育文化、经济建设、卫生治疗、保育救济、保安防灾、保健娱乐各事业所需要之机械、仪器及其他有永久性之设备、物品，得免征关税（其免税范围于《关税法》中定之。）

2. 各级政府及其所属机关自用之簿籍、凭证及所发之凭证，依《印花税法》之所定免税。

3. 各级政府设立之银行，均免征银行收益税。

4. 除中央银行外，其他政府设立之银行，经取得银行兑换券发行权者，均应征银行兑换券发行税。

5. 各级政府及其所属公务机关、事业机关及营业机关之所得，其免税范围于《所得税法》中定之。

6. 政府与人民合办之营业，不得免税。

7. 各级政府及其所属公务与事业机关下列事业或营业，均免营业税，其所用土地及土地改良物，并免征土地税：(1) 交通及其他公用事业。(2) 银行、保险及其他金融事业。(3) 林、垦、矿业及无竞争性之畜牧与制造业。(4) 专为供应政府及所属机关之事业。(5) 其他不以营利为目的之事业。

前项各款事业或营业，有兼营竞争性副业者，应按其兼营部分征收营业税及土地税。

8. 各级政府及其所属机关除法律或契约另有规定外，对于货物专类及独占公用事业，均应依其所定价格给付之。

9. 各级政府或其所属机关对于他级或同级政府依法征收之特赋，应按其因改良工程而享受之利益比例缴纳。

10. 各级政府或其所属机关对于他级或同级政府或其所属机关依法征收之规费，应缴纳之。

11. 各级政府或其所属机关使用他级或同级政府或其所属机关之不动产、动产或其他特权时，除法律或契约另有规定外，应缴纳租金、使用费或特许费。

12. 下列之中央财产经中央之许可，省、市或县得使用之，或享有其收益而免缴租金或使用费：（1）归公之不动产。（2）荒地。

13. 各级政府为他级政府或同级政府代办事项时，除法律规定有办理之义务者外，其受益政府应担负相当之费用。

14. 各级政府下列各款收入应免一切征课：（1）公有事业之收入与公有营业之收入及盈余（但政府与人民合办者不在此限）。（2）公有权利或财物之售价或公有金钱之孳息。（3）所受之赠与或遗赠。（4）公债收入。（5）其他直接专属于政府之收入。

15. 区、乡、镇之各类收入应依类分别列入各该市、县之岁入预算并免一切征课。

国民党政府时期各上级政府对下级政府之补助金与协助金

依 1935 年 7 月 24 日国民政府公布之《财政收支系统法》之规定：各上级政府为求所管辖各区域间教育文化、经济建设、卫生治疗、保育救济等事业之平均发展，得对下级政府给予补助金，并得由其他下级政府取得协助金。补助金、协助金之用途，除法律另有规定外，以上列各项事业为限。

国民党政府时期各级政府之借贷

依 1935 年 7 月 24 日国民政府公布之《财政收支系统法》之规定：

1. 各级政府非依法律之规定并经其立法机关之议决，不得发行公债或为一年以上之长期赊欠。

2. 省、市、县政府对外资之借贷，应先经中央政府之许可。

3. 省、市、县之立法机关得制定单行规则，限制其行政机关之借债及赊欠。

国民党政府时期各级政府之支出

依 1935 年 7 月 24 日国民政府公布之《财政收支系统法》之规定：

1. 各级政府之一切支出，非经预算程序，不得为之。

2. 各级政府区域内人民行使政权之费用，由各该政府负担之。

3. 中央政府在地方行使司法权、考试权及监察权所需之费用，由中央政府负担之。

4. 国防费用及外交费用，由中央政府负担之。

5. 人民之移殖及侨务费用，由中央政府负担之，但与移殖或侨务有特殊关系之省、市，亦得自定经费。

6. 区、乡、镇之各类费用，应依类分别列入各该市、县之经费预算。

7. 教育文化、经济建设、卫生治疗、保育救济经费之总额，其最低限度在中央不得少于其总预算总额 50%，在省、区或市、县不得少于其总预算总额 60%。

国民党政府时期之禁烟与禁毒

1927 年 9 月□日，《国民政府财政部禁烟暂行章程》公布，规定：

1. 国民政府财政部特设禁烟处，管理全国禁烟事宜。

2. 全国禁烟事宜包括以下内容：（1）各种红白丸及与鸦片烟同类之吗啡、高根、海洛因等，除医用外，一律禁止输入。（2）国民政府所辖各政区如有栽种烟苗，统于本章程公布之日一律铲除，不得再种。

1928年3月□日,《中华民国刑法》公布,其第19章第271-277条为鸦片罪,其内规定:

1. 制造鸦片、吗啡、高根、海洛因及其化合质料或贩卖或意图贩卖而持有外国输入或输出于外国者,处5年以上有期徒刑并科1000元以下罚金……未遂罪,罚之。

2. 意图供制造鸦片、吗啡、高根之用而栽种罂粟或高根种子者,处3年以下之有期徒刑并科3000元以下罚金……未遂罪,罚之。

同年4月□日,国民政府修正《禁烟条例》,于第1条内规定:"鸦片烟"包括生熟鸦片、罂粟、烟土、烟膏。于第10条内规定:红白丸及代吸鸦片烟用之吗啡针或类似鸦片烟效用之高根、海洛因、吗啡等类,一律禁绝。但为医药用,经医生证明及政府核准者,不在此限。

1929年7月25日,国民政府公布《禁烟法》,于第1条内规定:本法称"烟"者,指鸦片及其代用品言。前项"代用品",指吗啡、高根、海洛因及其同类毒性物或化合物言。

1934年4月□日,国民政府军事委员会委员长南昌行营公布《严禁烈性毒品暂行条例》,于第1条规定:吗啡、高根、海洛因及其化合物或配合而成之红白等着色毒丸,均为烈性毒品。

1935年10月28日与1936年6月3日,国民政府两次公布之《禁烟治罪暂行条例》内均规定:鸦片、罂粟及罂粟种子,均称为"烟"。

1936年6月3日,国民政府公布《禁毒治罪暂行条例》,其内规定:吗啡、高根、海洛因及其化合物或配合而成之各色毒丸,均称为"毒"。吗啡精、奶糖粉、鸡那素等,经查明系供制造毒品之用者,以毒品论。

1946年8月2日,国民政府公布《禁烟禁毒治罪条例》,其中规定:

1. 本条例称"烟"者,指鸦片、罂粟及罂粟种子及麻烟或其配合之抵瘾丸药言;本条例称"毒"者,指吗啡、高根、海洛因及其化合物或配合而成之各色毒品言(1948年11月26日中华民国总统府再次公布《禁烟禁毒治罪条例》,其所称"烟"、"毒"名称同此)。

2. 制造毒品者、栽种罂粟或麻烟或制鸦片者、运输或贩卖毒品者、首谋或在场指挥聚众抗铲烟苗者,均处死刑。

3. 制造抵瘾之丸药者、下手实施聚众抗铲烟苗者,处无期徒刑或7年以上有期徒刑,前者并科5000元以下罚金。

4. 意图贩卖而持有毒品者、运输或贩卖鸦片者、运输或贩卖罂粟种子而供人种植者,处无期徒刑或10年以上有期徒刑并科10000元以下罚金、死刑或无期徒刑、死刑或无期徒刑或10年以上有期徒刑。

5. 制造抵瘾之丸药者、意图贩卖而持有鸦片者、运输或贩卖抵瘾之丸药者,处无期徒刑或7年以上有期徒刑并科5000元以下之罚金、7年以上有期徒刑并科7000元以下罚金、7年以上有期徒刑并科5000元以下罚金。

6. 在聚众抗铲烟苗现场助势者、意图贩卖而持有罂粟种子或抵瘾之丸药者、施打吗啡或吸用毒品者,处3年以上10年以下有期徒刑、3年以上10年以下有期徒刑并科3000元以下罚金、3年以上10年以下有期徒刑。

7. 意图营利而为人施打吗啡或设所供人吸食毒品者,处死刑或无期徒刑;意图营利而设所供人吸食鸦片者,处死刑、无期徒刑或10年以上有期徒刑。

8. 吸食鸦片者,处1年以上5年以下有期徒刑。

9. 对施打吗啡或吸用毒品者与吸

食鸦片者应勒令禁戒断瘾后复行施打或吸用者，处死刑或无期徒刑。

10. 制造、运输、贩卖或意图贩卖而持有专供制造毒品或吸用毒品之器具者，处1年以上7年以下有期徒刑并科3000元以下罚金；制造、运输、贩卖或意图贩卖而持有专供制造或吸食鸦片之器具者，处3年以下有期徒刑并科1000元以下罚金。

11. 持有烟毒者，处5年以下有期徒刑；持有专供制造鸦片毒品或吸食鸦片或吸食毒品之器具者，处1年以下有期徒刑。

12. 栽赃诬陷或捏造证据诬告他人犯本条例之罪者，处3年以上10年以下有期徒刑。

13. 公务员与军警：（1）犯上列各罪；（2）利用权力强迫他人犯制造毒品或其抵瘾丸药之罪；（3）包庇或要求期约收受贿赂而纵容他人犯上列各罪；（4）盗换或隐没查获烟毒之罪；（5）故纵本条例之罪犯脱逃；（6）盗换或隐没查获吸食鸦片或毒品之器具者，处死刑、死刑、死刑、死刑、死刑或无期徒刑或7年以上有期徒刑、1年以上7年以下有期徒刑；其所受之贿赂没收之，如全部或一部不能没收时，追征其价额或以其财产抵押（但其财产价值不及应追征之价额时，应酌留其家属必需之生活费）。

14. 犯上列各罪，其罂粟种子、烟毒及专供制造或吸食烟毒和施打吗啡之器具，均应没收销毁之；其供犯罪所用之财产得没收之（没收财产之执行，适用《强制执行法》之规定）；其未遂犯，罚之。

15. 犯栽种罂粟、制造鸦片与毒品或其抵瘾丸药、运输或贩卖毒品、施打吗啡或吸用毒品之罪而能供出罂粟种子或烟毒之来源因而破获者，得减轻其刑。

16. 犯施打吗啡或吸用毒品者与吸食鸦片之罪而在未发觉或到案前自动戒绝者，得免除其刑。

17. 供医药及科学用之鸦片、吗啡、高根、海洛因、麻烟及其同类毒性物或化合物，依照《麻醉药品管理条例》办理，不适用本条例之规定。

18. 犯本条例之罪者，依特种刑事案件之审理程序办理。

国民党政府时期之地方行政区划

国民党政府时期之地方行政区划，分为省、县两级。1927年9月，改直隶省为"河北省"，废京兆地方建置而并入河北省。1928年2月，改奉天省为"辽宁省"。9月，废特别区建置，改热河、察哈尔、绥远、川边4"特别区"为4省（西康暂设"建省委员会"）。10月，改青海特别区为"青海省"并将原甘肃西宁道属各县划入青海省；以甘肃之宁夏道属各县及阿拉善与额济纳2旗地为范围，新设"宁夏省"。1930年3月，中执会政治会议决议废除立于省、县之间的"道"之建置（各省、县之辖区则仍沿其旧）。

截至1938年4月底止，全国行政区划分为28省2地方1特别区1行政区6院辖市：

28省是：江苏（辖61县1市）、浙江（辖75县1市）、安徽（辖62县）、江西（辖83县1市）、湖北（辖70县2市）、湖南（辖75县1市）、四川（辖149县2市2设治局）、西康（辖32县）、山东（辖107县2市）、山西（辖105县）、河南（辖111县）、河北（辖130县2设治局）、陕西（辖92县）、福建（辖62县1市）、广东（辖97县2市）、广西（辖99县）、云南（辖112县15设治局）、贵州（辖84县1市）、甘肃（辖66县1市2设治局）、青海（辖17县）、宁夏（辖10县3设治局）、新疆（辖59县11设治局）、绥远（辖16县1市1设治局）、察哈尔（辖16县

3设治局)、热河(辖16县2设治局)、辽宁(辖59县)、吉林(辖41县1设治局)、黑龙江(辖43县10设治局)。

2地方是：蒙古地方、西藏地方。

1特别区是：东省特别区。

1行政区是：威海卫行政区。

6院辖市是：南京(1927年6月-1930年7月称"南京特别市")、上海(1927年7月-1930年7月称"上海特别市")、北平(1928年6月-1930年7月称"北平特别市")、天津(1928年6月-1930年7月称"天津特别市")、青岛(1929年4月-1930年7月称"青岛特别市")、西京(1933年月由长安县析置)。

1945年8月15日，中国抗日战争胜利。9月21日，国民政府公布《台湾省行政长官公署组织条例》，组成台湾行政长官公署隶属于行政院，受中央之委任，办理中央行政，综理台湾全省政务。

1946年5月5日，国民党政府自渝迁京后，其直隶于行政院之市有南京、上海、重庆、天津、北平、青岛、大连、哈尔滨、汉口、广州、沈阳、西安12个。

1947年6月5日，国民政府明令划东北为辽宁、辽北、安东、吉林、合江、松江、黑龙江、嫩江、兴安9省。

截至1949年4月23日国民党政府作为一代中央政府彻底溃败之日止，其全国之地方行政区划计分为35省1地方12院辖市：

35个行省是：江苏(辖61县2市)、浙江(辖77县1市)、安徽(辖63县1市)、江西(辖81县1市)、湖北(辖70县1市)、湖南(辖77县2市)、四川(辖139县2市5设治局)、西康(辖48县4设治局)、福建(辖67县2市)、台湾(辖8县9市2个县辖市)、广东(辖98县2市)、广西(辖99县4市)、云南(辖112县1市16设治局)、贵州(辖78县1市1设治局)、河北(辖130县2市2设治局)、山东(辖107县3市)、河南(辖117县)、山西(辖105县1市)、陕西(辖92县1设治局)、甘肃(辖69县1市2设治局)、宁夏(辖13县1市2设治局3蒙旗)、青海(辖19县1市1设治局29蒙旗)、绥远(辖20县2市17蒙旗)、察哈尔(辖19县1市19蒙旗)、热河(辖20县20蒙旗)、辽宁(辖22县4市)、安东(辖18县2市)、辽北(辖18县1市)、吉林(辖18县2市)、松江(辖15县2市)、合江(辖17县1市)、黑龙江(辖25县1市1蒙旗)、嫩江(辖18县1市2蒙旗)、兴安(辖7县1市11蒙旗)、新疆(辖75县1市6设治局23蒙旗)。

1地方是：西藏地方。

12院辖市是：南京、上海、北平、天津、重庆、青岛、大连、哈尔滨、汉口、广州、沈阳、西安。

国民党政府时期之省、省政府、省政府委员、省政府委员会、省政府委员会主席、省长

省，乃元代始建之地方行政区域中最高一级。省政府，乃中央政府按地方行政区域设置之一级行政机关。

1925年7月1日，广州国民政府依据"党治"精神和"委员制"原则公布中国国民党统治区域之第一个《省政府组织法》。

1927年4月18日，蒋介石集团在南京成立国民政府后，于6月27日公布中执会政治会议第109次会议通过的《省政府组织法》，规定：

1. 省置省政府，在中国国民党中央执行委员会指导之下，奉国民政府命令，综理全省政务。

2. 省政府设委员9-15人，由国民政府任命，组成省政府委员会行使职权。

3. 省政府行使之职权如下：(1)

颁布省单行章程，但不得与中执会政治会议之决定或国民政府之法令抵触。(2)任命省属各机关荐任官吏。(3)弹劾省属各机关简任官吏。(4)在所辖范围内停止或撤销一切认为违背法令或侵越权限或妨害公益之省属机关有关命令或处分。(5)月终将施政情形报告于中执会政治会议和国民政府。

4. 省政府设民政、财政、建设、军事、司法各厅，必要时得增设教育、农工、实业、土地等厅，分管全省行政事务，各厅设厅长1人，由国民政府任命省政府委员兼任。

5. 省政府设秘书长1人与秘书若干人组成秘书处，承省政府委员会之命，办理秘书事务。

6. 省政府委员会设主席1人，由省政府委员互选产生，"每日以委员二人轮流值日，协助主席执行日常政务"。

7. 省政府委员不得兼任他省之行政职务。

10月25日，《省政府组织法》经修正后公布，规定：省政府委员会主席由国民政府于省政府委员中指定；省政府任免所属各机关荐任官吏"应呈请国民政府核准"。

1928年4月27日，《省政府组织法》再度修正，规定：

1. 省政府依中国国民党及中央法令综理全省政务。

2. 省政府于不抵触中央法令范围内，对于省行政事项，得发省令。

3. 省政府各厅对于主管事务，除中央法令另有规定或省政府委员会另有决议者外，以厅令行之。

4. 省政府对于所属各机关之命令或处分，认为有违背法令、逾越权限或其他不当情形时，得停止或撤销之。

5. 省政府由国民政府简任委员9-13人组织省政府委员会行使职权；委员集会时，不得派代表出席；委员不得兼任他省行政职务。

6. 省政府除设秘书处、民政厅、财政厅、建设厅（在未设农矿厅或工商厅之省区，其农矿、工商事务归建设厅掌理）外，在未行大学区制之省区，设教育厅（在行大学区制之省区，教育厅应掌事务由各该区中山大学依《大学区组织条例》掌理）。各厅各设厅长1人，简任，综理厅务并监督所属职员及所辖官署，厅长之任免，由各该主管部、院及省政府委员会呈请国民政府核准简任；秘书处置秘书长1人，由省政府简任，承省政府主席之命综理秘书处事务。

7. 省政府各厅、处各置秘书1-3人办理秘书事务，各厅、处视事务之繁简分科办事；各科置科长1人、科员若干人承长官之命分掌各科事务；各厅、处之秘书、科长荐任或委任，科员委任；因事实需要，并得酌用雇员。各厅因职务上之必要，得酌设技正、技佐、技士及视察员，其员额由厅长提出省政府委员会议定。

8. 省政府设主席1人，由国民政府就省政府委员中指定之，其职权为：(1)执行省政府委员会之决议案。(2)处理省政府日常事务。(3)召集省政府委员会之例会及有委员3人以上之提议或主席认为有必要召集之特别会。

9. 省政府主席因故不能执行职务时，得由省政府委员会互选1人暂代，除经国民政府明令特许者外，暂代期以1月为限。

1931年3月23日，国民政府又一次修正《省政府组织法》，规定：

1. 省政府依国民政府建国大纲及中央法令综理全省事务。

2. 省政府于不抵触中央范围内，对于省行政事项得发省令，并得制定省单行条例及规程。但关于限制人民自由、增加人民负担者，非经国民政府核准，不得执行。

3. 省政府对于所属各机关之命令

或处分认为有违背法令、逾越权限或其他不当情形时,得停止或撤销之。

4. 省政府设委员7—9人(简任)组织省政府委员会行使职权。

5. 省政府设主席1人,由国民政府就省政府委员中任命之。

6. 省政府委员会开会时,各委员不得派代表出席。

7. 省政府主席及委员不得兼任他省行政职务。

8. 现任军职者,不得兼任省政府主席或委员。

9. 省政府主席之职权改为:(1)召集省政府委员会议时为会议主席。(2)代表省政府执行委员会议之决议案。(3)代表省政府监督全省行政机关职务之执行。(4)处理省政府日常及紧急事务。

10. 省政府委员会除例会外,有委员3人以上之提议或委员会议主席认为有必要时,应召集临时会。

11. 省政府委员会议决事项中新增下列10项:(1)关于地方行政区划之确定及变更事项。(2)关于全省预决算事项。(3)关于处分省公产与筹划省公营事业事项。(4)关于执行国民政府委托事项。(5)关于地方自治监督事项。(6)关于省行政设施或变更事项。(7)关于咨调省内国军及督促所属军、警、团、防"绥靖"地方事项。(8)省属全省官吏任免事项。(9)关于增加或变更人民负担事项。(10)省政府委员会认为应行议决之其他事项。

1934年7月31日,依国民政府军事委员会委员长南昌行营公布之《各省保安制度改进大纲》之规定:省设全省保安司令,由军事委员会委员长呈请国民政府任命各省政府主席兼充,管辖和指挥全省之地方保安团、队及原隶省保安处之直属部队,并在省政府中特设保安处,秉承全省保安司令之命令,掌理全省保安事宜。在省以下分区设立保安机关,定名为"某某省第几区保安司令部",其设有行政督察专员之省份,以专员所辖区域为保安区域。

1936年10月24日,行政院公布《省政府合署办公暂行规程》,规定:

1. 省政府只设秘书处、民政、财政、教育、建设4厅及保安处,除呈准行政院特许设置者外,不得任意增设,前已设立者,分别裁并或量为缩小,改隶于主管厅、处。

2. 省政府合署办公后,除各厅、处对于行政院所属主管部、会、署之命令应径行呈复及各厅、处依其职权监督与指挥直辖职员或直辖机关之事务进行者并在不抵触省令之范围内仍得自发厅令、处令或布告外,所有文书一律以省政府名义行之,概由省政府秘书处总收、总发。

3. 凡用省政府名义所发之文书,由主管厅、处分别会同主稿呈主席判行并由主管厅、处长副署,主席认为有修改必要,交由各主管厅、处修改;若发现发文有不当者,经省政府主席、委员与厅、处长提出省政府委员会议决,自行修正或停止或撤销。

4. 省政府合署办公后,各厅、处及所辖各机关之组织暨各科、股应厉行裁并,职掌应重新划定。

5. 省政府与各厅、处之经费实行集中管理,物品实行集中购买。

6. 省政府与各厅、处之文书,应采科学管理方法,务期省费、缜密、简便,除机密件外,收文、发文均得按日、按周分类摘由、统计、列表,送主席与各厅、处长审阅、查考。

7. 秘书处除设科分掌文书、会计、庶务各事项外,并得设技术室掌理各种专门技术事业之调查、设计、审核及指导事项。设法制室掌理关于法令之收集、整理、草拟、修订、审核及解释事项。设统计室掌理关于统计之编制与报告、年鉴之编拟与各种表格之调整事项。设编译室掌理关于公报与其他刊物之编译事项。

8. 省政府合署办公后节余之经费，悉数拨作各县行政费。

9. 上述各点，限各省政府于两个月内将办理情形咨报内政部转呈行政院备案，因特殊情形须暂缓实行者，须开明理由咨请内政部转呈行政院察核。

1944年4月28日，《省政府组织法》又经修正，规定：

1. 省设省政府综理全省行政事务并监督地方自治。

2. 省政府置委员7-11人，由行政院会议议决、提请国民政府任命，并组织省政府委员会行使职权。

3. 省政府置主席1人，由行政院会议议决、就省政府委员中提请国民政府任命。

4. 省政府增设会计处，掌理全省岁计、会计与统计事宜。

5. 省政府得于必要时经行政院提由立法院议决，设置专管机关，并隶属于主管厅之下。

1946年12月25日，国民大会通过之《中华民国宪法》于第11章第1节中规定：省设省政府，置省长1人，省长由省民"选举"产生。是为国民党政府时期正式实行省长制之法律依据，直至国民党政府彻底溃败之日止，未再变更。

国民党政府时期之省政府各厅、局

1928年4月27日，国民政府公布《修正省政府组织法》，规定：

1. 省政府下设民政、财政、建设3厅，除试行大学区制之省区，教育厅主管事项，由各该区大学依《大学区组织条例》掌理之；省政府于必要时，得增设农矿厅、工商厅，在未设农矿厅或工商厅之省区，各该厅主管事项，由建设厅掌理之。

2. 省政府各厅置厅长1人综理各该厅事务并监督所属职员及所辖官署；各厅长之任免，得由各主管部、院及省政府委员会呈请国民政府核准行之。省政府各厅设秘书1-3人，承各该长官之命办理秘书事务；各厅视事务之繁简，酌量分科办事，各科置科长1人（荐任或委任）、科员若干人（委任），承各该长官之命分掌各科事务；省政府各厅因职务上之必要，得酌设技正、技士及视察员，其员额由各厅厅长提出省政府委员会议定之；各厅因缮写文件及其他事务，得酌用雇员。

3. 省民政厅执掌：（1）关于县、市行政官吏之提请任免与监督事项。（2）关于地方自治及其经费事项。（3）关于地方行政区划之确定与变更事项。（4）关于警政、保卫、公共卫生行政事项。（5）关于保卫团事项。（6）关于选举事项。（7）关于赈灾及其他社会救济事项。（8）关于礼俗与宗教事项。（9）关于禁烟事项。（10）关于劳资及佃业之争议事项。（11）关于各种土地测丈、登记、收用及其他土地行政事项。

4. 省财政厅执掌：（1）关于省税与省公债事项。（2）关于省政府预算与决算编制事项。（3）关于省库收支事项。（4）关于省公产与省公地管理事项。（5）其他省财政事项。

5. 省建设厅执掌：（1）关于铁路与公路之建筑事项。（2）关于河工、航路、水利工程事项。（3）关于兴筑新市、新村事项。（4）关于不属土地行政之测丈事项。（5）其他建设行政事项。

6. 省教育厅执掌：（1）关于各级学校事项。（2）关于社会教育事项。（3）关于教育及学术团体事项。（4）关于图书馆、博物馆、公共体育场事项。（5）其他教育行政事项。

7. 省农矿厅执掌：（1）关于农、林、蚕桑、渔、牧、矿业之计划与管理及保护与监督和奖进事项。（2）关于农业、渔业等各团体之组织与指导事项。（3）关于农村改良事项。（4）关于佃佃、地主间之争议事项。（5）关于矿业之一般保护与监督事项。(6)关于矿务警与矿工待遇事项。

8. 省工商厅执掌：(1)关于工商业之一般保护、监督、奖进事项。(2)关于工厂事项。(3)关于商埠事项。(4)关于商品之陈列与检查事项。(5)关于度量衡之检查及推行事项。(6)关于劳工团体事项。(7)关于商会及其他商人团体事项。(8)关于劳资争议事项。

1930年11月25日国民政府核准行政院呈请备案之《省政府各厅长选任规则》规定：

1. 国民政府任命省政府委员后，将各委员履历发交行政院依《省政府组织法》第17条之规定，就委员中选定以某委员兼任某厅厅长，提请国民政府任命之。

2. 行政院拟以某委员兼任某厅厅长，得将各委员履历发交各主管部、会召集审查会审查之。

3. 主管部会审查各委员资格，认为某委员堪任某厅厅长，应附具意见，呈报行政院选择，提请国务会议决定之。

4. 遇某厅厅长出缺时，行政院得将新被任之委员与该省不兼厅长之委员履历发交主管部、会依前条规定之程序办理之。

1931年3月23日，国民政府公布再经修正之《省政府组织法》，规定省政府设民政、财政、教育、建设4厅，4厅之职掌稍有增减与更改，但大体如前未变，新定：

1. 改原定之农矿、工商2厅为"实业厅"，掌理：(1)关于农林、蚕桑、渔牧、矿业之计划、管理、监督、保护、奖进事项。(2)关于整理耕地及垦荒事项。(3)关于农田水利整治事项。(4)关于农业经济改良事项。(5)关于防除动植物病虫害及保护益鸟益虫事项。(6)关于工商业之保护、监督及奖进事项。(7)关于工厂与商埠事项。(8)关于商品之陈列与检查事项。(9)关于度量衡之检查与推行事项。(10)关于农会、工会、商会、渔会及其他农业、工业、商业、渔业、矿业各团体事项。(11)其他实业行政事项。

2. 各厅于不抵触中央法令或省政府委员会议决之范围内，对于主管事务，得发厅令。

3. 各厅间或各厅与专管机关间发生职权争议时，由省政府呈请行政院裁决之。

4月29日，行政院核准《确定各省厅、县间指挥权限办法》，规定：

1. 省政府所属各厅对于主管事务，应秉承省政府直接指挥县政府，唯县政府关于重大事务之处理及其政府职员之任免、惩戒，仍依现行法令规定办理，各厅不得径自执行。

2. 依《县组织法》第17条由县长遴选呈请核委之县公安、财政、建设、教育、卫生、土地、社会、粮食管理各局局长，除依法径呈省政府外，并应分呈各主管厅审核。

1936年10月24日，行政院公布《省政府合署办公暂行规程》，规定：

1. 省政府限设民政、财政、教育、建设4厅与秘书、保安2处并"应一律并入省政府内合署办公"。

2. 各厅、处除对于行政院所属主管部、会、署之命令应径行呈复和依职权监督、指挥直辖职员和直辖机关之事务进行者于不抵触省令之范围内仍得自发厅令、处令和布告外，一切文书概由省政府秘书处总收、总发。

1944年4月28日，国民政府第4次修正公布《省政府组织法》，规定：

1. 省政府设民政、财政、教育、建设4厅。

2. 各厅置厅长1人，简任，由行政院会议议决，就省政府委员中提请国民政府任命，综理各该厅事务并指挥、监督所属职员及机关。

3. 各厅于不抵触中央法令与省政

府委员会议决之范围内，得就主管事务对所辖机关发布命令。

4. 各厅间发生权限争议时，由省政府呈请行政院裁决之。

上述规定直至1946年底国民党政府改省政府委员制为省长制以前，未曾再有变动。

国民党政府时期各省政府之实业厅

实业厅曾经是国民党政府时期早期阶段部分省政府设立主管农矿与工商事项之机关。广东、云南2省省政府于1927-1928年，山东、黑龙江2省省政府于1931-1932年，均曾有实业厅之设置。依1931年3月23日国民政府公布再经修正之《省政府组织法》之规定，原定之农矿、工商2厅得合并设立为"实业厅"，掌理：1. 农、林、蚕桑、渔、牧、矿业之计划、管理、监督、保护、奖进事项。2. 整理耕地与垦荒事项。3. 农田水利之整理事项。4. 农业经济之改良事项。5. 防除动植物病虫害及保护益鸟益虫事项。6. 工商业之保护、监督、奖进事项。7. 工商及商埠与商品之陈列及检查事项。8. 度量衡之检查及推行事项。9. 农、工、商、渔各会及其他农业、工业、商业、渔业、矿业各团体事项。实业厅于不抵触中央法令或省政府委员会议决之范围内对于主管事项得发厅令。实业厅置厅长1人主管厅务，简任，由行政院会议议决就省政府委员中提请国民政府任命，厅长以下设若干科、室分理事务。未设实业厅之省，其主管各事项由建设厅掌理。

综观国民党政府时期各省省政府，除前列4省于短期内有实业厅之设置外，其余各省均未设置。

国民党政府时期各省省政府民政厅之警务处

1929年6月，国民党政府于各省省政府民政厅设警务处，掌理全省水陆警察事务。警务处置处长1人，简任，由省政府咨内政部审核呈请任命，承民政厅厅长之命，综理全省水陆警察事务，处内分3-4科理事。

1947年4月，实行"警保统一领导"，乃与省保安团队合一扩组为各省警保处，受内政部警察总署之指挥、监督。

国民党政府时期各省省政府之保安处、省保安司令部、省防空司令部

依1934年7月31日国民政府军事委员会委员长南昌行营公布之《各省保安制度改进大纲》之规定，各省保安制度改进后之内容略如下述：

1. 定名：（1）省设全省保安司令，由军事委员会委员长呈请国民政府任命各省省政府主席兼充，在省政府中特设保安处，秉承全省保安司令之命，掌理全省保安事宜。（2）省以下分区设立之保安机关，定名为"某某省第几区保安司令部"，其设有行政督察专员之省份且全省已设行政督察区者，即以行政督察专员所辖区域为保安区域。（3）县保安机关定名为"某某县保安总队部"（辖有9中队以上保安队者称"甲种保安队总队部"，辖有8中队以上而不足9中队者称"乙种保安队总队部"）或"大队部"（辖有4中队以上而不足6中队者称"甲种保安队大队部"，辖2中队以上而不足4中队者称"乙种保安队大队部"）。（4）原隶省保安处之直属部队及地方保安团队改由省直属者，定名为"某某省保安团"；原隶区保安司令部之直属部队及各县保安队改由区直属者，定名为"某某省第几区保安团或保安队"；县辖部队定名为"某某县保安队"；均以数字定其番号。

2. 编制：（1）省保安处置正副处长各一人，区保安司令部置区正副保安司令各一人，其组织条例与编制表均由各省拟订呈行营核定（在设有行政督察专员省份，得于各省行政督察专员公署组织条例内规定之），县总队或大队部

381

及中队编制，依行营之所定。（2）省、区保安团均由3个保安大队编成，每大队辖4个中队（如有机关枪、迫击炮等特种武器，得视其数量或各编一中队或合编一特务中队直属于团部）。（3）各区保安团（队）改编为省保安团、各县保安队改编为区保安团时，照规定编制编成若干团后所剩余之不足一团数目者，得另编成独立大队或中队（其独立大队部之编制与县保安大队之编制同）。

3. 指挥：（1）各省保安团队逐级管辖、监督、指挥之系统为：全省保安司令——各区保安司令或行政督察专员兼区保安司令——各县县长或区保安副司令兼总队长（或大队长）。（2）区保安团已改由省直属者，应仍分区驻扎，区保安司令部对于驻在区内之团、队，照旧行使其指挥、调遣之权。（3）各县保安队已改由区（或省）直属者，各县县长或区保安副司令依各省地方情形不得以之兼任总队长或大队长，但对驻扎在县境内之团、队，县长仍有指挥权。（4）战时指挥，除上述规定外，得随时另以命令行之。

4. 训练：（1）各省保安团、队应划定团管区，并就区内壮丁从新征集与训练，确定轮流服役与退役办法。（2）于此前之过渡期内，各省亦可视地方治安情形，将原有保安团之成绩较优者酌抽部分专负训练各地方壮丁之责而不担任其他寻常任务，并于一定期内轮流行之。（3）上述规定之实施，由省政府主席兼全省保安司令拟定全省训练壮丁之实施计划呈候委员长南昌行营核准施行。

5. 经理：（1）保安团队实行全省统一时，由省保安处附设全省保安经费总经理处与全省保安经费稽核委员会，各县、各行政督察区原有保安经费一律解交全省保安经费总经理处统筹支配，所有保安队之预算、决算，经全省保安经费稽核委员会之审查，由全省保安司令呈请军事委员会委员长核定。（2）各县保安团队实行区的统一时，由区保安司令部附设区保安经费经理处与区保安经费稽核委员会，按下列不同方法厉行区的统一管理：①各县原有之保安经费按月解交区保安经费经理处统收统发；②各县团队之额数与团款之征收，均以全区为单位并斟酌辖区内各县之治安情形与各该县人民之负担能力酌济盈虚妥行增减后，重新统筹支配；③各县就地自筹、不合法令之苛细收入，即照章废止；④官兵薪饷按月由区保安经费经理处会同区保安经费稽核委员会派员点名发放；⑤所有预算、决算，经区保安经费稽核委员会审查后呈请全省保安司令核定。（3）保安团队经费实行全省统一时，其团队、团款之增减与苛细收入之废除及官兵薪饷之发放，准用上列②、③、④之规定。（4）保安团队所需之被服、装具、炊具暨武器与弹药之补充、修理及卫生医药之设备，在实行全省统筹时，由全省保安司令核实制发、造具计划书并连同各项表册呈报军事委员会委员长查核（在"剿匪"期内，武器、弹药如有不足，得呈请军事委员会酌为补助）；在实行区统筹时，由区保安司令核实、制发、造具计划书并连同各项表册呈报全省保安司令查核。

6. 人事：（1）保安团队官佐之任免，除全省保安司令、省保安处正副处长、各区正副保安司令及其他有特别规定者应查照相关法令依规定办理外，各保安团队之校官、尉官应依省统属、区统属之不同，分别由省保安处或区保安司令呈荐、由全省保安司令任命并呈报军事委员会查核；保安团队之总队长、大队长、中队长、分队长除法定兼任者外，概以籍隶本省、曾在军事学校毕业或具有军事学识经验者充之（本省之中确无适当人员时，虽属外省籍而在该部团队中服务2年以上之下级干部确有卓著劳绩、学术优良者，亦得择优暂请派署)。(2) 保安团队官佐士兵之奖惩，准用海陆空军各项奖惩法规办理(唯在"剿匪"区域之省份并有特别规定者，得查照《剿匪区内文武官佐士兵奖惩条例》办理)。(3) 区保安司令、全省保安司令、军事委员会委员长对各省保安团队之成绩，得定期或随时校阅之。

同年8月1日，蒋介石在致三届中执会政治会议"东电"陈述其对改革省政各理由并送《省政府合署办公大纲》中，首先有省政府设保安处之提议。

1936年10月24日，行政院公布《省政府合署办公暂行规程》，规定省保安处得与省秘书处及民政、财政、教育、建设4厅"一律并入省政府内合署办公"。自此，各省省政府乃皆有保安处之设。

1944年1月，各省依法规定设立掌理全省保安及防空事务之军事机关——省保安司令部，隶于军事委员会兼受行政院之监督，有关事项分别受内政、军政2部与军事委员会航空委员会之指导，置正副司令各1人(司令由省政府主席兼任，综理部务，副司令由军事委员会派充，辅助司令处理部务)，设司令办公室和保安处(分绥靖、训练2科)、防空处(分军防、情报、民防3科)及总务、经理2科与会计室分理各事。

6月16日，国民政府公布《省防空司令部组织条例》，规定：

1. 在未设保安司令部之省，设省防空司令部，于省政府所在地(必要时得呈准变更设置地点)，隶属于军事委员会并接受航空委员会之指挥、监督、掌理全省防空事宜。

2. 省防空司令部置司令1人综理部务并指挥、监督所属机关与部队及职员，置副司令1-3人辅助司令处理部务；置参谋长1人承正副司令之命令处理日常事务。司令部内分设司令办公室与军防、情报、民防、庶务4科各治其事。

3. 省防空司令部应指挥本省各市、县防护团队，并与空军卫戍或警备部队及邻省关系机关切取联系，互通情报，协同作战。

国民党政府时期之战地省政府

"九一八"事变后，国民党政府对沦入日本侵略军之手的省份采取在大后方保留建制的政策，保留各沦陷省政府之主要部门与主要官员，在后方办理有关本省之军事、政治、宣传、情报及与各方联络等事项，这些省政府统称之为"战地省政府"。后对未全部陷敌之省区采取动员回省、在游击区建省进行抗敌施政的政策，使部分战地省政府回到原辖区域内。

依1944年8月12日行政院拟订之《战地省政府组织规程草案》，"战地省政府"指除辽、吉、黑、热4省外之省所辖地区全部沦陷者言。其省政府置委员5-7人，就中指定1人为主席，内设第1-3处：第1处掌原省政府民政、财政、建设、教育4厅主管各事项；第2处掌原省保安司令部组织条例规定之各关系事项；第3处掌原省政府秘书处主管事项；各处置处长1人，由行政院就省政府委员中提请国民政府任命，只以省政府名义对外行文，各处不对外单独行文；除置会计主任1人和助理1-3人和聘请若干名誉参议、咨议外，非经行政院核准不得增设机关。上述规定之适用省份由行政院决定。9月2日，蒋介石下令：战地省政府组织法应"使党政军三部合组省政府，则事权与指挥不致分歧"。10月22日，蒋介石命令：1. "沦陷省市党政军必须一元化，并应令党员、团员积极发展武装游击与地下军之组织，随时随地与奸伪、敌匪进行斗争。"2. 所有上述之组织"必须统一于其省市党部"。3. "沦陷省、市之负总责者，准有临时发给党、政及游击与地下军等委状之权。"

国防最高委员会依此于第153次常

务会议通过《战地党政军组织配合运用办法》,规定:在完全沦陷之战地,其省级机关之设置与党政人事之配合运用办法为:

1. 省党部设主任委员1人、书记长1人、委员7-11人,下设组训、宣传、民运、总务4处及情报室,处长由委员兼任。省政府设主席1人、秘书长1人、委员7-9人,设政务、军事、总务3厅,厅长由委员兼任。

2. 省党部主任委员兼任省政府主席及保安司令、书记兼秘书长、组训处长兼政务厅厅长(掌理原组训处及民政、教育两厅事务)、民运处长兼军事厅长(掌原保安处及社会处事务)、总务处长兼总务厅长(掌原秘书处及财政、建设两厅事务);省党部委员兼省政府委员(省党部之宣传处职掌仍旧,省党部情报室之职掌为原调查统计室之事务)。

3. 省级人选经中央执行委员会决定后分函行政院及军事委员会分别任命。

4. 省党部主任委员准有临时发给党、政与游击及地下军等委状之权。

抗日战争胜利,各战地省政府返回本省成立省政府行使职权,辽、吉、黑、热4省政府亦各返原省被改组为东北9省及热河省省政府。

国民党政府时期之东省特别区行政长官公署

国民党政府时期之东省特别区管辖区域为中俄合办中东铁路(以哈尔滨为中心、东至绥芬河、西抵满洲里、南至大连之铁路,全长为2400余公里,1905年日俄战争中帝俄战败,长春至大连700公里铁路被日本占据,称作"南满铁路",长春以北1700余公里仍称"中东铁路")沿线两侧各30公里范围内之占用土地,即所谓铁路"附属区域"。

1922年12月□日,张作霖将之划定并称为"东省特别行政区",派定朱庆澜为该特别区之行政长官,行政长官公署内设机密、秘书、外交、财政、内务、保安、军法、军务、军需、军医10处,区内之军、警、外交、行政、司法各机关以及护路部队、滨江警察厅、路警处、警察总管理处、吉林与黑龙江2省之铁路局、交涉局等,均归东省特别区行政长官直辖。

1924年5月□日,经加拉罕与顾维钧会谈签约,中东铁路附属区域行政权由中国政府收回,时北洋政府乃以西起满洲里、东至绥芬河、南至长春之"丁"字形中东铁路原有占用土地为区域,在哈尔滨设立东省特别区行政公署,置行政长官管辖之。

1928年12月29日,东北易帜,张学良以东北政务委员会统辖东北三省和东省特别区政务。

1929年5月□日,国民党政府内政部致函东北政务委员会,征询张学良对改组东省特别区之意见,直至1930年5月□日,东北政务委员会才复函内政部称:"该区地位特殊,拟请暂予保留。"经国民政府第79次国务会议决议:保留东省特别区建制,仍以原辖区为辖区,直隶于行政院,其行政长官公署为特别区内之最高行政机关,置行政长官1人,总理特别区内行政。行政长官之职权为:1. 于管辖区域内执行行政事务,遇有应兴应革事项,得发布特别区暂行章程,但不得与中央法令抵触。2. 对于所辖各官署之命令与处分认有违背法令或妨害公益或侵越权限时,得停止或撤销之。3. 对所辖官吏认为应付惩戒或认为应予奖励时,得咨呈主管机关呈请交付惩戒或给予奖励。4. 对所辖机关之荐任以上官吏,得咨呈主管机关呈请任免。5. 于该管区域内遇有非常事变需用兵力或为防卫需用兵备时,得咨请邻近驻扎之军队长官会同处理。

行政长官公署内设政务厅,置厅长

1人，简任，承行政长官之命掌理厅务。厅下设财务处与总务、内务、教育、实业、外交5科，分掌各该管事务，各处、科之职掌及其所置员额，由行政长官核定。

行政长官公署之所属机关有：1. 市政管理局：内分3科并以各分局为其直辖机关。2. 土地管理局：内分3科并以各分局为其直辖机关。3. 警察管理处：内分4科并以各区为其直辖机关。4. 教育厅：内分4科并以各学区、各学校、各公共图书馆、各公共体育场等为其直辖机关。5. 特别市市政局：内分总务、财政、工程、实业、卫生5科。

1932年2月5日，日本侵略军占领哈尔滨，东省特别区及其行政长官公署瓦解并自此结束。

国民党政府时期之威海卫行政区

清政府于1898年7月1日与英帝国签订之《中英订租威海卫专条》，至1923年已满原定25年之租借期，经中国政府之一再交涉，直至1930年4月18日才由国民党政府外交部部长王正廷与英国驻华公使蓝浦牛签订了《交收威海卫专约》与《交收威海卫协定》，双方约定于同年10月1日前在南京互换批准文件并自批准文件之日起发生效力。5月5日，国民党政府公布上述两个文件。9月23日，国民政府令派王家桢为"接收威海卫专员"并令派徐祖善为"威海卫管理专员"。10月1日，中英双方在南京互换上述文件之批准书，国民政府特派接收专员王家桢、管理专员徐祖善在威海卫与英国威海卫长官公署长官庄思敦举行交接典礼，英帝国首次在华降下已悬挂在威海卫上空32年的英国国旗，改升上中华民国国旗，庄思敦乘舰离威海卫赴上海，威海卫终于回归中国。国民党政府设立威海卫管理公署管辖原辖区域。

1931年4月25日，国民政府公布《威海卫管理公署组织条例》，规定：

1. 威海卫在未辟为军港以前，置威海卫管理公署掌理行政和监督地方自治事务。

2. 威海卫管理公署直隶于行政院，掌理行政事务并受中央主管部、会之指挥与监督。

3. 威海卫管理公署之管辖区域定名为"威海卫行政区"，由行政院呈请国民政府核定。

4. 威海卫管理公署于不抵触中央法令之范围内得发布命令并制定单行规则。

5. 威海卫管理公署置管理专员1人，简任，综理行政事务并监督所属机关职员；置秘书2人，荐任，掌理文牍、交际、综核、编纂、统计及其他不属科、局掌理事项，并得置科员5－7人，委任，助理事务；置科长3人与局长1人，均荐任；置科员、课长、督察员25－43人，均委任；必要时得聘用专门技术人员和酌用雇员。

6. 威海卫管理公署设总务、财务、工务3科与公安局分掌事务：

总务科置科长1人（荐任）、科员4－6人（委任），掌理：（1）育幼、养老、济贫、救灾等实施事项。（2）粮食储备及调节事项。（3）教育及其他文化事项。（4）农工商业之改良及保护事项。（5）劳工行政事项。（6）造林、垦牧、渔猎之保护及取缔事项。（7）合作社互助事业之组织及指导事项。（8）风俗改良事项。

财务科置科长1人（荐任）、科员6－10人（委任），掌理：（1）财政收支预算、决算编造事项。（2）公产管理与处分事项。（3）公营业之经营与管理事项。（4）土地行政事项。

工务科置科长1人（荐任）、科员2－4人（委任），掌理：（1）公用房屋、公园、公共体育场、公共墓地建筑及修理事项。（2）私人建筑之指导及取缔事项。(3)道路、桥梁、沟渠、堤岸及其他公共土木工程事项。(4)河道、港务及船政管理事项。(5)民营公用事业监督事项。

公安局置局长1人（荐任）、股长3-4人与科员8-10人及督察员1或2人（均委任），掌理：(1)户口调查及人事登记事项。(2)公安事项。(3)消防事项。(4)公共卫生事项。(5)医院、菜市、屠宰场及公共娱乐场所之设置与取缔事项。

7. 威海卫管理公署以管理专员、秘书、科长、局长组成行政会议，每月至少开会一次，由管理专员召集并为会议主席，讨论议决公署各科、局办事细则、行政区单行规划、预决算、整理行政区财政收入、行政区公产与公营事业经营、公署各科局间职权争议及管理专员提议等事项和其他重要事项。

8. 公署各科局之职员名额，由公署于组织条例规定范围内编造预算呈行政院核定。

1938年3月7日，日军侵占威海卫，威海卫行政区及威海卫管理公署自此不复存在。

国民党政府时期之琼崖特别区

依1932年5月27日国民政府西南政务委员会修正公布之《琼崖特别区长官公署组织条例》规定：

1. 国民政府划琼崖全属为琼崖特别区，设特别区长官（简任）直隶于国民政府。长官得于特别区内相当地点设置公署。

2. 特别区长官依中央法令综理全区公务，其职权为：(1)管理全区行政事务，监督全区行政机关职务之执行。(2)遇有紧急事变，得呈请中央或咨请邻近军事长官派遣陆海空军会同处理。(3)长官于不抵触中央法令范围内，对于区行政事项得发区令并得制定区单行条例及规程。但关于限制人民自由者，非经国民政府核准，不得执行。(4)召集区行政会议，于会议时为主席。(5)特别区长官对于所属各机关之命令或处分认有违背法令或逾越权限或其他不当情形时，得停止或撤销之。

3. 特别区长官公署设秘书处与民政、财政、教育、建设司（长官公署于必要时得设实业司及其他专管机关，在未设实业司前，关于该司事务，由建设司掌理之）、审计处、保卫处掌理各事项。秘书处秘书长与各司司长、审计处处长与保卫处参谋长各1人，均由国民政府简任，秘书长承特别区长官之命综理秘书处事务，参谋长照少将或上将待遇，辅助特别区长官综理保卫处事务，审计处处长以西南政务委员会审计处琼崖审计兼任之。并秉承西南政务委员会审计处处长之命执行属于琼崖特别区内审计职务和呈荐协审及稽察，各司、处长综理各该司、处事务并指挥与监督所属职员和所辖机关。现任军职者，不得兼任长官。

4. 秘书处置秘书1-3人，荐任；保卫处置参谋1-3人，经理所所长1人，副官1-3人，均照少校或上、中尉待遇，承各该司、处长（参谋长）之命办理事务。各司、处视事务之繁简分科办事，每科置科长1人（荐任）、股长与科员若干人（委任），承长官之命办理本科事务。各司、处于必要时得酌设顾问、技正、技士、技佐及视察员，教育司得设督学，审计处得设审计、协审、稽察，其名额由各该司、处长官提出区行政会议议定之。

5. 秘书处掌理：(1)区行政会议记录事项。(2)撰拟、保存、收发文件事项。(3)宣传与调查事项。(4)中外政情之研究事项。(5)公署内会计与庶务事项。(6)记录全区行政机关职员之进退事项。(7)编制统计与报告事项。(8)典守印信事项。(9)其他不属于各司、处事项。

6. 民政司掌理：（1）区内各县、市行政官吏之提请任免事项。（2）区内各县、市所属地方自治及其他经费事项。（3）警察及公安事项。（4）卫生行政事项。（5）选举事项。（6）赈灾及其他社会救济事项。（7）劳资与佃业争议之处理事项。（8）黎民事项。（9）礼俗与宗教事项。（10）禁烟事项。（11）各种土地测量与征收及其他土地行政事项。（12）有关外人各事项。

7. 财政司掌理：（1）区税及区公债事项。（2）区政府预决算编制事项。（3）区金库收支事项。（4）区公产管理事项。（5）其他区财政事项。

8. 教育司掌理：（1）各级学校教育事项。（2）社会教育事项。（3）教育与学术社团事项。（4）图书馆、博物院、公共体育场事项。（5）其他教育行政事项。

9. 建设司掌理：（1）公路、铁路工程事项。（2）海岸、河道工程事项。（3）公用事业与航业之计划、管理、监督、保护及奖进事项。（4）不属土地行政之测丈事项。（5）其他建设行政事项（在实业司未设立前，均归建设司掌理）。

10. 实业司掌理：（1）农林、蚕桑、渔牧、矿业之计划、管理、监督、保护、奖进各事项。（2）整理耕地及垦荒事项。（3）农田水利整理事项。（4）农业经济改良事项。（5）防除动植物病虫害及保护益鸟、益虫事项。（6）工商业之保护、监督及奖进事项。（7）工厂及商埠事项。（8）商品之陈列与检查事项。（9）度量衡之检查与推行事项。（10）农、工、商、渔会及其他农、工、商、渔、矿业各团体事项。（11）其他实业行政事项。

11. 审计处掌理：（1）审核全区各行政机关之预、决算事项。（2）审查全区各行政机关之官有物事项。（3）审核全区征税或他项机关之收入证据事项。（4）审核全区金库收支事项。（5）审核官产估价变卖事项。（6）审核官营事业之收支事项。（7）审核由政府补助之民营事业收支事项。

12. 保卫处掌理：（1）保卫队队员之任免与队兵之召募、斥革事项。（2）保卫队之统率、编制、训练及其抚恤、奖惩事项。（3）保卫队之调遣与分配事项。（4）保卫队服装、军械之购置与保管及核发事项。（5）保卫队法规章制之编订与颁行事项。（6）保卫队之医务、卫生事项。（7）全区地方武装团体之调查、整理暨匪区、匪巢、匪帮之缉捕、剿除及其他谍查、购缉事项。

13. 特别区设行政会议，以特别区长官为主席，秘书长与各司、处长均得出席行政会议。

14. 行政会议议决：（1）区单行条例与规程事项。（2）增加或变更人民负担事项。（3）地方行政区域之确定与变更事项。（4）全区预算事项。（5）处分区公产或筹划区公营事业事项。（6）执行国民政府委托事项。（7）地方自治监督事项。（8）区行政设施及其变更事项。（9）监督所属军警、团防绥靖地方事项。（10）公署所属全区官吏之任免事项。

15. 关于区行政之重要文告，由特别区长官署名、主管司长副署行之。

16. 各司于不抵触中央法令或区行政会议议决之范围内，对于主管事务，得发司令。但其关系重要者，应先呈奉特别区长官核准。

17. 特别区长官得聘用顾问、参议、咨议。

1939年4月21日，日军侵占海南全岛，琼崖特别区及其长官公署遂告冰消而不存。

国民党政府时期之湘鄂临时政务委员会

1927年11月5日湘鄂临时政务委

员会设立。次月，国民政府公布《湘鄂临时政务委员会组织条例》，规定：

1. 湘鄂两省在战争时期内设湘鄂临时政务委员会，秉承国民政府及该管部，处理两省民政、外交、财政、交通等事务。

2. 临时政务委员会由国民政府任命作战总指挥及民政、外交、财政、交通主任各1人为委员组织之，以总指挥为主席。

3. 临时政务委员会得委任人员代理两省民政、外交、财政、交通各行政机关官吏。但荐任以上官吏得呈请国民政府任命。

4. 临时政务委员会处理政务以时机紧迫须急切处理者为限。但仍随时呈报国民政府及该管部。

5. 临时政务委员会分设秘书、民政、外交、财政、交通5处，秘书处之秘书长由政务委员会荐请国民政府任命，其余4处主任由各委员兼任。

6. 临时政务委员会每星期二、五开会议事，遇紧急事件时由主席临时召集，施政方针及重大设施均由委员会议决施行，其议决由各委员署名，各项具体政务由各处主任分理，主席对之有监督、指挥之权。

7. 武汉临时财政整理委员会受湘鄂临时政务委员会监督、指导。

8. 湖北省政府或湖南省政府成立时，湘鄂临时政务委员会即行裁撤。

1927年12月□日-1928年5月18日，湘鄂临时政务委员会存在期间，程潜任该委员会主席，陈绍宽、刘岳峙、刘召圃、陈嘉佑、张定任委员，陈嘉佑、刘岳峙、刘召圃、张定被派为"驻湘办事委员"。

国民党政府时期之四川善后督办公署

经过1929-1930年的新军阀混战，蒋介石以"整理四川军事"之名义，于1931年3月特设了"四川善后督办公署"，置善后督办、参谋长、秘书长各1人。善后督办，上将，秉承中华民国陆海空军总司令之命，综理全省军队之整理及绥靖等一切事宜。"善后"期间，全省驻军统归处理，并得按全省情形随时咨商省政府将全省划为若干警备区，各置司令1人，均由善后督办呈请陆海空军总司令任命，各警备区司令部之编组亦由善后督办拟订呈请陆海空军总司令部核转国民政府备案。善后督办及各警备司令对于所辖区域内之地方行政、党务、司法、财政，均得商由主管机关管理而不得径行干涉。参谋长，中将，承督办之命掌理全省一切军事之筹划事宜。秘书长，中将，承督办之命掌理一切机要文电之拟办事宜。公署内设军务、参谋、副官、秘书、经理、军法、军医7处，各置少将或同少将处长1人。其撤销日期未详。

国民党政府时期之广西善后督办公署

1931年2月14日，蒋介石以"整理广西省军事，促进政治建设"名义，设立了"广西善后督办公署"，置督办1人，上将，由国民政府特派上将衔军事将领黄绍竑担任，综理全省一切事宜，其中军事事项受中华民国陆海空军总司令之指挥，政务事项秉承行政院及中华民国陆海空军总司令之命办理；置会办1人，由国民政府特派中（上）将衔军事将领伍廷飏担任，协助督办综理全省事宜；置参谋长1人，由国民政府特派中将衔军事将领担任，承督办与会办之命筹划全省军事事宜。公署内分设参谋、副官、秘书、经理、军法、军医6处。督办公署在善后期间，按全省实际情形，关于行政，设民政、财政、教育、建设4处，关于军事，则将全省划为若干个警备区，各置司令1人，处长与警备区司令，均由督办物色人选呈请国民政府与中华民国陆海空军总司令部任命；行政4个处之组织，准用《修正省政府组织法》关于省政府各厅之规定办理，军事各警备区司令部之编组，则由督办拟订经呈中华民国陆海空军总司令核定行之。同年7月□日，广西省政府再度设立掌理省政，广西善后督办公署撤销。

国民党政府时期之蒙古地方

国民党政府时期称外蒙古之三音济雅图右翼盟（辖杜尔伯特前旗、杜尔伯特前右旗、杜尔伯特中右旗、辉特下前旗、札哈沁旗、明阿特旗、额鲁特旗）；三音济雅图左翼盟（辖杜尔伯特汗旗、杜尔伯特中旗、杜尔伯特中左旗、杜尔伯特中前旗、杜尔伯特中后旗、杜尔伯特中上旗、杜尔伯特中下旗、杜尔伯特中前左旗、杜尔伯特中前右旗、杜尔伯特中后左旗、杜尔伯特中后右旗、辉特下后旗）；唐努乌梁海之唐努乌梁海部（辖托锦旗、萨拉吉克旗、库布苏库诺尔旗、唐努旗、奇木奇克——亦称肯木次克——旗）；喀尔喀之毕都里雅诺尔盟——亦称札萨克图汗部（辖西路札萨图汗旗、西路左翼左旗、西路左翼右旗、西路左翼前旗、西路左翼后旗、西路左翼中旗、西路左翼后末旗、西路中左翼左旗、西路中左翼右旗、西路中左翼末旗、西路中右翼左旗、西路中右翼末旗、西路中右翼末次旗、西路右翼旗、西路右翼前旗、西路右翼后旗、西路右翼右末旗、西路右翼后末旗、西路辉特旗）；齐齐尔哩克盟——亦称三音诺颜汗部（辖中路三音诺颜旗、中路左翼左旗、中路左翼右旗、中路左翼中旗、中路左翼左末旗、中路右翼末旗、中路中左旗、中路中右旗、中路中前旗、中路中后旗、中路中左末旗、中路中右末旗、中路中末旗、中路中上旗、中路右翼前旗、中路右翼后旗、中路右翼末旗、中路右翼中左旗、中路右翼中右旗、中路右翼中末旗、中路左翼左末旗、中路右翼右后旗、中路额鲁特旗、中路额鲁特前旗）；汗山盟——亦称图什业图汗部或土谢图汗部（辖后路图什业图汗旗、后路左翼前旗、后路左翼左后旗、后路左翼中旗、后路左翼末旗、后路左翼中左旗、后路左翼右末旗、后路左翼左中末旗、后路中旗、后路中次旗、后路中左旗、后路中右旗、后路中右末旗、后路中左末旗、后路右翼左旗、后路右翼右旗、后路右翼后旗、后路右翼左末旗、后路右翼右末旗、后路右翼右末次旗）；克鲁伦巴尔城盟——亦称车臣汗部（辖东路车臣汗旗、东路左翼左旗、东路左翼右旗、东路左翼前旗、东路左翼后旗、东路左翼中旗、东路左翼后末旗、东路中左旗、东路中右旗、东路中前旗、东路中后旗、东路中末旗、东路中左前旗、东路中右后旗、东路中末右旗、东路中末次旗、东路右翼前旗、东路右翼后旗、东路右翼左旗、东路右翼中旗、东路右翼中前旗、东路右翼中左旗、东路右翼中右旗）共计7盟110旗辖地为"蒙古地方"。

1921年7月11日，外蒙古宣布独立，国民党政府一直未予承认，仍称"蒙古地方"。

1946年1月5日，国民党政府宣布承认蒙古人民共和国，"蒙古地方"乃从中华民国行政区划中消失。

国民党政府时期之内属蒙古各盟旗

国民党政府时期称散居于黑龙江、辽宁、热河、察哈尔、宁夏、青海、甘肃、新疆各省境内数约200万之蒙古人民为"内属蒙古"人民，并云其居住区域之"地理位置与内地各省毗连，声气早已相通，并经百余年之移垦，农牧交织，蒙汉杂处"，"就其内属历史与融合程度而言，均远在外蒙之上，而近代文化、经济发展之情形，亦与外蒙不同"，"此等蒙古人民虽在各省境内，仍保存其独特之'盟旗'行政组织，而与省县政府并立，其民族意识亦颇浓厚"。盟旗制者，为内属蒙古归服满洲后，将原有部落划为左、右、前、后若干旗，任命世袭札萨克为旗长（或留其原有汗号，或另封王公、贝勒、贝子等爵位），集若干旗为一盟，盟为旗以上之一种联合组织，直属中央政府，地位等同于省（旗之地位等同于县）。盟之职责为调解旗与旗间有争议之事项，原定3年会盟一次，民国以来，久未举行，盟成了中央与各旗间承转公文的虚位组织。

国民党政府成立后，于1930年1月17日由行政院公布了《蒙藏公文式》，规定：1. 国民政府与五院对盟旗行文用"令"，盟、旗对国民政府与五院行文用"呈"。2. 各部、会对盟行文与盟对各部、会行文互用"咨"或"公函"，各部、会对旗行文用"令"，旗对各部、会行文用"呈"。4. 盟与省间、旗与县间行文，一律互用"公函"。5. 其他机关与盟、旗行文，除有特别规定者外，一律互用"公函"。

1931年10月12日，国民政府公布《蒙古盟部旗组织法》，规定：

1. 蒙古各盟、部、旗以现有之区域为区域，非必要时以法律变更外，不得变更。

2. 蒙古各盟、部、旗内居住之蒙人（指在该盟、旗境内有固定住所或继续居住2年以上者）即为各该盟、部、旗之人民，其权利、义务一律平等（暂行游牧者或临时寄居者，不作该盟、旗之人民计，但须受所在旗之管理）。

3. 蒙古各盟（含等于盟之各部）及各特别旗直隶于行政院；各旗（含总管之制之各旗）直隶于所属之盟。

4. 蒙古各盟各置盟长1人，综理盟务并监督所属职员与各机关；置副盟长1人，辅佐盟长处理盟务，盟长因事故不能执行职务时，代理盟长职务；置备兵札萨克1人仍照旧制设置，掌理盟内各旗军事；置帮办盟务1人，帮同盟长、副盟长办理盟务。盟长得用随行秘书1-2人。

5. 盟设盟长公署，署内分设总务、政务2处，各置处长1人，荐任，其佐理人员额数由蒙藏委员会呈请行政院核定。盟长公署因事务之必要，得咨请蒙藏委员会呈经行政院核准设专管机关。

6. 蒙古各盟设盟民代表会议，其代表由各旗旗民代表会议推选代表组成，大旗3名，中旗2名，小旗1名，代表任期1年，议决盟之立法事项、盟务设计事项、盟务审议事项、盟务监察事项及其他特别规定事项；由盟民代表会议代表互选5-9人为常任代表。

7. 蒙古各旗置札萨克1人，综理旗务并监督所属职员及各机关；置旗务委员2-6人（大旗6人、中旗4人、小旗2人，即原协理管旗章京与副章京之改称）佐理旗务，旗札萨克因事故不能执行职务时，由札萨克指定委员1人，或由旗务委员互推1人代理。札萨克得用随行秘书1人。旗务委员遇有缺出，由旗民会议推选加倍人数、札萨克保荐加倍人数呈报该管盟长咨请蒙藏委员会转呈行政院选择荐任。特别旗旗务委员出缺时，由旗民代表会议推选加倍人数、札萨克保荐加倍人数呈请蒙藏委员会转呈行政院选择荐任。

8. 旗置旗札萨克公署，署内分设总务、政务2科，各置科长1人，科之佐理人员额数由该旗呈报该管盟长咨请蒙藏委员会转呈行政院核定。各旗由札萨克、旗务委员组成旗务会议并以札萨克为主席决定重要旗务。旗之公文以札萨克与旗务委员连署行之。

9. 旗札萨克公署因事务必要，得呈报该管盟长咨请蒙藏委员会（特别旗则咨蒙藏委员会）转呈行政院核定酌设专项机关。

10. 旗设旗民代表会议，由旗属各佐各推代表1人组成，议决旗之立法事项、旗务设计事项、旗务审议事项、旗务监察事项及其他规定事项。由旗民代表会议代表互选5-9人为常任代表。

依1938年5月内政部之统计，时全国计有蒙旗130个，分属于不同省份境内之蒙古盟、部，它们是：

1. 宁夏省境内2旗：阿拉善额鲁特旗，驻磴口。额济纳旧土尔扈特旗，驻居延。

2. 青海省境内28旗：霍硕特西前旗（俗称青海王旗）、霍硕特西后旗（俗称柯柯的贝勒旗）、霍硕特北左翼旗（俗称柯尔洛贝子旗）、霍硕特北左末旗（俗称盐札萨克旗）、霍硕特北右末旗（俗称柯尔洛果札萨克旗）、霍硕特西右翼中旗（俗称台吉爱尔札萨克旗），以上6旗均驻都兰县西境。霍硕特南右翼后旗（俗称莫公旗），驻湟源县西。霍硕特左翼后旗（俗称阿喀公旗），驻湟源县拉拉圾。霍硕特南右翼末旗（俗称善力格札萨克旗），驻共和县。土尔扈特西旗（俗称尔和札萨克旗），驻湟源县札藏寺西。土尔扈特南后旗（俗称角昂札萨克旗）、霍硕特北前旗（俗称布哈公旗），以上2旗均驻门源县。上列12旗属青海左翼盟。绰尔罗斯北中旗（俗称哈尔格贝子旗，又称水峡贝子旗）、霍硕特前左翼首旗（俗称默勒王旗）、霍硕特西右翼前旗（俗称默勒札萨克旗）、喀尔喀南右翼旗（俗称喀尔札萨克旗），以上4旗均驻门源县永安以西。霍硕特北右翼旗（俗称郡贝子旗），驻湟源县札藏寺附近。霍硕特南左翼末旗（俗称群科札萨克旗），驻湟源县巴燕庄。霍硕特东上旗（俗称巴汗俄尔札萨克旗）、霍硕特西右翼后旗（俗称巴隆札萨克旗），以上2旗均驻都兰县南境。霍硕特西左翼后旗（俗称宗札萨克旗），驻都兰县宗家。绰尔罗斯南右翼首旗（俗称尔升克贝勒旗），驻共和县境郭密。辉特南旗（俗称端达哈公旗），驻共和县境拉贡马。上列11旗属青海右翼盟。霍硕特南右翼中旗、霍硕特南左翼中旗、霍硕特前首旗、土尔扈特南前旗，以上4旗均驻同仁。察罕诺们汗旗（俗称白佛旗），驻都兰县之海北。

3. 绥远省境内18旗：四子部落旗、喀尔喀右翼旗（俗称达尔罕贝勒旗），以上2旗均驻武川。茂明安，驻固阳。乌拉特后旗（俗称东公旗），驻固阳和包头。乌拉特中旗（俗称中公旗），驻包头、五原、安北。乌拉特前旗（俗称西公旗），驻五原、安北。上列5旗属乌兰察布盟。鄂尔多斯左翼前旗（俗称准噶尔旗），驻托克托。鄂尔多斯左翼中旗（俗称郡王旗），驻东胜。鄂尔多斯左翼后旗（俗称特拉特旗），驻包头。鄂尔多斯右翼后旗（俗称杭锦旗），驻临河。鄂尔多斯右翼前旗（俗称乌胜旗）、鄂尔多斯右翼前末旗（俗称札萨克旗），以上2旗均驻东胜。鄂尔多斯右翼中旗（俗称鄂托克旗），驻鄂托克。上列7旗属伊克昭盟。归化土默特旗，驻归绥（今呼和浩特）、萨拉齐、包头、托克托、和林格尔、清水河。察哈尔右翼正黄旗，驻兴和、丰镇。察哈尔右翼正红旗，驻集宁、陶林。察哈尔右翼镶红旗、察哈尔右翼镶蓝旗，以上2旗均驻凉城。上列4旗均为察哈尔部，但均驻在绥远省境内。

4. 热河省境内20旗：喀喇沁右翼旗（俗称王旗）、喀喇沁中旗（俗称马公旗），以上2旗均驻平泉。喀喇沁左翼旗（俗称南公旗），驻凌源。土默特右翼旗，驻朝阳。土默特左翼旗（俗称蒙古真旗），驻阜新。唐古特喀尔喀旗、锡埒图库伦旗（俗称小库伦旗），以上2旗均驻绥东。上列7旗属卓索图盟。巴林右翼旗，驻林西。巴林左翼旗，驻林东。克什克腾旗，驻经棚。翁牛特右翼旗（位置在西南）、翁牛特左翼旗（位置在东北），以上2旗均驻赤峰。敖汉右翼旗、敖汉左翼旗、敖汉南旗，以上

3旗均驻建平。奈曼旗，驻绥东、建平。喀尔喀左翼旗、扎鲁特右翼旗，以上2旗均驻开鲁、鲁北。阿鲁科尔沁旗，驻天山。上列12旗属昭乌达盟。

5. 察哈尔省境内14旗4群1牧场：乌珠穆沁右翼旗、乌珠穆沁左翼旗、浩济特左翼旗、浩济特右翼旗，以上4旗均在省境之东北部。阿巴噶左翼旗、阿巴噶右翼旗、阿巴哈那尔左翼旗、阿巴哈那尔右翼旗、苏巴特左翼旗、苏巴特右翼旗，以上6旗均在省境之西北部。上列10旗属锡林郭勒盟。察哈尔左翼正蓝旗，驻多伦。察哈尔左翼镶白旗、察哈尔左翼正白旗，以上2旗均驻宝昌。察哈尔左翼镶黄旗，驻宝康。商都牧群（即大马群）、牛羊群，驻多伦、宝昌、康保。左翼牧群，驻宝昌。右翼牧群，驻宝昌、多伦。上列4旗4群属察哈尔部（另有4旗在绥远省境内，见上述3.之末）。达里冈崖牧场，在省境之极北部。

6. 黑龙江省境内12旗：索伦左翼旗、索伦右翼旗，以上2旗均驻呼伦。新巴尔虎左翼旗，驻呼伦、胪滨。陈巴尔虎旗，驻呼伦、室韦。额鲁特旗，驻呼伦。布里雅特旗，驻胪滨。鄂伦春旗，驻奇乾。上列7旗属呼伦贝尔部。依克明安旗，驻依安、拜泉。杜尔伯特旗，驻林甸、安达、泰康。札赉特旗，驻景星、泰来、大赉。郭尔罗斯后旗，驻肇州、肇东。上列4旗属哲里木盟。

7. 吉林省境内1旗：郭尔罗斯前旗，驻长春、农安、长岭、德惠、乾安。该旗属哲里木盟。

8. 辽宁省境内6旗：科尔沁右翼前旗（俗称札萨克图旗），驻洮安、洮南、开通。科尔沁右翼中旗（俗称图什业图旗），驻瞻榆、突泉。科尔沁右翼后旗（俗称正国公旗，又名苏额公旗），驻镇东、安广。科尔沁左翼前旗（俗称宾图旗），驻彰武。科尔沁左翼中旗（俗称达尔罕旗），驻辽源、通辽、梨树、双山、怀德。科尔沁左翼后旗（俗称博王旗），驻昌图、康平、法库。上列6旗均属哲里木盟。

9. 新疆省境内3部23旗：中路霍硕特中旗、中路霍硕特右旗、中路霍硕特左旗，以上3旗均驻焉耆县西北查鲁木土司台达哈特岭一带，属巴图赛特奇勒部。南路旧土尔扈特汗旗、南路旧土尔扈特中旗、南路旧土尔扈特左旗、东路旧土尔扈特右旗、东路旧土尔扈特左旗、西路旧土尔扈特旗，以上7旗均驻在今精河县亚南哈拉达坂一带。北路旧土尔扈特旗、北路旧土尔扈特右旗、北路旧土尔扈特左旗，以上3旗驻在今和什特落盖设治局西和博克河上游亲王府一带。上列10旗属乌讷恩素珠克图部。新土尔扈特右旗、新土尔扈特左旗，以上2旗驻在今奇台县北、布尔根县佐南一带。新霍硕特旗，驻在今布尔根县佐北青吉斯河流域。乌梁海左翼旗、乌梁海左翼左旗、乌梁海左翼右旗、乌梁海左翼后旗、乌梁海右翼旗、乌梁海右翼左旗、乌梁海右翼右旗，以上7旗驻在今德伦河县佐库伊尔齐斯河流域。上列10旗属青塞特奇勒图部。

1947年6月5日，国民政府明令划原东北3省为东北9省，其各省境内之蒙旗有如下述：

1. 辽北省境内有科尔沁右翼前旗、科尔沁右翼后旗、科尔沁左翼前旗、科尔沁左翼中旗、科尔沁左翼后旗，共5旗。

2. 吉林省境内有郭尔罗斯前旗1旗。

3. 黑龙江省境内有伊克明安旗1旗。

4. 嫩江省境内有杜尔伯特旗、札赉特旗、郭尔罗斯后旗，共3旗。

5. 兴安省境内有索伦旗、新巴尔虎左翼旗、新巴尔虎右翼旗、陈巴尔虎旗、额尔克讷左翼旗、额尔克讷右翼旗、巴彦旗、莫力达瓦旗、布哈特旗、阿荣旗、喜札嘎尔旗，共11旗。

国民党政府时期之蒙古地方自治、蒙古地方自治指导长官公署、蒙古地方自治政务委员会

1933年7月26日，"内蒙自治运动"于百灵庙召开"自治会议"，发表"自治通电"。10月9日，成立以德王为首的"内蒙古自治政府"。

1934年春，国民政府以《解决蒙古地方自治问题办法原则》8项训令各机关，其要点为：1. 在蒙古适宜地点设立蒙古地方自治政务委员会，直隶于行政院并受中央主管机关之指导，总理各盟旗政务，其委员长以任用蒙古人为原则，其经费由中央发给，中央另派大员驻自治政务委员会所在地指导该会工作，并就近调解盟旗省县间之纠纷与争议。2. 各盟公署改称盟政府，其经费由中央补助；察哈尔各部改称为盟，以昭一律，其组织照旧；各旗公署改称旗政府，其组织不变；各盟旗改称后，其管辖治理权一仍照旧。3. 各盟旗现有牧地停止放垦（盟旗自愿垦殖者听），当从改良牧畜与兴办附带工业方面谋各盟旗地方经济之发展。4. 保障盟旗原有租税及盟民原有之私租。5. 省县与盟旗地方所征地方税应与盟旗分成，以为各盟旗各项建设费用。6. 此后盟旗地方不再增设县治或设治局，确须设置时，亦得征得关系盟旗之同意。

3月7日，国民政府公布《蒙古地方自治指导长官公署暂行条例》，规定：

1. 依国民政府颁布之《蒙古地方自治办法原则》，承行政院之命，指导蒙古地方自治政务委员会并调解省县与盟旗之争执，特设置蒙古地方自治指导长官1人、副长官1人，均由行政院呈请国民政府特派，置参赞2人，由指导长官呈请行政院简派，组成指导长官公署主持指导事项。

2. 蒙古地方自治政务委员会开会时，指导长官、副长官得派参赞出席指导；自治政务委员会呈报行政院及蒙藏委员会之公文，须同时呈报于指导长官公署；指导长官公署对自治政务委员会处理事件与发布命令认为不当时，得予纠正或撤销。

3. 中央拨补蒙古地方自治政务委员会之经费，由指导长官公署转发。

中执会政治会议决定以何应钦、赵戴文为正、副指导长官，以云端旺楚克（即"云王"）等24人为蒙古地方自治政务委员会委员，4月23日，该委员会正式成立于百灵庙，并以德穆楚克栋鲁普（即"德王"）为秘书长。

7月25日，《蒙古地方自治政务委员会暂行组织大纲》修正公布，规定：

1. 蒙古地方自治政务委员会依国民政府颁布之《蒙古地方自治办法原则》组织之，直隶于行政院，设置于贝勒庙，受中央主管机关及中央指导人员之指导，办理蒙古各盟旗地方自治事务，遇有关涉省之事件，得与省政府会商办理。

2. 蒙古地方自治政务委员会置委员9-28人，由行政院呈请国民政府任命，以用蒙古人为原则，并于委员中指定委员长1人、副委员长2人，委员长在委员会议时为主席（委员会每2周开会1次，委员因事不能出席时，得派代表列席）、执行委员会议议决事项、处理委员会日常政务、监督所属机关与职员，副委员长辅助委员长处理会务并于委员长因事故不能执行职务时以其中之1人代理之。

3. 蒙古地方自治政务委员会设秘书厅掌理文书、记录、统计、编译、会计、庶务各事项；设参事厅掌理撰拟与审核计划、草案、命令各事项；设民治处掌理民治各事项；设保安处掌理保安事项；设实业处，掌理实业事项；设教育处掌理教育事项；设财政委员会掌理财政事项。各厅、处、会各得分科办事。

4. 蒙古地方自治政务委员会各厅、处、会职员，由行政院就国内熟悉蒙古情形及有专门学识者中遴选任用：秘书厅置秘书长1人（简任）、秘书4人（荐任）；参事厅置参事长1人（简任）、参事4人（荐任），并得置参议若干人，由所属各旗各推选1人充任，任期1年，连选得连任，必要时得支聘任俸；各处置处长1人（简任）；财务委员会置主任委员1人（简任）、委员6-10人，由委员长就秘书、参事、参议中指派兼充，各处长为当然委员；各厅、处、会置科长12-16人（荐任）、科员40-60人（委任）。视需要，并得酌用各项技术人员及雇员。

9月2日，行政院以《中央及地方主管机关对于处理蒙古盟旗事项权限划分办法》训令各机关，规定：

1. 蒙古行政与各种兴革事项，前清《理藩部则例》所载并为历来照旧办理之蒙古各盟旗设官、奖惩、叙恤、军政、司法、宗教等事项，均属蒙藏委员会对各盟旗直接主管之范围，照向例统由蒙藏委员会径呈行政院核办。

2. 蒙古地方自治政务委员会依组织条例规定办理之事项，除应函告中央主管部、会者外，得径呈行政院核办。

3. 处理蒙旗事项中，如涉权限问题或其他疑问时，各主管机关得随时呈请行政院核定施行。

1935年12月□日，德王访问"满洲国"，乞求关东军与"满洲国"支持他的"独立"活动，并不断派兵侵犯察东，控制了察东8县。

1936年2月□日，德王更以蒙古地方自治政务会的名义下令成立"察哈尔盟公署"。2月12日，德王又成立"蒙古军司令部"。4月□日，又在锡林郭勒盟索王府召开"第一次蒙古大会"，通过"以内外蒙和青海为一体建立蒙古国"等决议。5月12日，以云王为主席、以德王为总裁的"蒙古自治军政府"成立，采用蓝底红黄白条旗为"国旗"，并改用成吉思汗纪年，成了日本军国主义者卵翼下的傀儡国。7月27日，国民政府乃正式命令废止《蒙古地方自治政务委员会组织大纲》。

国民党政府时期蒙古地方之闲散王公、闲散札萨、闲散梅伦

国民党政府时期沿袭前制保留的蒙古各旗未派确定职务之贵族，统称为"闲散王公"。闲散王公有"闲散札萨"、"闲散梅伦"之分，名额无定限，其有协助或代理同等级有实职贵族——印务札萨、印务梅伦之权。

国民党政府时期蒙古地方之协领

国民党政府时期沿袭前制之蒙古地方一些旗或部落所置自治官吏，其地位次于总管而高于参领，在不设札萨克之旗，由协领协同总管、参领管理旗务。

国民党政府时期蒙古地方之协赞委员

国民党政府时期规定：蒙藏委员会于必要时得于呈准行政院后，在蒙古地方之盟、部、旗派出荐任协赞委员，以协赞各盟、旗长官办事，推进盟、旗政务，并加强各盟、旗与中央政府之联系，其名额及派遣办法由行政院决定。

国民党政府时期蒙古地方之协理台吉

国民党政府时期沿袭前制之蒙古地方各旗自治官吏之一，位次于札萨克，辅佐札萨克综理旗务，札萨克有事故时署理旗务，札萨克年幼时摄行旗务，并与管旗章京轮流主持印务处，视旗之大小置1-4人不等，由台吉和闲散王公中选充。

国民党政府时期蒙古地方之札萨克

国民党政府时期，蒙古地方沿旧制仍行盟旗制度，其各旗之长官称"札萨克"，札萨克之职权大致如下：1. 受中央派遣官吏监督，管理旗内一切事务。2. 掌理旗内一般司法权，较大之案件则要取决于盟长,更大的案件则须呈报主管司法机关议决。3. 受中央军事主管部门和地方军政长官之监督,掌理旗内军务。札萨克为世袭贵族,因罪削爵时,另就族中合格者选补。喇嘛中拥有部众与土地者,其享受待遇与札萨克同。

国民党政府时期蒙古地方之管旗章京、管旗副章京

国民党政府时期蒙古地方沿前行旧制所设各旗自治官吏之一种,管旗章京每旗置1人,由台吉和王公选充,与协理台吉轮流总管印务处及旗务,位在旗札萨克之下而与协理台吉相当。管旗副章京则名额无定数,大致每1佐领置1名,于台吉或参领中选充,位在管旗章京之下而在参领之上。

国民党政府时期蒙古地方之参领

国民党政府时期于蒙古地方沿前行旧制所设各旗自治官吏之一种,名额无定数,大约每5佐领置1参领,其位列管旗章京与管旗副章京之下而在佐领与骁骑校之上。

国民党政府时期蒙古地方之佐领

国民党政府时期,蒙古地方沿前行旧制于各旗以150人为单位组成旗之基层组织,置一自治主管官——佐领以辖之,佐领由台吉或骁骑校选充,其位次于参领而在骁骑校之上。

国民党政府时期蒙古地方之骁骑校

国民党政府时期,蒙古地方沿前行旧制于各旗所设自治官吏之一种,每佐领设1人,由旗众中选充,位在参领、佐领之下而在催领、什长之上。

国民党政府时期蒙古地方之催领

国民党政府时期,蒙古地方沿前行旧制于各旗所设自治官吏之一种,每佐领置6催领,由旗众中选充,其位在佐领之下而在什长之上(什长乃每10人中产生之一长,由旗众中选充,是佐领中之最小单位负责人)。

国民党政府时期之西藏地方

"西藏"一词自康熙二年(1663年)出现以来,一直沿用至今而不改。国民党政府时期称前藏、后藏与阿里地区3区之全部辖境为"西藏地方"。

西藏自元世祖时内属以来,一直行政教合一之制,前藏由达赖喇嘛执政,后藏(包括阿里地区)由班禅额尔德尼执政。达赖之下,设总理政务之"噶伦"4人(例定3僧1俗)、稽查商上出纳仔本4人(四品)、综理库务商卓特巴2人(四品)、管粮业尔仓巴2人(五品)、管理拉萨市政朗仔辖2人(五品)、管理司法协尔帮2人(五品)、管理布达拉一带居民雪第巴2人(五品)、噶厦办事大仲译2人(六品)、卓尼3人(六品)、噶厦办事小仲译3人、司糌粑第巴2人、司草第巴2人、司柴第巴2人、司帐篷第巴3人、司牛羊第巴3人(以上均为七品)。此外,还有从清末以来陆续增设之农务、盐茶、建设、调查、电机、电报、纸币、邮政、医药、军需等处、局,各设主官主持事务。

西藏地方之军事组织称"马基康"即军备处,设"马基"即总司令2人统辖全部藏军。"马基"之下递设"代本"(辖500人,为军事组织最高单位)、"如本"(辖250人)、"甲本"(辖125人)、"定本"(辖25人)、"久本"(辖10人)。"马基"之下计有"代本"10人(内有3个"代本"因负有特殊任务,各辖1000人)。总计藏军依定例为6500人。

西藏地方政府机构称为"宗",相当于内地之县,"宗"设"宗本"1-2人,管理地方行政及司法事务,截至1947年12月止,西藏计有123宗:

前藏有大宗10个:乃东、琼结、贡噶尔、崙孜、桑昂曲、工布则刚、江孜、昔孜、协噶尔、纳仓;中宗43个:洛隆、角术、打孜、桑叶、巴浪、仁

本、仁孜、朗岭、宗喀、撒噶、作岗、达尔、江达、古浪、沃卡、冷竹、曲水、宾宗、僧宗、杂仁、茹挖、销庄子、夺、结登、直谷、硕般多、拉里、朗宗、沃隆、墨竹宫、卡尔孜、文扎卡、辖鲁、策堆得、达尔玛、聂母、拉葛孜、岭、纳布、岭喀尔、错朗、羊八井、麻尔江；小宗25个：雅尔堆、金东、拉岁、撒拉、浪荡、颇章、扎溪、色宗、堆冲、汪垫、甲错、拉康、琼科尔结、蔡理、曲隆、扎称、札布岭、札什、洛美、嘉尔布、朗茹、里乌、降、业党、工布唐；边宗14个：红卡、堆噶尔、喀喇乌苏、错拉、帕克里、定结、聂拉木、济龙、官党、补人、博窝、工布硕卡、绒辖尔、达巴喀尔。

后藏有大宗3个：拉孜、练、金龙；中宗14个：昂忍、仁侵孜、结侵孜、帕克仲、翁贡、干殿热布结、扎布甲、里卜、德庆热布结、央、绒错、葱堆、胁营、千埧；小宗14个：彭错岭、伦珠子、拉尔圹、甲冲、誓宗、擦耳、晤欲、碌洞、科朗、扎喜孜、波多、达木牛厂、冻噶尔、苦。

国民党政府时期西藏地方之噶布伦

国民党政府时期，西藏地方政府沿袭前行旧制所设自治官吏中唐古忒官之最高级行政长官（定员4人，位列三品）组成行政会议，受中央政府派驻西藏办事长官监督，综理西藏地方政务，其会议场所称为"噶厦"。西藏地方军队之高级指挥官——玛基（三品以上品级，通常由"札萨"充任或由噶伦兼任）均有充任噶布伦之资格。

国民党政府时期西藏地方之唐古忒官

国民党政府时期，西藏地方沿袭前行旧制，称俗官为"唐古忒官"。唐古忒官之官职有噶布伦（三品）、仔琫（四品）、商卓特巴（四品）、业尔仓巴（五品）、郎仔辖（五品）、协尔帮（五品）、硕第巴（五品）7种。

国民党政府时期西藏地方之商卓特巴

国民党政府时期，西藏地方沿袭前行旧制所设自治官吏——唐古忒官之一种，为管理财政官厅——商上之事务官，位在噶布伦之下而与"仔琫"（又译为"仔本"、"仔贲"）相当，列四品。

国民党政府时期西藏地方之仔琫（亦译"仔本"、"仔贲"）

国民党政府时期，西藏地方沿袭前行旧制所设自治官吏——唐古忒官之一种，为西藏管理财政官厅——商上之事务官，掌理商上之一切事务，位在噶布伦（三品）之下而在业尔仓巴（五品）之上，与商卓特巴同为四品官。

国民党政府时期西藏地方之硕第巴（亦译"雪第巴"）

国民党政府时期，西藏地方沿袭前行旧制所设自治官吏——唐古忒官之一种，掌理布达拉宫一带警察事务，位列四品，在商卓特巴与业尔仓巴之下而与郎仔辖、协尔邦相当。

国民党政府时期西藏地方之业尔仓巴

国民党政府时期，西藏地方沿袭前行旧制所设自治官吏——唐古忒官之一种，为西藏管理财政官厅——商上之事务官，掌理租税征收事务，位于仔琫（四品）、商卓特巴（四品）之下而在大仲译（六品）、卓尼（六品）之上，与郎仔辖、协尔邦、雪第巴（又译"硕第巴"）同为五品官。

国民党政府时期西藏地方之戴琫（亦译为"代本"、"代贲"）

国民党政府时期，西藏地方沿袭前行旧制所设自治官吏——唐古忒官中之军事官员，位于"玛基"（三品以上品级，通常由"札萨"充任或由噶布伦兼任，为藏军司令官）之下而列"如本"之上。戴琫之任免须经达赖喇嘛批准，此与"如本"由噶厦任免、"甲本"和

"定本"由玛基康（藏军司令部）任免有别。西藏原设10个"代本"，后扩编为13个，其中除3个代本因任务特殊各辖1000名官兵外，余皆各辖500名官兵。

国民党政府时期西藏地方之商上

国民党政府时期，西藏地方沿袭前行旧制所设掌理财政之机关，其主官由一噶布伦（三品）兼任，另置四品仔琫（亦称"仔本"、"仔贲"）、商卓特巴和五品业尔仓巴等事务官，具体负责稽查出纳、庶务和粮秣等事项。

国民党政府时期西藏地方之协尔邦

国民党政府时期，西藏地方沿袭前行旧制所设自治官吏——唐古忒官之一种，掌理裁判事务，位在仔琫、商卓特巴之下而在大仲译、卓尼尔之上，与郎仔辖、硕第巴同为五品官。

国民党政府时期西藏地方之达琫

国民党政府时期，西藏地方沿袭前行旧制所设自治官吏——唐古忒官之一种，置2人掌理马厂事务，位在协尔邦、硕第巴之下而在小仲译、第巴之上，与大仲译、卓尼尔同为六品官。

国民党政府时期西藏地方之卓尼尔

国民党政府时期，西藏地方沿袭前行旧制所设自治官吏——唐古忒官之一种，为噶厦内所置之办事人员，位在协尔邦（五品）、硕第巴（五品）之下而在小仲译（七品）、第巴（七品）之上，与大仲译地位等，均为六品官。

国民党政府时期西藏地方之第巴

国民党政府时期，西藏地方沿袭前行旧制所设自治官吏——唐古忒官之一种，藏语原意为"酋长"，后作为地方官名沿存，均加职衔于其上，如：司牛羊第巴、司柴草第巴、司糌粑第巴、司帐篷第巴等，位列七品。

国民党政府时期西藏地方之大仲译、小仲译

国民党政府时期，西藏地方沿袭前行旧制，于噶厦内设办事"大仲译"2人（六品）、办事"小仲译"3人（七品），亦为地方自治官吏——唐古忒官之一种。

中国现代史上市制之滥觞

市，古时为集中商贸交易之处。民国初，江苏临时议会制定《江苏暂行市乡制》，将清末《城镇乡地方自治章程》中之"城"与"镇"合称为"市"，制定《市制》，市设行政机构——市董事会，设立法机构——市议事会。城市雏形形成。后袁世凯废地方自治，江苏的《市制》被停止。

1918年10月□日，广州设立市政公所，1920年正式制定市区，1921年2月□日成立市政厅，1925年7月4日成立广州市政府，与广州国民政府一样采委员制，伍朝枢出任广州市政府委员会委员长，发表有《广州市政府成立宣言》。广州，乃中国近现代史上第一个设市之城市。

1921年□日北洋政府公布《市自治制》，其"市"之内涵虽非近现代意义上之"市"而仅为一自治团体，然其实为我国市政制度之滥觞。其内规定：在首都、省会、商埠、县城及人口达万数以上之集镇可以设市，市分为特别市与普通市两种，在南京、上海设特别市，在广州、梧州、汉口、南昌、杭州、无锡、宁波、安庆等地设普通市。

国民党政府时期之特别市

1926年11月□日，国民革命军克复武汉，成立汉口特别市政府。

1927年5月7日，二届中执会政治会议第89次会议决议设立上海特别市。5月18日，国民政府任命黄郛为上海特别市市长。6月27日，国民政府令：上海特别市市长待遇与省政府委员同级。7月7日，上海特别市政府成立。7月22日，依市长黄郛之呈请，国民政府任命了上海特别市政府秘书长与各局局

长。8月5日，增设禁烟局，其局长由公安局局长兼任。

同年6月1日，二届中执会政治会议第97次会议议决设立南京特别市。6月6日，国民政府公布《南京特别市暂行条例》。8月27日，国民政府令派何民魂暂行兼代南京特别市市长。10月31日，依市长何民魂之呈请，国民政府任命了南京特别市市政府秘书长与各局局长。1928年7月4日，国民政府令免何民魂暂行兼代市长职，刘纪文继任为南京特别市市长。

1928年6月20日，二届中执会政治会议第145次会议通过、7月3日由国民政府公布之《特别市组织法》规定：

1. 中华民国首都、人口百万以上之都市和其他有特殊情形之都市，依国民政府之特许，得设特别市。

2. 各特别市冠以所在地名，称某某特别市，直辖于国民政府而不入于省县行政范围。

3. 特别市区域之划定、变更与扩大，由特别市政府呈请国民政府核定，已划入特别市之地域不得脱离该特别市以建立他市。

4. 特别市设特别市政府，依中国国民党党义与中央法令办理全市行政事宜，于不抵触中央法令之范围内，对于全市行政事宜得发布命令及单行规则。

5. 特别市置市长1人，简任，由国民政府任命，有指挥与监督特别市政府所属职员、呈请国民政府任命特别市政府秘书长与参事及所设各局局长、为市政会议主席并对该特别市参议会之议决予以审查以定取舍等项职权。

6. 特别市政府设秘书处，置秘书长1人，荐任或简任，由特别市市长呈请国民政府任命，督率所属职员掌理文牍、庶务与不属各局专管之其他事项；置参事2-4人，荐任或简任，由市长呈请国民政府任命，辅佐市长掌理法令起草与审议及市政府设计各事项；特别市政府依事务之需要，得聘用专门技术人员，关于特殊事项之调查与研究，并得由市长聘任专家组织临时委员会。

7. 特别市政府设财政、社会、工务、公安、卫生、教育各局，因特殊情势，得设港务、公用等局，各局置局长1人，荐任或简任，由市长呈请国民政府任命；国民政府于任命前得将该市长所拟人选发交各主管部、院、会审议，各局掌理事项如下：

财政局掌理：（1）市财政事项。（2）市公产管理与处分事项。

社会局掌理：（1）市农工商业之调查、统计、奖励、取缔各事项。（2）市劳动行政各事项。（3）市公益慈善事项。

工务局掌理：（1）市街道、沟渠、堤岸、桥梁建筑及其他土木工程事项。（2）市内公私建筑之取缔事项。（3）市河道、港务、船政之管理事项。（4）市交通、电气、电话、自来水、煤气、其他公用事业之经营与取缔事项。

公安局掌理：（1）市公安与消防事项。（2）户口统计事项（在中华民国首都之特别市内，其公安事项得由国民政府另以法律定其管辖）。

卫生局掌理公共卫生、医院、菜场、屠宰场、公共娱乐场所之设置与取缔事项。

教育局掌理市教育、文化、风纪事项。

8. 特别市区域内之国家行政事项，中央不直接办理时，得委托特别市政府办理之。

9. 特别市市长与市政府秘书长、参事、各局局长组成市政会议，议决：（1）秘书处与各局之组织细则事项（该事项得由市长呈请国民政府核准备案）。（2）市单行规则事项。（3）市预算、决算事项。（4）新课税捐、募集市债及公共事业之经营事项。（5）市政府各局、处间权限争议事项。(6) 市长认为有必要交由市政会议审议之其他事项。

在设有参议会之特别市，得由参议会选举代表4人加入市政会议（该代表不以参议会议员为限，任期2年，每年改选其中2人）。

市政会议由市长随时召集，开会时以市长为主席，每月至少开会一次。

10. 特别市成立一年后，经国民政府斟酌市政情形，核准设立以市民代表组成之参议会，参议会议员任期2年，每年改选其半数（其选举法另定）。市政会议得将提交议决各事项于提交前交参议会审议。市参议会提出关于市政兴革之建议案于市长。市参议会正、副议长各1人由议员自行推选产生，任期1年。市参议会每年开常会2次，会期以1个月为限，但有过半数议员之同意或市长认有必要，得延长之，唯延长期不得过15日；市长认为有必要时，得召集参议会特别会议。市参议会得依过半数以上议员同意之议案请求市长交付市民复决，该项请求若遭市长拒绝，参议会得请求国民政府裁决。市参议会认为市长有违法失职时，依全体议员2/3以上之同意，向国民政府请求罢免该市长。

11. 特别市以该市之土地税、土地增价税、房捐、营业税、牌照税、码头税、广告税、市公产收入、市营业收入及其他法令特许征收之税捐为特别市政府征收之合法财政收入，此外之新课税捐与必要时募集之市债，须经国民政府核准。特别市之会计，除首都特别市受审计院之监督外，余均依《审计法》受审计分院之监督。

12. 特别市之监督机关如下：国民政府各行政部、院、会于其主管事宜对于特别市政府之命令或处分认为违背法令或逾越权限者，得呈请国民政府停止、撤销或予以变更；认特别市政府对其法定职务怠于履行时，得呈请国民政府纠正；认特别市各局局长有溺职情形时，得呈请中央政府罢免；特别市政府与省政府发生争议时，由国民政府裁决。

13. 在《特别市组织法》公布前成立之各特别市，应于该法公布后两个月内依法改组。

同年6月25日，二届中执会政治会议第155次会议议决：任命何其巩为北平特别市市长。6月26日，何其巩就任市长兼公安局局长职。8月21日，依何其巩之呈请，国民政府任命了北平特别市政府秘书长和各局局长。同次会议还决议：任命南桂馨为天津特别市市长。8月21日，依南桂馨之呈请，国民政府任命了天津特别市政府秘书长和各局局长。9月8日，崔廷献继任为天津特别市市长。

1929年4月20日，国民政府第25次国务会议议决明定青岛为特别市。4月27日，国民政府明定武汉为特别市。6月11日，改武汉特别市为汉口特别市，并明定"以汉阳、汉口为其管辖区域"。

1930年1月□日，改广州市为广州特别市。5月20日，国民政府明令废止了《特别市组织法》。5月28日，内政部呈请国民政府行政院对南京、上海、天津、青岛、汉口5特别市"除去'特别'二字，改称南京市、上海市、天津市、青岛市、汉口市"并直隶于行政院，"北平特别市系河北省政府所在地，广州特别市系广东省政府所在地，依……规定，……应改称北平市、广州市，分别改隶于河北及广东省政府管辖"。6月21日，国民政府令将南京、上海、汉口、北平、青岛、天津、广州7特别市改定名称为"市"。6月27日，令将南京、上海、天津、青岛、汉口5特别市改称为"市"并隶属于行政院管辖，将北平、广州2特别市改称为"市"并隶由河北、广东2省政府管辖。11月□日，北平市改由行政院管辖。

1931年5月□日，汉口特别市改归湖北省政府管辖。11月□日，天津市改由河北省政府管辖，1935年6月4日改由行政院管辖。

由此以降，"特别市"一词归于消失。

国民党政府时期之市（普通市）

1928年7月3日，国民政府公布《市组织法》，规定：凡人口满20万之都市，均得依所属省政府之呈请暨国民政府之特许建为"市"。市置市长1人，为荐任职，由省政府呈请国民政府任命。市之职权、市政府组织与权限、市财政、市之监督、市参议会，亦均列章作了规定。然其施行不到2年，国民政府于1930年5月20日明令废止了该《市组织法》并公布了新的《市组织法》定是日施行，直至国民党政府溃败时止，未作大的变更。其内规定：

1. 首都与非省政府所在地之人口在100万以上或人口虽无百万但在政治上、经济上具有特殊地位之地方得设市并直隶于行政院，称为"院辖市"。人口在30万以上或人口在20万以上而土地税、营业税、牌照费3种地方财政收入占该地年财政总收入1/2以上之地方得设市隶属于省政府，称为"省辖市"。市之名称以所在地名称冠于市前，称作"某某市"。

2. 市区域之划定与变更，院辖市由行政院呈请国民政府决定，省辖市由省政府呈行政院转请国民政府决定。

3. 凡在各该市区域内居住1年以上或有住所达3年以上、年满20岁、业经宣誓登记手续之中华民国人民，无分男女，均得为该市公民，享公民应享之权利。

4. 市在不抵触中央及上级机关法令范围内办理规定各市政事项。

5. 市以土地税、房捐、营业税、牌照费、广告税、公产收入、公营业收入和其他依法规定特许征收之税捐为财政收入法定财源。必要时，市得依法募集建设公债。

6. 市设市政府，依法掌理本市行政事宜并监督所属机关及各自治团体，市于不抵触法令范围内得发市令与制定单行法规。

7. 市政府设市长1人，院辖市市长简任，省辖市市长简任或荐任。

8. 市政府设社会、公安、财政、工务4局，必要时，经上级机关核准，得增设教育、卫生、土地、公用、港务各局，省辖市应设各局如须缩小，除公安局外，亦可缩改为科。各局分掌规定之市政事项，首都及省政府所在地之市不设公安局，其应掌理事项由首都警察厅与省会警察局掌理。院辖市各局置局长1人，简任或荐任，省辖市各局（科）置局（科）长1人，荐任或委任。市政府得设秘书处掌理文牍、庶务及不属各局（科）掌理事项。市长简任之市置秘书1人，简任或荐任。市政府得设参事2人，简任或荐任，掌理市单行规则或命令之撰拟、审查事项。市政府因事务之需要，得聘用专门技术人员与酌用雇员。上列各局（科）、处职员之额定数，由市政府拟定组织规则经上级机关核定后行之。

9. 市设市政会议、市参议会［见第401页"国民党政府时期之市政会议"词条］。

10. 市以下设区、坊、闾、邻（见第404页"国民党政府时期市之区、坊、闾、邻组织"词条）。

1943年5月19日，该《市组织法》经重大修改，规定设市之标准如下：

1. 院辖市：首都、百万以上人口及人口虽在百万以下而于政治、经济上有特殊情形者。

2. 省辖市：省会、人口在20万以上者，虽人口不足20万而在10万以上并在政治、经济、文化上有重要地

3. 市以下设区，区内行保甲制，10-30户为甲，10-30甲为保，10-30保为区。

国民党政府时期建立的院辖市计12个：

1. 南京市（1930年6月27日改南京特别市为市并明定直隶于行政院）。

2. 上海市（同上）。

3. 北平市（1930年6月27日改北平特别市为市并明定改归河北省管辖，同年11月改由行政院直隶）。

4. 天津市（1930年6月27日改天津特别市为市而直隶于行政院，1931年11月□日改归河北省管辖，1935年6月4日复改由行政院直隶）。

5. 青岛市（1930年6月27日改青岛特别市为市并明定由行政院直隶）。

6. 重庆市（1939年5月□日由四川省辖改归行政院直辖）。

7. 大连市（1945年9月□日设置）。

8. 哈尔滨市（同上）。

9. 汉口市（1947年6月□日由湖北省辖改归行政院直辖）。

10. 广州市（1947年6月25日由广东省辖改归行政院直辖）。

11. 西安市（1947年7月□日由陕西省辖改归行政院直辖）。

12. 沈阳市（1947年6月□日由辽宁省辖改归行政院直辖）。

建立的省辖市计56个：江苏有徐州、连云2市。浙江有杭州市。安徽有蚌埠市。江西有南昌市。湖北有武昌市。湖南有长沙、衡阳2市。四川有成都、自贡2市。福建有福州、厦门2市。台湾有台北、基隆、新竹、台中、彰化、台南、嘉义、高雄、屏东9市。广东有汕头、湛江2市。广西有桂林、柳州、梧州、南宁4市。云南有昆明市。贵州有贵阳市。河北有唐山、石门2市。山东有济南、烟台、威海卫3市。山西有太原市。甘肃有兰州市。宁夏有银川市。青海有西宁市。绥远有包头、陕坝2市。察哈尔有张垣市。辽宁有锦州、营口、鞍山、旅顺4市。安东有通化、安东2市。辽北有四平市。吉林有长春市。松江有牡丹江、延吉2市。黑龙江有北安市。合江有佳木斯市。嫩江有齐齐哈尔市。兴安有海拉尔市。新疆有迪化市。

国民党政府时期之市政会议

1930年5月20日，国民政府公布之《市组织法》规定：

1. 市政府设市政会议，市长、参事、局长或科长均为市政会议成员。

2. 市政府秘书长或秘书得列席市政会议。

3. 市参议会成立后，得由市参议员互选代表3-5人出席市政会议。

4. 市政会议由市长召集并为会议主席，每月至少开会一次，议决：（1）关于秘书处、各局或各科办事细则事项。（2）关于市单行规则事项。（3）关于市之预算、决算事项。（4）关于市财政收入之整理和市公债之募集事项。（5）关于市公产之经营收益和公营业事项。（6）关于市政府各处、局或科职权争议事项。（7）市长交议事项。（8）其他事项。

国民党政府时期之市（县）参议会与参议员及其选举

1928年7月3日-1930年5月20日，国民政府公布之《市组织法》内，均列有市参议会专章。1932年8月10日，国民政府公布《市参议会组织法》与《县参议会组织法》，规定：

1. 市（县）参议会为"市（县）人民代表机关"，议决下列各事项：关于筹备区长民选和完成市自治事项、市单行规则事项、市预决算事项、市财政收入整理事项、市公债募集事项、市公有财产和公营业经营事项、市民生计和救济事项、市教育文化之促进事项、市公民行使创制权提交审议事项、市长交议事项、关于增加市民负担事项、其他市政兴革事项。

2. 依《市参议员选举法》之规定和《县参议会组织法》有关规定：在人口满 2015. 万之市（县），由市（县）公民选出市（县）参议员 15 名，人口每增 53. 万，再增选 1 名，无给，任期 12. 年，可被再选。

3. 市（县）参议会由参议员互选正、副议长各 1 人主持会议（议长有事时，由副议长主持，正副议长皆有事时，由参议员互推 1 人主持会议）、每 2、3 个月开会一次（经市、县长或 1/5 参议员请求，得召集临时会议），常会与临时会议均不得逾一月（开会期间，县得酌给旅费）。

4. 市（县）参议会开会，得有参议员过半数之出席方可开议，其议决以有出席人过半数之赞同为通过，可否同数时，取决于主席。与议案有关涉之参议员，未经许可不得与议该议案之议决。

5. 市（县）参议会会议以公开为原则，但有议长或参议员 3 人以上提议，亦得秘密进行而禁止旁听。

6. 市（县）参议会开会时，得请市（县）长及市（县）各局（科）局（科）长列席会议。

7. 市（县）参议会议案咨送市（县）长执行，市（县）长延不执行或执行不当时，市（县）参议会得呈请该管上级机关核定，市（县）长认咨送之决议案为不当时，得详具理由送交复议，若 2/3 以上参议员仍持原议而市（县）长还认其为不当时，得提付市（县）民复决。

8. 初中以上文化或经自治训练合格或在职业团体任职 1 年以上或办地方公益事业著有成绩者，均可当选为市（县）参议员。现职公务员、现职军警不得参选亦不得当选为市（县）参议员，在职小学教职员、在校学生、僧道及其他宗教师不得被选为市（县）参议员。

9. 市（县）参议员在任期内因事故去职，得由候补当选人依次递补至任期届满时止。参议员于一会期内无正当理由缺席 5 次以上会议者，得视为辞职而由候补当选人递补。

10. 市（县）参议员不得向市（县）政府保荐人员或有其他请托情事。

11. 市（县）选举委员会以市（县）长为委员长、各区（乡、镇）长为委员办理选举，以区（乡、镇）作选区并以区（乡、镇）之人口定选额，各选区于同日票选，得票较多者为当选人，得票次多者为候补当选人。当选人不愿应选时，由候补当选人递补。市（县）参议员之当选名单与候补当选人名单报行政院、省政府审查，其有效、无效选票附送选举监督保存。

12. 市（县）参议员选举监督由省民政厅厅长担任，其选举诉讼由当地法院审理。

国民党政府时期之省（市）临时参议会与参议员

1938 年 9 月 26 日，国民政府公布《省临时参议会组织条例》、《市临时参议会组织条例》，规定：

1. 国民政府在抗战期间为集思广益、促进省及行政院直辖各市（以下简称为"省市"）之省市政兴革起见，特设省市临时参议会。

2. 凡年满 25 岁、曾受中等学校教育或同等教育并有下列资格之一之中华民国男女，得为省市临时参议员：（1）具有各该省市籍贯并曾在各该省市所属之县市公私机关或团体服务 2 年以上、著有信望者。（2）曾在各该省市重要文化团体或经济团体服务 2 年以上、著有信望者。

3. 省市临时参议会参议员之产生依下列办法：（1）各省市临时参议会参议员名额如下：江苏、湖南、四川、山东（含威海卫行政区应出参议员1名）、河南、广东各50名，安徽、湖北各45名，浙江、江西各40名，山西、福建、广西、云南各35名，陕西、贵州各30名，甘肃、辽宁、吉林、新疆各25名，察哈尔、西康、青海、宁夏、黑龙江、热河各20名，行政院直辖之市各25名。（2）各省市依法定名额在各自之住民中遴选6/10（省属县市在20以上者，其每一县市不得超过1人，在辖区不足20县市之省，不受此限）。（3）由曾在各该省市重要文化团体或经济团体服务人员中遴选4/10。（4）由国防最高会议于各该省呈送参议员候选名单以外选定不超过法定总额2/10具有各该省参议员资格之人士为该省参议员。（5）市临时参议会参议员由各该市政府与市党部联席会议就各该市住民中或各该市区内重要文化团体或经济团体人员中具有参议员资格人士中提出加倍候选人名单，由市政府呈行政院转呈国防最高会议决定之。

4. 由各省于省属县市住民中遴选之参议员候选人，应经各该县市政府征询县市党部及地方团体意见后提出2人于省政府，由各该省重要文化团体或经济团体人员中遴选之候选人，应经各该省政府与省党部联席会议于确具参议员资格之人士中加倍提出名单，俟上述两项候选人名单汇齐后，由省政府呈送行政院转呈国防最高会议决定之。

5. 省市临时参议会之职权如下：（1）在抗战期间，有于实施前议决省市政府重要施政方针之权（若在省市临时参议会休会期间内遇有特殊紧急情形须为紧急处置时，省市政府应于呈请行政院核准后先行处置，但应于省市临时参议会次期集会时提出报告）。（2）有向省市政府提出省市政兴革建议案之权。（3）有听取省市政府施政报告之权。（4）参议员有依省市临时参议会议事规则向省市政府提出询问之权。

6. 省市政府对省市临时参议会职权a、b两项所通过之议案认为不能执行时，至迟应于其次期集会时提交复议，若经出席复议参议员2/3仍持原议或对原案予以修正，省市政府除呈行政院核准免予执行者外，对之应予执行。

7. 省市临时参议会参议员任期1年，必要时得由省市政府呈准行政院延长1年，无给，但开会时，省得给予旅费。现任官吏不得为省市临时参议员，但办理地方自治人员与学校人员不在此限。

8. 省市临时参议会每半年开会1次，每次会期半个月，省市政府认为有必要，得延长其会期或召开临时会。省市临时参议会集会时，得有过总额半数之参议员出席方可开议，有出席参议员过半数之赞同始得议决。集会时，省政府主席（市长）、秘书长、各厅（局）长及省政府委员得出席，但不参与表决。开会时以省市临时参议会议长为主席，议长因故不能出席时，由副议长代理之。

9. 省市临时参议会置正、副议长各1人，由行政院就各该省市参议员中遴选并提请国防最高会议决定之。在休会期间，省市临时参议会设驻会委员会，由参议员互选5–9人（在参议员总额不满30人之省，其驻会委员不得超过5人）组成，以听取省市政府各种报告及省市临时参议会决议案之实施经过情形。

10. 省市参议会设秘书处，置秘书长1人，由国民政府简派，置秘书1–2人，由议长派充，秘书长承议长之命办理参议会一切事务。

国民党政府时期对直属市参议会之监督

1934年8月11日，行政院公布《直属市参议会暂行监督办法》，规定：

1. 行政院直属市参议会之直接监督机关为内政部。

2. 行政院直属市参议会应于每次会议（常会与临时会均此）后将开、闭会日期与决议案报请内政部备案。

3. 市参议会对市长交议之案件应提前审议，如延不审议，市长有权于此届会议闭会后报请内政部核准施行，唯在闭会前一星期内交议者不在此限。

4. 行政院直属市参议会议长、副议长之选举及改选，均应连同选票函由市政府报内政部备案。

5. 议长、副议长如有放弃职守或滥用职权情事，得由市参议员1/3以上之提出、经参议会之议决，函由省政府报请内政部核准改选。

国民党政府时期市之区、坊、闾、邻组织

1930年5月20日，国民政府公布《市组织法》，规定：

1. 市划分为区、坊、闾、邻，除有特殊情形者外，邻以5户、闾以5邻、坊以20闾、区以10坊为限，区、坊、闾、邻均冠以第一、二等定其次序。

2. 市之各区设区公所，置区长1人掌理区自治事务。区长由区民大会选举，任期1年，得被再选，中途被选者，任满届期为止。选定区长得报市政府汇呈上级机关备案。区长违法失职，由区民大会罢免。

3. 区以公款及公产之生息、区公营业之纯利、市补助金、依法赋予之自治款项及其他经区民代表会议决之收入为区财政收入之财源，于每月终公布收支情形。

4. 区设区民大会、区民代表会、区监察委员：（1）区民大会由区长召集，每年举行一次，区内市公民参加，行使公民四权，唯得于内政部核准区长民选后始得举行。（2）区民代表会于区长民选时设立，由区民大会选举之代表组成（为无给职，每坊选代表2人，每年改选1/2，代表失职，由坊民大会罢免）并互选主席1人，每3个月开会1次，由主席召集，每次会期不得过10日（有代表1/3请求或主席认为必要，得开临时会）。区民代表会有审核区预算、决算等项职权。区长、区监察委员、区属各坊坊长应出席区民代表会。（3）区设监察委员2人，于区民代表会闭会期间行使监察区公所财政收支和区公所对区民代表会议决案之执行情形及区长与区公所其他成员有无违法失职情事。

5. 区以下设坊、闾、邻，分别设有坊长、坊民大会、坊公所、坊监察委员、闾长、邻长、闾居民会、邻居民会议，其各有法定权责，大体与区之相应组织之权责相类，唯只以本坊、本闾、本邻为范围。

国民党政府时期行政督察区制之渊源

1925年7月1日，国民政府在广州成立后，其直接治理下的广东省政府因省区幅员广袤，指挥不便，不易推行新政，遂划定区域设置行政委员，以行政委员、秘书及职员若干人组成行政委员会公署，署内分科办事，行政委员承省政府之命处理辖区内各县行政，有权直接委派县长、制定关系法规并经省政府委员会议通过施行，每一行政委员公署管辖20余县。最先设置者为南路行政委员公署，以甘乃光为行政委员，继之又划东江诸县为一区，以周恩来为行政委员，琼州收复以后，又以琼州旧属各县为一区，以张难先为行政委员，此外还有广州、西江等（计7区）行政委员公署之设立，1926年□月□日裁撤。设置各区行政委员并成立行政委员公署以督

促各区辖县县政及办理省令之特殊行政事项,此可视为行政督察区制之发轫。

1927年□月□日国民党政府在广西设置省县间临时性行政组织——行政督察专员委员会,专司"剿共"之类的特殊事项并督促各县推行要政,计有桂林、柳江、田南、镇南等区行政督察委员会之设。1932年8月□日后统一改组为行政督察专员公署。

1931年6月21日,蒋介石赴赣"剿共",在南昌成立中华民国陆海空军总司令南昌行营并于行营内设立党政委员会,蒋自兼委员长,将江西全省划为若干区,各区设党政委员分会,承委员长之命管辖区内各县,旋又以分会委员长兼任驻在县之县长,集党政军权于一身,使负督促区内各县党务、行政、治安之全责。党政委员分会虽不久即取消,却实堪称后来行政督察区制之雏形。

1932年5月□日,江苏省政府制定《江苏省各行政监督署暂行组织规程》、《行政监督兼领所辖首席县长》、《行政区各县显示图》呈行政院,经允准划全省61县为15个行政区(每区3-5县不等),每区置行政监督1人,由省政府任命,简任待遇。各区指定首席县一个,由行政监督兼领首席县县长并成立行政监督署,署内置秘书1人、署员4人及事务员与录事各若干人。行政监督承省政府之命指挥辖区内各县、撤销或停止辖区各县县长违法或失当之命令或处分、考核辖区各县县政成绩呈请省政府或主管厅予以奖惩、节制和调遣辖区内各县警察或保安队、监督与处理兼领县政务等事宜,并于必要时召集辖区内各县县长举行行政会议。

与此同时,安徽省政府依照前府州旧制并参酌山川、语言、风俗、交通情形,制定《首席县长暂行规程》,呈准划全省为10区(每区5-8县),每区择一县为首席县,赋予首席县长以督导辖区各县行政、促进地方自治、指挥并调遣各县团防以为办理"清乡"之资藉作各县表率之本等项权力。

浙江省政府亦制定《浙江省县政督察专员章程》,呈准划全省为杭县、海宁、吴兴、鄞县、绍兴、临海、兰溪、衢县、建德、永嘉、丽水、龙泉共12个行政督察区(以5-8县为一区),每区置县政督察专员1人,简任,由省政府择声望、才干兼备之县长兼任,承省政府与各厅、处之命,考察区内各县政治状况以命令督导各县推行。县政督察专员设办事处,置秘书1人、助理秘书1人、事务员1人、书记2人。县政督察专员职责为:1.每3个月巡视区内各县一次,考查与督导各县行政计划之实施程序、对省府暨各厅(处)特交事项之进行状况。2.每4个月举行区内行政会议一次。3.受省政府之命,调遣与指挥区内各县军、警、团、队"清乡""剿匪"及维持治安。4.对区内各机关与人员应行奖惩者,随时密报主管厅(处)核办。

江西省政府于1932年6月7日以"清字第274号"文呈行政院,"拟划全省为十三行政区,区置长官一人,综理辖区行政及保安事宜,并提高长官职权,以便指挥、监督一切"。《江西省各行政长官公署暂行规程》规定:每一行政区设一行政长官,简任职,兼领驻在地之县长,行政长官设公署,署内置荐任秘书主任与保安主任各1人、委任署员8人及事务员、雇员若干人。行政长官公署职权为:1.在省政府监督、指挥之下,综理辖属各县行政及保安,对各县及保安部队、水陆公安警察队、保卫团队有指挥、监督之权。2.分期考核辖区各县县长成绩、报请省政府奖惩,辖属内县长有渎职行为时,呈请省政府撤惩。3.对辖属各县县长违法或失当之命令或处分,有撤销或停止之权并得分报省政府及主管厅(处)备案。

4. 为推行政治，得召集辖属各县县长举行行政会议。5. 呈荐行政长官公署秘书主任、保安主任及委任署员。

除上列5省外，新疆有区行政长制，云南有殖边督办制等等，皆可称之为"行政督察区制"之渊源。

国民党政府时期行政督察区制之诞生与推行

1932年8月6日，豫鄂皖三省"剿匪"总司令部（以下简称"三省剿总"）公布《剿匪区内各省行政督察专员公署组织条例》（共23条，1936年3月25日废止）、《剿匪区内行政督察专员公署办事通则》（共15条），同日，行政院亦公布《行政督察专员暂行条例》（共17条），分别规定了"剿匪区域"各省与其他省实行行政督察区制的不同办法：

在"剿匪区域"，行政督察专员公署依各省面积、地形、户口、交通、经济状况、人民习惯之不同，划分必设之综理辖区内各县、市行政及"剿匪""清乡"事宜之机构，直隶于"三省剿总"并受"剿匪区域"内各省政府之指挥、监督，各公署置专员1人，简任待遇，行政督察专员由省政府加委兼任专员公署驻在地之县长并兼任该行政督察区保安司令部司令，其职权为：1. 承全省保安处长之命管辖、指挥辖区内各县之保安队、保安团、水陆公安警察队及一切民众组织。2. 在大军于辖区内"剿共"时，督同辖区内各县县长共受负"剿匪"重责高级将领之指挥并尽力协助。3. 在辖区内进行"清乡"时，则驻扎区内之军队受行政督察专员指导或由负"剿共"重责高级将领就近指拨一部兵力径由行政督察专员指挥，行政督察专员得统筹辖区内各县"清乡"所需之兵力，汇请"三省剿总"拨定并暂受专员之指挥或指导。

置保安副司令1人，由行政督察专员呈请全省保安处长核定并转呈"三省剿总"委任，承行政督察专员之命襄助处理团队之管辖、指挥及一切保安事务。

置参谋1人与副官2人，由行政督察专员咨呈全省保安处长委任并分呈"三省剿总"和省政府备案，助理应办之保安事项。

置秘书1人，荐任待遇，由行政督察专员呈请"三省剿总"委任，承专员之命掌理机要及特为指定事项。

置署员4人和事务员6人，由行政督察专员委任并分呈"三省剿总"与省政府及知照民政厅、全省保安处，署员与事务员承长官之命分掌各科事务。

置参事5-9人，由公署就本区内确有声望并能办地方事务之人员中聘任，参赞署务或委托分赴各县、乡调查与指导政务，不支薪金，但必要时得酌给一定数量之车马费。

行政督察专员公署驻在地之县政府，其秘书与县政府所属各局、科一律撤销，由专员公署合并管理，以专员公署职员分别兼理县政府各局、科事务并不另支薪。

行政督察专员除兼区保安司令并兼领公署驻在地之县长外，还有下列各项职权：1. 遵照现行法令，率先举办各项急行要政为辖区各县之表率并督促各县照例实施，若实施中必须与本区各县或他区有关县协作者，专员应负责与地方协调，合作举办。2. 每3个月内轮流亲赴辖区各县巡视一周，并以巡视情形呈报"三省剿总"与省政府备查。3. 对辖区内各县县长有违法或处置失当之命令，得随时命令停止或撤销并呈报"三省剿总"与省政府及知照主管厅、处查核办理；各属县长如有渎职者，得随时密报"三省剿总"与省政府及知照民政厅撤惩，确须紧急处分时，行政督察专员有权先行派员代理其职。4. 随时对辖区内各县（市）长及其所属员兵之成绩予以考核（每3个月一次小核，每半年一次总核）并得胪列事实呈报"三省剿总"与省政府知照主管厅、处分别奖惩。5. 随时召集辖属各县（市）长及所属局、科长举行行政会议，讨论应兴应革事项或讲习新颁法令之意义及其办理程序（必要时，得邀请办理地方保安人员及地方团体代表列席），并将议决案呈报"三省剿总"与省政府查核。

行政督察专员公署之经费，除以兼领县政府额定原数开支外，得酌给公费，其预算另定，由省库加拨或补助。

行政督察专员公署之关防由"三省剿总"依照国民政府颁发《印信条例》镌制（木质）、发交使用。

行政督察专员执行职务时，对"三省剿总"与省政府行文用"呈"，对省政府各厅与全省保安处行文用"咨呈"，对辖属各县（市）政府行文用"令"，对此外其他机关行文一律用"公函"。

"三省剿总"还明定"普通法令与本条例相类似或相抵触者，均暂缓适用"，以此为准。

对"剿匪区域"以外的其他各省，行政院亦于1932年8月6日颁布了《行政督察专员暂行条例》，规定：

1. 在离省会过远地方，因有特种事件（如："剿匪"、"清乡"等）发生，省政府可指定一定范围之特种区域设置督察专员，在不抵触中央法令范围内，辅助省政府督察该特定区域内之地方行政，定名为某某省某县行政督察专员，待此特种事件办理完竣时，即行撤销。

2. 行政督察专员之设置，须经省政府委员会议决，由省政府开明设置之理由、指定之区域，并详绘图说，咨请内政部转呈行政院决定。

3. 行政督察专员由省政府就指定之特种区域内之业经内政部与铨叙部审查合格并转呈国民政府正式任命之县长中指定1人兼任，该员仍支县长原俸，必要时，经省政府委员会议决，可支简任初级俸。

4. 行政督察专员得于原领县政府内附设办事处（必要时，该办事处得于该督察区域内流动设置之），内置秘书1人、事务员与书记各2人，助理办事处内一切事务，秘书由行政督察专员遴选合格人员呈请民政厅委派并于必要时准予荐任待遇，事务员与书记由行政督察专员自行委用并呈报省政府与民政厅备案。

5. 行政督察专员之职权如下：（1）随时考察、督促、指导本督察区域内各县（市）地方行政，对本督察区域内各县（市）之应兴应革事项随时呈报省政府与主管厅核办，并随时召集区内各县（市）长、各局长举行行政会议讨论，必要时得邀请办理地方自治人员及地方团体代表列席，行政会议议决事项须呈报省政府与主管厅核办后，督促在该区域内各县施行。（2）定期轮流巡视本督察区域内各县（市）政府工作状况并将各行政人员之应行奖惩事由开明、密报省政府及主管厅核办。其巡视旅费依国内出差旅费规则之所定支给，不得接受地方迎送与供应。（3）行政督察专员因维持治安之需要，得节制、调遣本督察区域内各县（市）之警察与保安团。

6. 行政督察专员出巡期间，其原领县长职务应呈准省政府及民政厅暂派县政府秘书或科长代理之。

7. 行政督察专员办事公费由民政、财政2厅造具预算提经省政府委员会核定，由省库开支。

8. 行政督察专员对省政府及主管厅行文用"呈"，对区内各县（市）政府行文用"令"，对此外之一切机关、团体，则概用"公函"。

9. 行政督察专员办事处关防由省政府依《印信条例》之所定简任关防式

镌刻木质关防（横 6 厘米、纵 9 厘米）交专员启用，并得拓具印模咨报内政部备案。

自 1932 年 5 月行政督察区制从苏、浙、皖、赣兴起，至当年 8 月 6 日"三省剿总"与行政院分别颁布《剿匪区内行政督察专员公署组织条例》与《行政督察专员暂行条例》并推行以来，各省设立之行政督察专员公署、行政督察专员办事处，由于依据法规之不同——有依"三省剿总"颁令成立者，有依行政院颁令成立者，更有参照二者之颁令自订章程而依之成立者，各省之分区大小亦异——大区有辖 10 余县或 20 县者，小区有仅辖 3 县或 4 县者，行政督察专员之有无兼职不一，职权范围不同，编制、经费、事务繁简，悬殊参差。国民政府军事委员会委员长南昌行营与行政院乃于 1934 年 3 月□日在南昌召集各省高级行政人员会议，商讨此一制度之改善办法。

1934 年 4 月 23 日，国民政府军事委员会委员长南昌行营训令"剿匪区域"各省行政督察专员公署依下列原则分为甲、乙、丙 3 等：

1. 行政督察专员兼县长者为甲等，行政督察专员公署编制人员额定：专员 1 人、秘书 1 人、署员 4 人、技士 2 人、事务员 6 人、保安司令 1 人、参谋 2 人、副官 2 人、雇员 6 人、录事 8 人、侦探 6 人、卫士 8 人、传令兵 8 人、工役 12 人、马夫 3 人、伙夫 6 人，共计 76 人。

2. 行政督察专员不兼县长而有直辖保安团、队者为乙等，行政督察专员公署编制人员额定：专员 1 人、秘书 1 人、署员 2 人、技士 2 人、事务员 4 人、保安司令 1 人、参谋 2 人、副官 2 人、雇员 6 人、录事 6 人、侦探 4 人、卫士 6 人、传令兵 6 人、工役 10 人、马夫 3 人、伙夫 6 人，共计 62 人。

3. 行政督察专员不兼县长又无直辖保安团、队者为丙等，行政督察专员公署编制人员额定：专员 1 人、秘书 1 人、署员 2 人、技士 2 人、事务员 4 人、保安司令 1 人、参谋 2 人、副官 1 人、雇员 3 人、录事 5 人、侦探 4 人、卫士 6 人、传令兵 6 人、工役 9 人、马夫 3 人、伙夫 5 人，共计 55 人。

同年 7 月，行营又颁布《各省行政督察专员职责系统划分办法》（以下简称《划分办法》），规定：各省行政督察专员对辖区内各县政府督察权之行使，均得"上承南昌行营或豫鄂皖三省剿匪总部及各该省政府之督察、指挥"，依照"三省剿总"公布之《剿匪区内各省行政督察专员公署组织条例》有关规定与该《划分办法》所规定之职责系统办理：

1. 各级递层考核：新任专员须先赴该省政府谒省政府主席"请训"并分赴各厅、处商承区内应办事宜；新任县长须先赴该专员公署谒行政督察专员"请训"并与公署及保安司令商洽该县应办事宜，再行到任视事。遇紧急情况，新任专员经行营或"三省剿总"特准并令知该管省政府（新任县长经令知该管专员），可先到任、后请训。

2. 行政督察专员依《剿匪区内各省行政督察专员公署组织条例》之所定，对辖区内各县长进行考核，省政府对所属各行政督察专员亦得以临时巡视或定期考成办法进行考核，具文呈报行营或"三省剿总"，分别予以奖惩。如发现行政督察专员有渎职或重大失职行为时，得随时密报，以便对其撤惩或为其他紧急处分。

3. 行营或"三省剿总"依该管省政府对专员之考核报告、省政府依该专员对县长之考核报告作为奖惩重要根据，其报告不实或失当并经复查得有反证事实者，得对原报告人依法议处。

4. 专员兼县长卸任，由省政府派员监盘交代，县长卸任，由专员公署派员监盘交代。

5. 各县预、决算与预备费之动支及一切财政整理办法，县政府除依法定程序径呈省政府核办外，亦得分呈该管专员公署备查，专员认为有应行驳正与修改之处时，得申具体意见于省政府交主管厅、处审核时参考，各县地方财政收支实况并得按月册报专员公署查核。

6. 行营或"三省剿总"令行专员公署之文件，均令由省政府转行，唯确实重要而又时机紧迫者，得由行营或"三省剿总"一面径令公署办理，一面令该省政府知照；省政府暨各厅、处令行各县政府之文件，均由该管专员公署转饬遵办，唯遇事机紧急时，得由省政府暨各厅、处一面径令县政府办理，一面令该管专员公署知照；各专员公署向行营或"三省剿总"之呈报与呈复各文，概须由省政府核转上呈，各县政府向省政府暨各主管厅、处之呈报与呈复，概须径由该管专员公署核转上呈；各专员公署对径奉行营或"三省剿总"令交饬办事件之呈复，县政府对径奉省政府令饬交办事件之呈复，得一面径行上呈，一面分报该管专员公署备查。

7. 专员、县长遇有紧急必要事件、必须立即向行营或"三省剿总"及省政府请示者，亦得一面径呈、一面分报其直属之上级机关查核。

国民党政府时期行政督察区制之定制

1935年12月10日，蒋介石以国民政府主席身份兼任行政院院长，参照原颁两种行政督察专员条例而以"三省剿总"所颁条例为基础，另行制订《行政督察专员公署组织暂行条例》，于1936年3月25日由行政院公布并于同年10月15日修正第6条，同时颁布的还有《行政院审查行政督察专员人选暂行办法》、《行政督察专员资格审查委员会规则》、《行政督察专员办事成绩考核暂行办法》，另由内政部公布《行政督察专员公署办事通则》（容纳了《各省行政督察专员职责系统划分办法》各项规定）及《行政督察专员公署经费分等表》。上列6项文件对行政督察区制作了完整、系统的规定，行政督察区制由此普及各省，成为定制。国民党政府时期之地方制度乃由原省、县二级制演进为省、行政督察区、县三级制。

《行政督察专员公署组织暂行条例》规定：

1. 行政院为整饬吏治、"绥靖"地方、增进行政效率，得令各省划定行政督察区，设置行政督察专员公署。

2. 各省划区设置时，应开明行政督察区名称（以数目字定之，其非全省同时设置者，以设置之先后定其次第）、设置次第、区划情形、管辖县（市）暨公署驻在地点绘具图说，咨请内政部转呈行政院核定并呈报国民政府备案。

3. 行政督察专员公署为省政府之辅助机关，设专员1人，承省政府之命：（1）审核辖区内各县（市）行政计划或中心工作。（2）审核辖区内各县（市）地方预决算、单行法规。（3）巡视与指导辖属各县（市）地方行政与自治。（4）考核辖属各县（市）行政人员工作成绩并定奖惩。（5）召集行政会议。（6）处理辖属各县（市）争议。（7）办理省政府交办事项。

4. 行政督察专员公署为筹划辖属各县（市）地方行政，得于不抵触中央及省定法令范围内制订单行规则或办法。但涉及限制人民自由、增加人民负担及变更组织与预算者，不得执行，并须呈报省政府转报行政院及主管部、会、署备案。

5. 行政督察专员除有特殊情形者外，应兼公署驻在地之县长并得兼任该区保安司令，对辖区内各县（市）之保安团、队与水陆公安警察及一切武装自卫之民众组织，有指挥、监督之权，其公署得与该县政府合署办公，公署职员得兼理县政府事务并不另支薪。

6. 行政督察专员人选由行政院院长或内政部部长提出，按行政督察专员资格审查委员会审定意见呈请国民政府简派（在"剿匪"或其他特种事件尚未办理完竣省份，其提名人选得征求军事委员会意见）。

7. 行政督察专员公署经费，由省政府编制预算并由省库支拨。专员兼任驻在地县长时，该县政府之行政经费得加入公署行政经费中合并计算。

8. 行政督察专员公署关防，由国民政府依《印信条例》统一制发，文曰："某某省第几区行政督察专员公署之关防"。

9. 行政督察专员公署对外行文时，对省政府用"呈"，对辖属各县（市）政府用"令"，余概用"公函"。

10. 本条例实行后，1932年8月6日公布之《行政督察专员条例》、《剿匪区内各省行政督察专员公署组织条例》同时废止。

依据《行政院审查行政督察专员人选暂行办法》之规定，行政督察专员须具备下列资格之一：1. 曾任政务官1年以上者。2. 现任简任官或曾任简任官1年以上者。3. 有特殊勋劳或致力于国民革命10年以上而有行政经验者。4. 曾任教育部立案之大学教授2年以上、副教授或讲师3年以上并于地方行政素有研究者。5. 曾任县长3年以上或最高荐任4年以上、办事确有成绩者。

有下列情事之一者，不得任为行政督察专员：1. 被褫夺公权尚未复权者。2. 受惩戒处分而在停止任用期间者。3. 曾因赃、私处罚有案者。4. 亏空公款尚未清偿者。5. 吸食鸦片或烈性毒品者。6. 体质孱弱或年力衰颓不胜繁剧者。

1936年3月1日，国民政府公布《兵役法》。8月15日，内政部、军政部会同公布《兵役法施行暂行条例》。此后，各省行政督察专员兼团管区司令，既增督促辖区各县（市）办理国民军训事宜，又增新兵征募事宜。

抗日战争爆发后，行政院于1937年11月通令各省："所有兼任团管区司令之行政督察专员一律免兼县长，其余各区行政督察专员亦以不兼县长为原则。"自此，行政督察专员才真正成了名副其实的"专员"，不再兼任县长，使督察者与被督察者真正分开。

至国民党政府溃败时，行政督察区制在全国23个省区中推行，各省设置之行政督察区数如下：江苏10、浙江11（抗战胜利后减为6个）、安徽10、江西11、福建10（抗战胜利后减为7个）、广东9、广西12、河南13、湖南10（抗战胜利后减为8个）、湖北8（1932－1936年曾设为11个）、四川16、云南13、贵州8（1935年6月曾设为11个，抗战胜利后减为6个）、西康2、陕西11、甘肃9、青海7、新疆10、山东17、山西16（抗战胜利后减为14个）、河北15、察哈尔2、绥远4，计234个（抗战胜利后减为217个）。此外，台湾、辽宁、安东、辽北、吉林、松江、合江、黑龙江、嫩江、兴安、热河、宁夏及西藏地方未有行政督察区设置。

国民党政府时期战时各省行政督察专员公署及区保安司令部

1941年10月□日，行政院公布《战时各省行政督察专员公署及区保安司令部合并组织暂行办法》，规定：行政督察专员公署和区保安司令部合并组织，由行政督察专员兼行政督察区保安司令，另置上校副司令1人，公署之武属职员有参谋、副官、军法助理、书记官等。

国民党政府时期之县、县长、县政府、县政会议、县参议会、县政府合署办公、县政府裁局改科

1927年6月□日，国民党政府"根据党之决议，采用县长制，其行政长官之名称遂决定为县长"。

1928年9月15日，国民政府公布《县组织法》，规定：

1. 县之区域为其现时固有之区域。

2. 县政府于不抵触中央及省之法令范围内，得发布县令并得制定县单行规则。

3. 省政府按所属各县区域大小、事务繁简、户口与财赋多寡编定为三等、咨内政部呈行政院转请国民政府核准公布，一等县县政府设4科，二等县县政府设3科，三等县县政府设2科。

4. 县设县政府，县政府置县长1人综理县政并监督所属机关与职员，由民政厅提出合格人员2－3人、经省政府议决任用，任期3年，成绩优良者得连任；置秘书1人，科长1－2人，由县长呈请省民政厅委任，其设科之多寡由省政府决定并报内政部备案，科员额数由省政府决定并报内政部备案。

5. 县政府之下设公安、财政、建设、教育4局分掌各事项：（1）公安局掌理户籍、警卫、消防、防疫、卫生、救灾、保护森林及渔猎各事项，并得于各区设立分局（分局局长由县长就考试合格人员中遴选呈请省政府核准委任）。（2）财政局掌理征税、募债、管理公产及其他地方财政各事项。（3）建设局掌理土地、农矿、森林、水利、道路、桥梁、工程、劳工、公营事业及其他公共事业各事项。（4）教育局掌理学校、图书馆、博物馆、公共体育场、公园及其他文化社会事业各事项。（5）必要时，经呈请省政府批准，县得增设卫生、土地、社会、粮食管理等局专理卫生、土地、社会及调节粮食各事项。（6）县政府下设各局各设局长1人，由县长就考试合格人员中遴选、呈请省政府核准委任。

6. 县政府设县政会议，以县长、秘书、科长、各局局长为组成人员，开会时以县长为主席，审议县之预决算、县公债、县公产处分、县公共事业经营管理及县长交议各事项。

7. 县设参议会，参议员由县民选举产生，3年为一任，每年改选其中之1/3，其职权为：（1）议决县预算、决算及募集县公债事项。（2）议决县单行规则事项。（3）建议县政兴革事项。（4）审议县长交议事项。（5）县长违法失职时，请求省政府查核处分。

1929年6月8日与1930年7月7日，《县组织法》经两次修改，县长任期由3年改为2年，并规定"凡筹办自治之县已达《建国大纲》第8条所规定之程度者，经中央查明合格后，其县长应由民选"；县政府只设1－2科；将县等划分为6等。

1933年□月□日，鉴于县政府各局分立、县之事业难以通盘筹划，乃决定县政府行"合署办公"办法。

1934年12月31日，国民政府军事委员会委员长南昌行营颁发《剿匪省份各县政府裁局改科办法大纲》，规定：

1. 县政府所设各局一律裁撤，其职掌由县政府各科掌理。

2. 县政府上下行文概以县长名义行之。

3. 县政府除县长外，置秘书1人，设3科，各置科长1人，教育、建设2局原管事项合并由第1科掌理，其承办该2局原管事项之佐治人员非具有各该项专门资格或相当之学识经验，县长不得遴用；其他各局原管事项按实际需要分配由第2、3科掌理；各科员额由省政府拟呈行营核定；增科、增员、增费，均得由省政府分别县等、妥拟数额，呈请行营核定并由省政府支付。

4. 各县城乡公安机关及警察概行裁撤，县政府只置警佐1人、各区署置巡官1人并置警长与警卫若干人，分别派驻重要乡镇之联保办公处，承县政府之命、受各区区长及联保主任之监督与指挥，执行区内壮丁队训练及保安、户

411

口、卫生、交通、警察各项职务，并得指派保甲职员及壮丁团队分任地方工役、协助各项警察事务之执行（其办法由省政府拟订呈行营核定施行）。

5. 各县政府催征、传讯、解案各事，应于可能范围内责令区署及保甲人员协助办理，不设或少设政务警察或司法警察。必须设立者，得由省政府依县份等级、事务繁简定员，酌给薪工与必要之出差旅费，不得勒索、敲诈人民，违者重惩。

6. 各县应征之省县正附税捐，除有税源特大之税项并经呈准设立专门征收机构外，概由县政府视情形交由主管科或特经征处统一经征，依法应得之经征手续费，概作补助县行政经费之用。

7. 县设县金库，独立办理县财政收入、支出、保管事项，原设之县财务委员会改为专任之审核机关。

8. 县政府裁局改科节余之经费移交县事业费及分区设署经费。

9. 县金库应将原有之教育经费与建设专款单独立项，保持其独立经费性质，不得挪充利用。

1939年9月19日，国民党政府公布《县各级组织纲要》，规定：

1. 县为地方自治单位，按其面积、人口、经济、文化、交通等状况，分为1—6等，县以下以乡、镇为基本单位，保、村、街为乡、镇之细胞单位。

2. 县政府设民政、财政、教育、建设、军事、地政、社会各科，设科之多寡及各科职掌之分配，由省政府依照县之等次及实际需要拟定。

3. 县长须由中国国民党党员担任。

1946年5月□日，行政院曾通令各省政府调整县级机构、减少县长兼职。

1947年8月24日，行政院通令各省照院开行政座谈会议（各省主席参加）议决案拟定办法呈准施行：

1. 调整县级机构，各县多则设5科2室，少则设3科1室，原设之统计、合作、指导、地籍整理、度量衡检定等单位，酌留人员派在性质相近之科、室办事，在各该科、室主管之指挥、监督下，执行其专管业务。

2. 调整县级财政，为使各县财政能达完全自治，一面可由中央酌为增拨土烟税、土酒税及酌予调整屠宰税、筵席税、娱乐税、使用牌照税、营业牌照税及房捐等，一面可由省政府责令主管机关及各行政督察区专员分区督饬所属各县切实整理地方主要税源之田赋、改良稽征，杜绝中饱。其有税源不丰而特种产物孳息颇大之地区，如：西北之畜牧、东南之海产、山区之药材及特种农作物等，在不违反中央赋税法令、不妨碍全国经济发展的前提下，经县参议会通过与省政府核准，可举办特种课税。但自由摊派得绝对禁止。

3. 减少县长兼职，非事不可并、法不可改之应兼职务仍得兼理外，其他由科办理，职可不兼者，一概取消。

4. 尊重县长职权，除作战区内或驻防区内之军长以上官员关于作战上之紧急情事、卫戍区或戒严区或"绥靖"区之司令关于防空紧急事宜得向各该区域内之县政府直接行文并用令外，其他任何机关、部队不得对县政府行文，有事务必须县政府办理者，概须经省政府转令遵办。

5. 严格选拔员吏，力改过去县长滥竽充数、贪污成风之痼疾。

1948年2月□日，行政院召集有关部、会开会，就减少县长兼职事专门讨论，最后决定县长除仍兼财政整理委员会主任委员、公有款产管理委员会主任委员、自卫总队总队长3项职务及暂兼县司法处检察、国民义务劳动服务团设计委员会主任委员2职外，一律不兼他职。

依1947年12月内政部编制之《各省所辖行政区域一览表》载：全国35行省计辖县2016个、相当于县之设治局40个、管理区1个、蒙旗113个、藏宗

124个，全国共有县级建置2294个单位。

国民党政府时期之设治局

"设治局"乃尚未设县地方之一种过渡性政府组织。1931年6月2日，国民政府公布《设治局组织条例》（1944年7月19日修正公布），规定：

1. 各省尚未设置县治地方，得暂置设治局，至相当时期应改设县治。

2. 设治局之置废及其区域之划分，由省政府拟具图说咨请内政部呈由行政院转请国民政府核准公布。

3. 设治局置局长1人，荐任，由民政厅提出有荐任公务员资格之人员，经省政府议决委用并转报内政部备案，受省政府之指挥、监督，处理本管区域内之行政事宜并指挥、监督所属职员。

遇有特殊情形，设治局局长亦可就具有下列各款资格之人员委用：（1）中华民国人民年满30岁以上。（2）中等以上学校毕业或办理行政事务3年以上。（3）明了中国国民党党义。（4）熟悉当地情形。

4. 设治局于不抵触中央及省法令范围内得发布局令并得制定单行规则（应呈省政府查核备案）。

5. 设治局行政经费由省库支给，必要时省政府得咨经内政部、财政部会核呈由国库补助。

6. 设治局关防由省政府按内政部规定之式样制发。

依1947年12月内政部编制之《各省所辖行政区域一览表》载：江苏省设有嵊泗设置局；四川省设有兴中、麦桑、沐爱、平昌、农祥5设治局；西康省设有宁东、金汤、普格、泸宁4设治局；云南省设有泸水、陇川、瑞丽、贡山、龙武、梁河、宁蒗、沧源、莲山、盈江、潞西、碧江、福贡、德钦、宁江、耿马16设治局；贵州省设有雷山设治局；河北省设有都山、新海2设治局；宁夏省设有紫湖、居延2设治局；陕西省设有黄龙设治局；甘肃省设有肃北、卓尼2设治局；青海省设有祁连设治局；新疆省设有新源、乌河、布尔根、民丰、七角井（1929年10月□日设立最早）5设治局。上列11省计设有40个设治局。

国民党政府时期之县行政会议

1928年10月1日，内政部公布《县政府行政会议规程》，规定：

1. 各县政府为促进县属职务，得召集县行政会议。

2. 县行政会议由县长、县政府各科科长与各局局长、各区区长以及地方团体首领或县长聘约之地方公正绅士组成，省民政厅得派员参加会议列为会员。

3. 县行政会议设主席、副主席各1人，主席由县长担任，副主席由会员票选产生。

4. 县行政会议每年举行两次，其举行时间由县政府决定并呈报省民政厅备案。

5. 县行政会议议决事项如下：（1）县长交议事项。（2）出席会员提议事项。（3）地方各团体之建议并经会员3人以上连署介绍事项。

国民党政府时期之县等

1929年12月23日，国民政府公布《各省厘定县等办法》，规定各县应依《县组织法》第4条之规定分为三等：各省应就本省情形，按各县面积、人口、财赋3项假定分数，其面积以若干方里为1分，其人口以若干口为1分，其财赋以本县财源及赋税若干元为1分，将各分数平均计算，定其等次。边要地区得于平均分数外酌予提等。

1930年7月7日，国民政府修正《县组织法》，规定省政府依所属各县面积、人口、经济、文化、交通等状况之不同,将县分为六等。此后一直沿用未变。

国民党政府时期之县司法处

1935年9月□日,行政院司法行政部主持召开全国司法会议,决定设立县司法处作为普设地方法院之过渡,以纠县长兼理司法之弊。

1936年4月9日,国民政府制定并公布《县司法处组织暂行条例》,规定:县设司法处,置审判官,"独立行使审判权",而以县长兼理检察事务。

抗日战争爆发后,此条例贯彻施行如何,详情未载。然至抗战胜利后的1945年9月,在当时的全国2000余县中,成立法院的只有600余县,尚有1300余县未设立正式的县法院,则是有据可查的。

国民党政府时期之县政府军事科

1939年9月19日,国民政府公布《县各级组织纲要》,内规定县政府设军事科主管军事,掌理:1.全县保安队、民众自卫队之训练管理事宜。2.兵役行政事宜。3.在乡军人管理事宜。4.军勤业务及防空事宜。军事科置科长1人,荐任,置科员、事务员若干人,委任,分股治事。

1946年秋,行政院召集有各省政府主席参加的行政座谈会议决:县政府各科改以顺序号冠科名,县政府军事科改称第5科。

国民党政府时期之政治特派员、军事特派员、党务特派员、工运特派员、策反工作人员、军事专员、宣导委员、宣导员

1944年下半年,国民党政府为配合盟军在大鹏湾登陆、由中国进攻日本本土的作战计划,曾对广州、汕头、上海、南京、汉口、天津、北平等沿海、沿江重要城市采取了一系列措施,以加强部署,10月□日,国防最高委员会第153次常务委员会通过备案的《战地党政军组织配合运用办法》中规定,向上列城市派遣政治特派员、军事特派员,加强策反工作之进行,即是其中重要措施之一。办法规定:特别市党部主任委员必要时得兼该特别市政治特派员及军事特派员,其人选经中央执行委员会决定后,发函行政院及军事委员会分别任命之。11月5日,蒋介石令准以吴绍澍(1939年9月□日经中常会通过,已被任为上海市党部主任委员)、许惠东(1944年8月,已被任为北平市党部主任委员)、郝任夫(1943年2月□日经中常会第221次会议通过,已被任为天津市党部主任委员)、陈永吉(1944年9月□日,已被任为广州市党部主任委员,11月18日,又改任陈策为广州市党部主任委员兼广州军事特派员及广州市市长)、袁雍(1942年9月□日,已被任为汉口市党部主任委员)、卓衡之(1944年9月□日,已被任为南京市党部主任委员)6人兼任上海、北平、天津、广州、汉口、南京6特别市之政治特派员与军事特派员。

1945年3月4日,蒋介石以"极机密"快邮代电令行政院:"粤省汕头应恢复建制,市长1职,在作战期间,暂由中央直接遴员任用,遇有特殊事项,准其径呈统帅部请示办理,兹核定谭葆寿一员任该市市长,希即密办任用手续并知照广东省政府。"3月10日,蒋介石又令加派谭葆寿为潮梅党务特派员兼汕头市市长与潮梅军事特派员。

后因战争形势变化,盟军于大鹏湾登陆中国之计划未曾实施,1945年8月15日日本投降,9月18日,国民政府军事委员会拟订《策反工作人员处置办法》11条,规定:

1. 日寇投降,策反任务结束,凡属派出策反工作人员,通令各该员一律撤销,并通令各战区遵照。

2. 策反人员指经军事委员会直接派出之军事特派员、军事专员、宣导委员、工运特派员、宣导员5种人员言，非军事委员会直接派遣者不在此内。

3. 策反人员奉令撤销后，应立将经手事件交由各该管战区司令长官部接收处理。

4. 策反人员中原有其他机关名义者或系军事委员会参议、咨议调兼者，保留原职务，取消策反工作名义，不发给遣散费；专任策反人员，发遣散费3个月；因任职时间过短，不得援一般公务人员领取奖金例呈请发给奖金。

5. 专任策反人员自发给派令之日起，至1945年9月30日止，按照各该地每月份之规定待遇标准发给薪俸，其未领足者，准予补发，其已透支领取者，在遣散费内扣除。

6. 策反人员奉令撤销后异地就业者，由各该战区司令长官部给予身份证明与交通便利。

7. 策反人员领到活动经费者，准予实报实销。

8. 策反人员奉令撤销后，再有利用名义招摇撞骗者，由各该战区司令官部及军事委员会调查统计局负责检举与取缔，案情较重者，由军事委员会执法机关依法处治。

9. 策反人员成绩优异者，得报由各该战区司令长官部呈转军事委员会予以奖励。

10. 长江以南地区（上海、南京、武汉均在内）之策反人员于奉到该命令后立即停止活动并于9月底撤销，长江以北地区"情况特殊"，得俟国民政府之军队到达后再行撤销。

10月5日，行政院以"平机21880号"训令令南京、上海、北平、天津各市政府及湖北省政府："查南京、上海、北平、天津、汉口各市政治特派员应即撤销。"历时经年的"策反工作人员"队伍至此收场。

国民党政府时期之区公所

区公所乃国民党政府时期县以下之一级行政机构。1928年9月15日，国民政府公布《县组织法》，其内规定：县内划区治理，各区实行"区内自治"——订立区公约以资区民共守而行"自治"，区民对公约与"自治"事项有创制、复决之权。1929年6月5日，国民政府公布经第1次修正之《县组织法》，改村、里为乡、镇，定每区由20-50乡、镇组成。1930年7月7日，国民政府公布经第2次修正之《县组织法》，又改定每区由15-50乡、镇组成，区设区公所，置区长1人，得酌用助理员（由区公所遴请县长委任）辅助区长办理事务，置区丁若干人；区长、助理员及本区所属各乡镇长组成区务会议，以区长为主席，每月开会1次，审议区公所经费、区公产处分、区公所及其他单项规则之制定与修正事项等。

1934年2月21日，中执会政治会议通过《改进地方自治原则》，确定县（市）为地方自治单位，县为一级，县以下之乡、镇为一级，乡、镇直接受县政府之指挥、监督，取消了区一级机构的设置与区域划分，正式改行了县—乡（镇）二级制。

国民党政府时期之区署

1939年9月19日，国民政府公布《县各级组织纲要》凡60条，内规定：县以下为乡（镇），乡（镇）为法人，乡（镇）内之编制为保甲；县之面积过大或有特殊情形者，分区设置。区之划分以15-30乡（镇）为原则，由县划定范围并开明理由呈请所属行政督察专员公署转请省政府核准行之，并由省政府咨请内政部备案。各区设署，作为县政府派出之辅助机关，代表县政府督导区内各乡（镇）办理各项行政及地方自治事务。区署之设置地点应择定在全区适中或交通便利地点，定名为"某某县政府第几区区署"，或冠以所在地及含有历史、地理意义之名称。区署置区长1人，指导员2-5人，分掌民政、财政、建设、教育、军事各事项。区署设置人员之多少，当依环境需要与财力有无而定，其所置各员应为经过甄别并训练合格者。区署所在地得设警察所，受区长之指挥，执行地方警察事务。区得设建设委员会，由区长、各指导员和区内声望素著且热心公益事业之人士组成，以区长为主席并另置副主席1人，由会员推选产生，凡办理区内之卫生、农田、水利、森林、道路、桥梁以及农村经济之建设事业，均应先交该会详加讨论并拟具方案，由区署报请县政府核准施行。

国民党政府时期之乡（镇）公所

作为国民党政府时期最基层一级行政机关的乡（镇）公所，早在1928年9月15日国民政府公布之《县组织法》中，即有县以下设区、村（里）、闾、邻4级组织之规定，村（里）设村（里）公所。1929年6月5日，国民政府公布经修正之《县组织法》（又称《重订之县组织法》），凡百户以上之村庄为乡、百户以上之街市为镇。

1939年9月19日，国民政府公布《县各级组织纲要》60条，规定县分县、乡（镇）两级，乡（镇）之划分以人口、经济、文化、交通等状况为标准，由县政府拟订并绘具图说，呈请省政府核准并报内政部备案。乡（镇）之基本编制为保甲，每乡（镇）组成以10保为基准，不得少于6保或多于15保。乡（镇）设乡（镇）公所，置乡（镇）长1人，副乡（镇）长1-2人，公所内分设民政、警卫、经济、文化4股，其中民政、经济和文化3股主任由正、副乡长和中心小学教员分别兼任，如确实不能兼任时，得由乡（镇）长遴聘，警卫股主任则由乡（镇）国民兵队副兼任。

国民党政府时期之保甲

1932年8月□日、1933年9月□日，豫鄂皖三省"剿匪"总司令部先后颁有《剿匪区内各县编查保甲户口条例》、《剿匪区内整理保甲肃清零匪方案》，首先在"剿匪"各省实行"保甲制度"。1934年□月□日，保甲制推向全国。

1936年9月□日，立法院分别修正《县自治法》、《县自治法施行法》，明定将保甲制度容纳于县自治制度之中，保甲遂正式成为县自治之基层组织。保之编制以10甲为原则，每保不得少于6甲、不得多于15甲。保设保办公处，置正、副保长各1人，受乡（镇）长之监督、指挥，办理本保自治事项，兼任保国民学校校长与保国民兵队队长（在经济、教育发达地区，保长亦可不兼任校长）。正、副保长均由保民大会就下列人员中选举产生：1. 师范学校或初级中学毕业或具同等学力者。2. 曾任公务人员或在教育、文化机构服务1年以上而著有成绩者。3. 曾经训练及格者。4. 曾办地方公益事务者。在选举尚未办理以前，正、副保长由乡（镇）公所推定呈请县政府加以委任。保长任期2年，连选得连任；因违法失职被罢免时，由保民大会依法改选；其委任者则由县政府撤职另任。

甲之编制以10户一甲为原则，每甲不得少于6户，不得多于15户，各甲置甲长1人，由本甲户长会议选举产生，经保办公处报告乡（镇）公所备案，办理甲务，每月召集户长会议1次并担任主席，户长会议议决事项以出席人过半数同意为可决，可否同数时取决于甲长，户长会议议决事项由甲长执行，甲长认有必要时，得召集本甲居民会议讨论议决关系本甲之重要兴革事项。

国民政府各"绥靖"公署、国民政府军事委员会所属各"绥靖"公署与各特派"绥靖"主任公署

一、1931年设立的有：

1. 驻陕"绥靖"公署：1931年7月7日，国民政府特派杨虎城为主任，成立该公署统辖第17路军及驻陕、甘各部队；1937年6月29日裁。

2. 北平"绥靖"公署：1931年11月15日，国民政府特派张学良为主任，成立该公署"统摄"河北、山西、察哈尔、绥远、山东、北平、天津之军政、军令、国防、绥靖各事宜。1932年8月16日，张学良被免。8月19日，该公署被改设为"国民政府军事委员会北平分会"［详见第322页同名词目］。

3. 驻豫特派"绥靖"主任公署：1931年11月30日，国民政府特派刘峙为主任，成立该公署。1935年12月12日撤销，被改设为"豫皖'绥靖'公署"，国民政府特任刘峙为主任。

4. 驻赣特派"绥靖"主任公署：1931年11月30日，国民政府特派何应钦为主任（12月3日由朱绍良继任），成立该公署。1933年□月□日撤销。1934年11月27日再度设立，以顾祝同为主任。1935年10月3日裁［详见第418页本词目四］。

5. 驻鄂特派"绥靖"主任公署：1931年11月30日，国民政府特派何成濬为主任，成立该公署。1936年12月□日裁。

二、1932年设立的有：

1932年2月6日，蒋介石、汪精卫联手主军、主政并重新成立国民政府军事委员会后，曾以"绥靖地方"、"巩固边防"为名，建立起一批以一省为管辖范围的"绥靖"公署和以数省为管辖范围的特派"绥靖"主任公署，其主任由国民政府特派和特任，隶属于国民政府军事委员会并受国民政府行政院军政部部长和国民政府参谋本部参谋总长之指导。"绥靖"主任有指挥本省驻军、省防军、水陆军警及团防之权，特派"绥靖"主任有指挥所辖各省驻军、特种部队、水陆军警及团防之权。各"绥靖"公署由各该省驻军最高长官充任，其公署设有参谋、副官、交通、军需、军法5处；各特派"绥靖"主任公署由国民政府特派上将衔军事长官充任，并由中将军事长官任参谋长，署内设办公厅和参谋、副官、交通、军需、军法5处及特务员、传令兵、卫士、公役、伙夫等勤杂人员96人、士兵110人。依《绥靖公署组织条例》规定：各"绥靖"公署主任均由国民政府特派或特任，但均属于国民政府军事委员会委员长并受国民政府参谋本部参谋总长和国民政府行政院军政部部长指导。

1. 山西（太原）"绥靖"公署：1932年2月20日，国民政府特任阎锡山为主任，成立公署负责山西"绥靖"事宜。1937年7月□日改设为"驻太原绥靖主任公署"，同年8月20日全国划分战区后，即与第二战区司令长官部合署办公。1946年1月□日并入太原"绥靖"公署［详见第422页本词目十一］。

2. 广州（广东）"绥靖"公署：1932年3月29日，国民政府特任陈济棠为主任，成立公署。1936年7月13日，陈济棠因举兵反蒋、发起两广事变而被免职，改由余汉谋继任主任，同年10月□日易名为广东"绥靖"公署。1937年8月20日，全国划分战区后，先后与第四、第七战区司令长官部合署办公。1945年10月20日，随第七战区司令长官部改组为衢州"绥靖"公署［详见第421页本词目十、3.］。

3. 广西（南宁）"绥靖"公署：1932年3月29日，国民政府特任李宗仁为主任，成立公署。1936年7月13日，李宗仁因两广事变被免，改由黄绍竑继任主任，并另任白崇禧为副主任，

7月25日，李宗仁以坚不离桂相对抗，蒋介石也奈何不得，国民政府乃于8月16日再度任命李宗仁为该"绥靖"公署主任，并仍负责统辖在桂各部队，直至1945年7月□日方奉令裁撤。

4. 驻闽"绥靖"主任公署：1932年6月1日，国民政府特任蒋光鼐为主任，成立公署。同年7月6日，由蔡廷锴代理，同年12月7日由蔡正式继任主任职务。1933年12月15日，蔡因组织福建革命人民政府事被革职。1934年11月27日，由蒋鼎文继任该公署主任职，12月□日，蒋鼎文在就职通电中划福建全省为第9—12共4个"绥靖"区，与驻赣"绥靖"主任公署划江西全省为第1—第8共8个"绥靖"区相一致。1937年8月2日裁。

三、1933年设立的有：

驻甘特派"绥靖"主任公署：1933年9月28日，国民政府特任朱绍良为主任，成立公署。同年11月9日，国民政府军事委员会颁布《驻甘特派绥靖主任公署组织大纲》，规定：（1）为绥辑地方、巩固边防起见，特设驻甘"绥靖"主任以专责成。（2）驻甘"绥靖"主任由国民政府特任之，隶属于军事委员会并受军政部长、参谋总长之指导，其公署之编制如下：①主任1，中将或上将，马匹6。②参谋长1，少将或中将，马匹2。③秘书厅：秘书2，上校1、中校或少校1；副官1，少校；军医1，少校；译电员3，上尉1、中尉2；书记3，上尉1、中尉2；司书4：少尉1、准尉3。④副官处：处长1，上校；副官11，中校1、少校3、上尉3、中尉4；传令排长1，中尉；书记4，上尉1、中尉3；司书4，准尉；查马长1，中尉。⑤交通处：处长1，上校或中校；处员6，中校或少校2、上尉2、中尉1、少尉1；书记1，中尉；司书2，准尉。⑥军需处：处长1，上校；处员8，中校1、少校2、上尉3、中尉2；书记2：上尉1、中尉

1；司书4，少尉1、准尉3。⑦军法处：处长1，上校；军法官4，中校1、少校2、上尉1；书记2，上尉1、中尉1；司书3：少尉1、准尉2；看守所长1，中尉；特务员5，上尉1、中尉2、少尉2；传令兵48，上士4、中士3、下士3、上等兵14、一等兵10、二等兵14；卫士7，上士1、中士3、下士2、上等兵1（主任用上士1名、中士2名、下士1名，参谋长用中士1名、下士1名，参谋处长用上等兵1名）。公役40，上等兵20、一等兵20；伙夫15，上等兵1、一等兵6、二等兵8。合计官佐96、士兵夫110（必要时得酌设参、咨议数员；公役名额系按照公署编制三分之一计算，并为办理总务、庶务，酌添8名。又：伙夫系按每14人一名计算）。（3）驻甘"绥靖"主任有指挥甘、宁、青三省驻军及特种部队、水陆军警、团防之权。4. 本大纲自公布之日起施行。

四、1934年设立的有：

驻赣特派"绥靖"主任公署：1934年11月27日，国民政府特任顾祝同为主任，再度成立公署并移驻吉安，划全省为第1—8"绥靖"区，各设司令官主持区内"绥靖"事宜。同年12月3日，朱绍良继任主任职务。1935年2月14日公布之《驻赣绥靖【主任】公署组织条例》，规定：（1）为办理赣省及邻接边区"绥靖"事宜，特设驻赣"绥靖"主任主持之。（2）驻赣"绥靖"主任由国民政府任命之，隶属军事委员会委员长并受参谋总长、军政部长之指导。（3）依照赣省及邻接边区情形，于"绥靖"主任隶属之下，划分所辖为若干"绥靖"区，每区设司令官一员，并得酌设副司令官一员，其区域另定之。（4）"绥靖"主任公署设参谋长一员，辅助主任处理一切事宜，并分设参谋、秘书、党政、副官、军法、军医、经理、交通各处，其编制另定之。（5）"绥靖"主任之职责如下：①肃清本区

残"匪"。②完成本区交通。③绥辑流亡。④督促、指导民众组织与训练。⑤处理"被匪区域"善后事宜。⑥所辖各"绥靖"区内之军队及地方团队均归"绥靖"主任指挥。⑦"绥靖"主任因实施"绥靖",对于所辖各"绥靖"区之行政督察专员、区保安司令及县政府等军政机关,得随时指挥之。⑧"绥靖"主任对于所辖各"绥靖"区内之党政事务,应分别商同各省党部、省政府办理。但遇必要时,得便宜处理之。⑨本条例如有未尽事宜,得随时修正之。⑩本条例自公布之日起实施。是年6月□日,《修正驻赣绥靖主任公署组织条例》颁布,将第一条修正为"为办理赣省及协商邻接边区绥靖事宜……";将第二条修正为"驻赣绥靖主任……并受参谋总长、军政部长、训练总监之指导";将第七条末句"得随时指挥之"后增"但对邻近辖区区划之指挥,得与各该关系绥署商洽办理之"。

依该修正组织条例,驻赣"绥靖"主任公署设参谋、秘书、党政、副官、军法、军医、经理、交通8处及特务营,辖驻赣第1-8"绥靖"区司令部、驻赣"绥靖"预备军总指挥部、南昌城防司令部、九江警备司令部及湘鄂赣边区招抚特派员公署。该修正组织条例规定"驻赣绥靖公署总办公厅编制表"如下:①主任1,上将,承军事委员会委员长之命并受参谋总长、军政部长、训练总监之指导,综理赣省及协商邻近辖区"绥靖"及一切党政事宜。②参谋长1,中将,承主任之命筹划"绥靖"军事及一切党政事宜,并监督本署各处业务进行。③副参谋长1,少将或中将,承主任之命协助参谋长筹划"绥靖"军事及一切党政事宜,并监督本署各处业务进行。④总参议1,少将或中将,承主任之命参赞军务及一切党政事宜。⑤高级参谋4,中将1、少将3,承主任之命,参谋长与副参谋长及总参议之指导襄赞军务及一切党政事宜。⑥参议8,少将3、上校5,承主任之命、参谋长与副参谋长及总参议之指导,备关于军务、党政事宜之咨询及临时派遣。⑦咨议8,中校或上校4、少校4,职掌与参议同。⑧副官2,少校1、上尉1,办理主任、参谋长与副参谋长临时指派事项。⑨卫士6,上士1、中士5。⑩公役8,一等1、三等1、四等3、五等2、六等1。⑪炊事兵3,一等兵。合计官佐26、士兵17(本署为与各部队联络确实起见,得增设或调用参谋若干员;各处事务增繁,原有人员不敷应用时,得斟酌情形设少校以下服务员2-4员)。

五、1935年设立的有:

1.驻黔"绥靖"主任公署:1935年2月21日,国民政府特任薛岳为主任,成立公署。同年4月17日公布《驻黔绥靖主任公署组织条例》,规定:(1)为办理黔省及邻接边区"绥靖"事宜,特设驻黔"绥靖"主任主持之。(2)驻黔"绥靖"主任由国民政府特派之,隶属于军事委员会委员长并受参谋总长、军政部长及训练总监之指导。(3)"绥靖"主任之职掌如下:①指挥区内军队及地方团队肃清本区残"匪"。②指导、监理区内军队及地方团队之教育与民众组织及训练。③完成本区与军事有关之交通。④处理"被匪区域"善后事宜。⑤绥辑流亡。(4)依照黔省及邻接边区情形,得于"绥靖"主任隶属之下分所辖为若干分区,以在该分区内驻扎部队之长官为分区司令,秉承"绥靖"主任掌理区内事宜,其分区之区域另定之。(5)"绥靖"主任因实施"绥靖",对于所辖各"绥靖分区"及县政府等政军机关得随时指挥之。(6)"绥靖"主任对于区内有关"绥靖"事宜之党政事务,应分别商同省党部、省政府办理。(7)"绥靖"主任公署设参谋长一员,辅助主任处理一切事宜,并分设参谋、秘书、副官、军法、军医、经理、交通等处，其编制如下（参见本词目三、四、），总计官佐63、士兵74、马匹22。（8）本条例自公布之日起施行。1936年8月2日，该公署主任由刘兴代理。1937年夏裁撤。

  2. 川康"绥靖"公署：1935年11月19日，国民政府特任刘湘为主任，将原设之四川善后督办公署与四川"剿匪"司令部均予裁撤，成川康"绥靖"公署，统辖四川各军。1938年1月20日刘湘殁，1月29日由钟体乾代理该公署主任，3月26日由邓锡侯继任主任职并以刘文辉为副主任。1947年7月□日裁撤。

  3. 冀察"绥靖"主任公署：1935年11月26日，国民政府特任宋哲元为主任，成立公署。《冀察绥靖主任公署组织条例》规定：（1）该"绥靖"主任职权是"统辖所管区域内之各省、市军政、军令暨绥靖事宜。"（2）"绥靖"主任公署编制是"绥靖"主任下设总参议、参谋长、秘书长各一员，设参谋、副官、军务、经理、医务、军法、交通、秘书8处。各处各设处长一、副处长一或二员，各处按其事务繁简酌量分科分掌处内职务，科设科长一员暨职员若干。（3）编制内各员职掌如下：①总参议秉承主任意旨襄赞筹划军事、政令之意见，并领导参议、咨议赞划一切。②参谋长秉承主任意旨襄赞筹划军事、政令，并督饬、指导本署各处处长办理一切公务。③秘书长秉承主任意旨办理本署一切机要文电、外事及其他军事范围以外各项事宜。④各处处长秉承主任意旨暨总参议、参谋长、秘书长之指导，掌理下列各事宜：a. 关于本绥靖区内及邻接地区外国军队驻在状况及其行动之调查、审核、整理事宜。b. 关于本"绥靖"区内外国航空机及器材之入境、出境及外国军舰往来调查、统计事宜。c. 关于"反动酝酿"之密侦、防范及"非法组织"调查、取缔事宜。d. 关于与谍报、勤务有关处所之连络事宜。e. 关于所属机关与部队之谍报与勤务之指导事宜。f. 关于谍报经费预算、领发、造报事宜。g. 关于宣传监督与取缔事宜。h. 关于补充计划交通通讯之计划审核事宜。i. 关于"绥靖"攸关诸种计划及实施事宜。j. 关于警备区域之规定事宜。k. 关于本绥靖区内"匪"情调查统计事宜。l. 关于"剿匪"部队调遣与指导事宜。m. 关于部队参谋连系及派遣连络事宜。n. 关于戒严、解严事宜。o. 关于口令、信号及陆空连络等符号收发、保管事宜。p. 关于军队教育计划审核及训练指导与监督事宜。q. 关于军官、军士教育计划审核及训练指导事宜。r. 关于部队教育训练之点校检查事宜。s. 关于国民军事训练计划及监督指导事宜。t. 关于军事学校招考及派遣留学事宜。u. 关于作战、"绥靖"及教育攸关之文电、命令、训令、报告、通报事宜。v. 关于谍报计划拟定事宜。w. 关于谍报勤务人员训练、指导、任务分配及派遣事宜。x. 关于有关各国之军事调查统计事宜。y. 关于军学书籍审核及编纂事宜。z. 关于军事、政治、经济诸种有关情报之搜集、审核事宜。⑤副处长辅助处长处理本处事务。但设副处长二员之处按各该处事务繁简，得分担其职务：a. 襄助处长办理各该处内一切公务，遇正处长不能行使其职权时，代行其职权。b. 襄助处长办理各该处一切对外事务。⑥各处科长秉承正、副处长之命令，掌理本科事务。1937年7月29日北平陷敌，该"绥靖"主任公署消逋。

  4. 驻豫特派"绥靖"主任公署：1935年12月12日，国民政府特派刘峙为主任，成立公署。1937年7月□日改设为驻豫皖"绥靖"主任公署。

  六、1936年设立的有：

  1. 驻湘（长沙）特派"绥靖"主任公署：1936年4月30日，国民政府特任何键为主任，成立公署。同年11月5日裁撤。

2. 驻广西"绥靖"主任公署：1936年7月13日，国民政府特任李宗仁为主任，成立公署。同年7月25日命黄绍竑继任；8月16日又改由李宗仁复任。1945年7月3日裁撤。

3. 驻广东"绥靖"主任公署：1936年7月14日，国民政府特任余汉谋为主任，成立公署。1945年7月3日裁撤。

4. 滇黔"绥靖"主任公署：1936年8月2日，国民政府特任龙云为主任，以薛岳为副主任，成立公署。1945年7月3日裁撤。

5. 川康"绥靖"主任公署：1936年11月19日，国民政府特任刘湘为主任，成立公署。1938年1月20日刘湘殁后由钟体乾代理，同年3月28日由邓锡侯继任。1946年□月□日结束。

七、1937年设立的有：

1. 江苏"绥靖"主任公署：1937年4月28日，国民政府特任于学志为主任，成立公署。1938年2月□日裁撤。

2. 驻豫皖"绥靖"主任公署：1937年7月□日，国民政府特任刘峙为主任，将驻豫特派"绥靖"主任公署改设为驻豫皖"绥靖"主任公署。1938年2月24日裁撤。

3. 驻太原"绥靖"主任公署：1937年7月□日，国民政府特任阎锡山为主任，成立公署。1945年7月3日裁撤。

八、1939年设立的有：

驻川陕鄂边区"绥靖"主任公署：1939年1月27日，国民政府特派潘文华为主任，成立公署。1945年7月3日裁撤。

九、抗日战争开始后，除广东（广州）、广西（南宁）、滇黔、川康4"绥靖"公署仍予保留外，其余各"绥靖"公署、各特派"绥靖"主任公署概行撤销。上述保留的4公署中，滇黔"绥靖"主任公署于1945年7月3日裁撤。广西"绥靖"公署于1945年7月□日撤销。川康"绥靖"公署于1947年7月□日裁。

十、抗战胜利后设立的有：

1. 徐州"绥靖"公署：1945年10月20日，以顾祝同为主任，以李品仙、汤恩伯、冯治安为副主任，成立公署。1946年5月□日，薛岳继任主任职；同年6月1日，改设为国民政府行政院国防部徐州"绥靖"公署；同年6月□日增任韩德勤为副主任；同年7月□日吴奇伟继汤恩伯副主任职。该公署辖第1、2、3、8"绥靖"区和第21、32集团军，指挥苏、鲁、皖3省军事，于1947年1月编成4个兵团向山东莱芜地区进攻，3月3日因山东"军事失利"，乃将该公署改为国民政府行政院国防部陆军总司令部徐州指挥部，并由顾祝同任司令。1948年6月□日，该指挥部撤销，另成立了"国防部徐州剿匪总指挥部"。

2. 郑州"绥靖"公署：1945年10月20日，以刘峙为主任，以胡宗南、刘汝明、孙震为副主任，成立公署，指挥鄂、豫2省军事，辖第4、5、7"绥靖"区和第26军；同年10月□日，顾祝同继任主任。1946年5月□日、10月□日先后任张轸、范汉杰为副主任；同年6月30日，该公署率先以重兵进攻中原解放区，首先打响全面内战第一枪。1947年3月3日，该公署改设为国民政府行政院国防部陆军总司令部郑州指挥部，以顾祝同兼任司令（旋由范汉杰继任），以李延年为副司令，并明定该指挥部受徐州指挥部节制。

3. 衢州"绥靖"公署：1945年10月20日，以余汉谋为主任，将七战区改组为国民政府军事委员会衢州"绥靖"公署，李汉魂、蒋光鼐、张达为副主任。1948年5月13日，汤恩伯继任主任；同年7月□日、8月□日、9月□

日、12月□日，陈大庆、张雪中、竺鸣涛、宋思一继任副主任。1949年1月21日裁撤并改设为中华民国总统府行政院国防部神州"绥靖"公署。

十一、1946年设立的有：

1. 太原"绥靖"公署：1946年1月□日，以阎锡山为主任、杨爱源为副主任，将第二战区司令长官部改设为太原"绥靖"公署。1947年11月□日，孙楚、赵世铃被任副主任。1948年10月□日，太原被人民解放军包围，至1949年4月23日－〈24日，除阎锡山等少数人逃脱外，余均被歼灭，该公署于焉消失〉。

2. 1946年3月28日，特派张治中为主任，成立国民政府军事委员会委员长西北行营，7月17日，改称"国民政府主席西北行辕"。1948年5月19日，又改设为"西北绥靖公署"，8月11日，再改设为"中华民国总统府行政院西北军政长官公署"。

3. 1946年4月23日，特派何应钦为主任（以张群暂代），成立国民政府军事委员会委员长重庆行营，7月17日，改称"国民政府主席重庆行辕"。1947年5月17日，朱绍良继任该行辕主任。1948年5月19日，该行辕被改设为"重庆绥靖公署"，王缵绪、贺国光、杨森为副主任。辖整编第24、26、39、57师和重庆警备司令部及整编旅、新编旅等部。1949年1月16日，张群接任该公署主任，〈5月1日，该公署被改设为中华民国总统府行政院西南军政长官公署，仍以张群为军政长官，杨森、贺国光、邓锡侯、王缵绪、孙震、钱大钧为副军政长官，7月□日，任萧毅肃为参谋长，辖境为川、滇、黔、西康4省和鄂西、陕南地区。1949年春，辖有第7、8、10编练司令部和第20、95军。是年秋，辖有由西安"绥靖"公署退至辖境内之胡宗南川陕甘边区"绥靖"公署指挥的李文第5、裴昌会第7、李振第18兵团所辖各部，孙震川东"绥靖"公署所辖第16兵团，谷正伦贵州"绥靖"公署所属何绍周第19兵团，卢汉云南"绥靖"公署指挥的第8、第26军和新编第13军等部，宋希濂川湘鄂边区"绥靖"公署所属钟彬用第14兵团、陈克非第20兵团等部，西南军政长官公署直接指挥的罗广文第15兵团、郭汝瑰第22兵团，还有属于西康刘文辉的第24军、属于邓锡侯的第95军。1949年11月1日－12月27日，上述各部大部被歼或起义投诚，少数逃往缅甸，该长官公署亦告消失〉。

十二、1947年设立的有：

1. 西安"绥靖"公署：1947年3月15日，第一战区撤销，其司令长官部被改设为国民政府军事委员会西安"绥靖"公署，仍以胡宗南为主任，以裴昌会、刘茂恩为副主任。1948年2月□日、7月□日、8月□日、9月□日，先后任命董钊、罗泽闿、於达、高桂滋为副主任。该绥署辖有第五兵团和整编第1军、整编第29军及整编第65师、整编第76师、整编第79师等部队。经是年2月之宜川战役，4－5月之西府与陇东战役及陕西之澄城、郃阳战役，10月之荔北战役，11月之冬季攻势作战，所属大部被歼，其间虽经补充、重建，其战斗力已大大降低。至〈1949年5－6月陕中战役后，陕北榆林驻军起义，7月又经扶风－郿县战役，该"绥靖"公署所部绝大部分被歼，残部退往四川，9月16日，该绥署番号取消，改设为川陕甘边区"绥靖"公署〉。

2. 保定"绥靖"公署：1947年3月□日，以孙连仲为主任，将第十二战区所辖一部分改设为该"绥靖"公署，同年12月□日，与张垣"绥靖"公署合并，组成"华北剿匪总司令部"，以傅作义为总司令，以刘多荃、邓宝珊、宋肯堂、上官云相、陈继承为副总司令。1948年6月□日，增任冯钦哉、吴奇伟为副总司令，辖冀、察、绥3省和晋北地区；同年秋，热河全省亦划归管辖。辖有第4、9、11、17兵团及平、津、张、保4警备司令部所属共11个军40多个师兵力。自1948年11月29日平津张战役起，经新保安、张家口、天津三地激战，其第35军和张、津2警备司令部所属被人民解放军歼灭或损伤大部，该"剿总"及所属余部被迫接受"和平改编"。

3. 张垣"绥靖"公署：1947年3月□日，以傅作义为主任，将第十二战区所辖另一部分改设为该"绥靖"公署（以下均同上列保定"绥靖"公署释文）。

十三、1948年设立的有：

1. 广州（广东）"绥靖"公署：1948年5月19日，以张发奎为主任，成立公署；同年8月5日宋子文继任主任职；8月24日，改设为"中华民国总统府行政院华南军政长官公署"。1949年1月18日，余汉谋继任行政长官；2月19日，任命徐景唐、吴奇伟、陈策、梁华盛为副行政长官〈10月中旬，广州解放，该行政长官公署迁至海南岛，并于10月底撤销〉。

2. 长沙"绥靖"公署：1948年8月4日，以程潜为主任，以黄杰、刘膺古、唐式遵为副主任，成立公署，辖有第17"绥靖"区和第20、49师等部兵力〈1949年8月4日，程潜、陈明仁通电起义，该绥署取消〉。

十四、1949年设立的有：

1. 桂林"绥靖"公署：1949年2月14日，以李品仙为主任，成立公署。〈同年12月，随广西全境解放，该公署消失〉。

2. 贵州"绥靖"公署：〈1949年5月18日，以谷正伦为主任，以陈铁、何绍周、王家烈、刘汉珍、宋思一为副主任，成立公署，辖有第19兵团兵力。同年12月21日在贵阳起义，该公署消失〉。

3. 云南"绥靖"公署：〈1949年5月18日，以卢汉为主任，以孙渡、马瑛、谢崇文为副主任，成立公署，辖有第8、26军，同年10月又以云南地方部队扩编为第74、93军。同年12月9日在昆明起义，所属一部随该绥署起义，另一部至1950年2月大部被歼，小部外逃出境〉。

4. 川陕甘边区"绥靖"公署：〈1949年8月24日，中华民国总统府行政院国防部下令撤销西安"绥靖"公署，改设为"川陕甘边区绥靖公署"和"川鄂边区绥靖公署"。川陕甘边区"绥靖"公署以胡宗南为主任，于9月16日正式成立，辖有第5、7、18兵团共20个军兵力，至同年12月在四川被歼灭，该公署消失〉。

5. 川鄂边区"绥靖"公署：〈1949年8月24日，以孙元良为主任，成立公署，辖有第16兵团第41、47军兵力，至同年12月21日在四川什邡起义〉（以上2-5特附志于此）。

中华民国海陆（陆海）空军总司令部·中华民国海陆（陆海）空军总司令行营·中华民国海陆（陆海）空军总司令部各'绥靖'督办公署（'剿共清乡'督办公署）

1928年2月2日-2月7日，蒋介石一手操持下的中国国民党二届四中全会，确立了倾全党之力由清党反共变为武力剿共的基本方针，1928年8月8日-8月15日召开的二届五中全会确定实行五院制政治体制，1928年10月8日，五院制国民政府成立后，更是倾全党、全国之力继续此一基本方针，在全国各地相继建立起名称不一、实质乃同的"剿共"机构，其梗概略如下述：

一、1928年建立的有：

1. 9月7日，冯玉祥委任鹿钟麟为豫鲁"剿匪"总司令兼河南"剿匪"总指挥，委任孙良诚为山东"剿匪"总指挥；委任刘郁芬为陕甘"剿匪"总司令，委任宋哲元为陕西"剿匪"总指挥，委任孙连仲为甘肃"剿匪"总指挥。

2. 9月10日，国民政府任命钱大钧兼江南"剿匪"司令、方鼎英兼江北"剿匪"司令。

3. 9月13日，国民政府任命刘峙为徐海"剿匪"司令。

二、1929年3月5日－1931年11月30日中华民国海陆空军总司令部（1930年11月17日依三届四中全会通过《中华民国国民政府组织法（修正案)》之规定，正式改称"中华民国陆海空军总司令"）期间建立的有：

1. 中华民国海陆空军总司令北平行营：1929年3月30日奉令，4月1日成立，何成濬为主任（1930年10月2日免）。1930年11月22日该行营撤销。

2. 中华民国海陆空军总司令武汉行营：1929年3月30日，派何应钦为主任（10月12日改以张治中为主任，1930年1月□日撤销。同年8月8日再度设立，仍以何应钦为主任，10月12日由何成濬继任）。1931年11月30日，随中华民国陆海空军总司令部撤销被改设为"国民政府驻鄂（武汉）绥靖公署"。

3. 中华民国海陆空军总司令开封行营：奉令与成立日期、以何人为主任、其间有何变动均暂无文字可考，11月23日"开封行营办理结束"则是有文字可资依据的。

4. 中华民国海陆空军总司令广州行营：1929年12月8日，派何应钦为主任，1931年11月22日奉令结束。

5. 中华民国海陆空军总司令洛阳行营：1929年12月12日，派杨杰为主任（1930年1月9日撤销，10月25日再度设立，以顾祝同为主任，1931年6月12日杨虎城继任），1931年11月21日撤销。

三、1930年建立的有：

1. 中华民国海陆空军总司令郑州行营：1930年10月12日，派何应钦（一说杨虎城）为主任（12月2日何被免，12月21日由刘峙继任）成立，1931年11月22日撤销。

2. 豫鄂皖边区"绥靖"督办公署：1930年11月3日，派李鸣钟为督办，成立公署，其撤销日期不详。

3. 江苏"绥靖"督办公署：1930年11月3日，派张之江为督办，成立公署，其撤销日期不详。

4. 湘鄂赣边区"剿共清乡"督办公署：1930年12月24日，派王金钰为督办，成立公署，其撤销日期不详。

5. 湘鄂川边区"剿共清乡"督办公署：1930年12月24日，派徐源泉为督办，成立公署，其撤销日期不详。

1930年11月17日，中国国民党三届四中全会通过《中华民国国民政府组织法（修正案)》，其第二、第九条内均规定：中华民国海陆空军总司令正式改称为"中华民国陆海空军总司令"。据此，中华民国海陆空军总司令各行营亦随之改称为"中华民国陆海空军总司令某某行营"。

6. 中华民国陆海空军总司令南昌行营：1930年12月26日，派鲁涤平为主任，成立行营，1931年2月10日由何应钦继任主任，1931年11月22日结束，"工作人员即日返京"。

四、1931年建立的有：

中华民国陆海空军总司令潼关行营：1931年7月7日，派杨虎城为主任，成立行营，同年11月22日奉令撤销，但11月27日杨虎城致电国民政府文官处，"请将潼关行营暂勿撤销，以资整理"，旋文官处电复"暂准保留"，此后该行营何时结束，暂无文字可考。

1931年11月18日，粤方四全大会

强烈要求取消中华民国陆海空军总司令并撤销中华民国陆海空军总司令部，蒋介石迫于压力，乃于是年11月22日由国民政府明令首先撤销了中华民国陆海空军总司令各行营，却又将其改组为国民政府各地之"绥靖"公署，至11月30日才最终撤销了中华民国陆海空军总司令部。12月2日，蒋介石以国民政府主席名义发布《赣豫鄂三省绥靖系统及管区规定》并颁布《驻赣》（鄂、豫）特派绥靖主任公署组织大纲［详见第307页"中华民国海陆（陆海）空军总司令"词目］。

中华民国海陆（陆海）空军副司令及副司令行营

1929年10月28日，国民政府特任阎锡山为"中华民国海陆空军副司令"，11月5日，阎锡山通电就职。

1930年1月22日，阎锡山在太原补行"中华民国海陆空军副司令就职宣誓典礼"，并就"整个的党、统一的国"和"尚治不尚兵"两问题发表演说，揭出反蒋旗帜。2月12日，张学良通电责阎祖蒋。3月15日，阎锡山等数十名将领通电宣布讨蒋。4月7日，三届中执会常务委员会第84次会议决议"永远开除阎锡山党籍"。4月10日，三届中执会常务委员会第85次会议决议：阎锡山"原任之中央执行委员、中央政治会议委员、国民政府委员等一律撤销"。5月11日，蒋下总攻击令讨伐阎、冯，中原大战全面爆发。6月21日，国民政府特任张学良为中华民国海陆空军副司令。10月9日，张学良在沈阳宣布就职，旋即至北平组织中华民国海陆空军副司令行营，"辅弼海陆空军总司令统理一切军政、军令事宜，连署各项军事命令，在海陆空军总司令委任之区域内（辽、吉、黑、热、冀、晋、察、绥），得代行总司令职权"。副司令行营设有参谋长、秘书长各1人和参谋、副官、经理、医务、总务、秘书、军法7处。1930年11月17日起，中华民国海陆空军副司令行营改称为中华民国陆海空军副司令行营。1931年9月18日以后，该行营接办了东北政务委员会职权。11月15日，张学良辞职下野，该行营撤销，并依国民政府关于撤销中华民国陆海空军总司令各行营和改组为国民政府驻各地"绥靖"公署之明令，改组为国民政府驻北平"绥靖"公署（1932年8月20日撤销）［详见第46页"1931年12月25日－1943年9月12日五院制实行后主席虚权制下的国民党政府"词目内（13）④］。

豫鄂皖三省"剿匪"总司令部

1932年5月21日，《豫鄂皖三省剿匪总司令部组织大纲》于呈准国民政府后公布，规定：

1. 国民政府为积极"剿办"豫鄂皖三省之共产党起见，特设"豫鄂皖三省剿匪总司令部"。

2. 为求指挥"剿匪"军事和党政设施之便利，设总司令部于汉口，必要时得设总司令行营于三省适宜地点。

3. 总司令部设总司令、副司令各1人，由国民政府特派；设秘书长、参谋长各1人，由总司令呈准国民政府任用，各承总司令之命综理秘书处、参谋处事务；此外，设政治训练、副官、经理、军法、运输、交通、军医、征募8处，各置处长1人、处员若干人，秉承总司令命令并受秘书长与参谋长之指导与监督，掌理各处之法定事项，必要时得分科办事；设机要室办理机要；设党政委员会，依总司令之命令，指导与督促"剿匪区域"内各省党务、政务之设施并研究其改进，党政委员会除于总司令部所在地设立并置常务委员办公厅及监察处、党务指导处外，并得于豫、鄂、皖三省分别置党政会议，该会议组成人员为：党政委员会委员、各该省政府主席、各该省党部（特别市党部）主任委员、洞明各该省党政军情形并经总司令特别指定人员。

4. 凡指调至豫鄂皖三省"剿匪"之陆、海、空军，均归该总司令节制；所有该三省之党务、政务事宜，由中央特许，统受该总司令指导办理。

5. 总司令部设随从秘书、随从参谋、随从副官、顾问、参议、咨议各若干人，随侍总司令并备咨询。

5月24日，国民政府特任蒋介石为豫鄂皖三省"剿匪"总司令。6月18日，豫鄂皖三省"剿匪"总司令部成立于汉口，杨永泰任秘书长，钱大钧任参谋处参谋长。7月13日，总司令部党政委员会成立，蒋介石为委员长，张难先、洪陆东、张群为常务委员，张难先、仇鳌、彭介石、萧萱、洪陆东、贺衷寒、张群、杨永泰、耿伯钊9人为委员；由张难先兼监察处主任，仇鳌、彭介石副之；由张群兼政务指导处主任，杨永泰、耿伯钊副之；由洪陆东兼党务指导处主任，萧萱、贺衷寒副之。

1934年3月1日，张学良在汉口就任"豫鄂皖三省剿匪副司令"，张群、夏斗寅、何成濬代表中国国民党中央和国民政府监督并致训词。

1935年1月20日，蒋介石电令于是月底撤销豫鄂皖三省"剿匪"总司令部。

国民政府军事委员会委员长各行营、行辕

为"剿灭"江西苏区红军，国民政府于1933年5月21日成立了"国民政府军事委员会委员长南昌行营"，1935年1月18日蒋介石电令于1月底撤销（1月21日该行营停止文件收发，2月16日正式结束［详见第435页"国民政府军事委员会委员长南昌行营"词目］。此后相继设立的国民政府军事委员会委员长各行营、行辕及其演变情形略如下述：

（一）1935年3月1日，国民政府特任张学良为主任、任杨永泰为秘书长、任钱大钧为参谋长，将原豫鄂皖三省"剿匪"总司令部改设为"国民政府军事委员会委员长武昌行营"（1938年6月24日结束，蒋曾于3月12日令该行营成立"陆军整理处"，依蒋令：武昌行营以"剿匪"、"禁烟"、"推行新生活运动"为其职掌）。

（二）1935年9月26日，派李宗仁为主任，成立国民政府军事委员会委员长广西行营（1938年11月□日裁撤）。

（三）1935年10月3日，为整理四川军事，以入川参谋团为基干，成立"国民政府军事委员会委员长四川行营"（驻重庆，11月1日，入川参谋团正式改组为"国民政府军事委员会委员长重庆行营"），以顾祝同为主任、贺国光为参谋长。

1937年3月□日顾祝同兼西安行营主任后即由贺代理重庆行营主任职务，7月5日，军委会以"公一字第3807号训令"修正公布《国民政府军事委员会委员长重庆行营组织大纲》，规定：

1. 国民政府军事委员会为统率川黔康三省"剿匪"军事并统筹各该省份之地方善后，特设重庆行营主持办理。

2. 本行营设主任1员，代理委员长行使职权；设参谋长1员，辅助主任处理一切业务。

3. 本行营置下列各厅、处分掌各事项：

（1）办公厅：分课掌理文书、人事、机要等事项。

（2）第一厅：分组掌理作战、训练、编纂、编制、点校、情报、兵要地志及交通通讯事项。

（3）第二厅：分组掌理关于川、黔、康三省地方善后之党务、民政、保安、教育、宣传、感化、新【生活】运动【动】、农村合作、农村救济及国民经济

(4) 总务处：分科掌理交际、警卫、会计、庶务、管理等事项。

(5) 军医处：掌理医务、卫生等事宜。

(6) 军法处：掌理所辖部队、机关之军法事件暨军委会规定审核之"赤匪"、盗匪、土劣、烟毒等案。

4. 本行营除前条之规定外，得另设政训分处及财政监理处，分掌军队政训及财政监理事宜。

5. 本行营组织系统及编制表另定之。

6. 本大纲自公布日施行

1938年2月12日，派邓锡侯为副主任。8月2日，张群继任该行营主任。时该行营已由重庆迁至成都。

1939年2月1日，该行营结束并被改设为"国民政府军事委员会委员长成都行辕"和"国民政府军事委员会委员长西昌行辕"。2月24日，军委会以"办四渝字第1855号训令"制颁《军事委员会委员长西昌行辕组织大纲》及编制表，规定：

1. 国民政府军事委员会委员长为开发边区、整饬边备及辅导地方绥靖、垦殖之进行并办理指定事件，特设行辕于西昌。

2. 行辕设主任1员，秉承委员长之命处理行辕一切事务。

3. 行辕设总务与第一、第二及调查组分掌各事：(1) 总务组设上校组长一员，督饬所属办理文书、人事、收发、电务及会计、庶务事项。(2) 第一组设上校组长一员，督饬所属办理关于军事、交通事项。(3) 第二组设上校组长一员，督饬所属办理关于政务、经济事项。(4) 调查组设上校组长一员、副组长一员，督饬所属办理关于调查事项。

4. 行辕编制如下：(1) 主任1：中将或少将。(2) 秘书2：同上校1、同中校1。(3) 专员2。(4) 总务组：①组长1，上校。②组员8：中校2，少校1，上尉3，中尉2。③副官3：中校1，少校1，上尉1。④书记2：上尉1，中尉1。⑤司书3：少尉2，准尉1。(5) 第一组：①组长1，上校。②参谋8：中校2，少校3，上尉3。③军法官1，同中校。④书记2：上尉1，中尉1。⑤司书4：少尉3，准尉1。(6) 第二组：①组长1，上校。②组员5：中校2，少校1，上尉2。③书记2：中尉。④司书3：少尉2，准尉1。(7) 调查组：①组长1、副组长1，均上校。②参谋1，中校。③秘书2，均少校。④副官1，上尉。⑤书记1，上尉。⑥译电员1，少尉。⑦司书2，准尉。(8) 外勤15、卫士15（上士1、中士4、下士10）、公役33（四等12、五等11、炊事兵10，均同1等兵）、马夫5（同1等兵）、乘马10。

5. 本大纲自奉批准之日施行。

同年3月22日，军委会以"渝办一参字第4526号公布令"颁发《国民政府军事委员会委员长成都行辕组织大纲》规定：

1. 国民政府军事委员会委员长为督促、指导川、康两省地方军政事宜及办理指定事件起见，特设行辕于成都。

2. 行辕设主任1员（中将或少将），秉承委员长之命处理行辕一切事务。

3. 行辕设高级参谋2员（少将或中将）、参议3员（少将或上校）、秘书2员（同上校或同中校），承主任之命办理各项事务。

4. 行辕设第一、第二、总务3处及机要、调查2课分掌各事项：

(1) 第一处设：①少将（或上校）处长1员，督饬所属办理关于作战情报、后方勤务、防空、地图之保管与领发、文书收发与保管及缮写各事项。②参谋10：上校2、中校2、少校3、上尉3。③空军参谋1，中校或上校；④管理员

1，同上尉或同中尉。⑤书记1，同上尉。⑥司书3，同少尉或同准尉。

（2）第二处设：①同少将（或上校）处长1员，督饬所属办理关于政治、军法事项，并兼管农田水利、民政、保安、财政、建设、审理案件、解释法律、收发、管卷、缮写各事项。②处员5：同上校1、同中校1、同少校3。③军法官2：同上校1、同少校1。④书记2：同上尉或中尉。⑤司书5：同少尉或准尉。

（3）总务处设：①上校处长1员，督饬所属办理关于会计、庶务、交际、医务等事项。②副官6：中校1、少校1、上尉2、中尉2。③军需3：3或2等军需正1、1等军需佐1、2等军需佐1。③书记2，同上或中尉。④司书4，同少或准尉。⑤传达排排长1，中尉或少尉；⑥士兵8：上士或中士1、下士2、上等兵4；司号长1，3或2等军乐佐；⑦文书军士5：上士（第一处2，第二处2，总务处1）。⑧军需军士1，上士。⑨油印军士4：上士或中士（第一处2、第二处1，总务处1）。⑩管图军士1，上士。⑪卫士10：上士1、中士3、下士6（主任：上士1、中士1、下士1；少将处长：中士1、下士1；上校处长与课长：下士各1）。⑫库兵2，1等兵。⑬号兵2：下士1、1等兵1。⑭传达兵13：下士1、上等兵12（主任：下士1、上等兵2；每处、课上等兵2）。⑮公役21：3等9、4等12（主任室：3等或4等各1，第一处：3等或4等各2，每课：3等1、4等2；医务所：3等或4等各1。⑯预备公役7：3等2、4等5（总值日室1、会客室1、清扫夫5）。⑰炊事兵6，一等兵。

（4）机要课设：①上校课长1员，督饬所属办理文书、人事、收发、印信、电务事项。②课员2：同中校1、少校1。③电务员5：同少校1、同上尉或同中尉4。④书记2：同上尉。⑤司书3：同少尉或同准尉。

（5）调查课设：①上校课长1员，督饬所属办理调查事项。②股长2，中校。③股员10：少校2、上尉4、中尉4。④书记1，同上尉。⑤司书2，同准尉。

（6）医务所设：①所长1，2或3等军医正。②军医1，1等军医佐。③司药1，1等司药佐。④司书1，同准尉或同少尉。⑤看护士兵4：上士1、下士1，上等兵2。

（7）全行辕编制官佐93、士兵84，合共177员名。

（8）行辕于必要时得由政治部、军政部分设政治、军需、军械、军医、交通分处附属于行辕内，办理各该部分主管事项。

（9）本大纲自奉批准之日起施行。

1939年2月8日，贺国光被派为成都行辕主任（同年11月5日由张群继任）。2月14日，张笃伦被派为西昌行辕主任（4月7日该行辕正式办公）。

1945年11月□日，西昌行辕主任张笃伦他调后，至1946年2月23日由贺国光继任。

1946年4月23日，国民政府军事委员会委员长重庆行营再度设立，派何应钦为主任而以张群暂代，贺国光、王缵绪为副主任，同日，成都行辕、西昌行辕均予撤销。

1946年7月17日，国民政府军事委员会委员长各行营一律改称"国民政府主席行辕"，重庆行营乃改称"国民政府主席重庆行辕"。9月□日，增任朱绍良为副主任。

1947年5月17日，朱绍良继任该行辕主任，萧毅肃被任为副主任，5月27日，何应钦被正式免去主任职务（张群亦免暂代）。7月□日，增任邓锡侯为副主任。

1948年5月19日，国民政府主席重庆行辕改设为"重庆绥靖公署"，以朱绍良为主任。

1949年1月16日，张群继该"绥靖"公署主任，王缵绪、贺国光、杨森为副主任。〈同年5月1日，重庆"绥靖"公署改为"西南军政长官公署"，仍以张群为军政长官，以杨森、贺国光、邓锡侯、王缵绪、孙震、钱大钧为副长官，7月□日，任命萧毅肃为参谋长，辖川、滇、黔、西康4省和鄂西、陕南地区，所辖部队有第7、8、10编练司令部和第8、20、24、26、95军、新编第13军与第5、7、14、15、18、19、20、22兵团，至1949年12月底，上列各部或被人民解放军歼灭，或起义向人民解放军投诚，极少部退入缅境，该长官公署乃形消失〉。

（四）1935年10月11日，蒋介石为围攻湘鄂川黔边区红军，特成立以陈诚为参谋长（未设主任）的国民政府军事委员会委员长宜昌行辕，统一指挥各路"围剿"军计22个师又5个旅凡120多个团的兵力（1936年1月□日该行辕奉令与原属委员长武昌行营之陆军整理处合并改称为"国民政府军事委员会委员长行辕"而不冠地名，移驻武昌南湖，办理整训军队和构筑武汉和长江上游国防工事各项事宜，其何时结束待考）。

（五）1936年9月26日，蒋介石为"整理"两广事变平息后的广东军事，派何应钦为主任、林蔚为参谋长，成立国民政府军事委员会委员长广州行营，依1937年7月5日军委会"公一字第3807号训令"修正之《国民政府军事委员会委员长广州行营组织大纲》，规定：

1. 国民政府军事委员会为指导粤桂闽驻军之整理与训练、民众之组织与训练、交通通信之整理及其他国防诸设施起见，特设广州行营主持办理。

2. 本行营设主任1员，代理委员长行使职权；设参谋长1员，辅助主任处理一切业务。

3. 本行营设置下列各厅、处分掌各事项：

（1）办公厅：分科掌理文书、人事、电务等事项。

（2）第一厅：分组掌理作战、谍报、教育、交通、卫生等事项。

（3）第二厅：分组掌理党务、吏治、文化、经济、国民军事政治训练、民众组织及地方建设等事项。

（4）总务处：分科掌理管理、会计、军法等事项。

厅设厅长与副厅长各1员、处设处长1员及其他职员各若干员。

（5）本行营除前之规定外，得另设政训分处，由该主管机关派出之，掌理军队政训。并得设特务连一连，担任本行营警卫等事宜。

（6）本行营组织系统及编制表另定之。

（7）本大纲自公布日施行。

1937年8月20日，广州行营改为第四战区，而该战区司令长官部并未成立，直至1938年10月22日广州陷敌后，第二兵团总司令张发奎才奉调来粤代理第四战区司令长官，1939年1月□日在广东曲江成立了第四战区司令长官部，因此之故，才有了广州行营改为第四战区后又有1938年10月□日奉令裁撤之事。

（六）1936年12月1日，派何成濬为主任，陈诚为副主任，成立国民政府军事委员会委员长武汉行营。

依1937年7月5日"军委会公一字第3807号训令修正"之《国民政府军事委员会委员长武汉行营组织大纲》之规定：

1. 国民政府军事委员会为统筹湘鄂两省国防之设施及驻军之整理与民众之组织训练起见，特设行营主持办理。

2. 本行营设主任1员，代理委员长行使职权；设副主任、参谋长各1员，辅助主任处理一切业务，并设副参谋长

1员以资佐助。

3. 本行营设置下列各处分掌各事项：

（1）参谋处：分科掌理作战、谍报、教育、人事及后方勤务等事项。

（2）秘书处：分科掌理文书、编译、特务及电务等事项。

（3）总务处：分科掌理管理、交际、会计等事项。

（4）军法处：掌理所辖各部队、机关之军法事件暨军委会规定审核之"赤匪"、盗匪、土劣、烟毒等案。

（5）军医处：掌理医务、卫生等事项。

4. 本行营除前设各处外，得另设政训分处，由该主管机关派出之，掌理军队政训及民众训练与组织等事宜。

5. 本行营组织系统表及编制表另定之。

6. 本大纲自公布日施行。

1938年6月24日，武汉行营被明令裁撤。

1945年10月□日，国民政府军事委员会委员长武汉行营再度设立，以程潜为主任，孙蔚如、吴奇伟、唐式遵、潘文华为副主任。

1946年3月□日任命郭忏为副主任；6月□日，任命王缵绪为副主任；7月□日，副主任吴奇伟他调。7月17日，依国防最高委员会第198次会议关于"各地军事委员会委员长行营改称国民政府主席行辕，其组织及职权照旧"之决议，改称为"国民政府主席武汉行辕"，仍以程潜为主任，以王缵绪、孙蔚如、潘文华、唐式遵为副主任，11月□日，增任张轸为副主任，在辖区内代行国民政府主席职权，综理行辕全面军政事宜，行辕内设各种委员会分理"剿匪"、治安及党政事务，下辖第6、7绥靖区与第27集团军及武汉警备司令部共7个整编师。

1948年5月19日改设为"武汉绥靖公署"，6月3日，该绥靖公署与国防部九江指挥部合并组成"华中剿匪总司令部"，以白崇禧为总司令，先后任命潘文华、张轸、宋希濂、夏威、李品仙、徐祖诒、陈明仁为副总司令；8月5日以程潜为主任的长沙"绥靖"公署成立，湘、赣2省划由该"绥靖"公署辖属，华中"剿总"仅辖有湖北省及河南省一部与安徽省一部。

1949年4月□日，"华中军政长官公署"成立，白崇禧任军政长官，〈6月□日，任潘文华、陈明仁、宋希濂、徐祖诒、李品仙、方天为副军政长官，辖第1、3、14、19兵团和第6、8、16绥靖区及湘鄂边区司令部；7月□日，增任张淦为副军政长官；8月□日，湖南全境解放，该军政长官公署亦先后由武汉撤至湖南再撤至广西，其间被人民解放军歼灭大部，一部起义向人民解放军投诚，余部退入桂省境内，也大部被歼，少量逃往越南境内被法殖民当局缴械后遭赴台湾，该军政长官公署终被取消〉。

（七）1937年1月5日，为处理"西安事变"后之东北军与第17路军的"调整"等事宜，国民政府特派顾祝同为主任，成立国民政府军事委员会委员长西安行营，依1937年7月5日"军委会公一字第3807号训令修正"之《国民政府军事委员会委员长西安行营组织大纲》之规定：

1. 国民政府军事委员会为统筹陕甘宁青四省国防之设施及整饬、指挥各部队肃清"匪患"并处理"善后"与指导民众组织、训练起见，特设西安行营主持办理。

2. 本行营设主任1员，代理委员长行使职权；设副主任二员（内1员派驻兰州）、参谋长1员，辅助主任处理一切业务。

3. 本行营设置下列各厅处分掌各事项：

(1)办公厅：分科掌理文书、人事、电务等事项。

(2)第一厅：分组掌理作战、谍报、教育、交通、卫生等事项。

(3)第二厅：分组掌理党务、吏治、文化、经济、国民军事、政治训练、民众组织及地方建设等事项。

(4)总务厅：分科掌理管理、会计、军法等事项。

(5)厅设厅长1员及其他职员各若干员。

4. 本行营除前条之规定外，得另设政训分处，由该主管机关派出之，掌理军队政训；并得设特务连一连，担任本行营警备事宜。

5. 本行营组织系统表及编制表另定之。

6. 本大纲自公布日施行。

11月17日，蒋鼎文继任该行营主任职务。

1938年11月22日，西安行营裁撤。

（八）1937年7月14日，卢沟桥事变发生后一周，国民政府特派徐永昌为主任、林蔚为参谋长，成立国民政府军事委员会委员长石家庄行营"以统筹冀察军事"。7月20日，又派徐永昌为主任、林蔚为参谋长，成立国民政府军事委员会委员长保定行营。8月1日，石家庄行营进驻保定而将原石家庄行营改为保定行营石家庄办事处。8月24日，保定陷敌，保定行营撤销（徐永昌回任国民政府军事委员会办公厅主任原职，转任第一战区司令长官部参谋长）。

（九）1938年11月28日，国民政府特派副参谋总长白崇禧兼主任、林蔚为副主任兼参谋长，以梁寒操为政治部主任，于12月3日成立国民政府军事委员会委员长桂林行营（亦称"西南行营"），统辖并指挥第3、4、6、7、9战区之抗日军事。

1940年5月15日该行营撤销并改设为"国民政府军事委员会桂林办公厅"，以李济深为主任，但只作为军事委员会之承转机关并不负有指挥之责。

1943年12月31日李济深调任为军事参议院院长，该办公厅亦随之结束。

（十）1938年11月28日，国民政府特派时任第一战区司令长官的程潜为主任、以晏勋甫为参谋长，成立国民政府军事委员会委员长天水行营，依《国民政府军事委员会委员长天水行营组织大纲》规定：

1. 国民政府军事委员会为顾虑尔后作战、训练及交通、通讯、补充、经理之便利，在天水设立行营。

2. 天水行营辖第1、2、8、10战区及冀察、苏鲁游击战区业务。

3. 天水行营执掌业务：（1）作战部分：本军事委员会既定方针与指示，主持各管辖战区之作战，并与本会各部联系。（2）军政部分：办理各该管辖战区内部队之整理、点验、补充、经理、卫生及军械、补给诸事项。（3）军训部分：办理各该管辖战区内部队之教育、检阅诸事项。（4）行政部分：办理各该管辖战区内与军事有关之行政事务应行调整、解决诸事项。（5）军法部分：办理各该管辖战区内与军法有关诸事项。（6）政治部分：办理各该管辖战区内特殊党政及军队、民众政治训练及宣传诸事项。（7）兵站总监部分：办理各该管辖战区内之交通运输、通讯、补给诸事项。

4. 行营设主任1员，参谋长、副参谋长各1员，由委员长呈国民政府任命。

5. 行营主任、参谋长、副参谋长以下，设立秘书、参谋、军政、军训、总务、军械、军法各处，并指挥政治部、兵站总监部分担任务。

6. 各处处长由军事委员会就各主管部派必要人员充任之，或由主任遴选呈请委任之。

7. 行营组织系统如下：

（1）行营主任—参谋长、副参谋长—高级副官、参事。

（2）秘书处：设4科分掌机要、文书、特务、编纂各事项。

（3）参谋处：设3科分掌作战、情报、勤务各事项。

（4）军政处：设5科分掌兵务、兵役、交通、经理、卫生各事项。

（5）军训处：设2科分掌教育、校阅各事项。

（6）总务处：设副官室及2科掌会计、人事事项。

（7）军法处：设2科分掌军法事项。

（8）军械处：设3科分掌补给、库储、总务各事项。

（9）政治部：设5组分掌各事。

（10）兵站总监部……（未明）。

8. 本大纲如有未尽事宜，得呈请修改之。

后因天水偏远、不便指挥，故迁至西安。

1940年4月□日，该天水行营撤销，并于6月1日改设为"国民政府军事委员会西安办公厅"，以军令部次长熊斌为副主任兼代主任。

1941年3月□日，蒋鼎文继任该办公厅主任。

1942年1月□日，卫立煌继任主任职务。同年3月□日由朱绍良继任。

其间，谷正鼎曾任该办公厅副主任，胡宗南曾代理过朱绍良主任职务。

1945年7月□日，西安办公厅裁撤。

（十一）1939年12月21日，国民政府特派龙云为主任，吴鼎昌为副主任，成立国民政府军事委员会委员长昆明行营，直接指挥暂编第19、第23师与独立第二旅及直属炮兵、工兵、通信部队，驻滇远征军第9、第11集团军与第1集团军曾一度归该行营辖属。

1945年10月2日，龙云被调往南京出任国民政府军事委员会军事参议院院长，昆明行营裁撤。

（十二）1945年1月1日，国民政府特派时任第三战区司令长官顾祝同为主任，成立国民政府军事委员会委员长赣州行营，驻地在江西铅山（亦有称之为"赣州行辕"者），旋改为"国民政府军事委员会委员长东南行营"，负责指挥东南各省——第3、6、7、9战区辖境各省——军事。同年8月□日，该行营改称为"国民政府军事委员会委员长东南行辕"。

1946年5月31日，该行辕奉令撤销。

（十三）1945年2月10日，国民政府特派时任第五战区司令长官的李宗仁为主任，成立国民政府军事委员长汉中行营，统一指挥第1、5、10、11、12、冀察战区军事。9月1日，李宗仁调任国民政府军事委员会委员长北平行营主任，该汉中行营裁撤。

（十四）1945年9月1日，国民政府特派李宗仁为主任，不久即调吴奇伟为副主任、王鸿韶为参谋长，成立国民政府军事委员长北平行营，辖第11战区（时所辖地境为冀、鲁2省和豫北地区）和第12战区（时所辖地境为热、察、绥3省和晋北地区）。

1946年7月17日，依国防最高委员会第198次会议关于"各地军事委员会委员长行营改称国民政府主席行辕，其组织及职权照旧"之决议，北平行营改称为"国民政府主席北平行辕"（北平、保定、天津3警备司令部亦归北平行辕辖属。如此，该行辕计辖有第3、16、22、35、67、90、94军与暂编第3、4军及整编第62师、青年军第208师、东北挺进军、晋陕绥边区总部。

1947年2月□日，第11战区撤销。3月□日，第十二战区改设为张垣、保定2"绥靖"公署，仍隶属于北平行辕。12月□日，张垣、保定2"绥靖"公署合并组成"华北剿匪总司令部",以傅作义为总司令,以刘多荃、邓宝珊、宋肯堂、上官云相、陈继承为副总司令。

1948年5月19日,国民政府主席北平行辕撤销,其所属机构合并于华北"剿匪"总司令部,其辖境为冀、察、绥3省和晋北地区,是年秋,热河全省亦划归辖属。时该"剿总"计辖有第4、9、11、17兵团以及北平、天津、保定、张垣4警备司令部共11个军、40多个师兵力,自是年11月28日,人民解放军发起平津战役,至1949年1月16日攻克天津止,第35军与天津警备司令部所属分别在新保安和天津被歼灭,迫使华北"剿匪"总司令部及其所属各部接受和平改编。是役被歼灭与改编者计52万人。

(十五)1945年9月1日,国民政府特派张发奎为主任,成立国民政府军事委员会委员长广州行营。

1946年7月17日,依国防最高委员会第198次会议之决议,广州行营改称为"国民政府主席广州行辕"。11月15日,由宋子文继任该行辕主任。

1948年5月19日,广州行辕改设为"广州绥靖公署"(亦有以"广东绥靖公署"名之者)。8月5日,中华民国总统府特派宋子文为该"绥靖"公署主任,辖广东、广西2省。

1949年1月18日,中华民国总统府行政院决定:宋子文专任广东省主席,广州"绥靖"公署主任改由余汉谋担任(1月21日发布任命令);2月19日,徐景唐、吴奇伟、陈策、梁华盛被任为副主任〈7月21日,增任李及兰为副主任。时该公署辖有第39、62、63、64、109军与由广东省保安部队组建之5个师及海军第4军区司令部等兵力,6月第21兵团自青岛撤退来粤,亦归该公署辖属;7月18日,东南军政长官公署成立于台湾,海南岛名义上归其辖属,实际上海南岛军政各事宜仍由广州

(东)"绥靖"公署节制;8月24日,广州(东)"绥靖"公署改设为"华南军政长官公署"。是年秋,华中军政长官公署自武汉经湖南撤退至广西,广西已受该军政长官公署节制,如此,华南军政长官公署仅辖广东1省。10月中旬,广州解放,华南军政长官公署迁至海南岛,所属军政人员归10月29日成立的海南岛防卫总司令部指挥。华中军政长官公署亦与10月底撤销〉。

(十六)1945年9月1日,国民政府特派熊式辉为主任,以董英斌为参谋长,10月□日成立国民政府军事委员会委员长东北行营于沈阳,辖东北保安司令部(10月□日成立,10月8日,任命关麟徵为司令长官、梁华盛为副司令长官;10月26日,关麟徵奉令改任云南警备司令,杜聿明接任该保安司令部司令长官职,此后又先后任命马占山、孙渡、郑洞国、赵公武为副司令长官。1947年7月□日,杜聿明告"病"请假,由郑洞国代理司令长官职务。8月15日,东北保安司令部撤销,所属并入东北行辕〉。

1946年1月初,东北行营所辖部队有第13、52、60、71、93军及新编第1、6军等部。7月17日,依国防最高委员会第198次会议之决议,东北行营改称为"国民政府主席东北行辕"。

1947年8月29日,该行辕主任熊式辉被免职,陈诚以国民政府军事委员会参谋总长身份兼任东北行辕主任,杜聿明、郑洞国被任为副主任,9月□日,王树翰被任为副主任,12月□日,罗卓英被任为副主任;该行辕内设有政治委员会、经济委员会,办理东北各省政务、经济的"收复"工作。

1948年1月□日,任卫立煌为行辕副主任并代理主任职务,4月□日,任万福麟为该行辕副主任。5月19日,国民政府主席东北行辕撤销(5月23日,陈诚被免行辕主任职务),被合并于1

月22日成立的"东北剿匪总司令部"。东北"剿总"以卫立煌为总司令、赵家骧为参谋长（3月□日任），范汉杰、郑洞国、陈铁先后被任为该"剿总"副总司令（4月□日、5月□日任），苏炳文被任为"剿总"总参议。6月□日和10月□日，马占山、万福麟、罗卓英、董英斌和杜聿明先后被任为副总司令。东北"剿总"辖冀热辽边区指挥所、锦州指挥所、骑兵司令部等，指挥第1、6、8、9兵团共4个军44个师兵力，在东北战场与人民解放军东北野战军接战，大部被歼灭，少部从海上逃脱，至11月11日，由于在辽沈战役中的失败，卫立煌被撤去东北"剿匪"总司令职务，11月16日，国民党政府宣布撤销该总司令部建制及其所属各兵团番号。

（十七）1945年10月20日，国民政府特派程潜为主任，孙蔚如、吴奇伟（1946年7月□日他调）、唐式遵、潘文华为副主任，成立国民政府军事委员会委员长武汉行营。

1946年3月□日，任郭忏为副主任，6月□日，任王缵绪为副主任。时该行营辖有第6、第7"绥靖"区与第27集团军和武汉警备司令部共7个整编师。7月17日，依国防最高委员会第198次会议决议改称"国民政府主席武汉行辕"。

1947年□月□日起，国民政府主席武汉行辕辖境变动为第1"绥靖"公署辖区和川黔鄂湘"绥靖"公署辖区。是年11月□日，张轸被任为该行辕副主任。

1948年5月19日，该行辕改设为"武汉绥靖公署"。6月3日，武汉"绥靖"公署与国防部九江指挥所合并改组为国防部华中"剿匪"总司令部，以白崇禧为总司令，并先后任命潘文华、张轸、宋希濂、夏威、李品仙、徐祖诒、陈明仁为副总司令。7月□日，长沙"绥靖"公署成立，该华中"剿总"原辖境中之湘、赣2省划由长沙"绥靖"公署管辖，其辖境缩小为湖北全省和河南、安徽各一部。

1949年4月□日，华中军政长官公署成立，白崇禧任军政长官，潘文华、陈明仁、宋希濂、徐祖诒、李品仙、方天任副军政长官，辖第1、3、14、19兵团和第6、8、16"绥靖"区及湘鄂边区"绥靖"司令部。5月16日，人民解放军攻克武汉，该长官公署撤往湖南。7月□日，张淦被任为副军政长官。8月□日，湖南全境解放，该长官公署再南退至广西，渐被人民解放军歼灭，华中军政长官公署亦被取消。

（十八）1946年3月28日，国民政府特派张治中为主任，派马鸿逵、马步芳、郭寄峤为副主任，成立国民政府军事委员会委员长西北行营。7月□日，副主任郭寄峤被免，陶峙岳被任为副主任。7月17日，依国防最高委员会第198次会议决议，该行营改称为"国民政府主席西北行辕"。该行辕辖河西警备总部（1945年9月□日成立，担任河西走廊的警备任务，陶峙岳任总司令，王世和任副总司令。1946年4月□日，李铁军继任总司令）、新疆警备总部（1946年4月□日成立，担任新疆警备任务，陶峙岳任总司令，赵锡光、张卓、杨德亮任副总司令，10月□日，宋希濂继任总司令）及整编第18、23、42、78、81、82师和骑兵第5军等部。

1947年□月□日，任马鸿宾为副主任。7月17日，依国防最高委员会第198次会议决议，该西北行营改称为"国民政府主席西北行辕"，其组织、职权、辖境及所部兵力仍旧。

1948年5月19日，该西北行辕被改设为"西北绥靖公署"。8月2日，又改设为"西北军政长官公署"，以张治中为西北军政长官。9月□日，任命马鸿逵、马步芳、马鸿宾、陶峙岳、郭寄峤为副军政长官。该军政长官公署辖11

个军（整编师）和新疆警备司令部。晋陕绥边区总部一度归该长官公署辖属。

〈1949年5月4日，中华民国总统府行政院决定免去张治中西北军政长官职务而以郭寄峤代理。5月18日，又改以马步芳代理并于8月3日实任。7月□日任命刘任、董其武为副军政长官。9月，经宁夏战役和甘肃河西战役，其所辖各部大部被人民解放军歼灭，一部起义投诚。同月，西北军政长官公署及所属河西、新疆警备司令部先后起义，该长官公署亦告消失〉。

国民政府军事委员会委员长南昌行营

1933年2月8日，蒋介石决定设委员长南昌行营以统一指挥各省"剿匪"军事并监督、指挥各省党政事务。4月27日，《国民政府军事委员会委员长南昌行营组织大纲》经由委员长核定后公布，其内规定：

1. 军事委员会委员长为处理赣、粤、闽、湘、鄂五省"剿匪"军事及监督、指挥"剿匪"区内各省党政事务之便利起见，特设南昌行营。

2. 委员长南昌行营设委员长办公厅，办公厅置正、副主任各1人、秘书长1人，侍从高级参谋1人，襄助委员长分别处理行营一切事务；办公厅内设秘书长室（置秘书若干人）和侍从高级参谋室（置侍从参谋、侍从秘书、侍从副官若干人），分别助理办公厅事务，设人事、文书、机要、调查4课（各置课长1人、课员若干人），办理各课法定和交办事项。

3. 委员长南昌行营设第一、二两厅，各厅置厅长1人，承委员长之命并受办公厅主任或秘书长指导，综理厅务：第一厅分设第一、二两处，各置正副处长1人，掌理作战、情报、碉寨、编纂、后方勤务各事项；第二厅分设3组，各置正副组长1人，第一组掌理保卫、清乡、感化、民众组织与训练、"收复区"特种教育和政治训练、宣传、军法及其他关于民政与教育等政务指导事项，第二组掌理振济、收容、封锁、屯垦、土地处理、农村善后、残废军人工厂、散兵游勇习艺所及其他关于财政与建设等政务指导事项，第三组掌理本厅文书、会计、庶务及不属第一、二组之其他事项；第一、二厅所辖各处各组依事务之繁简分设各课（各课各设课长1人，课员若干人），分别办理各该课事务。

4. 委员长南昌行营设审核、训练、经理、总务4处，各处各设处长1人，承委员长之命并受办公厅主任或秘书长之指导，分别办理各机关工作报告与会计审核事项、各部队检阅与官兵补充及其招募与训练事项、"剿匪"部队经费与被服各事项、本行营警卫与交际及会计与庶务事项。

5. 除上列各厅、处外，其他所属处、院、局、厂、队、班、室、所等各机关，分别受第一、二厅指导。

该行营委员长由蒋介石自任，以熊式辉为办公厅主任，以杨永泰为秘书长，以钱大钧为侍从高级参谋，以贺国光为第一厅厅长，由杨永泰兼第二厅厅长；委员长蒋介石离赣期间，行营之一切事宜由秘书长杨永泰代拆代行。

国民政府军事委员会委员长南昌行营1933年5月21日成立，1935年2月16日结束，在其存在期间，苏、浙、皖、赣、闽、湘、鄂、豫、粤、陕、晋、川、黔、甘共14个"剿匪"省份之"剿匪"军事固全部由蒋介石指挥，其党政事务亦在蒋掌握之中，对其他未列之"剿匪"区域各省之大小事务，蒋介石实际上亦操有监督、指挥之权。国民政府军事委员会委员长南昌行营才是此一时期国家政治权力的重心、中心和主宰，汪精卫为院长的国民政府行政院只是军事委员会委员长设在南京的留守处、后勤部而已。

1935年1月18日,蒋介石电令南昌行营于1月底撤销,2月16日,该行营结束,改设为"国民政府军事委员会委员长武昌行营"相承续。

国民党政府时期之"清乡区"、"自卫区"、"保甲区"

1933年9月,豫鄂皖三省"剿匪"总司令部公布并适用于江西省、鄂南、闽北、闽西等地区之《剿匪区内整理保甲肃清零匪方案》规定:"凡匪区内经我军新收复而秩序尚属紊乱、保甲尚未开始、特须注重清乡工作之区域为清乡区。""凡接近清乡区之里层有少数零匪未清而保甲组织尚不健全、特须严切注重自卫工作之区域为自卫区。""凡紧接自卫区之里层、匪患之顾虑甚少、应按《保甲条例》严密组织之区域为保甲区。"

"清乡区"以宣传、招抚、赈济及组织"铲共义勇队"及搜捕共产党等项为主要工作。

"自卫区"除继续办理"清乡区"未完工作外,应依照豫鄂皖三省"剿匪"总司令部《民团整理条例》之规定,切实整理"铲共义勇队",并以严密布置岗哨、编查保甲户口、搜捕共产党、构筑碉寨、封锁"共产党区域"、整理交通道路等项为主要工作。

"保甲区"除连续办理"自卫区"未完工作外,对于保甲组织应切实进行整理。

国民党政府时期之"铲共义勇队"、壮丁队

1933年9月□日,豫鄂皖三省"剿匪"总司令部公布《剿匪区内整理保甲肃清零匪方案》,规定:在"新收复区域",应先就已有之民众组织"铲共义勇队"以图"自卫";在"秩序安定地方",应即着手保甲之组织。

"铲共义勇队"设队长,负责责成所辖区内各家查明"共产党人及其物资"并报告"清乡善后委员会"核办。"铲共义勇队"应于当地扼要处守岗放哨,坚固"自卫防线",封锁共产党活动区域,并由县政府按照《江西省匪区毗邻各县制发人民通行路单暂行办法》制发路单、实施检查。"铲共义勇队"所搜获枪弹、粮秣、马匹等,准暂留地方自卫之用(但须呈报登记),至机关枪、大炮及重要文件,应立即缴送驻军或县政府处理。

国民党政府时期之"剿匪军"各部队师密查委员会及其分会、师考验委员会及其分会、临时督战队

1933年8月□日,国民政府军事委员会委员长南昌行营公布《剿匪军整顿军纪办法大纲》,规定:

1. 以副师长、军法处长或主任与副官处长或主任、各旅副旅长、师政治训练处处长组成师密查委员会并以副师长为主任委员,执行研究、设计各密查事项之方案与办法。

2. 确定各地区密查队及临时指定密查人员。

3. 密查作战部队官兵有无怕死畏难或不遵命令等情形。

4. 密查各部队、各处、各附属机关官兵有无不尽职责、营私舞弊或违犯纪律等情事。

5. 密查各部队哨兵、卫兵及担任各项勤务之部队有无疏忽或放弃职守各情事。

6. 密查官兵在外有无拉夫、强买、强住民房、强取民物或强索地方供应及其他一切扰民情事。

7. 密查官兵有无在外招摇、索贿或假藉名义干涉行政、司法情事。

8. 密查官兵有无嫖、赌、吸食鸦片、酗酒等情事。

9. 指挥各密查分会工作之进行。

10. 审查各密查分会之工作报告并给以适当指导。

11. 依据《剿匪惩奖条例》、《陆海空军刑法》、《惩罚法》拟定违犯军纪之处置办法呈请师长命令执行。

12. 必要时召集全部密查人员举行大会讨论一切进行事项。

各团、各独立营设密查分会，由团附、营附及团政训人员组成（独立营以营附、连附组成），受师密查委员会指挥，执行关于密查各项任务。各旅单独驻防时，由两团密查分会合并组织旅临时密查委员会，以副旅长为主任委员，执行密查任务。各密查委员会之官长密查队及军士密查队分区（地区）分班（日夜）担任密查任务。官长密查队由各团（独立营）分会人员或临时派定者组成；军士密查队由各连长派军士轮流担任，每周一换，联合组成。密查人员得施行化装，由各师密查委员会给予特别证明书以资证明。

各师设考验委员会，由师长、参谋长、各旅旅长、政训处处长组成并以师长为主任委员，其任务为：1. 研究与设计考验事项。2. 考核各部队对于作战或调防是否遵照命令（任务、地点、时间等）做到，并考核其报告是否确实。3. 评判连长以上各级官佐之战绩及其办事之成绩并分别登记。4. 举办各级官佐月考，用测验方式考察其对于平时命令及法规是否了解与实行。5. 办理连长以上官佐晋级、升补考试事宜（除战绩为必要外，应就统驭、指挥、管理、技术诸能力及必要之学术，将有升充资格之官佐集合考验或测验）。6. 主持全师校阅事宜并审核成绩。7. 指挥各考验分会工作。8. 审核各考验分会之工作报告并加以适当指挥。9. 决定关于平时、战时成绩最优及最劣官佐之奖惩办法，由师长以命令执行。各团设考验分会，由团长、团附、营长及团政训员组成并以团长为主任委员，受师考验委员会指挥，执行关于考验各项任务。

各军长、各总指挥、各总司令应集合所属各师考验委员会成立高级委员会，考验中、上校以上之官佐并督率各师考验委员会之工作。各考验委员会每届月终应将办理情形具报上级委员会，其特别重要或有时间性者应随时呈报。

"剿匪军"各师在预备作战之先一日应即组织"临时督战队"，以师特务营及各旅特务排组成之，并以副师长与师政训处长为临时督战队正、副队长，各旅之副旅长为临时督战队分队长，各团之政训员为临时督战队督战员，专司督促各部队作战之进展并严办藉口后退之官兵。

国民党政府时期之宣传品审查

1929年1月10日，中国国民党二届中执会常务委员会第190次会议通过《宣传品审查条例》，规定：

1. 各级党部之宣传品，各级宣传机关关于党政之宣传品，党内外之报纸及通讯稿，有关党政宣传之定期刊物，有关党政宣传之各种戏曲、电影、其他有关党政之一切传单、标语、公文函件、通电等宣传品，均在审查范围之列。

2. 总理遗教与本党主义、政纲、政策、决议案、现行法令及其他一切经中央认可之党务、政务记载，均为各种宣传品之审查标准。

3. 宣传共产主义及阶级斗争者与宣传国家主义、无政府主义及其他主义而攻击本党主义、政纲、政策及决议案者，反对或违背本党主义、政府政策及决议案者，挑拨离间、分化本党者，妄造谣言以淆乱视听者，均为"反动宣传品"；曲解本党主义、政纲、政策及决议案者，记载失实足以影响观听者，均为"谬误宣传品"。

4. 各种宣传品经审查后之处理法如下：（1）对于本党主义、政策、决议案及一切党政事实能正确认识而有所阐发贡献者,得嘉奖提倡之。(2)谬误者,纠正或训斥之。(3)反动者,查禁、查封或究办之。

国民党政府时期之处理留俄归国学生办法

1929年1月16日,中国国民党中央执行委员会公布《处理留俄归国学生暂行办法》,规定:

1. 凡留俄学生归国后,应于一星期内亲赴中央党部或各省党部报到,其在各省、市报到者,应由各该省、市党部转送中央听候处置。不报到者,以共产党嫌疑犯论,中央通令各地党部、政府、驻军严密侦捕,押解中央核办。

2. 报到后,由中央所设之"留俄归国学生临时招待所"收容,非经中央详审与考查认为"确无共产党嫌疑"并给予证明书后,不得擅自离去。

3. 该归国学生取得证明书后,得由本党党员5人以上之连坐保证,才能准其自由行动,但在一年以内仍须将住址、行动随时报告中央,以备查讯。

4. 留俄归国学生如确系共产党但在发觉前向中央自首者,依照《共产党自首条例》办理。

国民政府军事委员会所属各绥靖区

抗日战争胜利后,国民政府为发动全面内战,曾在苏、皖、赣、湘、鄂、豫、陕、鲁8省先后设有19个"绥靖区",各设正、副司令官,配置相当兵力,在国民政府军事委员会及其后之行政院国防部统率下,执行各辖区内反共内战任务,向解放区进攻或阻击解放军南下作战,在交战过程中,其所部大部先后被歼灭,一部起义投诚,亦有败后被令撤销者,残部逃台者亦或有之。兹以其设立时间先后分述于后:

1. 第一绥靖区:1945年10月□日成立,司令部设于无锡(1946年11月□日移至南通,1948年8月□日和12月□日移至淮阴和上海),司令官汤恩伯(1946年11月□日、1948年8月□日和12月□日由李默庵、周喦和丁治磐先后继任),副司令官陈大庆、刘嘉树、李觉(1948年12月□日和1949年2月□日由顾锡九、刘昌义和王克信相率继任),辖第19集团军和整编第25、49、74、83师计9个整编师(1947年夏改辖整编第4、21师和暂编第25师——该师于1948年秋又改编为第107军,1948年8月辖第4、21、51、54、123军)进攻苏中解放区。1949年4月,其第4军在渡江战役中被歼灭,〈其第21、51军于1949年5月在上海战役中大部被歼灭于淞沪地区,余部编入第75军入川,该绥靖区就此结束〉。

2. 第二绥靖区:由第4方面军改编而成,1945年10月□日成立,司令部设于汉口(1946年2月移至济南),司令官王耀武,副司令官李仙洲,1946年4月□日任丁治磐为副司令官;1946年2月起辖第20集团军(1947年2月改编为整编第21军)和第54、73军向山东解放区进攻。1947年2月,其所部在莱芜地区被歼灭一部,副司令官李仙洲被俘获;是年夏,该绥靖区辖整编第12、21、45、74师,牟中珩、傅立平被任为副司令官。1948年9月24日,济南被人民解放军攻克,其所部一部被歼灭、一部起义投诚。该绥靖区就此结束。

3. 第三绥靖区:由第33集团军改编而成,1945年10月□日成立,司令部设于徐州(驻贾汪),司令官冯治安,副司令官李文田、张克侠、何基沣,辖第59、77军。1948年11月8日于淮海战役打响后的第三日起义投诚。

4. 第四绥靖区:由第2集团军改称,1945年10月□日成立,司令部设于河南许昌(后移开封),司令官刘汝明,副司令官曹福林、田镇南、米文和、宋秀德,辖第15、55、68师(其中第15师团于1947年□月□日划归西安绥靖公署辖属),1948年11月中旬改为第8兵团,淮海战役后撤至江南,〈1949年5月淞沪解放后,再撤至福建地区隶属福州绥靖公署,10月间在漳厦战役中被歼灭〉。

5. 第五绥靖区。1945年10月□日成立,司令部设于河南驻马店(1946年春移驻开封),司令官孙震,副司令官董宋珩、李宗昉(1947年5月□日陈鼎勋、曾甦元被任为副司令官),辖第41、47军,1947年11月□日奉令撤销,旋又在信阳恢复设立,由张轸继任司令官,1949年初改为第19兵团,辖第127、128军。〈1949年5月15日在武昌金口起义投诚〉。

6. 第六绥靖区:1945年10月□日成立,司令部设于湖北宜昌(1946年春移驻樊城,1948年10月□日再移往皖南),司令官周喦(1948年10月□日由张光玮继任),副司令官区寿年(1947年□月□日谢辅三被任为副司令官),辖第56军,〈1949年底在广西境内被歼灭,军长马拔萃逃脱〉。

7. 第七绥靖区:1945年10月□日成立,司令部设于蚌埠(1948年夏移驻合肥),司令官夏威,副司令官刘和鼎、张淦,1947年初该绥靖区编为第3兵团第3纵队调至山东,后辖整编第46师,1948年1月□日、7月□日、8月□日,锺纪、徐启明、廖运泽被任为副司令官,辖第46军(即前整编第46师)和安徽保安第1、2旅。〈该绥靖区于1949年5月□日改编为第10兵团,以夏威为司令(是年8月□日由徐启明继任),以徐启明、罗活为副司令,仍辖第46军,6月□日第48、56军拨归辖属,8月□日谭何易被任为副司令,12月该兵团在广西境内被歼灭〉。

8. 第八绥靖区:1947年12月□日成立,司令部设于南昌(1947年4月移驻皖南),司令官王陵基(1947年4月□日、1947年12月□日和1948年12月□日先后由潘文华、张雪中和张世希继任),副司令官廖震、萧之楚(1948年12月□日由刘昌义、马师恭继任),辖第20、66、88军,〈1949年5月在华东、皖南大部被歼灭〉。

9. 第九绥靖区:1947年12月□日成立,司令部设于江苏海州,司令官李良荣(1948年8月□日由李延年继任),1948年3月□日任王泽浚为副司令官,辖整编第44军,1948年11月16日为增援徐州,在蚌埠改编为第6兵团,辖第39、54、96、99军,以时任徐州"剿匪"总司令部蚌埠指挥所主任的李延年兼任该兵团司令,由于增援途中遭人民解放军顽强阻击,乃于12月20日自蚌埠南撤,后转隶京沪杭警备司令部,仅辖第99军,〈1949年8月第6兵团在福州被歼灭〉。

10. 第十绥靖区:1947年12月□日成立,司令部设于山东兖州,司令官李玉堂,副司令官杨汉城、赵子立,辖整编第12军、整编第20师(不久即他调),1948年7月整编第12军所属之整编第12师在兖州被歼灭,师长霍守义被俘获;所属之整编第66师于1948年6月在河南开封被歼灭,师长李仲萃自杀,是年11月□日该绥靖区司令官李玉堂被撤职。

11. 第十一绥靖区:1947年12月□日成立,司令部设于山东青岛,司令官丁治磐(1948年6月□日由刘安祺继任),1949年2月该绥靖区改为第21兵团,辖第32、50军,被歼灭大部,残部逃台。

12. 第十二绥靖区:1947年12月□日成立,司令部设于河南新乡,司令官孙震(1948年2月□日、10月□日由陈鼎勋、李振清先后继任),1948年7月□日,陈宗进被任为副司令官,辖第40军,〈1949年6月10日该绥靖区撤销〉。

13. 第十四绥靖区：1947年12月□日成立，司令部设于安徽阜阳，司令官李沉觉，1948年8月□日撤销。

14. 第十六绥靖区：1947年12月□日成立，司令部设于湖北咸宁，司令官霍揆彰，1948年3月□日、4月□日任丁德隆、刘雨卿（6月□日由刘召东继任）为副司令官，辖第97、103军，〈1949年5月□日该绥靖区撤销〉。

15. 第十三绥靖区：1947年12月□日成立，司令部设于河南南阳，司令官王凌云，1948年4月□日任万式炯为代理副司令官，辖整编第9、整编第15师，1949年2月合并于第14兵团，〈同年12月在四川起义投诚〉。

16. 第十五绥靖区：1948年1月□日成立，司令部设于湖北襄阳，司令官康泽，副司令官郭勋祺，辖整编第104、整编第163、整编第164旅，同年7月在襄樊战役中被歼灭，康泽被俘获。

17. 第十七绥靖区：1948年4月□日成立，司令部设于湖南常德，司令官刘膺古（8月□日由李默庵继任），〈1949年8月被歼灭〉。

18. 第十八绥靖区：1948年5月□日成立，司令部设于陕西宝鸡，司令官董钊，副司令官马继援，同年7月□日、1949年1月□日，杨德亮、曹日晖先后被任为副司令官，辖整编第1、整编第29军，〈1949年6月在宜川被歼灭〉。

19. 第十九绥靖区：1948年5月□日成立，司令部设于陕西商县，司令官高桂滋（同年8月□日由谢辅三继任），副司令官谢辅三〈1949年6月□日由姚国俊继任〉，辖38军等部，〈1949年7月陕西全境解放，该绥靖区撤销〉。

国民政府司法院特种刑事法庭——中华民国总统府司法院特种刑事法庭

1946年6月26日，国民党政府发动全面内战后，出于其反共政治的需要，再度设立专门对付中共党人及其领导下的革命人民的"特种刑事法庭"。

1947年12月13日，蒋介石以国民政府主席名义手令立法院院长孙科：速将"先后经中【正】核交行政院颁发有关扩大军法适用范围之命令，如《绥靖区及东北九省临时紧急军政措施办法》、《后方共产党处置办法》及《粤、桂、甘、新四省盗匪案件适用军法审判案》"等"前经国防最高委员会或国民政府备案"，但"未能悉符法定程序，且与宪法上'人民除现役军人外，不受军事审判'之规定不免抵触"各件，"兼顾法律立场与戡乱建国之政策运用"、"适应戡乱需要、同时符合宪法第二十三条之精神，避免与宪法第九条相抵触"，特拟具处理原则两条，交孙科以立法院出面并邀司法院、行政院、国防部、司法行政部派员参加共同审议，作出修改，务必于"行宪前完成立法程序，公布实施"。这两条原则是："（一）将绥靖区与后方盗匪、共匪、防护交通等案件，现行军法审判之有关法令统一整理为惩治共匪之特别刑事法（包括审判程序之规定），正式完成立法程序，由国府公布，适用于全国。（二）专设审判共匪案件之特别法庭，在系统上隶属于司法机关，而由各级军法机关兼办其事（不另增经费、人员），其审判程序与军法同，俾便随军进退、迅确办案。"

1948年3月25日，国民政府公布《特种刑事法庭组织条例草案》和《特种刑事法庭审判条例草案》（此外，尚制订有《特种刑事法庭诉讼条例》，唯未见公布），其组织条例草案规定：

1. 本条例依《戡乱时期危害国家紧急治罪条例》第8条制定。

2. 特种刑事法庭分中央特种刑事法庭和高等特种刑事法庭，中央特种刑事法庭附设于最高法院，依《特种刑事审判条例》规定复判高等特种刑事法庭及分庭判决之案件；高等特种刑事法庭附设于高等法院或高等法院分院，必要时得设置分庭受理《戡乱时期危害国家紧急治罪条例》所规定之案件。

3. 中央特种刑事法庭设1-2庭，每庭置庭长1人与审判官4人，均简任；置主任书记官1人，荐任；置书记官若干人，委任；均由司法院遴选合格人员分别提请任命或派充。高等特种刑事法庭或分庭置庭长1人，简任或荐任；置审判官若干人与检察官1-3人，均荐任或简任；置主任书记官1人，荐任；置书记官若干人，委任；均由司法行政部遴选司法及军法人员分别提请任命或派充。庭长与首席检察官必须以司法官担任，其余得尽由现有司法及军法人员兼任。

4. 特种刑事法庭庭长综理行政兼充审判长并监督该庭事务，审判官与检察官（有2人以上时，以1人为首席检察官）分司审判与检察事务；主任书记官掌理书记室事务，书记官分掌记录等事务。

5. 中央特种刑事法庭复判案件以5人之合议行之，高等特种刑事法庭审判案件以3人或5人之合议行之，合议庭之审判长除庭长兼任外，以资深之审判官或庭长指定之审判官充任。

6. 特别刑事法庭得视事实之需要，酌用雇员、庭丁及司法警察若干人。

其审判条例草案规定：

1. 依法律规定应由特种刑事法庭审判之案件，依本条例审判；本条例未规定者，仍适用刑事诉讼及其他有关法令。

2. 应从重处断之案件，其犯罪事实之一部依本条例审判时，得全部依本条例审判。

3. 依本条例审判之案件，以审判长及审判官2人之合议行之，但所犯之"罪"最轻本刑为无期徒刑以上之刑者，得以审判长及审判官4人之合议行之。

4. 对于依本条例所为之裁判，不得上诉或抗告，但对于处5年以上有期徒刑之判决，得申请中央特种刑事法庭复判。

5. 依本条例谕知死刑或无期徒刑之案件，其原审法庭应速将全案卷宗和证物送中央特种刑事法庭复判。

6. 依本条例所为"有罪"、"无罪"、免诉或不受理之判决确定后又发现确实之新证据者，检察官得为受判决人之不利益声请予以再审；前项判决确定后，因足影响于判决之重要证据漏未审酌、认有重大错误者，得为受判决人利益或不利益而声请再审。但送达判决已逾20日者，不得为之。

7. 声请再审，由原判决之法庭管辖。

8. 特种刑事法庭移送案件时，准用《特种刑事法庭诉讼条例》第3-6条之规定。

国民党政府除在南京设有中央特种刑事法庭外，还设有首都、上海、北平、天津、武汉、广州、重庆、西安、青岛、沈阳、镇江、合肥、开封、济南、保定、成都、福州、太原、归绥、张家口、承德、长春、南通、徐州、商丘、信阳、淮阴、临沂、兖州、郑州、洛阳、阜阳、襄阳、咸宁、锦州、大同、蚌埠、安庆、芜湖、宝鸡、延安、绥西（驻绥远）、桂林、宜昌、江陵（驻沙市）、烟台、济宁、唐山共48处49个特种刑事法庭。

1949年3月17日，中华民国总统府行政院会议决议撤销各地特种刑事法庭并限于是月底完全结束。4月11日，代理中央特种刑事法庭庭长李崟高于广州宣布该机构"遵令结束"。

国民政府司法院首都反省院

1928年11月27日，国民党政府迫于党内外压力，被迫公布《取消特种临时法庭办法六条》之后，其司法领域中专门对付中共党人的特殊司法制度和特殊司法机构益发变本加厉：

1929年7月26日，国民政府训令司法院及各级法院：1. 凡各地高级党部对法院关于共党案件和共党嫌疑案件之判决持有疑义者，法院不得释放。2. 凡当地高级党部对法院所为之判决声明不服者，检察官在接获该声明书后，"当然提起上诉"，以杜"行为狡诈"之共产党徒"兔脱"之流弊。

同年8月24日，国民政府在致各省、市之第474号训令中规定：1. 于首都及各省设置反省院或感化院，使法院能将"因证据不足致不起诉或判决无罪或依法免刑"但被认作"不良分子"案犯"提前办结"，送入反省院或感化院受"反省处分"或"接受感化"。2. 反省院与感化院"采纯粹分房制，俾严重隔离，以求悔悟，而杜传播"。

同年12月2日，国民政府公布《反省院条例》。

1930年3月3日又公布《军人反省院条例》。

1931年3月21日再公布《首都反省院条例》。

综其规定如下：1. 凡"犯罪地在首都"、又"合于《反省院条例》第5条规定之情形"的"反革命人"或"经中央党部之议决者"，得送入首都反省院受反省处分（《反省院条例》第5条规定，"凡有下列情形之一者，入反省院"：(1) 犯《危害民国紧急治罪法》与《暂行反革命治罪法》之罪，其罪刑之执行"无期徒刑逾七年、有期徒刑逾三分之一"而有悛悔实据者。(2) 犯前款之罪，其罪刑之执行虽已完毕，但仍有再犯之处者。(3) 犯第一款之罪，宣告二年以下徒刑者。(4) 依《共产党人自首法》之规定移送者）。2. 未设立反省院各省之"反革命人犯"应送反省院受反省处分者。3. 已设立反省院之省而有特别情事者，【其"反革命人犯"】亦得送入首都反省院。

首都反省院置院长1人，简任，由司法行政部任命，承司法行政部部长之命综理院务。其下设总务、管理、训育3科及评判委员会，置总务主任、管理主任、训育主任各1人，置训育员、助理员各若干人。总务主任与管理主任，由反省院院长呈请司法行政部委派，训育主任与训育员由反省院院长呈请司法行政部转呈中央执行委员会指派，助理员员额及具体人选，由司法行政部决定。总务主任办理文书、会计、庶务各事项；管理主任专司管理事项；训育主任与训育员专司训育事项。

首都反省院院长、总务主任、管理主任、训育主任、中央党部代表1人、最高法院推事1人、最高法院检察署检察1人，组成评判委员会，以反省院院长为主席。各"反省人"每届反省期满（以6个月为一期），经评判委员会评判，认其可以出院者，发给"自新证书"，方得出院。经评判委员会评判，认其"应继续反省"者，则须继续留院再受反省处分，但"总期间不得过五年"。

国民政府司法院反省院与感化院

国民政府司法院司法行政部（1928年11月13日–1931年12月30日和1934年10月3日–1942年12月31日为司法院司法行政部；1931年12月31日–1934年10月2日和1943年1月1日–1949年4月23日为行政院司法行政部）为"感化反革命人犯"特设之特殊司法部门。

1929年8月21日，国民政府以第474号训令通令各省市：于首都及各省设置反省院或感化院，使法院能将"因证据不足致不起诉或判决无罪或依法免刑"但被认作"不良分子"之案犯"提前办结"，送入反省院或感化院受"反省处分"并"接受感化"。反省院或感化院"采纯粹分房制，俾严重隔离，以求悔悟，而杜传播"。12月2日，国民政府公布之《反省院条例》规定：

1. 司法行政部为感化犯有《危害民国紧急治罪法》与《暂行反革命治罪法》所揭各罪之下列人犯：（1）犯有上列二法揭橥之罪，其罪刑之执行"无期徒刑逾七年、有期徒刑逾三分之一"而有"悛悔实据"者。（2）犯前条之罪，其罪刑之执行已经完毕，仍有"再犯之处"者。（3）犯有《危害民国紧急治罪法》所揭各罪被判2年以下有期徒刑者，均得送入反省院受反省处分。

2. 依《共产党人自首法》第8条之规定，应予移送反省院受反省处分者，得送入反省院。

3. 经中央执行委员会议决送反省院者，得入反省院。

4. 反省以6个月为一期，期满须经评判委员会评判，评判委员会认反省人犯未达当局既定之目标要求，不发给"自新证书"，不批准出院，得留院再受反省处分，其继续反省总期限可长达5年。

5. 凡入反省院前已受刑之宣判之人犯，"反省期满者，其未执行之刑期，以已执行论"。

6. 凡在反省院接受反省处分之人犯，在反省期内，有新罪证或被认为"不能感化"者，得将其送回原判法院续行审判或执行其刑。

7. 反省院"训育"课程及教材，由中央执行委员会决定。

8. 反省院置院长1人、总务主任1人、管理主任1人、训育主任1人、训育员与助理员若干人。

9. 反省院总务主任与管理主任由反省院院长呈请司法行政部委派，训育主任与训育员由反省院院长呈请司法行政部转呈中央执行委员会指派，助理员员额及具体人选，则由司法行政部决定。

10. 反省院院长、总务主任、管理主任、训育主任、省党部代表1人、高等法院推事与检察官各1人，组成各该反省院之评判委员会，评判委员会会议时，以反省院院长为主席。

1930年3月3日，国民政府公布《军人反省院条例》，规定：为"感化反革命军人"，设军人反省院于首都，院长由军政部军法司司长兼任。评判委员会由军人反省院院长、总务主任、管理主任、训育主任及中央党部、军事参议院、训练总监部、参谋本部、海军部各派代表1人组成。余与《反省院条例》规定各点大致相同。

1931年3月21日，国民政府公布《首都反省院条例》[详见第441页"国民政府司法院首都反省院"词目]。

1932年10月31日，国民政府西南政务委员会公布《特别感化院条例》，规定：

1. 第一集团军总司令部为收容应予感化之缴械投降"共匪"起见，呈准西南执行部设立特别感化院。

2. 凡"在战地缴械投降之共匪"，由检别委员会送特别感化院；其他"反革命人犯"，由原管机关申请西南执行部或第一集团军总司令部许可送特别感化院（特别感化院内部机构设置、人员配备、"感化"措施与内容及程序等，与《反省院条例》规定相类，只是一切呈由第一集团军总司令部或再转呈西南执行部决定）。

1933年6月1日，司法行政部任命赵见微、刘云、吴企云、赵伟民、范争波、黄宝实、黄凯、武誓彭8人为浙江、江苏、安徽、山东、江西、湖北、河南、山西8省反省院院长，任命廖维藩为首都反省院院长。

1934年8月□日，《军事委员会委员长南昌行营感化院处置被感化人暂行办法》经核准施行，办法规定：

1. 南昌行营感化院设第1-3部，对反省人施行不同的感化措施，设"平日言行考察录"（由各主管部填写）、

"审讯记录"（由主管部与审讯委员会记录初审及复审各情形）、"接受教育情形考察录"（由各教官填写）。

2. 感化院以3个月为一期，每届期满，须对被感化人之去留做一次决定，其决定程序如下：（1）由部主任造册并连同考察记录簿请院长批交审讯委员会复审。（2）经审讯委员会复审并分函各该被感化人原籍县政府调查其家庭状况及过去职业等，得复函后，证明与原供相符，始得将该人在院期间之思想、言论、接受教育表现连同原籍县政府复函转呈南昌行营，获准开释后，始得以准批复文为据，予以开释，"否则，继续留院感化"。（3）依行营指令准予开释者，由院转饬被感化人填具切结并发给"感化证"，于"监缴公物"后开释出院。（4）被感化人之继续留院者，其继续留院期间由审讯委员会决定。

3. 对"曾在匪中受相当训练者，在匪中担任重要工作6个月以上者，佯伪为幻与性情言论悻顽者，因环境压迫而投诚者，及为匪裹胁利用在1年以上者"，"至少得留院感化一期"；凡被编入感化院第3部分之被感化人，"至少须经感化两期，始得开释"。

4. 被开释人分三种类型处置：（1）家在"匪"区而确被迫加入并其言行与思想尚未被"恶化"者和确已"澈悟"而又有家可归者及经感化期内全面考察、其言行与思想已达"纯正"者，资遣回籍。（2）家在"匪"区而未经收复者与家无恒产而又无谋生技能者及"自愿"留院习艺者，可允"留院学习工艺一期"。（3）原在"国军部队"服务、未受"匪化"又愿继续充兵役者及身体健全又思想纯正并愿充兵役者，由院介绍充兵役。

1937年9月23日，国共两党经过长达9个多月的一系列艰难谈判，终于达成国共二次合作、共同抗击日寇侵略的一致，9月23日，蒋介石对9月22日中央通讯社发表《中共中央为公布国共合作宣言》事发表谈话，终于确立了以国共合作为核心、为基础的抗日民族统一战线。国民党政府司法当局依据国内政治形势总格局的变化，不得已亦采取了若干兑现蒋介石曾经对中共允诺之政治诺言的行动，在陆续释放了各地监狱与反省院中被关押的中共党人之后，1938年1月1日，又根据国防最高会议第39次会议议决，下令裁撤各地反省院，规定：凡在院"反省"之人均准"保释出院"。11月19日，国民政府明令《反省院条例》废止。至此，专以关押、迫害中共党人与其同情者及其他革命人民的"反省"、"感化"机构才告结束。

国民政府行政院军政部军人反省院

1930年3月□日，国民政府行政院军政部为"感化'反革命人'"，在南京设立特殊司法机构——军政部军人反省院。军人反省院置院长1人，简任，由军政部军法司司长兼任，承军政部部长之命综理院务；置总务主任、管理主任各1人，由院长提请军政部转呈国民政府任命；置训育主任1人，1931年12月□日增置训育员、助理员若干人，均由院长呈请司法行政部转呈中央执行委员会指派，助理员具体员额及人选由司法行政部决定。

军人反省院设有"评判委员会"，由院长、训育主任、管理主任、中央执行委员会指派1人及军事参议院、训练总监部、参谋本部、海军部各派代表1人、军事法庭推事1人及检察官1人组成并以院长为主席。进院受"感化"、"反省"之人，以满6个月为一期，期满经评判委员会认可者，发给"自新证书"，准予出院。如经评判委员会认定未达预期效果、预定目标而应继续"反省"者，则留院再接受"感化"、再行"反省"。但接受进一步"感化"、再行"反省"处分者，其总期限不得超过5年（即满10期）。如发现受"感化"人在接受"感化"、"反省"期间有"新罪证"或被认定为"不能感化"者，得将其送交该管法院审判或执行其刑。反省院之"训育"课程及该项教材，均由中国国民党中央执行委员会决定。

1937年9月23日，国共第二次合作局面最终形成，随着国民党政府司法当局依1938年1月1日国防最高会议第39次会议之决议下令裁撤各地"反省院"，该军政部军人反省院当随是年11月19日《反省院条例》废止而取消。

国民政府行政院绥靖区政务委员会

1946年8月21日，六届中执会常务委员会第38次会议讨论并通过《特殊地区加强党政工作方针案》，"特殊地区"者，专指新占领之解放区与尚未占领而正与人民解放军交战之"战地"言。

同年9月29日，行政院绥靖区政务委员会成立，所有绥靖区内行政之指挥、监督、考核事项，绥靖区内民生经济发展、民兵组训、土地处理事项，绥靖区内田赋粮食、财政金融之管理事项，绥靖区内文化教育、救济设施、合作事业之指导与监督事项，绥靖区内行政机构之强化与人事调整事项，均归掌理。

该委员会置正、副主任委员各1人，委员15－19人，秘书长1人，副秘书长2人，秘书4人，参事4人，督导15人，委员会内设秘书处与总务、机要、指导、考核4组，秘书长承正、副主任委员之命主持会内日常事务，副秘书长辅佐秘书长处理事务，督导组成督导团，以白崇禧为团长，谷正纲、邓文仪为副团长，雷殷、邱昌渭为第一、二组主任，率员赴各绥靖区"督导"。按时任国民政府主席的蒋介石之亲笔批示，该委员会正、副主任由时任行政院院长的宋子文与时任行政院国防部部长的白崇禧分别兼任（1947年3月1日、1947年4月18日、1948年5月25日、1948年11月26日、1949年3月12日蒋介石、张群、翁文灏、孙科、何应钦先后以行政院院长身份兼任该委员会主任委员，1948年12月22日、1949年4月22日徐永昌、何应钦先后以国防部部长身份兼任该委员会副主任委员），秘书处秘书长则一直由何浩若担任，该委员会"不另设机关，其委员会办事人员，均由行政院秘书处派员兼办"，其委员由行政院院长提请国民政府主席派充。

1946年12月16日，六届中执会秘书处代电各"绥靖区"省党部，检送《绥靖区施政纲领》、《财政金融紧急措施实施办法》、《田赋粮食管理办法》、《难民急振实施办法》及《土地处理办法》，其中《绥靖区施政纲领》规定：

一、总则：绥靖区之施政以切实配合军事达成下列任务为目的：

（一）针对"奸匪"以组织推进政治、以政治掩护军事之策略，实行"政治剿匪"，彻底摧毁其在"匪区"内一切制度及组织。（二）统一事权，迅赴戎机，以军事为主体，厉行党（团）、军、政一元化。（三）巩固军事据点，确保交通补给，强化行政机构，严密民众组织，以争取面的控制。（四）改变作风，收揽人心，发展民生经济，解除民众痛苦，以加速三民主义之彻底实行。

二、组织及权责：

（一）凡经"奸匪"盘据及流窜、经国军进剿收复及尚待进剿收复之区域，概划为"绥靖区"。

（二）"绥靖区"第一期暂以苏、皖、豫、鲁、冀5省为范围，第二期推及晋、绥、察、热及东北各省。

（三）"绥靖区"行政，于行政院设置绥靖区政务委员会全权处理之，置主任委员、副主任委员各1人，委员若干人由国民政府主席遴派之（主席亲批："可由宋院长兼任主任委员、白部长任副主任委员，不必另设机关，其委员会办事人员均由行政院秘书处派员兼办可也"）。

（四）"绥靖区"省以下之行政建制以不变更为原则，其人事由国民政府授权政务委员会依军事需要调整之。

三、实施纲要：

（一）基层政治及民众组织：1. 依地方自治之规定，切实清查户口、整理保甲，务使人必归户、户必归甲。2. 依新县制之规定制发国民身份证，按国民身份分别编组各种民众团体与民众组织，并限县城收复后3个月内成立县议会。3. 对于收复区民众，除重要"匪首"应依法惩办外，其余不究既往，但必须连保连坐，还乡人民严禁报复。4. 所有乡镇保甲长，以就地选拔地方公正廉能人员、曾受干部训练者充任为原则。5. 编制县乡民众自卫队、警察队，分区担任防护地方治安及清乡工作。6. 设立乡村秘密义务警察（挑选积极分子），每保2人至3人，担任通讯调查工作（此等义务警察必须经过严格考核、训练）。7. 充实县干【部】训【练】所，大量训练基层干部（此项所长必须特别慎重考选）。8. 招致流亡在外曾受训练之青年随军还乡，担任基层政治及民众组训工作。9. 组织人民服务队随军行进、协助地方政府指导基层政治及民众组训工作。10. 普设军民合作站，动员民众配合军队协助"缴匪"，切实实行军民合作。

（二）土地问题之处理：1. 各县设立土地问题处理委员会，调查土地现状，公平处理土地分配及租佃纠纷。2. 领得"奸匪"分配土地之耕种人，得继续保持土地使用权，但须对地主纳租。3. 地主得保有产权，但须依照规定并实行二五减租收租。4. 为实行三民主义之土地政策，应逐渐实行耕者有其田，一面限制私有土地之亩数，一面由农民银行贷款农民购买所需耕种之土地。5. 政府对公地及无主土地与地主超过限制之土地，应集中管理或定价收购为国有、公有，办理公营农场、集体农场或配给退伍官兵及出征军人家属耕种。6. 为改良农田水利、流畅运输，应奖励农民成立合作社，用合作方式领地耕种、从事生产运输。7. 设立农具、耕牛、种籽供应站，借贷或半价售与农民，便利耕作，增进粮食生产。

（三）粮食之调剂：1. "绥靖区"民食、民粮应兼筹并顾，于各县设立粮食调剂机构，实施有计划之调剂。2. "奸匪"征存之粮食应归公有，由粮食调剂机关接收统筹分配，人民报告此项存粮者，按实收数给予百分之二十作为奖励，其隐瞒者，按情节轻重从严议处。3. 田赋征实，凡灾情严重之区域，经呈准后得予豁免，民间所有余粮经调查确实后，由调剂机关照市价以现款收购之。4. 农民缴粮或服役运输，以来往一日行程为限，其运力按照规定发给粮食现品或代金。5. "绥靖区"粮食遇有不敷自给时，应由政府负责调处运济之。

（四）财政与金融：1. "绥靖区"之国、地税查有灾情严重者，得呈准豁免之。2. "绥靖区"绝对禁止伪【匪】币之使用（主席亲批：此伪【匪】币绝非敌钞可比，决不能预有比价收兑之说，但政府应有伪【匪】币登记及临时处理之准备。至于临时处理办法，亦应从速研究决定，但守秘密。以余之意，对"匪币"简直宣布完全作废，一面发行一种小本借贷式之债券，使之为公服役一日即可作抵，总应奖进劳力以代资本为农村易行之办法，但必须具体研究后方可实施）。3. "绥靖区"应普遍推设国家及地方金融机构，配合绥靖区整个经济政策之推行，应令四行分区负责办理，以免重复，而以农民银行为发展农村经济与扶助合作事业为主要任务。4."绥靖区"公务人员之待遇,应按生活需要为合理之规定,并尽可能配给现品,其所需之一切经费,除省、县自身收入外,如有不敷,由中央如数拨补,在当地国税收入项划拨之。5."绥靖区"财政金融机构一律受当地行政机构之指挥、监督。

（五）文化与教育：1. 为彻底肃清"奸匪"反动思想,增进"绥靖区"人民国家民族意识,应特别注意文化教育事业之举办。2."绥靖区"各省应施行计划教育,统筹设置各级学校并实行公费制度,俾贫苦青年皆有受教育之均等机会。3."绥靖区"各级学校学生之升学、就业,应由政府负责统筹办理,俾能人尽其才、才尽其用。4. 广设民众教育机构,举办识字教育,藉以宣扬三民主义,纠正邪说谬论。5. 普遍编印通俗画刊、读物、壁报,灌输主义、宣扬政令,造成正确舆论,振作人心士气。6. 提倡正当娱乐,发展音乐、图画、戏剧等艺术宣传教育,藉以提高人民文化水准、移风易俗。

四、附则：

（一）本纲领之实施办法另订之。（二）现行法令与本纲领有抵触者,一律暂停实施。（三）业已废止之《惩办贪污及惩办盗匪条例》,在"绥靖区"内暂仍有效。

同年12月18日,行政院以"节京二字第24156号训令"令各省区"遵照并转各绥靖公署及其他有关机关遵照"之《绥靖区及东北九省临时紧急军政措施办法》（由原《冀热察绥鲁及东北各省临时紧急军政措施办法》修改而成）,规定：

一、国民政府为"绥靖区"及东北九省在临时紧急时期军政措施克臻迅速处理之目的,特制定本办法。

二、"绥靖区"内各最高军事长官、各省政府主席、国民政府主席东北行辕主任均授与"下列权宜处理全权以应机宜"：（一）对整编旅长（未整编师长）暨行政督察区及县以下各级军政主管官佐人员失职有据者,准先行撤惩,遴派资历相当人员暂行代理,分别报请并分知其主管机关依法任用。（二）对中央派驻各地区财政、粮食、救济机关主管人员有指挥、监督之权,如有违法失职查明属实者,准先行撤职,遴员派代,报请中央主管机关核办。（三）军费、政费预算已核定者,得斟酌缓急权宜支配流用,随时报请备案,另由中央配拨预备金并准就拨给之预备金数额范围内先行紧急动用,补报中央备案,东北各省动支预备金应径报东北行辕核准。（四）各地区补给困难时,准予征用军用物资、粮秣、人马等,但应会同地方行政、民意机关公平办理,并妥定赔偿方法,得报请中央主管机关办理。（五）军法机关仍适用《惩治盗匪条例》、《妨害兵役罪条例》、《禁烟禁毒治罪条例》、《陆海空军刑法》、《战时交通器材防护条例》,其受理案件应不限于被告为军人。（六）行政督察专员及县长得兼军法官,其职权依《县长及地方行政长官兼理军法暂行办法》之规定。

三、本办法实施及撤销时期及其地区,以国防部部令定之。

在1947年1月7日行政院绥靖区政务委员会秘书处致行政院秘书处"绥秘指（卅六）字第651号公函"中有下列数段说明文字："新修正办法自院令颁布之日起实施"；"其施行地区,该项办法已明定为'绥靖区及东北九省',其中'绥靖区'应为国府命令指定之绥靖区范围地区,惟为顾及其他地区特殊环境起见,依照该项办法第三条规定,可由国防部拟定其他适用本办法之地区呈准以命令定之"（早在该办法未修正以前,该委员会即已奉令,"该办法适用于苏、皖、豫、鄂、晋、陕六省"）。

1947年4月29日,行政院绥靖区

447

政务委员会撤销。

《中华民国宪法》之附加条款——《动员戡乱时期临时条款》

1948年4月18日,"行宪国民大会"为适应蒋介石不受《中华民国宪法》对总统所加的些许限制的需要,通过了胡适等721名代表提出的《动员戡乱时期临时条款》,作为《中华民国宪法》的附加条款。实际上这一附加条款一直被国民党政府视作《中华民国宪法》的极为重要的、不可分割的补充组成部分,规定:在"动员戡乱时期",总统权力不受立法限制,只要经行政院会议议决,可不经立法程序与手续,总统即可"依据情势"采取总统认为应当采取的各项措施,实行"紧急处分";在"动员戡乱时期"内,总统连选得连任,不受任届限制;总统还可"依情势之需要",自行颁订办法增补与充实"中央民意代表机构";而"动员戡乱时期"之终止,只有总统才有权宣布等等。这从根本上否定了《中华民国宪法》对总统的有限约束:该法第39、43、47条规定:总统宣布戒严须经立法院通过或追认;总统发布紧急命令须提交立法院追认;总统只能连任一次。

国民政府"戡乱"建国动员委员会——中华民国总统府"戡乱"建国动员委员会

1947年7月4日,国民政府第6次国务会议通过《厉行全国总动员以戡平共匪叛乱、扫除民主障碍、如期实施宪法、贯彻和平建国方针案》。7月7日,国民政府主席蒋介石颁发《戡平共匪叛乱总动员令》。7月18日,国民政府通过《动员戡乱完成宪法实施纲要》18条。

1948年4月22日,国民政府国务会议第3次临时会议通过《戡乱建国动员委员会组织规程》,规定:

1. 国民政府为推进"戡乱"建国动员起见,特设"戡乱"建国动员委员会。

2. "戡乱"建国动员委员会委员由国民政府聘任,并就中指定若干人组织常务委员会,于常务委员中特派主席1人、副主席2或3人综理会务;设正、副秘书长各1人(特派与简派),并设秘书处,置处长1人、秘书若干人,设各组,置组长若干,以上人员均简派;常务委员会议由主席召集。

3. "戡乱"建国动员委员会担任下列各项任务:研究、考察并宣传"戡乱"建国动员事项并向国民政府提出建议;受政府之委托,审议"戡乱"建国有关事项;协助政府督导各地政府及人民团体之动员工作。

1948年5月10日,国民政府任命洪兰友为该委员会常务委员会秘书长,次日,任命左恭为副秘书长,开始了"戡乱"建国动员委员会的实际运作。5月20日,"行宪"开始,该委员会改由中华民国总统府直隶。5月31日,白崇禧被任为该委员会主任委员,4800多名"戡建委员"中,领取简任一级薪水者达3500人,余均领取简任3级薪,被称为"耗无量数之国帑"的"无谓之机构"。

附录一 中国国民党第一至第六届中央执行委员会中央执行委员、候补中央执行委员暨中央监察委员会中央监察委员、候补中央监察委员名、字、号对照简表 （计577人）

A

安　钦

B

白崇禧　字健生。
白海风　名雁秋，字海风，蒙名都楞仓。
白云梯　字巨川。
柏文蔚　字烈武。

C

蔡元培　小名阿培，字鹤卿，又字仲申，号鹤庼、鹤青、锷青、孑馀，又号民友、孑民，化名周子馀、蔡振、竟平。
曹浩森　名明魏，字浩森。
陈　策　字寿硕。
陈　焯　字空如。
陈　诚　字辞修，别号石叟。
陈　方　字芷町。
陈　仪　字公侠，又字公洽，号退素，晚号退素老人。
陈璧君　字冰如。
陈布雷　名训恩，字彦及，号畏垒，笔名彦、布雷。
陈大庆　字养浩。
陈调元　字雪暄（又作"雪轩"）。
陈访先　字绍宗，又字念慈。
陈孚木　字公谟。
陈公博
陈固亭　原名保安，后易名固亭。
陈国础　字肇基。
陈果夫　名祖涛，字果夫。
陈济棠　字伯南。
陈继承　字武民。
陈嘉佑　又作嘉佑，字护方（后改作"护黄"）。
陈剑如
陈立夫　名祖燕，字立夫。
陈联芬
陈铭枢　字真如，笔名澄如。
陈泮岭　字峻峰。
陈其瑗　字志据。
陈庆云　字天游。
陈绍宽　字厚甫。
陈绍贤　字造新。
陈石泉
陈树人　原名哲（亦作"晋"），又名韶，字树人，号猛迈，别署猛进、葭外、切生、美魂女士。
陈希豪
陈雪屏
陈耀垣
陈逸云　字山椒。
陈友仁　英文名尤琴·贝纳特·阿陈（eu-genechen）。
陈肇英　原名元隆，后易名肇英，字雄夫。
陈中孚　字奇曾。
程　潜　字颂云。
程思远
程天放　名学愉，字天放。
程天固　原名天顾，后改天固。
程中行
褚民谊　原名明遗，后改名民谊，字重行。
崔广秀

崔镇华　字哲云。

D

达理扎雅　又名达锐苏。
戴季陶　名良弼，又名传贤，字选堂，又字季陶，号天仇，又号孝园，笔名散魂，法名不空、不动。
戴愧生
邓宝珊　名瑜，字宝珊。
邓飞黄　字子航。
邓家彦　字孟硕。
邓龙光　别号剑泉。
邓懋修
邓青阳　原名宪甫，后改青阳，字秀吉。
邓文仪　字雪冰。
邓锡侯　字晋康。
邓演达　字择生，号策成，又号仲密，化名石生登。
邓颖超　原名文淑，又名咏通，经名李杨逸、逸豪，化名伍妹、伍美，笔名壹、颖超。
邓泽如　名文恩，字远秋，又字泽畲，号泽如。
狄膺　名福鼎，字君武，号雁月，笔名平常老人。
迪鲁瓦　藏名迪鲁瓦·阿旺坚赞，字平纷。
丁超五　字立夫。
丁德隆　号冠洲。
丁惟汾　字鼎丞。
董显光
董用威　原名贤琮，学名用威，字洁畲，号璧五，后改必武，笔名碧梧。
杜聿明　字光亭。
杜镇远　字建勋。
段锡朋　字书诒。

E

恩克巴图　字子荣。

F

樊钟秀　原名铎，字醒民。
范汉杰　名其迭，字汉杰。
范予遂　化名范世昌。
方治　字希孔。
方觉慧　字子樵。
方青儒
方声涛　字韵松。
方振武　原名运策，后改振武，字步平。
冯钦哉　名敬桂、精一、敬业、字钦哉。
冯治安　幼名治台，后改名治安，字仰之。
冯玉祥　原名基善，后改名玉祥，字焕章。
傅岩　字豫秀。
傅秉常　原名裦裳，易名秉常。
傅启学　别号述文。
傅汝霖　字沐波。
傅作义　字宜生。

G

甘家馨　字友兰。
甘乃光　字自明。
高桂滋　字培五。
高语罕　原名超，化名王灵皋、李中、王灵均、张美柯、戈鲁阳、王瑞霖，笔名语罕。
高宗禹
格桑泽仁　字时如。
葛覃　字悒纯。
龚自知　字仲钧。
贡觉仲尼　字寿丞。
古应芬　字勷勤（亦作"湘芹"）。
谷正鼎　字铭枢。
谷正纲　字叔常。
谷正伦　字纪常。
顾孟馀　原名兆雄，后改名孟馀，字梦渔，笔名公孙愈之、亭一寄、郭一亭。
顾维钧　字少川。

顾希平	又名西萍。	胡文灿	
顾祝同	字墨三。	胡宗南	字寿山。
关麟征	字雨东。	黄　实	字蘅秋。
关素人		黄复生	原名位堂，字明玉，后易名树中，字理君。
桂崇基			
桂永清	字率真。	黄吉宸	
郭　忏	字悔吾。	黄季陆	学名学典，后改名陆、季陆，笔名黄魂。
郭春涛			
郭寄峤	原季峤，又名光霭，后易名寄峤。	黄建中	字离明。
郭泰祺	字保元，号复初。	黄麟书	别号槐园。
		黄慕松	又名承恩。

H

		黄少谷	幼名亮，后易名少谷。
韩德勤	字楚箴。	黄绍竑	旧名绍雄，字季宽。
韩复榘	字向方。	黄天爵	字真我。
韩麟符		黄旭初	
韩振声		黄宇人	
郝任夫	字维翰。	黄镇球	字剑灵。
何　键	字芸樵，号容园。	黄正清	藏名罗桑泽旺，号子才。
何成濬	初字云舟，又字雪竹。	黄仲翔	
何浩若	字孟吾。	霍揆彰	字嵩山。

J

何辑五	原名应瑞，后易名辑五。		
何联奎	字子星。	纪　亮	字子明。
何世桢	字毅之、思毅。	贾景德	字煜如，号韬园。
何思源	字仙槎。	江　浩	原名文浩，字注源，后改名江浩，号著元或竹元。
何香凝	原名谏，又名瑞谏，号奥巴桑，别署双清楼主。		
		蒋伯诚	字子迪，号志迪。
何应钦	字敬之。	蒋鼎文	字铭三。
何柱国	字敬业，号铸戈。	蒋光鼐	字憬然。
贺耀组	字贵严。	蒋梦麟	原名梦熊，后易名梦麟，字兆贤，号孟邻。
贺衷寒	字君山。		
洪兰友		蒋宋美龄	
洪陆东		蒋中正	原名瑞元，学名志清，又名伟，字介石，别名阿伟、阿瑞。
胡　瑛	字蕴珊。		
胡次威			
胡汉民	原名衍鹳，后改名衍鸿，字展堂，别号不匮室主。	蒋作宾	字雨岩。
		焦易堂	名希孟，字易堂。
胡健中	别号经亚。	经亨颐	字子渊，号石禅，又号颐渊，别署听秋、厅秋、长山房主人。
胡秋原	原名曾佑，后易名秋原，又名业崇，字石朋，笔名未明、石明、冰禅、秋生、龙治平、胡冬野等。		
		居　正	名养浚，字之骏，号岳崧，留日时改名正，字觉生。
胡庶华	字春藻。		

K

康　泽　原名代宾，后易名泽，字兆民。
克兴额　字指南。
孔祥熙　字庸之。

L

赖　琏　字景瑚，笔名觉仙。
乐景涛
雷　殷　字渭南，又字惠南。
雷　震　字儆寰。
李　觉　又名淑志，字云波。
李大超　字光。
李福林　字登同。
李汉魂　字伯豪，号南华。
李济深　原名济琛，字任潮。
李敬斋　名鹤，字敬斋。
李烈钧　名烈训，后改烈钧，字协和，号侠黄。
李梦庚　名希莲，字梦庚。
李明扬　原名敏来、逊吾，曾用名键，后易名明扬，字师广。
李默庵　字年三、霖生，号宗白。
李培基　字涵础。
李培炎　字西平。
李品仙　字鹤龄。
李朴生　原名沃龄，后易名朴生。
李绮庵
李任仁　字重毅。
李生达　字舒民。
李石曾　名煜瀛，字石曾、符曾，晚年自号扩武，笔名真民、真、石僧。
李士珍　字梦周。
李守常　学名耆年，后改名钊，又改名龟年、志钊、守常，字寿昌，笔名常、伐申、冥冥、LSC生、TC生、剑影、明明、S、C生、孤松、SC、TCL、TC、猎夫、渊泉、李琴华、严明、季明、季昌、彬彬、算算、英英、LZO、TE生、FO、TSE生、TO生、TOL、πSL生、明明朋、TL生、秀昌、香年、岩明、猪猎、辛亥、钊形、S日生。
李书华　字润章。
李树森　字朝赟。
李次温
李嗣璁
李铁军
李惟果
李文范　字君佩。
李文斋　名恭安，字文斋。
李先良
李延年　又名益寿，字吉甫。
李扬敬　字钦甫。
李翼中　名朝鎏，字翼中。
李永新　字鹤龄。
李玉堂　字瑶阶。
李肇甫　字伯申。
李中襄　字立侯。
李宗黄　字伯英。
李宗仁　字德邻。
梁敦厚　字化之。
梁寒操　字君默（或作均默）。
廖仲恺　名恩煦，又名夷白，字仲恺，笔名屠富、渊实。
林　彬　字佛性。
林　叠　字景斐。
林　森　字子超，号长仁，又号天波，晚年别署青芝老人。
林　蔚　字蔚文。
林学渊
林翼中　名家相，字翼宗，后改翼中。
林云陔　原名公竞，后改云陔，字毅公。
林直勉　原名培长，字绍轩，晚号鲁直。
林祖涵　字邃园，号伯渠。
刘　斐　字为章。
刘　戡　字麟书。
刘　湘　字甫澄。
刘　峙　字经扶，号天岳。

刘伯群
刘鼎和
刘成灿
刘攻芸　原名驷业,后易名攻芸。
刘蘅静
刘纪文　原名兆镕,后易名纪文,字兆铭。
刘季洪　名钟,字季洪。
刘多荃　字芳波。
刘建绪　字恢先。
刘健群　原名怀珍,后改健群,字席儒。
刘廉克　字占一。
刘芦隐
刘茂恩　字书霖。
刘汝明　字子亮。
刘尚清　字海泉。
刘守中　字允丞,又作允臣。
刘维炽　字季生。
刘文岛　字尘苏,号率真。
刘文辉　字自乾。
刘瑶章
刘震寰　原名瑞廷,字显臣。
刘镇华　字雪亚。
柳克述　字剑霞。
柳亚子　乳名慰宝,幼名祥儿,原名慰高,后改名人权,字安如、景山、亚卢、亚庐、弃疾,化名唐隐芝、尚左生,笔名青兕、中国少年之少年、侠少年、虚无、愤民、安如、育疾子、汉种之中一汉种、松陵女子潘小璜、春蚕、春蚕居、南史、革命军之马前卒、"及时雨宋江"、柳七、南社巨子、"今屈原"、分湖归隐、灵芬别馆归主、化龙隐士、秣陵悲秋客柯士汀斯基、酒社长、南明遗民、丽君侍史、磨剑室主。
龙　云　名登云,字志舟,又名治舟、子舟。
楼桐荪　字佩兰。

卢　汉　原名汉邦,后易名汉,字永衡。
鲁荡平　字若衡。
鲁涤平　字詠安,别号无烦。
陆崇仁　字子安。
陆福廷　字心亘。
陆幼刚　号砺庵。
鹿钟麟　字瑞伯。
路友于　名汝悌,字友于。
吕晓道
吕云章　字澐沁。
罗贡华　笔名荆璞。
罗家伦　字志希,笔名毅。
罗良鉴　字偌子。
罗桑坚赞　字吉仲。
罗时实　字佩秋。
罗霞天
罗翼群　原名道贤,后易名翼群,字逸尘。
罗卓英　字尤青、幼青,号慈威。
骆美奂　字仲英。

M

马步芳　字子香。
马超俊　宁星樵。
马法五　字赓虞。
马福祥　字云亭。
马鸿宾　字少云。
马鸿逵　字少云。
马继周　字梓恩。
马绍武
马星野
马元放　字孟进、逸群、饮冰。
马占山　字秀芳。
麦焕章　字慕尧。
麦斯武德
满楚克扎布
毛邦初　别号信诚。
毛炳文　后易名秉文,号慈衡、次亨。
毛泽东　字润之,幼名石头、石三、石三伢子,别名润、泽东、润元、子任、自任、二十八画生、石山、詠芝、允滋，化名马任、赵东、李得胜、事任、毛奇、李德生、得胜、国彬、毛允滋、杨先生。
茅祖权　字泳薰。
梅公任　名尚文，字佛光，又字公任，笔名黄素。
梅贻琦　号月涵。
梅友卓　号仰平。
苗培成　字告宝。
缪　斌　字弼丞，号丕成。
缪培南　字经成，别号育群。
穆罕默德·伊敏

N

尼玛鄂特索尔　字冠洲，以汉字冠洲名世，本名为蒙名，极少用。
倪文亚
钮永建　字惕生。
诺　那　藏族本名赤乃降措，幼年被诺那寺选为活佛，七岁入庙，法号诺那（诺那活佛即诺那呼图克图）。

O

欧阳格　别号九渊。
欧阳驹　字惜白。
区芳浦

P

潘公弼　名保同，字公弼。
潘公展　名有猷，字干卿，号公展。
潘文华　字仲三。
潘秀仁　字箴西。
潘云超　字知远。
庞炳勋　字更臣（又作"更新"）。
庞镜塘
彭　善　字楚恒。
彭国钧　字全方。
彭素民　名自珍，后改素民。
彭学沛　字浩徐。
彭泽民　字锦泉，号镛希。
彭昭贤　字君颐。

Q

齐世英　字铁生。
钱昌照　字乙藜。
钱大钧　字慕尹。
钱用和　字韵荷，号幸吾。
秦德纯　字绍文。
瞿秋白　幼名阿双，谱名懋淼、楸森，原名舟双、爽、霜，学名双，号雄魄、熊伯，又号铁梅、涤梅、瓠舟、秋白、梅景山人，化名瞿子源、史维立、宿心、斯特拉霍夫、之夫、一天、DOU LON、林复，笔名巨缘、秋蕖、屈维它、维它、双莫、陶畏巨、双林、默、顾、维、维摩、热、血、沸、腾、了、它、M君、CTPA YOK、美夫、狄康、屈章、启凡、史铁儿、GMPA XOK、S·T·R、樊梓、樊梓生、董龙、陈笑峰、司马令、史维、Sma kin、V·T、j·k、易阵风、范亢、范易、范易嘉、易嘉、文尹、A·T·T、宋阳、向匣、向茄、华靖、静华、卓乐欧、魏凝、维宁、何苦、乐雯、何家干、干、子明、余铭、洛文、何凝、疑众、宜宾、萧参、史杰、陈遫、商霆、维嘉、商廷发、陈节、史步昌、何朴、王莫吉、阿林、Menin、杨霞青、石人、犬耕、何其祥、立夫、文甲、阿森、双太后、凡、林渺、尚长、TK、疑公、同人、维疑、疑仲、善心、铁中、熊诒、何双爽、乐阳、树森、爽、斯特拉夫、史、SMA、庆白、子源、凝冰、梅影、史铁尔、易军、易陈儿。
屈　武　字经文。

R

热　振	藏族本名丹巴坚赞，法名土丹江白益西·丹巴坚赞，封号辅一普化禅师，世称热振活佛。
任卓宣	笔名叶青。

S

萨本栋	字亚栋，号仁杰。
沙克都尔扎布	简称沙王，汉名魁台。
上官云相	字纪青。
商　震	字启予。
邵　华	字健功。
邵力子	原名凤寿，又名闻泰，字仲辉，笔名力子、籀因、天富、景奎。
邵元冲	初名骥，字伯瑾，别署玄中、中子、穿默、玄圃。
沈定一	名宗传，字叔言，后改名定一，字剑侯，号玄庐，别署子丞。
沈鸿烈	字成章。
沈慧莲	
沈宗濂	
盛世才	原名振申，后易名世才，字晋庸，号德三。
石　瑛	字蘅青。
石敬亭	字筱珊。
石青阳	名蕴光，字青阳。
时子周	名作新，字子周。
司　伦	
宋庆龄	原名庆琳，教名露瑟萝，学名罗莎蒙德或洛士文，化名苏吉，日名中山琼英，笔名林泰。
宋述樵	名镇嵞，字述樵。
宋希濂	字荫国。
宋宜山	字励夫。
宋哲元	字明轩。
宋子文	
孙　科	字哲生，又字建华。
孙　震	谱名定懋，后易名楸，再改名震，字德操，别号梦僧。
孙镜亚	字靖尘。
孙连仲	字仿鲁。
孙蔚如	名树棠，字蔚如。
孙越崎	原名毓麒，后易名越崎。

T

覃　振	名道让，后改名振，字理鸣。
谭伯羽	名羽，字伯羽，别号习斋。
谭道源	字逸如。
谭平山	又名聘三，号鸣谦（又号诚斋）。
谭延闿	初名宝璐，字组安（亦作组庵或祖盦），别号慈畏（亦号无畏）。
汤恩伯	原名克勤，后易名恩伯。
唐　纵	字乃建。
唐绍仪	又作绍怡，字少川。
唐生智	字孟潇。
唐式遵	字子晋。
唐有壬	字寿田。
田昆山	名蕴玉，字昆山。

W

万福麟	字寿山。
万耀煌	原名万奇，后易名耀煌，宁武樵，晚年自号砚山老人。
汪精卫	名兆铭，字精卫，又字季新、季恂、季辛，别名守约、扑满、民意、休闲抱香者、曼昭、王昭民、李一新、怀璧匹夫、家庭之罪人。
王　均	字治平。
王　俊	字达天。
王　祺	字淮君。
王柏龄	字茂加。
王秉钧	字化南。
王伯群	名文选，字伯群。
王宠惠	字亮畴。
王德溥	字润生。
王东原	名修埔，字东原。
王法勤	字励斋，笔名高阳酒徒。
王靖国	字治安。

王隽英
王昆仑　字鲁瞻，笔名太愚。
王乐平　名者塾，字乐平。
王陵基　号方舟。
王陆一　原名天土，后易名陆一。
王懋功　名国华，字东成，后易名懋功。
王芃生　名大桢，字芃生，别署曰叟。
王启江
王泉笙　字逢源，号梵庵。
王若喜　字甹青。
王世杰　字雪艇。
王树翰　字维宙，又字惕庵。
王漱芳　字艺圃。
王宪章　字斌卿。
王星拱　字抚五。
王星舟　原名钟文，后易名星舟，字月帆。
王耀武　字佐民。
王以哲　字鼎方。
王用宾　字太蕤。
王正廷　字儒堂。
王仲廉　字介人。
王子弦
王宗山　名登云，字宗山。
王缵绪　字治易，别号庢园居士。
吴铸人　字梦燕，别号寿金。
韦永成
卫立煌　字俊如，又字耀珊。
魏道明　字伯聪。
闻亦有
翁文灏　字詠霓，别名成璋、永年、悫士。
吴保丰
吴鼎昌　字达铨，别署前溪。
吴国桢　字峙之。
吴经熊　字德生。
吴开先
吴南轩　名冕，字南轩。
吴奇伟　原名晴云，后易名奇伟，字梧生。
吴尚鹰　字一飞，化名吴侠一。

吴绍澍　字丽生。
吴铁城　化名吴丹。
吴醒亚　字醒民。
吴挹峰
吴玉章　字永珊，又字树人，笔名王荣、平洋、震东、约瑟夫、布列宁、吴铭、岳平洋、岳镇东、镇东。
吴稚晖　原名朓（又作"朏"），字稚晖（又作"稚威"），后改名敬恒，号朓庵（又作"朏庵"），笔名燃料、燃、夷、谈天老人。
吴忠信　字礼卿，号守坚。
伍朝枢　字梯云。
伍智梅

X

喜饶嘉措　别号智海。
夏　威　字煦苍。
夏　曦　字蔓伯、蔓白，化名劳侠、李家瑞、夏罗伯。
夏斗寅　字灵炳。
香翰屏　字墨林。
向传义　字育仁。
项定荣
萧　铮　字青萍。
萧佛成　字铁桥。
萧吉珊
萧同兹　名异，字同兹，号涵虚。
萧忠贞　字伯亨。
谢　持　幼名桂林，原名振心，改名振新，又名持，字铭三，改字守愚，又字慧生。
谢　晋　字霍晋。
谢冠生　名寿昌，字冠生。
谢作民
邢森洲
熊　斌　字哲民。
熊克武　字锦帆。
熊式辉　字天翼。
徐　堪　字可亭。
徐　谦　字季龙，教名乔治，别署黄山

	樵客。	叶 汜	
徐 箴	字士达。	叶楚伧	初名卓书、竹书,后名宗源、宗渊,又名龙公,号小凤、湘庵尹,别署卓叶、琳琅生、老凤、笔名之子、春风、屑屑。
徐恩曾	字可均。		
徐景唐	原名协和,后易名景唐,字赓陶。		
徐象枢		叶溯中	名震,字溯中。
徐永昌	字次宸。	叶秀峰	
徐源泉	字克成,又字客尘。	于方舟	原名兰渚,又名芳洲、芳舟,化名绍尧、绍舜,笔名方舟、非厂闲人。
许崇智	字汝为。		
许惠东			
许绍棣	字萼如。	于树德	号永溢(滋)。
许甦魂	原名统绪,又名进,字甦魂(亦作"苏魂"),化名为报。	于学忠	字孝侯。
		于望德	
许孝炎	字伯农。	于右任	名敬铭,字伯循,化名刘学裕,笔名神话旧主、关西余子、骚心、大风、剥果、太平老人、骚,号半哭半笑楼主,别署乾坤一杜鹃、诱人。
薛 岳	又名仰岳,字伯陵。		
薛笃弼	字子良。		
Y			
阎锡山	字伯川,号龙池。		
燕化棠	原名国炽,后易名化棠,字午峰,号吾佛。	余成勋	
		余汉谋	字幄奇。
杨 虎	字啸天。	余井塘	名愉,字景棠,后改字井塘,笔名心俞。
杨 杰	字耿光。		
杨 森	原名淑泽,又名伯坚,后易名森,字子惠。	余俊贤	字一帆。
		俞飞鹏	字樵峰。
杨爱源	字星如,号革非。	俞鸿钧	
杨端六	原名勉,后易名超,字端六。	袁 雍	
		袁守谦	字企止。
杨虎城	原名忠祥,号虎臣,后改名憨,改号虎城。	恽代英	又名遽轩,字子毅,笔名代英、英、但一、但天一、雅宜、F·M、记者,化名王作霖、"圣人"。
杨继曾	字君毅。		
杨匏安	名锦涛,笔名匏庵、匏安、夂幺弓、王纯一、杨朝官。		
		Z	
杨树庄	字幼京。		
杨庶堪	字沧白,晚号邠斋。	曾扩情	原名朝笏,又名慕沂,字扩情。
杨希闵	字绍基。		
杨熙绩		曾万锺	字鼎铭。
杨永泰	字畅卿。	曾养甫	名宪浩,字养甫。
尧乐博士	新疆哈密维吾尔人,依《可兰经》宗教仪式命名马穆提吾受,后以尧乐博士(巴士)名世,字景福。	曾以鼎	字省三。
		曾仲鸣	
		詹大悲	原名培翰,又名翰,后易名大悲,字质存。
姚大海	字容轩。	詹菊似	

张　冲	原名绅，后易名冲，字淮南（亦字"怀南"）。		魄"），后改字文白（一作"文伯"）。
张　钫	字伯英。	章　嘉	藏族本名罗桑班殿丹毕蓉梅，1899年被选受封为第十九世章嘉活佛（即章嘉呼图克图）。
张　继	初名溥，改名继，字溥泉，化名姜白，号自然生，别署黄帝子孙多数人、仇、"三将军"。	章　善	字友三。
张　强	字毅夫。	赵戴文	字次陇。
张　群	字岳军。	赵棣华	名同连，字棣华。
张　维	字维之，号鸿汀。	赵兰坪	
张　贞	字干之。	赵丕廉	字芷青，别号麓台。
张　轸	字翼三。	赵允义	字宜斋。
张　镇	字真夫。	赵仲容	名永宽，字仲容。
张邦翰	字西林。	郑洞国	字桂庭。
张宝树	别号东帆。	郑介民	原名庭炳，后易名介民，字耀全，号杰夫。
张伯谨		郑彦棻	
张伯苓	名寿春，字伯苓。	郑亦同	原名异，又名衍通，字亦同。
张道藩	字卫之。	郑占南	
张定璠	字伯璇。	锺天心	
张笃伦	字伯常。	周　嵒	字奉璋。
张发奎	字向华。	周伯敏	
张国焘	又名特立，字抱荫，又字楷荫，号凯音、克仁，笔名张彪、特、凯音、国涛、天师。	周佛海	原名福海，后改佛海。
		周福成	字金五。
		周启刚	字觉庸。
张惠长	字锦威。	周异斌	字清溢。
张嘉璈	字公权。	周兆棠	字苇亭。
张静愚	字静一。	周至柔	名百福，字至柔。
张九如	别号救鲁。	朱怀冰	
张厉生	字少武。	朱季恂	
张砺生	原名秉文，后易名砺生。	朱霁青	原名国陞，后改名自新，字纪卿，亦作霁青，号再造子。
张默君	名昭汉，字默君、漱芳，笔名大雄。	朱家骅	字骝先，又字湘麐。
张平群	字秉勋。	朱经农	名有昖，字经农，笔名淡如。
张清源	名云涛，字清源。	朱培德	字益之。
张人杰	谱名增澄，又名人杰，字静江，别署饮光，或称卧禅。	朱绍良	原名宝瑛，后改绍良，字一民。
张任民		祝秀侠	原名庚明，后易名秀侠，字佛朗。
张廷休	字梓铭。		
张维桢		卓衡之	
张苇村	以字行。	邹　鲁	名澄生，字海滨，笔名亚苏。
张学良	字汉卿，号毅安。	邹志奋	字耐雪。
张之江	字紫氓、子珉，别署子姜。	邹作华	字岳楼。
张知本	字怀九。	祝绍周	字苇南（又作莆南）。
张治中	名本尧，原字警魄（或作"敬		

附录二 国民党政府时期军事首脑和军事首脑机关及所属建立与结束日期概览

国民革命军总司令（1926年6月5日-1928年10月8日）
国民革命军总司令部（1926年7月9日-1929年3月15日）
国民革命军总司令部战地政务委员会（1928年3月9日-6月10日）
中华民国海陆（陆海）空军总司令（1928年10月8日-1931年12月15日）
中华民国海陆（陆海）空军总司令部（1929年3月15日-1931年11月30日）
中华民国海陆（陆海）空军总司令武汉行营（1929年3月30日-1930年1月□日撤销；1930年8月8日再度设立——1931年11月30日改设为"国民政府驻鄂〈武汉〉绥靖公署"）
中华民国海陆（陆海）空军总司令北平行营（1929年4月1日-1931年11月30日撤销）。
中华民国海陆（陆海）空军总司令广东行营（1929年12月8日成立，不久即撤销，具体日期待考）
中华民国海陆（陆海）空军总司令洛阳行营（1929年12月12日-1930年1月9日撤销；1930年10月25日再设——1931年11月21日撤销）
中华民国海陆（陆海）空军总司令郑州行营（1930年10月12日-1931年11月22日撤销）
中华民国海陆（陆海）空军总司令豫鄂皖边区绥靖督办公署（1930年11月3日-□年□月□日）
中华民国海陆（陆海）空军总司令豫陕晋边区绥靖办公署（1930年11月3日-□年□月□日）
中华民国海陆（陆海）空军总司令江苏绥靖督办公署（1930年11月3日-□年□月□日）
中华民国陆海空军总司令湘鄂赣边区"剿共清乡"督办公署（1930年12月24日-□年□月□日）
中华民国陆海空军总司令湘鄂川边区"剿共清乡"督办公署（1930年12月24日-□年□月□日）
中华民国陆海空军总司令南昌行营（1930年12月26日-1931年11月22日）
中华民国陆海空军总司令潼关行营（1931年7月7日-□年□月□日）
中华民国海陆（陆海）空军副司令（1929年10月28日-1930年4月10日；1930年6月21日-1931年11月15日）
中华民国海陆（陆海）空军副司令行营（1930年6月21日-1931年11月15日改设为"国民政府北平绥靖公署"）
国民政府军事委员会（1927年4月21日-1927年9月16日；1927年9月20日-1928年2月6日中央特别委员会时期；1928年2月6日-1928年11月16日二届四中全会后至五院制实行初期）
国民政府军事委员会航空处（1927年9月□日-1928年11月10日改组为"国民政

府行政院军政部航空处")

国民政府军事委员会参谋厅陆军测量局（1927年12月□日–1936年7月□日改组为"国民政府军事委员会参谋厅陆地测量总局"）

国民政府军事委员会首都卫戍司令（1928年1月□日–1930年3月□日）

国民政府军事委员会首都卫戍司令部（1930年3月□日–□年□月□日）

国民政府军事委员会淞沪卫戍司令（1927年9月□日–1930年3月□日改称"国民政府军事委员会淞沪警备司令"）

国民政府军事委员会淞沪卫戍司令部（1927年9月□日–1930年3月□日改称"国民政府军事委员会淞沪警备司令部"）

国民政府驻陕绥靖公署（1931年7月7日–□年□月□日）

国民政府北平绥靖公署（1931年11月15日–1932年8月19日改设为"国民政府军事委员会北平分会"）

国民政府驻豫绥靖公署（1931年11月30日–1935年12月12日改设为"国民政府军事委员会豫皖绥靖公署"）

国民政府驻赣绥靖公署（1931年11月30日–1933年□月□日；1934年11月27日再度设立–1935年10月3日裁）

国民政府驻鄂绥靖公署（1931年11月30日–1936年12月□日裁）

国民政府军事委员会（1932年1月29日–1946年5月31日）

国民政府军事委员会山西（太原）绥靖公署（1932年2月20日–1937年8月20日与第二战区司令长官部合署办公；1947年3月□日，第二战区司令长官部并入太原绥靖公署，1949年4月〈24日〉消失）

国民政府军事委员会广州绥靖公署（1932年3月29日–1936年10月□日易名为"国民政府军事委员会广东绥靖公署"；1937年8月20日与第四、七战区司令长官部合署办公；1945年10月□日随第七战区司令长官部改组为"国民政府军事委员会衢州绥靖公署"）

国民政府军事委员会广西（南宁）绥靖公署（1932年3月29日–1945年7月□日裁撤）

国民政府豫鄂皖三省"剿匪"总司令部（1932年5月21日–1935年1月31日撤销）

国民政府军事委员会驻闽绥靖主任公署（1932年6月1日–1937年8月2日裁撤）

国民政府军事委员会北平分会（1932年8月19日–1935年11月26日撤销，改由"国民政府军事委员会冀察绥靖主任公署"接替）

国民政府军事委员会驻甘特派绥靖主任公署（1933年9月28日–1937年6月29日裁撤）

国民政府军事委员会航空委员会（1934年1月15日–1946年5月31日）

国民政府军事委员会禁烟督察处（1934年5月9日–1941年4月□日）

国民政府军事委员会驻赣特派绥靖主任公署（1934年11月27日–1935年10月3日裁撤）

国民政府军事委员会驻黔特派绥靖主任公署（1935年2月21日–1937年6月□日裁撤）

国民政府军事委员会川康绥靖公署（1935年11月19日–1947年7月□日裁撤）

国民政府军事委员会资源委员会（1935年4月□日–1938年1月14日改隶于国民政府行政院经济部）

国民政府军事委员会禁烟委员会（1935年6月5日－1938年1月10日改隶于国民政府行政院内政部）

国民政府军事委员会冀察绥靖主任公署（1935年11月26日－1937年7月29日随平津陷敌而消遁）

国民政府军事委员会豫皖绥靖公署（1935年12月12日－□年□月□日）

国民政府军事委员会委员长侍从室（1936年1月□日－1945年11月26日名义上撤销，实际上将原班人马转移至国民政府文官处政务局和国民政府参军处军务局全数安置）

国民政府军事委员会驻湘（长沙）特派绥靖主任公署（1936年4月30日－11月5日撤销）

国民政府军事委员会参谋厅陆地测量总局（1936年7月□日－□年□月□日）

国民政府军事委员会滇黔绥靖公署（1936年8月2日－1937年8月□日撤销）

国民政府军事委员会江苏绥靖公署（1937年4月28日－1938年2月□日裁撤）

国民政府军事委员会委员长（1932年3月8日－1946年5月31日）

国民政府军事委员会委员长南昌行营（1933年5月21日－1935年2月16日）

国民政府军事委员会委员长武昌行营（1935年3月1日－1938年6月24日）

国民政府军事委员会委员长广西行营（1935年9月26日－1938年11月□日裁撤）

国民政府军事委员会委员长四川（重庆）行营（1935年10月3日－1939年2月1日被改设为"国民政府军事委员委员长成都行辕"、"国民政府军事委员会委员长西昌行辕"）

国民政府军事委员会委员长宜昌行辕（1935年10月11日－1936年1月□日奉令与原属国民政府军事委员会委员长武昌行营之"陆军整理处"合并，改称为"国民政府军事委员会委员长行辕"而不冠地名，其结束日期待考）

国民政府军事委员会委员长广州行营（1936年9月26日－1937年8月20日改为"国民政府军事委员会第四战区司令长官部"）

国民政府军事委员会委员长武汉行营（1936年12月1日－1946年7月17日改称"国民政府主席武汉行辕"——1948年5月19日改设为"武汉绥靖公署"——1948年6月3日与行政院国防部九江指挥部合并组成"华中剿匪总司令部"——1949年4月□日改设为"华中军政长官公署"——〈至是年12月底取消〉）

国民政府军事委员会委员长西安行营（1937年1月5日－1938年11月22日裁撤）

国民政府军事委员会委员长石家庄行营（1937年7月14日－8月1日改设为"国民政府军事委员会委员长保定行营石家庄办事处"）

国民政府军事委员会委员长保定行营（1937年8月1日－8月24日随保定陷敌而撤销）

国民政府军事委员会国家总动员设计委员会——国防最高会议国家总动员设计委员会——国防最高委员会国家总动员委员会（1937年8月1日－1942年5月4日撤销并改设为"国民政府行政院各级动员会议"）

国民政府军事委员会所属各战区、战区司令长官（总司令）、战区司令长官部（总司令部）（1937年8月20日－1947年3月15日）

国民政府军事委员会第一战区司令长官部（1937年8月22日－1947年3月15日改设为"国民政府军事委员会西安绥靖公署"）

国民政府军事委员会第五战区司令长官部（1937年8月22日－1945年12月20日改

设为"国民政府军事委员会郑州绥靖公署")

国民政府军事委员会第三战区司令长官部（1937年8月23日－1946年3月□日撤销）

国民政府军事委员会第六战区司令长官部（1937年9月11日－1945年8月□日撤销，所辖部队并入国民政府军事委员会委员长武汉行营）

国民政府军事委员会第二战区司令长官部（1937年10月13日－1946年3月□日撤销，所辖部队并入国民政府军事委员会太原绥靖公署）

国民政府军事委员会第七战区司令长官部（1937年10月26日－1945年10月□日改设为"国民政府军事委员会衢州绥靖公署"）

国民政府军事委员会第八战区司令长官部（1937年11月9日－1946年3月□日并入国民政府军事委员会委员长西北行营）

国民政府军事委员会第九战区司令长官部（1938年6月18日－1945年9月□日结束）

国民政府军事委员会鲁苏战区总司令部（1938年11月28日－1945年1月□日随第十战区重辖苏北而消失）

国民政府军事委员会冀察战区总司令部（1939年1月□日－1945年6月□日撤销，所辖部队并入第十一战区）

国民政府军事委员会第十战区司令长官部（1939年1月□日－1945年12月20日撤销，所辖部队并入国民政府军事委员徐州绥靖公署）

国民政府军事委员会第四战区司令长官部（1939年1月□日－1945年1月□日改为中国陆军总司令部第二方面军）

国民政府军事委员会第十一战区司令长官部（1945年6月□日－1947年3月□日改设为"国民政府行政院国防部保定绥靖公署"）

国民政府军事委员会第十二战区司令长官部（1945年6月□日－1947年3月□日并入国民政府行政院国防部张垣绥靖公署）

国民政府军事委员会海军司令部（1938年1月1日－1945年12月31日）

国民政府军事委员会军令部（1938年1月17日－1946年5月31日）

国民政府军事委员会战地党政委员会（1939年3月22日－1943年1月1日）

国民政府军事委员会战地党政委员会第三战区分会（1939年7月□日－1943年1月1日）

国民政府军事委员会战地党政委员会第四战区分会（1939年7月□日－1943年1月1日）

国民政府军事委员会战地党政委员会第九战区分会（1939年10月□日－1943年1月1日）

国民政府军事委员会战地党政委员会豫鄂皖边区分会（1939年10月□日－1943年1月1日）

国民政府军事委员会战地党政委员会第二战区分会（1940年3月□日－1943年1月1日）

国民政府军事委员会战地党政委员会冀察战区分会（1940年3月□日－1943年1月1日）

国民政府军事委员会战地党政委员会鲁苏战区分会（1940年4月□日－1943年1月1日）

国民政府军事委员会战地党政委员会第六战区分会（1940年11月□日－1943年1月1日）

国民政府军事委员会战地党政委员会鲁苏豫皖边区分会（1940年12月□日－1943年1月1日）

国民政府军事委员会战地党政委员会豫鄂皖边区分会（□年□月□日－1943年1月1日）

国民政府军事委员会运输统制局（1940年4月□日－1942年12月□日）

中国陆军总司令部（1944年12月25日－1946年6月1日与国民政府军事委员会军事训练部各兵监及同盟国家联合军中国战区统帅部合编组成国民政府行政院国防部陆军总司令部）

国民政府军事委员会战时运输管理局（1945年1月□日－11月□日）

国民政府军事委员会徐州绥靖公署（1945年10月20日－1946年6月1日易名为"国民政府行政院国防部徐州绥靖公署"——1947年3月3日改设为"国民政府行政院国防部陆军总司令部徐州指挥部"——1948年6月□日撤销并另设为"国民政府行政院国防部徐州'剿匪'总指挥部"）

国民政府军事委员会郑州绥靖公署（1945年10月20日－1946年6月1日易名为"国民政府行政院国防部郑州绥靖公署"——1947年3月3日改设为"国民政府行政院国防部陆军总司令部郑州指挥部"，受徐州指挥部节制）

国民政府军事委员会衢州绥靖公署（1945年10月20日－1946年6月1日易名为"国民政府行政院国防部衢州绥靖公署"——1949年1月21日改设为"中华民国总统府行政院国防部福州绥靖公署"）

国民政府行政院国防部保定绥靖公署（1947年3月□日－1947年12月□日）

国民政府行政院国防部张垣绥靖公署（1947年3月□日－1947年12月□日）

国民政府行政院国防部西安绥靖公署（1947年3月15日－〈1949年8月24日撤销并被改设为"川陕甘边区绥靖公署"和"川鄂边区绥靖公署"，同年12月□日前者在四川省被歼灭，后者则于12月21日在四川省什邡起义〉）

国民政府行政院国防部华北"剿匪"总司令部（1947年12月□日－1949年1月□日被迫接受和平改编）

中华民国总统府行政院国防部长沙绥靖公署（1948年8月4日－〈1949年8月4日随程潜、陈明仁率部起义而取消〉）

中华民国总统府行政院国防部重庆绥靖公署（1948年8月5日－〈1949年5月1日改设为"中华民国总统府行政院西南军政长官公署"，同年12月□日消失〉）

中华民国总统府行政院国防部桂林绥靖公署（1949年2月14日－〈12月□日随广西全境被解放而消失〉）

中华民国总统府行政院国防部贵州绥靖公署〈1949年5月18日－12月21日在贵阳起义〉

中华民国总统府行政院国防部云南绥靖公署〈1949年5月18日－12月9日在昆明起义〉

国民政府军事委员会委员长桂林行营（1938年12月3日－1940年5月15日撤销并被改设为"国民政府军事委员会桂林办公厅"，至1943年12月31日该办公厅结束）

国民政府军事委员会委员长天水行营（1938年12月3日－1940年6月1日撤销并被

改设为"国民政府军事委员会西安办公厅",至1945年7月□日该办公厅裁撤)

国民政府军事委员会委员长成都行辕(1939年2月1日-1946年4月23日撤销)

国民政府军事委员会委员长西昌行辕(1939年2月1日-1946年4月23日撤销)

国民政府军事委员会委员长昆明行辕(1939年12月1日-1945年10月2日裁撤)

国民政府军事委员会委员长赣州行营(1945年1月1日-1946年5月31日撤销)

国民政府军事委员会委员长汉中行营(1945年2月10日-1945年9月1日裁撤)

国民政府军事委员会委员长北平行营(1945年9月1日-1946年7月17日改称"国民政府主席北平行辕",至1948年5月19日该行辕撤销,其所属机构合并于"国民政府行政院国防部华北'剿匪'总司令部",至1949年1月□日该总司令部被迫接受和平改编)

国民政府军事委员会委员长广州行营(1945年9月1日-1946年7月17日改称"国民政府主席广州行辕",至1948年5月19日改设为"国民政府行政院国防部广州(广东)绥靖公署",〈至1949年8月24日改设为"中华民国总统府华南军政长官公署",至1949年10月31日撤销〉)

国民政府军事委员会委员长东北行营(1945年9月1日-1946年7月17日改称"国民政府主席东北行辕",至1948年5月19日撤销,其所属机构合并于"国民政府行政院国防部东北'剿匪'总司令部",同年11月16日被撤销)

国民政府军事委员会委员长西北行营(1946年3月28日-1946年7月17日改称"国民政府主席西北行辕",至1948年5月19日改设为"国民政府行政院国防部西北绥靖公署",同年8月2日改称"中华民国总统府行政院西北军政长官公署",〈至1949年9月□日起义后消失〉)

国民政府军事委员会委员长重庆行营(1946年4月23日-1946年7月17日改称为"国民政府主席重庆行辕",至1948年5月19日改设为"国民政府行政院国防部重庆绥靖公署",〈至1949年5月1日改设为"中华民国总统府行政院西南军政长官公署",至同年12月底消失〉)

国民政府军事委员会第一绥靖区(1945年10月□日-〈1949年5月26日在上海战役中被歼灭大部,残部逃川〉)

国民政府军事委员会第二绥靖区(1945年10月□日-1948年9月24日在济南战役中起义)

国民政府军事委员会第三绥靖区(1945年10月□日-1948年11月8日在淮海战役前线起义)

国民政府军事委员会第四绥靖区(1945年10月□日-〈1949年10月□日在漳厦战役中被歼灭〉)

国民政府军事委员会第五绥靖区(1945年10月□日-1947年11月□日奉令撤销,旋又恢复设立,〈至1949年5月15日在武昌金口起义〉)

国民政府军事委员会第六绥靖区(1945年10月□日-〈1949年5月□日奉令撤销〉)

国民政府军事委员会第八绥靖区(1945年10月□日-〈1949年12月在广东境内被歼灭〉)

国民政府军事委员会第七绥靖区(1947年12月□日-〈1949年5月□日在华南、皖南被歼灭大部〉)

国民政府军事委员会第九绥靖区(1947年12月□日-〈1949年8月在福州被歼

灭〉）

国民政府军事委员会第十绥靖区（1947年12月□日–1948年11月□日被歼灭）
国民政府军事委员会第十一绥靖区（1947年12月□日–〈1949年12月被歼灭大部，残部逃台〉）
国民政府军事委员会第十二绥靖区（1947年12月□日–〈1949年6月10日撤销〉）
国民政府军事委员会第十三绥靖区（1947年12月□日–〈1949年12月□日在四川起义〉）
国民政府军事委员会第十四绥靖区（1947年12月□日–1948年8月□日撤销）
国民政府军事委员会第十六绥靖区（1947年12月□日–〈1949年5月□日撤销〉）
国民政府军事委员会第十五绥靖区（1948年1月□日–7月□日在襄樊战役中被我歼灭）
国民政府军事委员会第十七绥靖区（1948年4月□日–〈1949年8月被歼灭〉）
国民政府军事委员会第十八绥靖区（1948年5月□日–〈1949年6月在宜川被歼灭〉）
国民政府军事委员会第十九绥靖区（1948年5月□日–〈1949年7月□日撤销〉）

词目主题拼音索引

说 明

1.〔 〕中的内容不参与索引。
2.词首的标点符号不参与索引。

B

〔国民党政府时期之〕办理地方公益事务机关 …………………… 294
〔国民党政府时期之〕办理考绩机关 …………………… 288
〔国民党政府时期之〕保甲 ………… 416
〔国民党政府时期之"清乡区"、"自卫区"〕、"保甲区" …………… 436
〔国民党政府时期之〕边疆从政人员及其任用 …………………… 287
〔国民党政府时期之〕边境、边远省份、高等与中等教育人数较少之边远省区 …………………… 294
〔国民政府〕编遣委员会 ………… 70
〔国民政府行政院〕兵役部 ………… 146

C

〔国民政府〕财政部 ……………… 78
〔国民政府行政院〕财政部 ………… 121
〔中华民国总统府行政院〕财政部 … 264
〔国民党政府时期之〕财政部部务会议 …………………… 275
〔国民政府行政院〕财政部各关监督署 …………………… 125
〔国民政府〕财政部关税处 ………… 79
〔国民政府行政院〕财政部关务署 …………………… 124
〔国民政府〕财政部关务署——国民政府行政院财政部关务署 ……… 80
〔国民政府〕财政部国定税则委员会 …………………… 79
〔国民政府行政院〕财政部国税署 … 129
〔国民政府行政院〕财政部海关总署 …………………… 125
〔国民政府行政院〕财政部缉私署 … 129
〔国民政府〕财政部金融监理局 …… 82
〔国民政府〕财政部禁烟处 ………… 82
〔国民政府行政院〕财政部税务署 … 128
〔国民政府行政院〕财政部田赋管理委员会 …………………… 134
〔国民政府行政院〕财政部统税署 … 128
〔国民政府〕财政部盐务处——国民政府财政部盐务署——国民政府行政院财政部盐务署——国民政府行政院财政部盐政署 …………………… 81
〔国民政府〕财政部盐务稽核总所——国民政府行政院财政部盐务稽核总所——国民政府行政院财政部盐务总局 …………………… 81
〔国民政府行政院〕财政部盐务总局 …………………… 130

〔国民政府行政院〕财政部盐政局——国民政府行政院财政部盐政总局——国民政府行政院财政部盐务总局 … 132
〔国民政府行政院〕财政部战时货运管理局 …………………………… 133
〔国民政府行政院〕财政部直接税署 …………………………………… 127
〔国民政府行政院〕财政部专卖事业管理局 …………………………… 133
〔国民政府〕财政监理委员会 ……… 63
〔国民党政府时期之〕财政收支分类 …………………………………… 369
〔国民党政府时期之〕财政收支系统法 …………………………………… 365
〔国民政府〕财政委员会 ………… 65
〔国民政府行政院〕财政委员会——国民政府行政院全国财政委员会 …… 134
〔国民政府中央〕财政整理委员会 … 64
〔中华民国总统府〕参军长 ……… 256
〔国民政府〕参军处 ……………… 60
〔国民政府〕参谋本部国防设计委员会 …………………………………… 91
〔国民政府〕参谋部——国民政府参谋本部 …………………………… 90
〔国民党政府时期之〕参事 ……… 280
〔国民政府〕参事处 ……………… 59
〔国民党政府时期之政治特派员、军事特派员、党务特派员、工运特派员、〕策反工作人员、军事专员、宣导委员、宣导员 …………………………… 414
〔国民党政府时期之实业团体、〕产业公会、职业公会 ……………… 295
〔国民党政府时期之〕"铲共义勇队"、壮丁队 ……………………… 436
〔国民党政府时期之〕长警 ……… 288

〔国民党政府时期之〕处理留俄归国学生办法 …………………………… 438

D

〔国民党政府时期之总办、〕督办、会办 …………………………………… 280
〔国民党政府时期之〕大使 ……… 280
〔中华民国〕大学院 ……………… 95
〔中华民国〕大学院大学区 ……… 96
〔中华民国〕大学院大学委员会 … 96
〔中华民国〕大学院教育行政处 … 95
〔中华民国〕大学院中央研究院 … 97
〔国民党政府时期之〕代办与临时代办 …………………………………… 281
〔国民党政府时期之政治特派员、军事特派员、〕党务特派员、工运特派员、策反工作人员、军事专员、宣导委员、宣导员 …………………………… 414
〔国防最高委员会〕党政工作考核委员会 …………………………………… 36
〔国民党政府时期之〕地方行政官吏保荐与被保荐 ………………………… 288
〔国民党政府时期之〕地方行政官吏任期与保障 …………………………… 288
〔国民党政府时期之〕地方行政区划 …………………………………… 375
〔国民政府行政院〕地政部 ……… 191
〔中华民国总统府行政院〕地政部 … 267
〔国民政府行政院〕地政署 ……… 190
〔中华民国总统府〕第二局 ……… 257
〔中华民国总统府〕第六局 ……… 257
〔中华民国总统府〕第三局 ……… 257
〔中华民国总统府〕第四局 ……… 257
〔中华民国总统府〕第五局 ……… 257
〔中华民国总统府〕第一局 ……… 256

467

〔国民政府时期之〕典试委员会 …… 241
〔国民党政府时期之〕东省特别区行政长官公署 ……………………… 384

F

〔国民党政府时期之〕法、法律案、条例、章程、规程 ………………… 295
〔国民政府〕法官惩戒委员会 ……… 63
〔国民党政府时期之〕法律施行日期 ……………………………… 296
〔国民政府〕法制局 ……………… 62
〔国民党政府时期市之区〕、坊、间、邻组织 ………………………… 404
〔国民党政府时期之〕非常时期战地公务员及其任用 …………………… 284
〔国民政府〕副官处 ……………… 59
〔国民政府〕副官处副官 …………… 59
〔国民政府〕副官处副官长 ………… 59
〔国民党政府时期之〕副领事 …… 281

G

〔国民党政府时期之〕概算与预算 … 367
〔国民政府〕工商部 ……………… 83
〔国民政府行政院〕工商部 ……… 176
〔中华民国总统府行政院〕工商部 … 266
〔国民党政府时期之政治特派员、军事特派员、党务特派员、工运特派员、策反工作人员、军事专员、宣导委员、宣导员 …………………………… 414
〔国民党政府时期之〕公使 ……… 280
〔国民党政府时期之〕公务员 …… 282
〔国民党政府时期之〕公务员任用程序 ……………………………… 283
〔国民党政府时期之〕公务员甄别审查 ……………………………… 283

〔国民党政府时期〕公务员之试署与实授 ……………………………… 283
〔国民党政府时期〕公务员之试用与权理 ……………………………… 284
〔国民党政府时期省县〕公职候选人之考试、检核及任用 …………… 291
〔国民党政府时期之印信、〕关防、钤记、小章 ………………………… 276
〔国民党政府时期之〕广西善后督办公署 ……………………………… 388
〔中华民国总统府〕国策顾问委员会 ……………………………… 259
〔国民政府〕国定关税委员会 ……… 63
〔国民政府行政院〕国防部 ……… 147
〔中华民国总统府行政院〕国防部 … 264
〔国民政府行政院〕国防部本部系统 ……………………………… 149
〔国民政府行政院〕国防部兵役局 ……………………………… 163
〔国民政府行政院〕国防部参谋系统 ……………………………… 150
〔国民政府行政院〕国防部测量局 … 163
〔国民政府行政院〕国防部国防科学委员会 …………………………… 154
〔国民政府行政院〕国防部海军总司令部 ……………………………… 157
〔国民政府行政院〕国防部海军总司令部【海军】基地司令部 ……… 158
〔国民政府行政院〕国防部空军总司令部 ……………………………… 159
〔国民政府行政院〕国防部联合勤务总司令部 …………………………… 160
〔国民政府行政院〕国防部陆军总司令部 ……………………………… 154

国防最高会议及国防最高会议国防参议
　会 …………………………………… 34
国防最高委员会 ……………………… 34
国防最高委员会国民精神总动员委员
　会——国民政府行政院国家总动员会
　议国民精神总动员委员会 ………… 37
〔国民政府总理陵园管理委员会——国
　民政府〕国父陵园管理委员会 …… 66
国际联合会中国全权代表办事处 … 121
〔国民政府行政院〕国家总动员会议
　……………………………………… 202
〔国民党政府时期之〕国军部队和地方部
　队 …………………………………… 293
〔国民政府〕国立北平故宫博物院 … 101
〔国民政府〕国立中央研究院 ………… 97
〔国民政府〕国立中央研究院名誉会员与
　名誉通讯员（外国会员）………… 100
〔国民政府〕国立中央研究院院士与名誉
　院士 ………………………………… 101
〔国民政府〕国立中央研究院之评议机构
　………………………………………… 98
〔国民政府〕国立中央研究院之行政机构
　………………………………………… 98
〔国民政府〕国立中央研究院之研究机构
　………………………………………… 99
国民参政会参政员名额及其配置 … 331
国民参政会参政员之任期 ………… 332
国民参政会之成立 ………………… 331
国民参政会之提出和定名 ………… 330
国民参政会之议长——主席团 …… 332
国民参政会之职权 ………………… 331
国民参政会之驻会委员 …………… 332
国民大会 …………………………… 333
国民大会代表之区域选举 ………… 334
国民大会代表之特种选举 ………… 334

国民大会代表之职业选举 ………… 334
国民大会之"当然代表"与"列席代表"
　……………………………………… 334
国民党政府 …………………………… 40
〔1927年4月18日－9月15日的〕国民
　党政府 ……………………………… 41
〔1927年9月16日－1928年2月4日中
　央特别委员会期间的〕国民党政府
　………………………………………… 41
〔1928年2月4日－10月8日二届四中
　全会后的〕国民党政府 …………… 42
〔1928年10月8日－1931年12月25日
　五院制实行后主席实权制下的〕国民
　党政府 ……………………………… 43
〔1931年12月25日－1943年9月12日
　五院制实行后主席虚权制下的〕国民
　党政府 ……………………………… 45
〔1943年9月13日－1948年5月19日
　主席实权制恢复后的〕国民党政府
　………………………………………… 51
〔1948年5月20日－1949年4月23日
　总统制实行后的〕国民党政府——中
　华民国总统府 ……………………… 53
国民革命军 ………………………… 299
国民革命军总司令 ………………… 301
国民革命军总司令部 ……………… 301
国民革命军总司令部战地政务委员会
　……………………………………… 304
〔1926年7月7日－1927年4月17日期
　间之〕国民革命军总司令及国民革命
　军总司令部 ………………………… 302
〔1927年4月18日－1929年3月15日
　期间之〕国民革命军总司令及国民革
　命军总司令部 ……………………… 303
国民会议 …………………………… 329

469

国民会议代表名额配置和选举监督 ·········· 330
国民会议主席团 ············ 329
国民政府 ················ 38
〔中华民国〕国民政府 ········· 38
〔广州中华民国〕国民政府 ······ 38
〔武汉中华民国〕国民政府 ······ 40
〔北平反蒋派中华民国〕国民政府 ··· 54
〔广州反蒋派中华民国〕国民政府 ··· 54
国民政府会议 ············· 58
〔1927年4月21日-9月16日期间的〕国民政府军事委员会 ······· 304
〔1927年9月20日-1928年2月6日中央特别委员会期间的〕国民政府军事委员会 ············· 305
〔广州国民政府时期之中华民国〕国民政府军事委员会 ·········· 298
〔中华民国〕国民政府委员会 ····· 55
国民政府主席 ············· 56
国难会议 ··············· 328
〔国民政府〕国史馆筹备委员会——国民政府国史馆——中华民国总统府国史馆 ················ 103
〔国民政府〕国务会议 ········· 58

H

〔国民党政府时期之总办、督办、〕会办 ·················· 280
〔国民政府行政院〕海军部 ······ 163
〔国民党政府时期之〕海军部部务会议 ·················· 276
〔国民党政府时期之〕海军测量监、测量正、测量佐 ············· 356
〔国民党政府时期之〕海军官制 ···· 335
〔国民党政府时期之〕海军航务正、航务佐 ················ 356
〔国民党政府时期之〕海军军官佐任官条例 ················ 353
〔国民党政府时期之〕海军军官佐任官条例施行细则 ············ 354
〔国民党政府时期之〕海军造舰总监、造舰监、造舰正、造舰佐 ······ 355
〔国民党政府时期之〕海军造械总监、造械监、造械正、造械佐 ······ 355
〔国民党政府时期之〕海空军电信正、电信佐 ················ 344
〔中华民国〕海陆(陆海)空军副司令及副司令行营 ············ 425
〔中华民国〕海陆(陆海)空军总司令部·中华民国海陆(陆海)空军总司令行营·中华民国海陆(陆海)空军总司令部各绥靖督办公署("剿共清乡"督办公署) ·············· 423
〔国民党政府时期之〕护照 ······ 297
〔国民党政府时期之〕划分国家收入地方收入标准 ············ 366
〔国民党政府时期之〕划分国家支出地方支出标准 ············ 366
〔国民政府〕黄河水利委员会——国民政府全国经济委员会黄河水利委员会——行政院经济部黄河水利委员会——行政院水利委员会黄河水利委员会——行政院水利部黄河水利工程局 ················ 71

J

〔中华民国总统府〕机要室 ······ 258
〔国民党政府时期之〕稽察 ······ 255
〔国民党政府时期之〕稽核 ······ 255

〔国民政府〕稽勋委员会 …………… 69
〔国民党政府时期之〕集团军总司令部
　…………………………………… 365
〔国民政府〕冀察政务委员会 ……… 103
〔国民政府〕监察院 ………………… 244
〔中华民国总统府〕监察院 ………… 272
〔国民政府〕监察院弹劾权之行使 … 250
〔中华民国总统府〕监察院弹劾权之行使
　…………………………………… 273
〔国民政府〕监察院非常时期监察权行使
　程序之简化 ……………………… 249
〔国民政府〕监察院监察区和监察使署
　…………………………………… 248
〔中华民国总统府〕监察院监察区和监察
　委员行署 ………………………… 274
〔国民政府〕监察院监察使巡回监察制
　…………………………………… 250
〔国民政府〕监察院监察委员 ……… 246
〔国民政府〕监察院监察委员保障法
　…………………………………… 247
〔国民政府〕监察院监察委员视察和巡察
　制 ………………………………… 250
〔国民政府〕监察院审计部 ………… 251
〔中华民国总统府〕监察院审计部 … 274
〔国民政府〕监察院审计部各省市审计处
　及各审计办事处 ………………… 253
〔国民政府〕监察院审计部审计职权行使
　之三种方式 ……………………… 252
〔中华民国总统府〕监察院审计长 … 275
〔国民党政府时期之特任、〕简任、荐任、
　委任职官员 ……………………… 277
〔国民党政府时期之特任、简任、〕荐任、
　委任职官员 ……………………… 277
〔国民政府〕建设委员会 …………… 87
〔国民政府〕交通部 ………………… 82

〔国民政府行政院〕交通部 ………… 165
〔中华民国总统府行政院〕交通部 … 264
〔国民政府〕交通部电政总局 ……… 83
〔国民政府行政院〕交通部邮政储金汇业
　总局 ……………………………… 168
〔国民政府行政院〕交通部邮政总局
　…………………………………… 166
〔国民党政府时期之〕"剿匪军"各部队师
　密查委员会及其分会、师考验委员会
　及其分会、临时督战队 ………… 436
〔国民政府行政院〕教育部 ………… 170
〔中华民国总统府行政院〕教育部 … 265
〔国民政府行政院〕教育部国立编译馆
　…………………………………… 173
〔国民党政府时期之〕教育文化机关
　…………………………………… 293
〔国民政府〕教育行政委员会 ……… 86
〔国民政府〕接收东北各地事宜委员会
　…………………………………… 103
〔国民政府〕禁烟委员会 …………… 90
〔国民政府行政院〕禁烟委员会 …… 211
〔国民党政府时期之〕禁烟与禁毒 … 373
〔国民政府〕京沪卫戍司令长官公署
　…………………………………… 75
〔国民政府行政院〕经济部 ………… 180
〔中华民国总统府行政院〕经济部 … 266
〔国民政府行政院〕经济部资源委员会
　…………………………………… 183
〔国民政府行政院〕经济会议 ……… 201
〔中华民国总统府〕警卫总队 ……… 258
〔国民党政府时期之〕军法及监狱人员任
　用暂行条例 ……………………… 363
〔中华民国总统府〕军乐队 ………… 258
〔国民政府〕军事参议院——国民政府军
　事委员会军事参议院——国民政府军
　事参议院 ………………………… 93

〔国民政府〕军事长官惩戒委员会 … 75
〔国民党政府时期之政治特派员、〕军事特派员、党务特派员、工运特派员、策反工作人员、军事专员、宣导委员、宣导员 … 414
〔中国国民党本部〕军事委员会 … 297
〔1928年2月6日－11月17日二届四中全会后至五院制实行初期之国民政府〕军事委员会 … 305
〔1932年1月29日－1937年8月12日期间的国民政府〕军事委员会 … 308
〔1937年8月12日－1946年5月31日期间的国民政府〕军事委员会 … 309
〔国民政府〕军事委员会北平分会 … 322
〔国民政府〕军事委员会参谋厅陆军测量局(陆地测量总局) … 316
〔国民政府〕军事委员会国家总动员设计委员会——国防最高会议国家总动员设计委员会——国防最高委员会国家总动员委员会 … 315
〔国民政府〕军事委员会海军总司令部 … 319
〔国民政府〕军事委员会航空处 … 316
〔国民政府〕军事委员会航空委员会 … 324
〔国民政府〕军事委员会禁烟督察处——国民政府行政院财政部禁烟督察处 … 326
〔国民政府〕军事委员会禁烟委员会 … 328
〔国民政府〕军事委员会军令部 … 318
〔国民政府〕军事委员会首都卫戍司令 … 306
〔国民政府〕军事委员会淞沪卫戍司令部——国民政府军事委员会淞沪警备司令部 … 306

〔国民政府〕军事委员会所属各绥靖区 … 438
〔国民政府〕军事委员会所属各战区、战区司令长官(总司令)、战区司令长官部(总司令部) … 317
〔国民政府〕军事委员会委员长 … 321
〔国民政府〕军事委员会委员长各行营、行辕 … 426
〔国民政府〕军事委员会委员长南昌行营 … 435
〔国民政府〕军事委员会委员长侍从室 … 322
〔国民政府〕军事委员会运输统制局 … 320
〔国民政府〕军事委员会战地党政委员会 … 312
〔国民政府〕军事委员会战时运输管理局 … 320
〔国民政府〕军事委员会中国陆军总司令部 … 311
〔国民政府〕军事委员会资源委员会 … 316
〔国民党政府时期之政治特派员、军事特派员、党务特派员、工运特派员、策反工作人员、〕军事专员、宣导委员、宣导员 … 414
〔国民党政府时期之〕军用技术人员任用条例 … 361
〔国民党政府时期之〕军用文官任用暂行条例 … 360
〔国民政府行政院〕军政部 … 137
〔国民政府行政院〕军政部兵工署 … 143
〔国民政府行政院〕军政部兵役署 … 146
〔国民政府行政院〕军政部海军署 … 141
〔国民政府行政院〕军政部航空署 … 142

〔国民政府行政院〕军政部军人反省院 …… 444
〔国民政府行政院〕军政部军需署 … 143
〔国民政府行政院〕军政部军医署 … 145
〔国民政府行政院〕军政部陆军署 … 139

K

〔国民政府〕"戡乱"建国动员委员会——中华民国总统府"戡乱"建国动员委员会 …… 448
〔国民政府〕考试院 …… 237
〔中华民国总统府〕考试院 …… 270
〔国民政府〕考试院各考铨处 …… 241
〔国民政府〕考试院会议 …… 238
〔中华民国总统府〕考试院考试委员 …… 271
〔中华民国总统府〕考试院考选部 … 271
〔国民政府〕考试院考选委员会 …… 238
〔国民政府〕考试院铨叙部 …… 239
〔中华民国总统府〕考试院铨叙部 … 271
〔国民政府——中华民国总统府时期之〕考试制度 …… 242
〔国民党政府时期之〕空军测候正、测候佐 …… 359
〔国民党政府时期之〕空军官制 …… 335
〔国民党政府时期之〕空军机械总监、机械监、机械正、机械佐 …… 359
〔国民党政府时期之〕空军军官佐任官条例 …… 357
〔国民党政府时期之〕空军军官佐任官条例施行细则 …… 357
〔国民党政府时期之〕空军军区司令官 …… 356
〔国民党政府时期之〕空军总司令 … 356

〔中华民国总统府〕会计处与统计室 …… 258

L

〔国民政府〕劳动法起草委员会 …… 63
〔国民政府〕劳工局 …… 63
〔国民党政府时期之〕立法程序及法规制定标准 …… 295
〔国民政府建立初期之〕立法机关：中央法制委员会、国民政府法制局 … 219
〔国民政府〕立法院 …… 220
〔中华民国总统府〕立法院 …… 259
〔国民政府〕立法院——代表党的立法机关 …… 219
〔国民政府〕立法院法律议案之三读会 …… 225
〔国民政府〕立法院各委员会 …… 224
〔国民政府〕立法院立法委员 …… 222
〔国民政府〕立法院秘书长 …… 224
〔国民政府〕立法院院长 …… 223
〔国民政府〕立法院之质询权 …… 225
〔国民政府行政院〕粮食部 …… 187
〔中华民国总统府行政院〕粮食部 … 267
〔国民政府行政院〕粮食部田赋署 … 189
〔国民党政府时期市之区、坊、闾、〕邻组织 …… 404
〔国民党政府时期之〕领事 …… 281
〔国民党政府时期之〕领事官 …… 281
〔国民党政府时期之〕陆海空军参谋任职规则 …… 342
〔国民党政府时期之〕陆海空军官佐分类、分区任官 …… 342
〔国民党政府时期之〕陆海空军官佐服役、停役、退役、除役、回役 …… 340

473

〔国民党政府时期之〕陆海空军官佐员额标准 …………… 341
〔国民政府〕陆海空军军法会审 …… 74
〔国民政府〕陆海空军军法机构 …… 74
〔国民党政府时期之〕陆海空军军官佐履历登记与呈报及存用机关 …… 339
〔国民党政府时期之〕陆海空军军官佐人事业务纲要 …………… 337
〔国民党政府时期之〕陆海空军军籍主管与存用机关 …………… 339
〔国民党政府时期之〕陆海空军军人、视同陆海空军军人、在乡军人、陆海空军军属、上官、哨兵、部队 …… 339
〔国民党政府时期之〕陆海空军军需总监、军需监、军需正、军需佐 …… 343
〔国民党政府时期之〕陆海空军军医总监、军医监、军医正、军医佐 …… 344
〔国民党政府时期之〕陆海空军人事评判委员会 …………… 336
〔国民党政府时期之〕陆海空军人事评判委员会会议 …………… 337
〔国民党政府时期之〕陆海空军士兵等级 …………………………… 343
〔国民党政府时期之〕陆军测量总监、测量监、测量正、测量佐 …… 353
〔国民党政府时期之〕陆军官制 …… 334
〔国民党政府时期之〕陆军官组人员中之附员 …………… 353
〔国民党政府时期之〕陆军官佐实职年资计算标准 …………… 352
〔国民党政府时期之〕陆军军官佐官组、官科、官阶 …………… 349
〔国民党政府时期之〕陆军军官佐任官 …………………………… 344

〔国民党政府时期之〕陆军军官佐任职 …………………………… 345
〔国民党政府时期之〕陆军军官佐任职暂行条例施行规则 …………… 346
〔国民党政府时期之〕陆军军官佐资序规则 …………………………… 348
〔国民党政府时期之〕陆军军乐正、军乐佐 …………………………… 353
〔国民党政府时期之〕陆军兽医监、兽医正、兽医佐 …………… 353
〔国民党政府时期之〕陆军司药监、司药正、司药佐 …………… 353
〔国民政府时期市之区、坊〕间、邻组织 …………………………… 404

M

〔国民政府行政院〕美援运用委员会 …………………………… 111
〔国民政府〕蒙藏委员会 …………… 89
〔国民政府行政院〕蒙藏委员会 …… 207
〔中华民国总统府行政院〕蒙藏委员会 …………………………… 268
〔国民政府行政院〕蒙藏委员会驻藏办事处 …………………………… 209
〔国民党政府时期之〕蒙古地方 …… 389
〔国民党政府时期〕蒙古地方之参领 …………………………… 395
〔国民政府时期〕蒙古地方之催领 …………………………… 395
〔国民政府时期〕蒙古地方之管旗章京、管旗副章京 …………… 395
〔国民党政府时期〕蒙古地方之闲散王公、闲散札萨、闲散梅伦 …… 394
〔国民党政府时期〕蒙古地方之骁骑校 …………………………… 395

〔国民党政府时期〕蒙古地方之协理台吉 …… 394
〔国民党政府时期〕蒙古地方之协领 …… 394
〔国民党政府时期〕蒙古地方之协赞委员 …… 394
〔国民党政府时期〕蒙古地方之札萨克 …… 394
〔国民党政府时期〕蒙古地方之佐领 …… 395
〔国民党政府时期之〕蒙古地方自治、蒙古地方自治指导长官公署、蒙古地方自治政务委员会 …… 393
〔国民党政府时期之内属〕蒙古各盟旗 …… 389
〔国民政府行政院〕秘书长 …… 109
〔中华民国总统府〕秘书长 …… 256
〔国民政府〕秘书处 …… 58
〔国民政府行政院〕秘书处——中华民国总统府行政院秘书处 …… 109
〔国民政府〕民政部——国民政府内政部 …… 76
〔国民政府行政院〕内政部 …… 114
〔中华民国总统府行政院〕内政部 …… 262
〔国民党政府时期之〕内政部部务会议 …… 275
〔国民政府行政院〕内政部禁烟委员会 …… 117
〔国民政府行政院〕内政部警察总署 …… 116
〔国民政府行政院〕内政部首都警察厅 …… 116

N

〔国民政府中央〕逆产处理委员会 …… 63
〔国民政府〕农矿部 …… 84
〔国民政府行政院〕农矿部 …… 177
〔国民政府行政院〕农林部 …… 184
〔中华民国总统府行政院〕农林部 …… 266
〔国民政府行政院〕农林部垦务总局 …… 186
〔国民政府行政院〕农林部农业推广委员会 …… 186

P

〔国民党政府时期之〕聘用、派用人员及其任用 …… 289

Q

〔国民党政府时期之印信、关防、〕钤记、小章 …… 276
〔国民政府〕侨务委员会 …… 89
〔国民政府行政院〕侨务委员会 …… 210
〔中华民国总统府行政院〕侨务委员会 …… 268
〔国民党政府时期之〕"清乡区"、"自卫区"、"保甲区" …… 436
〔国民党政府时期之〕琼崖特别区 …… 386
〔国民党政府时期之〕区公所 …… 415
〔国民党政府时期之〕区署 …… 415
〔国民政府〕全国经济委员会 …… 71
〔中华民国总统府行政院〕全国经济委员会 …… 268
〔国民政府〕全国经济委员会——国民政府行政院全国经济委员会 …… 197
〔国民政府行政院〕全国粮食管理局 …… 187

R

〔国民党政府时期之〕人民团体（民众团体）、文化团体、自由职业团体、职业团体 …………………………… 294

〔中华民国总统府〕人事处 ………… 258

S

〔国民政府行政院〕善后救济总署 … 214

〔国民政府行政院〕善后救济总署各分署 …………………………………… 216

〔国民政府行政院〕善后事业委员会 …………………………………… 217

〔中华民国总统府行政院〕善后事业委员会 ……………………………… 269

〔国民党政府时期之〕上将 ………… 335

〔国民党政府时期之〕设治局 ……… 413

〔国民政府行政院〕社会部 ………… 192

〔中华民国总统府行政院〕社会部 … 267

〔国民党政府时期之〕审计 ………… 254

〔国民政府〕审计院 ………………… 73

〔国民政府〕审计职权之行使 ……… 73

〔国民党政府时期之〕省（市）临时参议会与参议员 ……………………… 402

〔国民党政府时期之〕省、省政府、省政府委员、省政府委员会、省政府委员会主席、省长 …………………………… 376

〔国民党政府时期之〕省政府各厅、局 …………………………………… 379

〔国民党政府时期各省〕省政府民政厅之警务处 ……………………………… 381

〔国民党政府时期各省〕省政府之保安处、省保安司令部、省防空司令部 …………………………………… 381

〔国民党政府时期各〕省政府之实业厅 …………………………………… 381

〔国民政府行政院〕实业部 ………… 178

〔国民党政府时期之〕实业部部务会议 …………………………………… 275

〔国民政府行政院〕实业部林垦署 … 180

〔国民党政府时期之〕实业团体、产业公会、职业工会 ……………………… 295

〔国民党政府时期对直属〕市参议会之监督 …………………………………… 404

〔国民党政府时期之〕市（普通市） … 400

〔国民党政府时期之〕市（县）参议会与参议员及其选举 ……………………… 401

〔国民党政府时期之〕市政会议 …… 401

〔国民党政府时期〕市之区、坊、闾、邻组织 …………………………………… 404

〔中国现代史上〕市制之滥觞 ……… 397

〔中华民国总统府〕侍卫室 ………… 258

〔国民党政府时期之〕视察 ………… 280

〔国民政府〕首都建设委员会 ……… 69

〔国民政府〕首都卫戍司令部 ……… 75

〔国民政府行政院〕水利部 ………… 196

〔中华民国总统府行政院〕水利部 … 267

〔国民政府行政院〕水利委员会 …… 194

〔国民党政府时期〕税课中之省税与直隶于行政院之市之市税 …………… 370

〔国民党政府时期〕税课中之市、县税 …………………………………… 370

〔国民党政府时期〕税课中之中央税 …………………………………… 370

〔国民政府〕司法部 ………………… 85

〔国民政府〕司法审理四级三审制的废除和三级三审制的实行 ……………… 228

〔国民政府行政院〕司法行政部 …… 170

〔国民政府〕司法院 ………………… 225

〔中华民国总统府〕司法院 …………… 269
〔国民政府〕司法院变更判例权之行使
　………………………………………… 229
〔国民政府〕司法院捕获法院 ……… 236
〔中华民国总统府〕司法院大法官 … 269
〔国民政府〕司法院反省院与感化院
　………………………………………… 442
〔国民政府〕司法院高等法院 ……… 233
〔国民政府〕司法院各级地方法院 … 232
〔国民政府〕司法院会议 …………… 227
〔国民政府〕司法院审理被告为在华外国人民刑事诉讼案件之10个法院内设专庭 ………………………………………… 237
〔国民政府〕司法院首都反省院 …… 441
〔国民政府〕司法院司法行政部 …… 229
〔国民政府〕司法院特种刑事法庭——中华民国总统府司法院特种刑事法庭
　………………………………………… 440
〔国民政府〕司法院统一解释法令和统一解释法令会议 ……………………… 228
〔国民政府〕司法院行政法院 ……… 234
〔中华民国总统府〕司法院行政法院
　………………………………………… 270
〔国民政府〕司法院行政法院评事 … 235
〔国民政府〕司法院中央公务员惩戒委员会 …………………………………… 235
〔中华民国总统府〕司法院中央公务员惩戒委员会 …………………………… 270
〔国民政府〕司法院最高法院 ……… 230
〔中华民国总统府〕司法院最高法院
　………………………………………… 270
〔国民政府〕司法院最高法院检察署之检察长与检察官 ……………………… 231
〔国民党政府时期之〕四川善后督办公署
　………………………………………… 388

〔国民政府各〕"绥靖"公署、国民政府军事委员会所属各"绥靖"公署与各特派"绥靖"主任公署 …………………… 417
〔国民党政府时期之〕随习领事 …… 282
〔国民党政府时期之〕随员 ………… 282

T

〔国民党政府时期之〕特别市 ……… 397
〔国民党政府时期之〕特级上将 …… 335
〔国民党政府时期之〕特任、简任、荐任、委任职官员 ………………………… 277
〔国民政府〕特种刑事临时法庭 …… 85
〔国民政府行政院〕铁道部 ………… 168
〔国民党政府时期之〕铁道部部务会议
　………………………………………… 275

W

〔国民政府行政院〕外汇管理委员会
　………………………………………… 218
〔国民政府〕外交部　77
〔国民政府行政院〕外交部 ………… 118
〔中华民国总统府行政院〕外交部 … 263
〔国民党政府时期之〕外交部交涉员
　………………………………………… 282
〔国民政府〕外交部侨务局 ………… 78
〔国民党政府时期之〕外交部特派员
　………………………………………… 282
〔国民政府行政院〕外交部特派员办事处
　………………………………………… 119
〔国民政府行政院〕外交部驻东北特派员公署 …………………………………… 119
〔国民政府〕外交部驻各地交涉署——国民政府行政院外交部驻各地交涉署
　………………………………………… 77

〔国民政府行政院〕外交部驻外国之大使馆与公使馆 …………… 120
〔国民政府行政院〕外交部驻外总领事馆与领事馆及副领事馆 …………… 120
〔国民党政府时期之〕外交官 ……… 280
〔国民政府〕外交委员会 ………… 62
〔国民党政府时期之〕威海卫行政区 …………… 385
〔国民党政府时期之特任、简任、荐任、〕委任职官员 …………… 277
〔国民政府〕委员会议 ………… 57
〔国民政府〕委员与常务委员 ……… 55
〔中华民国总统府行政院〕卫生部 … 265
〔国民政府行政院〕卫生部——国民政府行政院内政部卫生署——国民政府行政院卫生署——国民政府行政院卫生部——中华民国总统府行政院卫生部 …………… 173
〔国民党政府时期之〕卫生事业人员及其任用 …………… 286
〔国民党政府时期之人民团体（民众团体）、〕文化团体、自由职业团体、职业团体 …………… 294
〔国民政府〕文官处 ………… 59
〔国民政府行政院〕物资供应委员会 …………… 111

X

〔国民党政府时期之〕西藏地方 …… 395
〔国民党政府时期〕西藏地方之达琫 …………… 397
〔国民党政府时期〕西藏地方之大仲译、小仲译 …………… 397
〔国民党政府时期〕西藏地方之戴琫（亦译为"代本"、"代贲"） …………… 396
〔国民党政府时期〕西藏地方之第巴 …………… 397
〔国民党政府时期〕西藏地方之噶布伦 …………… 396
〔国民党政府时期〕西藏地方之商上 …………… 397
〔国民党政府时期〕西藏地方之商卓特巴 …………… 396
〔国民党政府时期〕西藏地方之硕第巴（亦译"雪第巴"） …………… 396
〔国民党政府时期〕西藏地方之唐古忒官 …………… 396
〔国民党政府时期〕西藏地方之协尔邦 …………… 397
〔国民党政府时期〕西藏地方之业尔仓巴 …………… 396
〔国民党政府时期〕西藏地方之卓尼尔 …………… 397
〔国民党政府时期〕西藏地方之仔琫（亦译"仔本"、"仔贲"） …………… 396
〔国民政府〕西京筹备委员会 ……… 68
〔国民政府〕西南政务委员会 …… 102
〔国民党政府时期之〕县、县长、县政府、县政会议、县参议会、县政府合署办公、县政府裁局改科 …………… 410
〔国民党政府时期之〕县长之试署、实授与代理 …………… 289
〔国民党政府时期之〕县等 …… 413
〔国民党政府时期之〕县各级干部人员考试及考试及格人员分发任用 …… 291
〔国民党政府时期之〕县司法处 …… 414
〔国民党政府时期之〕县行政会议 … 413
〔国民党政府时期之〕县行政人员及其任用 …………… 290
〔国民党政府时期之〕县政府军事科 …………… 414

〔国民党政府时期之〕乡(镇)公所 …………………………………… 416
〔国民党政府时期之〕湘鄂临时政务委员会 …………………………… 387
〔国民党政府时期之印信、关防、钤记、〕小章 ………………………… 276
〔国民党政府时期之〕协审 ………… 254
〔国民党政府时期之〕协修 ………… 282
〔国民政府行政院〕新闻局——中华民国总统府新闻局 ……………… 113
〔国民党政府时期的〕行都与陪都 … 104
〔国民党政府时期〕行政督察区制之诞生与推行 ……………………… 406
〔国民党政府时期〕行政督察区制之定制 ……………………………… 409
〔国民党政府时期〕行政督察区制之渊源 ……………………………… 404
〔国民党政府时期战时各省〕行政督察专员公署及区保安司令部 ……… 410
〔国民党政府时期〕行政各部之部长、副部长、次长、政务次长、常任(常务)次长 …………………………………… 278
〔国民政府〕行政院 ………………… 104
〔中华民国总统府〕行政院 ………… 260
〔国民政府〕行政院(中华民国总统府行政院)不管部、会之政务委员 …… 218
〔国民政府〕行政院会议(国务会议) ………………………………… 110
〔国民政府〕行政院会议议案之复议 ………………………………… 111
〔国民政府〕行政院会议之提案和临时提案 …………………………… 110
〔国民政府〕行政院绥靖区政务委员会 ………………………………… 445

〔国民政府〕行政院院长之职权与产生 ………………………………… 108
〔国民党政府时期之〕宣传品审查 … 437
〔国民党政府时期之〕政治特派员、军事特派员、党务特派员、工运特派员、策反工作人员、军事专员、〕宣导委员、宣导员 …………………………………… 414
〔国民党政府时期之〕政治特派员、军事特派员、党务特派员、工运特派员、策反工作人员、军事专员、宣导委员、宣导员 …………………………………… 414
〔国民政府〕训练总监部 …………… 92
〔国民政府时期之〕训练总监部部务会议 …………………………………… 276

Y

〔国民党政府时期之〕印信、关防、钤记、小章 ………………………… 276
〔国民政府〕预算委员会 …………… 64
豫鄂皖三省"剿匪"总司令部 ……… 425

Z

〔国民党政府时期之〕战地省政府 ………………………………… 383
〔国民政府〕战略顾问委员会 ……… 94
〔国民政府行政院〕战时生产局 …… 112
〔国民政府行政院〕振济委员会 …… 214
〔国民政府行政院〕振务委员会 …… 213
〔国民政府〕赈务处 ………………… 64
〔国民政府行政院〕赈务委员会 …… 212
〔国民政府〕赈灾委员会 …………… 67
〔国民政府〕整理内外债委员会 …… 66
〔国民党政府时期各上级政府对下级〕政府之补助金与协助金 ………… 373

〔国民党政府时期各级〕政府之独占及专卖 …………………………… 371
〔国民党政府时期各级〕政府之罚款收入 …………………………… 371
〔国民党政府时期各级〕政府之规费 …………………………… 371
〔国民党政府时期各级〕政府之借赊 …………………………… 373
〔国民党政府时期各级〕政府之利息与利润等其他合法收入 …… 372
〔国民党政府时期各级〕政府之特赋 …………………………… 371
〔国民党政府时期各级〕政府之物品售卖 …………………………… 371
〔国民党政府时期各级〕政府之信托管理收入 …………………… 372
〔国民党政府时期各级〕政府之征免 …………………………… 372
〔国民党政府时期各级〕政府之支出 …………………………… 373
〔国民党政府时期各级〕政府之租金与使用费及特许费之收取 … 372
〔国民政府行政院〕政务处 ………… 110
〔国民政府时期之〕政务官 ………… 277
〔国民政府〕政务官惩戒委员会 …… 68
〔国民党政府时期之〕政治特派员、军事特派员、党务特派员、工运特派员、策反工作人员、军事专员、宣导委员、宣导员 ………………………… 414
〔国民党政府时期之实业团体、产业公会、〕职业工会 …………… 295
〔国民党政府时期之人民团体（民众团体）、文化团体、自由职业团体、〕职业团体 …………………………… 294

〔国民党政府时期之〕职员与雇员 …………………………… 288
〔国民党政府时期之〕中等学校 …… 294
中国国民党本部与中国国民党中央干部会议 …………………………… 1
中国国民党领袖制之由总理到总裁 …………………………… 37
〔武汉国民政府时期之〕中国国民党中央执行委员会军事委员会 …… 298
中国国民党中央执行委员会政治委员会 …………………………… 26
〔武汉国民政府时期之〕中国国民党中央执行委员会政治委员会 …… 32
中华民国 …………………………… 38
中华民国海陆(陆海)空军总司令 … 307
〔国民政府〕中华民国建设委员会 … 86
《中华民国宪法》之附加条款——《动员戡乱时期临时条款》 …… 448
中华民国总统 …………………… 255
中华民国总统府 ………………… 255
中华民国总统府战略顾问委员会 … 259
中华民国总统府资政 …………… 256
〔国民政府〕中央财政委员会 ……… 62
〔中国国民党〕中央党部 …………… 4
〔中国国民党第二届中央执行委员会第四次全体会议后之〕中央党部 …… 6
〔中国国民党第二届中央执行委员会之〕中央党部 …………………… 5
〔中国国民党第六届中央执行委员会之〕中央党部 ………………… 11
〔中国国民党第三届中央执行委员会之〕中央党部 ………………… 6
〔中国国民党第四届中央执行委员会之〕中央党部 ………………… 7

〔中国国民党第一届中央执行委员会之〕中央党部 …………………… 4
〔中国国民党第五届中央执行委员会之〕中央党部(临时全国代表大会后) ……………………………… 10
〔中国国民党第五届中央执行委员会之〕中央党部(临时全国代表大会前) ……………………………… 8
〔中国国民党〕中央监察委员会 …… 21
〔国防最高委员会〕中央设计局 …… 35
〔中国国民党〕中央特别委员会 …… 24
〔中国国民党〕中央特别委员会之中央党部 …………………………… 6
〔中国国民党〕中央委员 …………… 24
〔国民政府〕中央银行 ……………… 75
中央银行、中国银行、交通银行、中国农民银行联合办事总处(简称"四联总处") …………………………… 135
〔国民党政府时期之〕中央与地方决算分类 ………………………… 368
〔国民党政府时期之〕中央与地方权责划分 …………………………… 368
〔国民党政府时期之〕中央政府应支费用与地方政府应支费用 ………… 367
〔中国国民党〕中央政治委员会 …… 25
〔中国国民党〕中央执行委员会 …… 4
〔中国国民党临时〕中央执行委员会 ……………………………………… 2
〔中国国民党〕中央执行委员会北京执行部 …………………………… 14
〔中国国民党〕中央执行委员会常务委员 ………………………………… 16
〔中国国民党〕中央执行委员会常务委员会 ……………………………… 16

〔中国国民党〕中央执行委员会常务委员会主席 ………………………… 18
〔中国国民党〕中央执行委员会各部部长与各委员会主任委员 ………… 19
〔中国国民党〕中央执行委员会各地执行部 …………………………… 14
〔中国国民党〕中央执行委员会国防会议 ……………………………… 33
〔中国国民党〕中央执行委员会哈尔滨执行部 ………………………… 15
〔中国国民党〕中央执行委员会汉口执行部 …………………………… 15
〔中国国民党〕中央执行委员会军事委员会 ……………………………… 297
〔中国国民党〕中央执行委员会秘书长 ………………………………… 18
〔中国国民党〕中央执行委员会上海执行部 …………………………… 15
〔中国国民党临时〕中央执行委员会上海执行部 ………………………… 3
〔中国国民党〕中央执行委员会四川执行部 …………………………… 15
〔中国国民党〕中央执行委员会特派员 ………………………………… 15
〔中国国民党〕中央执行委员会政治会议及其4个分会 ………………… 30
〔中国国民党〕中央执行委员会政治委员会国防委员会 ………………… 33
〔中华民国总统府行政院〕主计部 … 265
〔国民政府〕主计处 ………………… 60
〔国民政府〕主计处属下之会计局、会计处、会计室、会计长、会计处长、会计主任、会计员 ……………… 279
〔国民政府〕主计处属下之统计局、统计处、统计室、统计长、统计处长、统计主任、统计员 ……………… 279

481

〔国民党政府时期之〕主计人员及其任用 …… 284

〔国民政府行政院〕驻平政务整理委员会 …… 212

〔国民党政府时期之〕驻外使领馆人员 …… 281

〔国民党政府时期之〕专门职业及技术人员考试与检核 …… 292

〔国民党政府时期之〕专员 …… 280

〔国民党政府时期之"清乡区"、〕"自卫区"、"保甲区" …… 436

〔国民党政府时期之人民团体（民众团体）、文化团体、〕自由职业团体、职业团体 …… 294

〔国民政府行政院〕资源委员会——中华民国总统府行政院资源委员会 …… 206

〔国民党政府时期之〕总办、督办、会办 …… 280

〔国民政府〕总理陵园管理委员会——国民政府国父陵园管理委员会 …… 66

〔国民党政府时期之〕总领事 …… 281

〔国民政府〕最高法院 …… 85

〔国民政府〕最高经济委员会 …… 94

〔国民党政府时期之〕佐理员 …… 282